SYMBOLES VALABLES
Pour tout ou partie du document

Original illisible
NF Z 43-120-10

Texte détérioré — reliure défectueuse
NF Z 43-120-11

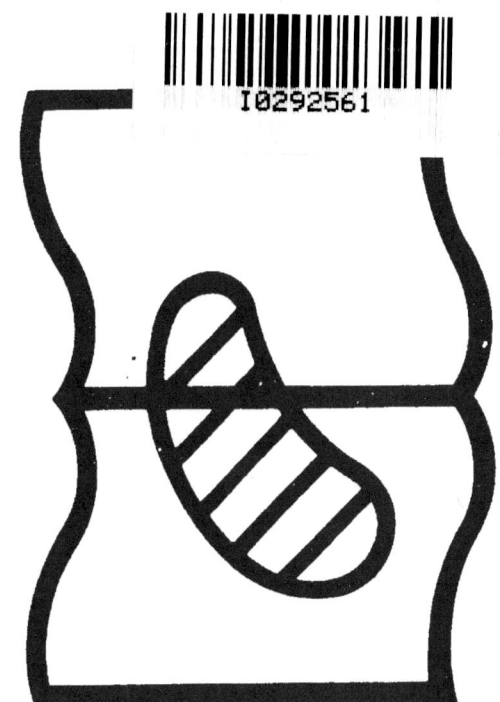

SOCIÉTÉ

DES

ARCHIVES HISTORIQUES

DU POITOU

ARCHIVES HISTORIQUES

DU POITOU

XXXVII

POITIERS
SOCIÉTÉ FRANÇAISE D'IMPRIMERIE ET DE LIBRAIRIE
6 ET 8, RUE HENRI-OUDIN

1908

LISTE GÉNÉRALE

DES MEMBRES

DE LA SOCIÉTÉ DES ARCHIVES HISTORIQUES DU POITOU

ANNÉE 1907.

Membres titulaires :

MM.

ARNAULDET (TH.), ancien bibliothécaire de la ville de Niort, au Fossé-Rouge, par L'Oie (Vendée).

BARBAUD, ancien archiviste de la Vendée, à Bressuire.

BARDET (V.), ancien attaché à l'Inspection du chemin de fer d'Orléans, à Poitiers.

BEAUCHET-FILLEAU (Paul), à Chef-Boutonne.

BLANCHARD (R.), membre de la Société des bibliophiles bretons, à Nantes.

BOISSONNADE, professeur à la Faculté des Lettres, à Poitiers.

BONNET (E.), professeur à la Faculté de Droit, conseiller général des Deux-Sèvres, à Poitiers.

BOURALIÈRE (A. DE LA), ancien président de la Société des Antiquaires de l'Ouest, à Poitiers.

CESBRON (Paul), à Breuil-Chaussée (Deux-Sèvres).

CHAMARD (DOM), ancien prieur de l'abbaye de Ligugé.

CLISSON (l'abbé DE), à Poitiers.

DELISLE (L.), membre de l'Institut, à Paris.

MM.

Desaivre, docteur en médecine, ancien conseiller général des Deux-Sèvres, à Niort.

Ginot (Émile), bibliothécaire de la ville, à Poitiers.

Grandmaison (L. de), ancien archiviste de l'Indre-et-Loire, à Tours.

Guérin (Paul), chef de la section du secrétariat aux Archives Nationales, à Paris.

Guyot (l'abbé Joseph), curé de Sillars (Vienne).

Lelong (Eugène), professeur à l'Ecole des Chartes, à Paris.

Marque (G. de la), à La Baron (Vienne).

Martinière (Jules Machet de la), archiviste de la Charente, à Angoulême.

Ménardière (de la), ancien professeur à la Faculté de Droit, à Poitiers.

Monsabert (Dom P. de), à Chevetogne (Belgique).

Musset (G.), bibliothécaire de la ville, à La Rochelle.

Rambaud (P.), pharmacien en chef des Hôpitaux, à Poitiers.

Richard (A.), archiviste de la Vienne, à Poitiers.

Richemond (L. de), ancien archiviste de la Charente-Inférieure, à La Rochelle.

Saint-Saud (Cte de), à la Roche-Chalais (Dordogne).

Sauzé (Charles), ancien magistrat, à Ferrières (Deux-Sèvres).

Tranchant (Charles), ancien conseiller d'État, ancien conseiller général de la Vienne, à Paris.

Membres honoraires :

MM.

Arnauldet (Pierre), à Alfortville (Seine).

Babinet de Rencogne, à Angoulême.

Beauregard (H. de), député des Deux-Sèvres, au Deffend (Deux-Sèvres).

Bourloton (E.), à Paris.

Cars (Duc des), à Sourches (Sarthe).

Desmier de Chenon (Mis), à Domezac (Charente).

MM.

Fontaines (Hubert de), à Sérigné (Vendée).

Fromantin, administrateur délégué de la Société Française d'Imprimerie et de Librairie, à Poitiers.

Grimouard (Vte Henri de), à Vouneuil-sur-Vienne.

Horric de la Motte Saint-Genis (Mis), à Goursac (Charente).

Hublin (G.), notaire honoraire, maire de Saint-Maixent.

Labbé (A.), à Châtellerault.

Laizer (Cte de), à Poitiers.

La Lande Lavau Saint-Étienne (Vte de), à Neuvillars (Haute-Vienne).

Lecointre (Arsène), à Poitiers.

Mascureau (Mis de), à Poitiers.

Moreau (J.), à Loudun.

Moranvillé (H.), à Paris.

Orfeuille (Cte R. d'), membre de la Société des Antiquaires de l'Ouest, à Versailles.

Pallu du Bellay (Joseph), lieutenant d'infanterie, à Poitiers.

Prouhet, docteur en médecine, à la Mothe-Saint-Héraye.

Segrétain (Léon), général de division, à Poitiers.

Surgères (Mis E. de Granges de), à Nantes.

Vernou-Bonneuil (Mis de), ancien capitaine breveté au 18e dragons, à Vouneuil-sous-Biard.

Bureau

MM.

Richard, président.

de la Bouralière, secrétaire.

Bonnet, trésorier.

de Clisson, membre du Conseil.

Desaivre, id.

Labbé, id.

de la Ménardière, id.

EXTRAIT

DES PROCÈS-VERBAUX DES SÉANCES DE LA SOCIÉTÉ DES ARCHIVES

PENDANT L'ANNÉE 1907.

Durant le cours de l'année la Société s'est réunie les 18 janvier, 3 mai, 19 juillet et 15 novembre.

Elle a reçu comme membre honoraire M. le vicomte Henri de Grimouard et comme membre titulaire le R. P. de Monsabert, religieux bénédictin.

Communication. — Par M. Arthur Labbé de la copie faite par lui du testament de Louis Moreau, procureur et praticien en cour laie, à Poitiers, et d'Antoinette Guillemère, sa femme, en date du 31 mai 1507, par lequel ils fondent à Poitiers le collège des Moreaux. Adopté pour les Miscellanées.

Décisions. — La Société ayant été consultée par M. Guérin sur le point de savoir s'il ne conviendrait point d'arrêter à la fin du règne de Louis XI le relevé des actes intéressant le Poitou contenus dans les registres du Trésor des Chartes, ce qui exigerait encore trois volumes, il est décidé qu'il sera demandé à M. Guérin de pousser sa publication jusqu'à l'année 1515, date à laquelle commence le Recueil des actes de François 1er, que publie l'Académie des sciences morales et politiques et dont M. Guérin est l'un des principaux rédacteurs.

Sur la proposition de son président la Société décide qu'il y aurait lieu d'affecter le tome XL des Archives historiques à la publication d'une table générale des trente-neuf premiers volumes dont la disposition sera arrêtée dans une prochaine réunion.

M. Boissonnade propose à la Société d'entreprendre la publication de la Correspondance des Intendants du Poitou avec le Contrôleur général, pour le cas où le Comité des travaux historiques serait disposé à favoriser cette initiative par l'attribution d'une subvention spéciale.

M. de la Marque ayant fait savoir qu'il n'était pas en mesure de fournir le manuscrit de Bobinet, curé de Buxerolle, qu'il devait annoter, cette publication est renvoyée à une date ultérieure.

M. Rambaud ayant offert l'année précédente de fournir les matériaux nécessaires pour la composition d'un volume sur les Arts en Poitou, cette proposition est acceptée, mais la publication n'aura lieu qu'après celle d'un nouveau volume du Trésor des Chartes auquel est d'ores et déjà affecté le tome XXXVIII.

Travaux en cours d'exécution. — M. Bardet ayant communiqué sa copie annotée du Journal de M. Demaillasson, avocat du roi à Montmorillon, ce travail est mis sous presse pour composer le tome XXXVI. Il est en outre décidé qu'il y sera joint une curieuse vue de Montmorillon de l'année 1605, conservée dans les Archives de la Vienne. Enfin comme la matière du Journal ne pourrait être contenue dans un seul volume, il lui sera consacré un second volume qui sera complété par de nombreuses pièces intéressant Montmorillon, et par la gravure des marques des fabricants de papier de cette ville.

Publications. — Dans le courant de janvier 1907 a été distribué le tome XXXV, contenant la suite des extraits des registres du Trésor de Chartes, concernant le Poitou (1456-1464) dû à M. Guérin.

Composition du Bureau. — A la séance du 15 novembre, ont été élus : MM. RICHARD, président ; DE LA BOURALIÈRE, secrétaire ; BONNET, trésorier ; DE CLISSON, DESAIVRE, LABBÉ et DE LA MÉNARDIÈRE, membres du Conseil.

JOURNAL

DE

M. DEMAILLASSON

AVOCAT DU ROI A MONTMORILLON

PUBLIÉ

PAR M. V. BARDET

TOME II

JOURNAL

DE

M. DEMAILLASSON

AVOCAT DU ROI A MONTMORILLON

(1643-1694)

(*Suite*)

Année 1681, commencée par le mercredy.

Le mardy 7 janvier, ont esté espousez, en l'église de Saint-Martial, par le s^r Bourau, curé, le fils aisné [1] de Veras dit Riparfons, cabarestier, avec la fille unique de défunct [2] . . . Vezien, taneur ; le dit marié est chirurgien.

Le dimanche 5 précédent, ma fille Fleurance est allée demeurer pour quelque temps chez ma niepce du Cluseau [3] à Poictiers. Le Père Augustin, de l'ordre des Carmes, nostre prédicateur, s'en est retourné le mesme jour à Poictiers, avec elle.

Le dimanche 12, le fils [4] de René Debest, dit la Fouchère, a esté espousé, en l'église de Saint-Martial, par le s^r Bourau, avec la fille aisnée [5] de Jolly, chappelier, et la

---

1. ..... Veras, chirurgien, fils de Pierre Veras, dit Riparfond, et de Marguerite Redaut.
2. En blanc.
3. Marie Vachier, femme de Pierre Chazaud, s^r du Cluseau.
4. Jean Debest, marchand chamoiseur.
5. Catherine Jolly.

fille du dit la Fouchère avec le fils de défunct le nommé La Roche [1], cordonnier.

Le dimanche 19, environ les cinq à six heures du soir, est décédée dame Marie Chasseloup, vefve en secondes nopces de défunct Me Gilbert Babert, notaire, et en premières nopces de Jean Argenton, marchand. Elle pouvoit avoir près de 60 ans, et a esté enterrée, le lendemain, près du bénistier de la petite porte de l'église de Nostre-Dame.

Le lundy 20, le fils[2] du cordier et [Claire] Dault, qui estoit servante chez M[r] de l'Héraudière, ont esté espousez, en l'église de Saint-Martial, par Mre Jacques Bourau, curé d'icelle. Il estoit veuf il n'y avoit que trois ou quatre mois.

Février 1681, commencé par le sabmedy.

Le sabmedy 1er février, Anthoine Ageon[3], dit Picand, sargetier, et Jeanne Giraud, notre servante, ont esté contractez. Lhuyllier, notaire, a receu le contract. Elle nous servoit depuis la Saint-Jean de l'année 1669. J'ay signé le contract qui a esté passé céans.

Le dit jour, a esté aussi contractée Anne Barriat, fille de Valantin Barriat, dit la Garenne, et de Louise La Chastre, avec le nommé Charles [Dusibioux], du bourg de Saint-Léomer, et ont esté espousez, le jour du lundy gras 17, en l'église de Saint-Martial, par le s[r] Bourau, curé.

Le lendemain, jour du mardy gras, la dite Giraud et le dit Ageon ont esté espousez, en la dite église de Saint-Martial, par le dit sieur curé.

Le lendemain, jour des Cendres 19, Mr de Vautibaut est party pour Paris pour poursuivre l'épurement d'un

---

1. Etienne Mariaud, s[r] de la Roche, cordonnier.
2. Isaac Cherbonnier, cordier.
3. Antoine Lageon.

compte de la recepte du taillon qu'avoit fait défunct son père[1] en l'eslection du Blanc, l'année 1640. Il a couché au Blanc où il a séjourné le lendemain, est arrivé le vendredy à Chastillon et y a séjourné le sabmedy, et est party le dimanche par la charrette du dit Chastillon et arrivé à Paris le sabmedy 1er mars ; de retour icy le vendredy d'après Pasques, 11 avril ensuivant. Il estoit party de Paris le jour des Rameaux, 30 mars, avec Mr de Lagebertye, et estoient arrivez à Saint-Germain-sur-Indre, sa maison, le mercredy 2 avril. Et y avoit tousjours séjourné jusques au jeudy 10.

Mars 1681, commencé par le sabmedy.

Le lundy 3 mars, j'ay esté à Poictiers avec le fils cadet[2] de Mr Augier. J'ay fait ce voyage à cause d'une poursuitte faitte contre Mr Daguin, procureur cy-devant au présidial, à la requeste du curateur des enfants mineurs de défunct Mr Falloux, sr de Villejame, conseiller au dit Poictiers, pour le payement d'une obligation de neuf cens livres en laquelle j'estois obligé avec le dit sr Daguin, défunct mon oncle le procureur du Roy[3] et Mr de Lage envers Mlle de Messemé[4], mère du dit sr Falloux, laquelle obligation j'avois payée, ou que ce soit le dit sr Daguin, de mes deniers comme estant moy qui la devois dès le 9 mars 1659, dont le dit sr Daguin disoit m'avoir envoyé la quittance, ce qui n'estoit pas véritable, car je trouvay la ditte quittance sous-seing privé dans ses papiers, avec une autre du dit sr Falloux, de quelques intérests et fraix faits pour raison de la dite obligation. Et fis donner jugement portant descharge de la demande faitte contre le dit sr Daguin, dépens compensez, fors la levée du dit jugement

---

1. François Ladmirault, sr de Vautibault.
2. François Augier.
3. Charles Richard, sr de la Chêze.
4. Florence Richeteau, veuve d'Uriel Falloux, sr de Messemé.

auquel on condamna le dit curateur, qui est du 6 mars sur le plumitif chez Berthonneau, greffier, et suis retourné icy le sabmedy 8. Les quittances sont demeurées ès mains de Mʳ Berthelot[1], gendre du dit sʳ Daguin, lequel sʳ Daguin me les a rendues du depuis.

Le jeudy 13, a esté enterré Pierre de la Vergne, sʳ de la Rue, sous le banc qui avoit esté à défunct Mʳ Dalègre, qui est le troisiesme au-dessous du crucifix, à main gauche en entrant en l'église de Saint-Martial. Il estoit aagé d'environ 70 ans. Il est mort d'une chutte qu'il avoit faite dans la rue la nuict.

Le dimanche 23, est décédé Louis de la Vergne, sʳ de Puycornet, concierge des prisons de cette ville, et a esté enterré, le lendemain 24, dans le cimetière de Saint-Martial. Il pouvoit estre aagé d'environ 60 ans.

Avril 1681, commencé par le mardy.

Le jour du jeudy saint, 3 avril, est décédée dame [Marie] Gaultier, prieure des religieuses de Saint-François de cette ville, aagée d'environ 35 ans, et a esté enterrée, le lendemain, dans leur église. Elle estoit fille de défunct Jean Gaultier, greffier en la mareschaussée de cette ville, et de dame Adrienne Doré, femme en premières nopces de Mᵉ Laurens Demaillasson, l'aisné de nostre maison, advocat en cette ville.

Le [dit jour 3, à neuf heures du soir], ma cousine de Boisdumont[2] est accouchée d'une fille, [Catherine][3].

Le jeudy 24, Mʳ de Vautibaut et moy sommes allez à Anthigny, voir son fils Joseph qui y est en nourrice et qui estoit fort malade ; de là il est allé au Blanc et est retourné

---

1. Jacques Berthelot, sʳ de Boissennebault, procureur au présidial, marié, en janvier 1672, à Louise Daguin, fille de Jean Daguin, sʳ du Colombier, procureur, et de Catherine Girault
2. Marguerite Delaforest, femme de Léonard Chaud, sʳ de Boisdumont.
3. Baptisée à Saint-Martial le 5 du même mois.

icy le sabmedy 26, et moy j'ay esté passer à Maugoueran et retourné icy le dit jour 24.

Le dimanche 27, Marion [1] est partye, pour aller à Poictiers, avec Mrs de la Touche et Cytois, et sont allez disner à la Touche, et est allée à Poictiers avec le dit s^r Cytois le mesme jour.

Le lendemain ont esté espousez, en l'église de Nostre-Dame, par Mre Boudé, curé, [François] Cailleau, fils, du second lict, de défunct Jean Cailleau, s^r de Fontcailleau[2], et de dame [Marie] Grault, et la fille cadette[3] de défunct François Jacquet, s^r de la Merlatrie, et de dame [Louise] Estevenet[4].

Le lundy 28, est décédé Jacques Lhuyllier, s^r de Praveil, environ une heure après midy, et a esté enterré, le lendemain, dans le cimetière de Saint-Martial, presque vis-à-vis et du costé des Trois-Roys. Il pouvoit estre aagé de 34 ans.

May 1681, commencé par le jeudy.

Le vendredy 9 may, entre onze heures et minuict, est décédé Henry de Bonneuil[5], médecin de cette ville, et a esté enterré, le lendemain sabmedy 10, dans l'église des Augustins. Il estoit originaire de la Souterranne et estoit venu habiter icy il y a environ quatorze ans. Il pouvoit estre aagé d'environ 45 ans.

Le lundy 12, nos deux filles Fleuron[6] et Marion[7] sont retournées de Poictiers.

---

1. Marie Demaillasson.
2. Jean Cailleau, s^r de Fontcailleau, avait épousé en premières noces Françoise Goudon.
3. Catherine Jacquet, 30 ans.
4. Louise Estevenet fut enterrée à Notre-Dame de Montmorillon le 27 décembre 1698, à l'âge de 75 ans.
5. Il eut de Jeanne Rouelle, son épouse, décédée le 24 septembre 1696 : Marie, née en 1666 ; André, baptisé à Notre-Dame le 8 décembre 1667, et Pierre, baptisé à Saint-Martial le 25 août 1669.
6. Fleurence Demaillasson.
7. Marie Demaillasson.

Juin 1681, commencé par le dimanche.

Le mardy 3 juin, Mr de Vautibaut et moy sommes allez coucher à Azat. M^r le lieutenant civil [1] est venu avec nous jusques au dit Azat et est allé, le mesme jour, coucher à Lérignat pour voir son beau-frère, Mr de Baignat Ricoux [2], qui y estoit malade chez un sien cousin nommé Mr de Rosière. Il le trouva à l'extrémité et comme on estoit après à luy donner l'Extrême-Onction, et mourut le lendemain mercredy et fut enterré, le dit jour, dans l'église du dit Lérignat. M^r le lieutenant conduisit Mme de Baignat [3] à Ricoux et retourna icy le dimanche suivant 8. Nous retournâmes aussi, Mr de Vautibaut et moy, le dit jour 8, à neuf heures du soir, après avoir séjourné tousjours à Azat jusques au dit jour, et passâmes à l'Isle en allant et retournant. Mr de Lérignat nous vint trouver à Azat le jeudy 5 et s'en retourna chez luy le sabmedy 7.

Aoust 1681, commencé par le vendredy.

Le jeudy 7, Mr de Vautibaut est allé à Poictiers voir Mr du Cluseau qui n'estoit de retour de Paris que le jour précédent. Il estoit party de Paris avec Mr de Lagebertye et avoit passé à Saint-Germain-sur-Indre, maison du dit s^r de Lagebertye, où il avoit séjourné 5 jours. Mr de Vautibaut retourna icy le dimanche 10, à disner.

Le dimanche 17, nos deux filles [4] sont allées au Dorat pour accomplir un vœu à la chappelle de Saint-Clouaud [5]

---

1. Claude Micheau, s^r du Meslier.
2. François de Bagnac, s^r de Ricoux.
3. Marguerite Richard, femme du précédent.
4. Marie et Fleurence Demaillasson.
5. La chapelle de Saint-Cloud, située dans la commune de Dinsac, était fréquentée par un grand nombre de fidèles et on s'y rendait de fort loin « pour diverses maladies, entre autres pour les maux des dents, des jambes, des oreilles, des yeux, de la goutte, de la galle, des cancerts, surdité et douleurs d'oreilles ». (D. Font. XXX, 929.) Elle est aujourd'hui convertie en grange.

qui est tout proche. Mlle la lieutenante criminelle[1] y est aussi allée avec son fils aisné[2] et sa fille cadette[3]. Mr Richard[4], fils de M^r le procureur du Roy, est allé avec elles et sont tous retournez icy le lendemain.

Le lundy 18, Me Léonnard Bonnet[5], s^r de Forges, de la ville de la Souterranne, et damoiselle Jeanne Goudon, fille aisnée de M^r de l'Héraudière, ont esté espousez par l'oncle du dit s^r de Forges, en l'église de Saint-Martial.

Le mardy 26, Mr de Vautibaut est allé à Poictiers où il a terminé, par transaction, le procez que ma sœur de la Mothe avoit au conservateur avec le fils du s^r du Monteil Boisvin, comme cessionnaire de son père, touchant le partage de la succession du défunct s^r de la Mothe, mary de ma dite sœur, moyennant la somme de 525 livres. Après quoy, il s'en fut, le jeudy 28, à Chastelleraut et retourna icy le sabmedy 30, à disner.

Septembre 1681, commencé par le lundy.

Le lundy 1er jour de septembre, Mr de Vautibaut et moy sommes allez coucher à l'Isle et le lendemain avons esté à la Favrie pour l'appréciation des bestiaux de la dite mestayrie, à cause que le nommé Lamarche, qui en estoit fermier, sortoit de sa ferme, et sommes retournez icy coucher le dit jour de mardy et arrivez à dix heures du soir.

Le lundy 8, Mr de Vautibaut et moy sommes allez coucher à Prueilly et le lendemain sommes arrivez, à disner,

---

1. Louise Gaultier, femme de Louis Richard, s^r des Ors, lieutenant criminel.
2. André Richard.
3. Françoise Richard.
4. Joseph Richard, s^r de Tussac, fils de Pierre Richard, s^r de la Berthonnerie, procureur du Roi, et de feu Marguerite Delouche.
5. Il est appelé Jacques dans un hommage du fief de la Chinau rendu au château de Montmorillon, le 12 juin 1722, par Jeanne Goudon, sa veuve, qui à cette époque était la femme de François Goudon, s^r de la Boulinière, lieutenant particulier, assesseur civil et criminel à Montmorillon.

à Saint-Germain-sur-Indre, maison acquise par Mʳ de Lagebertye que nous estions allez voir, et y avons demeuré jusques au lundy 16 que nous sommes venus coucher aux Aages, près le Blanc, maison appartenant en partye à la mère [1] du dit sʳ de Vautibaut, et le lendemain 17, sommes icy arrivez à midy.

Le lundy 15, Mʳ du Meslier [2] est retourné icy de Paris où il estoit allé il y avoit environ un an et demy. Il s'y en est retourné le mercredy 21 janvier 1682.

Octobre 1681, commencé par le mercredy.

Le dimanche 5, René-Jessé de Gollier, aagé d'environ neuf à dix ans, fils du sʳ de Beaulieu [3], de la paroisse de Leigne, de la R. P. R., a fait abjuration de l'hérésie entre les mains de Mʳ le curé de Saint-Martial, à issue de la

---

1. Catherine Jacquet, veuve de François Ladmirault, sʳ de Vautibaut.
2. André Micheau, sʳ du Meslier, fils de Claude Micheau et de Marie Richard.
3. Jessé de Gaullier, sgr de Beaulieu, fils de Pierre, sgr du Plessis, et de Marie de Guillon, eut de Charlotte Baudineau, son épouse : 1º Armand, sgr de la Vallade, marié, le 5 novembre 1720, à Louise de Valencienne, fille de feu François, sgr de Jarrige, et de Louise Barbe ; 2º René-Jessé, dont il est parlé ci-dessus ; 3º Charlotte, mariée, le 6 avril 1722, à Joachim d'Argence, sgr de la Salle, fils de Charles-Claude, sgr de la Jarrie, la Salle, Lésigny, les Séraillères, et de Jeanne de Guillon. Joachim d'Argence n'eut pas d'enfants. Ses sœurs, Marie et Jacquette, passèrent en Hollande pour cause de religion. Son frère, Jean-Claude, épousa, en 1730, Anne Charron de Puygrenier, dont il eut : Marie, épouse de Jacques de Maumillon (aliàs Monmillon), sgr du Bouchet et de la Paillerie, et Jacques-Louis-Vincent, sgr de la Jarrie, Lésigny et les Séraillères, marié, le 5 juillet 1757, à Suzanne-Bénigne Desmier du Montet, fille de Sylvain, sgr du Montet, et de Suzanne Chitton du Moulin-Neuf. De ce mariage sont issus : 1º Suzanne, née le 2 novembre 1758, mariée, le 25 février 1775, à Pierre Richard, sgr de Chalendeau, garde du corps du Roi, fils de feu François Richard, sgr de la Jarrige, et de feu Elisabeth Garnier ; 2º Jean-François, né le 26 avril 1760, mort à l'armée de Condé, dans l'affaire qui eut lieu à Steinstadt, près Huningue, le 24 octobre 1796 ; 3º Jean-François, né le 3 juillet 1762, marié, le 4 mai 1790, à Marie Guiot de Marcillac, fille de François, sgr de Marcillac. et de Marie de Monmillon ; 4º Radegonde, née le 26 avril 1766, mariée, le 27 thermidor an VI, à Jacques Arbellot de Rouffignac, fils de Bernard Arbellot, sʳ de Rouffignac, et de Léonarde Arbellot des Bordes, dont postérité. (Papiers communiqués par Mʳ A. de Rouffignac.)

grande messe célébrée en la dite église par le dit s^r curé ; j'en ai signé l'acte avec plusieurs autres personnes. Il avoit esté eslevé par la dernière des filles de défunct Mr de la Coulombe [1], jusques environ à l'aage de sept ans, laquelle l'avoit tousjours instruit dans la religion catholique, apostolique et romaine, des mains de laquelle son père l'ayant retiré, il l'envoya chez un sien parent, huguenot, où il avoit tousjours demeuré, qui l'avoit nourry à la dite religion huguenotte ; de quoy ayant esté donné advis à Mr de Marillac, intendant de cette province, il ordonna à M^r de l'Héraudière, prévost des mareschaux, de l'aller prendre, et en cas qu'il voulust estre catholique, de luy faire faire abjuration de l'hérésie en les mains du dit s^r curé, et après, de le mener au dit s^r intendant et porter l'acte d'abjuration. Ce qui fut fait.

Le mardy 7, mon beau-frère de Lagebertye est arrivé céans, à disner, et, le lendemain 8, s'en est allé à Saint-Germain-sur-Vienne et est retourné céans, le mardy 14, aussi à disner, et le lendemain est party, après disner, pour s'en retourner à sa maison. Je l'ay conduit jusques à la Contour, où il a passé voir Mme de la Contour [2].

Le dit jour 7, Mr de Vautibaut est party à mesme temps que Mr de Lagebertye pour aller du costé de Saint-Maixant, pour les affaires de Mme de Neuchèze [3], et est retourné icy le lundy 13.

Le mercredy 8, la femme [4] de Bougeaud, maître escrivain, est accouchée d'une fille [5].

Le dit jour 8, la vefve [6] de défunct François Durand,

---

1. Philippe de Valencienne, s^r de la Colombe, époux de Louise du Bourg.
2. Louise Rocher, première femme de Charles de Moussy, chev., sgr de la Contour.
3. Catherine du Breuil-Hélion, veuve de Jacques de Neuchèze, éc., sgr de Badevilain.
4. Louise Romanet, femme de Savin Bougeaud, maitre écrivain.
5. Elisabeth.
6. Anne Delavault, 70 ans. L'inhumation eut lieu en présence de Jean et Jeanne Durand, ses enfants.

dit des Chirons, sergent, est décédée et a esté enterrée, le 10, dans l'église de Nostre-Dame.

Le sabmedy 11, dame [Elisabeth] Babert[1], fille aagée d'environ 65 ans, est décédée. Elle n'avoit jamais esté mariée. Elle a esté enterrée en l'église de Nostre-Dame, le lendemain.

Le mardy 14, Vincende Barriat, fille aisnée de Valantin Barriat, et le nommé Moinaut ont esté contractez. Le contract fait céans, receu par Fleurant Babert[2]. Je l'ay signé. Ont esté espousez en l'église de Saint-Martial le [3]...... ensuivant. Est décédée le mardy 22 février 1684.

Le mercredy 15, ma niepce du Cluseau [4] est venue chez ma sœur de la Mothe [5], s'en est retournée le [6]......

Le vendredy 17, ma niepce Manon [7], sa fille, et Mlle Marote Pavin, venues aussi chez ma sœur et sont retournées au Peux le lundy 20, sçavoir : Mlle du Cluseau et la dite damoiselle Pavin.

Le mardy 28, jour de Saint-Simon et Saint-Jude, environ les huict heures du matin, est décédé Me Charles Bonnin, s^r de Tervanne, procureur en cette ville, aagé de 67 ans et quelques jours, et a esté enterré, le lendemain, dans l'église de Saint-Martial, entre les deux pilliers qui sont au-dessous la chaire du prédicateur.

Le dit jour 28, a esté passé le contract de mariage d'entre Jean Giraud et Gabrielle [8]......, vefve de défunct Jean Nolleau, ma mestayère de Maugoueran, moy estant

---

1. Fille de Florent Babert, sergent royal, et de Charlotte de Lerpinière.
2. Fleurent Babert, s^r de la Planche, notaire royal, fils de Gilbert Babert, notaire et procureur, et de Marie Cailleau, épousa Anne Rozet, dont il eut Antoine, baptisé à Saint-Martial de Montmorillon le 21 mai 1680.
3. En blanc.
4. Marie Vachier, femme de Pierre Chazaud, s^r du Cluseau.
5. Fleurence Demaillasson, veuve de Pierre Delamothe.
6. En blanc.
7. Manon Demaillasson, femme de Mr Massicault.
8. En blanc.

à Maugoueran, et l'ay signé. Aubin, nottaire de la chastellenie de Saint-Savin, demeurant à Anthigny, l'a signé. Ils ont esté espousez, le [1]...... novembre ensuivant, à Anthigny,

Novembre 1681, commencé par le sabmedy.

Le lundy 17, M*r* de Vautibaut et moy avons esté disner chez M*r* de Lérignat, avec lequel nous sommes allez coucher à Azat pour faire faire l'arpentement des tenues des villages de Charzat, Chez-Redon, et qui a esté parachevé, le vendredy 28, par M*e* Anthoine Beau, arpenteur, avec lequel les deux enfans de Rabette, de l'Isle, ont travaillé. Et le sabmedy 29, M*r* de Lérignat et nous sommes venus disner à l'Isle, d'où il s'en est allé coucher chez lui. Et M*r* de Vautibaud et moy sommes retournez icy coucher, le dimanche 30, jour de Saint-André.

Décembre 1681, commencé par le lundy.

Le vendredy 12, M*r* de Vautibaut est allé coucher au Dorat pour faire vuider le procès qu'a M*lle* de Balantru [2] contre Félix Brunet, son fermier. L'affaire s'est accommodée et on a transigé après que le dit Brunet a esté condamné par son conseil d'acquiescer. M*r* de Vautibaut est retourné icy le dimanche, à disner.

Le jeudy 18, M*r* de Vautibaut est party pour aller à Saint-Maixant, pour une affaire de M*me* de Neuchèze, et est retourné icy le 26.

Année 1682. Janvier, commencé par le jeudy.

Le mercredy 14, M*r* de la Dallerie [3] est party pour Paris et est retourné icy le 8 ou le 9 mars ensuivant.

---

1. En blanc.
2. Magdeleine Clavetier, veuve de Philippe de Guillaumet, sgr de Balentru.
3. Jean Pian, s*r* de la Dallerie, assesseur en la maréchaussée de Montmorillon.

Le mercredy 21, Mʳ du Meslier ¹ est retourné à Paris d'où il estoit revenu icy le lundy 15 septembre précédent.

Le vendredy 23, [Marguerite] Redaut, femme de Pierre ² Veras, dit Riparfons, cabarestier, a esté enterrée dans le cimetière de Saint-Martial.

Le sabmedy 24, dame [Marguerite] Cailleau, vefve de défunct Charles de Lhospital, sʳ du Clou, archer en la mareschaussée de cette ville, a esté enterrée dans l'église de Nostre-Dame.

Le mardy 27, Mlle la jugesse ³ est accouchée d'une fille, laquelle a esté baptisée, le mesme jour, par Mre Bourau, curé de Saint-Martial, en la dite église. Et a esté son parrain, Charles Goudon, sʳ de Jeu, et marraine, ma fille Fleurance, et nommée Fleurance.

Février 1682, commencé par le dimanche.

Le mercredy 4, Mlle de la Fouchardière ⁴, fille aisnée de Mʳ du Brueil la Fouchardière, nous est venue voir et s'en est retournée le vendredy, après disner.

Le jeudy 5, [Joseph] Nouveau, sʳ de la [Noullière] ⁵,

---

1. André Micheau, sʳ du Meslier,
2. *Aliàs* Claude.
3. Marie Mérigot, femme de François Dalest, juge prévôt.
4. Diane-Marie de Coral, dite Mlle de la Fouchardière, fille de Paul, sgr du Breuil-du-Mazet et de la Fouchardière, et de Diane-Marie Savatte. Elle épousa à la Fouchardière, le 15 février 1686, Antoine de Vérines, sgr de la Gaudinière.
5. Fils de Jean Nouveau, sʳ de la Palme, et de Jeanne Dugay, baptisé à Latus le 5 septembre 1646, décédé au même lieu le 15 février 1693. Il avait épousé en premières noces Marie Ferré de Faugeré, inhumée à Latus le 1ᵉʳ février 1681, dont : 1° Anne, baptisée le 23 août 1665, mariée, le 1ᵉʳ octobre 1681, à Jean Boucquet, maître chirurgien ; 2° Jacques, baptisé le 9 septembre 1666 ; 3° Jeanne, baptisée le 23 juillet 1669 ; 4° Félix, baptisé le 20 juillet 1670, curé de Moutiers ; 5° Sylvain, sʳ de la Nouillère, baptisé le 30 août 1672, marié à Marguerite Marchand, dont deux filles du nom de Marie, baptisées à Brigueil-le-Chantre, l'une le 22 mai 1707 et l'autre le 23 septembre 1709 ; 6° Jean, baptisé le 5 mai 1675 ; 7° Louise, baptisée le 22 octobre 1679. De son second mariage avec Jeanne Brissaud, il eut : 8° François, baptisé le 26 décembre 1682 ; 9° autre François, baptisé le 24 février 1684 ; 10° Joseph, baptisé le 5 octobre 1690. (Reg. par. de Latus.)

archer en la mareschaussée de cette ville, a esté espousé, en l'église de Saint-Martial, par Mre Bourau, curé d'icelle, avec [1] une parente de Mlle de l'Héraudière, laquelle il a emmenée incontinent après à Latus, lieu de sa demeure.

Le lundy gras 9, ma filleulle Mlle de Coral [2] céans pour passer ses jours gras ; s'en est retournée à la Fouchardière le mercredy des cendres 11.

Le [jeudy 26], Mlle des Lèzes Gaultier [3] est accouchée d'une fille, laquelle a esté baptisée, en l'église de Saint-Martial, par Mre Jacques Bourrau, curé, le jeudy 5 mars ensuivant. Et a esté parrain, [Jean Gaultier, s^r de Bemont], et damoiselle [Jeanne] Maurat, femme de Mr de la Vergne, marraine, et elle a esté nommée [Jeanne].

Mars 1682, commencé par le dimanche.

Le mardy 3 mars, toute la mareschaussée est allée à Poictiers pour faire la reveue devant Mr de Marillac, intendant, et Mr de Vautibaut est retourné icy le sabmedy 7.

Le dimanche des Rameaux 29, a commencé l'ouverture du jubilé que le Saint-Père a accordé à cause de la déclaration que l'on disoit que le Turc avoit fait de la guerre contre l'Empereur. Les stations ont esté reiglées par Mr de Poictiers [4], sçavoir que pendant les deux semaines le Saint Sacrement seroit tousjours exposé aux églises de Nostre-Dame et Saint-Martial, fors le jeudy, vendredy et sabmedy saint que l'on ne l'a pas exposé, et durant la première semaine, il seroit pareillement exposé aux Augustins et aux Religieuses et la seconde aux Récollects.

---

1. Jeanne Brissaud.
2. Marie de Coral.
3. Jeanne-Charlotte Maurat, fille de Pierre Maurat, procureur et notaire à Chauvigny, et de Charlotte Santerre, mariée le 18 août 1676, à François Gaultier, s^r des Lèzes, lieutenant en la maréchaussée de Montmorillon, fils de Germain, s^r des Lèzes, et de Renée Fournier. (Reg. par. de Chauvigny.)
4. Hardouin Fortin de la Hoguette.

Avril 1682, commencé par le mercredy.

Le jeudy 2, environ les trois heures du soir, est décédé Louis de Chaulme, s^r des Rochettes, fils aisné de Pierre de Chaulme, procureur, et a esté enterré, le lendemain, au cimetière de Saint-Martial, entre la croix auzanière et le charnier. Il estoit né le sabmedy 31 aoust 1658 et avoit esté marié le lundy 4 mars 1680.

Le dimanche de Quasimodo 5, environ les dix heures du matin, est décédé Me Pierre Richard, procureur du Roy, mon cousin germain, aagé de 62 ans et quelques mois, et a esté enterré, le lendemain, joignant et au-dessus des fons bastismaux et joignant la muraille, dans l'église de Saint-Martial. Son mal commença par une cheutte qui luy causa ensuitte de la fiebvre, après quoi il se porta mieux, mesme fut à la messe, et puis retomba dans la fièvre dont il mourut.

Le vendredy 10, Maillasson [1] est arrivé céans, environ les dix heures du matin, avec la Ramée, l'un des valets de Mr de Lagebertye [2]...... [M^r] de Lagebertye l'avoit amené avec luy à sa maison à Saint-Germain-sur-Indre où Maillasson avoit demeuré sept ou huict jours.

Le lendemain 11, a esté pendu et estranglé, au marché, le nommé la Pioche, accusé de vol, jugé prévostallement.

Mai 1682, commencé par le vendredy.

Le dimanche 3 may, a esté publié au prosne de la grande messe de Saint-Martial le retranchement qu'a fait Monsieur l'évesque de Poictiers [3] de 13 festes qui estoient commendées par l'Eglise, qui sont : la Saint-Mathias, Saint-Barnabé, Sainte-Magdelaine, Saint-Simon et Saint-Jude, Saint-

---

1. Paul Demaillasson.
2. En blanc.
3. Hardouin Fortin de la Hoguette.

Martin, Saint-Jacques et Saint-Christophle, Saint-Laurens, Saint-Barthélemy, Saint-Thomas, Saint-Mathieu, Saint-Michel, Saint-Luc, le mardy de la Pentecoste qui se chômmera pourtant en cette ville à cause de la procession solemnelle qui s'y fait ce jour-là. On est pourtant obligé, tous les susdits jours, de ouyr la sainte messe sous peine de péché mortel, et les curez sont obligez de la dire aux heures et de la mesme manière qu'ils faisoient auparavant. Le jeûne des vigiles de Saint-Laurens, Saint-Mathieu, Saint-Simon et Saint-Jude n'est point retranché.

Le vendredy 8, le nommé [1].............. a esté pendu et estranglé dans la place du marché de cette ville, accusé d'avoir vollé avec la Pioche, nommé dans la page de l'autre part, jugé aussi prévostallement.

Le mardy 12, Mr du Cluseau et Mr Matribut [2] sont arrivez icy. Ils avoient couché à la Cadrie. Le lendemain mercredy, Mr Mastribut y est retourné coucher et, le jeudy, Mr du Cluseau s'en alla en Limousin.

Le jour du dimanche 24, j'ay esté à Anthigny et ay donné rendez-vous au nommé Pierre, masson, pour se trouver, le lendemain, à Maugoueran où je me suis rendu et avons fait marché pour refaire entièrement le pignon de la maison, du costé de derrière, et environ deux brasses [3] et demye de l'apentis de la grange, du costé du renfermys, et dois donner 17 livres et luy ay avancé un escu. Il a depuis fait la besongne et je l'ay achevé de payer.

---

1. En blanc.
2. Antoine Mastribut, sr de la Bertussie, conseiller au présidial, marié, le 15 février 1675, à Marie-Anne Garnier, fille de François Garnier, sr de la Pannerie, et de Jeanne Milon. (Arch. Vien. E² 261.) En 1686, Jeanne Milon, qui était veuve, faisait un accord avec Jean Rulland, sr du Moulinet, bourgeois de Paris, payeur des guerres, créancier de son mari. (Arch. Vien. Fonds Babert.)
3. Longueur que mesurent les deux bras étendus, de l'extrémité d'une main à l'extrémité de l'autre.

Juin 1682, commencé par le lundy.

Le mercredy 10 juin 1682, Mr de Poictiers[1] est venu en cette ville faire sa visite et a logé aux Augustins. Le lendemain matin, il a dit la messe à Saint-Martial, après laquelle il a donné la Confirmation, et de là est venu la donner aux Récollects, et l'après-disnée, il l'a aussi donnée dans l'église des Religieuses. Le lendemain 12, après avoir dit la messe dans l'église des Augustins, il y a donné aussi la Confirmation où je l'ay receue, et, l'après-disnée, il l'a aussi donnée dans la dite église. Il a disné le jeudy et souppé le vendredy chez M^r le séneschal[2] et s'en est retourné à Poictiers le sabmedy.

Le mercredy 24, on a commencé de dire un Salut dans l'église de Nostre-Dame pour obtenir du beau temps à cause des pluyes qui tombèrent presque continuellement.

Le lendemain jeudy, on en commença un autre aux Récollects pour la mesme chose, qui ont continué durant neuf jours.

Le dimanche 28, a esté fait procession généralle où on a porté l'image de la très saincte Vierge pour avoir aussi du beau temps ; les Récollects y ont assisté.

Juillet 1682, commencé par le mercredy.

Le jeudy 16, Mr de Lamoignon de Basville[3], intendant de cette généralité, est venu icy. On a esté au devant de luy sçavoir : M^r de l'Héraudière avec la mareschaussée jusques à la Chapelle-de-Viviers, et la bourgeoisie, en

---

1. Hardouin Fortin de la Hoguette, évêque de Poitiers.
2. Pierre du Chastenet.
3. Nicolas de Lamoignon de Basville, comte de Launay-Courson, marquis de la Motte-Champdeniers, né le 26 avril 1648, mort à Paris le 17 mai 1724, marié, le 18 avril 1672, à Anne-Louise Bonnin de Chalucet-Messignac, fille de Jean-François, marquis de Chalucet, et d'Urbaine de Maillé-Brézé Il fut intendant du Poitou de 1682 à 1685.
La terre de la Motte-Champdeniers, commune des Trois-Moutiers (Vienne), fut érigée en marquisat en sa faveur par lettres d'octobre 1700, enregistrées au Parlement le 31 août 1701.

— 17 —

armes, près d'une lieue. Il a logé chez Mr le séneschal[1]. Le vendredy, il a esté coucher à Bellabre, voir Mr Le Congneux, et est retourné icy le dimanche matin et est party tout aussi tost pour s'en retourner à Poictiers. En allant et venant, il a disné au Peux où Mr du Cluseau l'a très bien régallé. Le dit sr du Cluseau est venu icy avec luy. Il a receu icy quelques cadots.

Le mardy 7, est décédé Barthélemy Guillon, tailleur, aagé d'environ 58 ans, et a esté enterré dans le cimetière de Saint-Martial.

Le lundy 13, on a commencé l'oraison de quarante heures à Nostre-Dame pour avoir du beau temps. La mesme chose c'est faitte en suitte dans toutes les autres églises de cette ville, et cela a esté pareillement dans toutes les parroisses de ce diocèse par l'ordre de Mr de Poictiers[2].

Le mercredy 15, [Emmanuel-Pierre] de Blon, escuyer, sr de Saulgé, que l'on appelloit le chevallier, et damoiselle [Marie] Goudon, fille cadette de Mr de l'Héraudière, ont esté espousez, en l'église de Saint-Martial, par le sr curé d'icelle.

Le mercredy 22, Mr de Vautibaut et moy sommes allez à la foire à Lussac et retournez ici le dit jour.

Aoust 1682, commencé par le sabmedy.

Le mardy 25, jour de Saint-Louis, j'ay esté à la foire à Lussac et retourné icy le dit jour.

Septembre 1682, commencé par le mardy.

Le jeudy 3, j'ay esté au Peux pour parler à Mr du Cluseau pour une chose qui regardoit ma fille Fleuron[3] et suis retourné coucher icy.

---

1. Pierre du Chastenet.
2. Hardouin Fortin de le Hoguette, évêque de Poitiers.
3. Fleurence Demaillasson.

Le[1] ...., le fils aisné[2] de Mr Augier, advocat, arrivé icy de Paris où il est retourné le vendredy 20 novembre ensuivant.

Le sabmedy 26, Maillasson[3] et Fleuron sont allez au Peux, d'où il est retourné le lendemain, et y a laissé sa sœur.

Octobre 1682, commencé par le jeudy.

Le vendredy 2, j'ay esté à Maugoueran où le s^r Aulbin, notaire, s'est trouvé, ainsi que je luy avois mandé, et le mestayer des Cartes s'est aussi rencontré avec lequel j'ay compté. Le dit Aulbin a receu le compte et suis retourné céans le mesme jour.

Le sabmedy 3, la Françoise[4], femme de Charles Bonnin, cordonnier, est accouchée d'un garçon qui a esté baptisé, le lundy 5, dans l'église de Saint-Martial, et a esté son parrain, le fils aisné[5] de Perrineau, et Mlle Bonnin[6], marraine. Et a esté nommé [Pierre]. Est mort dans la mesme année.

Le dit jour lundy 5, est décédé [François] de la Forest, fils cadet de défunct Me Pierre de la Forest, dit la Forest-Chaillat, et a esté enterré, le lendemain, dans le cimetière de Saint-Martial. Il est décédé d'un coup de son fusil, qui s'en alla, comme il descendoit d'un arbre, sur lequel il s'estoit mis à l'afus, dans la guerenne du s^r séneschal[7], à Neschaud, il y avoit dix ou douze jours avant sa mort.

Le dit jour 6, Maillasson[8] avec le s^r Richard[9], prétendu procureur du Roy, sont allez au Peux et sont icy retournez le jeudy 8.

---

1. En blanc.
2. François, fils de Félix Augier, avocat, et de Marguerite Vrignaud.
3. Paul Demaillasson.
4. Françoise Giraud.
5. Charles-Pierre Perrineau.
6. Marie Cailleau, femme de Louis Bonnin, avocat.
7. Pierre du Chastenet.
8. Paul Demaillasson, déjà nommé.
9. Joseph Richard, s^r de Tussac.

Le vendredy 9, vendangé ma vigne.

Le lundy 12, Fleuron[1] est retournée du Peux et mené ma nièce Manon[2], fille de Mr du Cluseau.

Le mercredy 21, M^r et Mlle du Cluseau sont venus icy et ont mené Mlle Pavin et Chazelle[3] leur fils aisné, et, le sabmedy 24, Mr du Cluseau est party pour aller du costé de Civray pour travailler au régallement des tailles.

Le mercredy 28, ma nièce du Cluseau avec Mlle Pavin, ma nièce Manon, Maillasson et ses sœurs et Mr de Vautibaut sont allez disner à Tussac où le neveu de Mr de Bessé et le neveu de sa femme se sont rencontrez et venus le soir céans au bal que Mr Augier, le jeune, a donné à Marion[4]. Le s^r Dureau[5] y est aussi venu ; il avoit donné le bal à Fleuron, le dimanche précédent.

Novembre 1682, commencé par le dimanche.

Le mardy 3, ma niepce du Cluseau[6] s'en est retournée au Peux avec son fils[7], sa fille[8] et Mlle Pavin.

Le mercredy 4, je suis allé à Azat et suis venu coucher à l'Isle le sabmedy 7, et le dimanche 8, je suis retourné icy.

Le [lundy 26 octobre], la nièce de Mr Bourau, curé de Saint-Martial, nommée Mlle Jeanne du May[9], a esté espousée, dans l'église de Saint-Martial, avec le nommé des Fourneaux[10], d'Angle.

---

1. Fleurence Demaillasson.
2. Manon Chazaud, fille de Pierre, s^r du Cluseau, et de Marie Vachier.
3. Gabriel Chazaud, dit Chazelle, s^r du Cluseau, marié, le 1er mars 1707, à Marie-Elisabeth de Poix, fille de Hélie de Poix, receveur des tailles à Poitiers, et de Jeanne Faverot, dont un fille, Jeanne-Gabrielle, baptisée à Saint-Cybard de Poitiers le 7 mai 1708.
4. Marie Demaillasson.
5. François Dureau, avocat, marié, en 1687, à Marie Doré, fille de Jean Doré, procureur au présidial, et de Marguerite Decroux.
6. Marie Vachier, femme de Pierre Chazaud, s^r du Cluseau.
7. Gabriel Chazaud, fils des précédents.
8. Manon Chazaud, fille des mêmes.
9. Fille de feu Jean Dumay, fourrier ordinaire de la maison du Roi, et de Catherine Bourau.
10. Pierre Amard, s^r des Fourneaux.

Le [lundy 16], dame [Fleurence] Trouillon, vefve de défunct Jean de la Vergne, s^r des Rochettes, et le s^r Moreau[1], procureur fiscal d'Angle, ont esté espousez dans l'église de Saint-Martial.

Le jeudy 19, Fleurance Rousseau, nostre servante, et Jean Chambet, pottier, demeurant au village de Theuil, ont esté espousez dans l'église de Saulgé par le curé d'icelle. Ils avoient esté contractez dès le premier jour de ce mois.

Décembre 1682, commencé par le mardy.

Le dimanche 6, Mr de Vautibaut est allé à Poictiers et a payé aux s^{rs} Cottiby[2], marchands, la somme de 900 livres que je devois à défunct Mr Mayaud, procureur du Roy au dit Poictiers, pour l'obligation dans laquelle mon cousin Daguin, procureur au présidial, et défunct Mr de Lage estoient mes cautions, laquelle, Mme Mayaud, sa vefve, leur avoit cédée. J'avois donné cette somme au dit s^r de Vautibaut pour faire le dit payement.

Le [mercredy 23], Maillasson[3] a esté parrain à une fille de mon neveu et filleul Demaillasson, et damoiselle Margueritte Goudon, fille de défunct Goudon, s^r de Chasteaugaillard, marraine, et a esté baptisée en l'église de Saint-Martial par le s^r curé, et nommée Margueritte[4].

Le vendredy 11, Mr de Lagebertye est arrivé céans, à disner, et, le sabmedy, est allé coucher à Saint-Germain-sur-Vienne, et, le mercredy 16, est retourné céans et, le vendredy 18, est retourné chez lui à Saint-Germain-sur-Indre.

Année 1683, commencée par le vendredy.

Le lundy 18 janvier, Mr Gaultier de la Gottière, capi-

---

1. René Moreau, veuf de Marie Corade, 44 ans.
2. Hélie et René Cottiby.
3. Paul Demaillasson.
4. Fille de Charles Demaillasson et de Marie Dalest.

taine au régiment de Piedmont, est party avec sa recrue de 15 hommes pour s'en retourner à sa garnison. Il y avoit quelque deux ou trois mois qu'il estoit icy.

Le dit jour, la mareschaussée de cette ville est allé à Poictiers pour faire leur reveue devant Mr de Basville, intendant. Ils ont mené trois forgerons, accusez d'avoir assassiné un homme du costé de Verrière, qui ont esté condamnez, l'un aux gallères et les deux autres à estre pendus et estranglez et ont esté exécutez au Marché-Vieil du dit Poictiers, le sabmedy 23. Et la mareschaussée ou quoy que ce soit Mrs de l'Héraudière et Vautibaut sont retournez le lundy 25, les archers estant retournez le jour précédent.

Le jeudy 28, Mr le séneschal[1] et Mr de Vautibaut sont allez à Saint-Benoist pour une affaire qui regardoit Mr l'abbé de Belebat. Le dit sr de Vautibaut est retourné icy le lundy ensuivant 1er février.

Février 1683, commencé par le lundy.

Le 21 février, environ les quatre heures du soir, est décédée dame [Catherine] Jacquet, femme de [François] Cailleau, sr de Fontcailleau, et a esté enterrée, le lendemain, dans l'église de Nostre-Dame. Ils avoient esté mariez le 28 avril 1681.

Le lendemain 22, environ les quatre heures du soir, est décédé Pierre Pellerin, dit Morthoumat, boucher, et a esté enterré le lendemain.

Mars 1683, commencé par le lundy.

Le mercredy 17 mars, Janneton[2], femme d'Anthoine Ageon[3] dit Picand, est accouchée d'un garçon qui a esté baptisé, le dit jour, dans l'église de Saint-Martial. Mail-

---

1. Pierre du Chastenet.
2. Jeanne Giraud.
3. Lageon.

lasson[1] et damoiselle Marie de la Vergne, ditte Mlle de la Rue, ont esté parrain et marraine, et a esté nommé Paul.

Le vendredy [24], Mr de Vautibaut est allé au Blanc porter l'argent pour la taxe des revenans bon pour l'office de commissaire en la mareschaussée et est retourné icy le lundy ensuivant.

Le[2]..... dame [Judith] de Ravenel, vefve en secondes nopces de défunct M^r Le Beau, mariée avec le nommé le s^r de Saint-Paul[3].

Avril 1683, commencé par le jeudy.

La nuict du dimanche des Rameaux 11 au lundy saint 12, est décédé Pierre Lhuyllier, s^r de la Chaumette, aagé d'environ 76 ans, et a esté enterré, le dit jour 12, dans le cimetière de Saint-Martial.

Le mercredy 28, je suis party, après disner, avec Mr du Cluseau qui estoit venu le jour précédent icy, avant disner, et Mr de Vautibaut, pour aller voir Mr de Lagebertye en sa maison à Saint-Germain-sur-Indre. Et sommes allez coucher à Angle, et, le lendemain, disner à Prueilly et coucher chez Mr de Lagebertye, d'où Mr du Cluseau est party pour s'en retourner à Poictiers le jeudy 6 may. Et Mr de Vautibaut et moy sommes partys pour nous en retourner le lundy ensuivant 10, avons disné à Prueilly, couché à Angle et sommes icy arrivez le mardy 11, entre deux et trois heures après midy.

May 1683, commencé par le sambedy.

Le sambedy 15, le quatriesme des enfans de défunct Martial Jacquet, s^r de Couppé, a esté enterré presque vis-à-vis de la chappelle qui est au-dessus de la petite porte en

---

1. Paul Demaillasson, étudiant en Sorbonne.
2. Laissé en blanc.
3. Paul Laurens, s^r de Saint-Paul, veuf de Gabrielle de Maumillon.

l'église de Nostre-Dame. Il estoit décédé le jour précédent.

Le dit jour sabmedy 15, ont esté espousez, dans l'église de Saint-Martial, le frère[1] de Mr le curé de la dite église, qui estoit veuf, et la dernière fille[2] de défunct Allange, sr de Peuxfranc.

Le mardy 18, environ quatre heures et demie du soir, est décédé Fleurant Bonnin, sr de Tervanne, greffier criminel, aagé d'environ 40 ans, et a esté enterré, le lendemain, dans l'église de Saint-Martial, au-dessus du lieu où est enterré son père.

Juin 1683, commencé par le mardy.

Le mercredy 9, j'ay esté à l'Isle à cause que les nommez Lagarde et[3]..... fermiers de l'Isle et de Messignat, avoient fait saisir les mestayries de la Favrie et de la Fauconnière, à défaut de payement des rentes. J'ay payé ce qui estoit deub des cinq dernières années pour la mestayrie de la Fauconnière et en ay mainlevée des fruicts, et du depuis il a esté fait bail de celle de la Favrie à 60 livres et ay payé 40 livres 10 sols pour avoir cession du dit bail en ce qui concerne la dite mestayrie, laquelle cession a esté faitte au sr de Saint-Philbert[4], mon procureur, et suis retourné céans le sabmedy 12.

Le mardy 15, Fleuron[5] est allée chez Mr du Cluseau à Poictiers où ma niepce l'avoit priée d'aller à cause que Mr du Cluseau[6] devoit estre esleu maire, ce qui a esté fait le vendredy 25 ensuivant, et Fleuron est retournée céans le 3 aoust ensuivant.

---

1. Gaucher Bourau, marchand, de la paroisse de Saint-Pierre-du-Marché de Loudun.
2. Anne Allange.
3. En blanc.
4. Me de Saint-Philibert, notaire et procureur à l'Isle-Jourdain.
5. Fleurence Demaillasson.
6. Il fut reçu conseiller au présidial le 25 avril 1687. (Arch. Vien. C 30.)

Juillet 1683, commencé par le jeudy.

Le vendredy 23[1], environ les 6 heures du matin, est décédé au village de la Chèze, parroisse de Saint-Martial de cette ville, Mᵉ François Demaillasson, enquesteur dans ce siège, attaqué d'appoplexie dès le soir, et a esté enterré, le dit jour au soir, dans nos sépultures, dans le chœur de l'église de Saint-Martial, joignant la chapelle de Nostre-Dame. Il estoit aagé d'environ 54 ans, et avoit eu deux autres fois des attaques du mesme mal d'appoplexie.

Le sabmedy 24, Marion[2] est allée avec Mlles de Joumé[3], de Chizé[4], sa niepce, Mʳ Richard[5] et sa sœur[6] coucher au Rivaut chez Mʳ du Brueil Champaigne, pour aller le lendemain en voyage à Lérignat où elles ont esté au matin et de là coucher à Chasteau-Guillaume, chez Mʳ Dubouchaut[7], et sont retournées icy le mercredy 28, à disner.

Le [30 juillet], est décédée sérénissime Marie-Thérèse d'Autriche, reine de France, et n'a esté que trois ou quatre jours malade. Elle a esté génerallement regrettée de toute la France et dans toutes les grandes villes particulièrement ; tout le monde a presque pris le dueil, estant une très bonne et très vertueuse princesse[8].

---

1. Le mercredi 21, d'après le registre paroissial.
2. Marie Demaillasson.
3. Mathurine Dalest, femme de Pierre Mangin, sʳ de Joumé.
4. Marie-Anne Mangin, fille de Jean Mangin, sʳ de Chizé, et de Catherine Dalest.
5. Joseph Richard, sʳ de Tussac, fils de feu Pierre Richard, sʳ de la Berthonnerie, et de feu Marguerite Delouche.
6 Marie-Anne Richard, fille des mêmes.
7. Claude de la Faire, éc., sgr du Bouchaud, fils de Jean et de Françoise Riffaud, rendait aveu du Bouchaud au château de Montmorillon le 9 janvier 1672. (Arch. Vien. C 375.) Le 11 avril 1701, il cédait à Mʳᵉ Pierre du Chasteigner, prieur-curé de Saint-Pierre de la Trimouille, pour lui et ses successeurs, l'étang du Bouchaud, moyennant la somme de 74 livres 5 sols. (Arch. Vien. C⁹ 154.)
8. Une fièvre maligne l'emporta presque subitement au retour d'un voyage qu'elle venait de faire avec le Roi en Bourgogne et en Alsace.
Les mémoires et les historiens du temps s'accordent à faire l'éloge de Marie-Thérèse qui fut universellement regrettée. « Le ciel n'a peut-être jamais assemblé dans une seule femme plus de vertu, plus de

Aoust 1683, commencé par le dimanche.

Le lundy 16, j'ay esté disner chez Mr de Lérignat et après disner, luy et moy sommes partys pour aller coucher à Azat. Le 18, j'ay esté après disner à Saint-Germain ; retourné coucher à Azat. Le jeudy 19, j'ay esté aussi disner à Gajoubert[1] pour parler au curé et ay passé, allant et venant, à Oradour-Fanois et suis retourné coucher à Azat, et le dimanche suis retourné avec Mr de Lérignat qui s'est aresté à la Mondye[2] et moy je suis venu coucher à l'Isle et le lundy 23 céans.

Le [3]..... a esté fait service solemnel pour la Reine en l'église de Nostre-Dame où ont assisté les Augustins et les Récollects, n'y ayant pas encore de curé à Saint-Martial, le sr Bourau, qui en estoit curé, s'en estant allé, dès le 20, prendre possession de la cure de la Croix, à deux lieues de Bellac, qu'il avoit permuttée avec la sienne. Mrs du siège ont aussi assisté en corps au dit service. On en avoit fait dès auparavant un en chaque église de cette ville.

Septembre 1683, commencé par le mercredy.

Le dimanche 5, Mre Charles Bichier, qui estoit curé de la Croix, près Bellac, ayant permutté sa cure avec Mre Jacques Bourau, curé de Saint-Martial, prit possession de la dite cure de Saint-Martial un peu avant vespres.

Le dimanche 12, est décédé [Jean] Bobin[4] qui avoit esté

---

beauté, plus de naissance, plus de tendresse pour ses enfants, plus d'amour et de respect pour son mari. » (*Mémoires de Louis XIV*, t. II, p. 1.)

1. C'est dans la commune de Gajoubert (Haute-Vienne) que se trouve le château de Montbas qui a donné son nom à l'ancienne et illustre famille des Barton de Montbas.
2. Le fief de la Mondie, commune de Millac (Vienne), relevait de l'église collégiale de Saint-Martial de Limoges.
3. En blanc.
4. Jean Bobin dit Lagenest, tailleur d'habits et maître hospitalier de la Maison-Dieu de 1645 à 1674. (Arch. Vien. H³ bis 131.)
Le 2 juillet 1643, Jean Bobin et Pierre Champion, marchand à Montmorillon, avaient affermé des Augustins de la Maison-Dieu les aumôneries

longtemps à gouverner les pauvres dans l'hospital de la Maison-Dieu où il demeuroit encore, sans pourtant se mesler de rien. Il estoit aagé de plus de 80 ans.

La nuict du dit jour dimanche 12, le tonnerre tomba sur le clocher de Nostre-Dame. Le nommé Jouxtaud et le fils de la tamisière [1] furent blessez, le premier à la teste et l'autre à la cuisse, par des pierres que le tonnerre fit tomber comme ils sonnoient les cloches. Il descouvrit presque tout le clocher du costé du marché ; le tonnerre toucha en quantité d'endroits dans l'église.

Octobre 1683, commencé par le vendredy.

Le [mercredy 13], dame Anne de la Forest, vefve de défunct Me Jean Goudon, sr de la Boulinière, procureur, est décédée sur les six heures du matin, et a esté enterrée, le lendemain, sous leur banc, un peu au-dessus la chaire du prédicateur. Elle estoit aagée d'environ 71 ans [2].

Le vendredy au soir 22, Mr de Lagebertye, qui venoit de Poictiers, arriva céans et, le lendemain, luy, Mr de Vautibaut et moy sommes allez coucher à Saint-Germain-sur-Vienne, le mardy à Azat ; de retour céans le mercredy 27, et le vendredy 29 il s'en est retourné chez luy à Saint-Germain-sur-Indre ; a esté disner à la Contour où Mr de Vautibaut l'a conduict.

Le [3]..... Mr du Meslier de retour de Paris où il est retourné le mercredy 15 décembre ensuivant.

---

du Puy, paroisse de Persac, et de Prun, paroisse d'Adriers, pour trois années, moyennant sept vingt dix livres payables chacun an au jour et fête de Toussaint. Cette ferme était renouvelée au même prix et pour trois années les 13 juillet 1646 et 14 juin 1649. Le 20 septembre 1669, Jean Bobin était seul preneur pour cinq années moyennant sept vingt livres. (Arch. Vien. H³ bis 130 et 131.)
Jean Bobin eut de Marguerite Texier, son épouse, Laurent, baptisé à Saint-Martial de Montmorillon le 3 février 1636.

1. Fabricante de tamis.
2. Etant veuve, elle fit l'acquisition, le 3 mai 1660, de la métairie de la Nolière, paroisse de Saint-Léomer, pour la somme de 3100 livres. (Arch. Vien. H³ bis 105.)
3. Laissé en blanc.

Novembre 1683, commencé par le lundy.

Le mardy 9, j'ay esté coucher à Azat, j'ay mené Maillasson avec moy. Le jeudy, après disner, nous sommes allez à Saint-Germain et retournez coucher à Azat, et, le lendemain 17, nous avons passé la ferme du bien de Mlle de Balantru, pour six ans, à la vefve de défunct le Fournioux. Le jeune Desvergnes a receu la ferme. Le dit jour vendredy 17, nous sommes venus coucher à l'Ille-Jourdain et le lendemain retournez céans.

Décembre 1683, commencé par le mercredy.

Le mercredy 15, le fils aisné [1] de Mr Augier et le s^r Nicaud [2], advocat en ce siège, sont allez coucher au Blanc ; le lendemain à Prueilly, et le dit jour, les s^rs Cailleau, prieur de Jouhé, de Jeu, du Meslier, Boismenu, Giraudière, fils cadet du défunct s^r Goudon Chambon, qui demeure depuis longtemps à Paris et estoit venu icy aux vaccances, sa sœur, vefve de défunct le jeune Tervanne [3], et le fils aisné [4] de défunct Chantaize, greffier, neveu du dit prieur de Jouhé, sont aussi allez les joindre à Prueilly et sont tous allez de là à Paris. Et, le jeudy 30, Mr de Jeu est retourné icy. Il estoit allé pensent s'accommoder d'une charge de garde de la porte [5] chez le Roy, mais quand il a bien sceu ce que c'estoit, il en a esté dégoutté.

---

1. François Augier, fils de Félix Augier, avocat, et de Marguerite Vrignaud.
2. René Nicault, s^r de Sazat, avocat, fils de René Nicault et de Marguerite Sylvain. Le 25 novembre 1681, René Nicault et Marguerite Nicault, sa sœur, déclaraient tenir de la Maison-Dieu, à cause de la seigneurie de Fontprouard, la métairie de Cougouillon, paroisse de Leigne, au devoir annuel de deux boisseaux de froment et deux gelines de rente noble, féodale et foncière. (Arch. Vien. E^4 47.)
3. Anne-Marguerite Goudon, veuve de Fleurent Bonnin, s^r de Tervanne, greffier criminel.
4. Jean, fils de René Chantaise, s^r de Grémont, greffier et huissier audiencier, et d'Eléonore Cailleau.
5. Corps de la maison militaire du Roi chargé de la garde des avenues du Louvre. L'effectif des gardes de la porte était de un capitaine, quatre lieutenants et cinquante gardes qui avaient rang de sous-lieutenant.

Le vendredy 24, Mme de Pruniers [1] est venue coucher céans et y a passé les festes et s'en est retournée le jeudy à Pruniers.

Année bissextile 1684, commencée par le sabmedy.

Le mardy 25, Mlle Marion du Brueil [2], Maillasson [3] et ses deux sœurs [4] sont allez coucher à Pruniers où ils ont demeuré jusques au sabmedy 29.

Le dimanche 30, Mr du Repaire [5] qui est un gentilhomme du costé de Luchat [6] et sa femme et le fils aisné [7] de défunct M^r des Brosses de vers Confolent, sont venus disner céans. Il s'en est allé avec sa femme coucher à

---

1. Anne Guimard, fille de Jean, sgr de Jallais, et de Andrée de Chamborant, et femme de Gaspard Fricon, sgr de Pruniers, fils de Charles, sgr de Bourcavier, et de Anne Jacques.
2. Marie Arnaudet, dite Marion, fille de François, s^r du Breuil, et de Suzanne Augier.
3. Paul Demaillasson.
4. Marie et Fleurence Demaillasson.
5. Maurice Guiot, éc., sgr du Repaire, demeurant au lieu noble de Puycatelin, paroisse de Saint-Barbant, marié à l'Isle-Jourdain, le 8 juin 1682, à Marie Lancereau. Le 25 janvier 1701, il arrentait à Gervais Delavergne, marchand boucher à l'Isle-Jourdain, moyennant dix livres de rente annuelle et perpétuelle, une petite maison audit lieu de l'Isle, à lui délaissée par défunte Marguerite de Montagrier, veuve de Gabriel Lancereau, s^r de Rochefort, maître apothicaire à l'Isle-Jourdain. (Arch. Vien. G^9 167.)
Par son testament du 22 juin 1685, Marguerite de Montagrier donne à l'église de l'Isle-Jourdain une rente annuelle de quinze livres sur sa métairie de la Trappe, paroisse de Millac. (Arch. Vien. G^9 48.)
6. Luchapt. On prononce Luchat. Avant 1790, cette commune faisait partie de l'archiprêtré de Lussac-le-Château et de l'élection de Confolens.
Dans son testament du 13 juillet 1733, Jean Delagrange, curé de Saint-Hilaire de Luchapt, veut que son corps soit inhumé en l'église dudit lieu, dans le tombeau de Jean David, son prédécesseur, au bas du gradin du maître-autel. Il lègue à l'église de Luchapt : 1° la dîme du Petit-Cartier de Chenat acquise par lui, en 1703, moyennant la somme de 200 livres, à la charge par ses successeurs de faire annuellement pour le repos de son âme deux services : l'un à chaque anniversaire de son décès et l'autre dans l'octave de Saint-Jean-Baptiste, son patron, et de dire un *Libera* à la fin de la messe ; 2° deux pièces de terre en jardin et en vigne, joignant le jardin de la cure, acquises par lui, l'une, le 24 septembre 1711, moyennant 75 livres, et l'autre, le 5 avril 1719, pour 60 livres, à la charge par ses successeurs de dire une messe, le vendredi de chaque semaine, pour lui et ses parents. (Arch. Vien. G^1 58.)
7. Jean Dassier, sgr des Brosses, fils de feu François, aussi sgr des Brosses, et de Marguerite Guimard.

Beaupuy, et le dit sʳ des Brosses s'en est retourné à Pruniers. Il venoit de Tournay où il estoit allé avec les cadets.

Le mercredy précédent 26, mon cousin Richard [1] est party avec le messager pour s'aller faire recevoir à Paris dans l'office de procureur du Roy de défunct son père. De retour le vendredy 24 avril ensuivant ; ne s'est pas fait recevoir ny mesme pu obtenir ses provisions pour n'avoir pas toutes les matricules que l'on doit prendre estudiant au droit.

Février 1684, commencé par le mardy.

Le lundy 7 février, Louis Petipied, mareschal, dit Gillot, s'est remarié [2] et a esté espousé, dans l'église de Saint-Martial, par le sʳ Bichier, curé. Il pouvoit estre veuf il y avoit trois ou quatre mois.

Le dit jour, a aussi esté espousé [Martial] Marchand, cordonnier, fils du nommé Marchand, huyllier, avec la fille [3] du nommé Malaine, aussi cordonnier.

Le jeudy 17, Mʳ de Bâville, intendant, régla le différend d'entre Mʳ le séneschal [4] et Mʳ le juge prévost [5], qui luy avoit esté renvoyé, en conséquence d'un placet présenté au Roy par le dit sénéchal, au sujet de ce que le dit juge avoit passé à cheval au travers de son jardin, une fois et encore une seconde fois y avoit fait passer une charrette chargée de bleg qui luy appartenoit, luy estant encore à cheval qui la faisoit conduire, ayant aux dites deux fois ses pistolets à l'arçon de la selle, exposant

---

1. Joseph Richard, sʳ de Tussac, fils de Pierre, sʳ de la Berthonnerie, et de Marguerite Delouche.
2. Il épousa Marie Dulac. Le 10 octobre 1696, elle et son mari affermaient pour cinq ans et moyennant soixante livres par an, le four banal des Augustins de la Maison-Dieu, situé à Grassevau. (Arch. Vien. E⁴ 47.)
3. Marie Barlet, fille de Malaine Barlet, cordonnier.
4. Pierre du Chastenet.
5. François Dalest.

le dit séneschal que c'estoit pour l'assassiner et ayant mesme employé dans son dit placet quantité d'autres faits la plus part faux et supposez ; le dit juge au contraire allégant que ce qu'il en avoit fait estoit à cause que le chemin où on avoit coustume de passer estoit gasté et que c'estoit le dit séneschal qui l'avoit gasté, desniant les autres faits. Mr de Bâville fit faire une satisfaction au dit séneschal par ledit juge qu'il luy fit donner par escrit où il luy demendoit pardon sans autres dépans, domages et intérests. Ce qui fâcha beaucoup le dit séneschal qui prétendoit du moins les fraix du voyage qu'il avoit fait à Paris pour présenter le dit placet qu'il faisoit monter à 800 livres. Et pour soliciter l'affaire, luy et sa fille furent à Poictiers dès le jeudy 10 précédent et le dit juge et le sr de l'Héraudière y allèrent le sabmedy 12 et retournèrent le sabmedy 19, et le dit séneschal et sa fille le lendemain.

Le dimanche gras 13, le nommé Gaultier [1], du bourg de Jouhé, et la fille [2] de [Pierre de] Lerpinière, dit la Grelle, ont esté espousez.

Le sabmedy précédent 12, Mme de Pruniers [3] et Mlle des Brosses [4], sa niepce, sont venues coucher céans et y ont passé les jours gras ; s'en sont retournées à Pruniers le jeudy 17.

Le lundy 14, dame Marie de la Vergne, vefve de défunct François Mérigot, sr de la Mothe, est décédée et a esté enterrée, le lendemain jour du mardy gras 15, contre le banc du sr juge prévost [5], son gendre, presque vis-à-vis du crucifix, dans l'église de Saint-Martial. Il y avoit quatre ou cinq ans qu'elle avoit eu un catharre qui luy avoit

---

1. Pierre Gaultier.
2. Marguerite de Lerpinière.
3. Anne Guimard, femme de Gaspard Fricon, sgr de Pruniers.
4. Elisabeth Dassier, dite Mlle des Brosses, fille de François Dassier, sgr des Brosses, et de Marguerite Guimard.
5. François Dalest, époux de Marie Mérigot.

— 31 —

beaucoup affaibly l'esprit. Elle pouvoit estre aagée d'environ 60 ans.

Le dit jour 15, ont esté espousez dans l'église de Nostre-Dame [Jacques] Jacquet [1], fils de défunct Merlatrie, et [Marguerite] de la Vergne [2], fille de défunct [Henry] de la Vergne, s^r de la Salle.

Le dit jour, est décédé [Pierre] du Monteil, s^r de Villechinon [3], et a esté enterré, le lendemain, dans l'église de Nostre-Dame, au costé gauche en entrant, contre la muraille, entre les deux pilliers qui sont avant la chaire du prédicateur.

Le Père Eloy, récollect, de la province de Paris, a commencé de prêcher le caresme. Il estoit icy relégué chez nos Récollects par une lettre de cachet. Mr de Poictiers [4] avoit envoyé aux dits Récollects le mandement en blanc pour prescher et le Père gardien le remplit au nom du Père Eloy, de quoy ensuitte il a esté fort blâmé par Mr de Poictiers, attendu qu'il estoit exilé. Il a continué de prescher durant tout le caresme. C'est un fort éloquent prédicateur. Nous n'avons pas eu de prédicateur durant l'advent.

Le dit jour du mardy gras, la mareschaussée de cette ville, conduitte par le s^r de la Dallerie, est partie pour faire la reveue devant M^r l'intendant, laquelle a esté faitte le mercredy 16.

Le mercredy des cendres 16, est décédé [Jean] Durand, dit la Rosette, chirurgien, et a esté enterré, le lendemain, dans le cimetière de Saint-Martial. Il est mort pulmonique. Il pouvoit estre aagé de 35 à 40 ans.

Le dit jour des cendres, Mrs de Vautibaut et le control-

---

1. Fils de François Jacquet, s^r de la Merlatrie, et de Louise Estevenet.
2. Fille de Henri Delavergne, s^r de la Salle, et de Jeanne Cardinault.
3. Agé de 30 ans.
4. Hardouin Fortin de la Hoguette.

leur [1] sont allez à Poictiers pour assister à la reveue, qui estoit faitte quand ils arrivèrent.

Le [2]...... Vincende Barriat, 3ᵉ femme du nommé Moinaud, est décédée et a esté enterrée dans l'église des Augustins de la Maison-Dieu.

Mars 1684, commencé par le mercredy.

Le vendredy 10, est décédé Fleurant Navière [3], maître fourbisseur d'espée, aagé d'environ 66 ans, et a esté enterré, le lendemain, dans le cimetière de Saint-Martial.

Le lundy 13, est décédé Valantin Barriat, sargetier, aagé d'environ 65 ans, et a esté enterré, le lendemain, dans le cimetière de Saint-Martial, environ 7 ou 8 pas du charnier.

Le dimanche de la Passion 19, Mʳ le curé de Saint-Martial a publié la bulle du jubilé dont l'ouverture s'est faitte le jour des Rameaux par un *Veni Creator*, chanté à issue de vespres, et a commencé le lendemain lundy 27 pour finir le dimanche de Quasimodo. Pendant les deux semaines, les stations ont esté à Nostre-Dame et à Saint-Martial, où le Saint Sacrement a esté tousjours exposé, depuis les six heures du matin jusques à six heures du soir, aussi bien que dans l'église des Augustins durant la première semaine, fors depuis le mercredy saint après midy jusques au jour de Pasques. Durant la seconde semaine, à commencer le lundy de Pasques, il y a eu station aussi aux Récollects et aux Religieuses avec exposition du Saint Sacrement tous les jours, et le jubilé a finy le jour de Quasimodo après vespres. Il falloit, pour gaigner le jubilé, jeulner le mercredy, vendredy et sabmedy de la semaine que l'on vouloit le gaigner ; visiter au moins une des

---

1. François Demareuil, contrôleur des montres de la maréchaussée.
2. En blanc.
3. Il avait épousé Jeanne Huguet, dont postérité.

églises où estoient les stations ; faire quelques aumosnes, et on pouvoit se confesser et communier tel jour de la dite semaine qu'on vouloit.

Le 27, environ les 8 à 9 heures du matin, Mlle la lieutenante criminelle [1] est accouchée d'un garçon qui a esté baptisé tout incontinent et est décédé environ 3 semaines après.

Le mercredy 29, ma fille Marion [2] est allée à Poictiers pour se faire faire l'habit de l'estoffe que Mr de Lagebertye luy a envoyé. Il en a aussi envoyé pour habiller ses deux sœurs [3], et a fait faire la robe pour Fleuron [4]. Elle est retournée le lundy 24 avril ensuivant.

May 1684, commencé par le lundy.

Le mardy 9 may, second jour des Rogations, j'ay esté coucher à l'Ille dont je suis party après disner et suis allé coucher à Azat et le vendredy ensuivant suis retourné coucher à l'Ille et me suis rendu céans le lendemain 13. J'ay passé, allant et venant, à Lérignat.

Le jour de l'Ascension 11, a esté enterrée dans le cimetière de Saint-Martial dame Margueritte Bonnin, vefve de défunct Jouachim de Lerpinière, sergent royal. Elle pouvoit estre aagée d'environ 78 ans.

Le mercredy 17, Mr de Lagebertye est arrivé céans, entre dix et onze heures du matin, et le lendemain il est allé à Saint-Germain-sur-Vienne et a mené Mr de Vautibaut avec luy, d'où ils sont retournez céans, le lundy de la Pentecoste 22. Et, le mercredy 24, est retourné en sa maison à Saint-Germain-sur-Indre où il a aussi mené M^r de

---

1. Louise Gaultier, femme de Louis Richard, s^r des Ors, lieutenant criminel.
2. Marie Demaillasson.
3. Anne Clavetier, femme de Charles Demaillasson, et Magdeleine Clavetier, veuve de Philippe de Guillaumet, sgr de Balentru.
4. Fleurence Demaillasson.

Vautibaut, et sont allez disner à la Contour, et, le mercredy 7 juin, Mr de Vautibaut est retourné icy.

Juin 1684, commencé par le jeudy.

Le jeudy 22 juin, on a fait une procession générale où on a porté l'image de la très saincte Vierge pour obtenir de la pluye. M^r le curé de Saint-Martial y a assisté et les Pères Récollects aussi et le corps de la justice pareillement, et au retour on a dit une grande messe. Le lendemain, les Augustins sont aussi allez processionnellement à Saint-Martial et le dimanche 25 ils y sont encore venus après vespres et ont porté leurs reliques.

Le sabmedy 24, les Pères Récollects ont commencé un Salut de neuf jours pour la mesme intention, où on a donné, tous les soirs, la bénédiction du très Sainct Sacrement, et le 8e jour nous avons commencé d'avoir de la pluye qui a duré presque tout le lendemain dimanche qu'a finy la neufaine, qui estoit le 2 juillet.

Le lundy 26, ma fille Vautibaut a commencé d'avoir la fièvre tierce et n'est sortye que le dimanche 30 juillet que on l'a portée à la messe aux Récollects. Elle a eu de grands accez et un entre autre qui a duré 36 heures.

Juillet 1684, commencé par le sabmedy.

Le dimanche 2 juillet, Mme de Pruniers[1], Mme de la Vigeric[2], sa belle-sœur, Mlle des Brosses, sa niepce, et la petite Prunette, sa fille[3], sont venues disner céans.

Mlle de Puyrobin y est aussi venue, mais elle avoit disné chez la Vayenne, hostesse, où elle avoit mis pied-à-terre. Elle s'est pourtant mise à table et n'a mangé

---

1. Anne Guimard, femme de Gaspard Fricon, sgr de Pruniers.
2. Françoise Rousseau, première femme de René Fricon, sgr de la Vigerie.
3. Marguerite Fricon, baptisée à Pindray le 16 mars 1678.

qu'un peu de dessert. Un des enfans de feu Mr de la Rode[1] estoit avec elle ; tous s'en sont retournez le dit jour.

Le mercredy 5, environ six heures et demie du matin, est décédée damoiselle Marguerite Vrignaud, femme de Me Félix Augier[2], advocat, aagée d'environ 47 ans, et a esté enterrée, le soir du mesme jour, dans l'église de Nostre-Dame, devant et proche l'autel de la chapelle de Saint-Nicolas. C'estoit une très pieuse et vertueuse damoiselle et pleine de générosité. Je prie Dieu qu'il lui donne son sainct paradis où je crois bien que sa bonne âme y repose maintenant.

---

1. Le 10 septembre 1674, François Baconnet, sr de la Rode, demeurant au lieu noble de la Valade, paroisse de Moulime, tant pour lui que pour Catherine Sornin sa femme, héritière de feu Jean Sornin, sr de la Gorce, et de Jeanne Mignot, ses père et mère, confesse et avoue tenir à foi et hommage du Roi, à cause de son château et baronnie de Montmorillon, les seigneuries de la Valade, de la Chérie, de Moulime et de Plaisance en partie, au devoir d'un gant blanc du prix de six deniers, à mutation d'homme et de seigneur. (Arch. Vien. C 389.)

2. Le 27 janvier 1692, Félix Augier, avocat au siège royal de Montmorillon, déclarait tenir de la commanderie de Rouflac (ordre de Malte) une maison sise à Moussac-sur-Gartempe, joignant à l'église et au cimetière, au devoir d'un boisseau de froment, mesure de Montmorillon (a), et un sol de rente noble, féodale et foncière, payables chacun an au jour et fête de Saint-Michel. (Arch. Vien. H³ 266.)

(a) Le poids du boisseau de Montmorillon (ville) était de 28 livres. Voici la différence de ce boisseau avec ceux de la Maison-Dieu, de la Chatille, de Bouresse, de la Trimouille et de Latus (Arch. Vien. H³ *bis* 385) :

	POIDS du BOISSEAU (en livres)	DIFFÉRENCE avec MONTMORILLON (ville)	
		en plus	en moins
Maison-Dieu.	30	$\frac{1}{12}$	»
La Chatille.	32	$\frac{1}{6}$	»
Bouresse.	25	»	$\frac{1}{9}$
La Trimouille.	22	»	$\frac{1}{5}$
Latus.	21	»	$\frac{1}{4}$

Le jeudy 13, la congrégation des curez s'est faitte et solemnité dans l'église de Saint-Martial où le curé d'Adriers a presché à la grande messe.

Le dit jour, après vespres, on a chanté le *Te Deum*, pour la prise de Luxembourg, dans l'église de Nostre-Dame où ont assisté M[r] le curé de Saint-Martial, les Augustins et les Récollects. M[rs] de la justice n'ont pas voulu s'y trouver à cause que le s[r] prévost[1] de Nostre-Dame, qui les estoit venu advertir le jour précédant, comme ils estoient à l'audiance, pour s'y rendre, refusa de leur laisser un costé du chœur qu'ils luy demandèrent pour se placer suivant qu'il se pratique partout.

Le sabmedy 15, j'ay esté disner à l'Ille et coucher à Azat. Le dimanche, j'ay esté à Commarsat parler à Mr de Boisbelet[2] touchant les réparations de la maison qu'il a à Azat, joignant celle de Mlle de Balantru[3], ma belle-sœur, qui s'en va choir et attirera celle de ma dite belle-sœur. Le mardy 18, nous en fîmes faire visite et ne voulut pourtant pas en signer le procez-verbal et dit qu'il feroit faire ce qu'il faudroit. Le vendredy 21, j'allay disner chez le s[r] de la Vergne[4], fermier de Mr de Lagebertye à Saint-Germain, retournay coucher à Azat et le sabmedy 22 vins disner à l'Ille et coucher céans.

Le lundy 17, ont esté espousez, en l'église de Saint-Martial, par M[re] [Charles] Bichier, curé, M[e] [Pierre] Veras, s[r] de la Bastière, procureur et notaire en cette ville, et dame [Jeanne] Goudon, fille aisnée de Me Jean Goudon, s[r] de Boismenu, notaire.

Le dimanche 23, on a fait le feu de joye, pour la prise

---

1. Louis Grault.
2. Jean de Cognac, sgr de Boisbelet et de Commersat.
3 Magdeleine Clavetier, veuve de Philippe de Guillaumet, sgr de Balentru.
4. Robert de Verdilhac, s[r] de la Vergne.

de Luxembourg [1], au Pont-Neuf [2], proche de la rivière, vis-à-vis la rue qui va au fauxbourg de la Queille, ce que je n'avois jamais veu faire ailleurs que dans la place de la Closture, et une fois on le fit, pour la prise de La Rochelle [3], sur le terrier de Saint-Martial. C'est M^r le lieutenant civil Micheau, qui a commencé d'exercer la charge de scindic en laquelle il avoit esté nommé il y avoit environ deux mois, qui l'a fait faire de la sorte.

Le lundy 31, le fils du Breton a esté marié dans l'église du bourg de Journé avec une fille du dit bourg.

Aoust 1684, commencé par le mardy.

Le vendredy 11 aoust, j'ay esté coucher à Angle et le lendemain je suis arrivé chez Mr de Lagebertye où j'ay demeuré jusques au lundy 28 que j'en suis party, environ les six heures et demie du matin, et suis arrivé céans à huict heures et demie du soir le mesme jour.

Le dit jour vendredy 11, Me Léonnard Bonnet, s^r des Forges, a esté installé en l'office d'assesseur au siège royal de cette ville par M^r le lieutenant criminel [4]. Il a esté receu au dit office que le s^r de l'Héraudière, son beau-père, avoit donné en mariage à sa fille [5], femme du dit s^r de Forge, par M^r le lieutenant général de Poictiers [6], et y a eu opposition à son installation par le s^r séneschal.

---

1. Luxembourg s'était rendu au maréchal de Créqui, le 4 juin, après vingt-quatre jours de tranchée ouverte.
2. Ce pont, qui reliait la rue des Jardins à la rue du Four, fut emporté par les eaux le 5 décembre 1740.
Le Pont-Neuf actuel, appelé d'abord le Grand-Pont, dont le devis s'élevait à cent huit mille francs, fut donné à l'adjudication le 10 décembre 1840, et adjugé au s^r Jacques Chabert, de Limoges, moyennant un rabais de 13 0/0. Antoine Pijeire, entrepreneur au Dorat, se rendit caution pour le s^r Chabert et offrit pour cautionnement une borderie d'une valeur de 15 000 francs, située à la Forge, commune de Latus. La réception de ce pont eut lieu le 1er novembre 1845. (Arch.Vien.S^t 37.)
3. Le 28 octobre 1628.
4. Louis Richard, s^r des Ors.
5. Jeanne Goudon.
6. Jean Irland, sgr de Bazoges.

Septembre 1684, commencé par le vendredy.

Le mercredy 6, M' de Vautibaut est allé coucher à Chauvigny et le lendemain à Chastelleraut et est retourné icy le dimanche 10 à la messe.

Le[1]. . . . . . . le nommé Poictevin, serrurier, a esté enterré dans l'église de la Maison-Dieu, contre la porte, à main gauche en entrant.

Le mardy 12, j'ay fait vandanger ma vigne où je n'ay eu que quatre pipes de vin et l'ouillage.

Le mardy 19, damoiselle Mathurine Dalest, femme de Pierre Mangin, s^r de Joumé, est décédée et a esté enterrée, le lendemain, dans l'église de Nostre-Dame, devant l'autel de Saint-Nicolas, un peu à droite et à costé gauche de Mlle Augier. Elle pouvoit estre aagée d'environ 47 ans.

Le dit jour 19, Mr de Vautibaut a esté coucher au Blanc et est retourné icy le sabmedy 23.

La nuict du mercredy 20 au jeudy 21, environ minuict, est décédé Martial Dalest, garçon, au village d'Allée, parroisse de Tollet, où il faisoit sa demeure. Il pouvoit estre aagé de 64 ans.

Le sabmedy des Quatre-Temps 23, Mre René Augier, s^r de Moussac, a receu l'ordre de prestrise de M^r l'évesque de Poictiers[2], et dit sa première messe le lendemain, jour de dimanche, au séminaire de Poictiers et est retourné icy le jeudy 28, et le lendemain, jour de Saint-Michel, a dit sa messe aux Religieuses.

Le sabmedy 30, Mr du Meslier[3] est retourné icy de Paris.

---

1. En blanc.
2. Hardouin Fortin de la Hoguette.
3. André Micheau, s^r du Meslier.

Octobre 1684, commencé par le dimanche.

Le sabmedy 7 octobre, ma niepce Chasaut[1] est venue icy avec sa fille aisnée[2] ; ont logé chez ma sœur[3].

Le[4]. . . . . Mr Augier[5], advocat en parlement, fils aisné de Mr Augier, advocat en cette ville, est arrivé icy de Paris.

Le sabmedy 21, ma niepce Chasaut s'en est retournée à Poictiers et est allée coucher en leur maison au Peux et a laissé ma niepce, sa fille, qui est venue loger céans, laquelle s'en est allée coucher le sabmedy[6]. . . . . . novembre à la Cadrie et le lundy ensuivant s'en est retournée à Poictiers avec Mme Mastribut[7].

Le lundy 23, Maillasson[8] et moy avons esté coucher à l'Ille et le lendemain à Azat.

Le jeudy 26, Maillasson est allé, après disner, à Saint-Germain ; le sabmedy 28, nous sommes retournez coucher à l'Ille et le dimanche au soir céans.

Novembre 1684, commencé par le mercredy.

Le jour de la Toussaincts, Pierre Pérot, sargetier, et Catherine Morneau, fille aisnée de Gamaliel Morneau, dit Besault, aussi sargetier, ont contracté mariage. Le contract passé chez Mr Augier, advocat, receu par Lhuyllier, notaire. Je l'ay signé. Ils ont esté espousez le lundy 27.

Le [6], a esté enterré dans [l'église] de Nostre-Dame le sr Lavau[9].

---

1. Marie Vachier, femme de Pierre Chazaud, sr du Cluseau.
2. Manon Chazaud.
3. Fleurence Demaillasson, veuve de Pierre Delamothe, sr des Chaussidiers.
4. En blanc.
5. François Augier.
6. En blanc.
7. Marie-Anne Garnier, femme d'Antoine Mastribut, sr de la Bertussie, conseiller au présidial.
8. Paul Demaillasson.
9. Pierre Delavault, chirurgien opérateur, 70 ans. Il était originaire d'Arnac-la-Poste (Haute-Vienne) et s'était marié à Montmorillon, le 5 septembre 1674, à Marie Laisné.

Le lundy 13, j'ay esté à Marin où j'ay fait faire l'appréciation du bestail.

Le sabmedy 18, environ deux heures du matin, est décédé Gilbert Pascaut, dit le Rivaut, marchand, et a esté enterré le lendemain dimanche 19. Il pouvoit avoir 72 ans. Il demeuroit dans le Fort.

Le mercredy 22, [Jean] Naude, s^r de Libourne, du bourg de Brigueil-le-Chantre, et dame [Elisabeth] Jacquet, fille de défunct Paul Jacquet, s^r de la Bignolle, notaire, ont esté espousez, dans l'église de Nostre-Dame, par Mre Julien Boudet, curé de Concise[1].

Le lundy 27, ont esté contractez et espousez, dans l'église de Saint-Martial, par Mre Louis Grault, prévost du chapitre de Nostre-Dame, Jean Gaillard, s^r des Bordes[2], et damoiselle Françoise Richard, fille aisnée de Me Louis Richard, lieutenant criminel, et de damoiselle Catherine Gaultier. Le dit s^r Gaillard est de la ville de la Souterrane.

Le mardy 28, ont esté contractez et espousez, dans l'église de Saint-Martial, par M^{re} [Charles] Bichier, curé, M^e [François] Ranion, s^r de Crellat, juge de la ville de la Souterrane, et damoiselle Marie de la Vergne, ditte Mlle de la Rue, dernière des filles de défunct Pierre de la Vergne, s^r de la Rue, et de dame Fleurance de la Vergne.

Le dit jour, ont esté espousez, dans l'église de Moulime[3], ..., s^r du Monteil, garde des traittes au bureau de[3]. . . . . . et Marie Sylvain, fille de défunct Mathurin Sylvain, s^r de Fayolle, sergent royal, et de dame Marguerilte de la Mothe, dont le contract de mariage a esté passé le jour précédent en cette ville, receu par Me Jean Goudon et son compaignon. Je l'ay signé.

---

1. Ils eurent un fils, Nicolas, baptisé à Brigueil-le-Chantre le 10 octobre 1689.
2. Fils de feu Charles Gaillard, s^r des Bordes, conseiller du Roi au Blanc, et de Françoise Ranger. Il fut maire de la Souterraine.
3. En blanc.

Le dit jour mercredy 29, est décédée, environ les quatre heures du matin, dame Margueritte Babert, fille de Mᵉ François Babert, procureur et notaire, aagée de 20 ans, et a esté enterrée, le jeudy 30, dans l'église de Nostre-Dame, à costé de la chapelle de Nostre-Dame-de-Pitié. Elle est morte d'une fièvre carte.

Le dit jour 30, a esté enterrée dans le cimetière de Saint-Martial, la nommée [Nicolle Garsaud, dite] Margarsode, vefve du nommé Lion [1] en secondes nopces. Elle estoit aagée, à ce qu'on disoit, de plus de 85 ans. C'estoit une femme fort dévotte.

Décembre 1684, commencé par le vendredy.

Un cordelier qui est gardien au couvent de la Rallerie a presché l'advent et caresme.

Le vendredy 15, environ onze heures du matin, est décédé [Jacques Pescher], dit Harlan [2], sellier, fils bastard de défunct Jean Rozet, sʳ de la Groge, et a esté enterré dans le cimetière de Notre-Dame, le lendemain sabmedy 16.

Le dimanche 17, Mʳ du Meslier [3] s'en est retourné à Paris, avec Mʳ Cailleau [4], prieur de Jouhé, avec lequel il estoit venu.

Le mardy 19, le fils aisné [5] de Mʳ Augier est retourné à Paris où il est demeurant et a plaidé au Parlement où il est advocat, il est allé coucher au Blanc et ira avec le messager de Rochouard.

Le dit jour mardy 19, est décédé Gaspard Fradet, sʳ de la Gastevine, qui estoit veuf de défuncte dame Marie Demaillasson, ma nièce, fille aisnée de défunct mon frère de la Faix, et a esté enterré dans le cimetière de la paroisse

---

1. Louis Lion.
2. Le 8 janvier 1668 il avait épousé Louise Rigault.
3. André Micheau, sʳ du Meslier.
4. Louis Cailleau.
. François Augier.

de [Pompaire], près Parthenay, d'où Mre Charles Fradet [1], son fils, est curé depuis peu. Il estoit aagé d'environ 62 ans.

Année 1685, commencée par le lundy.

Le lundy 1er jour, environ les quatre heures du soir, est décédé Me François Cœurderoy et a esté enterré, le lendemain, dans l'église de Nostre-Dame, dans la nef, du costé droit en entrant. Il avoit esté conseiller au siège royal de cette ville dans un des deux premiers offices qui y ont esté créez et s'en défit, en l'année 1655, à Me Phelippe Pichon, sr de Pommeroux. Il estoit né en l'année 1599.

Le mercredy 3 janvier 1685, Mr le marquis de Saint-Germain, gouverneur de la Marche, est venu icy et a logé chez Mr de l'Héraudière d'où il est party le lendemain pour aller à Poictiers. Mr de l'Héraudière est allé avec luy.

Le vendredy 5, la mareschaussée de cette ville est allé à Poictiers et Mr l'intendant [2] leur a fait faire la reveue le lendemain 6. Ledit jour vendredy 5, Mrs de Vautibaut et le controlleur [3] sont aussi partys et sont allez coucher à la Lettrie chez Mr le prieur de Valançay [4], et, le lendemain, se sont aussi rendus à Poictiers. Mr de l'Héraudière retourné icy, le dimanche 7, et le reste de la mareschaussée, le mardy 8, et Mrs de Vautibaut et le controlleur sont retournez coucher à la Lettrie et se sont rendus icy le jeudy 11.

Le mardy 23, a esté enterré François [Grimaud], dit Tantqueterre, marchand, dans le cemetière de Saint-Martial.

---

1. Le 4 juillet 1687, il cédait à Louis Fradet, maître apothicaire, et à Fleurant Fradet, sr de la Loge, ses frères, ce qui lui revenait dans la succession de Marie Demaillasson, leur mère. (Arch. Vien. E² 251.)
2. Nicolas de Lamoignon de Basville.
3. François Demareuil, contrôleur des montres.
4. René Ladmirault, prieur de Valençay.

Le jeudy 26, ont esté espousez, en l'église de Saint-Martial, par Mre Charles Bichier, curé, Charles Fouqueteau, sr du Mortier [1], de la ville de Poictiers, et damoiselle Marie-Anne Richard [2], ma cousine, fille de défunct Mr le procureur du Roy.

Ledit jour jeudy est décédé en la maison noble de la Mothe-Tersanne, parroisse de Tersanne, François Pian, sr de l'Aumosne, fermier de ladite seigneurie, et a esté enterré dans l'église dudit Tersanne. Il estoit aagé d'environ 67 ans.

Ledit jour jeudy, a esté enterré Jean Vezien, escuyer, sr du Brueil-Champaigne, dans l'église de Saint-Pierre de la Trimouille. Il pouvoit estre aagé d'environ 59 ans.

Février 1685, commencé par le jeudy.

Le dimanche 4, le dernier [3] des enfans de défunct Daniel Rousseau et la fille cadette [4] de défunct Fleurant Navière, maître fourbisseur d'espée, ont esté espousez, en l'église de Saint-Martial, par le sr Bichier, curé.

Le mercredy 14, Mr le sénéschal [5] est party pour aller à Paris.

Le dimanche 25, Mrs de l'Héraudière et Richard [6] sont partis aussi pour aller à Paris, le premier à cause de l'opposition faitte par le sr sénéschal à l'instalation du sr des Forges, gendre dudit sr de l'Héraudière, nonobstant laquelle Mr le lieutenant criminel [7] ne laissa pas de l'instaler et dont en suitte ledit sr sénéschal fut condamné de se

---

1. Avocat en parlement, fils de Pierre Fouqueteau, sr du Mortier, docteur en médecine, et de Florence Ragonneau. Il fut échevin de Poitiers en 1690.
2. Fille de Charles Richard, sr de la Chèze, procureur du Roi, et de Éléonore Vezien.
3. Jean Rousseau.
4. Fleurence Navière.
5. Pierre du Chastenet.
6. Joseph Richard, sr de Tussac.
7. Louis Richard, sr des Ors.

désister par l'arrest des arbitres par eux pris à Paris, ce qui fut exécuté. Et ledit sʳ Richard s'estoit allé faire recevoir dans l'office de procureur du Roy en la séneschaussée, prévosté et mareschaussée de cette ville où il fut reçeu le mardy sainct 17 avril ensuivant; retourna icy le vendredy 18 may et a esté instalé le mercredy ensuivant 23. Et Mʳ de l'Héraudière n'est retourné que au mois d'aoust ensuivant.

Mars 1685, commencé par le jeudy.

Le lundy 5, ont esté espousez, en l'église de Saint-Martial, par le sʳ Bichier, curé, [Jean] Bost [1], de Plaisance, et damoiselle [Marguerite] Goudon, fille aisnée de Jean Goudon, sʳ du Chambon, advocat, et de damoiselle [Magdeleine] de la Vergne, ses père et mère.

Le dimanche 13, est décédée au chasteau de Lanet [2] damoiselle Marguerite de la Forest, ma cousine, femme de Léonard Chaud, sʳ de Boisdumont, en suitte d'une couche, et a esté enterrée le lendemain, dans la chapelle [3], vis-à-vis

---

1. Jean Bost, sʳ de la Chambaudrie.
2. La maison noble de Lanet (aujourd'hui Lenet) fut saisie le 8 août 1701 sur Léonard Chaud, sʳ de Boisdumont, pour défaut d'hommage. (Arch. Vien. E² 234.)
3. Par leur donation mutuelle du 11 juillet 1639, confirmée le 21 mars 1652, André Richard, sgr de Lanet, conseiller du Roi à Montmorillon, et Jeanne Berthelin, son épouse, déclarent vouloir qu'il soit bâti une chapelle le long du chemin allant du lieu noble de Lanet au village de ce nom, à vingt ou trente pieds de la petite tour; que cette chapelle soit fournie et entretenue d'ornements et vêtements sacerdotaux aux dépens du survivant d'eux ou de ses héritiers; que dans la dite chapelle la messe soit dite et célébrée les dimanches et jours de fêtes commandées et qu'il soit dit à la fin de chaque messe un *Salve Regina* et un *De profundis* pour le repos de leurs âmes. Pour la nourriture et l'entretien du chapelain, lesdits Richard et Berthelin donnent des maisons au village de Lanet, une métairie au village de la Lande, douze charretées de bois par an et permission de mettre à la paisson deux pourceaux dans les bois de Lanet. Ledit chapelain sera nommé par lesdits Richard et Berthelin ou par le survivant d'eux et après leur décès par celui qui sera seigneur de la maison de Lanet. Le chapelain et ses successeurs seront tenus de demeurer au village de Lanet et de montrer aux jeunes enfants leur croyance et à lire et écrire. Lesdits Richard et Berthelin veulent que par le survivant d'eux ou leurs héritiers il soit donné à treize filles pauvres nées en

du clocher, du costé du prieuré. Il fit un très grand froid et fort rude durant lesdits deux jours.

Avril 1685, commencé par le dimanche.

Le jeudy 26, est décédé à Paris Robert de Louche, s^r de Boisrémond, d'une appoplexie. Il avoit esté quelque temps auparavant malade et les médecins croyoient qu'il en mourroit. Cependant il s'en estoit retiré et il prenoit du laict pour achever de se remettre quand il fut surpris de l'appoplexie. Il a esté enterré dans le cimetière de Saint-Sevrin.

La nuict du dimanche de Quasimodo 29 au lundy 30, est décédé Germain Gaultier, s^r des Lèzes, cy-devant lieutenant de robbe courte en la mareschaussée de cette ville, aagé d'environ 72 ans, qui estoit mon cousin issu de germain. Il estoit allé demeurer au village des Lèzes parroisse de Béthine, il y avoit six ou sept mois, et a esté enterré dans l'église dudit Béthine ledit jour dimanche.

May 1685, commencé par le mardy.

Le jeudy 24, je suis allé à l'Ille où j'ay demeuré tout le lendemain et suis retourné céans le sabmedy 26.

Juin 1685, commencé par le vendredy.

Le mercredy d'après la Pentecoste 13, est décédé Mre Charles Bichier [1], curé de Saint-Martial de cette ville, environ les 8 heures du matin, et a esté enterré, ledit jour, dans le chœur de ladite église, vis-à-vis du banc

---

loyal mariage d'artisans de la ville de Montmorillon, à chacune, la somme de soixante livres pour leur constitution dotale lors et temps de leur mariage. Donnent en outre lesdits Richard et Berthelin au couvent des Récollets de Montmorillon six cents livres pour la construction d'un rétable en leur chapelle ; aux églises de Notre-Dame et de Saint-Martial, à chacune d'elles, quatre cent cinquante livres. (Arch. Vien. G¹⁰ 10.)

La chapelle de Lanet était sous le vocable de Saint-Jacques-le-Mineur.

1. Agé de 32 ans.

des curez. Il n'avoit pris possession de la cure que le 5 septembre 1683.

Le jeudy 14, Mr de Vautibaut et moy sommes allez voir Mr de Lagebertye, avons couché ledit jour à Prueilly et le lendemain sommes arrivez, avant disner, chez lui où nous avons demeuré jusques au jeudy 28 que nous en sommes partis et venus coucher à Angle, et, le lendemain 29, sommes venus ouïr la messe à Saint-Savin et retournez icy, environ une heure après midy.

Le sabmedy 16, Mre René Augier, s^r de Moussac [1], fils puisnay de Me Félix Augier, advocat, et de défuncte damoiselle Marguerite Vrignaud, a pris possession de la cure de Saint-Martial; Mre Jean Lefebvre [2], prieur dudit Saint-Martial, l'a mis en possession.

Il a esté pourveu de la dite cure par M^r l'évesque de Poictiers [3] et du depuis M^r l'abbé de Saint-Martial de Limoge, dont elle dépend, l'en a encore pourveu.

Juillet 1685, commencé par le dimanche.

Le 1er jour de juillet, est décédé Me Jean de la Forest, s^r de l'Espine, procureur, et a esté enterré, le lendemain, dans [l'église] de Saint-Martial. Il pouvait estre aagé de 68 ans.

---

1. René Augier mourut le 2 juin 1740, à l'âge de 80 ans, et fut enterré le lendemain à Notre-Dame, en présence de François Augier, lieutenant général civil vétéran, et de Laurent Augier, lieutenant général civil, frère et neveu du défunt. Il avait été nommé prévôt de Notre-Dame par brevet du roi Louis XIV du 1er novembre 1702. S'étant démis de cette fonction, le chapitre de Notre-Dame lui conféra, le 29 avril 1740, le titre de prévôt honoraire avec le rang et les honneurs attachés à cette dignité. (Arch. Vien. G⁸ 81.)

2. Par transaction passée le 29 juin 1634 entre Louis Moreau, curé de Saint-Martial de Montmorillon, et Jean Lefebvre, prieur du prieuré du même lieu, ce dernier s'engage à payer audit curé cent vingt livres de pension congrue par an, lui abandonne le droit de *débite* que payent les paroissiens le jour de Pâques, et reste seul en possession du droit de *plaçage* payé par les marchands qui se tiennent dans le cimetière de Saint-Martial les jours de foire. (Arch. Vien. Fonds Babert.)

3. Hardouin Fortin de la Hoguette.

Ledit jour 1ᵉʳ, Mʳ de Vautibaut est allé à Poictiers pour le tiercement qu'il avoit fait du bail de la maison de Badevillain qui luy a esté adjugé et est retourné icy le vendredy 6. Du depuis, il s'est accommodé avec Mᵐᵉ de Neuchèze Badevillain et luy a rétrocédé ledit bail.

Le mardy 3, je suis allé à l'Ille et suis retourné icy, le vendredy 6, et passay chez Mʳ Brisson, archiprestre de Monsat-sur-Vienne où j'ay disné.

Le dimanche 8, est décédée, au chasteau de Boisremond[1], damoiselle Catherine de Maillasson, femme de [Sylvain] de Louche, sʳ de Varenne, ma niepce, aagée de 30 ans 3 mois et 8 jours.

Le dimanche 15, est décédée Anne Veras[2], femme de Jean Trouillon, marchand, et a esté enterrée, le lendemain, dans le cimetière de Saint-Martial.

Le mardy 17, a esté enterrée [Charlotte] Choquin, vefve de Gilbert Pascaut, dit le Rivaut, marchand.

Le sabmedy 24, les sʳˢ des Lèzes et la Dallerie ont icy mené trois bohêmes prisonniers ; le 19 précédent, le sʳ de la Ferrandière[3], fils aisné du défunct sʳ du Brueil-Champagne, en avoit tué un à la Trimouille auquel il avoit osté un mousqueton duquel il le tua, le dit bohême luy ayant présenté un pistollet qu'il avoit, en le menaçant. Et le vendredy 20, en abordant la trouppe des dits bohêmes qui estoient dans la forest de la Luzerèze, on tua une de leurs femmes d'un coup de fusil tiré, à ce qu'on a dit, par un habitant de Bélâbre qui estoit, avec plusieurs autres, avec la mareschaussée de cette ville. On en condamna icy deux de ceux que l'on avoit pris, aux gallères, et ayant esté conduis

---

1. Bois-Remond, commune de Parnac (Indre). Château avec tours carrées et meurtrières bâti par Michel Delouche en 1626. (Eug. Hubert, *Dict. hist. de l'Indre.*)
2. Agée de 67 ans. L'inhumation eut lieu en présence de François Estevenet et François Babert, chanoines de Notre-Dame de Montmorillon, Julien Boudet, curé de Concise, et Félix Delavergne, sous-diacre.
3. Jacques Vezien, sʳ de la Ferrandière.

à Poictiers pour les mettre à la chesne quand elle passeroit, Mr de Bâville, intendant, les donna à un cappitaine qui les demenda pour mettre en sa compagnie.

Aoust 1685, commencé par le mercredy.

Le vendredy 3, j'ay esté coucher à l'Ille [1] et suis retourné icy, le dimanche 5, où j'ay passé contract de la maison, grange et jardin que Mr de Lagebertye nous avoit donné, et d'une pièce de terre, proche le dit lieu de l'Ille, qu'il nous avoit aussi donné, qu'il avoit arrenté dès l'année 1668 au nommé Le Puy. Le Roy, nottaire a la minutte du contract.

Le lundy 13, Mlle de la Vergne [2] est accouchée d'une fille, environ midy, laquelle a esté baptisée, le lendemain, par Mre Laurens Augier, chanoine, en l'église de Nostre-Dame ; le baptesme fait en l'église de Saint-Martial. Et a esté parrain, Mre René Augier, sr de Moussac, curé du dit Saint-Martial, et marraine, damoiselle Marie Cailleau, femme du sr Bonnin, advocat ; et a esté nommée Marie-Radegonde [3].

Le mercredy 15, jour de l'Assomption, est décédée dame [Marie] Amard, vefve de défunct Jean Jacquet, sr de la Fontmorte, procureur, et a esté enterrée, le lendemain,

---

1. Il y avait à l'Isle-Jourdain, près l'église, un château appelé Calais, siège d'une baronnie au comté de la Basse-Marche. Ce château, dont l'existence était antérieure au xiie siècle, fut détruit par les Anglais durant la guerre de Cent ans. Une tour dominant le pont, qui en était demeurée l'unique vestige, fut démolie en 1832 « comme rappelant d'anciens abus », à la suite d'une délibération, restée célèbre, du conseil municipal de l'Isle-Jourdain.
Le fief de l'Isle-Jourdain, qualifié marquisat dès la fin du xvie siècle, relevait de la baronnie de Calais. Une autre partie de la ville dépendait d'un autre fief ayant le titre de châtellenie et appartenant aux Carmes de Mortemart (Haute-Vienne). (Rédet, *Dict. topogr. du départ. de la Vienne.*)
Les fourches patibulaires de la justice de Calais étaient placées dans un champ situé près du village de la Vergnaudière, cne de Moussac-sur-Vienne. (D. Fonteneau, XXIX.)
2. Jeanne Maurat, femme de Pierre Vrignaud, sr de la Vergne.
3. Elle épousa Laurent Robert, sr de la Marquetière, juge sénéchal du Dorat, fils de Jean Robert et de Anne Maurat, et mourut aux Carmes le 17 septembre 1714. Laurent Robert se remaria, le 21 décembre 1721, avec Jeanne Delavergne, fille de René Delavergne et de Marie Goudon.

dans l'église de Nostre-Dame, entre la muraille et le chœur des chanoines, à main gauche en entrant dans la dite église [1]. Estoit aagée d'environ 75 ans [2].

Le sabmedy 18, à deux heures après midy, ma fille Vautibaut est accouchée d'un garçon, lequel a esté baptisé, le lendemain, par Mre de Moussac, curé de Saint-Martial, et a esté son parrain, Maillasson mon fils, et marraine, dame [Judith] de Ravenel, femme en troisiesme nopce du s^r de Saint-Pol ; et nommé Paul-Marcoul.

Le lundy 20, entre les neuf à dix heures du matin, est décédée damoiselle Magdelaine Clavetier, vefve du défunct s^r de Balantru, ma belle-sœur, et a esté enterrée, le lendemain, sous nostre banc, près le crucifix, dans l'église de Saint-Martial ; estoit aagée de 82 ans un mois moins deux jours. Elle demeuroit avec nous dès le 9 mars 1676, six semaines après le décèds du dit s^r de Balantru.

Le dit jour lundy, la femme [3] de M^e [André] Vezien, s^r de la Chambut, procureur, ma filleulle, est accouchée d'un garçon, vers le soir ; et a esté baptisé, le lendemain, dans l'église de Saint-Martial, et a esté son parrain, Me Louis Bonnin, advocat, et marraine damoiselle [Marie] Vacher, femme en secondes nopces de Me François Cœurderoy [4], conseiller ; et a esté nommé Louis-François.

---

1. « Dans la ruelle qui va à l'autel de M^r saint Jean. »
2. Les héritiers de Marie Amard ayant renoncé à sa succession, ses biens furent vendus les 17 février et 1er mars 1690. La métairie des Prunières, près Angle, fut adjugée à Pierre Collin, s^r de Fontbernier, pour 1200 livres ; la maison située vis-à-vis l'église des Récollets, à Montmorillon, à Jean Lefebvre, prieur de Saint-Martial, pour 700 livres ; la métairie de Coupé, à Jean Jacquet, juge sénéchal d'Angle, fils de la défunte, pour 500 livres ; la métairie de la Fontmorte, à Nicolas Chemin, prieur de la Chaise, pour 700 livres. (Arch. Vien. E² 258.)
3. Marie Dechaume.
4. En 1792, un descendant de cette famille, qui habitait le Dorat, changea son nom de Cœurderoy pour celui de Cœur-de-la-Nation. S'étant rendu acquéreur du château de l'Age-Bernard, la municipalité de Lussac-les-Eglises décida, le 12 pluviôse an II, que la chapelle et les quatre tours du château seraient rasées et les fossés comblés. Elle enjoignit, le 15 germinal suivant, à Cœur-de-la-Nation (ex-Cœur-de-Roy) de se conformer sans délai à la délibération précédente. (R. Drouault, *Monographie de Saint-Sulpice-les-Feuilles*, 2e partie.)

Le dit jour mardy 21, est décédée dame [Marie] Grault, vefve de défunct Jean Cailleau, s^r de Fontcailleau, estant au village de Thornat, parroisse d'Anthigny, et a esté enterrée, le lendemain 22, dans l'église du dit Anthigny. Elle pouvoit estre aagée d'environ 66 ans.

Le mardy 28, est décédée dame [Jeanne] Cailleau, vefve de défunct Paul Jacquet, s^r de la Bignolle, notaire, laquelle a esté enterrée, le lendemain 29, dans l'église de Nostre-Dame, proche le crucifix, un peu à costé droit en entrant. Elle pouvoit estre aagée d'environ 72 ans.

Septembre 1685, commencé par le sabmedy.

Le dimanche 9 septembre, environ les trois heures après midy, est décédé Me Pierre de la Forest l'aisné, doyen des procureurs de ceste ville, aagé de 82 ans, et a esté enterré, le lendemain, sous son banc, dans l'église de Saint-Martial.

Le dit jour lundy 10, le nommé Laurens Déchamps, journalier, est décédé et a esté enterré, le lendemain mardy, dans le cimetière de Saint-Martial, proche et vis-à-vis l'ormeau[1], entre les deux chemins du dit cimetière.

Octobre 1685, commencé par le lundy.

Le mercredy 3, Mr de Vautibaut et moy avons esté disner à la Fauconnière et coucher à Azat ; le vendredy 5, disner à Saint-Germain et retournez à Azat ; le mardy 9, coucher à l'Ille et retournez icy le mercredy 10 au soir.

Le jeudy 25, Mr de Lagebertye est arrivé céans, à une heure après midy, et s'en est retourné chez luy le sabmedy 27. Il a passé à la Contour, venant icy et s'en retournant, y a disné en s'en retournant. Il avoit la Ramée, l'un de ses valets, avec luy.

---

1. Cet ormeau a donné son nom à une rue de la ville de Montmorillon.

Le lundy 29, dame Marie Jacquet, vefve en secondes nopces de défunct Me Charles Bonnin, sr de Tervanne, procureur, s'est remariée, dans une église de la ville de Poictiers, avec le nommé Rideau [1], procureur fiscal de Champagné-saint-Hylaire. Elle est aagée de plus de 64 ans.

Le mercredy 31, Me [François de] Lavergne, sr de Gibretière, advocat, a esté espousé, au soir, par Mre de Moussac, curé de Saint-Martial, avec la fille [2] de défunct [Félix] Nouveau, sr de la Carte, vivant archer en cette ville.

Novembre 1685, commencé par le jeudy.

Le mardy 6, Catherine [Boileau], ditte la Bouchaloise, a esté contractée avec [Laurent Déchamp], chapelier, veuf, et qui a cinq enfans, et nous l'avons envoyée le mercredy 14. Ils ont esté espousez par Mr de Moussac, curé de Saint-Martial, le lundy 26.

Le mardy 20, ont esté espousez, à Saint-Martial, par le dit sr curé, Louis Estourneau [3], escr, sr de Tersanne, dit le chevalier de Tersanne, et damoiselle Marie Mangin, fille de [Jean] Mangin, escr, sr de Chisé, esleu au Blanc, et de

---

1. Jacques Rideau.
2. Anne, fille de feu Félix Nouveau, sr de la Carte, et de Marie Goudon.
François Delavergne, rapporteur des défauts à Montmorillon, épousa en deuxièmes noces Catherine Delaforest. Il eut du premier lit : 1o Jean-François, baptisé le 30 octobre 1686 ; 2o Marie-Anne, mariée, le 14 février 1713, à Jean Goudon, sr de Châteaugaillard, fils de feu François, sr de la Boulinière, et de feu Marie Cœurderoy ; 3o Bernardin, baptisé le 7 mai 1692 ; 4o Pierre-Bonaventure, baptisé le 6 juillet 1693 ; 5o Fleurence, baptisée le 1er juillet 1699. (Reg. par. de Saint-Martial de Montmorillon.)
Le 25 mars 1715, François Delavergne, Catherine Delaforest, son épouse, Gabrielle Lhuillier, veuve de Félix Augier, sr de Malgoute, et Guillaume Augier, huissier à Montmorillon, au nom de Marie Ducellier, sa femme, déclarent tenir de la commanderie de Routlac (ordre de Malte) la tenue des Trois-Broches, située au village des Mâts, au devoir de trois boisseaux de seigle, mesure de Montmorillon, et trois deniers de cens et rente noble, féodale et foncière, payables chaque année au jour et fête de Saint-Jean-l'Evangéliste. (Arch. Vien. H3 266.)
3. Louis Estourneau et Marie Mangin eurent Félix, baptisé à Saint-Martial de Montmorillon le 13 août 1693.

défuncte damoiselle Catherine Dalest, sa première femme [1].

. . . . [2].

Année 1686, commencée par le mardy.

Le mercredy 2 janvier 1686, M^r le séneschal [3] est party pour aller à Paris. Le fils cadet de Babert, procureur, est allé avec luy.

Le sabmedy 5 janvier, M^r et Mme de Pruniers [4] sont venus céans et s'en sont allez le lundy 14. C'estoit pour s'accommoder avec M^r d'Aubière, ce qui ne s'est pas fait.

Le sabmedy 26, le s^r de Lagotière, cappitaine d'une compagnie d'infanterie, est party avec sa recrue et a esté coucher à Saint-Savin. Mr de Vautibaut et Maillasson ont esté le conduire jusques-là qui estoit le premier logement de la routte, et le s^r des Lèzes, son frère, a esté jusques à Charnisé. Il y avoit deux mois et davantage qu'il estoit au païs.

Février 1686, commencé par le vendredy.

Le [5]..... M^r de l'Héraudière [6] est party pour Paris.

Le lundy [11, René] Claveau, chirurgien, fils du nommé Lavigne, a esté espousé, à Saint-Martial, avec la fille aisnée [7] de Crugeon, s^r des Garances, teinturier.

---

1. Jean Mangin avait épousé en deuxièmes noces, le 26 juillet 1672, Jeanne Bastide, fille de Jacques, s^r de Villemuzeau, et de Jeanne Emard.
2. Il manque la fin du mois de novembre et le mois de décembre.
3. Pierre du Chastenet.
4. Gaspard Fricon, sgr de Pruniers, et Anne Guimard, son épouse.
5. En blanc.
6. Pierre Goudon, écuyer, s^r de l'Héraudière, prévôt provincial de la maréchaussée à Montmorillon, obtint du roi Louis XIV, en mai 1703, pour lui et sa postérité, des lettres de noblesse qui furent enregistrées au Parlement de Paris, en la Chambre des comptes et à la Cour des aides. Le 22 novembre suivant, il présenta ces lettres au tribunal de l'Election de Poitiers, faisant valoir dans sa demande qu'elles lui avaient été octroyées « en considération des services rendus pendant plusieurs années, soit en l'exercice de la dite charge de prévôt, en mettant les ordres du Roi à exécution, soit en qualité de subdélégué de Nosseigneurs les Intendants de cette province ». (Arch. Vien. C. 640.)
7. Eléonore.

— 53 —

Le lundy 25, la femme du nommé Godefroy, maistre d'écolle [1], est accouchée d'un garçon qui a esté baptisé, le lendemain, dans l'église de Nostre-Dame, par Mre Laurens Augier, chanoine d'icelle. Me Louis Richard, lieutenant criminel, a esté parrain, et damoiselle Jeanne Mérigot, femme de Mr de Jeu, marraine. Et a esté nommé Louis.

Le dit jour 25, à une heure après midy, la femme [2] de Louis Boucher, dit le petit Prince [3], maistre arquebusier, est accouchée d'un garçon qui a été baptisé, à Saint-Martial, par Mre René Augier, s^r de Moussat, curé. Le mercredy 27, le frère [4] de la femme du dit Boucher, qui demeure à Chauvigny, a esté parrain et la mère [5] du dit Boucher, marraine. Et a esté nommé [Jean].

Le dit jour 25, ont esté espousez, dans l'église de Nostre-Dame, le fils aisné [6] du nommé Séguy, marchand, et la fille cadette [7] de François Gendre, boucher.

---

1. Le 12 novembre 1783, sur la demande des habitants de Montmorillon, les PP. Augustins ouvrirent un collège dans une maison leur appartenant, située devant la porte de leur couvent, sur la place où se tenaient les foires des confréries. Les principaux bourgeois et habitants de la ville contribuèrent aux réparations de la dite maison, qui était en ruine, ainsi qu'à l'achat des bancs et des tables nécessaires. L'établissement, gouverné par des religieux Augustins, sous l'autorité de l'évêque et de l'intendant, comprenait les classes de sixième, cinquième, quatrième, troisième, seconde et rhétorique. Les élèves, tous externes, payaient trois livres par mois. Ceux qui n'étaient pas de la ville logeaient dans des familles bourgeoises où l'on trouvait de très bonnes pensions à 25 ou 26 pistoles par an.
Avant la fondation de ce collège, c'était un nommé Mr Dupont, prêtre, qui donnait aux jeunes gens de Montmorillon les premiers principes de la grammaire Il prenait des pensionnaires, mais ayant perdu sa sœur unique qui demeurait avec lui, il laissa son pensionnat. (Arch. Vien. D. 201.)
2. Marie Bouyer.
3. Fils de Christophe Boucher, dit le Prince, et de Louise Barbarin.
4. Jean Bouyer, marchand à Chauvigny.
5. Marguerite Suire.
6. Michel, fils de Martial Séguy, marchand papetier, et de Jeanne Suire.
7. Marie Gendre, fille de François Gendre, boucher, et de Anne Lhuillier.

Le dit jour 25, ont esté espousez, à Saint-Martial, le fils [1] du nommé de Guignes, du bourg de Béthine, et la fille aisnée [2] de [Félix] Augier, s^r de Malgouste, hoste du Lion-d'or.

Mars 1686, commencé par le vendredy.

Le sabmedy 2, Marie Demaillasson [3], quatriesme fille de défunct mon neveu l'enquesteur, est morte environ les cinq heures du matin, et le lendemain dimanche a esté enterrée dans nos sépultures, dans le cœur de l'église de Saint-Martial. Elle pouvoit avoir environ 29 ans.

Le mardy 5, Mr de Vautibaut est allé, par commission de Mr Foucaud [4], intendant dans cette généralité, pour faire procès-verbal de l'estat du couvent des religieuses de la Trimouille et voir ce qu'il faudroit bien d'argent pour parachever leur closture. M. l'intendant avoit reçeu ordre de la Cour pour cela. Il est retourné icy le lendemain, après avoir fait son procez-verbal.

Le mercredy 6, est décédé le fils aisné [5] de Mr Cailleau, procureur [6]. Il estoit marié il y avoit desjà assez long-temps. Est mort pulmonique. Il estoit fort débauché. Il a esté enterré à Concize.

Le mercredy 20, Mr de Vautibaut est party pour aller à Paris, est allé coucher au Blanc, le lendemain à Preuilly ; le vendredy 22, a esté disner chez Mr de Lagebertye, où il a séjourné jusques au dimanche qu'il est allé coucher à

1..... Deguigne, fils de François Deguigne, sergent royal à Béthines, et de Marguerite Vezien, décédée le 24 janvier 1685, à l'âge de 50 ans.

2. Gabrielle Augier, fille de Félix Augier, s^r de Malgoute, et de Gabrielle Lhuillier.

3. Fille de feu François Demaillasson, enquêteur, et de Elisabeth Demareuil.

4. Nicolas-Joseph Foucault, marquis de Magny, né à Paris le 8 janvier 1643, avocat général au Grand Conseil en 1672, maître des Requêtes en 1674, intendant à Montauban en 1684, en Poitou de 1685 à 1688, à Caen en 1689.

5. Paul, fils de Jean Cailleau, procureur, et de feu Marie Augier.

6. Inhumé à Notre-Dame de Montmorillon le 30 août 1696.

Amboise où il a rencontré Mr de Lagebertye, lequel retournoit de la Cour, qui s'est rendu en sa maison à Saint-Germain, le lundy 25.

Le [1]...... François Lhuyllier, s^r de Biard, est décédé et a esté enterré dans le cimetière de Saint-Martial, est mort subitement ; il estoit aagé d'environ 74 ans.

Le mardy 26, Pierre Mangin, s^r de Joumé, veuf, et damoiselle Marie Arnauldet, fille de François Arnauldet, s^r du Brueil, l'un des receveurs des consignations, ont été espousez, à Saint-Martial, par Mre René Augier, curé.

Avril 1686, commencé par le lundy.

Le lundy de la semaine saincte, 8 avril, je suis allé coucher à Angle et le lendemain chez Mr de Lagebertye où je tombay malade, le lundy de Pasque, d'une fièvre. Et en suis party le mercredy des Rogations 22 may, avec Mr de Vautibaut qui revenoit de Paris et y estoit arrivé le lundy précédent, et vinsmes coucher au Blanc, et le lendemain, jour de l'Ascension 23, céans.

. . . .
. . . . [2]

Juin 1686, commencé par le sabmedy.

Le jeudy 6, Mr de Vautibaut est allé coucher à la Lettrie. Le lendemain, il est allé à Poictiers et est retourné icy le dimanche 9.

Le dimanche 23, sur les huict heures du matin, [Gabriel de] Hauleterre, taneur, est décédé et a esté enterré, le soir du mesme jour, dans le cimetière de Saint-Martial, à cause qu'il estoit tout couvert de pourpre. Il tomba malade le lundy 17.

---

1. Laissé en blanc. Le mercredi 10 avril, d'après le registre paroissial.
2. Il manque le mois de mai.

Juillet 1686, commencé par le lundy.

Le sabmedy 6, moy et Maillasson sommes allez coucher à Azat ; le mardy 9, disner à Saint-Germain et retournez coucher à Azat ; le vendredy 12, disner à l'Ille et le sabmedy coucher icy.

Le [mercredy 10], Jeanne Morneau, ma filleulle, femme de Léonnard Gallet, sergetier, a esté enterrée dans le cimetière de Saint-Martial.

Le mardy 16, la femme de [Fleurant] Pouyollon, dit la Fontaine, est décédée et le lendemain a esté enterrée au cimetière de Nostre-Dame. Le dit la Fontaine est hoste du Poinct-du-Jour [1].

Le mardy 23, ont esté espousez, à Saint-Martial, [Pierre] du Four, sergent royal, et Margueritte de la Forest, fille aisnée de défunct Pierre de la Forest, appellé la Forest Chaillat, procureur.

Le dit jour, dame [Louise] Bost, vefve de défunct [René] de la Vergne, s^r des Gasts, a esté espousée à Plaisance avec [2]...... Sautreau, du bourg d'Adrier, qui demeuroit il y avoit desjà longtemps à Paris, clerc.

Le dit jour, vers le soir, est décédé de la petite vérolle [Pierre] de la Vergne, fils cadet du s^r de la Rue, et a esté enterré le lendemain au cimetière de Saint-Martial. On l'appelloit Grignotte.

Aoust 1686, commencé par le jeudy.

La nuict du sabmedy 3 aoust 1686 au dimanche 4, est décédée [Catherine] Brisson, femme du nommé Delage, mareschal, et a esté enterrée, le dit jour dimanche, au cimetière de Saint-Martial ; aagée d'environ 27 ans.

La nuict du dimanche 4 au lundy 5, est décédée damoi-

---

1. Il avait succédé, comme hôte du Point-du-Jour, à Paul Dechampagne, marié le 7 janvier 1671, à Anne Guionnet.
2. En blanc.

selle Magdelaine-Elisabeth de Chastenet, appellée Mlle de Mérignat, fille de Mr le séneschal de cette ville, et a esté enterrée, le dit jour lundy, dans l'église des Augustins de cette ville, dans la chappelle de la Saincte-Vierge, proche le mur où est le vitral, au mesme endroit où défuncte dame Elisabeth de Saincte-Marthe, son ayeulle, est enterrée. Elle estoit aagée de 20 ans moins 6 jours.

Le vendredy 9, est décédée damoiselle Anne Clavetier, ma chère espouse, à deux heures du matin, après avoir receu tous les sacremens, et a esté enterrée, le dit jour, dans l'église de Saint-Martial, ès sépultures de Mrs les Richards et à mesme endroit à peu près où est enterrée défuncte ma mère. C'estoit une très digne et très vertueuse personne et avec laquelle j'avois doucement vescu pendant nostre mariage qui fut le 3 juin 1647. Elle pouvoit estre dans sa 70me année. Je prie mon Seigneur Jésus-Christ de luy donner son sainct paradis.

Le [sabmedy 17, Louis] Argenton est décédé et a esté enterré, le mesme jour, au cimetière de Saint-Martial. Il pouvoit estre aagé d'environ 48 à 50 ans.

Le vendredy 16, sont arrivées en cette ville quatre compagnies du régiment Royal de Piedmont, d'où elles sont parties le dimanche 18, sont allées coucher à l'Ille. Le Roy leur a fait fournir l'estappe. On dit qu'elles alloient en garnison à Xaintes.

Le lundy 19, Me [Jean] Cailleau, médecin de cette ville, est mort environ les onze heures du matin, enterré, le lendemain, dans l'église des Augustins.

Le sabmedy 24, à neuf heures du soir, est décédé Me Louis Bonnin, advocat, et a esté enterré, le lendemain, dans l'église de Saint-Martial, sous son banc qui est à main gauche en entrant, presque au milieu d'entre la chaire du prédicateur et la porte de l'église.

Le dit jour 24, un cappitaine de cavallerie réformée, incorporé dans le régiment de Piedmont-Cavallerie, est arrivé icy avec neuf cavalliers de la compagnie de la Chapelle pour y tenir garnison ; il s'appelle Mr de Vignolle. On a traitté avec eux pour l'ustancille ; on leur doit donner chaque jour cens sols.

Le mardy 20, a commencé l'oraison de 40 heures, à cause des maladies, à Nostre-Dame et à Saint-Martial, ès quelles églises le Saint Sacrement a esté exposé pendant trois jours. Le 23, mesme chose aux Augustins et aux Récollects aussi pendant trois jours, et le lundy 26, pareillement pendant trois jours aux Religieuses.

Le jeudy 29, au matin, Mlle de la Vergne [1] est accouchée d'un garçon qui a esté baptisé le mesme jour par Mre de Moussac, curé de Saint-Martial, et a esté parrain, Mre Laurens Augier, chanoine de Nostre-Dame, et marraine, damoiselle Catherine Jacquet, vefve de défunct François Ladmirault, sr de Vautibaut ; et a esté nommé Laurent [2].

Septembre 1686, commencé par le dimanche.

Le mardy 3, [Jean de] la Vergne, sr de la Barre, le fils, est décédé et a esté enterré, le lendemain, au cemetière de Saint-Martial.

Le mercredy 4, il a logé icy quatre compagnies de cavallerie du régiment du chevalier Duc et s'en sont allées le vendredy 6, et le dit jour 6, quatre autres compagnies du dit régiment sont icy arrivées et en sont parties le dimanche 8. On a fourny l'estappe comme aux quatre compagnies du régiment de Piedmont de l'autre part. Tout le dit régiment venoit du costé de l'Ille-Jourdain, est allé à Angle pour s'en aller en Flandre.

Le jeudy 5, nous sommes tous allez, céans et chez

---

1. Jeanne Maurat, femme de Pierre Vrignaud, sr de la Vergne.
2. Il fut conseiller du Roi à Montmorillon et épousa, le 20 juillet 1716, Marguerite de Cornette. (Reg. par. de Brigueil-le-Chantre.) Le 27 janvier 1727, il rendait hommage de la terre de Chanteloube au château de Montmorillon. (Arch. Vien. C. 377.)

Mr de Vautibaut, à Fougerolle pour y demeurer quelque temps à cause des maladies de cette ville, et n'avons laissé céans que François et Renée.

Le dimanche 8, Maillasson est allé à Azat à cause d'un jugement que le nommé de Lorge, fermier de Cerre, avoit obtenu contre moy, sans que j'en eusse connoissance, à Availle, pour des rentes que le bien de Charzat doit à Cerre pour la tenue de Boirat ; et il est retourné en cette ville le mercredy matin 11. Le dit jour dimanche 8, jour de la Nativité de la saincte Vierge, le Père Anaclet, récollect, est venu dire la messe à Fougerolle dans la chappelle.

Le lundy 9, ma fille Fleuron et moy sommes venus icy coucher à cause des vandanges que nous avons faites le jeudy 12 et le lendemain, et sommes retournez à Fougerolle le lundy 16.

Le dimanche 15, Mr Estevenet, chanoine de Nostre-Dame, est venu dire la messe dans la chappelle de Fougerolle.

Le lundy 16, Maillasson est allé faire vandange à Maugoueran et Anthigny et est retourné à Fougerolle le mercredy 18, feste de saint Mathieu.

Le sabmedy 21, Mr Guille, chanoine de Nostre-Dame, nous est venu dire la messe dans la chappelle de Fougerolle.

Le dimanche 22, Maillasson et moy sommes venus icy pour faire tirer nostre vin, ce que nous avons fait le lendemain, et avons esté coucher à Fougerolle.

Le dit jour dimanche, le P. Charles de Lauberge, récollect, nous a dit la messe dans la chappelle de Fougerolle.

Le dimanche 29, jour de Saint-Michel, Mr de Couppé [1], chanoine de Nostre-Dame, nous a dit la messe à Fougerolle.

---

1. Pierre Jacquet, s^r de Coupé, prêtre, fils de Martial Jacquet, s^r de Coupé, et de Catherine Estevenet, baptisé à Notre-Dame de Montmorillon le 6 mai 1660.

Octobre 1686, commencé par le lundy.

Le mercredy 2, Fleuron [1] est venue de Fougerolle coucher icy où Mr de Lagebertye est arrivé, environ les six heures du soir, qui venoit nous voir, de quoy Fleuron nous ayant tout aussi tost donné advis, Maillasson est party, environ les dix heures du soir, et est venu coucher icy, et le lendemain matin nous y sommes tous venus pour le voir. Il en est party après disner pour s'en retourner chez luy, sans que nous ayons pu le retenir, et est allé coucher à Angle.

Le sabmedy 5, environ midy, est décédé le Père Noblet, prieur des Augustins de cette ville, lequel on a enterré, environ 6 heures du soir du dit jour, à cause qu'il estoit tout couvert de pourpre, tout contre le marchepied du grand autel, au milieu et vis-à-vis le tabernacle.

Le lundy 7, Maillasson et Fleuron [1] sont allez à Poictiers. Mr le chanoine Augier et Mr du Rys [2] et eux sont allez ensemble. Maillasson est retourné icy le mercredy 9 et Fleuron le jeudy 24. Elle y estoit allée pour faire faire leurs habits de dueil.

Le mardy 8, Marion [3] et moy sommes retournez à Fougerolle. Mr de Vautibaut et sa femme, qui estoient venus icy comme nous pour voir Mr de Lagebertye, y estoient retournez le dimanche 6.

Le mercredy 16, Marion et moy sommes venus coucher icy à cause de la foire. Mr de Vautibaut y est venu aussi.

Le vendredy 18, Mr de Vautibaut et Maillasson sont allez à Azat et Saint-Germain et sont retournez à Fougerolle le sabmedy 26.

Le jeudy 29, nous avons fait faire à Saint-Martial le

---

1. Fleurence Demaillasson.
2. François Estourneau, baron du Riz-Chauveron.
3. Marie Demaillasson.

service du bout de l'an de défuncte Mlle de Balantrut [1], ma belle-sœur, et, le lendemain 30, celuy de la quarantaine de défuncte ma femme [2], en la mesme église.

Le dit jour 30, la femme [3] de [François] de la Vergne, s^r de Gibertière, est accouchée d'un garçon, lequel a esté baptisé, le mesme jour, à Saint-Martial, et a esté parrain, Me Jean Goudon, advocat, et marraine, [Jeanne Sylvain], et a esté nommé [Jean-François].

Novembre 1686, commencé par le vendredy.

Le sabmedy 2, Mr de Vautibaut est allé coucher à Angle et, le lendemain, chez Mr de Lagebertye et est retourné icy le lundy 18.

Le mercredy 6, ma fille Vautibaut et moy à Fougerolle et le lendemain Maillasson et Marion [4].

La nuict du dit jour 6 au jeudy 7, Louis Micheau, s^r de la Leuf, fils de Me Claude Micheau, s^r du Meslier, lieutenant civil, et de damoiselle Marie Richard, ma cousine germaine, sa femme, est décédé d'une apoplexie et a esté enterré, le dit jour jeudy, dans les sépultures des Richards, dans l'église de Saint-Martial. Il avoit esté attaqué du mesme mal il y avoit près d'un an et depuis ce temps il estoit tousjours demeuré muet. Il estoit agé de 23 ans 9 mois et demy.

Le sabmedy 9, nous et chez Mr de Vautibaut sommes tous retournez icy à cause que Mr de Poictiers [5] devoit venir.

Le dimanche 10, M^r l'évesque de Poictiers est venu icy faire sa première visite et a logé chez M^r le séneschal [6],

---

1. Magdeleine Clavetier, veuve de Philippe de Guillaumet, sgr de Balentru.
2. Anne Clavetier.
3. Anne Nouveau.
4. Sous entendu sont venus nous rejoindre.
5. François-Ignace de Baglion de Saillant.
6. Pierre du Chastenet.

le lendemain il a dit la messe à Saint-Martial où Mʳ le curé¹ l'a harangué à l'entrée de l'église. Il a donné la confirmation après la messe et fait une exhortation avant de la donner, après que son aumosnier en eut fait une autre. Auparavant de venir à Saint-Martial, il alla à Nostre-Dame, aux Religieuses et aux Récollects ; le mardy 12, il acheva de donner la confirmation dans l'église des Augustins à ceux qui se présentèrent ; il donna aussi la tonsure à 23 petits enfans tant de cette ville que d'ailleurs ; ensuitte il officia pontificalement au service que l'on y fit de la quarantaine de défuncte Mᶫᶫᵉ de Mérignat² ; disna aux Augustins et alla coucher à Chauvigny.

Le dit jour 12, Maillasson est allé coucher au Rys-Chauvron, voir Mʳ du Rys, et est retourné icy le 14.

Le mercredy 13, mes filles Fleuron³, Marion⁴ et moy retournez à Fougerolle ; ma fille Vautibaut⁵ y estoit retournée le jour précédent avec ses trois enfants.

Le jeudy 14, a esté enterrée la femme⁶ du fils de Séguy, marchand, dans le cemetière de Saint-Martial. Ils n'estoient mariez que du 25 février dernier.

Le dit jour 14, le R. P. Parent, prieur des Augustins de cette ville à la place du défunct Père Noblet, est arrivé à la Maison-Dieu.

Le sabmedy 16, nous sommes tous retournez tout à fait de Fougerolle icy.

Le lundy 18, la vefve⁷ de défunct Boisfleury a esté enterrée dans le cemetière de Saint-Martial. Elle estoit fort aagée.

---

1. René Augier, sʳ de Moussac.
2. Marie-Elisabeth du Chastenet.
3. Fleurence Demaillasson.
4. Marie Demaillasson.
5. Marguerite Demaillasson, femme de Louis Ladmirault, sʳ de Vautibaut.
6. Marie Gendre, femme de Michel Séguy.
7. Eléonore, *aliàs* Anne Chenon, veuve de Jacques Vezien, sʳ de Boisfleury, sergent royal.

Le mercredy 20, Annet Tartarin, dit le Frisé, marchand d'ail, d'oignons et de choux, a esté enterré dans le cemetière de Saint-Martial. Il pouvoit avoir 66 ans.

Le dit jour 20, la femme [1] de Guillon, tailleur d'habits, est accouchée d'un garçon [2] qui a esté baptisé à Saint-Martial le [lendemain]. Et a esté parrain, [Pierre Lhuillier, notaire royal], et marraine, [Marguerite Guimbaud].

Le sabmedy 24, Jacquette Collas, seconde femme de François [Rousseau], sargetier, est décédée et a esté enterrée dans le cemetière de Saint-Martial; est morte en suitte d'une couche. Elle pouvoit estre aagée d'environ 30 ans.

Le [jeudy 29], Mlle des Bordes [3] est accouchée d'une fille qui a esté baptisée le mercredy 4 décembre, et a esté parrain, Mr le lieutenant criminel [4], son aycul, et marraine, damoiselle Marguerite Estevenet [5], vefve de défunct [Louis] Gaillard, sr de Puymerlin, juge de la Souterrane, et a esté nommée Marguerite-Louise.

Décembre 1686, commencé par le dimanche.

Le lundy 2 décembre, un jeune homme de Bellac, qui estoit venu icy pour rechercher la fille de feu Baltazar Lageon, blessa d'un coup d'espée dans le ventre le fils d'Anthoine [6]........., mareschal, dont il mourut le mercredy 4 ensuivant, et fut enterré, le lendemain 5, dans le cemetière de Saint-Martial.

Le [sabmedy 14], Mlle du Chiron [7] est accouchée d'une fille, laquelle a esté baptisée, le lendemain, par Mre de

---

1. Anne Guimbaud, femme de Louis Guillon.
2. Pierre.
3. Françoise Richard, mariée, le 27 novembre 1684, à Jean Gaillard, sr des Bordes.
4. Louis Richard, sr des Ors.
5. Marguerite Chantaise, d'après le registre paroissial.
6. En blanc.
7. Julie Sornin, fille de Guillaume, sr de Meillac, avocat du Roi au Dorat, et de Suzanne Duvignaud, mariée, en 1675, à Léonard Laurens, sr du Chiron, conseiller du Roi à Montmorillon, fils de Pierre, sr de Lacour, et de Renée Delaforest.

Moussac, curé de Saint-Martial. Le frère et la sœur de cette petite fille ont esté ses parrain et marraine, et a esté nommée [Julie].

Le jeudy 12, sur les trois à quatre heures du soir, j'ay esté attaqué d'une colique, au costé droit du bas ventre, qui m'a causé de très véhémentes douleurs et me dura jusques à deux ou trois heures après minuit. Le mal me reprit encore le lundy ensuivant et continua près de 24 heures et me reprit encore le sabmedy 21 et continua durant deux fois 24 heures, et je pris pendant tout le temps susdit quatre médecines et neuf lavemens.

Année 1687, commencée par le mercredy.

La nuit du dimanche 5 au lundy 6, est décédée dame Cailleau [1], femme de [Félix] Le Blanc [2], s^r de Charbonnière, aagée d'environ 25 ans ; morte d'hydropisie, après estre heureusement accouchée, et a esté enterrée, le dit jour 6, au cemetière de Saint-Martial.

Le dit jour 6, Mr de Vautibaut et Maillasson sont allez disner chez M^r le curé [3] de Moulime où ils ont couché. Mr de Vautibaut est retourné icy le lendemain au soir et le dit s^r curé et Maillasson sont allez coucher à Azat, et Maillasson est retourné céans le sabmedy 11.

Le [mardy 14], le fils [4] du cordier, qui est chappelier, et la fille cadette [5] de Bazeuge l'aisné ont esté espousez à Saint-Martial par Mre Augier, curé du dit lieu.

Le dimanche 19, a esté passé le contract de mariage de

---

1. Marguerite Cailleau.
2. Baptisé à Saint-Martial de Montmorillon le 19 novembre 1650. Fils de René Le Blanc, s^r de Charbonnière, sergent royal, et de Jeanne Dupin.
Marguerite Cailleau et Félix Le Blanc eurent une fille, Louise, qui épousa, le 9 février 1711, Jean Gaultier, s^r de Beumont, lieutenant au régiment de Villevert.
3. François Babert, fils de François Babert et de Marguerite Cailleau.
4. Fleurent Charbonnier, maître chapelier.
5. Anne Bazeuge.

Mᵉ François Babert, advocat, fils du second lict de feu Mᵉ Gilbert Babert, notaire et procureur, et de défuncte dame Marie Chasseloup, vefve en premières noces de Jean Argenton, marchand, avec Marie Argenton, fille de Jean Argenton, advocat, et de Marie Douadic, et le lendemain ont esté espousez aux Récollects par Mʳ le curé de Moulime, neveu du dit Babert.

Le mardy 24, vers le soir, est décédé [Sylvain] Allange Peufran, garçon, et a esté enterré, le lendemain, dans l'église de Saint-Martial. Il pouvoit avoir environ 25 ans.

Le mardy 28, environ les cinq heures du matin, est décédé Jacques Richard, sʳ d'Aubière, mon cousin germain, en sa 59ᵉ année [1], et a esté enterré, le dit jour, dans l'église des Augustins, un peu au-dessus et du mesme costé de la chaire du prédicateur, sur les quatre heures du soir.

Février 1687, commencé par le sabmedy.

Le sabmedy 1ᵉʳ, a esté passé céans le contract de mariage de Fleurant Pouyollon [2], dit la Fontaine, hoste du Poinct-du-Jour, et de Margueritte Sylvain, fille aisnée de deffunct Mathurin Sylvain, sʳ de Fayolle, sergent royal, et dame Margueritte de la Mothe, sa vefve. Fleurant Veras, sʳ de Ferrière, a receu le dit contract ; je l'ay signé.

Le dit jour 1ᵉʳ, Maillasson est allé coucher à Moulime. Le lundy 3, luy et le sʳ de la Collinière, l'un des gardes des traittes au bureau de Moulime, sont allez à Civray et sont retournez, le mercredy 5, à Moulime, et, jeudy 6, Maillasson est retourné icy.

---

1. Baptisé à Saint-Martial de Montmorillon le 7 avril 1628. Il eut pour parrain Jacques Vezien, sʳ de Champagne, prévôt des maréchaux à Montmorillon, et pour marraine, Anne Poirier, femme de Paul Vézien, conseiller du Roi à Poitiers.
2. Fleurent Pouyollon était veuf du 16 juillet 1686. Il épousa en troisièmes noces, le 19 juin 1698, Louise Augier, fille de Claude Augier, sʳ des Romages, et de Françoise Mesme, dont Fleurent, baptisé à Notre-Dame de Montmorillon, le 28 août 1702.

Le sabmedy 8, Mr le séneschal [1] est party pour aller à Paris.

La nuict suivante, Jean Goudon, sr de Boismenu, notaire royal en cette ville, est décédé et a esté enterré, le dimanche 9, dans l'église de Saint-Martial, sous son banc joignant la chapelle de défunct Mr Thomas.

Le lundy gras 10, les dits la Fontaine et Sylvain espousez à Moulime par Mre François Babert, curé du dit lieu.

Le dit jour lundy 10, [René] Nicault, fils de défunct René Nicault et de dame [Marguerite] Sylvain, a espousé dame [Marguerite] Chasseloup, fille aisnée de [Jean] Chasseloup, sr de Rabaudière, appoticaire, et de défuncte dame [Marguerite] Vezien, dans l'église des Récollects. Le P. Gabriel, gardien, a fait le mariage. Le contract a esté passé le jour précédent.

Le 16, premier dimanche de caresme, Mlle de Joumé [2], environ les trois heures après midy, est accouchée d'un garçon. Il est mort 5 ou 6 jours après.

Le lundy 17, ma fille Marion [3] est allée à Plaisance [4] pour y faire une neufvaine qu'elle avoit voué d'y faire, pendant sa dernière maladie. Elle a mené avec elle la du Monteil et est retournée céans le jeudy 27.

Le mardy 18, le nommé Rémodeau, cy-devant sergent

---

1. Pierre du Chastenet.
2. Marie Arnaudet, femme de Pierre Mangin, sr de Joumé.
3. Marie Demaillasson.
4. Notre-Dame de Plaisance était fréquentée par un grand nombre de fidèles et on s'y rendait de fort loin en procession.
Suivant la tradition, Charlemagne avait fondé l'église de Plaisance, et plusieurs de ses successeurs lui avaient fait des libéralités. Charles IV avait assigné au prieur de cette église une rente annuelle de 544 boisseaux de blé, moitié froment et moitié seigle, sur les Moulins-au-Roi de Montmorillon, pour être distribuée en pain aux pauvres de la localité. Philippe VI de Valois lui avait également fait don d'une dîme de 28 setiers de blé qu'il possédait à Persac. Les lettres octroyant cette dîme, données audit lieu de Plaisance en décembre 1335, ont été publiées dans le t. XIII, p. 127, des *Archives historiques du Poitou*.
En 1699, l'église de Plaisance menaçant ruines, Philippe David, alors prieur, adressait un placet à Louis XIV au sujet des réparations à y faire. (V. appendice VIII.)

royal en cette ville, qui avoit esté supprimé dans le temps de la réforme des officiers et se mesloit depuis de montrer à lire et escrire, est décédé.

Le dit jour, Mr de Vautibaut est allé coucher à la Lettrie et le lendemain à Poictiers ; de retour ici le dimanche 23.

Mars 1687, commencé par le sabmedy.

Le [mercredy 26 febvrier], Mlle des Lèzes [1] accouchée d'une fille [2].

Le lundy 10, Mr de Vautibaut est party avec la vefve [3] de défunct Fleurant Bonnin, sr de Tervanne, greffier criminel, pour aller à Paris et ont passé chez Mr de Lagebertye. C'estoit pour le procez en règlement que luy avoit fait le sr procureur du Roy [4] ; ils avoient compromis en la personne de deux conseillers du parlement ; il y a eu règlement le [5]..... juin, et est retourné icy le mardy 15 juillet.

Le mardy 11, la femme [6] du sr Bost, de Plaisance, est accouchée d'un garçon [7].

Le lundy 17, Mrs le procureur du Roy [8], la Dallerie et Beumaine sont partis pour aller à Paris ; le dit sr de la Dallerie de retour, le vendredy 4 avril, et le dit sr de Beumaine le mardy 15.

Le sabmedy 22, [Félix] Jacquet, dernier des enfans de défunct Me Jean Jacquet, sr de la Fontmorte, procureur, a esté enterré dans l'église de Nostre-Dame. Il estoit garçon et pouvoit avoir environ 25 ans.

Le dit jour, environ les cinq heures du soir, est décédé

---

1. Jeanne Maurat, femme de François Gaultier, sr des Laises.
2. Marie-Sylvine.
3. Anne-Marguerite Goudon.
4. Joseph Richard, sr de Tussac.
5. En blanc.
6. Marguerite Goudon, femme de Jean Bost, sr de la Chambaudrie, conseiller du Roi.
7. Jean, sr de la Chambaudrie. Il épousa, le 20 février 1719, Marie-Anne Babert, fille de feu François Babert, avocat, et de Marie Argenton.
8. Joseph Richard, sr de Tussac.

Chasseloup, sr de Boiscantaut [1], et a esté enterré, le lendemain, dans l'église des Récollects. Il estoit garçon et pouvoit avoir environ 24 ans.

Avril 1687, commencé par le mardy.

Le lundy 7, la femme [2] de [Jean] Lhuyllier [3], greffier, laquelle estoit nièce du sr Bourrau, cy-devant curé de Saint-Martial et présentement curé de la parroisse de la Croix, près Bellac, a esté enterrée dans l'église de Saint-Martial. Il y avoit environ huict à neuf ans qu'ils estoient mariez.

Le mercredy 16, dame Louise Estourneau [4], femme du sr Ressonneau, est morte en suitte d'une couche et a esté enterrée, le lendemain, dans l'église des Récollects, vis-à-vis de la chapelle de Nostre-Dame, presque au milieu de la largeur de l'église. Ils estoient venus demeurer en cette ville il y avoit environ un an et demeuroient dans la maison du défunct sr de Montplanet.

Le dimanche 20, le fils aisné [5] du sr des Lèzes, lieutenant de robbe courte en la mareschaussée de cette ville, a esté enterré au cemetière de Saint-Martial. Il pouvoit estre aagé de 8 ans.

Le mardy 29, Me Millet [6], procureur fiscal de Lussac-le-Chasteau, fils du nommé Millet, sr de Jolly-Cœur, et dame [Jeanne] Veras, fille puisnée de Me Fleurant Veras, sr de Ferrière, notaire en cette ville, ont esté espousez, dans l'église des Récollects, par Mre de Moussac, curé de Saint-Martial.

---

1. François Chasseloup, sr de Boiscantault.
2. Catherine Dumay.
3. Enterré à Saint-Martial de Montmorillon, le 17 juillet 1717, à l'âge de 70 ans.
4. Fille de François Estourneau, baron du Riz-Chauveron, et de Jeanne-Françoise Barton de Montbas; mariée, le 31 août 1684, à Charles Feydeau, sgr de Ressonneau.
5. Charles-François Gaultier, baptisé à Chauvigny le 20 février 1678.
6. Jean Millet.

May 1687, commencé par le jeudy.

Le lundy 26, le nommé M⁰ Anthoine, mareschal, a esté enterré dans le cemetière de Saint-Martial. Il pouvoit estre aagé d'environ 55 ans.

Le mardy 27, Maillasson est allé coucher à Limoges pour le bénéfice du sʳ prieur de Valançay [1], où il n'a rien fait parce qu'on n'estoit pas asseuré de sa mort. Mʳ Poilue, banquier, a seulement pris les dattes. Il en est party le lendemain et est venu coucher chez Mʳ de Champeaux [2], en la parroisse de Buxière-Poictevine, d'où ils sont partys, le dit sʳ de Champeaux et luy, le jeudy 29 et sont allez coucher à la Lettrie chez le dit sʳ prieur, et le lendemain Maillasson est allé à Poictiers voir le dit sʳ prieur qui y estoit malade chez Mʳ Péronnet [3], notaire, lequel, le sabmedy 31, luy résigna son prieuré de Boismétays [4]. Et le dimanche 1ᵉʳ juin, Maillasson s'en est retourné céans d'où il est encore party, le lendemain 2, pour retourner à Poictiers et mettre fin à cette affaire. Et retourné de Poictiers le mercredy 4 ; Mʳ de Vernelle [5], conseiller à Poictiers, et luy sont venus ensemble, lequel a disné céans le lendemain 5.

Le jeudy 29 du dit mois de may, jour de la Feste-Dieu, à neuf heures du matin, est décédé Louis Boucher, maistre arquebusier, très bon ouvrier, aagé d'environ 25 ans, et a esté enterré, le lendemain, dans le cemetière de Saint-Martial. Il demeuroit vis-à-vis de céans.

---

1. René Ladmirault, prieur de Valençay.
2. Sylvain de Chantillac, sgr de Champeaux.
3. Dans son testament, René Ladmirault, prieur de Valençay, avait chargé Mᵉ Péronnet, son exécuteur testamentaire, de remettre une somme de cent livres au curé de Tercé pour être convertie en une rente de cent sols destinée à faire dire à perpétuité, pour le repos de son âme, une messe à diacre et sous-diacre, le jour de la Saint-René (12 novembre). (Reg. par. de Tercé.)
4. Le prieuré de Bois-Métais (Jazeneuil, Vienne) dépendait de l'abbaye de la Reau.
5. Pierre Lelièvre, sʳ de Vernelle, conseiller au présidial.

Juin 1687, commencé par le dimanche.

Le lundy 2, est arrivé en cette ville un cappitaine de cavallerie du régiment Royal-Piedmont, nommé Mr de Boulenne, avec un lieutenant réformé, nommé Mr de la Flamandrie, et neuf cavalliers pour y tenir garnison jusques à nouvel ordre, qui y ont demeuré quatre mois. On leur donnoit pour l'ustancille et le fourrage dix francs tous les jours. On a esté remboursé du cart.

Le dimanche 15, est décédée, sur les deux heures après minuit, dame Jeanne Bonnin, femme de [Jean] Gaultier, s^r de Beumont, et a esté enterrée le dit jour, après vespres, joignant la porte du ravelin de l'église de Saint-Martial du costé gauche en entrant,

Le mardy 17, ont esté espousez par M^r le curé de Saint-Martial, Mathurin Boucher, dit Cormier, maitre armurier, qui estoit veuf [1], et Marie d'Arnajou, nostre servante, qui est de Buxière-Poictevine. Le contract de mariage avoit esté passé céans y avoit environ sept semaines. C'est Lefebvre, notaire, qui l'a receu ; je l'ay signé.

Le dit jour mardy, Maillasson est allé coucher chez M^r le curé de Moulime [2], le lendemain le dit s^r curé et luy sont allez coucher à l'Ille ; le jeudy 19 retournez coucher à Moulime et le vendredy 20 Maillasson retourné icy.

Le jeudy 26, Maillasson est allé coucher au Peux et le lendemain il a mené icy ma niepce Chazaud [3] et ma petite niepce du Cluseau, sa fille [4].

---

1. Veuf de Anne Violet, dite la Valoise.
2. François Babert.
3. Marie Vachier, femme de Pierre Chazaud, s^r du Cluseau.
4. Marie-Fleurence Chazaud.

Juillet 1687, commencé par le mardy.

Le [1]..... Mrs de Joumé et la Dallerie sont partis pour aller à Paris.

Le jeudy 10, Mr Chazaud est arrivé icy à disner et retourné coucher le lendemain au Peux.

Le mardy 15, mes nièces Chazaud, mère et fille, s'en sont retournées au Peux ; M^{rs} le séneschal [2], la Flamandrie, Maillasson et ses sœurs [3] les y ont conduites. M^r le séneschal est retourné icy le mesme jour, et les autres sont retournez le lendemain à disner.

Le dit jour 15, Mr de Vautibaut est retourné de son voyage de Paris où il estoit allé le 10 mars précédent.

Le dimanche 20, il a esté publié un ban pour le mariage de Me Joseph Richard [4], procureur du Roy en cette ville, avec une fille de Paris nommée D^{lle} [Catherine Charlotte] Blondel.

La nuit du 22 au 23, est décédé Mre Jean Jacquet, prieur de Saint-Léomer, et a esté enterré, le dit jour 23, dans l'église de Nostre-Dame de cette ville.

Aoust 1687, commencé par le vendredy.

Le lundy 4 aoust, a esté passé le contract de mariage de Pierre de Chaulme, fils de Me Pierre de Chaulme, pro-

---

1. En blanc.
2. Pierre du Chastenet.
3. Marie et Fleurence Demaillasson.
4. Joseph Richard, s^r de Tussac, et ses fils, ci-après nommés, furent maintenus dans leur noblesse par Mr Chauvelin, le 19 mars 1728 : Joseph-Jean, éc., secrétaire du Roi ès langues turque et arabe; Louis, éc., chevalier du Saint-Sépulcre ; André-François, éc., sgr d'Abnour, premier interprète du Roi au Grand Caire ; Antoine, éc., sgr de la Boissière, conseiller et procureur du Roi à Montmorillon, marié à Marie Vérine, dame de la Gaudinière, dont François, baptisé à Saint-Martial de Montmorillon, le 28 décembre 1750 ; Antoine-Gabriel, éc., sgr de Chantebon. (Arch. Vien. E² 240.).
Joseph Richard et Catherine Blondel eurent aussi une fille, Marie-Catherine-Charlotte, baptisée à Saint-Martial, le 26 avril 1701. Elle eut pour parrain Pierre Goudon, s^r de l'Héraudière, prévôt des maréchaux, et pour marraine, Marie Blondel, veuve de Gabriel de la Porte, sgr du Theil.

cureur, avec la fille[1] de défunct[2] ..... de Gobertière, laquelle demeuroit chez M^r de l'Héraudière, et ont esté espousez le mesme jour dans l'église de Saint-Martial par Mr de Moussac, curé de la dite parroisse.

Le lendemain 5, a esté fait le service du bout de l'an de défuncte ma femme[3] dans la dite église.

Le dit jour 5, a esté enterré dans le cimetière de Saint-Martial, à costé et un peu au-dessous de la Croix osannière [4]..... Dousselin, dit Assantia, boucher, décédé la nuict précédente.

Le sabmedy 9, a esté fait le service du bout de l'annuel de défuncte ma femme par les PP. Récollects dans leur église.

La nuict du sabmedy 9 au dimanche 10, environ les deux heures après minuict, ma fille Vautibaut[5] est accouchée d'une fille[6].

Le lundy 11, Maillasson et moy sommes allez coucher à Moulime chez M^r le curé[7] et le lendemain sommes partis tous trois ensemble ; le dit s^r curé est allé coucher à Confolens et sommes demeurez Maillasson et moy à Azat. Le jeudy 14, nous sommes allez à Saint-Germain et avons disné à Peucharanton ; le fermier de Serre y a disné avec nous ; nous y estions allez pour voir le dégast que le vent avoit fait dans les arbres de la dite mestayrie pour raison de quoy j'ay promis de rabattre au s^r Pinet, fermier de la dite mestayrie, un louis d'or par chacune des années à venir de la dite ferme. Nous sommes retournez à Saint-Germain coucher ; le lendemain 15, nous sommes allez

---

1. Gabrielle de Gobertière.
2. En blanc.
3. Anne Clavetier.
4. En blanc.
5. Marguerite Demaillasson, femme de Louis Ladmirault, s^r de Vautibaut.
6. Marie-Marguerite-Florence, baptisée à Saint-Martial de Montmorillon le 12 du même mois.
7. François Babert.

ouïr la messe et disner à Confolens et retournez avec le dit sʳ curé de Moulime, qui a presché le dit jour à Saint-Barthelemy, coucher à Azat ; le lendemain disner à Serre, passer à l'Ille et coucher à Moulime, et le dimanche 17 retournez icy.

Le mardy 12, la petite Vautibaut a esté baptisée en l'église de Saint-Martial par Mʳ de Moussac, curé. Mᵉ François Dalest, juge prévost de cette ville, et ma sœur de la Mothe[1] ont esté parrain et marraine. Elle a esté nommée Marie-Fleurance-Marguerite[2].

Le mardy 19, [Pierre] de la Vergne, sʳ de la Salle[3], et la fille aisnée[4] de Mʳ Clabat, appothicaire, chez lequel il estoit garçon, ont esté espousez par Mʳ de Moussac, curé de Saint-Martial ; accouchée le 26 janvier 1688[5].

Le mercredy 20, le sʳ [Pierre] Coustière[6], advocat au présidial de Poictiers, a playdé icy où il est venu pour s'y establir.

Le sabmedy 23, Maillasson et sa sœur Fleuron[7] sont

---

1. Fleurence Demaillasson, veuve de Pierre Delamothe, sʳ des Chaussidiers.
2. Fille de Louis Ladmirault, sʳ de Vautibaut, avocat du Roi à Montmorillon, et de Marguerite Demaillasson. Elle épousa, le 10 juillet 1703, Pierre Goudon, sʳ de la Vandelle, lieutenant de la maréchaussée, fils de Pierre Goudon, sʳ de l'Héraudière, et de Marie Delaforest. Leur fille, Marie-Marguerite, épousa, le 27 novembre 1725, François-Hyacinthe Bernardeau de Monterban, capitaine lieutenant de la maréchaussée à Montmorillon, dont Marie-Marguerite, mariée, le 22 juin 1752, à Jean-Hilaire Bastide, sʳ d'Aubière, licencié ès lois, fils de feu Jacques Bastide, sʳ du Pescher, assesseur en la maréchaussée de Montmorillon, et de feu Gabrielle Gambier,
3. Maître apothicaire, fils de feu Henri Delavergne, sʳ de la Salle, et de Jeanne Cardinault.
4. Anne Clabat, fille de François Clabat, maître apothicaire, et de Anne Dumonteil.
5. Accouchée d'un fils, Pierre, baptisé le même jour à Saint-Martial.
6. Pierre Coustière eut de Germaine Thomas, son épouse, René, sʳ de la Robinière, marié le 1ᵉʳ février 1696, à Renée Bernard, veuve de Jean Révérant, sʳ de la Garenne. Le mariage eut lieu dans la chapelle de Saint-Lazare de la Maladrerie, près le port de Chauvigny. (Reg. par. de Chauvigny.)
7. Fleurence Demaillasson.

allez à Poictiers pour voir poser la statue du Roy[1], laquelle fut posée le lundy 25, jour de Saint-Louis, dans la place appelée cy-devant le Vieil-Marché et que l'on nomma pour lors la place Royalle. Et sont icy retournez le jeudy 28, estant allez et venus avec M. de Massé, chevalier de Saint-Lazare, cappitaine et major des ingénieurs de France.

Septembre 1687, commencé par le lundy.

Le lundy 1er jour de septembre, M. le procureur du Roy[2] est arrivé icy de Paris où il estoit dès le 23 mars dernier, et a mené icy sa femme[3] qu'il avoit espousée il y avoit environ un mois.

Le sabmedy 6, M. de Vautibaut et Maillasson sont allez à la Lettrie voir M. le prieur de Valançay[4] qui estoit fort mal et sont retournez icy le jeudy 11.

Le mercredy 17, M. du Meslier[5] est arrivé de Paris; il avoit passé chez M. de Lagebertye où il trouva M. de Massé qui y estoit allé pour parler à M. de Lagebertye de son mariage avec ma fille Maillasson[6]; ils vindrent ensemble.

Le vendredy 19, le nommé Martin, tysseran, a esté enterré dans le cemetière de Saint-Martial.

Le dit jour au soir, M. le prieur de Valançay est décédé en sa maison de la Lettrie.

Le dimanche 21, Mrs de la Vergne, Vautibaut et Maillasson sont allez chez M. de Massé, à la Fauvette. Le dit sr de la Vergne est retourné icy le mercredy 24 et M. de Vautibaut et Maillasson sont allez coucher chez M. le curé

---

1. Œuvre du sculpteur poitevin Girouard. Le Roi était représenté habillé à la romaine, avec un manteau royal semé de fleurs de lis. Cette statue a été détruite le 18 août 1792; la tête seule est encore conservée au musée des Antiquaires de l'Ouest. (Foucault, *Mémoires.*)
2. Joseph Richard, sr de Tussac.
3. Catherine-Charlotte Blondel.
4. René Ladmirault.
5. André Micheau, sr du Meslier.
6. Fleurence Demaillasson,

de Moulime [1]; le lendemain au Peux chez Mr du Cluseau, et retournez icy le vendredy 26.

Octobre 1687, commencé par le mercredy.

Le jeudy 2, j'ay vandangé ma vigne où j'ay eu 14 barriques de vin.

Le dimanche 5, Mrs de la Vergne, Vautibaut et de Massé et moy sommes allez coucher à Prueilly et le lendemain disner à Saint-Germain, chez Mr de Lagebertye où estoit Mr l'abbé de Villeloin [2], conseiller au parlement de Paris, qui n'y a que disné, et le mercredy 8 y est arrivé à disner. Le jeudy 9, Mr de Lagebertye a donné sa procuration portant constitution de vingt mille livres en dot à ma fille de Maillasson et fait Mr de Vautibaut porteur d'icelle. Le vendredy 10, Mr du Cluseau est party pour aller à Paris où il estoit député par tous les corps de Poictiers pour demander la remise de quelques imposts qui sont sur la ville de Poictiers, et a esté prendre le carrosse de Poictiers, au Fou, et coucher à Amboise; et nous sommes venus coucher à Angle et le lendemain 11, disner icy.

Le lundy 13, Mr de Massé est allé chez luy à la Fauvette et est retourné icy le dimanche 19.

Le mardy 14, Maillasson et sa sœur Maillasson sont allez coucher au Peux et sont retournez céans le vendredy 17.

Le lundy 20, ma nièce Chazaut [3] avec son fils [4] et sa fille [5] sont venus icy pour assister au mariage de ma fille et sont arrivez à disner.

---

1. François Babert.
2. Gilles Brunet, abbé de Villeloin en 1674 (par la démission en sa faveur de Michel de Marolles), conseiller-clerc au parlement de Paris, chapelain de la Sainte-Chapelle, mort le 11 novembre 1709. Il était fils de Philbert Brunet, sr de Chailly, et de Jeanne Taveau.
3. Marie Vachier, femme de Pierre Chazaud, sr du Cluseau.
4. Gabriel Chazaud.
5. Marie-Fleurence Chazaud.

Le dit jour 20, a esté passé le contrat de mariage de ma fille Fleurance de Maillasson avec Jean-François Périgord de Massé, chevalier de Saint-Lazare, cappitaine major des ingénieurs de France, par devant Me Pierre Veras, s[r] de la Bastière, notaire et procureur en cette ville, et [1] ..... son compaignon, et le lendemain mardy, ils ont esté espousez dans l'église des Récollects par Mre René Augier, s[r] de Moussac, curé de Saint-Martial.

Le mercredy 22, Mr Augier [2], advocat au parlement de Paris, est arrivé icy ; retourné à Paris le mardy 18 novembre ensuivant.

Le lundy 27, ma nièce Chazaut [3], son fils [4] et sa fille [5] sont retournez au Peux ; elle a aussi ramené son petit fils qui s'estoit nommé luy-mesme Mr du Peux, le plus jolly enfant que l'on puisse voir, et qui estoit céans dès le 28 aoust précédent.

Le dit jour lundy 27, dame [Gabrielle] Amard, vefve de défunct Me Jean de la Forest, s[r] de l'Espine, procureur en cette ville, est décédée. Elle estoit malade il y avoit très longtemps et avoit grandement pâty en toute manière. Ç'a esté une très bonne âme et un vray miroir de patience.

Le mercredy 29, Mr de Massé et sa femme sont allez disner chez M[r] le curé de Moulime [6] et coucher chez Mr de Lérignat et sont retournez icy le vendredi 31.

Le dit jour 31, Mr Foucault, intendant de cette province de Poictou, est arrivé icy et a logé chez M[r] de l'Héraudière à cause que M[r] le sénéschal [7] n'estoit pas icy. On a esté au devant de luy en armes.

---

1. En blanc.
2. François Augier.
3. Marie Vachier, femme de Pierre Chazaud, s[r] du Cluseau.
4. Gabriel Chazaud.
5. Marie-Fleurence Chazaud.
6. François Babert.
7. Pierre du Chastenet.

Novembre 1687, commencé par le sabmedy.

Le dit jour sabmedy, le dit s^r intendant est allé voir M^r Le Congneux, à Bélabre. Mrs de Razes [1], fils puisnay de M^r le président du présidial de Poictiers, de Béroute [2] et un autre estoient avec luy. Ils sont retournez icy le mardy, et le lendemain matin 5 sont retournez à Poictiers et ont passé à Cyvaux, pour voir le cemetière.

Le dit jour 5, Mr de Massé est allé à Poictiers et est retourné céans le dimanche 9.

Le jeudy 13, Mr de Vautibaut est allé au Blanc et est retourné icy le 17.

Le dimanche précédent 16, est décédé [Louis] du Celier, s^r de Peuxfavar, archer ; il est mort [3].....

. . . .

. . . .

Année 1688. Janvier, commencé par le jeudy.

Le dimanche 4, la sœur [4] de Mr de Massé est allée en pension chez les Religieuses de cette ville. Elle en est sortie le 23 juin ensuivant.

Le lundy 5 janvier, Mr de Massé, sa femme [5], et Marion [6] sont allez voir Mr de la Ferrandière et Mlle Vezien, sa sœur, et sont retournez icy le mercredy 7 au soir.

Le lundy 12, Mr de Massé est party pour aller à la cour, et est allé à Poictiers prendre le carrosse.

---

1. Jean de Razes, sgr de Verneuil, fils de Jean, sgr de Verneuil, président au présidial, et de Marie Macquenon.
2. Charles Porcheron, s^r de Béroute.
3. Il manque la fin du mois de novembre et le mois de décembre.
4. Anne Périgord, dite Mlle de Massé. Le 24 juillet 1691, elle et sa sœur Léonarde, dite Mlle de Lasseran, affermaient, pour cinq années et moyennant 200 livres par an, des Augustins de Montmorillon, la métairie de la Fauvette qu'ils avaient reprise par retrait féodal, le 29 juin précédent, sur Fleurence Demaillasson, veuve en premières noces de Jean-François Périgord de Massé, lequel avait acheté cette métairie de Judith de Lescours, dame de Roussillon, le 7 mai 1685, pour la somme de 4.200 livres. (Arch. Vien. H³ bis 327, 335.)
5. Fleurence Demaillasson.
6. Marie Demaillasson.

Le jeudy 29, Mr le séneschal [1] est party pour aller à Paris et est allé coucher à Foncombeaut. Est retourné icy le [2]..... aoust ensuivant.

Février 1688, commencé par le dimanche.

Le vendredy 6, ma fille Marion est allée chez Mr Chazaud, à Poictiers, pour y passer le carnaval ; Maillasson l'y a conduitte. Elle est retournée le sabmedy 27 mars ensuivant, son frère estoit allé la quérir le jour précédent.

Le dimanche 8 février, Mr Viguier [3], fermier des aydes en cette ville, et Mlle Louise Goudon, fille cadette de défunct Jean Goudon, sr de Boismenu, notaire, et de dame Jeanne Reat, ont esté espousez à Saint-Martial.

Le mercredy 11, Mr de Vautibaut es tparty pour aller à Poictiers et est allé coucher au Temple. C'estoit pour le partage des héritiers du défunct sr prieur de Valançay [4] ; est retourné le mardy 17.

Le jeudy 12, Mr de Joumé est party pour aller à Paris, pour le procez qu'il a aux requestes du palais, contre les héritiers de défuncte sa première femme [5] ; est retourné le sabmedy 24 avril ensuivant.

Le dimanche 15, la femme de la Borde, agent des affaires de Mr de Lagebertye, nous est venue voir et s'en est retournée à Saint-Germain-sur-Indre le lundy 23.

Le lundy 16, Maillasson est allé coucher à l'Ille ; le mardy à Azat ; le jeudy 19 retourné coucher à l'Ille et le vendredy 20 céans.

La nuict du mardy 17 au mercredy 18, Mlle des Bordes [6] est accouchée d'une fille qui a esté baptisée, le dit jour mercredy, dans l'église de Saint-Martial, et a esté parrain

---

1. Pierre du Chastenet:
2. En blanc.
3. Jean Viguier.
4. René Ladmirault.
5. Mathurine Dalest.
6. Françoise Richard, femme de Jean Gaillard, sr des Bordes.

Pierre Gaultier, s^r de Beumaine, et Mlle la lieutenante criminelle [1], mère de la dite D^{lle} des Bordes, marraine, et a esté nommée Louise.

Le vendredy 20, Mr de Vautibaut est allé coucher au Blanc et est retourné icy le dimanche 22.

Le mardy 24, la seconde femme de Jean Dufour, boucher, et le fils de défunct Grandchamp, vivant archer en la mareschaussée de cette ville, ont esté espousez. Le dit marié est demeurant en la ville de Plaisance.

Le dit jour 24, Maillasson et sa sœur de Massé [2] sont allez après disner voir Mr de la Ferrandière et Mlle Vezien, sa sœur, à cause de la mort de Mlle du Brueil [3], leur mère, et sont retournez icy le lendemain 25.

Le dit jour 25, sur les huict heures du soir, Mlle de Joumé [4] est accouchée d'un garçon [5] qui a esté baptisé, le lendemain 26, par M^r le curé de Saint-Martial, et ont esté parrain et marraine [6].....

Le dit jour 26, Nicolas de la Vergne, s^r de la Boutaudière, fils du second lict de défunct Jean de la Vergne, aussi s^r de la Boutaudière, et de dame [Jeanne] Argenton, et dame [Anne-Marguerite] Goudon [7], fille de défunct François Goudon, s^r du Chambon, ont esté espousez dans l'église des Récollects par M^r le curé de Saint-Martial.

---

1. Louise Gaultier, femme de Louis Richard, s^r des Ors, lieutenant criminel.
2. Fleurence Demaillasson, femme de Jean-François Périgord, s^r de Massé.
3. Perrette Delachaume, veuve de Jacques Vezien, s^r du Breuil-Champagne.
4. Marie Arnaudet, femme de Pierre Mangin, s^r de Joumé.
5. Pierre-Laurent.
6. En blanc.
7. Veuve de Fleurent Bonnin, s^r de Tervanne, greffier criminel à Montmorillon.
Nicolas Delavergne et Anne-Marguerite Goudon eurent une fille, Anne, qui épousa, le 19 décembre 1717, Jean-Barthélemy Cailleau, fils de François Cailleau, notaire royal à Montmorillon, et de Nicolle Veras.

Mars 1688, commencé par le lundy.

Le jeudy 4, premier jeudy de caresme, ma fille de Massé et son frère sont allez coucher à Buxière-Poictevine ; le lendemain à la Fauvette et retournez céans le dimanche 14.

Avril 1688, commencé par le jeudy.

Le jeudy 1er, Maillasson et sa sœur de Massé ont esté parrain et marraine chez le nommé Cormier, à un garçon duquel sa femme estoit accouchée le jour précédent, qui a esté baptisé dans l'église de Saint-Martial, et nommé Paul [1].

Le dit jour jeudy 1er avril, ma fille de Massé est partie pour aller chez Mr de Lagebertye qui l'avoit envoyée quérir ; Maillasson l'a conduite jusques à Angle où ils sont allez coucher et est retourné céans le lendemain. Elle ne se put rendre que le sabmedy, à cause du mauvais temps et des eaux qui estoient débordées.

Le jour du sabmedy sainct 17, [François] Vezien, s^r de Poislieu, a esté enterré dans le cemetière de Saint-Martial, joignant le chemin qui descend aux Récollects, environ douze ou quinze pas au-dessous la croix qui est dessous l'ormeau et du mesme costé. Il estoit agé d'environ 83 ans.

Le lundy de Pasques 19, entre trois et quatre heures après midy, est décédée dame [Marie] Augier, vefve de défunct Jean Jacquet, s^r de la Grange, aagée de 84 ans, et a esté enterrée, le lendemain, dans le cemetière de Saint-Martial.

Le mercredy 21, la nommée la Tamisière, vefve, est décédée environ une heure après minuit et a esté enterrée le lendemain dans le cemetière de Notre-Dame.

---

1. Fils de Mathurin Boucher, dit Cormier, maître armurier, et de Marie Darnajou.

Le dit jour 21, M⁰ François Dalest, juge prévost de cette ville, est party pour Paris, à cause d'une prise à partie contre luy et M⁰ Joseph Richard, procureur du Roy, par le nommé Tartarin. M⁰ Léonnard Chaud, sʳ de Boisdumont, y est aussi allé avec luy.

Le dit jour mercredy 21, j'ay esté au Peux, chez Mʳ du Cluseau, où je l'avois prié de se rendre, pour luy parler d'une poursuitte en garantie que me vouloit faire le sʳ Berthelot, procureur au présidial, touchant les frais du commissaire des saysies réelles, à cause de la saysie en criées de l'office de procureur du défunct sʳ Daguin, faite pour raison et ainsi qu'il est dit cy-devant au mois de juillet 1661. Mʳ du Cluseau et moy sommes venus icy le lendemain 22, auquel, en s'en retournant à Poictiers, je donnay les pièces consernant cette affaire. Il me menda, quelques jours après, avoir parlé au dit sʳ Berthelot et que je n'entendrois plus parler de cette affaire. Il m'a dit depuis qu'il me renverroit mes pièces.

Le sabmedy 24, à quatre heures du matin, frère Damien, récollect, est décédé et a esté enterré le dit jour dans leur église, presque au milieu de la largeur de l'église, vis-à-vis de la chaire du prédicateur.

Le vendredy 23, par l'entremise du dit sʳ du Cluseau, nous avons fait un arresté sous nos seings privez moy et Mʳ de Vautibaut pour sa part de la jouissance que je luy ay délaissée du bien que nous avoit donné Mʳ de Lagebertye à défuncte ma femme et à moy, après la mort de Mlle de Balantru [1].

May 1688, commencé par le sabmedy.

Le mardy 4, moy et Maillasson sommes allez coucher chez Mʳ le curé de Moulime [2] et le lendemain à Azat, et le

---

1. Magdeleine Clavetier, veuve de Philippe de Guillaumet, sgr de Balentru.
2. François Babert.

vendredi 7 disner chez Mr de la Vergne [1], à Saint-Germain, et coucher à Azat et le lundy 10 disner chez Mr le curé de Moulime et coucher céans.

Le jeudy 20, a esté passé le contract de mariage de [Louis] de Lage, mareschal, veuf [2] du 4 aoust 1686, avec Jeanne Godard [3] et ont esté espousez le 1er juin ensuivant, à Saint-Martial.

Le vendredy 21, Maillasson est allé coucher chez Mr de Lérignat, le lendemain est allé à la foire à l'Ille et le dit jour est retourné icy.

Le lundy 24, Maillasson et Mr de Chaulme sont allez à Verrière et ont payé à Jacques Lelarge [4], fermier en partie du dit lieu et cy-devant fermier de Serre, 179 livres quelques sols pour des arrérages de rente auxquels il m'avoit fait condamner solidairement pour deux tenues dépendant de la dite seigneurie de Serre et pour des frais en la justice d'Availle, et sont retournez ici le dit jour.

Le lundy 31, Mr de Chaulme et moy sommes allez à Marin, où j'ay fait marcher pour racomoder la couverture des bastimens et pour quelque petite chose qu'il y avoit à massonner, et doibs donner pour le tout 7 livres et 3 boisseaux de seigle que j'ay payé du depuis et dont je donnay comptant 4 livres 10 sols.

Juin 1688, commencé par le mardy.

Le vendredy 11, jour de Saint-Barnabé, Maillasson est

---

1. Robert de Verdilhac, sr de la Vergne.
2. Veuf de Catherine Brisson.
3. Fille de Louis Godard et de Gabrielle Romanet.
4. Suivant mandement à eux donné par Mr l'abbé Morel, le 7 mai 1689, Jacques Lelarge et Joseph Chappotier, fermiers des seigneuries de Dienné et de Verrières, demeurant à la Forge à fer, paroisse de Lhommaizé, remettent, le 3 juin 1694, à Jeanne Fayard, veuve de Jacques Grangier, sr de la Vergnée, Jean Nebout, marchand, et Marie Goudon, sa femme, demeurant tous à Verrières, la somme de 400 livres pour être distribuée aux pauvres de la dite paroisse de Verrières, conformément au don fait par le duc de Mortemart. (Arch. Vien. E² 199.)

allé coucher à Poictiers d'où il est allé le lendemain à son prieuré [1] et est retourné céans le mardy 15.

Le vendredy 18, Maillasson est allé coucher chez Mr le curé de Moulime [2], le lendemain est allé à l'Ille, et le mesme jour il est retourné céans.

Le mercredy 23, Mlle de Massé [3], laquelle estoit en pension chez les religieuses de cette ville, en est sortie. Maillasson l'y est allé prendre et l'a menée céans.

Le jeudy 24, jour de Saint-Jean, Mlle la procureuse du Roy [4] est accouchée d'un garçon, environ les trois heures du matin, lequel a esté baptisé le mesme jour dans l'église de Saint-Martial par Mre Félix de la Vergne, vicaire de la dite église. Me Louis Richard, lieutenant criminel, et Mlle Marie de la Forest [5], Dlle de l'Héraudière, ont esté parrain et marraine et a esté nommé Louis [6].

Juillet 1688, commencé par le jeudy.

Le sabmedy 10 juillet, Gaspard de Guillaumet, escuyer, sr de Lérignat, estant allé au guet, environ les six heures du soir, proche du bourg de Lérignat, sur ce qu'il se faisoit tard, on alla pour le chercher et on le trouva mort, estendu sur l'endroit où il s'estoit campé et quasi tout froid. Il fut enterré, le lendemain, dans l'église du dit Nérignat [7]. Il pouvoit estre aagé de 60 ans.

---

1. Bois-Métais.
2. François Babert.
3. Anne Périgord, dite Mlle de Massé. En 1702, elle et François Mallebay, son mari, juge sénéchal d'Oradour-sur-Glane, étaient fermiers de la seigneurie de la Fauvette, appartenant aux Augustins, de la Maison-Dieu de Montmorillon. (Arch. Vien. H³ bis 335.)
4. Catherine-Charlotte Blondel, femme de Joseph Richard, procureur du Roi.
5. Femme de Pierre Goudon, sr de l'Héraudière.
6. Joseph-Jean-Baptiste d'après le registre paroissial.
7. Ancien prieuré de Saint-Gervais et Saint-Protais dépendant de l'abbaye de Saint-Martin de Limoges. Le temporel du prieuré, avec haute justice, constituait un fief relevant de la baronnie de Montmorillon. Ses biens et revenus (maison, moulin, rentes et dimes) étaient affermés 600 livres en 1726. Les fermiers étaient tenus de nourrir les

Le sabmedy 24, Maillasson et Marion [1] sont allez coucher au Rivault, chez Mr de la Ferrandière ; le lundy 26, sont allez à Lérignat où Marion a fait son voyage et retournez coucher au Rivault, et le lendemain retournez céans.

Aoust 1688, commencé par le dimanche.

Le vendredy 6, Maillasson est allé à l'Ille et retourné céans le mesme jour.

Le mardy 10, Mr Brun [2], médecin de cette ville, et ma fille Marie ont esté parrain et marraine chez [Guillaume] du Celier, sr de Baudinière, appoticaire, à sa fille née le 8 précédent, baptisée dans l'église de Saint-Martial, nommée Marie-Anne [3].

Le lundy 16, Mr le juge [4] et Boisdumont sont retournez de Paris et arrivez icy avec Mrs de l'Héraudière et la Dallerie qui estoient aussi à Paris.

Le dit jour 16, environ quatre heures après midy, est décédé François Arnauldet, sr du Brueil, ancien receveur des consignations, aagé d'environ 70 ans, et a esté enterré le lendemain dans l'église de Saint-Martial, sous son banc un peu plus bas et du mesme costé de la chaire du prédicateur.

Septembre 1688, commencé par le mercredy.

Le lundy 6, Maillasson est allé coucher à Poictiers d'où il est allé à son prieuré [5] ; il a mené François et la Rose,

---

officiers de la justice pendant la tenue des assises qui avaient lieu tous les quinze jours. (Arch. Vien. G. 430.)
Avant 1790, Nérignac était de la paroisse de Moussac-sur-Vienne, mais formait, dans l'ordre civil, une communauté d'habitants distincte de celle-ci. Une église paroissiale sous le vocable de saint Blaise a été érigée en ce lieu en 1871. (Rédet, *Dict. topog. du départ. de la Vienne.*)

1. Marie Demaillasson.
2. Daniel Brun, docteur en médecine.
3. Fille de Guillaume Ducellier, maître apothicaire, et de Suzanne Blondet. Elle épousa Guillaume Augier, huissier à Montmorillon.
4. François Dalest, juge prévôt.
5. Bois-Métais.

nos valets, avec luy et est retourné céans le mercredy 15 après avoir fait battre le bleg qui s'est recueilli en son dit prieuré.

Le jeudy 30, Mr de Creil [1], maître des requestes et l'un des commissaires de la chambre souveraine establie pour juger de toutes les affaires des provinces de Poictou, Limousin et la Marche, est arrivé céans avec Mr du Cluseau, conseiller au présidial de Poictiers, servant de substitut de M^r le procureur général de la dite chambre, qui ont receu toutes les pleintes qu'ont voulu faire tous les particuliers, ont examiné tous les papiers des greffes et fait des procez-verbaux de l'estat d'iceux et sont partis le sabmedy 2 d'octobre. Mr de Creil est allé coucher à Bellac pour se rendre le 4 à Limoges, auquel jour toute la dite chambre s'y devoit rendre, et Mr du Cluseau est retourné en sa maison au Peux, Mr de Vautibaut est allé avec luy et est retourné le lendemain, et M^r le séneschal [2] est allé avec Mr de Creil et est retourné le 9 d'octobre ensuivant. Toute la mareschaussée est allée au devant de Mr de Creil, lequel n'a pas voulu que nous luy fournissions aucune chose, néanmoins nous n'avons pas laissé de fournir tout le dessert, excepté le premier soir ; nous avons tousjours mangé avec luy, ma fille Vautibaut y a aussi tousjours mangé.

Octobre 1688, commencé par le vendredy.

Le mercredy 6, Mr du Meslier [3] est arrivé icy de Paris.

Le sabmedy 9, Maillasson et sa sœur [4] sont allez coucher au Peux, pour quérir ma nièce Mlle Chasaud [5], avec laquelle ils sont retournez céans le lendemain.

---

1. Jean de Creil, marquis de Creil-Bournezeau, maître des requêtes en 1676.
2. Pierre du Chastenet.
3. André Micheau, s^r du Meslier.
4. Marie Demaillasson.
5. Marie-Fleurence Chazaud.

Le dimanche 17, Mʳ de la Dallerie est parti pour aller joindre la cornette des chevaux-légers du Roy.

Le lundy 24, ma dite nièce Chasaud s'en est retournée au Peux; Maillasson l'y a conduite et est retourné céans le mesme jour.

Le sabmedy 30, le sʳ Berthelin [1], cappitaine d'une compagnie de chevaux-légers, a commencé icy sa route où il a séjourné jusques au mardy 2 novembre ensuivant qu'ils sont allez coucher à l'Ille-Jourdain.

Le dimanche 31, environ les trois heures du soir, est décédée Dˡˡᵉ Marie de Marueil, fille de défunct Blaise de Marueil, vivant controlleur en la mareschaussée de cette ville, n'ayant aucun bien et vivant des charitez qu'on luy faisoit et a esté enterrée le lendemain dans le cemetière de Saint-Martial.

La nuict du dit jour dimanche au lundy 1ᵉʳ novembre, le sʳ de l'Héraudière, prévost en la mareschaussée, avec les sʳˢ des Lèzes et Beumaine, officiers en icelle, et tous les archers et mesme six cavalliers du sʳ Berthelin allèrent à la maison de Viliers, proche de la ville du Blanc, pour prendre le sʳ de Barbançois [2] prisonnier, par vertu d'une lettre de cachet, lequel se sauva estant sorty par une fenestre après avoir tiré quelques coups, de deux desquels il tua le nommé Lafleur, texier de cette ville, que le dit sʳ de l'Héraudière y avoit mené. Ils prirent les chevaux du dit Barbançois. On parle diversement de cette affaire.

Novembre 1688, commencé par le lundy.

Le mardy 2 novembre, la compagnie de cavalerie du

---

1. Simon Berthelin, sgr du Cluseau et de Latus, fils de Jacques, sgr d'Aiffres, et de Françoise Serizier, capitaine au régiment de la Reine, mort à Namur le 8 octobre 1693, des suites de blessures reçues à la bataille de Nerwinde le 29 juillet précédent. Il avait épousé, le 31 janvier 1682, Marguerite de Cieutat, dont postérité.

2. François de Barbançois, né le 26 décembre 1651, fils de Léon, sgr de Saint-Victor-d'Ingrandes, et de Jacqueline de Nuchèze, capitaine de dragons au régiment d'Estissac. Il épousa, par contrat du 30 janvier 1690, Jacqueline-Eugénie Marin.

dit s⁰ Berthelin est partie d'icy où elle estoit dès le sabmedy précédent 30 octobre ; le dit s⁰ Berthelin y estoit.

Le mardy 9, Mʳ de Massé est arrivé céans, venant de chez Mʳ de Lagebertye ; est party le 12, a esté coucher chez Mʳ le curé de Moulime [1] où le lendemain matin Mʳ de la Vergne [2], le conseiller, l'est allé trouver et sont allez le dit jour à la Fauvette, d'où le dit sʳ de la Vergne est retourné le sabmedy 20 ensuivant et Mʳ de Massé le 4 décembre.

Le mercredy 10, Mʳ de Vautibaut au Blanc, de retour le sabmedy 13.

Le dit jour sabmedy 12, Mʳ de Lagotière est arrivé icy ; il venoit de la garnison de Casal pour une recrue pour sa compagnie. Il s'en est allé à sa garnison le [3]..... janvier 1689 ensuivant avec sa recrue.

Décembre 1688, commencé par le mercredy.

Le mardy 7, Mʳ Bignon [4], cy-devant advocat général au parlement de Paris, l'un des commissaires de la chambre souveraine, est arrivé chez Mʳ le séneschal [5] avec son fils [6]. Il retournoit de Limoges et sont partis le jeudy 9, pour s'en retourner à Paris. Tous les autres messieurs les commissaires ont fait la mesme chose.

Le mercredy 8, jour de la Conception, Mᵐᵉ du Temple, très digne religieuse, qui estoit l'une de celles qui estoient venues faire l'établissement des religieuses de cette ville de l'ordre de Saint-François, est décédée environ les trois

---

1. François Babert.
2. Pierre Vrignaud, sʳ de la Vergne, conseiller du Roi.
3. En blanc.
4. Jérôme Bignon, né à Paris le 11 novembre 1627, avocat général de 1656 à 1673, conseiller d'Etat en 1678, mort le 15 janvier 1697.
5. Pierre du Chastenet.
6. Jérôme Bignon eut de Suzanne Phelipeaux de Pontchartrain, son épouse, quatre fils : Jérôme, né le 11 août 1658 ; Louis, né le 23 juillet 1659 ; Jean-Paul, né le 19 septembre 1662, et Armand-Roland, né le 23 septembre 1666.

heures après midy, et a esté enterrée dans leur église le lendemain 9. Elle avoit dit quelques jours avant sa mort qu'elle avoit demendé à Dieu de mourir le dit jour de la Conception de la très saincte Vierge, et que effectivement elle mourroit ce jour-là, ce qui est ainsi arrivé. Elle s'appelloit Fleurance Roatin, estoit fille d'un conseiller de Poictiers.

Le dit jour jeudy 9, Mr de Creil, qui avoit passé en cette ville en allant à Limoge le 30 septembre dernier, arriva céans à onze heures du matin ; nous l'attendions à disner. Maillasson estoit allé au-devant de luy jusques près de Beaupuy où il avoit couché, et mesme le jour précédant il alla encore au-devant de luy jusques vers Saint-Remy et le conduisit jusques au dit lieu de Beaupuy. Mr du Cluseau le vint joindre céans et sont partis le lendemain 10, sont allez coucher au Peux chez Mr du Cluseau. Mr de Vautibaut est allé avec eux. Nous avons tousjours donné à manger et à tous ses gens tant qu'ils ont demeuré. Mr de Vautibaut, sa femme [1], Mlle la jugesse [2] et la fille [3] de M^r le lieutenant civil et celle [4] de Mr de Belleplaine y ont disné et souppé le jour qu'il arriva. Mr de Vautibaut est retourné icy le lendemain 11. La fille de M^r le lieutenant n'y a pas souppé.

Le lundy 20, à dix heures du matin, est décédée dame Magdelaine Jacquemain, femme de Mr Pierre de Chaulme, procureur, ma cousine issue de germain, et a esté enterrée, le lendemain, dans le cemetière de Saint-Martial, un peu au delà du charnier.

Le sabmedy jour de Noël, la rivière est venue jusqu'à

---

1. Marguerite Demaillasson, femme de Louis Ladmirault, s^r de Vautibaut.
2. Marie Mérigot, femme de François Dalest, juge prévôt.
3. Anne Micheau, fille de Claude, s^r du Meslier, lieutenant civil, et de Marie Richard.
4. Jeanne Goudon, dite Mlle des Grittes, fille de Louis, s^r de Belleplaine, procureur, et de Marie Loreau.

la sixième marche de nostre degré qu'elle a couvert. A quatre heures du soir, elle ne commença qu'à paroistre dans la rue et augmenta depuis la dite heure jusques environ une heure après minuict.

Le mercredy 29, Mr de Massé, qui estoit céans, retournant de la Fauvette, en est party pour s'en retourner à Saint-Germain. Il avoit envoyé ses chevaux et sa chaise le jour précédent à Nallier, qu'il trouva dans le chemin qui l'attendoient.

Janvier 1689, commencé par le sabmedy.

Le [1]..... dame [Marguerite Dauberoche], vefve de défunct François Dalest, s[r] de Puyterraud, est décédée et a esté enterrée sous le banc du s[r] juge prévost [2], son fils, qui est à costé du crucifix en entrant.

Le jeudy 13, Catherine Loreau, fille de défunct Mathurin Loreau, sargetier, dit Canadelle, a esté enterrée dans l'église des Récollects, vis-à-vis et du mesme costé de la première fenestre, en entrant. Elle estoit aagée de 68 ans.

Le mercredy 19, environ les neuf heures du soir, est décédée D[lle] Catherine Jacquet, vefve de défunct François Ladmirault, s[r] de Vautibaut, aagée de 73 ans 5 mois, et a esté enterrée, le lendemain, dans l'église des Augustins.

Le vendredy 21, environ les cinq heures du soir, est décédé le nommé Lavergne [3], de l'Ille-Jourdain, qui estoit compagnon chez Gillot [4], maréchal, et a esté enterré, le lendemain, dans le cemetière de Saint-Martial.

Février 1689, commencé par le mardy.

Le sabmedy 5, Marion [5] est allée chez Mr Chasaud, à

---

1. Le vendredi 31 décembre 1688, d'après le registre de Saint-Martial.
2. François Dalest, juge prévôt.
3. Pierre Delavergne, 25 ans.
4. Louis Petitpied, dit Gillot, maître maréchal.
5. Marie Demaillasson.

Poictiers ; Maillasson est allé avec elle et est retourné le lundy 7.

Le dit jour 5, Mr du Meslier [1] s'en est retourné à Paris ; il estoit icy dès le 6 octobre.

Le jeudy 10, M^r [François] Estevenet [2], cy-devant chanoine à Nostre-Dame et prieur de Saint-Léomer [3], est décédé en cette ville et a esté enterré, le lendemain, dans la dite église de Nostre-Dame, proche et vis-à-vis du crucifix. On a dit qu'il estoit mort un ou deux jours auparavant.

Le lundy 14, le second fils de [Gamaliel] Morneau, dit Besaut, sergetier, a esté espousé avec la fille de [4]..... menuisier à Lussac, dans l'église du dit Lussac, laquelle il a amenée icy le dit jour. Maillasson est allé à Lussac à la nopce.

Le lendemain mardy 15, Maillasson est allé à Saint-Germain-sur-Vienne [5] ; de retour le jour suivant.

Mars 1689, commencé par le mardy.

Le sabmedy 5, Maillasson est allé coucher à Angle et le lendemain est allé chez Mr de Lagebertye.

Le lundy 14, Mr de Massé est arrivé chez mon dit s^r de Lagebertye d'où il est party, deux ou trois jours après, pour s'en aller à Brest s'embarquer pour l'Irlande où le Roy l'a envoyé pour commender d'autres ingénieurs auprès du roy d'Angleterre.

---

1. André Micheau, s^r du Meslier.
2. Il avait été chapelain de la chapelle du Buffet, desservie en l'église de Notre-Dame de Montmorillon.
3. Populairement Saint-Liomet. Le prieuré-cure dépendait de l'abbaye de Lesterps (Charente).
4. En blanc.
5. La terre de Saint-Germain-sur-Vienne fut donnée, en 1498, par Pierre II, duc de Bourbon et d'Auvergne, comte de Clermont, et Anne de France, son épouse, à Gauthier Pérusse des Cars, sgr de la Vauguyon, et Marie de Montbron, sa femme. Le 21 mars 1538, François des Cars, leur fils, rendait aveu au Roi de la baronnie de Saint-Germain. (D. Fonteneau, XXIV.)

Le vendredy 18, Maillasson est retourné icy de Saint-Germain et y est arrivé à disner.

Le sabmedy 19, Jeanne Godard, femme de Delage, mareschal, est accouchée d'un garçon qui a esté baptisé le dit jour à Saint-Martial. Godard[1], père de l'accouchée, a esté parrin, et [Louise] Romanet, femme de Bougeaud, maître escrivain, marraine. Et a esté nommé Louis-Joseph.

Le mardy 22, Maillasson est allé quérir sa sœur à Poictiers ; de retour le 23, a mené Louison[2]....., de Poictiers, pour luy faire de la dantelle, laquelle son beau-père vint quérir au mois de juin 1691.

Le dimanche 27, Maillasson est allé disner à Azat et coucher à Saint-Germain, et est retourné icy le lendemain 28.

Le dit jour 28, environ les onze heures du soir, est décédée dame Catherine Naude, vefve de feu Gabriel Gaultier, s^r du Poyol, et a esté enterrée le lendemain, proche la porte du ravelin, du costé droit en entrant dans l'église de Saint-Martial. Elle estoit aagée d'environ 78 ans, et y avoit desjà longtemps qu'elle estoit aveugle.

Avril 1689, commencé par le vendredy.

Le lundy 4 avril, Maillasson est allé coucher à Moulime chez M^r le curé[3] et retourné icy le jeudy au soir 7.

La nuict du mardy de Pasques 12 au mercredy 13, la femme[4] de Me Pierre Veras, s^r de la Bastière, procureur, est accouchée d'une fille[5].

Le dit jour mercredy 13, Mlle Viguier[6] est accouchée

---

1. Louis Godard, marchand à Montmorillon.
2. En blanc.
3. François Babert.
4. Jeanne Goudon.
5. Jeanne.
6. Louise Goudon, femme de Jean Viguier, fermier des Aides.

d'un garçon ; tous deux ont esté baptisez le vendredy 15 à mesme temps à Saint-Martial par Mr de Moussac, curé de la ditte parroisse, au soir. Mr de la Vergne [1], conseiller, et ma fille de Maillasson [2] ont esté parrain et marraine au garçon, baptisé le premier, lequel a esté nommé Joseph-Pierre ; et le s^r Richard [3], fils aisné de M^r le lieutenant criminel, advocat en ce siège, et D^{lle} Jeanne Goudon, femme de M^r des Forges, lieutenant particulier, assesseur criminel et premier conseiller, parrain et marraine, et a esté nommée Jeanne.

Le sabmedy 16, Maillasson est allé coucher à Poictiers pour quérir ma fille de Massé [4], qui s'y estoit rendue de chez Mr de Lagebertye le jour précédent ; a mené le nommé Lafleur avec luy, qui nous estoit venu servir le vendredy 15 ; sont tous retournez icy avec ma niepce Chasaud, la fille [5], le mardy 19. Ma fille avoit Mlle de Beauregar qui la servoit et le nommé Tourangeau et un autre petit lacquay appellé Jasmin.

Le vendredy 22, Mlle la procureuse du Roy [6] est accouchée d'une fille, laquelle a esté baptisée en l'église de Saint-Martial par Mre de Moussac, curé, le lendemain 23 ; Mr de Jeu et Mlle des Forges ont esté parrain et marraine, et a esté nommée Jeanne-Elisabeth.

May 1689, commencé par le dimanche.

Le dimanche 1er may, Maillasson et moy sommes allez coucher chez M^r le curé de Moulime, le lendemain disner à Serail et coucher à Azat. Le mercredy 4, on a com-

---

1. Pierre Vrignaud, s^r de la Vergne, conseiller du Roi.
2. Marie Demaillasson.
3. André Richard, fils de Louis, s^r des Ors, et de Louise Gaultier.
4. Fleurence Demaillasson, femme de Jean-François Périgord, s^r de Massé.
5. Marie-Fleurence Chazaud.
6. Catherine-Charlotte Blondel, femme de Joseph Richard, procureur du Roi.

mencé à travailler à l'arpentement de la tenue de Boirat, dépendante de Serre, qui a esté parachevé le sabmedy à dix heures du matin; et le dimanche 8, nous sommes retournez céans.

Le mercredy 12, la femme [1] du s[r] Babert, advocat, est accouchée d'une fille, laquelle a esté baptisée à Saint-Martial, le lendemain, par Mre Félix de la Vergne, s[r] de Chillonnet. M[r] le curé de Moulime [2], neveu du dit s[r] Babert, advocat, et D[lle] Marie Argenton, sœur de l'accouchée, ont esté parrain et marraine. Et a esté nommée Marie.

Le mardi 17, ma petite-nièce Chasaud, Maillasson et ses sœurs de Massé [3] et Maillasson [4] sont allez voir Mr de Jeu [5], à Lussac, et y ont couché; et le lendemain à Lérignat et le vendredy 20 disner chez M[r] le curé de Moulime et retournez le soir coucher céans.

Le [6]....., quatre compagnies du régiment de la Vallette-cavalerie ont couché icy et sont allez le lendemain à Saint-Savin, où ils ont séjour.

Le mercredy 25, quatre autres compagnies du dit régiment ont encore couché icy et le lendemain à Saint-Savin.

Le dit jour 26, 75 gentilshommes du ban du Bas-

---

1. Marie Argenton, femme de François Babert, avocat.
2. François Babert.
3. Fleurence Demaillasson, femme de Jean-François Périgord, s[r] de Massé.
4. Marie Demaillasson.
5. Le 27 avril 1691, Charles Goudon, s[r] de Jeu, demeurant à Lussac-le-Château, François Goudon, s[r] de la Boulinière, greffier en chef de la sénéchaussée de Montmorillon, Anne Goudon, veuve de Me Fleurant Bonnin, s[r] de Tervanne, greffier criminel, Jean Maignan, s[r] des Robins, greffier criminel de la sénéchaussée de Montmorillon, Marguerite Delavergne, veuve de Louis Argenton, Louis Coubard, s[r] de l'Islette, et Mathieu Lenfant, maître couvreur à Montmorillon, déclaraient tenir solidairement de la commanderie de Rouflac (ordre de Malte) la tenue du Grand-Grassevau, située au dit faubourg, contenant cinq boisselées de terre labourable, au devoir de huit boisseaux de seigle, mesure de Montmorillon, de rente noble, féodale et foncière, payables chacun an au jour et fête de Saint-Jean de Noël. (Arch. Vien. H³ 266.)
6. En blanc.

Limousin, commendez par le marquis de Saeillan [1], grand sénéchal de Limousin, sont arrivez icy pour y demeurer jusqu'à nouvel ordre.

Le dit jour 26, le fils dont Mlle de Joumé [2] estoit accouchée le jour précédent a esté baptisé à Saint-Martial. M^r le sénéschal [3] de cette ville et Mlle de l'Hérodière ont été parrain et marraine. Et a esté nommé Pierre [4].

Le mardy de la Pentecoste 31, Mr de Ribère [5], conseiller d'Estat, intendant de cette province, est arrivé icy ; Mrs Chasaud, le Peultre et du Courtioux [6] estoient avec luy. Il a logé chez M^r le sénéschal. Nos bourgeois sont allez au-devant de luy en armes. Toute la noblesse du Bas-Limousin qui est icy est aussi allée au-devant de luy, laquelle il a fait faire reveue le lendemain matin et mesme de tous leurs vallets. Toute la mareschaussée est allée pareillement au-devant de luy. Il s'en est retourné le dit jour à Poictiers et a mené ma nièce Chasaud en son carrosse. Il a disné allant et venant au Peux.

Juin 1689, commencé par le mercredy.

Le mardy 14, Maillasson est allé à Saint-Germain pour affermer le bien que nous y avons, dont les s^rs de la Vergne-Verdilhat [7] et Pinet estoient fermiers ; s'en est retourné icy le sabmedy 18 sans rien faire.

---

1. Antoine du Saillant, marquis du Saillant, vicomte de Comborn, baron de Vergy et d'Assat, capitaine d'une compagnie de chevau-légers en 1667, puis grand sénéchal de Limousin ; marié en 1668, à Marie-Marguerite de Jarrige de la Morélie, fille de Paul, chev , sgr de la Morélie, trésorier général de France, et de Françoise-Aymérie des Blancs.
2. Marie Arnaudet, femme de Pierre Mangin, sgr de Joumé.
3. Pierre du Chastenet.
4. Joseph-Héliot, d'après le registre paroissial.
5. Antoine Ribeyre, sgr d'Hommes, maître des requêtes en 1667, intendant du Limousin en 1671, de Touraine en 1672 et du Poitou en 1688-1689, mort le 7 octobre 1712.
6. Jacques de Gennes, s^r du Courtioux, conseiller du Roi, commissaire enquêteur, examinateur au présidial.
7. Robert de Verdilhac, s^r de la Vergne.
De cette famille était François de Verdilhac, avocat au parlement de

Le mercredy 15, je me suis trouvé mal d'une fièvre fort violente qui m'a tenu 36 heures et pendant quatre jours elle m'a continué, mais non pas si violente, et j'ay tousjours traisné jusques au mercredy 13 juillet, ayant presque toutes les nuicts quelque peu de fièvre.

Le mardy 24, ma fille de Massé [1] et Maillasson sont allez à la Fauvette et sont retournez icy le dimanche 26 et ont passé en retournant par Maignat.

Juillet 1689, commencé par le vendredy.

Le mardy 5 juillet, Maillasson est allé à Saint-Germain où il a affermé ce que tenoit le s^r de la Vergne-Verdilhac à Anthoine Marchand [2], le jeune, et a continué la ferme de Puycharanton au s^r Pinet. Il a mené M^r le curé de Moulime [3] avec luy et Tourangeau, valet pour lors de ma fille de Massé, pour les servir, et y est retourné le sabmedy 9.

Le mardy 19, Paul de la Chastre, fils de Vincend de la Chastre, mon mestayer du Léché, a esté espousé avec une fille mineure du village de Tueils par M^{re} [Mathurin] Sauzet, curé de Saulgé, dans la dite église de Saulgé [4].

Le vendredy 29, Jean-François Périgord, escuyer, s^r de Massé, mon gendre, a esté tué d'un coup de canon chargé de cartouche au siège de Londondheri en Irlande, en visi-

---

Paris en 1726. Il a laissé deux livres manuscrits, dont l'un est intitulé : *Prémisses de la coutume du Poitou* ; l'autre a pour titre : *le Salut sérieux et le Salut curieux* ou *Dictionnaire des Antiquités sacrées*. En 1856, ces manuscrits étaient en la possession de la famille de Verdilhac du Loubier, au château du Loubier, commune de Saint-Victurnien (Haute-Vienne). (L'abbé Arbellot, *Guide du voyageur en Limousin*.)

1. Fleurence Demaillasson, femme de Jean-François Périgord, s^r de Massé.
2. Fils de Pierre Marchand, s^r du Chaume, notaire à Saint-Germain-sur-Vienne, et de Marie Laurens du Villars. Il succéda à son père comme notaire à Saint-Germain.
3. François Babert.
4. Le 1er avril 1693, Mre Joseph de la Béraudière, baron de Rouet, fonda en l'église de Saulgé la chapelle des Trois Rois et la dota d'un capital de 6 000 livres. Cette chapelle, qui était à la nomination de l'évêque de Poitiers, fut unie, en 1744, au vicariat de Saulgé. (Arch. Vien. H. 48.)

tant une battrie qu'il avoit fait dresser. Outre les ingénieurs françois qu'il commendoit, le roy d'Angleterre l'avoit fait son ingénieur général. Ma fille, sa femme, n'en sçeut la mort que le 31 aoust ensuivant.

Le dimanche 31, Maillasson est allé à Saint-Germain-sur-Vienne pour quérir le partage des biens de feu Mr Clavetier ; est retourné icy le lendemain. J'ay envoyé le dit contract à Mr de Lagebertye, à Paris, le mardy 2 aoust, ainsi qu'il me l'avoit mandé.

Aoust 1689, commencé par le lundy.

Le vendredy 5, environ les sept heures du matin, est décédée damoiselle Fleurance Demaillasson, ma sœur, vefve de défunct Pierre de la Mothe, s^r des Chaussidiers, aagée de 67 ans 4 mois et 25 jours. C'estoit une très vertueuse personne et très bonne amie ; a esté enterrée le mesme jour dans l'église de Saint-Martial, sous le banc et a costé de son mary, près l'autel de Saint-Michel.

Le lundy 8, ma fille Massé [1] et son frère sont partis pour aller à Saint-Germain chez Mr de Lagebertye, sont allez coucher chez Mr Chasaud, à Poictiers. Le lendemain, Maillasson est allé à son prieuré [2] et retourné le dit jour à Poictiers, et le jeudy 11 sont partis et arrivez le lendemain à Saint-Germain. Mr de Lagebertye estoit à Paris dès environ la my-avril. Maillasson est retourné icy le 5 septembre ensuivant et a laissé sa sœur à Loche chez Mr de la Cossonnière, chef d'eschansonnerie du Roy, avec lequel elle est partie pour aller en cour le jeudy 18 septembre.

Le mercredy 24, entre une et deux heures du matin, ma fille Vautibaut [3] est accouchée d'une fille, laquelle a esté baptisée le mesme jour par Mre Félix de la Vergne,

---

1. Fleurence Demaillasson, veuve de Jean-François Périgord de Massé.
2. Bois-Métais.
3. Marguerite Demaillasson, femme de Louis Ladmirault, s^r de Vautibaut.

vicaire de Saint-Martial. Louis Ladmiraut, son frère aisné, et la petite D[lle] Manon [1] Vrignaud, fille aisnée de Mr de la Vergne, conseiller, ont esté parrain et marraine ; a esté nommée Marie-Anne. Est décédée le lundy 2 octobre dans la mestayrie de la Porte de Boismorant, où elle estoit en nourrisse, et a esté enterrée dans l'église d'Anthigny.

Septembre 1689, commencé par le jeudy.

Le dimanche 11, Maillasson est allé coucher à Poictiers. Le mardy après midy, en est party pour aller en son prieuré,[2]. Il y a mené le s[r] Goudon[3], fils du s[r] de Belleplaine, et sont retournez icy le sabmedy 24.

Le mardy et mercredy 27 et 28, j'ay fait vendanger ma vigne et n'ay eu que douze barriques de vin.

Octobre 1689, commencé par le sabmedy.

Le mardy 11, Mr du Meslier[4] est arrivé de Paris.

Le vendredy 14, mon neveu de Maillasson[5], de Tours, est arrivé céans. Il est venu pour le partage de la succession de défuncte ma sœur de la Mothe[6].

Le dimanche 16, Mr Chasaud et mes nièces, sa femme[7] et sa fille[8], sont venus céans pour le dit partage, lequel a esté fait le mercredy 19, et Mr Chasaud s'en est retourné au Peux le lendemain, et mes nièces le dimanche 23. Mon neveu Maillasson et mon fils les y ont conduites et le lendemain sont allez passer à la Faix et coucher céans.

Le mercredy 26, mon dit neveu et Maillasson et le s[r] de la Vergne, fils du s[r] de la Rue, sont allez coucher

---

1. Marie-Anne, fille de Pierre Vrignaud, s[r] de la Vergne, et de Jeanne Maurat.
2. Bois-Métais.
3. François Goudon, fils de Louis, s[r] de Belleplaine, et de Marie Loreau.
4. André Micheau, s[r] du Meslier.
5. Pierre Demaillasson.
6. Fleurence Demaillasson, veuve de Pierre Delamothe.
7. Marie Vachier, femme de Pierre Chazaud.
8. Marie-Fleurence Chazaud, fille des précédents.

chez Mr le curé de Moulime. Le jeudy 27, mon dit neveu est allé à Civray et Maillasson avec le dit sr de la Vergne sont allez à Azat. C'estoit pour affermer le bien d'Azat et de Charzat ; n'a rien fait. Mon dit neveu y est venu les joindre et sont retournez tous ensemble icy le jeudy 3 novembre ensuivant,

Novembre 1689, commencé par le mardy.

Le mardy jour de la feste de Toussaincts, [Pierre de] Savatte, escuyer, sr de Genouillé, est mort subitement dans l'église de[1]..... où il estoit venu pour faire ses dévotions. Il estoit agé d'environ 70 ans. C'estoit un fort honneste gentilhomme.

Le dimanche 6, mon neveu Demaillasson est party pour s'en retourner chez luy. Maillasson et le sr de la Vergne le sont allez conduire et sont tous allez coucher à Saint-Savin, où ils ont demeuré jusqu'au jeudy 10 qu'il en est party, et Maillasson et le dit sr de la Vergne sont retournez icy.

La nuict du lundy 7 au mardy 8, est décédée dame [Marguerite] Douadic, femme de Me Allain Martinet, procureur en ce siège, et a esté enterrée, le dit jour 8, dans le cemetière de Saint-Martial [2].

Le mercredy 9, a esté enterrée dans le dit cemetière la nommée [3]....., cordière.

Le sabmedy 12, Jean Dufour, boucher, est décédé. On croit que c'est d'une goutte remontée. Il a esté aussi enterré dans le dit cemetière.

Le lundy 14, Maillasson est allé à Azat pour affermer et a affermé le bien de Charzat et est retourné icy le sabmedy 19.

---

1. En blanc.
2. Ils s'étaient mariés le 25 septembre 1675.
Alain Martinet épousa en deuxièmes noces Françoise Giraud dont il eut Marie, baptisée à Saint-Martial de Montmorillon le 27 juin 1693.
3. En blanc.

Le vendredy 18, Mʳ le curé a commencé à dire la messe que défunct Mʳ Laurens Richard[1], mon ayeul, avoit fondée pour estre célébrée tous les vendredys à l'autel de Saint-Laurens[2], mais parce qu'il n'avoit légué que 8 livres par chacun an, qui estoit ce que l'on avoit coustume de donner au temps de son testament, on a réduit à la dire une fois tous les 15 jours.

Décembre 1689, commencé par le jeudy.

Le jeudy 8, Maillasson est allé à Poictiers et est retourné le lundy 12.

Le mardy 13, Marion[3] a esté marraine et Mʳ Viguier, fermier des Aydes en cette ville, a esté parrain d'un garçon dont Mˡˡᵉ de la Vergne[4] estoit accouchée la nuict, lequel a esté baptisé à Saint-Martial par Mʳᵉ [Louis] Augier, sʳ de Boubraud, frère de Mʳ le curé[5] de Saint-Martial qui estoit party ce jour-là pour aller à Poictiers. Il a esté nommé Jean du nom du parrain.

Le mercredy 14, Mʳˢ de la Vergne, Loreau[6] et Maillasson sont allez coucher à Buxière, le lendemain à la Fauvette pour faire faire l'inventaire des meubles de défunct Mʳ de Massé, qui n'a pas esté parachevé, et sont retournez icy le jeudy 22.

Le sabmedy 24, vigille de Noël, Maillasson avec le sʳ de la Vergne, fils du sʳ de la Rue, sont allez coucher à Lérignat chez Mʳ de Puyrobin, où Mʳ l'abbé Richard[7] est

---

1. Lieutenant général civil et criminel à Montmorillon, fils de Jacques Richard, aussi lieutenant général civil et criminel, et de Marguerite Bastide.
2. Dans l'église de Saint-Martial.
3. Marie Demaillasson.
4. Jeanne Maurat, femme de Pierre Vrignaud, sʳ de la Vergne.
5. René Augier, sʳ de Moussac.
6. Pierre Loreau, fils de feu Jean Loreau, procureur, et de Jeanne Lhuillier.
7. Charles, bachelier en théologie, fils de Louis Richard, sʳ des Ors, et de Louise Gaultier. Le 8 octobre 1717, étant chapelain de la chapelle de Barge, il faisait une déclaration à la commanderie de Rouf-flac (ordre de Malte) du lieu des Combes, paroisse de Concise, conte-

allé les trouver le lundy, et le mardy 27, sont allez avec Mʳ Mansier passer chez Mʳ le baron d'Oby [1], aux Forges, pour luy parler touchant la mort d'un de ses soldats qui avoit esté tué devant la maison du nommé Vacquant, l'un de nos mestayers de Cherzat, pour raison de quoy le dit sʳ d'Oby avoit fait informer devant Mʳ des Lèzes par commission de Mʳ l'intendant [2] ; et n'ayant point trouvé le dit sʳ d'Oby, ils allèrent coucher à Azat. Et le mercredy 28, sont retournez coucher à Moulime, hors Mʳ Mansier qui retourna chez luy, et le lendemain 29 retournèrent icy, à une heure après midy.

Année 1690, commencée par le dimanche.

Le jeudy 5, Mʳ de Vautibaut, Maillasson et sa sœur [3] sont allez à Poictiers, et le samedy 7, Mʳ de Vautibaut et Maillasson sont allez coucher à Chastelleraut ; ont passé à Rouhet ; ont parlé à Mᵐᵉ la marquise de Lille [4] touchant l'affaire de la rente de Laffillon ; sont retournez icy, à une heure après midy, le lundy 9.

Le mardy 17, jour de Saint-Anthoine, a esté passé le contrat de mariage de Jean Chavignat, sʳ de la Lastière, et de Dˡˡᵉ Marie Demaillasson [5], ma petite-nièce, fille de défunct mon neveu l'enquesteur, receu par A. Lefebvre, nottaire de cette ville, et ont esté espousez incontinent après dans l'église des Récollects par Mʳᵉ Laurens Augier,

---

nant cent boisselées de terre, qu'il avouait tenir noblement, francs et libres les dits lieux de tous droits de dîme, et au devoir seulement de deux deniers de cens, à mutation de seigneur et d'homme. (Arch. Vien. H³ 266). Il mourut prieur commendataire de Marcilly le 13 août 1749.

1. Charles Desmontiers, chev., sgr d'Auby, fils de François, baron de la Valette, et d'Isabeau Turpin, marié par contrat du 20 février 1678 à Marie de Rocquart.
2. Antoine Ribeyre.
3. Marie Demaillasson.
4. Marie-Gabrielle Bonnin de Messignac, veuve de François de la Béraudière, marquis de l'Isle-Jourdain et de Rouet.
5. Fille de feu François Demaillasson, enquêteur, et de feu Elisabeth Demareuil.

chanoine en l'église de Nostre-Dame. J'ay signé le susdit contract et l'acte d'épousailles.

Le dit jour [1]..... Crugeon, teinturier, fils d'autre Crugeon, sr des Garances, aussi teinturier, espousé à Syllards avec la fille d'Anthoine Bobin [2], sergent royal.

Le mardy 24, la vefve Boucher [3] et le nommé Martin [4], dit Chirouet, ont esté espousez à Saint-Martial. Elle estoit vefve dès le 29 may 1687 ; le dit Chirouet estoit aussi veuf.

Le dit jour 24, a esté baptisé en l'église de Saint-Martial, par Mr le curé, un turc, vallet du sr Hus, lieutenant colonel d'un régiment allemand, lequel sr Hus estoit icy seul en garnison depuis quelque temps, qui a esté parrain, et Mme de la Contour, marraine ; et a esté nommé Louis Arnoult [5].

Le dimanche 29, est décédé Jean [6] Guérin, Me appoticaire, âgé d'environ 73 ans. Il y avoit plus de 40 ans qu'il estoit icy estably ; estoit originaire de Saint-Savin. Il a esté enterré, le mesme jour, dans le cemetière de Saint-Martial.

---

1. En blanc.
2. Par bail du 31 octobre 1680, Antoine Bobin et Catherine Rozet, sa femme, tant pour eux que pour Fleurent Bonnin, greffier criminel à Montmorillon, et Anne Goudon, sa femme, avaient affermé de Marius-Bazile Morel de Boistiroux, conseiller du Roi, chargé de pouvoir de Louis de Rochechouart, duc de Mortemart, les terres et seigneurie de Sillars et de Villeneuve (Lussac), moyennant 1.900 livres par an. (Arch. Vien. E² 254.)
3. Marie Bouet.
4. Félix Martin.
5. « Louis Arnould, fils de Sefer, turc, et de Aïsser, turquesse, âgé de 26 ans ; parrain, Mre Arnould d'Huesch, chev., lieutenant-colonel du régiment de cavalerie étranger du comte de Mandeschedt (Manderscheit, province du Rhin) ; marraine, dame Louise Rocher, épouse de Mre Charles de Moussy, chev., sgr de la Contour. Baptême fait par Mre René Augier, curé de Saint-Martial, assisté de Mres Laurent Augier et Louis Bidaud, prêtres, en présence de Mre Jean Lefebvre, prieur, des PP. Charles de la Rye, Gabriel et Anastase, récollets de Montmorillon, et d'un très grand nombre d'hommes et femmes de considération. » (Reg. par. de Saint-Martial de Montmorillon.)
6. Pierre, d'après le registre paroissial.

— 102 —

Le mardy 31, le fils [1] du nommé Bardin, journalier, dit le Bohême, et Sylvine Sanson, fille de Guillaume Sanson, dit Frappe-d'arrière, ont esté espousez dans l'église de Saint-Martial par Mr le curé.

Février 1690, commencé par le mercredy.

Le lundy gras 6, Me André Micheau, sr du Meslier, advocat en parlement, a esté espousé à Paris avec une damoiselle [2] de la dite ville.

Le mercredy 8, premier jour de caresme, Maillasson est allé coucher à Poictiers ; le lendemain est allé à son prieuré [3] et le dimanche au soir 12, retourné icy.

Le dit jour 12, a esté faitte la sollemnité pour la translation d'un os du bras de saincte Vincende et d'autres reliques de saint Pie, saint Félix et autres saincts apportées de Rome par un religieux augustin à la Maison-Dieu de cette ville, lesquelles reliques furent portées processionnellement dans les églises de Nostre-Dame, Saint-Martial et Récollects, et rapportées à mesme temps dans celle de la Maison-Dieu où il y eut prédication et exposition du très Saint Sacrement de l'autel.

Le mercredy 15, Maillasson est party pour aller à Paris avec le petit Mr de la Coste [4], fils aisné de défunct Mr de Lérignat ; sont allez coucher à Chastelleraut, joindre le messager de Poictiers ; est retourné icy avec sa sœur de Massé [5] le jeudy 20 juillet ensuivant.

Le mardy 21, ma fille Maillasson [6] est retournée de

---

1. André Bardin.
2. Magdeleine Lambert, dont il eut : 1° Claude-Louis, baptisé le 7 juillet 1691, qui fut sénéchal de Montmorillon. Le 31 décembre 1724, Claude-Louis et Marie Demaillasson furent parrain et marraine de la cloche du Très Saint Sacrement à Saint-Martial ; 2° Jean et 3° Joseph, baptisés le 28 avril 1699. (*Reg. par. de Saint-Martial de Montmorillon.*)
3. Bois-Métais.
4. Philippe de Guillaumet, sgr de la Coste.
5. Fleurence Demaillasson, veuve de Jean-François Périgord, sr de Massé.
6. Marie Demaillasson.

Poictiers, où elle avoit demeuré chez Mr Chasaud dès le 5 janvier dernier, et s'en est venue avec Mr de Vautibaut et Mr Babert, procureur, qui y estoient allez le dimanche précédent porter 450 livres faisant moitié de 900 à quoy les officiers du siège royal de cette ville, avec Mr le juge, ont esté taxez et, moyennant ce, doivent estre exemps de taille, logement de gens de guerre, ustancile et autres contributions.

Mars 1690, commencé par le mercredy.

Le jeudy 2, a esté faitte la reveue de la compagnie de Mr Hus, lieutenant-colonel d'un régiment de cavallerie allemand, devant Mr de Vautibaut, par commission de Mr l'intendant.

Vendredy 3, Mr de Vautibaut est allé à l'Ille pour parler à Mr le marquis de l'Ille [1] que l'on m'avoit mandé y devoir estre, lequel n'y est pas venu. Mr de Vautibaut s'en est retourné le lendemain. C'estoit pour l'affaire de Laffillon.

Le dimanche 11, Mr et Mlle de Joumé [2] sont partis pour Paris et sont allez prendre la charrette de Chastillon.

Avril 1690, commencé par le sabmedy.

Le jeudy 6 avril Mlle la procureuse du Roy [3] est accouchée d'une fille, laquelle a esté baptisée, le mesme jour, en l'église de Saint-Martial, par Mr le curé du dit lieu, et a esté parrain Léonard Chaud, sr de Boisdumont, et marraine Dlle Eléonore Pincau, vefve en secondes nopces de Robert de Louche, sr de Boisrémond, et en premières nopces de défunct mon frère de la Faix [4] ; a esté nommée [Eléonore].

---

1. François-Anne de la Béraudière, marquis de l'Isle-Jourdain et de Rouet.
2. Pierre Mangin, sr de Joumé, et Marie Arnaudet, son épouse.
3. Catherine-Charlotte Blondel, femme de Joseph Richard, procureur du Roi.
4. Louis Demaillasson, sr de la Faix.

Nota. — D'une[1] des filles de Mr de la Faix, mariée à Jean Bastide, est issu Jacques Bastide, sr du Pesché[2], père de Jacques Bastide, procureur du Roi à Montmorillon. Mr de la Faix avoit eu de son premier mariage avec Eléonore Pineau[3] deux filles : l'une mariée avec Mr Bastide dont est cy-dessus parlé, l'autre mariée à Mr Silvain de Louche, écuyer, sr de Boisrémond. De ce dernier sont issus Joseph de Louche, père de Dme Marie de Louche, épouse de Mr Bastide du Pesché, procureur du Roi, et André de Louche, capitaine au régiment de Navarre[4].

Le dit jour est décédé Mre René d'Aloigny, chev., sgr de Boismorand, dans son chasteau de Boismorand, dans sa 86e année, et a esté enterré, le lendemain, dans l'église d'Anthigny, sa parroisse. Il estoit très bon amy et avoit esté le mien très particulier. C'estoit un parfaitement honneste homme ; je prie nostre bon Dieu de le recevoir en son paradis.

Le dimanche 23, le régiment de la millice[5] de cette province a passé icy et y a séjourné le lendemain, et le mardy sont allez à Plaisance loger où ils ont couché. Il est composé de 16 compagnies qui font 800 hommes. Il n'y en avoit icy que 15 compagnies ; le marquis de la Carte[6] les commende.

---

1. Anne Demaillasson, femme de Jean Bastide, sr du Pescher, avocat et conseiller du Roi à Montmorillon.
2. Marié le 25 novembre 1704, à Catherine Richard, veuve de Pierre Gaultier, sr de Beumaine, et fille de Louis Richard, sr des Ors, et de Louise Gaultier. Le 15 mai 1705, Jacques Bastide fut nommé lieutenant particulier en la maréchaussée de Montmorillon, aux lieu et place de défunt Pierre Gaultier, premier mari de sa femme. (Arch. Vien. C. 39.)
3. Eléonore Pineau était la seconde femme de Louis Demaillasson. Sa première femme s'appelait Louise Douadic ; il en eut quatre garçons et quatre filles.
4. Ce paragraphe n'est pas de la main de Mr Demaillasson.
5. Les milices (25 050 hommes partagés en 30 régiments) avaient été levées par ordonnance du 29 novembre 1688 pour servir pendant deux ans, mais elles ne furent licenciées qu'à la paix de Ryswick, en 1697.
6. Jacques Thibault, marquis de la Carte.

May 1690, commencé par le lundy.

Le mardy 2, le s^r Hus, lieutenant-colonel d'un régiment alleman, qui estoit icy en garnison seul avec son train, est party avec sa compagnie dont les cavaliers estoient dispersez en garnison en plusieurs parroisses, lesquels se rendirent icy le dimanche précédent, où ils ont eu séjour, et sont allez coucher à Chauvigny et doivent aller à Fontenay pour y séjourner jusques à nouvel ordre.

Le jeudy 4, jour de l'Ascension, a esté baptisé à Saint-Martial, par M^r le curé, une fille de laquelle la femme [1] de M^r des Lèzes, lieutenant de robbe courte en la mareschaussée de cette ville, estoit accouchée un ou deux jours auparavant. Mr de Vautibaut et Mlle de l'Erodière ont esté parrain et marraine, et a esté nommée Marie-Monique.

Le mercredy d'après la Pentecoste 17, une compagnie de la millice de cette province a passé icy où elle a eu séjour, est allée, le vendredy 19, coucher à Plaisance.

Le jeudy précédent 18, sept compagnies de la millice de la Normandie sont arrivées pour demeurer icy en garnison, en sont parties le mardy 30, sont allées coucher à l'Ille et doivent aller en garnison à Libourne. Pendant qu'ils ont demeuré icy, ils ont fait garde jour et nuit dans la boucherie. Sont commandez par le s^r de Saint-George [2], premier cappitaine des dites compagnies.

Le dit jour 30, Mlle la procureuse du Roy [3] est allée à Paris. Est allée à Chastelleraut prendre le carrosse de Poictiers ; de retour le 28 juillet ensuivant.

---

1. Jeanne-Charlotte Maurat, femme de François Gaultier, s^r des Laises.
2. Joseph-Roch Chasteigner, comte de Saint-Georges, sgr de Touffou.
3. Catherine-Charlotte Blondel, femme de Joseph Richard, procureur du Roi.

Juin 1690, commencé par le jeudy.

Le vendredy 2 juin, les s[rs] Babert, advocat, la Rue et Sororeau, huyssier audiancier en la justice prévôtalle, ont esté éleus scindics au lieu et place des s[rs] de Chaulme, procureur, la Chaumette, receveur des consignations, et Beaufran, chirurgien.

Juillet 1690, commencé par le jeudy.

Le mercredy 12, Me Pierre de Chaulme, procureur, estant à l'audience, sur ce que Fleurant de la Vergne luy dit qu'il le feroit mettre prisonnier faute par luy de rendre son compte de l'exercice du sindicat, disant au dit de la Rue qu'il se rendroit bien et qu'il n'estoit pas homme à estre ainsi menacé de la prison. Cela luy donna néanmoins un tel déplaisir que tout aussitost il se trouva mal et perdit la parolle. On le porta chez Rasilly [1], chirurgien, où il trépassa environ une heure et demie après. Il fut enterré le lendemain dans le cemetière de Saint-Martial, vis-à-vis et assez proche de la chappelle du Charnier [2]. C'estoit un très honneste homme faisant sa charge de procureur avec beaucoup d'honneur et de probité et a esté universellement regretté [3].

Le lundy 17, a esté baptisé en l'église de Saint-Martial un garçon dont la femme [4] de Claveau, chirurgien, estoit accouchée la nuict précédente. M[r] le curé du dit Saint-

---

1. Guillaume Imbert, s[r] de Razilly, maître chirurgien à Montmorillon. Le 29 mars 1692, il déclarait tenir de la commanderie de Roufflac (ordre de Malte), au devoir d'un sol de rente noble, féodale et foncière, payable chacun an au jour et fête de Saint-Jean-l'Evangéliste, une maison appelée la maison de Saint-Christophe, située en la ville de Montmorillon, joignant à la Grand'Rue et à la rivière de Gartempe (Arch. Vien. H³ 266.) Cette maison a donné son nom à une rue de la ville.
2. Chapelle de Saint-Léger.
3. Un de ses fils, Félix Dechaume, épousa, le 21 avril 1701, Louise Ducellier, fille de Joseph Ducellier et d'Anne Brisson.
4. Eléonore Crugeon, femme de René Claveau, maître chirurgien.

Martial a esté parrain et Mlle Anne Micheau, D^{lle} du Meslier, marraine ; a esté nommé René du nom du parrain. Mr de Boubraud, frère du dit s^r curé, a fait le baptesme.

Le mardy 18, j'ay vendu le champ de la Closture à Laurens des Champs, chappelier, et à Catherine Boileau, sa femme, la somme de cent livres et outre ce une rente de huict livres par chacun an, payable à chacune feste de Toussaincts, et la somme de cent livres à la Saint-Michel prochaine ; laquelle rente est pour payer la messe que M^r le curé de Saint-Martial dit tous les quinze jours, jour de vendredy, pour défunct Mr Laurens Richard, vivant lieutenant général civil et criminel, assesseur criminel et premier conseiller, mon ayeul, à l'autel de Saint-Laurens dans la dite église de Saint-Martial. Et les cent livres sont partageables entre mes cohéritiers et moy en la succession de défuncte ma sœur de la Mothe [1], préalablement pris sur icelle 39 livres qui restent à payer à Mr Chasaud pour les locations de sa maison et 33 livres que j'ay fourny de plus que l'argent que l'on m'avoit donné pour payer les charges de la succession de défuncte ma sœur de la Mothe.

Le jeudy 20, Maillasson et sa sœur de Massé [2] sont arrivez de Paris céans, environ deux heures après midy ; ils ont passé à Tours, à Saumur et à Poictiers, et avoient couché au Temple.

Le lundy 31, Mr de Vautibaut est allé coucher à Poictiers, prendre Mr Chasaud pour aller voir Mr de Lagebertye.

Aoust 1690, commencé par le mardy.

Le mardy 1er jour du mois, Maillasson est allé à Azat et

---

1. Fleurence Demaillasson, veuve de Pierre Delamothe.
2. Fleurence Demaillasson, veuve de Jean-François Périgord, s^r de Massé.

à Saint-Germain, et retourné icy le lundy 7, à une heure après midy.

Le mercredy 9, a esté passé le contract de mariage de Nicollas de Dault, s^r de la Rue, d'Aigue-Joignant, avec dame Magdelaine de Chaulme, fille de défunct Me Pierre de Chaulme, procureur, et de dame Magdelaine Jacquemain. Je l'ay signé ; il a esté receu par [1].....

Le mercredy 16, Maillasson et sa sœur de Massé sont allez à Poictiers pour y louer une maison pour elle et sont retournez icy le lundy au soir 21. En ont loué une, mais cela n'a eu d'effect. Elle a loué icy la maison où estoit autrefois l'enseigne des Trois-Roys, vis-à-vis le cemetière de Saint-Martial.

Septembre 1690, commencé par le vendredy.

Le vendredy 1er septembre, Maillasson et ma fille de Massé [2], sa sœur, sont allez à Oradour-sur-Vaire et sont retournez icy le dimanche 10, bien tard.

Le mercredy 20, Maillasson est allé à son prieuré [3], et a mené avec luy le s^r de la Vergne, fils du s^r de la Rue, et Tourangeau, son vallet, pour faire battre son bleg du dit prieuré, et sont retournez icy le sabmedy 30.

Le dimanche 24, M^r le séneschal [4] est retourné de son voyage de Paris où il estoit allé dès le mois de janvier dernier. Le s^r de la Pylatière [5], fils cadet de Me François Babert, procureur, est retourné avec luy.

Le jeudy 28, environ les dix heures du matin, ma fille Vautibaut [6] est accouchée de sa troisième fille, laquelle a

---

1. En blanc.
Le mariage fut célébré, le 13 du même mois, à Saint-Martial. Ils eurent un fils, Félix, baptisé au même lieu le 7 janvier 1692.
2. Fleurence Demaillasson, veuve de Jean-François Périgord, s^r de Massé.
3. Bois-Métais.
4. Pierre du Chastenet.
5. Joseph Babert, s^r de la Pilatière.
6. Marguerite Demaillasson, femme de Louis Ladmirault, s^r de Vautibaut.

esté baptisée, le dit jour, dans l'église de Saint-Martial, et a esté parrain François Gaultier, escuyer, s^r des Lèzes, lieutenant de robbe courte en la mareschaussée de cette ville, et marraine Mlle de Boisremond[1] et a esté nommée Eléonore. Est décédée dans le mois d'octobre ensuivant et enterrée dans l'église d'Anthigny.

Octobre 1690, commencé par le dimanche.

Le dimanche 1er jour d'octobre, ma fille de Massé est allée avec Mrs de Vautibaut et Augier, advocat, et Maillasson à Gatebourg, où elle a transigé avec le s^r de Lasseran[2], frère de feu Mr de Massé, qui avoit pris tout le bleg et presque tous les meubles et partie des bestiaux dépendans de la succession du dit s^r de Massé qui appartenoient à ma dite fille en vertu de la donnation mutue faite entre le dit s^r de Massé, son mary, et elle.

Le dimanche 8, ma dite fille et Mr de Vautibaut sont allez à Oradour[3] en exécution de l'accomodement cydessus et estimations des choses susdites. Mr de Vautibaut est retourné icy le jeudy 12 à disner et ma fille huict ou dix jours après et s'est accommodée avec Périgord, fermier du dit bien.

Nota que le sabmedy précédent 7 du dit mois, Maillasson est allé faire vendange du costé d'Anthigny et est icy retourné le mercredy 11.

---

1. Eléonore Pineau, femme de Robert Delouche, s^r de Boisrémond, décédée le 1er janvier 1695, à l'âge de 68 ans.

2. Léonard Périgord, s^r de Lasseran, procureur fiscal d'Oradour-sur-Glane, demeurant au château de Puy-Gaillard, paroisse du dit Oradour, affermait, le 16 juin 1676, des Augustins de Montmorillon, la seigneurie de la Fauvette pour cinq années et moyennant 750 livres par an. (Arch. Vien. H^3 *bis* 327.)

3. Oradour-sur-Glane, le plus souvent désigné sous le simple nom d'Oradour.
Marie Bruneau, dame des Loges, une des femmes les plus spirituelles et les plus illustres du xviie siècle, mourut à Oradour-sur-Glane le 7 juin 1641, et fut ensevelie en un lieu qu'elle avait choisi elle-même, à deux cents pas de la maison de Laplaud. Elle avait épousé en 1599 Charles de Rechignevoisin, éc., sgr des Loges, dont postérité.

Le jeudy 12, il est allé à Azat pour y faire aussi vendange. M^r le prieur de Saulgé est allé avec luy ; il a mené Tourangeau ; il y a demeuré cinq ou six jours.

Novembre 1690, commencé par le mercredy.

Le lundy 27, un jeune homme de Poictiers, nommé de Cressat [1], et la 3e fille [2] de Me François Babert, notaire et procureur, ont esté espousez par Mr de Moussac, René Augier, curé de Saint-Martial.

. . . .
. . . . [3]

Année 1691, commencée par le lundy.

La nuict du mercredy 24 janvier au jeudy 25, est décédé Charles Demaillasson, mon neveu et filleul, et a esté enterré, le dit jour 25, contre le mur dans l'église de Saint-Martial, en entrant à main gauche, au-dessus des sépultures de M^rs les Richards. Il estoit aagé de 48 ans, estoit persécuté souvant par la goutte et par des rumatismes, et estoit tombé environ deux mois auparavant dans une espèce d'appoplexie. Je prie le bon Dieu de luy faire miséricorde. Il menoit une vie fort particulière, estoit fort homme de bien et d'honneur.

Février 1691, commencé par le jeudy.

Le vendredy 9 février, Mr de Vautibaut est allé à Poictiers avec la mareschaussée pour faire la reveue devant M^r l'intendant [4] et est retourné icy le mardy 13.

Le sabmedy 17, Me Jean Argenton, advocat, est décédé, à quatre heures après midy, et a esté enterré le lendemain dans l'église de Saint-Martial, ès sépultures des Douadics,

---

1. Mathurin Decressac.
2. Anne Babert.
3. Il manque le mois de décembre.
4. Yves-Marie de la Bourdonnaye, chev., sgr de Coëttion, maître des requêtes, intendant du Poitou en 1690.

un peu au-dessous de l'autel de Saint-Michel. Il y avoit environ quatre à cinq ans qu'il estoit incommodé d'un cathare qu'il avoit eu, et qu'il ne playdoit plus.

Le dit jour dimanche 18, M\ulr de Vautibaut et Maillasson sont allez à Poictiers pour y conclure le mariage de ma fille de Massé avec Mre Jacques de Bridieu, éc., sgr de Labaron, l'un des chevau-légers de la garde du Roy. Les articles du dit mariage ont esté arrestés le lundy 19 et ils sont icy retournez le mardy 20.

Le vendredy 23, Mr de Bridieu est arrivé icy avec mon petit-neveu Mr Chasaud, le fils, et le dimanche 25, Mme Labaron [1], sa mère, Mr Berland [2], prieur de Montierneuf, son oncle, Mr du Courtioux [3], son cousin, Mr Chaubier [4], docteur régent en droict dans l'Université de Poictiers, son cousin et cy-devant son curateur aux causes, Mr Chasaud et Mr Roy, mon neveu, sont icy arrivez à disner et le soir a esté passé le contract de mariage des dits s^r de Bridieu et ma dite fille, receu par Me Fleurant Babert, nottaire royal, et [5]....., et ont esté épousez après soupper dans l'église des PP. Récollects par Mre de Moussac, curé de Saint-Martial. Mr de Poictiers [6] avoit donné dispense de deux bans et il y en avoit esté publié le jour précédent par M^r le curé à Saint-Martial. Il avoit aussi donné permission de se faire espouser par qui, en quel lieu et à quelle heure ils voudroient. Ces M^{rs} s'en sont allez le premier jour de caresme ; Mme Labaron a resté icy sept ou huit jours après.

Le lundy gras 26, la milice de Poictou est arrivée icy

---

1. Françoise Berland, fille de Jacques, s^r du Plessis, et de Magdeleine Carré, mariée le 23 octobre 1660, à Pierre de Bridieu, sgr de la Baron, de la Saulaye et des Jalletières.
2. François Berland, frère de la précédente.
3. Jacques de Gennes, s^r du Courtioux.
4. Nicolas Chaubier, s^r du Mazais.
5. En blanc.
6. François-Ignace de Baglion de Saillant.

et y a couché. Ils sont partis le lendemain et sont allez à Saint-Savin où ils ont séjour. Le commandant est Mʳ le marquis de la Carte, parent de Mʳ de Bridieu, lequel a resté icy jusques au mercredy matin et a tousjours mangé, sçavoir : le lundy céans et le mardy chez ma fille de Bridieu.

. . . . [1]

. . . .

Avril 1691, commencé par le dimanche.

Le dimanche 29, Mʳ de Bridieu et sa femme [2] à Morthemar pour s'accommoder avec les sœurs [3] de défunct Mʳ de Massé. Mʳˢ de la Vergne et Augier sont allez avec eux, lesquels sont retournez icy le mardy 1ᵉʳ may. Mʳ de Bridieu et ma fille sont allez à la Fauvette et sont retournez dix ou douze jours après.

May 1691, commencé par le mardy.

La nuict du sabmedy 5 au dimanche 6, Mˡˡᵉ la procureuse du Roy [4] est accouchée d'un garçon, lequel a esté baptisé le dit jour dimanche par Mʳᵉ Augier, curé de Saint-Martial, et a esté parrain, [Louis] de Leffe, escuyer, sʳ de Nouhe, et damoiselle Louise Gaultier, femme de Mʳ le lieutenant criminel [5], marraine, et a esté nommé [Louis].

Le dit jour dimanche, Mʳ de la Houssaye, lieutenant-colonel du régiment de Cibour [6], est arrivé icy avec sa

---

1. Il manque le mois de mars.
2. Fleurence Demaillasson.
3. Anne et Léonarde Périgord.
4. Catherine-Charlotte Blondel, femme de Joseph Richard, procureur du Roi.
5. Louis Richard, sʳ des Ors, lieutenant criminel.
6. Défense fut faite aux habitants de Montmorillon de prêter argent, marchandises, ni quoi que ce soit aux cavaliers de ce régiment. (Arch. Vien., sénéch. de Montmorillon, liasse 70.)
La famille de Sibour était fort en crédit en Prusse, sous le Grand Frédéric, qui fit présent à l'impératrice de Russie, Catherine, du beau régiment de cavalerie de Sibour, du nom de son colonel. (Saint-Allais, *Dictionnaire de la noblesse*.)

compagnie pour y demeurer en garnison jusques à nouvel ordre. On ne leur doit fournir que le lict et faire cuire leur viande au feu de l'hoste ; mais le Roy ne rembourse le fourrrage qu'à raison de 8 sols le quintal de foin, qui en couste 15 et davantage, ce qui tombe en pure perte aux habitans, et pour raison de quoy on a fait une taxe, authorisée par Mr l'intendant [1].

La nuict du dit jour dimanche au lundy 7, Mlle de la Vergne [2] est accouchée d'une fille, laquelle a esté baptisée le dit jour 7, à Saint-Martial, par Mre Augier, curé ; et François Vrignaud et la petite damoiselle Manon, ses frère et sœur, ont esté les parrain et marraine, et a esté nommée Rose [3].

Le lundy 21, Maillasson est allé à l'Ille pour parler à Saint-Philbert touchant la condamnation que le sr de la Garde a fait donner contre moy pour des arrérages de rente et est retourné icy le lendemain. C'est La Favrie [4], de l'Ille, qui a fait donner la condamnation soubs le nom du dit sr de la Garde.

Le jeudy 31, Maillasson au Dorat, porter l'opposition que j'ay faitte au jugement de l'autre part ; de retour le mesme jour.

Juin 1691, commencé par le vendredy.

Le sabmedy 2, vigile de la Pentecoste, Mr le comte de Saint-Victour [5], Mme sa femme et la sœur de la dite dame [6] sont venus icy voir Mr de la Houssaye, où ils ont presque

---

1. Yves-Marie de la Bourdonnaye.
2. Jeanne Maurat, femme de Pierre Vrignaud, sr de la Vergne.
3. Jeanne-Rose, d'après le registre paroissial.
4. François Lhuillier, sr de la Favrie, docteur en médecine à l'Isle-Jourdain.
5. Paul de Saint-Nectaire, comte, puis marquis de Saint-Victour, marié à Marie Estourneau, sa cousine germaine, fille de François, sgr de la Mothe de Tersannes, baron de Ris-Chauveron, et de Anne de Rabaine.
6. Radegonde Estourneau.

tousjours mangé. Ils nous ont aussi rendu visite et s'en sont allez le mercredy 6.

Le mardy 5, a esté passé chez M⁰ de Vautibaut le contract de mariage de François Bernard, dit Marche-à-terre, lequel nous avoit servy autrefois, et de Renée Naudon, qui nous servoit depuix six ans. Le s⁰ de la Bastière a receu le dit contract. Espousez à Saint-Martial le mercredy 27.

Le lendemain 6, le ban de la noblesse de la Marche est venu icy, est party le jeudy 7 et est allé à Chauvigny.

Le sabmedy 9, a esté passé céans le contract de mariage de Jean Bruas, sargetier, et de Elisabeth de la Vergne, nostre femme de chambre, qui nous avoit servy deux ans. Le dit contract receu par ¹. . . . . . , nottaire royal, demeurant à ¹. . . . . . . Espousez à Journé le lundy 25 du dit mois de juin.

Le lundy 11, le ban d'Auvergne a couché icy ; ont logé dans les cabarets, où ils ont payé, n'ayant pas d'ordre pour loger icy mais à Plaisance. Ils s'accomodèrent avec l'estapier. Le lendemain, ils allèrent coucher à Chauvigny, où ils ont routte.

Le vendredy 15, M⁰ de Bridieu et ma fille ² sont allez au Dorat, où ils ont mené M⁰ de la Vergne ³, le conseiller, qui s'en est retourné le dimanche 17 et eux le sabmedy 23.

Le lundy 18, Maillasson est allé au Dorat pour l'affaire entre les s⁰⁰ de la Garde et de la Favrie, de l'Ille ; de retour le lendemain.

Le vendredy 29, jour de la feste de Saint-Pierre et Saint-Paul, M⁰ de Bridieu et ma fille, sa femme, ont transigé avec les Augustins sur l'instance par eux intentée contre défunct M⁰ de Massé pour lods et ventes par eux prétendus

---

1. En blanc.
2. Fleurence Demaillasson, femme de Jacques de Bridieu, sgr de la Baron.
3. Pierre Vrignaud, s⁰ de la Vergne.

pour l'acquisition du lieu de la Fauvette, qui leur est demeuré moyennant 200 livres de rente[1] qu'ils doivent payer, chacun an, aus dits sr et dame de Bridieu, lesquels s'en sont allez d'icy, le lendemain, coucher à Poictiers. Mr de Vautibaut et ma fille Maillasson sont allez avec eux. Mr de Vautibaut est retourné icy, le lundy 2 juillet ensuivant, à dîner. Il avoit esté à Châtelleraut.

Juillet 1691, commencé par le dimanche.

Le jeudy 5, Maillasson est allé à Poictiers (ils doivent tous aller à la Baron) et retourné icy le mardy 24, à une heure après midy.

Le [2]. . . juin précédent, Mr André Micheau, sr du Meslier, a esté installé en l'office de lieutenant civil du siège royal et sénéchaussée de cette ville, que possédoit Me Claude Micheau, son père.

Le vendredy 6 juillet, environ les quatre heures après midy, Mme du Mellier[3] est accouchée d'un garçon, baptisé le lendemain à Saint-Martial. Parrain, Mr des Chirons ; marraine, Mlle du Mellier, frère et sœur de Mr du Mellier, et a esté nommé Claude-Louis[4].

Le lundy 16 du dit mois de juillet 1691, Michel-François Le Tellier, marquis de Louvois, ministre et secrétaire d'Estat, se trouva mal estant au Conseil, et mourut tout aussi tost après.

---

1. Acte reçu ledit jour par Goudon et Lhuillier, notaires à Montmorillon. Les 4000 livres représentant le capital de cette rente furent payées par les Augustins à Mr et à Mme de Moncrif le 16 décembre 1695, en l'étude de Me Ribault, notaire à Poitiers. (Arch. Vien., H{a} *bis* 325.)
2. En blanc.
3. Magdeleine Lambert, femme d'André Micheau, sr du Meslier, lieutenant général civil à Montmorillon.
4. Il fut sénéchal de Montmorillon et épousa, par contrat du 24 février 1726, Jeanne Babert, fille de Joseph, sr de la Pilatière, lieutenant général de police à Montmorillon, et de Marguerite Goudon, dont Antoine, sr du Meslier, marié à Queaux, le 24 janvier 1763, à Marie-Anne Savin, fille de Charles Savin de Verges, notaire et procureur de la justice de la Messelière, et de Rose Gay de la Brosse.

Le lundy 23, la 3ᵉ fille de Mʳ Augier, advocat, a esté receue professe aux Religieuses de cette ville.

Le mardy 24, Vincend de la Chastre, mon mestayer du Léché, est décédé à 7 heures du soir et a esté enterré, le lendemain, dans le cemetière de Saulgé.

Le dimanche 29, dame [Renée] du Monteil, femme de [Jean] Robert, sʳ des Harsis, se confessant dans l'église des Augustins et s'estant baissée la teste pour recevoir l'absolution, elle demeura de cette sorte sans pouvoir se remuer, de quoy le P. procureur, qui la confessoit, s'estant apperceu et l'ayant voulu relever, il la trouva qui avoit perdu la parolle et estoit quasi sans mouvement. On la porta dans l'hospital où on luy tira du sang, et tout ce qu'elle dit fut : que je me trouve mal mon Dieu ! ayez pitié de moy ! et trépassa environ les cinq heures du soir.

Le mardy 31, Noël Brochard, marchand contreporteur [1], et Elisabeth Varenne, fille de défunct le nommé Varenne, hoste, et de Louise Choquin, ont esté espousez à Saint-Martial par Mʳ le curé Augier [2].

Aoust 1691, commencé par le mercredy.

Le dimanche 19, Mʳ le marquis de Verat [3], lieutenant de Roy, de cette province, à huict heures du matin, est arrivé icy ; a mis pied à terre chez Mʳ de l'Héraudière, qui estoit allé au-devant de luy avec toute la mareschaussée, où il a déjeuné. Les Récollects luy sont esté faire compliment. Il est venu ouïr la messe à Saint-Martial où Mʳ le curé [4] l'a harangué en y entrant. Est retourné chez Mʳ de l'Hérau-

---

1. Colporteur.
2. Noël Brochard et Elisabeth Varenne eurent un fils, François, perruquier à Montmorillon, qui épousa, le 23 juillet 1720, Marguerite Cresnon, fille de feu René Cresnon et de Marguerite Lhuillier.
3. Olivier de Saint-George, baron de Couhé, sgr de Château-Garnier, lieutenant général pour le Roi en Poitou, fît ériger, par lettres patentes du mois de février 1662, sa terre de Couhé en marquisat, sous le nom de Vérac.
4. René Augier, sʳ de Moussac.

dière, où les Augustins et les officiers du siège royal de cette ville l'ont complimenté, Mʳ le sénéchal [1] portant la parolle. Est allé dîner chez Mʳ de la Houssaye, lieutenant-colonel du régiment de Cybour qui est icy en garnison, lequel estoit allé aussi au-devant de luy avec sa compagnie. A souppé et couché chez Mʳ le sénéchal et dîné le lendemain et est party, environ les onze heures du matin. La bourgeoisie estoit allée pareillement en armes au-devant de luy. Il venoit de voir Mʳ Le Congneux à Belabre. Il a nommé les habitans qui doivent composer deux compagnies d'infanterie, chacune de 52 hommes, y compris les officiers, dont la première sera commendée par Mʳ de Chantebon [2], gentilhomme de la parroisse de Journé, et l'autre par le sʳ de la Rue [3], l'un des scindics de cette ville.

Le mardy 14, Mʳ de Vautibaut et Maillasson sont allez à Azat, ont passé, allant et venant, à l'Ille pour parler aux sʳˢ Demont [4] et La Favrie ; sont retournez icy le sabmedy 18.

---

1. Pierre du Chastenet.
2. Antoine Muzard, sgr de Chantebon.
3. Fleurent Delavergne, sʳ de la Rue.
4. Marc Bouthier, sʳ de Mons, qui fut plus tard conseiller du Roi et assesseur civil et criminel au Dorat, marié à Marguerite Bernardeau, décédée (après lui) le 17 août 1719, dont : 1° Marc-Etienne, baptisé à l'Isle-Jourdain le 6 mai 1692 ; 2° Marie, baptisée au même lieu le 23 juin 1695, mariée, le 16 juillet 1711, à Louis Audebert, sgr de l'Age-du-Faix, fils de feu Philippe, sgr de l'Aubuge, et de Magdeleine Taveau. Sa mère lui donne en dot une métairie située dans le bourg de Moussac-sur-Vienne (Arch. Vien., G⁹ 48) ; 3° Françoise, mariée, le 22 juillet 1720, à François Dansays, sʳ de la Villatte, avocat, juge sénéchal du marquisat de l'Isle-Jourdain, fils de Luc Dansays, sʳ de la Salle, juge sénéchal de Brillac. Présents au mariage, du côté de l'époux : François-Alexandre Desmier, éc., sgr de la Rousselière, son oncle ; Suzanne Dansays, sa sœur ; du côté de l'épouse : Marc Bouthier, sʳ de Mons, son frère ; Marie Bouthier, épouse de Louis Audebert de l'Age-du-Faix, sa sœur. (Reg. par. de l'Isle-Jourdain.)
Le 6 avril 1671, Jean Rabethe, prêtre, prieur de l'Isle-Jourdain, « baille et concède à Marc Bouthier une place de 6 à 7 pieds dans l'église de l'Isle pour servir de sépulture à lui et aux siens, à perpétuité, avec droit de banc de même grandeur, proche l'autel Notre-Dame et au lieu où il a coutume de se mettre, qui est à côté dudit autel, à main gauche en montant dans le chœur et vis-à-vis l'autel de Saint-Michel ». (Arch. Vien. Gˢ 48.)

Le dit jour jeudy 20, ma fille Maillasson est revenue de chez sa sœur de Bridieu et a mené Marion avec elle pour luy faire de la dentelle.

Le mardy 28, Mme la duchesse de Morthemar [1] a passé icy et y a couché et souppé chez M^r le séneschal [2]. Les habitans estoient allez en armes au-devant d'elle ; M^r l'abbé Morel [3] l'accompagnoit. Elle est partie le lendemain et s'en alloit à Tonnay-Charente.

Le dit jour mercredy 29, Maillasson est party pour aller à son prieuré [4]. Le mercredy 5 septembre, il est allé de là à la Baron et est retourné icy, le lundy 10, à diner.

Septembre 1691, commencé par le sabmedy.

Le jeudy 6, environ les cinq à six heures du soir, Me François Clabat, appothicaire, est décédé et a esté enterré, le lendemain 7, dans l'église de Nostre-Dame, contre le premier pilier (le plat), proche du chœur des chanoines, à main gauche en entrant dans la dite église.

Le jeudy 13, la seconde femme du s^r Le Blanc, procureur, laquelle estoit de Poictiers, est décédée, environ les 7 heures du soir, et a esté enterrée le lendemain, dans l'église de Saint-Martial, vis-à-vis la chappelle de défunct Mr Thomas, que M^r le séneschal [5] possède maintenant. La première femme du dit Le Blanc estoit décédée le cinq ou six de janvier 1687.

---

1. Antoinette-Louise de Mesmes, veuve de Louis-Victor de Rochechouart, duc de Mortemart, comte de Vivonne, morte le 10 mars 1709.
2. Pierre du Chastenet.
3. Bernard-Nicolas Morel de Boistiroux, conseiller et aumônier du Roi, doyen de Saint-Nicolas, tuteur de Louis de Rochechouart, duc de Mortemart, petit-fils du comte de Vivonne. Il existe aux archives de la Vienne (H³ *bis* 15) une lettre datée du Bouchet du 26 octobre 1694, signée Testor et adressée à M^r l'abbé Morel, rue Sainte-Anne, près les Nouvelles-Catholiques, à Paris, dans laquelle l'auteur rend compte de diverses réparations faites à la forge du château de Verrières, paroisse de Lhommaizé.
4. Bois-Métais.
5. Pierre du Chastenet.

Le dimanche 30, Mʳ de Vautibaut et Maillasson sont allez coucher à l'Ille pour l'arpentement de la tenue de Laffillon, à la Favrie. Le sʳ de la Vergne, fils du sʳ de la Rue, est allé avec eux. Ils n'ont rien fait ; le sʳ Demont s'est mocqué d'eux et des autres tenanciers. Mʳ de Vautibaut est retourné icy le vendredy 5 octobre, et Maillasson le mardy 16.

Octobre 1691, commencé par le lundy.

Le mardy 2, le ban d'Auvergne a repassé icy et n'y a pas logé.

Le lendemain, le ban de la Marche est arrivé icy et y a logé parce qu'il y avoit logement ; sont partis le lendemain 18.

Le mardy 9, Adolphe-Christian-Guillaume Micheau[1], dernier des enfans de Mʳ le lieutenant civil, est décédé et a esté enterré, le lendemain, dans l'église de Saint-Martial. Il estoit nay le 10 mars 1674.

La nuict du jeudy 11, environ une heure après minuict, ma fille de Vautibaut[2] est accouchée d'une fille, laquelle a esté baptisée, le dit jour vendredy 12, à Saint-Martial, par Mʳ Augier, curé. Et ont esté parrain et marraine, Pierre et Manon Vautibaut, ses frère et sœur, et nommée Jeanne. Est décédée le jeudy 1ᵉʳ octobre 1693, enterrée le lendemain dans la chappelle de Saint-Eloy, près la porte du clocher, à Saint-Martial.

Le vendredy 18, Mʳ de Vautibaut est allé à Poictiers ; de retour le mardy 22.

Novembre 1691, commencé par le jeudy.

Le mardy 6, Mʳ de Bridieu céans et le sabmedy 10 luy et Maillasson sont allez coucher à Azat, d'où, le lendemain 11,

---

1. Fils de Claude Micheau, sʳ du Meslier, lieutenant civil, et de Marie Richard.
2. Marguerite Demaillasson, femme de Louis Ladmirault, sʳ de Vautibaut.

Mr de Bridieu est allé coucher à Oradour-sur-Vaire et est retourné céans le 16, à dîner, et le sabmedy 17 est retourné à Poictiers. Et Maillasson est party le vendredy 16 d'Azat et a conduit deux tonneaux de vin qu'il a fait venir jusques à Moulime, d'où il est allé à la Souterrane voir Mr Desbordes et est retourné céans le jeudy 22.

Le lundy 26, Mr de Vautibaut et Maillasson sont allez à l'Ille pour sortir d'une condamnation solidaire contre le sr de la Favrie et moy, à la requeste du sr de la Garde, pour des arrérages de rente sur le village de la Favrie ; sont retournez icy le mercredy au soir 28.

Le dit jour lundy 26, a esté espousé à Saint-Martial [Louis Fontainemarie], sr des Costes [1], chirurgien, fils puisné du nommé [Claude] Fontainemarie, aussi chirurgien, avec la fille [2] de [Claude] Chotard dit Candalle, tailleur d'habits.

. . . . [3].

Janvier 1692, commencé par le mardy.

Le lundy 7, Mo [Joseph] Babert, sr de la Pylatière [4], advocat en parlement, et damoiselle [Marguerite] Goudon, damoiselle de Chasteau-Gaillard [5], ont esté espousez en l'église de Nostre-Dame.

Le mardy 22, dame Henriette Chasseloup [6], fille puisnée

---

1. Baptisé à Saint-Martial de Montmorillon le 10 juin 1663, fils de Claude Fontainemarie, maître chirurgien, et de Catherine Pinier. En 1668, Claude Fontainemarie arrentait de Gilbert Babert, notaire royal, une maison sise à Montmorillon, dans la rue allant du carrefour de la Pierre au parquet royal. (Arch. Vien., Fonds Babert.)
2. Marie Chotard.
3. Il manque le mois de décembre.
4. Fils de François Babert, procureur au siège royal de Montmorillon, et de Marguerite Cailleau. Joseph Babert fut installé, le 11 juillet 1692, comme conseiller rapporteur et vérificateur des défauts à Montmorillon. Il obtint, la même année, une commission de juge de la marque des fers en Poitou. (Arch. Vien. Fonds Babert.)
5. Fille de Louis Goudon, sr de Château-Gaillard, et de Mathurine Dalest.
6. Fille de Jean Chasseloup, maître apothicaire, et de feu Marguerite Vezien.

de [Jean] Chasseloup, appoticaire, a esté espousée avec un jeune homme du costé de Sénesché, nommé [François Richaud, maître appoticaire].

Le lundy 14, le fils de Lescuyer, le jeune, espousé dans l'église de Nostre-Dame avec la fille de la Tamisière.

Février 1692, commencé par le vendredy.

Le lundy 4, damoiselle[1]. . . . vefve de[1]. . . . s^r de Litry, du costé de Bourdeaux, a esté enterrée dans l'église de Saint-Martial. Il y avoit desjà longtemps qu'elle demeuroit icy avec le s^r de la Dallerie, son gendre.

Le 11, Trouillon, le jeune, s^r de Cremiers[2], a espousé, à Angle, la fille du s^r Jacquet[3], séneschal du dit lieu.

Le lundy 18, le neveu de M^r le curé de Saulgé, nommé[4] . . . . et la fille[5] du nommé La Prairie, mareschal, ont esté espousez dans l'église de Nostre-Dame.

Le mardy 19, jour du mardy gras, la fille[6] du bailly Nivelet et [Jean] Estevenet[7], chirurgien, ont esté espousez à Nostre-Dame.

---

1. En blanc.
2. Charles Trouillon, s^r de Crémiers, 21 ans, fils de François Trouillon et de Louise Delaforest.
3. Marie-Anne Jacquet, 23 ans, fille de Jean Jacquet, juge sénéchal de la baronnie d'Angle, et de Marguerite Béraud. Présents au mariage : René Moreau, oncle du marié, comme mari de Florence Trouillon ; Catherine Trouillon, veuve de René (*aliàs* Jean) Delavergne de la Barre, aussi sa tante, et Pierre Jacquet, s^r de la Giraudière, frère de l'épouse. (Reg. par. d'Angle.)
4. En blanc.
5. Marie Petitpied, fille de François Petitpied, s^r de la Prairie, maître maréchal, et de Jeanne Babert.
6. Louise Nivelet, fille de Jean Nivelet, sergent baillager, et de feu Françoise Pain.
7. Jean (*aliàs* Louis) Estevenet, maître chirurgien, fils de Jean Estevenet, maître apothicaire, et d'Anne Clabat. Jean Estevenet et Louise Nivelet eurent un fils, Fleurent, inspecteur général des fermes de Lorraine au département de la Sarre, qui épousa Françoise Archambault, dont il eut Pierre, inspecteur général des fermes au même département, et Louis, aussi inspecteur général desdites fermes au département de Péronne. Le 30 juillet 1757, Françoise Archambault, qui était veuve, et ses deux fils arrentaient, moyennant 60 livres par an et 144 livres de

Le dit jour, le fils[1] de défunct Louis de Chaulme, s^r des Rochettes, et de dame Catherine de la Forest, sa vefve, est décédé. Il pouvoit estre âgé d'environ 14 ans.

Le [2]. . . . . la fille puisnée[3] de Mlle de Baignat est décédée en cette ville où ils demeuroient depuis quelque temps.

Mars 1692, commencé par le sabmedy.

Le lundy 17, Maillasson à Poictiers, voir Mr de Bridieu qui estoit très mal ; de retour le sabmedy 22.

Le dimanche 23, à 5 heures du matin, le dit s^r de Bridieu est décédé, et a esté enterré, le dit jour, dans le cavereau de l'église de Saint-Michel, leur paroisse.

Le dit jour dimanche, sur les trois heures après midy, ma fille de Bridieu est accouchée d'un garçon[4], qui a esté ondoyé par permission de M^r l'évesque de Poictiers[5] et baptisé à Saint-Martial de Montmorillon le 10 juin 1694 ; Charles de Maillasson parain, et dame Marie Vacher, épouse du s^r du Chasaud du Clusau, conseiller à Poictiers, maraine.

Le jeudy 27, Maillasson et Mr de Vautibaut sont allez à Poictiers pour assister au service de défunct Mr de Bridieu. Maillasson de retour, avec le frère[6] du dit s^r, le lundy 31, et Mr de Vautibaut est allé voir Mr de Lagebertyc.

Le dit jour 27, le nommé de la Leu[7], tailleur d'ha-

---

pot-de-vin, à Sylvain Papuchon, tuilier, et à Françoise Vauzelle, sa femme, demeurant à la Roche-au-Baussan, paroisse de Pindray, une petite métairie, située au village du Poirat, même paroisse, « vacante et inculte depuis vingt ans », telle que ledit Fleurent Estevenet l'avait eue de défunts Jean Estevenet et Louise Nivelet, ses père et mère. (Arch. Vien. H^3 bis 102.)

1. Louis Dechaume.
2. En blanc.
3. Fille de François de Bagnac et de Marguerite Richard.
4. Charles-Paul-Jacques-Joseph de Bridieu.
5. François-Ignace de Baglion de Saillant.
6. M^r l'abbé de Bridieu.
7. Jean Delaleu, 29 ans.

bits, a esté enterré dans le cemetière de Saint-Martial.

Le lundy de la semaine saincte 31, a commencé le jubilé accordé par le pape [1] pour son élévation au Saint-Siège et a finy le jour de Quasimodo. Le Saint Sacrement a esté tousjours exposé pendant les deux semaines ès églises de Nostre-Dame et Saint-Martial, excepté le jeudy et vendredy saincts, et pendant la première semaine dans l'église des Récollects et des Religieuses. Et les Augustins prétendant qu'il devoit être exposé dans leur église pendant la première semaine, nonobstant ce qui avoit esté arresté par l'assemblée, qui avoit esté faite pour cela, à laquelle ils n'avoient pas voulu se trouver, ils ne laissèrent pas d'exposer le Saint Sacrement la première semaine, dont ayant fait plainte à Mr de Poictiers [2], il leur ordonna de le serrer et d'en commencer l'exposition dès le commencement de la dernière semaine pour finir le jour de Quasimodo 13 avril. On leur a fait une espèce de mercuriale et défence de la part de Mr de Poictiers de n'en plus user de la sorte.

Avril 1692, commencé par le mardy.

Le dit jour, le gendre du s^r Babert, notaire et procureur, a esté enterré. Il s'appelloit de Cressat [3] et estoit de la ville de Poictiers.

Le mercredy 9, le frère [4] de défunct Mr de Bridieu et Maillasson sont retournez à Poictiers, d'où Maillasson est retourné icy, le sabmedy 19, avec Mr de Vautibaut qui estoit retourné à Poictiers pour assister à l'inventaire des meubles du dit feu s^r de Bridieu, qui fut parachevé le jour précédent.

---

1. Innocent XII (Antoine Pignatelli), né à Naples en 1615, élu pape le 12 juillet 1691 et couronné le 15 du même mois, mort le 27 septembre 1700.
2. François-Ignace de Baglion de Saillant.
3. Mathurin Decressac, 28 ans.
4. M^r l'abbé de Bridieu.

Le dimanche 20, dame [Marie-Anne] Petitpied, femme de [Gaspard de] Blon [1], escuyer, s^r de Beaupuy, est décédée environ les cinq heures du matin, et a esté enterrée le lundy dans la chapelle de Saint-Pierre d'Alcantara en l'église des Récollects.

Le [sabmedy 26, François] Augier, s^r du Peux, notaire, est décédé et a esté enterré dans le cimetière de Saint-Martial. On dit qu'il estoit mort d'une débauche d'eau-de-vie.

Le [sabmedy 5], une fille de feu Mr de Bonneil, médecin, est décédée [2].

Le jeudy 24, Maillasson est allé au Dorat pour parler à Mr Boucheuil [3], advocat, au suject du procez que nous avons contre La Favrie. Est retourné icy le mesme jour.

Le lendemain, jour de Saint-Marc, Maillasson est allé à la foire à l'Ille ; est retourné icy le mesme jour avec Mr Babaud [4], prieur de Saint-Barthélemy de Confolens, lequel s'en est retourné le dimanche ensuivant.

Le dit jour dimanche 27, Maillasson est party pour aller à Guéret pour le procez contre La Favrie ; de retour le 5 may.

Le mardy 29, [François] Gaultier, s^r de Chavaigne, a

---

1. Gaspard de Blom épousa en deuxièmes noces, le 13 août 1695, Marie-Anne Jacquemin. Le 3 août 1709, il achetait de Jeanne de Boussigny, veuve] de Henri Blanchard, éc., sgr du Mazay, la maison noble de Boussigny, paroisse de Latus, pour la somme de 1800 livres. (Arch. Vien. H^8 bis 96.)

2. Louise, 26 ans, fille de feu Henri de Bonneuil, docteur en médecine, et de Jeanne Rouelle. Elle fut inhumée dans l'église des Augustins.

3. Joseph Boucheul, savant et célèbre jurisconsulte, auteur du *Commentaire sur la Coutume de Poitou*, mort en 1706, à l'âge de 67 ans. Un de ses fils, René, avocat au siège royal du Dorat, épousa, le 18 janvier 1701, Marie-Jeanne Bricauld, fille de Charles, s^r de Verneuil, avocat du Roi à Civray, et de Renée Marot.

4. François Babaut, s^r de la Fresnède, fils de Jean, s^r de Fontbelle, avocat en parlement, procureur fiscal du comté de Confolens, juge sénéchal d'Abzac et de Lessac, et de Françoise Maxias. (*Dict. des Familles du Poitou*, par MM. Beauchet-Filleau.)

épousé la fille aisnée [1] de Mᵉ Louis Goudon, procureur, ditte Mˡˡᵉ Gritte.

May 1692, commencé par le jeudy.

Le sabmedy 17, Maillasson est allé derechef à Guéret, pour le mesme procez que cy-dessus, et l'affaire s'est accommodée, et est retourné le vendredy 23.

Le jeudy 29, mes filles de Bridieu [2] et de Maillasson [3] sont venues céans ; la dernière estoit chez l'autre dès le 30 janvier dernier.

Le sabmedy 31, Mʳ de la Vergne [4], conseiller, et ma fille de Bridieu sont allez à Oradour-sur-Vaire, où ma fille a vendu à Mᵐᵉ d'Oradour ce qui restoit du bien qu'elle avoit eu de défunct Mʳ de Massé, son premier mary, et sont retournez icy le jeudy 5 juin, feste du Sainct Sacrement, à 9 heures du matin.

Juin 1692, commencé par le dimanche.

Le mardy 10, Maillasson est allé en Limousin, et est retourné icy le [5] . . . .

Le [5]. . . . . ma fille de Bridieu s'en est retournée à Poictiers.

Le lundy 21 du dit mois de juin, a esté passé le contract de vente de la mestairie des Causes, en la paroisse d'Oradour. Veras, sʳ de la Bastière, notaire et procureur en cette ville, a la minutte passée avec Lefebvre.

---

1. Jeanne Goudon, fille de Louis, sʳ de Belleplaine, procureur, et de Marie Loreau.
François Gaultier et Jeanne Goudon eurent un fils, Louis, qui épousa, le 1ᵉʳ octobre 1743, à Notre-Dame de Montmorillon, Magdeleine Clémot, fille de René Clémot et de Marguerite Cailleau.
2. Fleurence Demaillasson, veuve de Jacques de Bridieu.
3. Marie Demaillasson.
4. Pierre Vrignaud, sʳ de la Vergne.
5. En blanc.

Juillet 1692, commencé par le mardy.

Le lundy 21, Maillasson est allé à Azat pour parler à Clément Pérot, mestayer et fermier de la dite mestairie des Causes, pour de l'argent qu'il nous doit ; de retour le vendredy 25 à disner.

Le sabmedy 26, Maillasson est allé voir sa sœur de Bridieu. M^rs des Bordes et Morin, médecin, sont allez avec luy. Il est retourné, le 8 aoust ensuivant, avec Mr de Vautibaut, qui estoit allé à Poictiers le mardy 29 du dit mois de juillet ; arrivez icy le vendredy, à neuf heures du matin.

Le dimanche 27 du dit mois de juillet, on a chanté le *Te Deum* dans l'église de Nostre-Dame, et fait un feu de joye pour la prise de Namur [1], dans la place du Marché.

Aoust 1692, commencé par le vendredy.

Le dimanche 3 aoust, a commencé la cérémonie pour la solennité de saint Jean Fagon, religieux de l'ordre de Saint-Augustin, depuis peu canonisé, par une procession que les Augustins ont faite à Nostre-Dame, de là à Saint-Martial et aux Récollects. Ont passé en s'en retournant devans céans. Il n'y avoit de tout le siège que Mrs de la Vergne [2] et du Chiron [3], conseillers, M^r le procureur du Roy [4], Mr Augier [5], advocat, et Mr de la Bastière [6], procureur. La cérémonie a duré huict jours, pendant lesquels on a presché tous les jours, et a finy par une procession semblable à laquelle tout ce qu'il y avoit icy d'officiers,

---

1. Le Roi, commandant en personne, prit la ville de Namur le 5 juin et le château le 30.
2. Pierre Vrignaud, s^r de la Vergne, procureur.
3. Léonard Laurens, s^r du Chiron, conseiller du Roi, inhumé dans l'église des Récollets à Montmorillon, le 13 octobre 1701, à l'âge de 60 ans.
4. Joseph Richard, s^r de Tussac, procureur du Roi.
5. Félix Augier, avocat.
6. Pierre Veras, s^r de la Bastière, procureur et notaire.

d'advocats et procureurs ont assisté et n'y a eu que les dénommez à la première procession qui y ayent voulu disner.

Le dimanche 17 aoust, Maillasson et sa sœur Maillasson sont partis pour aller à Saumur et sont allez coucher à Poictiers et devoient aller coucher le lendemain à la Baron. Le voyage a esté différé pour quelques jours, après quoy eux et leur sœur de Bridieu y sont allez. Maillasson est retourné icy le mercredy 17 septembre, à neuf heures du matin, et sa sœur le 19 qui a mené avec elle ma petite nièce Mlle Chasaud.

Septembre 1692, commencé par le lundy.

Le mardy 23, Maillasson et Mr de Vautibaut sont allez à l'Ille pour voir si on s'accommoderoit avec le s^r Demont, lequel prétend n'estre point tenancier de la tenue de Laffillon à la Favrie, et la plus part des autres tenanciers ne s'y estant pas rencontrez, s'en sont retournez le lendemain icy.

Le sahmedy 27, ils sont allez coucher à Prueilly et le lendemain sont arrivez à dîner à Saint-Germain. Mr de Lagebertye leur avoit mendé de l'aller voir ; en sont partis le dimanche 5 octobre après dîner, sont allez passer à la Baron et se sont rendus icy le jeudy 9.

Octobre 1692, commencé par le mercredy.

Le [1]. . . . . est décédée dame [Marie] Douadic, vefve de défunct [Charles Guiot], s^r de Chanfavrot [2]. Elle estoit fille de défunct Me Jouachim Douadic, s^r de la Loge, procureur en cette ville. Défunct son mary estoit

---

1. En blanc. Le jeudi 6 novembre, d'après le registre paroissial.

2. Le 4 mars 1673, Charles Guiot, s^r de Champfavereau, et Marie Douadic, sa femme, demeurant au bourg de Montalembert, donnaient à rente à Louis Goudon, procureur, moyennant 50 livres par an, une métairie sise à Concise. (Arch. Vien. H³ *bis* 114.)

des environs de Civray. Elle demeuroit icy, il y a près de deux ans, chez la vefve Praveil[1], où elle est décédée, et a esté enterrée, le lendemain, ès sépultures des Douadics, dans l'église de Saint-Martial.

Novembre 1692, commencé par le sabmedy.

Le sabmedy, feste de Toussains, environ les quatre heures du soir, est décédé en son chasteau de Saint-Germain-sur-Indre, Mre Pierre Clavetier, escuyer, seigneur de Lagebertye, mon beau-frère, gentilhomme ordinaire vétéran de la maison du Roy, dans laquelle charge il avoit esté receu le mercredy 6 octobre 1660, qui luy avoit cousté 25 mille livres, et s'en estoit défait, il y avoit environ deux ans, pour le prix de quarente-huict mille livres, argent comptant. Il avoit esté cappitaine d'infanterie dès 1637 et après il fut capitaine de cavallerie et major dans un régiment de cavallerie où il servit long temps. Je prie nostre bon Dieu de luy donner son sainct paradis. Il estoit aagé de 78 ans quatre mois.

Le dimanche 2, Maillasson et Mr de Vautibaut partirent, après quatre heures du soir, pour aller à son enterrement et arrivèrent peu de temps après qu'il fut fait.

Le sabmedy 8, M^{rs} le curé de Moulime[2] et l'abbé Richard allèrent aussi à Saint-Germain, d'où ils retournèrent tous ensemble le jeudy 20 ensuivant.

La nuict du sabmedy 8 au dimanche 9, est décédé François Gaultier, escuyer, s^r des Lèzes, lieutenant de robbe courte en la mareschaussée de cette ville, et a esté enterré dans l'église de Saint-Martial, soubs son banc, un peu au-dessus la chaire du prédicateur.

La nuict du vendredy 7 dudit mois au sabmedy 8, est décédée la seconde femme du jeune Séguy, fille de l'hô-

---

1. Marie de Lerpinière, veuve de Jacques Lhuillier, s^r de Praveil.
2. François Babert.

tesse du Cheval-Blanc, aagée de environ 25 ans. Est morte du poulmon.

Le mercredy 12, mon neveu Chasaud [1] le fils est venu quérir ma nièce sa sœur [2] et s'en sont allez coucher au Peux le vendredy 14, après disner.

Le sabmedy 29, Maillasson est allé à Poictiers pour s'habiller de deuil et pour assister à la visite des réparations de la Baron, qui a esté remise ; de retour le mercredy 3 décembre, à 7 heures du soir. Mr de Pardaillan, cappitaine d'une compagnie de cavallerie du régiment qui est icy en garnison, est allé avec luy.

Décembre 1692, commencé par le lundy.

Le mardy 2, environ les cinq heures du soir, damoiselle Françoise Gaultier, femme de Pierre Gaultier, s^r de Beumaine, est décédée et a esté enterrée dans l'église de Saint-Martial.

Le vendredy 5, on a fait faire un service aux Récollects pour défunct Mr de Lagebertye.

Le sabmedy 13, Maillasson et sa sœur sont allez à la Baron, avec Mr de Vautibaut, prendre leur sœur de Bridieu, et de là sont tous allez à Saint-Germain, d'où Mr de Vautibaut s'en est retourné et a passé au Blanc le [3] . . . janvier 1693, et Maillasson est retourné icy le vendredy 23, ayant passé à la Baron où il a laissé ses deux sœurs.

Le mercredy 28, Mr Babaud, prieur de s^t Barthélemy de Confolens, nous est venu voir et s'en est retourné à Confolens le sabmedy ensuivant.

. . . .
. . . . [4].

---

1. Gabriel Chazaud.
2. Marie-Fleurence Chazaud.
3. En blanc.
4. Il manque le mois de janvier.

Février 1693, commencé par le dimanche.

Le lundy 9, Maillasson party pour aller à Poictiers, de là à son prieuré [1], de retour le mardy 17.

Le [27 janvier] précédent, Lisabeau [2] accouchée d'une fille, baptisée le lendemain à Saint-Martial. Parrain, Maillasson [3], damoiselle Nannette [4] Ferrière, marraine. Nommée Marie-Anne.

Le [mardy 10, Antoinette] Navière, femme de Joseph Vézien, sergent, s^r de la Chambut, et vefve en première nopce de défunct le nommé Longa, décédée, enterrée, le dit jour, dans le cemetière de Saint-Martial.

Le dimanche 22, environ les onze heures du matin, ma fille Vautibaut [5] accouchée d'une cinquième fille, baptisée le dit jour à Saint-Martial. Joseph Ladmiraut, son frère, et Elisabet Bougeaud, parrain et marraine. Nommée Elisabet.

Mars 1693, commencé par le dimanche.

Le dimanche 8, Mr de Vautibaut et Maillasson sont allez à Poictiers pour assister au service du bout de l'an de Mr de Bridieu, qui s'est fait le mardy 10, et aussi pour dire adieu à ma fille de Bridieu [6], laquelle est partie le vendredy 13, par le carrosse de Poictiers, pour aller à Paris. Mr de Vautibaut est retourné icy le jeudy 12.

Le mardy de la semaine saincte 17, Maillasson et sa sœur sont retournez icy.

Le vendredy de Pasques 27, M^r l'abbé de Bridieu est venu nous voir. Maillasson luy avoit envoyé un cheval

---

1. Bois-Métais.
2. Elisabeth Delavergne, femme de Victor Bernard.
3. Paul Demaillasson.
4. Anne Véras, fille de Fleurent Véras, s^r de Ferrière, et de Suzanne Demareuil.
5. Marguerite Demaillasson, femme de Louis Ladmirault, s^r de Vautibaut.
6. Fleurence Demaillasson, veuve de Jacques de Bridieu.

le jour précédent 26 pour le conduire icy. Il s'en est retourné à Poictiers le jeudy 16 avril.

Avril 1693, [commencé par le mercredy].

Le mercredi 8 avril, la Renée Naudon, qui nous avoit servi et qui avoit esté mariée avec François Bernard, dit Marche-à-terre, le mercredy 27 juin 1691, est accouchée d'un garçon, environ une heure après midy, qui a esté baptisé à Saint-Martial le lendemain 9 par Mʳ le curé de la dite paroisse. Maillasson et sa sœur Maillasson, parrain et marraine, et a esté nommé Paul.

. . . .
. . . . [1].

[Mars 1694, commencé par le lundy.]

. . . .
. . . . [2].

Le lundy 29, Mʳ le procureur du Roy [3] est party pour Paris.

Avril 1694, [commencé par le jeudy].

Le dimanche des Rameaux 4 avril, Mʳ de Vautibaut et Maillasson, partys pour aller à Saint-Germain-sur-Indre, sont allez coucher chez Mʳ le prieur de Foncombaut ; de retour le mardy 20 par le mesme chemain.

Le vendredy 23, Mʳ de Vautibaut à Poitiers pour porter de l'argent pour la taxe sur les officiers de ce siège ; de retour le dimanche au soir.

Mʳ le prieur [4] de Saint-Barthélemy de Confollens céans à dîner le mardy 27 ; s'en est retourné le sabmedy 1ᵉʳ may.

Le mercredy 28, a esté faite une procession par Mʳ le curé de Saint-Martial, que l'on appelle communément

---

1. Il manque 3 feuillets.
2. Feuillet déchiré.
3. Joseph Richard.
4. François Babaud.

la procession de Saint-Valantin, pour obtenir de la pluye.

Le lendemain 29, c'est faite une autre procession générale où on a porté l'image de la Sainte Vierge, à laquelle ont assisté les Augustins et les Récollects et les officiers du siège, pour obtenir aussi de la pluye. On a commencé le dit jour un Salut à Nostre-Dame, continué durant neuf jours.

May 1694, [commencé par le sabmedy].

Le sabmedy 1er may, les Augustins ont fait une procession généralle où ils ont porté leurs reliques ; ont passé à Nostre-Dame, à Saint-Martial et aux Récollects et ont remonté du costé du Pont-Neuf et venus passer devant céans et retourner chez eux.

Le dimanche 2 may, ma fille Maillasson coucher au Peux ; le lendemain à neuf heures à Poictiers.

Le sabmedy 8, il y a eu oraison de 40 heures dans toutes les églises de cette ville, qui a finy le lundy 10 ; le Saint Sacrement y a esté exposé durant les trois jours.

Le dit jour sabmedy 8, Maillasson à Azat ; de retour le jeudy 13. A raffermé.

Le dimanche 9, les Augustins ont encore fait la mesme procession que dessus, avec les reliques, et ont passé dans toutes les trois autres églises.

Le dimanche 9, environ midy, est décédé [Jean] Robert, s^r des Harsis, âgé de près de 66 ans ; enterré le lendemain dans le cemetière de Saint-Martial. Il ne s'estoit trouvé mal que le mercredy précédent.

Le dit jour dimanche 9, Mrs du Meslier et Vautibaut sont partys pour aller dans tous les bailliages du ressort de cette sénéchaussée, pour la convocation du ban et arrière-ban, par ordre de M^r l'intendant [1] ; de retour le dimanche 23.

---

1. Yves-Marie de la Bourdonnaye, chev., sgr de Coëttion, maître des requêtes, intendant de Poitou en 1690-1694.

Le dimanche 16, Maillasson à Poictiers, touchant la tutelle du petit de Bridieu duquel on l'avoit nommé tuteur ; de retour le sabmedy 22.

Le dit jour dimanche 16, a esté enterré dans le cemetière de Saint-Martial, Joyeux [1], boucher.

Juin 1694, commencé par le mardy.

Le lundy 7 juin, ma niepce Chazaud, mon neveu le Cluseau, son fils, et ma niepce Chazaud, sa fille, ma fille de Moncrif [2], qui a mené son fils, le petit Bridieu, et Mlle de Beauregard, sa demoiselle, sont arrivez icy à disner, et Mr Chazaud y est arrivé le soir à souper.

Le lendemain mardy 8, a esté passé le contract de mariage de ma fille Demaillasson avec Me André Richard, lieutenant général criminel, receu par [Pierre] Veras, s^r de la Bastière, notaire et procureur, et son compaignon, et ont esté espousez incontinent dans l'église des Récollects par Mre Louis Graud, prévost du chapitre de Nostre-Dame, par commission de M^{rs} les grands vicaires et par permission de M^r le curé de Saint-Martial. On a obtenu dispense du pape, estant cousins issus de germain.

Le jeudy 10, a esté baptisé le petit Bridieu, mon petit-fils, en l'église de Saint-Martial, par Mr Merlet, vicaire. Il est nay le dimanche 23 mars 1692, environ les trois heures après midy. J'ay esté son parrain et Mme Chazaud, ma nièce, marraine, et a esté nommé Charles-Paul-Jacques-Joseph.

Le vendredy 11, à quatre heures du matin, Mr Chazaud s'en est allé au Peux et retourné icy le dimanche.

Le dit jour, ma nièce Chazaud s'est trouvée mal et envoya son fils quérir Mr Chazaud qui vint icy le mercredy 16

---

1. Louis Joyeux, 50 ans, époux de Marie Delachèze.
2. Fleurence Demaillasson, mariée en troisièmes noces à Charles de Moncrif, chev., sgr de Fréville, conseiller du Roi, commissaire des guerres en Poitou.

et s'en retourna à Poictiers le vendredy 18. Ma fille de Moncrif s'en est retournée à Poictiers le mardy 15.

Le jeudy 24, le ban de la noblesse de Bourgongne a couché icy. Ils venoient de la Trimouille, et sont allez le lendemain vendredy à Chauvigny.

Le sabmedy 26, Maillasson à Poictiers pour la curatelle du petit Bridieu ; de retour le mardy au soir 29.

Juillet 1694, commencé par le jeudy.

Le mercredy 7 juillet, ma nièce Chazaud s'en est allée et a emmené sa fille. Maillasson s'en est allé les conduire au Peux et est retourné le lendemain matin. Mon neveu le Cluseau estoit venu quérir, le mardy, sa mère.

Nota que le dimanche 27 juin, *Te Deum* à Nostre-Dame et feu de joye, pour le gain de la bataille de Catalongne [1].

Le sabmedy 10, la femme [2] de Trouillon, s^r de Crémiers, controlleur des exploits, est accouchée d'une fille [3].

Le dimanche 11, la femme [4] du s^r de la Pilatière, conseiller pour le rapport des défaux, est accouchée d'un garçon, baptisé le lendemain à Saint-Martial. Parrain, M^r le curé de Moulime [5], et Mlle la jugesse [6], marrine. A esté nommé [François-Joseph].

Le dit jour dimanche susdit, feu de joye pour la prise de Palamos [7], en Cathalongne.

---

1. Bataille remportée le 27 mai par le maréchal de Noailles sur le duc de Médina-Sidonia, vice-roi de Catalogne.
2. Marie-Anne Jacquet, femme de Charles Trouillon, s^r de Crémiers.
3. Marguerite-Marie.
4. Marguerite Goudon, femme de Joseph Babert, s^r de la Pilatière.
5. François Babert.
6. Marie Mérigot, femme de François Dalest, juge prévôt.
7. La ville fut prise le 7 juin et la citadelle le 10. « Peu s'en fallut que le maréchal de Noailles ne fût tué pendant le siège ; un boulet de canon entra dans sa chambre, le couvrit d'éclats de pierres qui lui meurtrirent la main, et alla tomber sur son lit. » (L'abbé Millot, *Mémoires politiques et militaires.*)

Le mardy 13, Maillasson et Mr le curé de Moulime coucher chez Mr le prieur de Foncombaut, accompaigner le Père Eloy qui a esté prescher le panégyrique de saint Bonnavanture, le lendemain 14, aux Récollects du Blanc. Maillasson de retour le jeudy à midy.

Le dit jour, ont esté espousez, dans l'église de Saint-Martial, [Louis Borde, sr de] Normantin [1], procureur, et dame [Marie] Pian l'Aumosne. Leur contract de mariage a esté passé 10 ou 12 jours auparavant.

Le lundy 19, le Père Eloy et Maillasson coucher à Moulime, sont allez à Azat et à Confolens le lendemain ; de retour le vendredy 23.

La nuict du dit jour lundy, est décédée la vefve [2] de François Lhuyllier, sr de Biard, enterrée le lendemain mardy dans le cemetière de Saint-Martial.

Le lundy 22, le bonhomme Eneau [3], maître cellier, s'est trouvé mal aux Récollects et est décédé, le jeudy ensuivant 29 au matin, enterré le dit jour dans le cemetière de Saint-Martial [4]. Il pouvoit estre aagé de 70 ans.

Le mardy 27, Mrs du Meslier, Vautibaut sont allez porter à Mr l'intendant [5] ce qu'ils avoient fait touchant le ban et arrière-ban ; de retour le jeudy 29.

Le dit jour jeudy 29, le Père Eloy, récollect, qui estoit icy relégué par ordre du Roy, par une lettre de cachet, chez les Récollects, il y avoit dix ans et demi et davantage, ayant esté rappellé par une autre lettre de cachet, il y a

---

1. Fils de Jean Borde, sr de Normantin, et de Eléonore Beloux. Louis Borde et Marie Pian eurent un fils, Louis, baptisé à Saint-Martial de Montmorillon le 30 décembre 1701.
2. Jeanne Boutinon.
3. Léger Esneau.
4. En 1706, le cimetière de Saint-Martial fut mis en interdit par sentence de l'évêché de Poitiers pour défaut de clôture. Lecture de cette sentence fut donnée à Saint-Martial, le 30 mars de ladite année, par Mr l'abbé de Rochebonne, comte et grand chantre de l'église de Lyon, vicaire général de Mgr de Baglion de Saillant. (Reg. par. de Saint-Martial.)
5. Yves-Marie de la Bourdonnaye.

desjà quelques jours, est party pour s'en retourner dans leur couvent de Paris, d'où il estoit conventuel ; est allé coucher au Peux où Maillasson l'est allé conduire, et doit aller demain à Poictiers prendre le carrosse. C'est un très digne religieux et très habile prédicateur. Le Père Gabriel, gardien des Récollects, l'a fort mal traité. Il y a plus de dix ans qu'il n'estoit sorty que jusques à la porte du couvent. Ils estoient plusieurs autres récollects de la province de Paris reléguez comme luy en divers couvents de cette province, qui n'ont pas encore esté rappellez. C'estoit un Père Hyacinte, leur provincial, très considéré par défunct M^r le marquis de Louvoy, qui les avoit fait exiler, parce qu'ils contredisoient à beaucoup de choses qu'il faisoit qu'ils prétendoient n'estre pas dans l'ordre. Maillasson est retourné icy le lendemain.

Août 1694, commencé par le dimanche.

Le dit jour dimanche au matin, est décédé M^{re} [Jean-Julien] Boudet, curé de Concise, et a esté enterré le dit jour dans [l'église du dit lieu][1].

---

[1]. Le 4 juillet 1751, comparaissaient devant Me Charles Nouveau, notaire royal à Montmorillon, MM. Gabriel Rippé, architecte et entrepreneur de bâtiments, demeurant au bourg de Mérigny, et Jacques Pascault, maître charpentier, demeurant au faubourg de la Prépaudière, paroisse de Concise, nommés d'office par Mr Babert de Juillé, maire perpétuel de la ville de Montmorillon et subdélégué de l'intendant de la généralité de Poitiers, pour faire la visite et le devis estimatif des réparations à faire à l'église de Concise, laquelle visite eut lieu en présence dudit s^r Babert, de Mre René Bost, prêtre, chanoine et syndic du chapître de Notre-Dame, de Jean Nicault et Claude Augier, bourgeois, et autres habitans. On décida de : « refaire les grandes portes d'entrée, avec valet, serrure en bois et loquet à cache pouce ; — dénabrer (démolir) le coin du pinacle, du côté du midi, et le remonter en lui donnant un talus de quatre pieds de haut ; boucher la petite porte d'entrée et en ouvrir une de trois pieds de large et de six pieds de haut dans la basse-goutte de la nef, du côté du midi ; construire dans la basse-goutte un pilier de trois pieds de large et neuf pieds de haut en pierre de taille qui sera prise dans le bas du cimetière ; — recarreler l'église en carreaux de terre cuite et faire dans le milieu une chaîne en pierre de taille de quatorze à quinze pouces ; — baisser l'autel qui est à droite du grand, dédié à saint Paul, et le réduire à trois pieds de hauteur et y mettre une seule marche ; —

Le mercredy 4, Mᵉ [Jean] Babert [1], dernier des enfans de Mᵉ François Babert, procureur et notaire, a presté le serment d'advocat en ce siège ; Mʳ du Meslier, lieutenant civil, président.

Nota. Le fils [2] de Mᵉ François Goudon, sʳ de la Boulinière, greffier, l'avoit presté quelques jours auparavant.

Le mercredy 11, dame [Louise] Vrignaut, vefve de défunct Mᵉ Louis Douadic, procureur, est décédée et a esté enterrée le lendemain dans [le cimetière de Saint-Martial].

La nuict du lundy 16 au mardy 17, est décédé Pierre Mangin, escuyer, sʳ de Joumé, lequel au lieu de scel pollicreste qu'il vouloit prendre pour se purger en suite des eaux d'Availle [3] qu'il avoit achevé de prendre, prit de

dénabrer un autel qui est à un pilier, à gauche en entrant, et mettre à la place une chaire à prêcher de trois pieds de large et de six à sept pieds de haut, avec une petite échelle foncée pour y monter ; — faire un confessionnal comme ceux de l'église de Saint-Martial de Montmorillon ; — dénabrer les fonts baptismaux, les placer contre le pinacle, les baisser au niveau du carrelage de la nef et les renfermer d'une balustrade de huit pieds de large et six pieds de haut ; — refaire les escaliers de la grande porte ; — ouvrir une fenêtre de trois pieds et demi de haut et de deux de large dans la basse-goutte du côté du nord, la plus près du clocher ; — descendre la charpente, la retailler et la rehausser de deux pieds ; — reposer un coin du clocher qui est abattu. Toutes ces réparations, à la charge des habitants, coûteront 1800 livres. » (Arch. Vien. G9 165.)

1. Il épousa, par contrat du 8 juillet 1696, Marie-Anne Naudin, fille de feu Antoine Naudin, procureur fiscal de la Brûlonnière, et de Renée Thiaudière. (Arch. Vien. Fonds Babert.)

2. François Goudon, sʳ de la Boulinière, lieutenant particulier, assesseur civil et criminel au siège royal de Montmorillon, fils de François Goudon, sʳ de la Boulinière, procureur et greffier au même siège, et de Marie Cœurderoy, épousa, le 13 août 1699, dans la chapelle de Saint-Pierre de la Lande, Jeanne Goudon, fille de Pierre Goudon, sʳ de l'Héraudière, et de Marie Delaforest.

3. A cette époque, les fontaines minérales d'Availle, appelées dans le pays « fonts salées », appartenaient à Jean-François Barton de Montbas, brigadier des armées du Roi, et à Louise Guiot d'Asnières, son épouse, qui les vendirent le 28 février 1695, avec la métairie de Montenac, à Louis de Tusseau de Maisontiers et à Renée d'Archiac, son épouse, veuve en premières noces de Salomon Desmier de la Bussière. Ces fontaines devinrent ensuite la propriété de Marie Desmier, fille du précédent et femme d'Etienne Chapelain de Roquevaire, qui les arrenta, le 11 août 1734, à Jean Branthôme, de Margnier. (*La pharmacie en Poitou*, par Mᵉ Pierre Rambaud.)

l'arsenic qu'il avoit dans la mesme fenestre où estoit le scel pollicreste qu'il mit dans un bouillon, et ainsi il s'empoisonna. Enterré le dit jour 17 dans l'église de Saint-Martial.

Le jeudy 19, Maillasson et sa sœur Richard [1] sont allez à Saint-Germain, et les deux petis Vautibauts qui sont retournez avec Maillasson, le lundy 13 septembre, à disner.

Le lundy 30, le Père Théodose est party de céans pour aller coucher à Angle et le lendemain à Saint-Germain.

Septembre 1694, commencé par le mercredy.

Le mercredy 1er jour, Mr Richard [2] est party pour aller à Saint-Germain.

La nuict du dimanche 5 au lundy 6, environ une heure après minuict, est décédé Me Léonnard [3] Bonnet, sr des Forges, lieutenant particulier, assesseur criminel, et premier conseiller en ce siège ; a esté enterré le mardy dans la chappelle de la Sainte-Vierge, en l'église des Récollects. Il pouvoit estre aagé d'environ 38 à 40 ans.

Le dimanche 19, Mr le sénéschal [4] de retour de Paris.

Le mardy 21, Mr Richard de retour de Saint-Germain-sur-Indre.

Le [5]..... Mr le sénéschal et Maillasson au Peux voir Mr Chasaud, de retour le [5].....

Le mercredy, jour de la Saint-Michel, Mr le lieutenant criminel vétéran [6] et Mr de Beumaine partis pour Saumur, de là à Tours où ils sont arrivez le dimanche ; ont passé à Saint-Germain-sur-Indre. De retour le sabmedy 9 octobre.

---

1. Marie Demaillasson, femme d'André Richard, lieutenant criminel.
2. André Richard, lieutenant criminel.
3. Jacques, d'après le registre paroissial.
4. Pierre du Chastenet.
5. En blanc.
6. Louis Richard, sr des Ors.

Octobre 1694, commencé par le vendredy.

Le dimanche 17, Mr Richard [1] party pour aller à Saint-Germain-sur-Indre quérir sa femme [2] ; de retour luy et elle le sabmedy ensuivant 23.

Le dit jour dimanche 17, Maillasson coucher à Moulime chez Mr le curé [3]. Tous deux partis le lendemain pour aller en Limousin ; de retour le sabmedy 23.

Le jeudy 28, est allé à Foncombaut avec Mr l'abbé de Bridieu, lequel y est allé prendre l'habit ; de retour le lendemain [4].

Naissances et [baptesmes] de mes enfans.

Le lundy vingtiesme décembre [1649, à 6 heures] trois cars du matin, est née [ma fille Marie], laquelle a esté baptisée, le 30 [janvier 1650], en l'église de Saint-Martial par [Mre Louis Pargon], vicaire de Mre Louis Grault, prévost de Nostre-Dame de cette ville et [curé de Saint-Martial], et a esté son parrain, Pierre [Clavetier, sr de] Vernet, mon beau-père, et marraine, dame Marie Richard, ma mère. El[le est morte le] 2 mars de la dite année 1650, [premier jour] de caresme, et avons cru qu[e sa nourrice en] dormant, comme elle luy donnoit [le sein dans] son berceau, l'avoit estouffée. Enterrée le dit jour dans nos sépultures dans l'[église de Saint-Martial].

Le mercredy 27 septembre 1651, [feste de] saint Cosme et saint Damien, environ les [neuf] heures un cart du matin, est [née ma fille] Margueritte, laquelle a esté baptisée, le dimanche premier jour d'octobre [1651], en l'église de Saint-Martial, à l'issue de la messe, par Mre Louis Pargon,

---

1. André Richard.
2. Marie Demaillasson.
3. François Babert.
4. Ce paragraphe, qui est le dernier du journal, a été rayé sur l'original.

vicaire de Mre Louis Grault, prévost de Nostre-Dame [et curé] du dit Saint-Martial. Et a esté parrain, [Valantin] Barriat, dit la Garenne, sargetier ; [marraine], Marguerite Bernard, fille de [Simon Bernard], charpentier, demeurant au P[ont-Neuf, dans] la dernière maison de la [ville. Martial] Foussadier, sargetier, a signé [l'acte de] baptesme comme [présent]. Mariée à Louis de Ladmirault [1].

Le mercredy 25 décembre [1652], jour de Noël, est née ma fille Jeanne, dans la chambre [haute] de la maison de mon oncle de Léché [où] nous faisions nostre demeure, et a esté baptisée, le mardy ensuivant, dernier jour de la dite année 1652, en l'église de Saint-Martial, par Mre Louis Grault, curé de la dite église et prévost de Nostre-Dame. Et a esté son parrain, Paul Richard, escuyer, s^r de Léché, cappitaine entretenu à la suitte du régiment de Navarre, mon oncle, et sa marraine, damoiselle Jeanne Berthelin, femme de Me André Richard, conseiller du Roy, lieutenant général, civil et criminel, aussi mon oncle. Est décédée le 23 novembre 1655, moy estant à Paris où j'estois allé voir Mr de Lagebertye, mon beau-frère, qui estois malade. Elle a esté enterrée dans nos sépultures le lendemain 24.

Le jeudy 23 mars 1656, jour de la My-Caresme, environ à onze heures trois cars du soir, est née ma fille Fleurance, laquelle a esté baptisée, le dimanche second jour d'avril ensuivant, dans l'église de Saint-Martial, par Mre Louis Grault, curé d'icelle et prévost de Nostre-Dame. Et a esté son parrain, Gaspard de Guillaumet, escuyer, s^r de Lérignat, mon neveu, et marraine, dame Fleurance de Maillasson, ma sœur, femme de Pierre de la Mothe, s^r de Chaussidier.

Le mercredy 30 may 1657, vigile de la Feste-Dieu, environ les dix heures du soir, est née ma fille Marie, seconde

---

1. Voir sa descendance à la page 141 et suivantes.

du nom, et a esté baptisée en l'église de Saint-Martial par Mre Louis Grault, curé d'icelle, le m[ercredy] ensuivant. Et a esté son parrain, Me Louis Richard, s^r des Horts, mon cousin germain, et marraine, damoiselle Marie Vachier, ma niepce.

Le dimanche 20 octobre 1658, à une heure trois cars après midi, est nay Paul [1], mon fils, lequel a esté baptisé, le lundy 28, jour de Saint-Simon et Saint-Jude, en l'église de Saint-Martial, par le dit s^r Grault, et a esté son parrain, Mr Richard, escuyer, s^r de Leché, mon cousin, et marraine damoiselle Magdelaine [Demaillasson], ma nièce, fille de défunct mon frère, marchand à Tours. (Il est mort le six février 1714, environ les deux heures après midy. Il estoit âgé de 55 ans 3 mois.) [2].

Naissances et baptesmes des enfans qui sont les enfans de Vautibaut, ma seconde fille [3].

Le jeudy 30 avril 1671, à six heures [après midi], est né Charles Ladmirault, mon petit-fils. [Il a été] baptisé dans l'église de Saint-Martial, le 2 [may ensuivant], par Mre Louis Grault, prévost de Nostre-Dame, ayant ny curé ny vicaire dans la dite parroisse. Catherine Jacquet, vefve de défunct [François] Ladmirault, son ayeulle, et moy avons esté parrain et marraine. Il est décédé le 23 septembre 1676, sur les six heures du [soir] ; enterré le lendemain dans nos sépultures.

---

1. Le 5 mai 1705, Paul Demaillasson, demeurant au château de Saint-Germain-sur-Indre en Touraine, donnait procuration pour résigner son prieuré de Saint-Jacques de Boismétais, ordre de Saint-Augustin. (Ribault François, not. à Poitiers.)
2. Le paragraphe entre parenthèses est d'une autre main.
3. Marguerite Demaillasson, mariée, le 17 juin 1670, à Louis Ladmirault, s^r de Vautibaut, avocat du Roi, commissaire des montres de la maréchaussée à Montmorillon, fils de feu François Ladmirault, s^r de Vautibaut, aussi commissaire des montres, et de Catherine Jacquet, et petit-fils de Louis Ladmirault, s^r de la Baudinière, conseiller du Roi à Montmorillon, maître des requêtes de la reine Marguerite de Valois, et de Jeanne Thomas, veuve de André Le Beau.

La nuict du jeudy 22 au vendredy 23 décembre 1672, est nay, entre [minuit et une] heure, Félix Ladmirault, mon petit-fils, lequel a esté baptisé, le sabmedy 24, dans l'église de Saint-Martial, par Mre Jacques Bourrau, curé d'icelle, et ont esté ses parrain et marraine, Me Félix Augier, advocat en parlement et en cette ville, et damoiselle Anne Clavetier, ma femme. Est décédé au Blanc chez la mère de Mr de Vautibaut, le 18 aoust 1680, de dixanterie.

Le 17 février, jour du lundy gras 1676, environ les onze heures du matin, est né mon petit-fils, Louis-Ornuphle [1], qui a esté baptisé à Saint-Martial, le jeudy ensuivant 20, par Mre Jacques Bourrau, curé d'icelle, et ont esté ses parrain et marraine, Me Louis Richard, lieutenant général criminel en cette ville, et ma fille Fleurance.

La nuict du mercredy 24 au jeudy 25 février 1677, environ une heure un cart après minuict, est nay mon petit-fils, Pierre-Alexis Ladmirault [2], lequel a esté baptisé dans l'église de Saint-Martial, par Mre Jacques Bourrau, curé d'icelle, le dimanche 28, et ont esté ses parrain et marraine, Me Pierre Vrignaud, s^r de la Vergne, advocat et pourveu d'un office de conseiller en cette ville, et ma fille Marie.

Le lundy 13 novembre 1679, environ les trois heures

---

1. Lieutenant de police à Montmorillon, marié en premières noces à Catherine Phelippe et en deuxièmes noces à Marguerite Laurens de la Besge. Il eut du premier lit : 1° Louis-Joseph, baptisé le 14 avril 1705, lieutenant de police à Montmorillon, époux de Marie-Anne Alabonne, dont il eut Jean-Félicien-Victor, marié, le 21 thermidor an VI (8 août 1798), à Marie-Félicité Goudon, fille de Jean, s^r de l'Héraudière, lieutenant particulier et assesseur criminel à Montmorillon, et d'Elisabeth Augier de Moussac. De ce mariage est née Antoinette-Lucie, mariée, le 24 mai 1841, à Charles-Louis-Gilbert de Chergé, fils de Léonard-Charles et de Marie-Françoise Bouthet du Rivault. 2° Anne, décédée, à quatre mois, le 24 janvier 1709 ; 3° Charles-Marie, baptisé le 3 octobre 1709, prêtre, chapelain de la chapelle de Saint-Léger. Il eut du deuxième lit : 4° Marguerite-Louise, baptisée le 16 septembre 1719 ; mariée, le 6 novembre 1742, à René-Jean Viguier, lieutenant de cavalerie, fils de feu Jean Viguier, commissaire aux saisies réelles à Montmorillon, et de Marie-Anne Bonnin. (Reg. par. de Saint-Martial de Montmorillon.)

2. Destinée inconnue.

du matin, est nay mon petit-fils Joseph Ladmirault [1], qui a esté baptisé dans l'église de Saint-Martial, le lendemain 14, par le sʳ Bourrau, curé, et ont esté ses parrain et marraine, Joseph Richard qui a esté depuis procureur du Roy, et damoiselle [Marie] Richard, femme de Mᵉ Claude [Micheau], lieutenant civil.

Le sabmedy 18 aoust 1685, à deux heures après midy, est nay Paul-Marcoul [2], mon petit-fils, septiesme [3] garçon de ma fille de Vautibaut, qui a esté baptisé le lendemain, dans l'église de Saint-Martial, par Mʳᵉ René Augier, sʳ de Moussac, curé. Paul Demaillasson, mon fils, et damoiselle

---

1. Prêtre, curé d'Antigny de 1726 à 1748, décédé le 27 janvier 1772, à l'âge de 93 ans.
2. Sʳ des Cartes, conseiller du Roi et avocat à Montmorillon, marié, le 1ᵉʳ février 1712, à Louise Veras dont il eut : *A.* Pierre-Paul, baptisé à Saint-Martial de Montmorillon le 5 novembre 1712 ; *B.* Pierre-Paul-Basile-le-Grand, sʳ des Cartes, baptisé le 14 juin 1717, lieutenant au régiment de Poly-Cavalerie en 1755, puis capitaine au régiment Royal-Normandie, fut blessé au passage du Rhin en 1745 et à la bataille de Minden le 1ᵉʳ août 1759. Il épousa, le 28 janvier 1755, Marie-Anne Millet, fille de Joseph-Martial Millet, notaire et procureur à Montmorillon, et de Marie Bessonneau, dont il eut : 1° Jean-Léonard, né le 5 novembre 1756, baptisé à Saint-Martial le 7 du même mois ; 2° Charles-Joseph-Basile, né en 1758, officier de cavalerie, marié à Catherine-Agathe Baillot du Querroir, dont : *a.* Antoine-Charles, né à Montmorillon le 16 brumaire an XIV (7 novembre 1805) ; *b.* Louis-René-Paul, né à Montmorillon le 17 février 1808, entré à Saint-Cyr le 18 novembre 1826, caporal le 1ᵉʳ mars 1829, sous-lieutenant le 1ᵉʳ octobre 1829, lieutenant le 5 juillet 1832, capitaine le 26 avril 1837, lieutenant-colonel le 30 août 1842, colonel le 2 octobre 1844, général de brigade le 12 juin 1848, général de division le 14 janvier 1853, sénateur le 14 décembre 1866. Il servit longtemps en Algérie dont il fut sous-gouverneur. Nommé commandant du 4ᵉ corps lors de la guerre franco-allemande, il se distingua aux batailles sous Metz, particulièrement à Rezonville ; puis de retour de captivité, il commanda le 1ᵉʳ corps qui opéra contre la Commune de Paris, et prit, le 23 mai 1871, les hauteurs de Montmartre. Du 1ᵉʳ juillet 1871 à 1878, il fut gouverneur de Paris, sénateur de la Nièvre de 1876 à 1891. Le général de Ladmirault est mort au château de la Fouchardière (Sillars, Vienne) le 1ᵉʳ février 1898 ; il était grand-croix de la Légion d'honneur. De son mariage avec Mélanie-Louise de Champs de Saint-Léger, contracté le 5 juin 1830, est née une fille unique, Alix, mariée, le 2 juin 1874, à Raoul-Clément-Xavier Brochard, Vᵗᵉ de la Rochebrochard, élève de l'école des mines, chevalier de l'ordre de Pie IX et de la Légion d'honneur. *C.* Marie-Fleurance, mariée, le 29 janvier 1744, à Pierre-Ambroise Mallet, receveur des aides à Poitiers, fils de Nicolas Mallet, avocat au présidial, et de Louise Gilbert.
3. Il n'était que le sixième.

[Judith] de Ravenel, femme en 3ᵐᵉ nopce du sʳ de Saint-Paul, ont esté parrain et marraine.

La nuict du sabmedy 9 aoust 1687 au dimanche 10, ma fille de Vautibaut est accouchée de sa première fille, laquelle a esté baptisée, dans l'église de Saint-Martial, par Mʳᵉ de Moussac, curé, le 12 du dit mois, jour de mardy. Mᵉ François Dalest, conseiller du Roy, juge prévost de la présente ville, et damoiselle Fleurance Demaillasson, ma sœur, vefve du défunct sʳ de la Mothe, ont esté parrain et marraine. Et a esté nommée Marie-Fleurance-Marguerite [1].

Le mercredy 24 aoust 1689, entre les deux et trois heures du matin, ma fille Vautibaut est accouchée d'une fille, laquelle a esté baptisée, le mesme jour, dans l'église de Saint-Martial, par Mʳᵉ Félix de la Vergne, sʳ de Chilhonnet, vicaire. Louis Ladmirault, son frère, et la petite damoiselle Mannon la Vergne ont esté ses parrain et marraine, et a esté nommée Marie-Anne. Est décédée, le lundy deux octobre ensuivant, dans la mestayrie de la Porte de Boismorand, où elle estoit en nourice, et a esté enterrée dans l'église d'Antigny.

Le jeudy 28 septembre 1690, environ les [dix] heures du matin, ma fille Vautibaut est accouchée d'une fille, laquelle a esté baptisée, le mesme jour, dans l'église de Saint-Martial. Et a esté son parrain, Mᵉ François Gaultier, escuyer, sʳ des Lèzes, lieutenant de robbe courte en la mareschaussée de cette ville, et marraine, damoiselle Eléonor Pineau, vefve en secondes nopces de défunct Robert de Louche, sʳ de Boisrémond. Et a esté nommée Eléonor. Est décédée un mois après au bourg d'Antigny où elle estoit en nourrice et a esté enterrée dans l'église du dit lieu.

La nuict du jeudy 11 au vendredy 12 octobre 1691,

---

1. Elle épousa, le 10 juillet 1703, Pierre Goudon, sʳ de l'Héraudière, prévôt de la maréchaussée à Montmorillon, dont postérité.

environ une heure après minuit, est née ma petite-fille Jeanne, laquelle a esté baptisée, le dit jour vendredy, dans l'église de Saint-Martial, par Mre Augier, curé. Pierre et Marie-Fleurance-Marguerite Ladmirault, son frère et sœur, ont esté parrain et marraine. Et a esté nommée Jeanne. Décédée le jeudy 1er octobre 1693, enterrée le lendemain à Saint-Martial, dans la chappelle de Saint-Eloy, proche la porte du clocher.

Le dimanche 22 février 1693, environ les 11 heures du matin, est née ma petite-fille Elisabeth [1], laquelle a esté baptisée, le dit jour, à Saint-Martial. Joseph Ladmirault, son frère, et dame Elisabeth Bougeaud, fille de M^e [Savin] Bougeaud, maitre escrivain, ont esté parrain et marraine.

Le lundy 15 février 1694, à six heures un cart du matin, est né mon petit-fils Jean [2], lequel a esté baptisé le dit jour, à Saint-Martial, par Mre Augier, curé. Paul-Marcoul Ladmirault, son frère, a esté parrain, et la petite damoiselle Catherine Morin, appellée la Pipy, fille de Mr Morin, docteur en médecine, marraine.

---

1. Destinée inconnue.
2. Avocat du Roi à Montmorillon, il épousa Catherine Dubrac, dont il eut Marguerite, mariée, le 15 décembre 1760, à Pierre-Charles Pallu de la Barrière, docteur en médecine, recteur de l'Université de Poitiers, décédé le 1er mai 1804, laissant postérité.

APPENDICE

I

Liste des Prieurs de la Maison-Dieu de Montmorillon
(1107-1791).

1

Avant de donner la liste des prieurs de la Maison-Dieu de Montmorillon, il nous paraît opportun de jeter un coup d'œil sur les destinées de cette maison pendant les sept siècles de son existence.

---

1. Ce sceau est celui de la Maison-Dieu au XVIIIe siècle. Il représente saint Vincent, en diacre, la tête rayonnée et tenant une palme de la main droite. Dans un grènetis, formant bordure, se lit cette légende : ★ SIGILLVM ★ CONVENTVS ★ MONTMORILL ★ ORD ★ S ★ AVGVSTINI ★ (Empreinte apposée au bas d'un acte du 23 février 1745 ; — Arch. Vien. H 3 bis 12).
Pour se conformer à l'édit de 1696, les Augustins de la Maison-Dieu présentèrent le 5 septembre 1697 à Mr Chambellain, commis à la recette des droits d'enregistrement, à Poitiers, les armoiries de leur établissement (Arch. Vien. H 3 bis 28), qui furent enregistrées comme il suit, le 20 mars 1699 : « d'azur, à la figure de saint Martin a), vêtu en diacre, d'or, tenant en sa main dextre une palme de même, sur une terrasse au naturel » (Armorial général du Poitou, dressé par Ch. d'Hozier).

a. D'Hozier a commis une erreur en désignant sous le nom de saint Martin, diacre, le personnage représenté sur le sceau, qui est saint Vincent, patron de la Maison-Dieu.

« Au retour de la première croisade, dit l'éminent historien des Comtes de Poitou [1], un chevalier poitevin, Robert, seigneur du Puy, près de Persac, eut l'idée d'ouvrir une maison d'où partiraient des guerriers pour aller lutter contre les infidèles, qui servirait en même temps d'asile aux pèlerins se rendant en Terre-Sainte et où l'on ferait l'aumône aux pauvres de la région. Il l'installa à Montmorillon et lui donna le nom de Maison-Dieu. Le caractère guerrier de cet établissement, dont la création répondait à la préoccupation générale des esprits à cette époque, lui attira en quelques années une dotation considérable [2] ».

Secondé et encouragé dans son œuvre, Robert du Puy vit bien vite se grouper autour de lui un nombre si considérable de religieux et de laïques, qu'il sentit le besoin de donner à cette communauté naissante une constitution qui devint une garantie de ses progrès et de sa prospérité. En 1107, il se rendit au concile de Troyes, présidé par le pape Pascal II, et en obtint certains privilèges en faveur de sa fondation. Enfin, Pierre II, évêque de Poitiers, en assura la perpétuité par l'institution d'une confrérie qui fut acceptée par tous les seigneurs du pays.

De son côté, « Guillaume le Jeune, comte de Poitou, qui comptait certainement des compagnons d'armes parmi les initiateurs de l'œuvre, favorisa autant qu'il était en son pouvoir l'éclosion d'un établissement, auquel il n'a peut-être manqué qu'une bonne direction au début et des statuts nettement définis pour devenir une association de premier ordre, telle que l'ordre du Temple ou celui de Saint-Jean de Jérusalem ». En l'année 1113 [3], « il prit sous sa protection spéciale la Maison-Dieu, ses hommes et ses biens, et concéda à Robert, qui en fut le premier directeur, les droits de ventes et de péages et toutes les coutumes qui pouvaient lui appartenir sur les biens qui lui avaient été donnés [4].

« La Maison-Dieu de Montmorillon fut sans contredit un des plus importants établissements religieux du Poitou. Affiliée à

---

1. *Histoire des Comtes de Poitou*, par M. Alfred Richard.
2. Une sentence de la sénéchaussée de Montmorillon du 9 avril 1668 constate le dépôt, au greffe, d'un extrait du cartulaire de la Maison Dieu, mentionnant plus de 300 donations antérieures à l'année 1107 (*La Maison-Dieu de Montmorillon*, par M. l'abbé E. Ménard).
3. A cette époque, la Maison-Dieu comprenait déjà, outre l'hôpital, les églises de Sainte-Marie-Magdeleine, détruite en 1806, de Saint-Vincent et Saint-Laurent, qui subsiste encore en partie, et la chapelle funéraire du Saint-Sépulcre, connue aujourd'hui sous le nom d'Octogone. D'après la tradition, c'est dans le caveau de cette chapelle que fut inhumé le fondateur, Robert du Puy (Arch. Vien. reg. 101ᵉ, page 20.)
4. *Histoire des Comtes de Poitou*, par M. Alfred Richard.

l'Ordre militaire et hospitalier des chevaliers du Saint-Sépulcre, elle ne conserva pas longtemps son caractère primitif et devint bientôt un prieuré conventuel [1] ; à la suite des guerres de religion et des désordres qui en furent la conséquence [2], celui-ci tomba en commende et se trouvait menacé d'une ruine presque totale, lorsque Louis XIII, par lettres patentes du 6 juin 1615, le réunit à l'ordre des religieux Augustins [3]. Néanmoins, comme souvenir de leur origine, les établissements qui en dépendaient étroitement dans les diocèses de Poitiers, de Limoges, de Bourges, de Saintes et de la Rochelle, gardèrent le nom de commanderies sous lequel la plupart continuèrent à être désignés jusqu'au siècle dernier.

« Le passage de la Maison-Dieu entre les mains des Augustins ne s'opéra pas sans difficultés ; de grands procès s'élevèrent entre les nouveaux titulaires et les Chevaliers de Notre-Dame du Mont-Carmel et de Saint-Jean de Jérusalem, qui faisaient valoir des prétentions assez plausibles à la possession de ce riche bénéfice » ; [4] ces débats, qui durèrent près d'un siècle, n'étaient pas terminés quand arriva la Révolution.

Aussitôt installés dans la maison de Montmorillon, les Augustins réformés de Bourges se préoccupèrent de relever les ruines causées par les guerres de Religion ; ils bâtirent un magnifique couvent [5] dont la construction ne demanda pas moins de quinze années et coûta près de cent mille livres ; dans l'église Sainte-Marie-Magdeleine, transformée en hôpital, furent aménagées deux salles, l'une pour les hommes et l'autre pour les femmes, et une apothicairerie où le médecin, attaché à l'établissement, trouvait

---

1. La Maison-Dieu de Montmorillon, à la tête de laquelle se trouvait un prieur, était un bénéfice conventuel de l'Ordre de Saint-Augustin. « Les frères, vulgairement ditz Picaulz ou Picots, avaient pour marque un bourdon au hault duquel était effigié un coq » (Frédéric Godefroy, *Dict. de l'ancienne langue française du IXe au XVe siècle*). Le sobriquet de Picots leur venait assurément du bourdon dont ils se servaient comme arme défensive et qu'on appelait picot du nom donné au bec du coq qui en ornait la partie supérieure.
2. Le 8 octobre 1562, le comte de la Rochefoucauld, à la tête de 800 huguenots, pilla et saccagea la Maison-Dieu.
3. L'ordre des Augustins de Bourges, auquel fut réunie la Maison-Dieu, avait été réformé le 30 août 1594 par le P. Etienne Rabache.
4. M. Alfred Richard. *Cartulaire de la Chatille*, tome VII des Archives historiques du Poitou.
5. Ce couvent, qui a servi de petit séminaire pendant tout le XIXe siècle, se compose de deux ailes, avec façade de 105 mètres du côté de la rivière. Chaque aile forme une longue ligne de bâtiments parallèles, avec pavillons saillants aux deux extrémités ; ces deux lignes de bâtiments sont reliées ensemble, dans le milieu, par une construction qui partage en deux la cour intérieure (L'abbé E. Ménard, *La Maison-Dieu de Montmorillon*).

tous les remèdes qu'il jugeait à propos d'ordonner chaque jour aux malades.

Le nouveau couvent devint en même temps une maison d'enseignement supérieur pour la Congrégation ; on y faisait des cours d'humanités, de philosophie et de théologie pour les jeunes profès de l'Ordre ; des thèses terminaient les exercices, auxquels des laïques furent autorisés à assister pour les humanités et la philosophie.

En 1791, les ordres religieux ayant été supprimés, les Augustins durent renoncer à la vie commune et quitter leur maison pour vivre en particulier ; l'hôpital, nationalisé, fut transféré, deux ans plus tard, dans le couvent des religieuses de Saint-François où il est encore ; quant aux bâtiments de la Maison-Dieu, ils furent abandonnés par le gouvernement au nouvel hospice, qui les concéda le 6 septembre 1806 [1] au diocèse de Poitiers, moyennant une rente de deux cents francs, pour y établir un petit séminaire et une maison d'éducation, en conformité d'un décret impérial rendu à Saint-Cloud, le 12 août précédent [2].

Il n'existe pas de liste des prieurs de la Maison-Dieu de Montmorillon. Pour établir celle que nous donnons, nous nous sommes servi des papiers de cet établissement déposés aux Archives de la Vienne. Ces documents appartenant tous à la série H 3 *bis,* nous nous contenterons, pour les références, d'indiquer simplement, entre parenthèses, le numéro des liasses où nous avons puisé nos renseignements.

Les prieurs de la Maison-Dieu paraissent avoir eu des fonctions temporaires jusqu'à 1422, puis à vie de 1422 à 1611 ; de 1611 à la Révolution, ils ne sont restés en charge que pendant trois ans, seulement il est arrivé que quelques-uns d'entre eux ont été réélus pour une nouvelle période triennale ; d'autres sont revenus après un ou plusieurs intervalles dans le prieuré qu'ils avaient déjà dirigé.

I. 1107. — Robert du PUY, fondateur et premier administrateur de la Maison-Dieu. Il est appelé *prior* et ses associés *fratres* dans un manuscrit anonyme, daté de Poitiers, 1766, et intitulé : *Histoire de l'ordre militaire des chevaliers du Saint-Sépulcre et de*

---

1. Acte reçu par Mᵉ Clémot, notaire à Montmorillon.
2. Aujourd'hui (1908) ces bâtiments sont vacants par suite de la fermeture du petit séminaire, qui a eu lieu en décembre 1906, en vertu de la loi du 9 décembre 1905.

la Maison-Dieu de Montmorillon, chef du même ordre en France (Reg. 101ˢ, page 20).

1108 à 1137. . . . .

II. Entre 1138 et 1151. — ISRAEL, paraît comme prieur dans une donation faite à la Maison-Dieu de Montmorillon par Gérald de Brosse. Cette pièce est sans date, mais elle porte que le don eut lieu à Poitiers *in die Ascensionis, Ludovico rege.* Or, on sait que, par suite de son mariage avec Aliénor d'Aquitaine, Louis VII dit le Jeune régna sur le Poitou de juillet 1137 à mars 1152, date à laquelle vivait Gérald de Brosse. C'est donc entre 1138 et 1151 qu'eut lieu le don de Gérald et le priorat d'Israël (D. Fonteneau, tome XXIV, page 391).

1152 à 1167. . . . .

III. 1168. — GÉRAULT, GÉRAUD, *Geraudus*, est présent à un acte passé, en 1168, en la Maison-Dieu de Montmorillon, par lequel Pierre *de Alemania*, du consentement de sa femme et de ses enfants, met fin à une contestation au sujet de trois provendiers de froment et autant de seigle dus sur Fontprouard (379).

1169 à 1197. . . . .

IV. 1198. — GÉRAUD, *Geraudus*, peut-être le même que le précédent (5).

1199 à 1215. . . . .

V. 1216. — Jean BLOM, *Blomus*. Au mois de février 1216, une transaction a lieu entre lui et la nommée Bémané et ses enfants pour mettre fin aux contestations qui s'étaient élevées entre eux au sujet de l'écoulement des eaux d'une maison que les religieux possédaient dans la rue du Temple à la Rochelle ; les Bémané s'engagent à lui payer onze sols de cens sur ladite maison (379).

1217 à 1220. . . . .

VI. 1221. — Guillaume de JAUNAC ou de JOUIGNAC. On trouve aussi de JANAILHAC, mais c'est une erreur de copiste. Il fut abbé de Saint-Martial de Limoges et mourut la veille de Saint-Georges 1226 (Reg. 101ˢ, page 25, et *Gallia christiana*, t. II, p. 562).

1222 à 1247. . . . .

VII. 1248 à 1250. — Nicolas RUNE ? Par baillette du mois de mai 1248, il donne à Gérard de Marvault et à sa femme un quartier et demi de vigne situé *in feodo* de Radulphe *de Mello*, sur le chemin d'Angoulême à la Rochelle, moyennant 20 sols de cens payables aux religieux de Montmorillon en leur maison d'Odelon ou Aytré, près la Rochelle (379).

En octobre 1250, Bénédictine Rabaudy, femme de Pierre Fuselière, bourgeois de la Rochelle, et le frère Nicolas Runc, prieur de la Maison-Dieu, ratifient un échange de salines fait entre les religieux et Pierre Rabaudy, oncle de la précédente (379).

1251 à 1261. . . . .

VIII. 1262. — RAMPNOUX. En décembre 1262, Guillaume Aufrey, de la Rochelle, reconnaît lui devoir la somme de 60 sols (379).

1263. . . . .

IX. 1264. — HYMBERT. Le vendredi après la Saint-Luc 1264, une sentence arbitrale est rendue par l'archevêque de Bourges « sur compromis donné par religieux et vénérable homme Nicolas, prévôt de Saint-Benoist-du-Sault, assisté de Sandrigue, supérieur et procureur dudit couvent, d'une part, et Hymbert, prieur, et les frères de la Maison-Dieu de Montmorillon, assistés d'Etienne, précepteur de la Chaume, procureur pour lesdits frères, d'autre part, au sujet de certaines dixmes prétendues par les premiers sur la terre des Playes, assise en la paroisse de Sacierges » (379).

1265 à 1267. . . . .

X. 1268. — Etienne TEXIER, *Texori*. Le jeudi après la fête de Saint-Pierre et Saint-Paul 1268, Rémond Simonis et sa femme donnent à Etienne *Texori*, prieur de la Maison-Dieu de Montmorillon, et à ses frères les prés de la Chema et de la Vada et le manoir Broylas, sis en la paroisse de Saint-Satur, à charge de payer chaque année aux donateurs cinq setiers de seigle et un setier de froment et à l'église de Murat un setier de froment et 21 sols de cens (379).

1269 à 1273. . . . .

XI. 1274. — NICOLAS, *Nicholaus* (*Cartulaire de la Chalille*, par M. Alfred Richard, tome VII des Arch. hist. du Poitou).

XII. 1275. — HYMBERT, de nouveau. En mai 1275, il est témoin, avec l'archiprêtre de Montmorillon, d'un aveu rendu par Bonnanor et Bastard frères de divers héritages situés aux environs de Grassevau (379).

1276 à 1294. . . . .

XIII. 1295-1296. — Guillaume GARIN, *Garinus*. En 1295, « Ithier *de Bernalhio, valetus*, et Théobald *de Bernalhio, clericus*, donnent à perpétuité à Guillaume Garin, prieur, et aux frères de la Maison-Dieu *Montis Maurilii*, leur moulin *de Bernalhio* avec l'écluse et les dépendances sur la rivière de Gartempe, vis-à-vis Peutreau, plus une roche appelée *de Bernalhio* et le colombier avec toutes les choses y contiguës, moyennant 24 septiers de froment et seigle par moitié, mesure de Montmorillon, et 20 livres tournois une fois payées » (5, 74, *Cartulaire de la Chatille*).

1297 à 1313 . . . .

XIV. 1314. — PIERRE, *Petrus*. Il transige, le dimanche après la Saint-Barnabé 1314, avec Radegonde de Belmoth, dame du Blanc, et Guillaume *Guenandi*, écuyer, son fils, au sujet du droit de justice de la Chatille que les parties reconnaissent être, « de temps immémorial », haute, moyenne et basse ; ladite dame et son fils se désistent de leurs prétentions sur le village de la Chatille (4, 379).

1315 à 1316 . . . .

XV. 1317. — Guy de BRIDIERS. Le samedi dans l'octave de Saint-Jean-Baptiste 1317, le précepteur de Banhoux (Baignoux), celui de Poulignac et le frère Guy de Bridiers, prieur de la Maison-Dieu, dressent un état de ce que le précepteur de Banhoux doit annuellement à la maison de Montmorillon. Cette redevance est de 40 setiers de seigle, 10 setiers de froment, 20 setiers d'avoine, mesure de Montmorillon, un porc valant 12 sols, 10 poules, une livre de cire et 40 sols 12 deniers (379).

XVI. 1318. — Jean DOREAU, *Dorelli*. Le mardi après la Pentecôte 1318, Garnier de la Tour donne à religieux homme frère Jean *Dorelli*, prieur de la Maison-Dieu, pour la nourriture des pauvres, un setier de froment, mesure de Montmorillon, à prendre sur les dîmeries de Beumont et de la Combe, paroisse de Béthines (379). Jean Doreau avait été précepteur de la Chatille de 1306 à 1317 (*Cartulaire de la Chatille*).

1319 à 1323 . . . .

XVII. 1324. — Jean de VIEILLEVILLE, *de Veteri Villa*. On trouve aussi de la Vieuville. Le jeudi après Noël 1324, il ratifie un « arrentement fait par frère Jean dau Poyo, précepteur de la Planhe (Plagne) à Gosselin *Beregnaudi* du moulin à bled et à tang appelé de la Roche (des Roches) sur la rivière de Bren » (Brame), près Magnac, moyennant la rente de cinq setiers de seigle, mesure de Magnac, et quatre sols en argent payables à la Saint-Michel (4, 379).

1325 . . . .

XVIII. 1326. — Jean DOREAU, *Dorelli*, de nouveau. En 1326, il donne à rente au diocèse de Poitiers et au chapitre dudit lieu « une pièce de terre dépendant de la maison d'Odelon, dans les marais, en la paroisse et au vignoble d'Aytré, diocèse de Saintes, au lieu appelé le Port-aux-Sauniens » (379).

Par son testament du mercredi après *Lætare* 1345, Jean Doreau, qui était alors commandeur de Poulignac, donne au couvent de la Maison-Dieu de Montmorillon une rente perpétuelle de trois livres à charge de faire un service annuel pour le repos de son âme (379).

1327 à 1330 . . . .

XIX. 1331 à 1335. — Jean de VIEILLEVILLE, de nouveau. En 1335, il reconnaît avoir reçu de la maison de Villemblée 20 setiers de froment, 10 setiers de seigle, 20 setiers d'avoine et 40 sols d'argent pour ladite année (159, 379.)

1336 à 1358 . . . .

XX. 1359. — Jean de VIEILLEVILLE, de nouveau. Jean V (de Lioux), évêque de Poitiers, « donne un jugement rendu à Chauvigny, en 1359, en forme de lettres apostoles, au frère Jean de *Veteri Villa*, prieur de la Maison-Dieu de Montmorillon, qui avait appelé à Rome dans le procès à lui intenté par les frères et les clercs au sujet de la nourriture des pauvres, de la reddition des comptes, de l'administration et de la réforme de la Maison-Dieu » (1).

1360 à 1377 . . . .

XXI. 1378. — Etienne de LAGE. Par baillette du 10 juillet 1378, il donne à Ytherote Rousseau « une pièce de terre en vigne contenant un quartier et un casseron [1], assise au lieu dit Rabathein, moyennant la quatrième partie des fruits, conduite à la maison d'Aytré » (379).

XXII. 1379. — Jean TAUPEAU, *Taupelli*. Sur certaines

---

1. Le quart d'un arpent de terre (F. Godefroy, *Diction. de l'ancienne langue française*).

copies d'actes anciens on lit Coupea, Coupeau et *Caupelli*, mais c'est une erreur de copiste.

Par baillette du 31 août 1379, il donne à Jean Sauvaing « pour le profit et accroissement de son mouthier » l'hébergement de la maison de Rom, membre de la Maison-Dieu de Montmorillon, situé au village de la Garde, paroisse de Blanzay, moyennant six provendiers de seigle (5, 379).

XXIII. 1382. — JEAN VIGIER, *Vigens*. Par acte capitulaire du 9 mars 1382, Jean Vigier, prieur de la Maison-Dieu et ses frères décident que les rentes, dîmes et terrages leur appartenant dans les villages du Puy, de Prun et de la Licotière seront affectés à une aumône générale qui sera faite chaque année le jour de la fête de Saint-Vincent, leur patron ; ils délèguent le frère Clerjaux et un domestique pour percevoir ces revenus, et ceux-ci s'entendent avec des habitants du Puy qui s'engagent à les leur conduire, tous les ans, le jour de la Saint-André, moyennant la nourriture de leurs animaux, plus trois deniers pour leur peine, « sous le signe du baiser de paix à eux donné » (130, 379).

1383. . . . .

XXIV. 1384 à 1395. — JEAN TAUPEAU, de nouveau. Le 27 mai 1385, il rend une reconnaissance au Prince Jean, duc de Berry et d'Auvergne et comte de Poitou, à cause de son château de Civray, de la rente annuelle de 84 livres 15 sols, 22 setiers de froment, 37 setiers de seigle, 15 setiers de baillarge, 13 setiers d'avoine, mesure de Montmorillon, et 2 tonneaux et demi de vin pour raison de certaines terres, justices et juridictions données à la Maison-Dieu par le seigneur de Civray.

Par baillette du 13 janvier 1395, Jean Taupeau donne à Geoffroy Foulquet, bourgeois de la Rochelle, « une place de 25 pas de long et d'autant de large, en laquelle a été bastie une maison, assise au Port-aux-Bœufs, joignant le chenal par lequel on va de la Molinate à la Rochelle, dépendant de la maison d'Odelon, moyennant 15 sols de rente et en outre 6 deniers pour chacun tonneau de vin ou deux pipes qui seront amenées et chargées en charrettes et en charge pardevant ladite maison et treuil » (4, 97, 379, 385).

XXV. 1396 à 1408. — ETIENNE DE LAGE, de nouveau. Par acte du 9 février 1406, il « déclare avoir reçu en son moustier, comme frère clerc, Guillaume Baletan et l'avoir revêtu de la croix de la religion ». Le 2 janvier 1407, il arrente à un nommé

Hayasson une grange avec cour, place, verger, terres et bois, moyennant une rente annuelle de six provendiers de froment, un provendier d'avoine, 47 sols 6 deniers d'argent et deux chapons (4, 5, 141, 163, 379).

XXVI. 1409-1410. — JEAN, peut-être Jean Taupeau. Le 23 janvier 1410, il arrente à Jean Belet, moyennant 10 sols de cens, un pré appelé *de Brenoblio*, situé près de la rivière de Gartempe sur le chemin de Montmorillon à Latus (379).

1411-1412. . . . .

XXVII. 1413. — Etienne de LAGE, de nouveau. Le 28 novembre 1413, il donne quittance à frère Jean Garnoux, commandeur de ses maisons de Pananges, de Droux et de Mongisault, comme en ayant reçu toutes les fermes et pensions (379).

XXVIII. 1414 à 1417. — Jean VIGIER, de nouveau. Par baillette du 23 juin 1414, il « donne à Pierre de Barbières tout l'héritage qui fut à Ozanne Gaulerie, à la charge d'en payer le blé et l'argent » (4, 379).

1418 à 1422. . . . .

XXIX. 1423 à 1463. — Jean de LANET, *de Laneto*, licencié en droit. Dans une assemblée capitulaire tenue le 23 janvier 1426, le prieur Jean de Lanet et les religieux de la Maison-Dieu décident de demander à Hugues de Combarel, évêque de Poitiers, leur supérieur immédiat, « qu'il ne soit reçu à l'avenir aucun sujet parmy eux qui ne soit de bonnes mœurs et apte pour les sciences et qu'en conséquence personne ne soit admissible à remplir les offices de la ditte église et à l'administrer qu'il ne soit profès parmy eux et conséquemment promu aux ordres sacrez ».

Par baillette du 30 mai 1449, Jean de Lanet donne à Mathias de Villesange la commanderie de Chassenay, paroisse de Lessac, avec toutes ses dépendances et droits, excepté la garenne, moyennant une rente de trois setiers de seigle, mesure de Saint-Germain, deux poules et dix sols de cens. Par une autre baillette du 24 janvier 1462, il donne à Jean Grégoire et à Raymond Agisson la tenue de la Vieille-Rigaudière, moyennant deux provendiers de froment, quatre grands boisseaux d'avoine, mesure de Boresse (Bouresse), 20 blancs et deux gelines (4, 5, 12, 72, 81, 119, 379, 385).

XXX. 1463 à 1496. — Denys de LANET, bachelier en droit,

élu prieur le 12 des calendes de juin 1463 sur résignation faite en sa faveur par Jean de Lanet, son oncle, moyennant une pension annuelle de cent écus d'or.

Le 24 janvier 1465, il arrente à Jean Gaudron du Gabrial le lieu appelé le Léché, dépendant de Vacheresse, et un certain « chinaud » en friche, au-dessous de l'étang de Beaufour, pour le convertir en pré, avec le droit de prendre du bois dans la forêt de Vacheresse et d'y mettre 20 porcs pour la glandée, moyennant 24 boisseaux de seigle, 16 boisseaux d'avoine, 15 sols et deux chapons de rente annuelle.

Par lettres de provision du 25 mars 1476, il met le frère Simon Chioche en possession de la commanderie de Chassenay, résignée par le frère Louis Robinet (1, 4, 5, 11, 14, 66, 75, 111, 378, 379).

XXXI. 1496 à 1527. — Florent de LANET, nommé prieur par bulle du 13 septembre 1496 du pape Alexandre VI, sur résignation de Denis de Lanet, à condition de prendre l'habit des chanoines et des frères de la Maison-Dieu.

Le 8 avril 1517, il nomme Nicolas Nivelet, diacre, à la commanderie ou chapelle de Sainte-Catherine de Villemblée et le remplace, le 3 janvier 1521, par Nicolas Nivelet, clerc, le jeune, sur résignation du précédent.

Florent de Lanet, qui joignait à ses fonctions de prieur celles de curé de l'église de Saint-Maixent de Lussac-le-Château, donne, le 22 juin 1521, procuration à Mre Martin Delhomme, prêtre, chanoine de l'église collégiale de Notre-Dame de Montmorillon, pour rendre certain hommage à noble homme François Bonnin, éc., sgr de Messignac, à cause d'une dîme que les curés de Lussac ont coutume de percevoir sur les villages des Rouyoux, de l'Age-Boutrige et de Chez-Triquin, paroisse d'Adriers (1, 4, 5, 11, 12, 14, 102, 379 et G^0 59).

XXXII. 1527 à 1547. — Louis de LANET. A la mort de Florent de Lanet, le chapitre délègue, le 5 juillet 1527, les frères Louis de Boussigné, Louis de Lanet, vicaires, et Jean Muzard, procureur syndic, pour administrer le prieuré en attendant l'élection d'un prieur. Le 19 août suivant, le frère Louis de Lanet, « qui était désiré par Sa Majesté le roi François Ier », est élu par tous les frères, prêtres, clercs et profès de la Maison-Dieu, assistés d'abbés et de religieux des couvents de Saint-Benoît-du-Sault et de Poitiers.

Le 5 février 1535, il nomme Etienne Vrignaud, clerc, à la commanderie de Chassenay sur résignation de Louis Bonicault (1, 4, 5, 11, 12, 64, 65, 74, 379).

XXXIII. 1547 à 1600. — ANDRÉ DE MANES, fils puîné de Théodore de Manes, gentilhomme albanais, qui s'était réfugié en France et avait servi sous François Ier. Il fut nommé prieur par brevet du roi Henri II, confirmé par bulle du pape Paul III de septembre 1547, à condition de prendre l'habit des chanoines de Saint-Augustin. Le 6 novembre suivant, il fit profession en l'église de Poitiers devant le commissaire du pape, prononça les trois vœux de pauvreté, de chasteté et d'obéissance, et fut « revêtu de l'habit de l'ordre sur lequel est apposée une croix rouge, du côté gauche, ainsi que les autres prieurs, religieux et chanoines ont coutume d'être habillés ».

Convoqué au procès-verbal de réformation de la coutume du Poitou le 14 octobre 1559, il y fut représenté par les frères Henri Vaillant, Jean de la Trimouille et Jean de Partout, religieux, assistés de Me Hiérosme de la Fuye, leur procureur (Pierre Liége).

Le 20 octobre 1565, François Desvaux, écuyer, et Françoise Vallier, sa femme, avouent tenir de frère André de Manes, à cause du prieuré de la Maison-Dieu, leurs « chastel, maison et vergier », situés en la ville de Montmorillon, près du Pont-Neuf, au devoir d'une paire de gants du prix de douze deniers, à muance de seigneur et d'homme.

Par lettres du 13 avril 1572, André de Manes obtint du roi Charles IX « pour lui et un sien serviteur, la permission de tirer de l'arquebuze à toutes sortes de gibiers non prohibés ».

Il assista au synode tenu, le 22 octobre 1598, dans l'église cathédrale de Poitiers par l'évêque Geoffroy de Saint-Belin (1, 4, 5, 7, 11, 12, 13, 14, 64, 65, 68, 70, 71, 73, 74, 83, 109, 117, 379, 382, 385, reg. 101^a, p. 36, et D. Fonteneau, t. III, p. 31 et 49).

XXXIV. 1600 à 1611. — LOUIS DE MANES, fils de César de Manes et de Gilette de Ponthieu, fut nommé prieur par bulle d'avril 1598 du pape Clément VIII, sur résignation *in favorem* de frère André de Manes, son oncle ; mais à cause des compétitions, celui-ci conserva la direction du prieuré jusqu'au 16 décembre 1600, date à laquelle un arrêt du Grand Conseil, rendu contre un sieur Jean Doré, maintint Louis de Manes en possession de son prieuré.

Le 18 novembre 1607, il donne à ferme, pour sept années, à Fleurent Babert, sergent royal à Montmorillon, tous les cens et rentes dus à la Maison-Dieu dans la ville de Montmorillon et dans les paroisses de Concise, Saulgé, Pindray, Latus, Jouhet, Antigny, Bourg-Archambault, Plaisance, Saint-Pierre de la Trimouille, Journet, Saint-Léomer, Sillars, Saint-Rémy, Moulime et Lussac-le-Château, moyennant le prix de six-vingt-dix livres tournois par an.

Le 5 mai 1608, il nomme Charles de Manes, son frère, à la commanderie de Chassenay, vacante par le décès de Mre Pierre Faisan.

Louis de Manes mourut le 2 juillet 1611 (5, 11, 13, 62, 91, 94, 95, 100, 379, et reg. 101^s, p. 48).

XXXV. 1611 à 1616. — Roger GIRARD, augustin, docteur en théologie, conseiller et confesseur de la reine régente Marie de Médicis, fut nommé prieur par brevet du jeune roi Louis XIII du 6 juillet 1611, confirmé par bulle du pape Paul V du 8 août suivant. Deux ans après, il demanda l'union de la Maison-Dieu à la congrégation des religieux réformés de son ordre, dont le siège était à Bourges, et l'obtint par brevet du 27 décembre 1613, autorisé par bulle du 16 octobre 1614 et confirmé par lettres patentes du 6 juin 1615, enregistrées au Parlement de Paris le 8 août suivant. Roger Girard donna sa démission de prieur le 2 octobre 1616 et fut remplacé la même année par le frère Jean Vaillant.

L'auteur anonyme de l'histoire des chevaliers du Saint-Sépulcre et de la Maison-Dieu (Reg. 101^s, p. 74 et 75) donne, pour successeur à Roger Girard, Philippe Broussel, chanoine régulier de Sainte-Geneviève (ordre de Saint-Augustin) ; c'est une erreur, comme on peut le voir par cette liste, huit prieurs se succédèrent au prieuré de la Maison-Dieu entre la démission de Roger Girard et la nomination de Philippe Broussel. Ce dernier, nommé par bulle du 14 juin 1645, ne prit point possession du prieuré, le frère Maxime Charron qui était prieur depuis 1643 fut nommé pour une troisième période triennale (5, 73, 379).

XXXVI. 1616 à 1625. — Jean VAILLANT. Il fait marché, le 17 août 1620, avec Jean Rabaudin, maçon à Montmorillon, pour construire la muraille du jardin de la Maison-Dieu, appelé le « Jardin des pauvres » (11, 13, 20, 21, 57, 109, 142, 379).

XXXVII. 1625 à 1628. — Barnabé BASTIDE. Le 22 décembre 1627, il arrente à Jean Carin, texier en toile, demeurant au faubourg de la Maison-Dieu, deux pièces de terre, l'une de sept boisselées au lieu dit la Font de Pigepeux, et l'autre de six boisselées appelée le Champ-à-la-Marie, situées proche de la chapelle de Saint-Nicolas [1], moyennant une rente annuelle, perpétuelle, féodale et foncière de quatre boisseaux de seigle, mesure de la Maison-Dieu, deux chapons et cinq sols, six deniers de cens (73, 105, 135).

XXXVIII. 1628 à 1631. — Jean VAILLANT, de nouveau. Il donne à ferme, le 28 février 1630, à Fleurent Babert, sergent royal à Montmorillon, la commanderie de la Planche, pour cinq années et moyennant 26 livres 10 sols tournois par an (13, 20, 72, 95).

XXXIX. 1631 à 1634. — Jean MAUROY. Le 4 avril 1633, il cède à Jean Auprêtre, maître charpentier à Montmorillon, deux journaux de vigne au clos des Escurioux, appelé le quartier Sainte-Anne, à charge de payer chaque année aux Augustins huit deniers de cens et rente ; en échange, Jean Auprêtre cède aux religieux un jardin contenant à semer trois quarts de « chenevoix », joignant au grand chemin allant du faubourg de la Maison-Dieu au marché public dudit Montmorillon (21, 71, 72, 95).

XL. 1634 à 1637. — Jean LEGAY. Il donne à ferme le 14 septembre 1635, pour trois années, à Antoine Naude, notaire royal et procureur à Montmorillon, les cens et rentes dus à la Maison-Dieu dans les paroisses de Saint-Martial et de Concise, « moyennant que ledit Naude fera rendre les déclarations et hommages à ceux qui doivent les cens et rentes et donnera aux religieux, à la fin de la ferme, un papier de recepte des rentes par lui perçues » (13, 72, 95).

XLI. 1637 à 1640. — Augustin GUÉRIN, prieur, et les religieux de la Maison-Dieu, « administrateurs de l'hôpital dudit lieu, seigneurs de la terre et seigneurie de Mortroux, paroisse de Jouhet, reconnaissent avoir reçu, le 7 juin 1639, de Mre François de Moussy, chev., sgr de la Contour, capitaine au régiment de Vaubécourt, l'aveu et dénombrement du fief de Mortroux qu'il tient d'eux à foi et hommage lige au devoir d'une paire de gants noirs du prix de deux sols six deniers, à muance de seigneur et d'homme » (13, 22, 100).

---

1. Saint-Nicolas, commune de Montmorillon, ancien prieuré dépendant de l'abbaye de Charroux (D. Fonteneau, t. IV, p. 89).

XLII. 1640 à 1643. — Léon LEVERS. Le 13 janvier 1643, il transige avec François Ladmirault, s^r de Vautibaut et de Fougerolles, au sujet d'un droit de dîme que les religieux de la Maison-Dieu percevaient sur un champ appelé le Grand-Champ de Fougerolles, dépendant de la métairie du Férou, paroisse de Sillars. Les Augustins cèdent leur droit de dîme au sieur de Vautibaut, qui reconnaît le tenir noblement desdits religieux au devoir d'une paire de gants noirs appréciés deux sols six deniers, à muance de seigneur et d'homme, et s'engage à leur payer une rente annuelle de 17 sols 6 deniers (13, 73, 95, 119).

XLIII. 1643 à 1652. — Maxime CHARRON. Il achète, le 21 mars 1646, de Simon Gavid, chanoine de Morthemer et curé de Sillars, cinq boisselées de terre appelée le Cluzeau et un pré contenant « un demi journau de faucheur », situés au clos des Rabaux, près du faubourg de la Maison-Dieu, moyennant la somme de 110 livres tournois.

Le 17 avril 1647, frère Maxime Charron donne à ferme à Pierre Bardeau, laboureur, pour cinq années, la métairie de la Maison-Dieu, située au faubourg dudit lieu. « Sera tenu le dit Bardeau de bien labourer, guérettier, cultiver, fumer et ensemencer les terres de la dite métairie, par chacun an, en temps et saison convenables, et pour cet effet, aura toujours et entretiendra le nombre de trois bons laboureurs ; fourniront les parties de semence par moitié et partageront tous grains et fruits aussi par moitié, fors les raves dont les bailleurs n'auront que le tiers » (13, 62, 71, 72, 93, 120, 379).

XLIV. 1652 à 1655. — Philippe BOILESVE. Il donne procuration, le 2 septembre 1653, à frère Thomas Tribouillard, du couvent des Augustins de Paris, pour emprunter ou prendre à rente, constituée au denier vingt-deux, la somme de 10,000 livres.

Le 17 juin 1654, il fait marché avec Julien Pruget, maître tuilier, du bourg de Lubersac en Limousin, demeurant à la tuilerie de Moulime, pour la fourniture d'une fournée de tuiles, moitié plates et moitié courbes, et une centaine de faîteaux, à raison de un sol le faîteau et de quatre livres et demie le millier de tuiles, plus six boisseaux de seigle, mesure de Montmorillon (13, 64, 95, 147).

XLV. 1655 à 1658. — Claude GUÉRIGNON. Le 16 juillet 1658, Catherine Jacquet, veuve de François Ladmirault, s^r de Vautibaut, cède au R. P. Guérignon, prieur de la Maison-Dieu, une rente seconde, foncière et perpétuelle de trois boisseaux de seigle à elle due par Charles Delaforest, pour demeurer quitte envers les religieux Augustins de pareille quantité de seigle qu'elle leur doit sur la tenue de la Potence, située au village des Mas, paroisse de Saulgé (71, 73, 74, 94).

XLVI. 1659 à 1662. — François PARENT, élu prieur le 26 février 1659. Le 14 septembre de la même année, il rembourse à Mme Marie de Grateloup, épouse de Mre François de Moussy, chev., sgr de la Contour, la somme de 7,200 livres que les religieux de la Maison-Dieu lui avaient empruntée le 31 août 1654 (13, 20, 21 et J^{al} Demaillasson, t. I, p. 165).

XLVII. 1662 à 1665. — Paul RONCERAY. Le 7 avril 1663 le frère Ronceray, prieur, et les religieux font un accord avec François Babert, greffier à Montmorillon, au sujet de la confection du papier terrier de la Maison-Dieu et de ses commanderies ; ils paieront audit Babert deux sols par rôle de papier écrit et cinq sols par rôle de parchemin, plus une rame de papier par an, « à condition qu'il mettra sur bon papier les actes qu'il doit délivrer au couvent » (13).

XLVIII. 1665 à 1668. — Philippe BOILESVE, de nouveau. Le 10 mai 1666, il reconnaît avoir reçu de Thomas Tabuteau, sergetier à Montmorillon, les droits de lods et ventes sur deux quartiers de vigne au clos de Saint-Nicolas, proche du faubourg de la Maison-Dieu, que ledit Tabuteau avait achetés de Sébastien Jacquet et de Michelle Vauzelle, sa femme (13, 72, 73, 118).

XLIX. 1668 à 1671. — Christin MEUNIER Il fait un accord, le 1er janvier 1670, avec Charles Delhôpital, huissier archer à Montmorillon ; celui-ci s'engage à donner toutes assignations, significations et autres actes concernant son office d'huissier archer, lorsqu'il en sera requis par les religieux Augustins, à condition qu'ils lui abandonnent, chaque année, les dîmes et rentes à eux dues sur le village de la Planche, paroisse de Concise, et qu'ils lui paient en outre 20 boisseaux de seigle et 20 boisseaux d'avoine, mesure de la Maison-Dieu (22, 29).

L. 1671 à 1674. — Louis CHARLES. Le 22 octobre 1671, Louis Charles, prieur, et Jean-Baptiste Bilheu, syndic de la Maison-Dieu, cèdent à Gaspard Fradet, s^r de la Gatevine, demeurant à la Loge, paroisse de Saulgé, une pièce de terre située aux Petites-Rivières, en échange d'une autre pièce de terre dépendant de la tenue de la Vergnée ; à la charge par ledit Fradet de payer annuellement aux religieux 18 deniers de cens sur la terre à lui cédée, moyennant quoi il demeurera quitte de pareil devoir pour sa part de sept sols six deniers de cens dus à la Maison-Dieu sur ladite tenue de la Vergnée (23, 29).

LI. 1674 à 1679. — Philippe BOILESVE, de nouveau. Le 4 décembre 1677, en qualité de seigneur du fief de la Mothe-Rapichon, dépendant de la Maison-Dieu, il nomme Guillaume Luce, clerc tonsuré du diocèse du Mans, bachelier en théologie, chapelain de la chapelle de Saint-Michel desservie en l'église Saint-Martial de Montmorillon, vacante par le décès de Jean Bastide, clerc tonsuré (12, 70, 77, 94, 95, 161).

LII. 1679 à 1682. — Augustin SEMENCE, professeur en théologie. Le 30 juin 1682, il donne à ferme pour une année à Germain Bastière, maître tailleur d'habits à Montmorillon, comme plus offrant et dernier enchérisseur, la dîme de blé, lainage, charnage, lin et chanvre appelée la dîmerie de la Maison-Dieu, touchant aux anciens fossés de la ville et à la venelle de la Papote ou Echalier de Saint-Pierre, moyennant 2 boisseaux et demi de froment, 53 boisseaux de seigle et 22 boisseaux d'avoine (14, 22, 71).

LIII. 1682 à 1685. — Augustin CHESNEAU. Le 4 septembre 1682, il donne à ferme pour cinq ans à Martial Berthon, meunier, et Marie Blanchard, sa femme, demeurant au moulin des dames religieuses de Villesalem, le moulin des Grittes ou de Gâtebourse, moyennant 200 livres par an (72, 78, 90).

LIV. 1685-1686. — Gabriel NOBLET. Il abandonne, le 27 juillet 1686, à Mre Julien Boudet, curé de Concise, les dîmes que la Maison-Dieu percevait en ladite paroisse « en conséquence de la déclaration royale du 29 janvier précédent qui adjuge aux curés une pension annuelle de 300 livres à prendre sur les fonds de la cure ».

Gabriel Noblet mourut le 5 octobre 1686 (70, 157 et J^{al} Demaillasson, t. II, p. 60).

LV. 1686 à 1688. — François PARENT, de nouveau. Le 3 mai 1687, porteur de la procuration du chapitre, il emprunte de René Cormenier, chapelain de Saint-Hilaire-le-Grand de Poitiers, une somme de 4,400 livres, moyennant une rente annuelle de 200 livres jusqu'au remboursement du capital (21, 23, 90).

LVI. 1688 à 1691. — Pierre REVERDY. Le 2 juillet 1689, il

donne à ferme, pour sept ans et moyennant 320 livres par an, à Me Mathurin Jacquemin, notaire royal à Latus, les cens et rentes dus à l'hôpital de la Maison-Dieu sur le bourg de Latus et sur les villages de la Petite-Roche, de la Popelinière, de la Durandrie, de la Varenne, de Tonat, des Brissonnières, de l'Epine, du Chambon, de Marsat, de la Gibertière, de Marchain, de la Dallerie, de Champagne, de la Roustière, de la Machère, de la Chambut et de la Chinau, comprenant au total 70 boisseaux de froment, 302 boisseaux de seigle, 175 boisseaux d'avoine, 37 livres 14 sols 6 deniers et 8 poules (15, 21, 120, 382).

LVII. 1691 à 1694. — Antoine de la PIERRE. Il donne à ferme le 29 juillet 1692, pour cinq ans, à Antoine Doreau, meunier, et Marthe Laniboire, sa femme, demeurant au Moulin-au-Roy (côté Saint-Martial), le moulin des Grittes ou de Gâtebourse, moyennant 10 boisseaux de froment et 10 boisseaux de seigle, plus le paiement des rentes dues sur ledit moulin (9, 66, 78).

LVIII. 1694 à 1697. — Robert CHABOUREAU. Le 31 décembre 1694, il « donne procuration au frère Ambroise Perreau pour se transporter à cheval de cette ville de Montmorillon en celle de Paris et représenter les religieux de la Maison-Dieu dans leur procès avec Pierre du Chastenet, éc., sgr de Mérignat, sénéchal de Montmorillon » (13, 15, 20, 21, 66).

LIX. 1697 à 1700. — Gabriel BOUZY. Le 15 avril 1700, il donne à ferme, pour sept années, à André Pellerin, laboureur, la seigneurie de la Lande, paroisse de Sacierges, dépendant de la Maison-Dieu, moyennant 700 livres par an (E^4 48 et $H^{3\,bis}$ 21, 67, 78).

LX. 1700 à 1703. — François de LAMOUSSE. Le 10 octobre 1700, François de Lamousse, prieur, et Claude Courtois, procureur, donnent à ferme pour sept années à Paul Pinaud, maître papetier, et Renée Lavigne, sa femme, le moulin à papier appelé le Moulinet, situé à côté du moulin à blé des Mas, moyennant 200 livres et 6 rames de papier par an (15, 70, 90).

LXI. 1703 à 1706. — Gabriel LITAUD. Le 12 janvier 1705, ses religieux et lui approuvent un acte du 31 décembre précédent par lequel les Augustins du faubourg Saint-Germain, à Paris, s'étaient engagés à payer à Mlle de Voluyre du Bois de la Roche, sa vie durant, une rente annuelle de 400 livres, pour une somme de 8,000 livres qu'elle avait donnée à la Maison-Dieu de Montmorillon, et promettent de les indemniser (23, 27, 114, 147).

LXII. 1706 à 1709. — Joseph BUISSON. Le 19 janvier 1709, il nomme André Lhuillier, huissier royal à Montmorillon, huissier de la Maison-Dieu, à la place de René Delhôpital, huissier archer, et aux mêmes gages, savoir : les cens et rentes annuels dus à la Maison-Dieu sur le village de la Planche, consistant en 32 boisseaux de seigle, 12 boisseaux d'avoine, 3 poules et 17 sols 6 deniers, plus 20 boisseaux de seigle et 20 boisseaux d'avoine par an, à condition que ledit Lhuillier « fera tous exploits et significations dans la ville de Montmorillon et à cinq lieues ès environs, la ville du Dorat comprise ; au delà de cinq lieues, il aura 40 sols par jour en plus » (5, 15, 113).

LXIII. 1709 à 1712. — Gabriel CONTANT. Le 9 juin 1710, Gabriel Contant, prieur, et les frères de la Maison-Dieu, « sur l'avis qui leur a été donné que Sa Majesté voulait faire une place au devant des casernes qu'Elle a faites dans la ville de la Rochelle et que, pour cet effet, elle avait besoin d'une partie du terrain de l'enclos du lieu appelé Bethléem, leur appartenant, donnent procuration au frère Antoine Marchand, l'un d'eux, avec ordre de se rendre en ladite ville et pouvoir de consentir en leur nom à la distraction dudit lieu de Bethléem qui sera jugée nécessaire par M^{rs} les commissaires pour les desseins et le service de Sa Majesté » (20, 78, 90, 120).

LXIV. 1712 à 1715. — Louis CAUDRILLIERS. Il reconnaît avoir reçu, le 23 avril 1713, de Jacques Bougeaud, maître régent à Montmorillon, les droits de lods et ventes sur un champ situé près du moulin à papier que ledit Bougeaud avait acheté le 5 juillet 1711 (16, 96, 120).

LXV. 1715 à 1718. — Charles BOURGEOIS. Le 14 décembre 1717, il reconnaît avoir reçu de Jean Bonneteau et Pierre Rouet, maîtres entrepreneurs architectes, demeurant en la ville de Poitiers, adjudicataires des travaux de réparations à faire au pont de la ville de Montmorillon, la somme de dix livres pour la valeur des quartiers de pierre par eux tirés dans la « pierrière appelée la Roche-de-Breneuil, dépendant de la Maison-Dieu et située proche de la porte du Pont-Neuf, sur le chemin de Montmorillon à Latus, à main gauche, et près du ry de l'Allochon » (5, 71, 73).

LXVI. 1718 à 1721. — Antonin LECOMTE. Le 8 avril 1720,

ses religieux et lui reconnaissent devoir aux Augustins de Poitiers la somme de 2,000 livres qu'ils avaient empruntée de Mme de Rambures, de Poitiers, et que ceux-ci ont remboursée ; ils s'engagent à leur en payer la rente au denier vingt-cinq jusqu'au remboursement du capital (16, 23, 94, 120).

LXVII. 1721 à 1724. — Joseph JACQUOT. Il donne à ferme le 21 avril 1724, pour neuf années, à Jean Auprêtre, s^r de Lagenest, maître d'école à Montmorillon, et à Pierre Dufour, s^r des Rivières, marchand boucher au même lieu, tous les droits de dîme de vin dans les vignes situées aux faubourgs des Bancs et de la Maison-Dieu, moyennant 54 livres par an. En cas de gelée ou de grêle, il sera diminué la moitié du prix de la ferme (21, 22, 57, 93, 120).

LXVIII. 1724 à 1730. — Gabriel CONTANT, de nouveau. Le 25 janvier 1729, il donne à ferme, pour neuf ans et moyennant 480, livres par an, à Pierre Lhuillier, notaire royal à Montmorillon, les cens et rentes dus à l'hôpital de la Maison-Dieu sur les villages de Flours, de la Nolière, de Bouchalais, de Séchault, de Courazeaux, de Champ-Trimouillais, de la Chaume, de Martreuil, du Breuil, de Sauzé, de Condac, de Champ-Chalais, de Bonnevaux, de Chaussidier, de Chaussidoux, de la Filonnière, de Lignon, de Thouillet, de la Perotière, du Peux-Pintureau, de la Penetrie, de la Poplinière, de Chez-Ragon, des Brissonnières, de l'Epine, de Marchain, de la Durandrie et de la Machère, comprenant au total 58 boisseaux de froment, 567 boisseaux de seigle, 187 boisseaux d'avoine, 16 poules, 2 chapons, 11 livres, 11 sols et un denier (23, 90, 93, 118, 120).

LXIX. 1730 à 1733. — Pierre GUYARD. Le 2 octobre 1731, Pierre Guyard, prieur, et Joseph Jacquot, syndic, font un accord avec Olivier Gaschet, procureur au présidial de Poitiers ; celui-ci « s'engage d'occuper et comparoir pour les Augustins de la Maison-Dieu, en qualité de procureur, en toutes les affaires qu'ils ont et auront tant au présidial qu'aux autres juridictions de la ville de Poitiers, moyennant tous les dépens des procès dont l'adjudication sera prononcée au profit des religieux et les déboursés seulement de ceux où ils seront condamnés aux dépens ou accommodés à l'amiable » (5, 17, 57, 90).

LXX. 1733 à 1742. — Antonin LECOMTE, de nouveau. Le 2 août 1736, il afferme pour neuf années à Pierre Dufour, s^r des Rivières, marchand boucher à Montmorillon, et Marie Dufour, sa femme, les dîmes de blé, lainage et charnage appelées les dimeries de l'Hermizac, de Theuil et de Beaumartin, paroisses de Sillars et Saulgé, moyennant 45 livres par an (20, 22, 23, 73, 76, 110, 111).

LXXI. 1742 à 1745. — Marc-Antoine LEVIER. Le 23 février 1745, il nomme François Dalest, prêtre, chapelain de la chapelle de Sainte-Marie-Magdeleine de Montplanet (autrefois Thouillet), desservie en l'église du couvent de la Maison-Dieu, vacante par le décès de Mre Sylvain Cusson, curé de Brigueil-le-Chantre. Ladite nomination faite en présence de Jean-Baptiste Sylvain, praticien, René-Jean Delavergne, aussi praticien, Jean-Baptiste Badou, docteur en médecine, et Pierre-Augustin Badou, prêtre, demeurant tous à Montmorillon (6, 12, 88, 93).

LXXII. 1745 à 1748. — Philippe-Augustin BOURDIN. Le 20 avril 1747, il reconnaît avoir reçu de Louis Joyeux, marchand potier d'étain à Montmorillon, les droits de lods et ventes sur trois pièces de terre que ledit Joyeux avait achetées le 7 janvier précédent (6, 69, 120).

LXXIII. 1748 à 1754. — Nicolas CRÉTENET ou CRÉTENAY. Le 14 septembre 1749, il donne à ferme, pour quatre années, à Marie Roy, veuve Tabuteau, demeurant aux Grands-Moulins, paroisse de Moussac-sur-Gartempe, la dîme des Grands-Moulins, moyennant quatre livres par an et le passage gratuit des religieux dans le bateau desdits Grands-Moulins (9, 22, 69, 95, 96, 118, 120).

LXXIV. 1754 à 1757. — François BEZAND. Il reconnaît avoir reçu, le 5 décembre 1754, de Me Laurent Augier, s^r de Moussac, lieutenant civil à Montmorillon, la somme de 48 livres pour droits de lods et ventes sur un pré appelé le pré du Pont-Neuf, que ledit s^r de Moussac avait acheté 500 livres de Joseph-Félix Delaforest, s^r de Beauvais (76, 111, 120).

LXXV. 1757 à 1766. — Pierre GROSEIL. Le 10 août 1757, en qualité de seigneur de la Mothe-Rapichon, fief dépendant de la Maison-Dieu, il nomme Pierre Lhuillier de Boiscantault, clerc tonsuré du diocèse de Poitiers, chapelain de la chapelle de Saint-Michel en l'église Saint-Martial de Montmorillon, vacante par le décès de Jean Delavergne.

Le 6 avril 1762, il afferme à Louis Dufour, marchand, Marie-Anne Bertault, sa femme, Joseph Thomas, bourgeois, et Marie-

Anne Dufour, sa femme, pour neuf années : 1° la dîme de vin dans les vignes des faubourgs des Bancs et de la Maison-Dieu, moyennant 70 livres ; 2° les dîmes de blé, lainage et charnage de l'Hermizac, Theuil et Beaumartin, paroisses de Sillars et Saulgé, moyennant 50 livres, et 3° les dîmes appelées les sixains de Gros-Bost, dépendant de la seigneurie de Vacheresse, et la dîme de Licotière, paroisse de Moulime, moyennant 80 livres. A la charge en outre de payer, chaque année, au curé de Moulime neuf boisseaux de seigle, mesure de Montmorillon, pour droit de novales dans le fief de Licotière, plus dix boisseaux de seigle à la chapelle de la Jarrouil (Lage-Rouïl), à cause de la ferme des dîmes de Theuil, Beaumartin et l'Hermizat.

Le 5 octobre 1764, il nomme Mre Théodore Groseil, prêtre séculier de la congrégation de la Mission, du diocèse de Paris, chapelain de la chapelle de Sainte-Marie-Magdeleine de Montplanet (autrefois Thouillet) en l'église de la Maison-Dieu, vacante par le décès de François Dalest (6, 12, 17, 22, 23, 60, 79, 120).

LXXVI. 1766 à 1769. — Claude GRANDJEAN. Le 17 décembre 1768, il donne à ferme, pour six années, à René et Jean Charré frères et Jacques Charré, fils de René, laboureurs, la métairie d'Anthenet, située au-dessus du faubourg de la Croix-Rouge à Montmorillon, moyennant la moitié des fruits « à partager le blé au boisseau, la vendange à la basse et les fruits arbrins après qu'ils seront cuits ». Dans le mil et les raves, les religieux auront le tiers seulement (60, 63, 93, 118, 120).

LXXVII. 1769 à 1775. — Joseph LEFEBVRE. Le 30 avril 1772, il afferme, pour neuf années, à René Lebault, tailleur d'habits au village de Dizac, Charles Amillet, laboureur au village des Hautes-Chaumes, et Sylvain Courtaud, aussi laboureur au village du Poiroux, les dîmes de blé, orge, vesce, jarousse, pois, fèves, lin, chanvre, vin, lainage et charnage, dépendant de la seigneurie de Fontprouard, qui ont coutume d'être levées sur les villages de Joumé et du Poiroux, moyennant 150 livres, 180 boisseaux de froment et 280 boisseaux d'avoine, mesure de Fontprouard (17, 19, 20, 22, 160).

LXXVIII. 1775 à 1784. — Pierre GROSEIL, de nouveau. Le 13 mars 1781, il afferme, pour huit années, à François Auprêtre, sergetier au faubourg des Bancs, Fleurent et Gabriel Duquerroux frères, marchands, et Germain Carin, sergetier au faubourg de Grassevau : 1° les dîmes de blé, pois, fèves, lin, chanvre, raves et sainfoin dans le faubourg de la Maison-Dieu ; 2º la petite dîme des Grands-Moulins ; 3º la dîme de vin dans les vignes des faubourgs des Bancs et de la Maison-Dieu, et 4º le droit de péage que les Augustins ont droit de percevoir les jours de foire de Saint-Laurent et des Confréries, moyennant 230 livres, payables en deux termes à la Saint-Jean-Baptiste et à Noël (19, 22, 60, 79, 85, 113, 149, 154, 160, 377, 384).

LXXIX. 1784 à 1787. — Pierre VION. Le 22 mai 1785, il donne à ferme, pour neuf années, à René Léobet, laboureur, et Marie Demazelle, sa femme, la métairie d'Anthenet, située au-dessus du faubourg de la Croix-Rouge, paroisse de Saint-Martial de Montmorillon, moyennant 200 livres, 5 boisseaux de froment, 5 boisseaux de seigle, 12 poulets et 2 oies (20, 21, 60, 62, 63).

LXXX. 1787 à 1791. — Pierre GROSEIL, de nouveau. Il donne à ferme pour neuf ans, le 26 avril 1787, à Marie-Anne Dufour, veuve de Joseph Thomas, la dîme de Licotière, qui se lève dans les paroisses de Moulime et d'Adriers, moyennant 60 livres par an et à charge de payer annuellement au curé de Moulime neuf boisseaux de seigle, mesure de Montmorillon, pour droit de novales dans la dîmerie de Licotière (22, 85).

Pierre Groseil clôt la liste des prieurs de la Maison-Dieu. Le 22 janvier 1791, les Augustins quittèrent leur couvent pour se disperser dans leurs familles, à l'exception du frère Aubry, chirurgien de l'ordre, qui, dans le nouvel hospice, occupa ce poste et cette fonction jusqu'à sa mort, arrivée le 28 juillet 1833. (*La Maison-Dieu*, par M. l'abbé E. Ménard.)

II

Lettre du Prince Noir au receveur de Poitou, pour l'inviter à payer aux frères de la Maison-Dieu de Montmorillon la rente de cent setiers de blé qui leur était due, moitié sur les Moulins-au-Roi et moitié sur la dîme de Latus (Arch. Vien. H³ bis 66, copie sur papier.)

1366

Edouard aisné, fils du Roy, duc d'Angouleme, prince d'Aquitaine, comte de Cestre, à nostre amé receveur de Poitiers, salut. Les religieux, prieur et freres de la Maison-Dieu de Montmorillon nous ont monstré en suppliant que suivant le don et octroy de nos predecesseurs, confirmé par nous, sy, comme ils disent, ils ayent accoutumé avoir, prendre et recevoir chacun an sur nos moulins du dit lieu, lesquels ils tiennent à ferme perpetuelle, cinquante septiers de bled et autres cinquante sur nos dixmes appelez de Latus [1]; neanmoings vous leur auriez fait et faites empeschement pourquoy ils ne peuvent avoir et prendre le dit don et en outre vous efforcez de les contraindre à vous rendre le paiement que ils ont receu et prins de la dite somme de trois quartiers qui finirent à la feste de saint Michel l'an soixante et trois dernier passé, au grand grief et prejudice des suppliants sy comme ils disent. C'est pourquoy vous mandons que, s'il vous appert deument des dites lettres de nostre confirmation et que les dits suppliants ayent accoutumé avoir prendre et recevoir les dites sommes de bled susdit paisiblement et deument par vertu des dits dons et en avoir une bonne et deue possession, vous les fassiez et souffriez user et jouir paisiblement des dits dons et de leur possession et sy rien leur avez retenu ou empesché iceux leur delivrer et paier ainsy comme appartiendra et de ce que des dits trois quartiers leur demandez, vous delaissiez le tout au cas dessus dit et les dites sommes et chascune d'icelles qui par vous deument ainsy comme dit est leur aura esté payé et delivré. Voulons et mandons estre alloué par nos auditeurs de vos comptes et estre rabattu de vostre recepte. Donné en nostre hostel d'Angoulême, l'an mil trois cent soixante et six.

Au bas est escrit : collation de la coppie cy dessus a esté faite à son original estant en parchemin represented par sire frère Jean Baptiste Bilheu, prieur des Augustins de la Maison-Dieu de Montmorillon et iceluy rendu par les nottaires royaux establis à Montmorillon, soussignez, ce dix-huitiesme jour de may mil six cent quarante-quatre. Signé : fr. Jean-Baptiste Bilheu, prieur[2] susdit, Estourneau, nottaire royal, et Naude, nottaire royal.

---

1. Les lettres de donation d'une rente de 50 setiers de blé sur la dime royale de Latus, octroyées en décembre 1335 à la Maison-Dieu de Montmorillon, ont été publiées dans le tome XIII, page 128, des *Archives historiques du Poitou*.
2. Procureur et non prieur). Il remplaçait le frère Maxime Charron, prieur, empêché. (Arch. Vien. H³ bis 82.)

III

Brevet du roi Louis XIII portant union de la Maison-Dieu de Montmorillon à la congrégation des Augustins réformés de Bourges. (Arch. Vien. H³ bis 385, copie sur papier.)

27 décembre 1613.

Aujourdhuy vingt-septiesme du mois de décembre mil six cent treize, le Roy estant à Paris et désirant gratiffier frère Roger Girard, docteur en théologie, augustin, confesseur de la Reyne Régente, mère de Sa Majesté, prieur du prieuré conventuel de la Maison-Dieu de Montmorillon, diocèse de Poitiers, et inclinant à la très humble supplication qui luy a esté faicte de consentir la réunion dudit prieuré qui a toujours esté en titre et règle de Saint-Augustin, pour estre mis en iceluy des frères hermites du dit ordre, dicts de la communauté de Bourges, gardans la règle de leur première institution. Attendu même que à l'occasion des guerres civiles qui ont eu cours en ce royaume, le dit prieuré a été tellement ruiné et désolé qu'il n'y est resté aucun bâtiment logeable, ny aucuns religieux ny autres ecclésiastiques pour le desservir, ce qui auroit contraint le dit frère Roger d'y mettre des presbtres séculiers pour assister et consoler les peuples qui en sont voisins. Sa Majesté, de l'advis de la dicte dame Reyne Régente, considérant la bonne intention du dit frère Roger Girard, et voulant luy donner moyen de rétablir le dit prieuré et le service divin qui doibt estre faict en iceluy, a consenty et eu pour agréable la réunion d'iceluy prieuré au dict ordre de Saint-Augustin, pour estre cy-après desservy et administré par les frères religieux hermites dudit ordre, à la charge néantmoins d'entretenir les charges et conditions auxquelles le dit prieuré est obligé par l'institution et fondation d'iceluy ; voulant que pour cet effect touttes lettres nécessaires en cour de Rome soient expédiées en vertu du présent brevet qu'iceluy Sa Majesté a voulu signer de sa main et fait contresigner par moy son conseiller secrétaire d'Estat et de ses commandements. Signé : Louis et plus bas Phelippeaux.

a

Lettre et supplique du roi Louis XIII au pape Paul V à l'effet de la susdite union (Arch. Vien. H³ bis 385, copie sur papier.)

30 avril 1614.

Très Saint-Père, notre bien amé frère Roger Girard, docteur en théologie, religieux de l'ordre de Saint-Augustin, confesseur de la Reyne Régente notre très honorée dame et mère, et prieur du prieuré conventuel et électif de Saint-Vincent et de Saint-Laurent de Montmorillon, diocèze de Poitiers, nous a fait entendre que le dit prieuré et spécialement l'église et bâtiment d'iceluy sont ruinés, en sorte que le service divin ne se peut faire, et d'autant que le revenu du dit prieuré ne peut comporter la dépense qu'il y faudroit faire pour le rebatir, et fournir aux grandes charges qui sont sur iceluy, le dit frère Roger nous a fait très humblement suplier de luy permettre de remettre le dit prieuré, pour estre dès à présent uni et annexé au dit ordre de Saint-Augustin sous l'observance des frères hermites du dit ordre, et toutefois luy en laisser l'administration pour le reste de ses jours, à la charge de le faire desservir par aucuns des dits frères religieux hermites du dit ordre dits de la communeauté de Bourges, afin de donner moyen au dit frère Roger Girard de faire rétablir et remettre en bon état iceluy prieuré, et parceque de notre part, nous avons eu la ditte démission et union agréable et icelle consentie, à la charge néantmoins d'entretenir par le dit frère Girard et ceux du dit ordre les charges et conditions auxquelles le dit prieuré est obligé par son institution et fondation. A ces causes, Très Saint Père, nous suplions et requerrons tant et si affectueusement que faire pouvons Votre Sainteté, qu'à notre prière et requestre, le bon plaisir d'icelle soit d'avoir la ditte démission, union et annexe pour agréable aux conditions cy-dessus déclarées, et ce faisant en octroyer toutes les bulles et provisions apostoliques requises et nécessaires, suivant les mémoires, instructions et procurations qui en seront présentés à Votre Sainteté, laquelle nous fera plaisir singulier, atant nous suplions le Créateur, Très Saint Père, qu'il veuille icelle Votre Sainteté longuement préserver, maintenir et garder en bon régime et gouvernement de sa sainte Église. Ecrit à Paris le dernier jour d'avril 1614.

Votre dévot fils le Roy de France et de Navarre, signé : Louis et plus bas Phelippeaux.

b

Bulle du pape Paul V, portant ladite union, adressée en forme commissoire à l'Official de Poitiers. (D. Fonteneau, t. LXVII, p. 647 à 650) [1].

16 octobre 1614.

Paulus, episcopus, servus servorum Dei, dilecto filio officiali Pictaviensi salutem et apostolicam benedictionem.

Pro fidelium quorumlibet præsertim religiosorum piæ vitæ divinique numinis obsequiis sub regulari observantia norma vacantium, et ecclesiarum statu salubriter dirigendo, sollicitè sicut ex debito nobis commissi pastoralis officii tenemur considerationis extendentes intuitum, ad ea per quæ ecclesiarum ipsarum profectui religionisque incremento provideatur nostræ viligentiæ partes propensius impartimur. Cum itaque prioratus sanctorum Vincentii et Laurentii de Domo Dei aliàs de la Maison de Dieu, nuncupatus de Montmorillon, ordinis sancti Augustini canonicorum regularium Pictaviensis diocesis per liberam resignationem dilecti filii Rogerii Girard, presbiteri ejusdem ordinis fratrum heremitarum, expressè professi, de illo quem tunc ex concessione seu dispensatione apostolica obtinebat hodie per dilectum filium Joannem Marchand, clericum pictaviensem, procuratorem suum, ad hoc ab eo specialiter constitutum, in manibus nostris sponte factam, et per nos admissam apud sedem apostolicam vacaverit, et vacet ad præsens. Et sicut exhibita nobis nuper pro parte dilectorum filiorum superiorum et religiosorum ordinis hujusmodi fratrum heremitarum congregationis Bituricensis, petitio continebat, dictus prioratus, qui a sancto Guillelmo Aquitaniæ duce fundatus perhibetur, jam pridem temporum seu bellorum civilium, quæ in eo regno exarserunt, injuriis, in ruinam collapsus, et solo æquatus est, et tempore ruinæ hujusmodi, ille religiosis ejus, vero ecclesiæ cultu divino prorsus caruerit. Et diversi nobiles ea ruina et quæ belli tempore longè vagatur, maleficiorum impunitate occasionem præbentibus, varia dicti prioratus bona invadere, illaque sibi injustè appropriare præsumpserint, et hodie quæ reliqua sunt eisdem incommodis subjaceant. Ipsa vero bona in diversis diocesibus nempe Pictaviensi, Bituricensi, Limovicensi, Xanctoni-

---

1. Copie tirée du greffe des insinuations de Poitiers ; il y a quelques fautes de copiste faites par le greffier nommé Péranches. (Note de D. Fonteneau.)

censi, consistant. Et fructuum ex illis provenientium exactio, tum ob locorum distantiam hujusmodi, tum ob hæresim in illis vigentem, admodum difficilis et laboriosa existat, deductisque ex illis expensis circa manutentionem cujusdam hospitalis pauperum et peregrinorum, quod ab eodem prioratu dependat. Et circa eleemosinas pauperibus fieri solitas, præsertim verò ea quæ septies in anno totidem, festis solemnibus ter mille hominibus ut plurimum, partim in carnibus porcinis, et partim in pane elargiri consueverunt, necnon circa præstationem seu solutionem censuum, et aliorum jurium legi ex indulto apostolico præstari solitorum necessariis, id quod ex fructibus hujusmodi annuatim superest tale ac tantum non sit, ut ex eo dictus prioratus in ruinis suis instaurari, et in pristinum statum restitui unquam possit vel debeat. In ea autem regione hæresis venenum longè latèque diffusum sit, eaque omnia ibi fere infestante, nulli plane religiosi qui populum in bonis moribus ac pietatis studio, et iisque ad salutem animarum sunt instruant. Pauci verò admodum sacerdotes, iique ut plurimum parum habiles et idonei reperiantur. Et opere pretium futurum sit dictum prioratum alicui ordini, seu congregationi cujus religiosorum ope et adjumento ille ad decentem et congruum statum reduci, divinique cultus in eo reparari, simulque religioni catholicæ in ea regione laboranti adversus hæresim succurri possit, concedere et incorporare. Religiosi vero dictæ congregationis ob illorum bonæ famæ odorem, et multiplices fructus, quos in agro Domini dictim ad animarum salutem producere solent, ad hoc onus cum fructu et utilitate obeundum apprimè idonei existant. Cum autem, sicut eadem petitio subjungebat, si dictus prioratus cum ei annexis membris, juribus et pertinentiis suis universis dictæ congregationi per eam juxta regularia ejus instituta regendus et reformandus per nos, et sedem prædictam perpetuo uniretur et incorporaretur, et alia fierent que sequuntur, procul dubio dicti prioratus restaurationi, et regulari disciplinæ in eo divinique cultus in illius ecclesia hujusmodi restitutioni salubri et opportuna admodum ratione consuleretur, atque religio catholica ex hoc in prædicta regione adversus hæresis pestem ibi latè serpentem non parum adjumenti experiretur. Quare pro parte superiorum et religiosorum prædictorum asserentium fructus, redditus et proventus ejusdem prioratus et illi annexorum, viginti quatuor ducatorum auri de camera secundum communem æstimationem valorem annuum non excedere, nobis fuit humiliter supplicatum quatenus eis in præmissis opportunè providere de benignitate apostolica dignaremur. Nos igitur qui dudum inter alia voluimus quod petentes beneficia ecclesiastica aliis uniri tenerentur exprimere verum annuum valorem secundum estimationem prædictam, etiam beneficii an aliud uniri peteretur, alioquin unio non valeret ; quique votis Christi fidelium quorum libet, præsertim altissimo sub suavi religionis jugo famulantium, libenter annuimus, superiores et religiosos prædictos ac, eorum singulos à quibus vis excommunicationis, aliisque ecclesiasticis sententiis et pœnis à jure vel ab homine latis, si quibus innodati existunt, ad effectum præsentium dum taxat consequendum, harum serie absolventes et absolutos fore censentes, necnon alias uniones et concessiones dictæ congregationi hactenus quomodolibet factas præsentibus pro expressis habentes, ac certam de præmissis notitiam non habentes, hujusmodi supplicationibus inclinati, discretioni tuæ per apostolica scripta mandamus quatenus vocatis qui fuerint evocandi prioratum prædictum qui conventualis et electivus existit, sive, ut præfertur alias quovis modo, aut ex alterius cujuscunque persona seu per similem, vel aliam resignationem dicti Rogerii, vel cujusvis alterius de illo in romana curia, vel extra eam etiam coram notario publico et testibus sponte factam vacet, etiam si tanto tempore vacaverit, quod ejus collatio juxta lateranensis statuta concilii ad sedem prædictam legitimè devoluta, ipseque prioratus dispositioni apostolicæ specialiter reservatus existat, ei que cura etiam juris dictionalis immineat animarum, ac super eo inter aliquos lis, cujus statum præsentibus etiam haberi volumus pro expresso, pendeat indecisa, dummodo tempore dictarum præsentium non sit in eo alicui specialiter jus quæsitum. Etiam una cum illius ecclesia, claustris, dormitorio, refectorio, aliisque ædificiis et structuris ac hortis, necnon ei annexis membris, juribus, proprietatibus, bonis et pertinentiis universis ad eum et ejus mensam conventualem, quatenus illa ibi adsit, quomodolibet spectantibus et pertinentibus, dictæ congregationi per eam illius que superiores et religiosos prædictos juxta illius ritus, mores, consuetudines et regularia instituta regendum, gubernandum, administrandum et reformandum charissimi in Christo filii nostri Ludovici Franciæ et Navarræ regis christianissimi, ad quem nominatio personæ idoneæ ad hujusmodi prioratum, dum pro tempore vacat juxta concordata pridem inter sedem prædictam et claræ memoriæ Franciscum primum et Franciæ regem christianissimum inita spectare dignoscitur ad hoc expresso accedente consensu, autoritate nostra perpetuò unias, annectes et incorpores; ita quod liceat eisdem superioribus et religiosis nunc et pro tempore existentibus corporalem realem et actualem prioratus ecclesiæ, ædificiorum, hortorum, annexorum membrorum, jurium, bonorum et pertinentiarum prædictorum possessionem per se vel per alium, seu alios eorum et dictæ congregationis nomine propria authoritate ex nunc apprehendere, et apprehensam perpetuò retinere. Fructus quoque redditus, proventus, jura, obventiones et emolumenta ex eis provenientia quacumque cessante eorum reservatione, dicto Rogerio hodie per nos concessa, percipere, exigere, levare, recuperare, locare et arrentare, ac in communes dictæ congregationis et prioratus illiusque ecclesiæ prædictorum usus et utilitatem convertere, diocesani loci vel cujusvis alterius licentia desuper minimè requisita, necnon in ipsum prioratum congruum et convenientem religiosorum dictæ congregationis numerum qui inibi conventualiter vivere, ac dictæ ecclesiæ in divinis laudabiliter deservire debeant et teneantur, dicta autoritate nostra introducas. Præsentes quoque litteras ex eo quod superior dicti ordinis canonicorum regularium et alii quicumque in præmissis interesse habentes, vel habere pretendentes, non consenserint ad eaque vocati, et causæ propter quas illa fiant vel facta sint coram ordinario loci, etiam tamquam sedis prædictæ delegato, seu aliàs examinatæ, verificatæ et justificatæ non fuerint, aut ex quocumque alio capite, vel causa quantumvis legitima et juridica de surreptionis, vel obreptionis seu nullitatis vitio, aut intentionis nostræ, vel quopiam alio defectu, notari, impugnari, retractari, anullari, vel anullidari, seu in judiciis vel controversiam vocari, aut ad viam et terminos juris reduci, seu adversus illas quodcunque juris genere vel facti remedium impetrari, aut concedi nullatenus unquam posse, sed illas semper et perpetuò validas et efficaces esse et fore, neque sub quibusvis similium vel dissimilium gratiarum revocationibus, suspensionibus, limitationibus, aut aliis contrariis dispositionibus etiam per nos et successores nostros romanos pontifices pro tempore existentes, ac sedem prædictam, sub quibuscumque verborum expressionibus et formis pro tempore quomodolibet factis, nullatenus unquam comprehendi vel confundi; sed ab illis semper excipi, et quoties illæ emanabunt, toties in pristinum et validissimum statum restitutas, repositas et plenariè reintegratas, ac de novo etiam sub quacumque posteriori datas per superiores et religiosos congregationis hujusmodi pro tempore existentes quoscumque eligendas concessas esse et fore suosque plenarios et integros effectus sortiri et obtinere sicque per quoscumque judices et commissarios quavis autoritate fungentes, et causarum palatii apostolici auditores, ac sanctæ romanæ ecclesiæ cardinales et de latere legatos et vice legatos dictæque sedis nuncios judicari et definiri debere, prædicta autoritate nostra decernimus, nonobstantibus priori voluntate nostra prædicta ac felicis recordationis Bonifacii papæ octavi prædecessoris nostri, necnon Lateranensis Concilii novissimè celebrati uniones perpetuas nisi in casibus à jure permissis, fieri prohibentis, aliisque quibusvis apostolicis, necnon in synodalibus provincialibus, universalibus conciliis edictis specialibus vel generalibus constitutionibus et ordinationibus, necnon ordinis et congregationis ac prioratus prædictorum, juramento confirmatione apostolica vel quavis firmitate alia roboratis, statutis et consuetudinibus, privilegiis quoque indultis et litteris apostolicis ; illis eorumque superioribus et personis sub quibuscumque tenoribus et formis, ac cum quibusvis etiam derogatoriarum derogatoriis, aliisque efficacioribus efficacissimis et insolitis clausulis irritantibusque et aliis decretis in genere vel specie etiam, motu proprio, et ex certa scientia, ac etiam consistorialiter et alias in contrarium forsan quomodolibet concessis approbatis et innovatis, quibus omnibus, etiam si ex illis eorum que totis tenoribus specialis, specifica, expressa et individua, non autem per clausulas generales idem importantes mentio seu quævis alia expressio habenda foret, tenores hujusmodi præsentibus pro sufficienter expressis et insertis habentes, illis alias in suo robore permansuris hac vice dum taxat harum serie specialiter et expresse derogamus contrariis quibuscumque. Aut si aliqui super provisionibus sibi faciendis de prioratibus hujusmodi speciales, vel aliis beneficiis ecclesiasticis in illis partibus generales dictæ sedis aut legatorum ejus litteras impetrarint, etiam si per eas ad inhibitionem, reservationem et decretum vel aliàs quomodolibet sit processum, quas quidem litteras et processus habitos per easdem ac indè secuta quæcumque ad prioratum prædictum volumus non extendi, sed nullum per hoc eis quo ad assecutionem prioratuum seu beneficiorum aliorum præjudicium generari, et quibuslibet aliis privilegis, indultis, ac litteris apostolicis generalibus vel specialibus, quorumcumque tenorum existant, per quæ præsentibus non expressa vel totaliter non inserta effectus earum impediri valeat quomodolibet vel differri, et de quibus quorumcumque totis tenoribus habenda sit in nostris litteris mentio specialis. Volumus autem quod propter unionem, annexionem et incorporationem per te faciendas prædictus prioratus hujusmodi debitis non fraudetur obsequiis et animarum cura, si qua illi immineat nullatenus negligatur, sed ejus congruè supportentur onera consueta.

Datum Romæ apud Sanctam Mariam Majorem, anno Incarnationis dominicæ millesimo sexcentesimo quarto decimo, pridie nonas octobris, pontificatus nostri anno decimo.

IV

Vœu des habitants de Montmorillon à Saint-Antoine de la Foucaudière et à Notre-Dame-des-Ardilliers de Saumur, à l'occasion de maladies contagieuses. (Reg. par. de Saint-Martial de Montmorillon.) [1]

27 juin 1631.

Aujourd'huy vendredy, vingt-septiesme jour du mois de juin mil six cents trante et un, en l'assemblée des curé, officiers, manans et habitans en la ville et parroisse de Saint-Martial de Montmorillon faicte au couvant des révérans pères religieux Récollects de cette dicte ville, en laquelle assemblée a esté arresté et conclu, veu les grandes adversités et maladies contagieuses [2] dont il plaict à Dieu nous affliger, que pour la délivrance d'ycelles les habitans de la ditte ville et parroisse yroient en procession en l'église de Saint-Antoine de la Foucaudière, conformémant à l'ancienne piété et dévotion de nos majeurs et ce tous les ans et à perpétuité. A esté d'abondant arresté qu'à la mesme considération que dessus, que annuellement et perpétuellemant quatres personnes de la ditte ville et parroisse, à sçavoir : le curé de la ditte parroisse ou son vicquaire, un des officiers de la ville, un des procureurs fabricqueurs de la dicte parroisse et un des habitans et bourgeois joins ensemble, au nom de la ville et parroisse, offrir leurs vœux et prières en l'église de Nostre-Dame-des-Ardilliers les Saulmur. Lesquels voyages se feront par les aumosnes et charités des habitants de la dicte ville et parroisse. Et pour plus

---

1. Une copie de cet acte a été donnée dans le tome XII des Bulletins des Antiquaires de l'Ouest, mais elle n'est pas tout à fait conforme à l'original.
2. Montmorillon était fort sujet aux maladies contagieuses. Cette ville fut infectée de la dysenterie en 1635 (novembre), 1652 (juin et octobre), 1661 (octobre), 1669 (septembre et novembre), 1686 (septembre).

autantiquer les dicts vœux tant de Nostre-Dame de Saulmur que de Saint-Antoine de la Foucaudière, les avons offerts à Dieu aux pieds de son saint autel dans l'église paroissiale de Saint-Martial de Montmorillon, en la célébration de la sainte messe, qui se chantera solemnellemant avec diacre et sous-diacre, le jour et faiste de saint Martial, patron et titulaire de la dicte paroisse, et, pour plus grande approbation et confirmation des dicts vœux, avons signés les présantes de nos seings, les jour et an que dessus. Signé : Moreau, recteur de Saint-Martial ; Fr. Michel Dagobert, récollet ; Douadic ; Richard, lieutenant général ; Umeau ; Demaillasson ; Lhuillier ; Delerpinière ; Delerpinière ; Clabat ; Tigreulx ; Pian ; L. Caillaud ; G. Caillaud ; L. Reat ; J. Brisson ; Demareuil ; Goudon ; Clabat ; Lamoureux ; A. Argenton ; J. Argenton ; Eustache Crugeon; L. Moreau, messager.

V

Papeteries montmorillonnaises [1].

Les papeteries connues autrefois sous le nom de Grands-Moulins et de Moulinet-des-Mas remontent l'une à 1604 et l'autre à 1671. Elles étaient actionnées par l'eau ; le travail s'y faisait à bras, et le séchage sur des étendoirs dans de vastes greniers construits en forme de hangar.

Le papier qu'on y fabriquait portait différentes marques [2], parmi lesquelles on trouve la marotte, l'écu, le raisin, la couronne, le sabre, la fleur de lis et le cornet [3].

C'est dans ces moulins qu'a été fabriqué le papier dont se sont servis, pendant près de deux siècles, les officiers publics de Montmorillon pour la rédaction des actes. On peut voir sur les registres paroissiaux de cette ville et sur un grand nombre d'actes classés aux archives de la Vienne les noms et les marques des Pinaud,

---

1. A la page v de notre introduction, nous annoncions que nous donnerions en appendice (V) la liste des fermiers du moulin à papier appelé le Moulinet-des-Mas ; les recherches que nous avons faites depuis nous permettent de fournir d'autres renseignements sur cette papeterie et sur celle des Grands-Moulins.
2. On sait qu'autrefois chaque format de papier était désigné par une marque particulière dont il prenait le nom : le papier couronne avait une couronne dans son filigrane, le raisin une grappe de raisin, l'écu un écusson, le cornet une trompe de chasse ou cornet, le jésus les lettres IHS, monogramme de Jésus, etc.
3. Voir planches II, III, IV et V.

des Courrivaud, des Massonneau, des Manus et des Martin de Reignier, qui ont été les principaux directeurs des papeteries montmorillonnaises.

Une ordonnance du 11 juin 1680 enjoignait aux maîtres des moulins de conduire leur papier au plus prochain bureau de la Ferme pour l'y faire marquer [1] et emballer et en acquitter les droits [2]. Cette mesure, qui causait un surcroît de dépenses aux papetiers et aux fermiers généraux, en raison des locaux et du personnel supplémentaire qu'elle nécessitait, ne fut pas longtemps observée. Les fermiers des Traites finirent par délaisser aux fabricants, « à titre de ferme et à prix d'argent », les droits de marque et de contrôle de leur papier, et ils leur fournirent les marques nécessaires. C'est ainsi que le 6 août 1690, Me Michel Roujou de Chaumont [3], contrôleur général des Traites au département du Haut-Poitou, à Civray, chargé de procuration de Mre Pierre Domergue [4], adjudicataire des Traites unies, affermait à Pierre Bastière et à Jean Delestang, maîtres papetiers aux Mas, les droits de marque et de contrôle, moyennant soixante livres par an, payables au bureau du s^r Domergue au bourg de Moulime (Arch. Vien. H³ bis 90).

Les Grands-Moulins. Cette papeterie, située sur la rive gauche de la Gartempe, était actionnée par trois roues hydrauliques. Elle fut construite en 1603 par Paul Thomas, sénéchal de la ville de Montmorillon. Voici les lettres par lesquelles le roi Henri IV en autorisa la construction :

« Henry, par la grace de Dieu, roy de France et de Navarre, à tous presans et advenir, salut. Nostre amé et feal conseiller, Me Paul Thomas, seneschal de Montmorillon, nous a faict dire en nostre conseil que comme sieur proprietaire des Grands Moullins sis sur la riviere de Gartempe, pres la ville de Montmorillon, mouvant de la baronnye de Montmorillon, il a faict pour le bien

---

1. Le papier fabriqué en Auvergne et en Angoumois n'était pas soumis à la marque (art. VII).
2. Les droits de marque et de contrôle étaient de
   4 sols pour chaque rame du poids de   6 livres,
   5   —   —   —   6 à 12 —
   6   —   —   —   12 à 18 —
   7   —   —   —   18 à 24 —
   8   —   —   —   24 à 30 —
Ce droit fut supprimé par arrêt du 26 février 1720.
3. Il épousa Marie-Françoise Compain, dont il eut Catherine-Gabrielle, née le 25 février 1690, baptisée à Saint-Nicolas de Civray le 17 décembre 1691.
4. Pierre Domergue avait succédé en 1687 à Jean Fauconnet, qui était fermier général depuis le 26 juillet 1681.

et commodité du publicq construire et bastir ung moullin à pappier de l'autre costé de la dicte riviere à l'endroict de l'escluse des dicts Grands Moullins à luy appartenant, pour ne laisser rien inetil à nostre domayne. Mais d'auctant qu'il n'a auparavant de nous prins le congé et permission necessaires, craignant que à l'advenir l'on le voullust troubler, il nous a faict supplier et requerir sur ce luy pourvoyr. A ces causes, voullant favorablemant traicter le dict séneschal en consideration de ses services eu esgard que par le moyen du dict bastimant non seullemant le publicq y profitte, nostre domayne en reçoit accroissemant et augmentation, mais encore à l'advenir nous en pouvons recepvoir commoditté par les ventes et reventes des dicts moullins quy doibvent en nostre dict domayne à chacune mutation droits de lots et ventes ou autres droits seigneuriaux; de l'advis de nostre conseil, avons au dict Me Paul Thomas permis et accordé et de nos grace speciale, plaine puissance et autorité royale, permettons et accordons, voullons et nous plais que il puisse et ses successeurs tenir et posseder les dicts moullins à pappier, ainsy par luy bastys et esdiffiés vis à vis des dicts Grands Moullins, de l'aultre costé de la dicte riviere et sur la mesme escluze des dicts Grands Moullins, en disposer par luy et ses dicts successeurs comme de sa vraye chose et loyal acquest, encore que, avant entrer au bastimant des dicts moulins, il n'ayt obtenu de nous lettres pour ce fayre ; que ne voullons luy nuyre ne prejudicier et dont en tant que besoing est ou seroit, nous le dispansons et deschargeons à pur et à plain, ores et pour l'advenir, par ces presantes, à condition toutefois qu'il sera tenu pour luy et ses successeurs, proprietayres des dicts moullins à pappier, en la recepte du domayne de la dicte baronnye et chastellenye du dict Montmorillon, par chascun an, à pareille redevance et charge que celle qu'il paye pour les dicts Grands Moullins. Sy donnons en mandemant à nos amés et feaux conseillers, les tresoriers generaulx de France à Poictiers, lieutenant general au dict siege de Montmorillon et à tous nos autres justiciers, officiers et à chascun en droict soy, ainsy qu'il appartiendra, que du contenu en les dictes presantes, ils facent, souffrent et laissent jouyr et user plainemant et paisiblemant le dict Thomas et ses successeurs, cessant et faisant cesser tous troubles et empeschemants au contrayre, car tel est nostre plaisir, nonobstant tous esdits, ordonnances, mandemants, réglemans, deffances et lettres à ce contrayres auxquels et à la desrogation, de leur desrogatoire, nous avons desrogé, desrogeons.

Et affin que ce soit chose ferme et stable à tousjours, nous avons faict mettre nostre scel à ces presantes. Donné à Paris, au mois de febvrier, l'an de grace mil six cens cinq, et de nostre regne le seiziesme. Signé Henry, et sur le reply, par le Roy, Potier. Au bas, visa *Contentor* Poussepin, et scellé de cire verte, attachée avec un lassé de soye verte et rouge ».

Lettres vidimées délivrées à l'auditoire royal de Montmorillon le 8 février 1606. (Arch. Vien H3 bis 89.)

Parmi les maîtres papetiers qui ont dirigé ce moulin, à titre de fermiers, on trouve :

1607. — Junien PINAUD, originaire du Limousin.

1614. — Jean COURRIVAUD.

1622. — Jean PINAUD [1], fils de Junien ci-dessus.

1635. — Léonard BOYRON et Jean BOUFFUGUE, auparavant maîtres papetiers à Montaumar, paroisse de la Croix, en Basse-Marche.

Le 12 mars 1635 ils vendent à René Contencin [2], marchand à Poitiers, « le papier fin et gros qu'ils feront en leurs moulins près Montmorillon, pendant trois ans, à raison de 23 livres la rame de papier espagnol du poids de 9 à 10 livres, et 26 livres la rame de papier longuet du poids de 13 livres ; lequel papier, l'un comme l'autre, devra être blanc, fin, lissé et collé et rougné pour le papier fin seulement ». Ils promettent en outre de n'en pas

---

1. Il eut pour enfants : Michel, maître papetier, marié à Marguerite Aubert, qui était sa veuve en 1673, et Françoise, femme de Simon Courrivaud, maître papetier.

2. René Contencin, marchand de draps et marchand papetier à Poitiers, possédait un moulin à papier à Saint-Benoît. Il fut consul des marchands en 1620 et 1624. Le 22 janvier 1639, Catherine Delavergne, sa veuve, faisait procéder, conjointement avec Simon Lelarge, son fermier, à la visite de son moulin de Saint-Benoît par Jean Bouffugne et Jean Barassat, marchands papetiers audit lieu. Dans l'estimation des meubles et « cabots » (outillage) figurent : 45 rames papier espagnol à 22 livres la rame, 32 rames papier gros bon à 17 livres, 204 rames papier carré fin à 17 livres, 36 rames papier longuet à 24 livres, 36 rames papier conte à 24 livres, 3 rames papier tracé à 33 livres, 12 charges drapeaux à 29 livres la charge, 94 livres drapeaux à 55 sols la livre, une paire de formes longuet 12 livres, une paire de formes espagnol 10 livres, une paire de formes petit carré 6 livres, une forme de longuet 12 livres 10 sols et les formes espagnol avec membrures 30 livres.

Étienne Contencin, père du précédent, mégissier et marchand papetier à Poitiers, fut consul des marchands en 1591 et juge en 1605. (*Arch. Hist. Poitou*, XV.) Il achète, le 5 juillet 1601, de Martial Massonneau, maître papetier au moulin de Saint-Benoît, « tout le papier qu'il fera dans l'année, tant fin que gros, bon que petit, sans qu'il puisse en vendre à un autre quel qu'il soit ; le grand fin au prix de 31 livres la rame, le petit fin à 25 livres, le grand gros bon à 30 livres, le petit gros bon à 20 livres ; le tout livrable au fur et à mesure de la fabrication ». (Bourbeau, not. à Poitiers.)

vendre à d'autres qu'au dit René Contencin. (Pommeraye, not. à Poitiers.)

1643 à 1664. — Simon COURRIVAUD, maître papetier, fils de Jean ci-dessus, et Françoise PINAUD, sa femme, afferment, le 22 août 1648, de Louis Cœurderoy, conseiller du Roi et maître particulier des eaux et forêts à Montmorillon, pour cinq années et moyennant 180 livres et quatre rames de papier par an, la papeterie des Grands-Moulins, « comme ils sont accoutumés d'en jouir ». (Arch. Vien. H³ bis 89.)

1672 à 1682. — Pierre-Michel MASSONNEAU et Anne PETITPIED, sa femme. (Arch. Vien. H³ bis 90.)

1692-1693. — Anne PETITPIED et Pierre MOREAU, son troisième mari. (Arch. Vien. H³ bis 90.)

1719. — MARTIALIS, gendre de Paul Pinaud, maître papetier au Moulinet-des-Mas. (Arch. Vien. H³ bis 90.)

1725. — Jean DURAND et Georges BENOIST. (Arch. Vien. H³ bis 90.)

1727 ? — BAFFET DE LA PLUME, originaire du Périgord, devint propriétaire de la papeterie des Grands-Moulins et continua pendant une dizaine d'années la fabrication du papier, qu'il cessa lorsque se montèrent, en 1734, les grandes papeteries, connues sous le nom de *Compagnie royale des papiers d'Angoumois*, dont il ne put soutenir la concurrence. Au commencement du xixe siècle, l'ancienne fabrique à papier des Grands-Moulins fut transformée en trois usines distinctes, moulin à foulon, moulin à blé et moulin à tan. Un incendie survenu le 23 juin 1857 détruisit ces usines, qui furent reconstruites l'année suivante; le moulin à tan fut alors remplacé par une huilerie [1]. Elles portent aujourd'hui le nom de Moulin-des-Dames [2].

Le Moulinet-des-Mas. — La fabrique des Mas, sur la rive gauche de la Gartempe, comprenait deux moulins distincts, actionnés chacun par une roue ; l'un, situé sur un étang, fut construit en 1671 par les Augustins de la Maison-Dieu de Montmorillon ; l'autre, placé sur la rivière, fut édifié vers la même époque par René

---

1. Renseignements dus à l'obligeance de M. Courteau, propriétaire actuel du Moulin-des-Dames, descendant de Baffet de la Plume.
2. Ce nom vient de ce que le moulin a appartenu autrefois aux dames religieuses de Montmorillon.

Pradeau, alors meunier au Mas, qui l'afferma, le 20 mars 1676, à Léonard et Jean Courrivaud, maîtres papetiers. Ceux-ci l'arrentèrent en 1678 et le vendirent deux ans après aux Augustins. (Arch. Vien. H³ *bis* 90).

Voici la liste des maîtres papetiers qui ont été fermiers de la fabrique des Mas :

1671 à 1680. — Françoise PINAUD, veuve de Simon COURRIVAUD, et Léonard COURRIVAUD, son fils, demeurant au village de Sazat, afferment des Augustins de la Maison-Dieu, par bail emphytéotique du 29 juin 1671, pour 99 ans, « le lieu et tènement appelé le Moulinet-des-Mas, consistant en deux corps de logis, prés, terres et pacages, d'une contenance de 80 boisselées, le long de la rivière de Gartempe, depuis la roche du Chastelet jusqu'à la chaussée du canal du moulin. Mais comme les bâtiments ne sont pas en estat convenable pour y faire un moulin à papier selon l'intention des parties, il a esté arresté que les religieux Augustins feront construire à leurs frais et despans le dit moulin, en ce qui est des murailles, cherpente, couverture, plancher, boutique, portes et fenestres. Devront estre les dites murailles de la hauteur de trois toises hors de terre, compris les pilliers qui seront de cinq pieds sur la dite muraille, la cherpente toute d'une hauteur sur le dit corps de logis avec couverture en pavillon. Feront les dits religieux curer et nettoyer le canal ancien pour contenir les eaux des sources pour le service du dit moulin à papier, ainsy qu'il paroist avoir anciennement servi au moulin à bled construit au mesme endroit, et, à cette fin, y feront conduire les eaux de la fontaine de Sazat, qui est sur le grand chemin de Montmorillon à Saulgé, et les eaux des deux sources qui sont dans l'ancien réservoir, comme aussi les eaux de celle qui est proche le dit Moulinet, du costé de Montmorillon. Devront les dits preneurs faire faire à leurs frais et despans pilles, battans, arbre, rouhe, presses, cables et autres choses nécessaires par les dedans ; le tout terminé au jour et feste de Saint-Martin prochaine, en sorte que le dit moulin soit en estat de travailler et auquel jour le dit arrentement emphytéotique commencera pour en payer par les dits preneurs, chascun an, 200 livres et deux rames de papier, une de grand et l'autre de petit, bon et marchand. Ont aussy les dits bailleurs donné la permission aux dits preneurs de pescher en la ditte rivière de Gartempe à eux appartenant, à toute sorte d'engins à prendre le poisson, despuis la ditte roche du Chastelet jusqu'au dit moulin des Mas ».

Le 1er décembre 1673, on procède à la visite des travaux : le tout est trouvé conforme au contrat passé le 29 juin 1671 entre les Augustins, feu Françoise Pinaud et Léonard Courrivaud, son fils. La construction « a coûté aux religieux 80 livres pour 7 toises de murailles, 10 toises de couverture et 7 toises de plancher, plus 40 livres pour la couverture de la chambre de la cuve ». La veuve Courrivaud et son fils « ont fourni ou fait faire sept piles, la roue, l'arbre, les presses, les murs de la chambre de la cuve, l'étendoir, les cordages et les piliers ». (Arch. Vien. H³ *bis* 89.)

Par sentence du 16 novembre 1677, le contrat du 29 juin 1671 est « déclaré commun et exécutoire à l'encontre d'autre Léonard et Jean Courrivaud, frères du dit Léonard ». (Arch. Vien. H³ *bis* 90.)

1680 à 1682. — Jean-Léonard et autre Léonard COURRIVAUD font avec les Augustins, le 4 avril 1680, un nouveau bail emphytéotique de 29 ans, moyennant 195 livres et deux rames de papier par an. Dans ce bail est comprise « la roue à faire papier en dépendant, posée sur la rivière de Gartempe, à côté du moulin à blé appelé des Mas, pour en jouir par les preneurs aux conditions portées par la ferme faite par René Pradeau et Barnabée Dousselin, sa femme, le 20 mars 1676, sans être tenus de payer le prix de la dite ferme ; mais si l'arbre du Moulinet vient à manquer, les religieux en fourniront un autre ». (Arch. Vien. H³ *bis* 90.)

Le 8 juin 1682, les frères Courrivaud, après avoir tout saccagé, abandonnent nuitamment les moulins et emportent une partie des objets servant à la fabrication du papier, notamment une chaudière et les bassins de cuivre, ainsi que les pistolets et les moules, le tout valant plus de 220 livres. (Arch. Vien. H³ *bis* 90.)

1683 à 1688. — Martial SÉGUY, marchand, et Léonard ARTAUD, maître papelier, afferment les deux moulins, le 11 janvier 1683, pour cinq années et moyennant 150 livres et quatre rames de grand papier par an, payables d'avance.

Les Augustins sont tenus de « mettre les moulins en état de faire le papier, de les garnir de roue, arbre, battans, pillons, chaudière pour faire la colle, cuves, presses et pistolets servant à la cuve seulement. Les preneurs devront se procurer les autres instruments nécessaires, lesquels ils pourront emporter à la fin de la ferme ». (Arch. Vien. H³ *bis* 90.)

— 185 —

1688 à 1692. — Germain BASTIÈRE, maître tailleur d'habits au faubourg de la Maison-Dieu à Montmorillon, Pierre BASTIÈRE, son frère, maître papetier au moulin de la Faye, paroisse de Nersac en Angoumois, et Marie DANDIGNAT, femme de ce dernier, afferment les moulins des Mas, le 28 janvier 1688, pour cinq ans et moyennant 200 livres et quatre rames de grand papier de 50 sols la rame par an. L'année suivante, ils s'adjoignent Jean Delestang, maître papetier. Au commencement de l'année 1691, Pierre Bastière et Jean Delestang abandonnent le moulin ; resté seul, Germain Bastière s'associe le 3 décembre suivant, avec Antoine Delaclozière, marchand à Preuilly, pour les deux années restant à courir. Le 10 juin 1692, les marchandises (30 rames de papier) sont saisies à défaut de paiement de la ferme. (Arch. Vien. H³ bis 90.)

1693. — Martial SÉGUY et Jeanne SUIRE, sa femme, reprennent la ferme, le 24 avril 1693, pour trois années et 150 livres et quatre rames de grand papier par an. Mais Martial Séguy étant mort le 10 octobre suivant, le bail est résilié. (Arch. Vien. H³ bis 90.)

1694 à 1699. — Anne PETITPIED, veuve de Pierre Moreau, maître papetier, demeurant à la « grande papeterie » des Grands-Moulins, afferme, le 4 janvier 1694, les moulins des Mas pour cinq ans et moyennant 200 livres et quatres rames de grand papier par an. S'étant remariée (en 4ᵉˢ noces), le 3 mai de la même année, avec Paul Pinaud, maître papetier, celui-ci intervient au bail et s'oblige avec ladite Petitpied au payement de la ferme. (Arch. Vien. H³ bis 90.)

1700 à 1710. — Paul PINAUD, maître papetier, et Renée LAVIGNE, sa deuxième femme, renouvellent le bail le 10 octobre 1700 pour sept années, moyennant 200 livres et six rames de papier par an. (Arch. Vien. H³ bis 90.)

1710 à 1717. — Paul PINAUD et Jeanne GALLET, sa troisième femme, renouvellent la ferme pour sept ans, le 26 septembre 1710, moyennant le même prix. (Arch. Vien. H³ bis 90.)

1717 à 1726. — La famille PINAUD paraît avoir continué la ferme pendant ces neuf années.

1726 à 1731. — Jean DURAND, maître papetier, et Suzanne PINAUD, sa femme, Georges BENOIST, maître papetier, et Marguerite GENET, sa femme, demeurant aux Grands-Moulins, prennent la ferme pour neuf années le 6 décembre 1726, moyennant 150 livres pour chacune des deux premières années, et 200 livres pour chacune des sept autres, et six rames de papier. Le 28 octobre 1731, le bail est résilié d'un commun accord entre les parties à dater du 10 septembre précédent. (Arch. Vien. H³ *bis* 90.)

1731 à 1737. — Martial MANUS, maître papetier au moulin de la Borderie, paroisse du Peyrat, en Limousin, Elie MANUS, son frère, et Madeleine COULAUD, femme de ce dernier, afferment les Mas pour sept ans le 29 octobre 1731, moyennant 120 livres et quatre rames de papier fin espagnol par an. (Arch. Vien. H³ *bis* 90.)

D'importantes réparations sont faites, en 1735, aux moulins et bâtiments de la Maison-Dieu. Les travaux, exécutés par René Gond, entrepreneur, sont reçus, le 23 novembre 1739, par l'architecte Vangine. Le 17 décembre suivant, le grand maître des eaux et forêts [1] ordonne que, sur le prix de la vente des bois dépendant dudit prieuré de la Maison-Dieu par lui faite le 19 août 1735, ledit René Gond sera payé de la somme de 2666 livres 13 sols 4 deniers pour le troisième et dernier tiers du prix de l'adjudication au rabais à lui faite le 20 août de la même année ; charge Mᵉ Etienne Avignon, receveur général des domaines et bois, dépositaire du prix de la vente desdits bois, de payer cette somme et enjoint au sʳ Gond de parachever, dans le délai de six mois, le plancher du grand étendoir du Moulinet-des-Mas et environ quatre toises de mur au petit moulin, et d'en rapporter au greffe de la maîtrise de Poitiers un certificat en bonne forme des prieur et religieux de la Maison-Dieu, sous peine de 500 livres d'amende et d'être procédé à ses frais à la confection desdits ouvrages. (Arch. Vien. H³ *bis* 90.)

1737 à 1775. — Martial et Elie MANUS et Magdeleine COULAUD prennent à rente le Moulinet-des-Mas le 1ᵉʳ mars 1737, moyennant 100 livres de rente et cinq sols de cens, payables, chaque année, aux Augustins de la Maison-Dieu. (Arch. Vien. H³ *bis* 90.)

---

[1]. François-Nicolas Raffy de Bazoncourt, sgr d'Echers et de Morfontaine, chevalier de Saint-Louis, maître d'hôtel ordinaire du Roi, conseiller en ses conseils, grand maître enquêteur et général réformateur des eaux et forêts de France au département de Poitou, Aunis, Saintonge, Angoumois, Limousin, Haute et Basse-Marche, Bourbonnais et Nivernais, né à Metz le 11 avril 1689, fils de François Raffy, receveur général des domaines, et de Marguerit⸱ Jeoffroy.

Après le décès des Manus, leurs héritiers [1] vendent le moulin, en juillet 1775, à Louis-François Martin, s^r de Reignier, contrôleur des actes à Montmorillon, et à Catherine-Radegonde Babert, son épouse, pour la somme de 4440 livres, 168 livres de pot-de-vin, et à charge de continuer à payer aux religieux la rente de 100 livres et cinq sols de cens, suivant le contrat du 1er mars 1737. (Arch. Vien. H^3 *bis* 90.)

Le Moulinet, dont le nom fut changé par Mr de Reignier en celui de Chartreuse, a fonctionné jusqu'à la Révolution, époque où les autres papeteries perfectionnées des provinces voisines ont définitivement pris le dessus sur les anciens systèmes et les ont laissés bien loin en arrière.

Martin de Reignier fut le dernier directeur de la fabrique des Mas, qui n'est plus aujourd'hui qu'un moulin à farine.

VI

Transaction entre les sieurs du Cluzeau et d'Ouzilly qui justifie la possession de la justice de Latus. (Arch. Vien. H^3 *bis* 91, copie sur papier.)

18 juin 1658.

Les différents tant mus qu'en espérance de mouvoir entre M^{res} Jacques Berthelin, chevalier, s^{gr} du Cluzeau, et Charles Petitpied, écuyer, s^{gr} d'Ouzilly et du fief de Lastus, au sujet de la haute justice dépendante de ses seigneuries des villages de la Roussetière, de la Gibertière, de l'Épine, de la Ranjardière, du Bouchage et du Breuilly, situés en la parroisse de Lastus, et dame Marie Jasson (Ajasson), femme séparée de biens de Mre Charles d'Allougny, que les dits seigneurs prétendoient respectivement estre situés dans leurs justices, et au sujet des hommages qu'ils prétendoient respectivement estre dus par l'un d'eux à l'autre, tant au sujet des grandes dixmes de Lastus que du fief de la Rocherie, de Chastartault *aliàs* du Petitmont, de la Cantinière, et pour les droits honorifiques que le dit s^{gr} d'Ouzilly prétendoit en l'église parroissiale de Lastus, portion en la haute justice du Cluzeau appartenante au dit seigneur du Cluzeau sur le paiement et conduite de cinq aigneaux et neuf toises (toisons) de laine que le seigneur du Cluzeau a droit

---

1. Au nombre de ces héritiers étaient Martial et Jean Manus, maîtres papetiers au moulin de Saint-Benoît près Poitiers, fils d'Elie Manus et de Magdeleine Coulaud. (Arch. Vienne, H^3 *bis* 90.)

de prendre annuellement sur la part que le dit seigneur prend aux grandes dixmes de Lastus. Iceux dits sieurs de Romaigny et d'Ouzilly après avoir pris connoissance de leurs dits droits, différents et communication de leurs titres en deux assemblées qui se sont faites en la ville de Montmorillon, les 14 janvier et 8 juillet de l'année dernière 1657, pour vivre en paix et mettre fin à tous les dits différents, iceux pleinement discutez, sont condescendus en l'accord et transaction qui s'ensuit, pour c'est il qu'aujourd'huy est droit en la cour du scel aux contrats étably à Montmorillon pour le Roy, notre sire, ont été présents personnellement établis : Mre Jacques Berthelin, chevalier, s^{gr} de Romaigny et du Cluzeau de Lastus, et dame Françoise Serisier, sa femme, de luy bien et duement autorisée à l'effet des présentes, demeurant au château du Cluzeau, d'une part, et Charles Petitpied, écuyer, s^r d'Ouzilly, et y demeurant, le tout parroisse de Lastus, d'autre ; et dame Marie Ajasson, femme séparée de biens d'avec le dit s^r d'Allougny, demeurant au lieu des Mas, parroisse de Brigueil le Chantre, d'autre part ; entre lesquelles parties de leurs bons grés et volontés a été transigé, fait et accordé entre eux les choses qui s'ensuivent, sçavoir : que le dit s^r d'Ouzilly, tant pour luy que les siens, seigneurs du fief de Lastus, s'est désaisi et départi et par ces présentes se désiste et départ de tous les droits et portions qu'il eût pu prétendre en la haute justice du Cluzeau de Lastus et aux droits honorifiques en la dite église de Lastus, laquelle justice et droits honorifiques appartiendront au dit seigneur du Cluzeau sans que le dit seigneur d'Ouzilly ny les siens y puissent rien prétendre à l'égard de la maison du Cluzeau seulement, lequel seigneur d'Ouzilly a promis et sera tenu de relever noblement, faire hommage au dit sieur et dame du Cluzeau du tiers qu'ils possèdent ès grandes dixmes de Lastus et à raison desquelles dixmes il a promis et sera tenu païer annuellement, outre le dit hommage qui sera à mutation de seigneur et d'homme, cinq aigneaux raisonnables et neuf toisons de laine à prendre annuellement sur la part des aigneaux du dit seigneur d'Ouzilly, part prenant en la dite dixme, lesquels cinq aigneaux, qui seront raisonnables, seront conduits et la laine portée et rendue au château du Cluzeau par chacune des dites années au tems que les dites dixmes d'aigneaux et de laine auront été amassées ; lequel seigneur d'Ouzilly sera aussi tenu et a promis de faire hommage au dit seigneur et dame du Cluzeau du fief de la Rocherie et de la rente de quatre boisseaux froment, quatre boisseaux seigle qui luy appartiennent des dits Tartault *aliàs* du Petitmont, pour raison de certaines terres situées ès appartenances du dit village de Chez-Tartault ; lequel a aussi consenti et consent par ces présentes que le village de la Roussetière soit et demeure en la haute justice de la seigneurie du Cluzeau, à la réserve de quatorze boisselées de terre situées ès appartenances du dit village, lesquelles sont dans le fief et justice de Lastus appartenant au dit seigneur d'Ouzilly, au devoir de treize boisseaux de seigle, lequel fief avec la haute justice en l'étendue des dites quatorze boisselées demeurent aussi au dit seigneur d'Ouzilly ; comme aussi demeure la haute justice du village de la Gibertière au dit seigneur du Cluzeau, sans préjudice au dit seigneur du Cluzeau de se pourvoir pour l'hommage contre les propriétaires des rentes de la Gibertière et le pastural de la Cantinière dépendant de la Dallerie ; tiendront le seigneur et dame du Cluzeau hommagement du seigneur d'Ouzilly la rente de la Cantinière à eux appartenante ou les lieux sujets à la rente ; et à l'égard des villages de l'Épine, à l'exclusion de certaines mazures proche du dit village que l'on appelle le vieux village de l'Épine, lesquels deux villages sont séparés par le chemin qui vient du village de Breuilly à celui de la Gibretière, icelles mazures demeurent dans le fief et justice du Cluzeau et ce par sus du village de l'Épine et des villages de la Ranjardière, du Breuilly, du Bouchage, leurs appartenances et dépendances demeurent en tout droit de fief et de justice haute, moïenne et basse au dit seigneur d'Ouzilly à cause de son fief seigneurie appelé le fief de Lastus *aliàs* du Châtelard, sans préjudice du droit de guet que se réservent les dits sieur et dame de Romaigny, sans, pour raison du droit de guet, faire préjudice aux droits de justice appartenant au dit seigneur d'Ouzilly ; et lesquels hommages sus ès noms les dits seigneurs se doivent rendre l'un à l'autre sont légers sans autre devoir que le seul serment de féauté qu'ils feront l'un à l'autre lorsqu'ils se feront les hommages l'un à l'autre et chacun en droit soy quand les mutations arriveront, déclarant icelles parties jusqu'à présent se contentant l'une l'autre en foy et hommage de féauté, sauf le dit dénombrement des choses hommagées qu'ils se fourniront chacun en droit soy dans le temps de la coutume et jouiront respectivement de leurs dits droits comme de fiefs servants jusqu'à nouvelle mutation et, moïennant ces présentes tenants, demeurent les procès, mus et à mouvoir entre les dites parties sur tout ce que dessus, circonstances et dépendances, éteints et assoupis et les parties hors de cours et de procès sans aucuns dépents, dommages, ny intérêts, ny restitution de fruits ; étant aussi accordé entre les dites parties qu'elles demeurent respectivement quittes l'une envers l'autre des lots et ventes qu'ils se pourroient devoir de tout le passé jusqu'à huy, à quelques sommes qu'elles puissent revenir, sans que le dit seigneur d'Ouzilly puisse prétendre aucun droit de charnage dans le lieu du village du Cluzeau ; lesquelles parties demeurent aussi en jouissance des droits de justice haute, moïenne et basse, ainsi qu'elles leur appartiennent chacune en droit soy, ces villages et lieux compris en leurs dénombrement et titre, sans préjudice au seigneur d'Ouzilly de foy et hommage par luy prétendus dus par le sieur de Romaigny au sieur et dame du Cluzeau, des déclarations des lieux tenus roturièrement par le seigneur d'Ouzilly de la seigneurie du Cluzeau et les deffenses respectivement des dites parties au contraire pour raison du dit dénombrement et déclarations roturières sus exprimées ; car ainsi les dites parties l'ont voulu, stipulé et accepté et promis et juré tenir, garder et accomplir de point en point sans y contrevenir par la foy et serment de leurs corps, sous l'obligation et hipotèque de tous et chacuns leurs biens présents et futurs quelconques dont de leur consentement, volonté et à leurs requestes ils ont été condamnés par le jugement de condamnation de la dite cour à la juridiction de laquelle ils se sont soumis et leurs dits biens quant à ce.

Fait et passé à Montmorillon en l'étude d'Augier, l'un des notaires royaux soussignés, le dix-huitiesme jour de juin mil six cent cinquante-huit, après midy. Ainsi signé en la minute des présentes : Marie Ajasson, Berthelin, Serisier, Petitpied et Augier, notaire.

VII

Procès-verbal des violences exercées par Jean-Armand Poussard, marquis de Fors et du Vigean, contre Jean Grimard, sergent royal à Saintes, et ses archers, chargés de faire exécuter un jugement de décret-saisie de la terre du Vigean, rendu au profit de Jeanne de Saint-Gelais de Lusignan, marquise d'Anguitard. (*Monographie inédite du Vigean*, par le commandant Deliquet.) [1]

8 novembre 1698.

Le huitième jour de novembre 1698, à la requête de haulte et

---

1. La pièce originale, qui faisait partie des papiers du greffe de la sénéchaussée de Civray (liasse 6), primitivement déposés au palais de justice de Poitiers, a disparu dans l'incendie du 19 avril 1906.

puissante dame de Saint-Gelais de Lusignan, marquise d'Anguitard, veuve de hault et puissant seigneur Mre Auguste Poussard, chevalier, marquis d'Anguitard, demeurant en son chasteau de Ardenne, paroisse de Fléacq en Saintonge, par vertu de certaine sentance et jugement de décret-saisie du chasteau, terre et marquisat du Vigean, appartenances et dépendances, rendue par Nosseigneurs des requêtes du Palais à Paris au profit de la dite dame sur Mre Jean-Armand Poussard, chevalier, marquis de Fors, le 4 janvier 1696, délivrée et scellée le 1er et 3 septembre de la même année, collationné et signé Dupuy, estant en parchemin, d'une autre sentance rendue en conséquence en la dite cour portant entre autres choses que le dit décret sera exécuté et qu'à la première sommation qui sera faite au dit seigneur marquis de Fors et à ses adhérents, ils seront tenus de sortir du dit chasteau et terre du Vigean, sinon et à faute de ce faire, il sera permis à la dite dame de les faire expulser et à l'huissier porteur de pièces de se faire assister des personnes qu'il advisera jusqu'à ce que la force en demeure à justice, avec injonction au dit seigneur de Fors de restablir ès mains de la dite dame les fruits qu'il a pu faire depuis la Saint-Jean de la dite année 1696, le blé, vins, foins et autres revenus qu'il a recueillis en la dite terre en la dite année, et pour faute, permis à la dite dame de faire saisir les meubles et effets du dit seigneur de Fors, et en cas de contravention à l'exécution du dit décret, permis de faire emprisonner les contrevenants et informer devant le plus prochain juge royal autre que celui du Dorat.

Je Jean Grimard, sergent royal soussigné, immatriculé au tribunal de Saintes, résidant au bourg de Barret en Saintonge, notifie et rapporte à tous qu'il appartiendra m'estre exprès ce à cheval transporté avec hault et puissant seigneur Mre Jean de Saint-Gelais de Lusignan, chevalier, marquis de Saint-Gelais, seigneur du Breuilhac et autres lieux, frère de la dite dame marquise d'Anguitard, et chargé de sa procuration spéciale en date du dernier octobre passé, demeurant en son chasteau de Monchaude en Saintonge, et mes assistants ci-après nommés, jusques au dit lieu du Vigean, généralité du Poitou, distant de 25 lieues de ma demeure, où nous nous sommes rendus, sur les 5 à 6 heures du matin, après quatre jours de marche ; et à l'approche du chasteau, d'environ un quart de lieue, nous avons entendu un grand bruit dans le dit chasteau, vu un gros fanal allumé au-dessus le grand dôme ou pavillon du dit chasteau, de la hauteur de plus d'une pique, un grand feu dans le donjon du dit chasteau et des feux d'artifice dans l'air pour signal aux adhérents du dit chasteau, qui nous a obligé pour les empêcher l'entrée de faire entourer le dit chasteau par nos assistants ; aucun desquels nous ont peu de temps après advertis qu'ils avaient découvert environ vingt-cinq cavaliers en la guérenne qui joint le dit chasteau, deux desquels ils ont joint et arresté et les ont conduit en la place qui est au-devant du dit chasteau où nous étions avec une partie de nos assistants en attendant le jour ; lesquels des deux cavaliers nous ont dit estre l'un notaire royal au bourg d'Usson [1] et l'autre vaslet de la dame comtesse de Vivonne [2] envoyé par sa maîtresse pour rendre service au dit s^r de Fors ; et se sont l'un et l'autre évadés dans la suite à la faveur des coups qui ont esté tiré du dit chasteau sur nous, sur le dit seigneur marquis de Saint-Gelais et sur nos assistants ; et environ les sept à huit heures du matin, j'ay esté avec une partie de nos assistants et entre autres les deux archers cy-après nommés, revestus de leur baudrier à fleur de lys, à la grande porte du dit chasteau, costé du bourg, où estant j'ay déclaré à haulte et intelligible voix et dheument fait à sçavoir au dit s^r de Fors, à la dame son épouse [3] et à tous les adhérents qui sont dans le dit chasteau, tout le contenu porté aux dites sentences et que la dite dame marquise d'Anguitard veust et entend estre tout présentement mise dans la possession réelle et effective du dit chasteau et terre du Vigean, ses appartenances et dépendances ; à l'effet de quoy luy ay aussi fait commendement de par le Roy nostre sire et de Nosseigneurs des requestes du Palais de faire ouverture des dites portes de sortie du dit chasteau, de restituer et rétablir ès mains de la dite dame marquise d'Anguitard ou du dit seigneur marquis de Saint-Gelais, son frère, faisant pour elle en vertu de sa procuration, tous les blés, grains, foins, paille, fruits et revenus qu'ils ont pris et enlevés dans la dite terre depuis la Saint-Jean-Baptiste de la dite année 1696 ; et je leur ay déclaré que faute par eux de satisfaire et obéir à la dite sentence ils y seraient contraints par saisie de leurs effets et par

---

1. René Cuirblanc, notaire royal, fils de Jean, aussi notaire royal, et de Sylvie Grandchef ; marié à Civray, le 6 février 1668, à Jeanne Micheau, fille de Charles, s^r de Bagoire, et de Jeanne Cacault.
2. Eléonore de Rochechouart, comtesse de Vivonne, fille unique de François, marquis de Bonnivet, et d'Eléonore de Fandoas, et veuve de Jacques de Mesgrigni, sgr d'Epoisses, président au parlement de Rouen.
3. Jeanne Audebert, née en 1661, fille de Philippe, éc., sgr de l'Aubuge, et de Magdeleine Taveau.

corps, et qu'il sera procédé par bris et rupture des dites portes; lequel s^r de Fors et plusieurs de ses adhérents pour réponse nous ont fait de grandes menaces et dit plusieurs injures en jurant et blasphémant le saint nom de Dieu, comme par la mort, ventre et teste Dieu, et le dit s^r de Fors dont nous ne connaissons point la voix, mais qui s'est nommé, nous a dit ensuite à travers de la dite porte : Retirez-vous, gueux et coquins, autrement je vous feray tous tailler en pièces et morceaux ; et luy ayant répondu que nous estions assez de gens pour que la force en demeurast à justice, il nous a répliqué que quand les troupes du Roy seraient jointes à nous, il ferait tout de mesme tirer dessus, que rien ne pouvait l'obliger à sortir du dit chasteau, qu'il y avait quatre-vingts hommes à bien résolleus de nous eschinner, qu'il s'en allait nous le faire voir, et dans ce moment l'on fait une décharge du dit chasteau sur nous, sur le dit seigneur marquis de Saint-Gelais et sur nos assistants d'environ quarante coups de fusils, mousquetons, fauconneaux et autres armes à feu, laquelle décharge a esté suivie de plus de cent cinquante coups qui ont esté tiré dans la suite de toutes parts, dont les nommés Lestang et Isambert, nos assistants, sont tombés morts sur place ; les nommés Dumas, Laviolette, Mondor, Daniel, Paulay, aussi nos assistants, dangereusement blessés et renversés par terre, le dit Dumas ayant reçu un coup de fusil par la teste, le dit Laviolette ayant eu une épaule percée à jour de trois grosses balles et toute fracassée, le dit Mondor une jambe percée de deux balles en deux endroits, le dit Paulay une jambe percée d'une grosse balle et le nommé Pierre Paulay, l'un de nos assistants, a esté blessé d'un coup de fusil chargé à plomb qui luy couvre les épaules ; quatre chevaux tués, cinq autres chevaux et plusieurs bagages et hardes qui sont restés sur la place au-devant le dit chasteau, ainsi que les cadavres des dits Lestang et Isambert, n'ayant pu retirer que les blessés et encore avec beaucoup de peine, à cause des coups que l'on tirait continuellement sur nous et sur nos assistants ; et voyant qu'il nous estait impossible de mettre la dite sentence à exécution, nous nous sommes retirés, environ les dix à onze heures du matin ; et proteste contre le dit s^r de Fors, la dite dame, son épouse, et tous ses complices et adhérents, sans préjudice des dépens, dommages et intérêts que la dite dame marquise d'Anguitard se pourvoira ainsi qu'elle advisera pour raison de violences, voies de fait et rébellion commises à force ouverte contre les ordres de la justice par le dit s^r de Fors, la dite dame, son épouse, et ses adhérents lesquels nous sont incogneus, mais que nous avons appris, par bruit commun, estre les deux s^{rs} de Laubuge [1], beaux-frères du dit s^r de Fors, la plus grande partie des habitants de la paroisse du Vigean, le s^r curé [2] du dit lieu, les s^{rs} de Sierre [3], Debutré [4], Villars [5] et autres gentilshommes et satellites du dit lieu, attroupés dans le dit chasteau où ils tiennent garnison depuis longtemps et qui sont munis de plus de deux cents fusils, cinquante mousquetons, onze pièces de campagne et fauconneaux avec une barrique de poudre et une barrique de balles et quantité de faux emmanchées à l'envers et autres instruments, en sorte qu'il est impossible, sans l'autorité du Roy, de les expulser, et proteste en outre de ce que la dite dame d'Anguitard peut et doit protester de droit. Et du dit lieu du Vigean nous sommes venus coucher au bourg de Peyrou, éloigné de deux lieues, avec le dit seigneur marquis de Saint-Gelais et une partie de nos assistants, les autres s'estant séparés et égarés, ne sachant au vray de quoy ils sont devenus, craignant même qu'ils puissent avoir esté blessés ou tués autour du dit chasteau ou peut-être en se retirant, n'ayant appris aucune de leurs nouvelles ; auquel lieu de Peyrou nous avons fait apporter nos dits assistants en la maison auberge de Charles Thoumas où ils ont demandé pour estre visités, pansés et médicamentés jusqu'à leur guérison, à laquelle il y a peu d'apparence, excepté le dit Pierre Paulay. Et à cet effet j'ay mis entre les mains du dit Thoumas la somme de vingt-cinq livres, pareille somme entre les mains du s^r Camus, chirurgien du lieu, à bon compte, et promis de satisfaire à l'entière dépense et frais qui conviendra faire pour eux.

De tout ce que dessus, nous avons dressé notre présent procès-verbal pour valoir ce que de raison.

Fait le dit jour en présence de Pierre Foray et Pierre Bodin, archers de la maréchaussée de Saintes, y demeurant, Laurent Constantin, sergent du marquisat de Barbesieux, etc.

---

1. Marc Audebert, éc., sgr de l'Aubuge, veuf de dame d'Hénaut, remarié en 1701 à Geneviève Pidoux, veuve d'Antoine Richard, éc., sgr de Malaguet ; et Louis Audebert, éc., sgr de l'Age-du-Faix, marié le 16 juillet 1711 à Marie Bouthier, fille de Marc, éc., s^r de Mont, et de Marguerite Bernardeau.
2. Jean Bouthier, décédé avant le 6 mars 1712.
3. Jean-Louis Bellivier, éc., s^r de Serre, né au Vigean le 4 août 1668, fils de Jacques, éc., s^r du Palais, et de Catherine de Puyguyon.
4. Charles Garnier, éc., sgr de Butré, époux de Judith Faure, décédé à Pleuville (Charente) le 29 janvier 1747.
5. Jacques Laurens, éc., s^r du Villars, capitaine de cavalerie, marié à Françoise Chaperon.

(Suivent les noms des assistants, tous saintongeois, au nombre de quatre-vingts.)

VIII

Placet adressé au roi Louis XIV par Philippe David, prieur de Notre-Dame de Plaisance, au sujet de réparations à faire à l'église dudit lieu. (Arch. Vien. H³ *bis* 66, copie sur papier.)

Novembre 1699.

Au Roy

Sire,

Philippes David, prêtre, prieur de Nostre-Dame de Plaisance et chanoine régullier de Saint-Augustin, remontre très humblement à V. M. que les Rois, vos prédécesseurs, ayant eu une dévotion particulière à la sainte Vierge, patrone de la dite église de Plaisance, ils y auroient fait quelques fondations, entre autres Charles Quatre et Edouard, son fils [1], ont fait don à la dite église, dans l'année 1324, de six cents boiceaux de bled moitié froment moitié seigle, à la charge d'entretenir trois cierges ardants nuict et jour, de dire une messe du Saint-Esprit par semaine pendant vie et après leur décedz, de *Requiem* ; mais les religieux Augustins de Montmorillon, qui sont riches de plus de soixante-dix mille livres de rente, ont usurpé trois cent quarante boiceaux [2] de froment et seigle de la dite donnation, pour raison de quoy le supliant est actuellement en procès avecq eux au Conseil privé de V. M. et dans lequel il se voit obligé d'abandonner ne pouvant pas soutenir contre une communauté sy puissante. Le bénéfice du supliant n'ayant jamais été affermé jusqu'à la somme de mil livres sur quoy il est obligé, suivant la fondation, de faire une aumosne géneralle pendant le caresme quy monte à plus de 300 livres, comme ausy les décimes qui sont ordinairement de 150 livres, don gratuit de 303 livres, subvention de 200 livres, et les réparations continuelles qu'il est obligé de faire à la dite église. Toutes ces charges sont

1. Il s'agit d'Edouard, prince d'Aquitaine, dit le Prince Noir, fils d'Edouard III, roi d'Angleterre.
2. La rente de 544 boisseaux (et non 600) donnée par Charles IV dit le Bel à l'église de Plaisance avait été réduite à 420 boisseaux en 1594, et à 210 boisseaux en 1687, en raison de la diminution du prix de ferme des Moulins-au-Roi à laquelle les religieux de la Maison-Dieu avaient dû consentir par suite des inondations et de la construction de nouveaux moulins. (Voir les lettres de donation de cette rente, t. XI, p. 232, des *Arch. hist. du Poitou.*)

cause, Sire, que le receveur des décimes de Poitiers a fait saisir le revenu de ce bénéfice pour la somme de 500 livres qu'il luy est deubz. Et comme la susdite église de Nostre-Dame de Plaisance est une des plus belles et des plus antiennes de la province, quy a esté bastie par Charlesmagne, et étante preste à tomber en ruine, par des grosses réparations qu'il convient de faire auxquelles le supliant n'a pas le moyen dy subvenir, c'est ce quy l'oblige à suplier très humblement V. M. de vouloir ordonner un fond à prendre sur ce que V. M. souaitera pour être employé au rétablissement de cette église pour y continuer le service divin, suivant les fondations des Roys vos prédécesseurs et de V. M. pour laquelle il continue ces vœux et prières.

a

Lettre de Mr de Chamillart à M^r d'Ableiges, intendant du Poitou, pour lui envoyer le placet ci-dessus.

MONSIEUR,

Je vous envoie un placet quy a été présenté au Roy pour les réparations de la paroisse de Nostre-Dame de Plaisance en Poitou, je vous prie de l'examiner et de me mander s'il y a quelque raison particullière pour excepter cette église de la règle établie pour les réparations des autres églises paroisialles et des presbitaires.

Je suis, Monsieur, votre très humble et très affectionné serviteur.

CHAMILLART.

A Versailles, le 18e novembre 1699.

b

Lettre du Frère Thadée Lempereur, de la Maison-Dieu de Montmorillon, au Frère Ambroise Perreau, au couvent des Augustins du faubourg Saint-Germain, à Paris, pour lui envoyer copie du placet de Philippe David.

A Poitiers, ce 3e décembre 1699.

Je vous envoie, mon très cher frère, la coppie du placet que le prieur de Plaisance a présenté au Roy pour les réparations de son église où il nous espargne pas. Monsieur de Chamillart a renvoyé ce placet au seigneur Intendant quy ne manquera pas de luy envoïer lundy prochain un mémoire instructif de l'état de cette église, du revenu du prieur et le peu de soin qu'il a d'acquitter les fondations, que son revenu est plus que suffisant tant pour sa nouriture et entretien que pour les réparations de la dite église de Plaisance. Il ne parlera pas du revenu de la Maison-Dieu, puisque le conseil en est fortement informé, sinon qu'il blâme toujours la quantité de religieux qu'il y a, quoy que je luy dise continuellement que nous ne sommes que trente-cinq, ne mentant que de dix, sur cela il faut admirer la conduite de messieurs nos supérieurs majeurs. Je m'aperçois que par celle que vous écrivés au R. P. procureur d'icy que j'ay envoïé ce matin à Montmorillon que M. Duranton, raporteur de l'affaire des Moulins-au-Roy, n'est nullement bien intentioné pour nous. Monsieur l'Intendant à quy j'en ay parlé suivant ce que vous me marqués, m'a dit de vous mander que s'étoit un homme sur lequel il ne falloit pas compter, qu'il changeoit à touttes heures et à tous moments, qu'il étoit breton, ainsy dangereux, promettant l'un et faisant l'autre, qu'il étoit de santiment qu'il falloit le changer et luy otter l'affaire d'entre les mains, qu'il la croïoit bonne et qu'ayant un homme intelligent que vous la gaignerié partout, mais que cest homme étoit à craindre. Ainsy prenés bien vos mesures, sy l'affaire n'est pas jugée, vous aurés du temps pour y penser. Ce monsieur ne passe pas pour habil homme chez Monsieur Dableiges quy m'a repetté plusieurs fois de luy otter cette affaire des mains et de la faire distribuer à un autre. Voilà quy est son santiment, pendant que je continue à vous aseurer que je suis et seray toute ma vie, mon très cher frère, votre très humble et obéissant serviteur.

Fr. B. Thadée Lempereur, aug. ind.

PIÈCES COMPLÉMENTAIRES

I

Etablissement d'une confrérie fait par Pierre II, évêque de Poitiers, en faveur de la Maison-Dieu de Montmorillon, pour augmenter par les libéralités des hommes pieux les revenus de cet hôpital. (D. Fonteneau, t. XXIV, p. 387, d'après Robert du Dorat qui a extrait cette pièce du cartulaire de la Maison-Dieu.)

1107.

Antiquorum sancitum est patrum industria et modernorum comprobatur solertia, ne aliqua in eorum factis subsequeretur versutia in posterum, res in statu suo permansuras scripto commendare, ne amplius ullis infestationibus possint titubare. Quorum exemplo ego Petrus Dei gratia Pictavorum episcopus scripto volui commendare qua authoritate confraria Domus Dei, quæ est apud Montem Maurelium, sit constituta. Anno itaque ab Incarnatione Domini millesimo centesimo septimo, veniente Galliis reverendissimo papa Paschali, et apud Trecas celebrante concilium, adfuit Robertus Dei gratia et auxilio minister supradictæ Domus Dei, quæ susceptioni pauperum et procurationi eorum a fidelibus et nobilibus ejusdem castri viris, multorumque tam longè quam propè positorum opitulatione, ipso insuper Domino et Deo nostro largiente ac providente, constructa est. Ipsius autem domus procurator et servus Robertus volens ejusdem domus dilatationi, et pauperum inibi manentium profectibus in omnibus providere, a religiosis viris, Bituricensi scilicet archiepiscopo, Lemovicensi et Angolismensi episcopis apud præfatam urbem in concilium sanctum ante ipsius papæ præsentiam deductus, eisdem episcopis tam illum, quam ipsam Dei domum apud papam commendantibus, in quantumcumque posset eidem Domui Dei deservire, data illi pro hoc peccatorum suorum remissione, loco pœnitentiæ concessit inibi Deo pauperibus, servientibus et de suis rebus eamdem Dei domum honorantibus sua aucthoritate suorum peccatorum remissionem, et celestis beneficii participatione ditavit. Non multo post igitur cum reverendissimus papa rediens in sua rom easset, ego declinans ad visitandos pauperes Domus Dei, quæ in episcopatu nostro fundata est, mea meorumque dispositione, necnon etiam castri ipsius tam majorum, quam minorum communi consilio, confrariam in eadem domo statuimus, tali videlicet conditione ut quicumque hanc fraternitatem intrare voluerit, ei det ad prandium, et si non sufficit, unum obolum ad cereum faciendum prima dominica post festivitatem omnium sanctorum persolvat. Si quid vero prandii ejusdem fraternitatis superfuerit, in dua partes, unam scilicet pauperibus, alteram vero confratribus ejusdem fraternitatis, qui præ nimia paupertate se curare non potuerint, dividatur, ita scilicet ut si aliquis ex eis egrotaverit, vel in captione ceciderit, ab aliis confratribus vel redimatur, vel tam in infirmitate, quam in obitu procuretur. Illud autem, quod in duas partes dividitur, elemosinariorum providentia partiatur. Si aliquis oberit ex eis, ab omnibus cæteris acta vigilia decenter sepeliatur. Si vero de confraria nihil superfuerit, et aliquis ex aliis confratribus præ nimia paupertate se curare non potuerit, omnes confratres eum tam in vita, quam in morte communiter procurent. Obeuntem vero confratrem omnes confratres cum presbiteris et clericis vigilia peracta eum sepeliant. Sacerdotum vero unusquisque defuncto, septimum persolvant, et unaquaque ebdomada duas missas, unam pro vivis, aliam pro defunctis. Pro anniversariis vero quæ singulis persolvere non possunt, unoquoque mense primo die singuli mensis omnes insimul sacerdotes et clerici vigiliam et missam peragant. Laici vero, qui pro mortuis confratribus ipsi septimum agere non possunt, bis in anno primo die lunæ de Adventu Domini, et primo die lunæ post medium Quadragesimæ in eadem domo congregati, unum denarium sacerdotibus clericis, qui septimum peregerint, persolvant. Petrus de Foro [1] et barones, ejus hanc confrater-

---

1. Ranulphe, seigneur de Montmorillon, marié (vers 1045) à Agnès de la Marche, fille de Bernard, comte de la Marche, mort en 1047, et d'Amélie de Carcassonne (D. Fonteneau, t. XXIX), en eut deux enfants : Bernard, dit Quatrebarbes, auteur de la branche de ce nom (voy. *Diction. des familles du Poitou*, 1re édition, t. II, p. 570), et Pierre, surnommé *de Foro*, dont il est parlé ci-dessus. Il succéda à son frère Bernard dans la seigneurie de Montmorillon et épousa (vers 1070) Orangarde, qui lui donna : 1º Bernard, seigneur de Montmorillon après son père, marié (vers 1097) à Eustachie, de laquelle il eut Gérard ; 2º Garnier, prieur de Sainte-Gemme en Saintonge. Guillaume VIII, comte de Poitou, se trouvant à Sainte-Gemme le 1er janvier 1127 ou 1128, donna au « prieur Garnier de Montmorillon un domaine nommé l'Houmée, avec les eaux et les canaux qui étaient contigus ». (Alfred Richard, *Histoire des Comtes de Poitou*, t. II, p. 9 et 10.)

nitatem concedunt, et omnes, qui ad hanc venire voluerint, cujuscumque criminis sint rei, securi veniant et recedant. Præcipimus parrochianis sacerdotibus quatinus suos subditos admoneant, ut pauperibus in hac Domo Dei viventibus de suis largiantur opibus, et hanc confrariam mea et communis capituli beati Petri Pictaviensis majoris ecclesiæ aucthoritate sancitam adjuvent, ditent ac defendant, et in hanc confrariam intrantibus triginta dies remissionis pœnitentiæ pœnitentibus condonamus. Haimericus decanus, Petrus archidiaconus, Guillelmus magister scolæ, Arveus archidiaconus, Willelmus archidiaconus, Renaldus subcantor, Willelmus Adelemi. Facta est anno ab Incarnatione Domini millesimo centesimo septimo. Indicatione decima quinta, epacta vigesima quinta, papa Paschali, Philippo rege Francorum, Petro episcopo Pictavorum, Willelmo duce Aquitanorum.

II

Vente de la baronnie de Montmorillon faite au roi Philippe III le Hardi par Guy de Montléon, chevalier, du consentement de Luce, sa mère, et d'Agnès, sa femme, pour la somme de mille deux cents livres tournois et cent trente livres tournois de revenu annuel. (D. Fonteneau, t. XXVI, p. 267, d'après un vidimus original des archives du château de Thouars.)

22 décembre 1281.

Universis presentes litteras inspecturis, Guido de Monte Leonis [1], miles, salutem in Domino. Noveritis quod ego de mandato, assensu

---

1. Guy Ier de Montléon, sgr de Montmorillon, de Touffou, de la Maison-Neuve et de la Roche-Amenon, devait tenir Montmorillon de Luce, sa mère, qui paraît avoir été la petite-fille ou nièce d'Audebert, sgr de Montmorillon. (Ch. Tranchant, *Notice sur Chauvigny*.)
En 1280, Guy Ier de Montléon avait fait, à Poitiers, un testament par lequel, après avoir indiqué le partage de ses biens entre ses enfants, il donnait la garde noble des mineurs à sa femme et, en cas de décès ou de nouveau mariage, à Boson de l'Isle-Jourdain qu'il instituait son exécuteur testamentaire avec Guichard d'Angle et autres. Il eut de sa femme Agnès sept fils et trois filles : Guy II, sgr de Montléon ; Lohier, sgr de Montreuil ; Guillaume, sgr de Couche ; Jean, sgr de Villemaillet, de Villeporcher et de l'Hosme ; Amenon, écuyer ; autre Jean, abbé de Marmoutier ; Philippe, clerc ; Egide, femme de Pierre de Mavau, chevalier ; Montléonne et Jeanne, religieuses au prieuré de Notre-Dame de la Puye.
Guy II de Montléon ratifia, en 1285, l'échange fait par son père avec le roi Philippe le Hardi. (D. Fonteneau, t. XXIX, p. 71.)
Au mois de mars 1317, par lettres datées de Paris, Philippe V dit le Long donna la châtellenie de Montmorillon, en accroissement d'apanage, à son frère Charles le Bel, comte de la Marche ; mais à l'avènement de ce dernier au trône, en 1322, cette terre fut de nouveau réunie à la couronne. (Voy. *Arch. hist. du Poitou*, t. XIII, p. 44, n° CCXVIII, les lettres de Philippe V.)

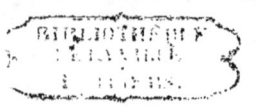

et voluntate Lucie matris mee, et Agnetis uxoris mee, prout in litteris officialis Pictaviensis, que apud excellentissimum dominum Philippum Dei gratia Francorum regem sunt, plenius continetur, cessi, quittavi et tradidi ipsi domino regi omnes redditus, quos habebam apud Montem Maurilii, et in castellania Montis Maurilii, tam in villa Montis Maurilii, quam extra, in quibuscumque rebus consistant, tam in prepositura, justiciis, talliis, furnis, pedagiis, bladis et avenajiis, quam aliis quibuscumque redditibus, et quocumque nomine censeantur, pro centum triginta libris turonensibus annui redditus, de quibus persolvet idem dominus rex de carro singulis annis apud Montem Maurilii Aalicie domine de Peyre et Joanni patri ejus filio, et eorum heredibus sexaginta quinque libras turonenses, et Guitardo Forbandi[1] militi ratione Margarite uxoris sue, et eorum heredibus triginta quinque libras turonenses tenendas de ipso domino rege à dictis personis eo modo, quo ipse persone hec tenebant à me ; residuas autem triginta libras annui redditus tradidit et assignavit mihi idem dominus rex in locis inferius nominatis, videlicet viginti et unam libram et decem solidos apud Neyntré, tam in molendino sito subtus Neintré in raipparia de Clayn cum omnibus molentibus, quam in pratis, terris, hominibus, modiationibus et aliis rebus, quas ibi habebat idem dominus rex. Item quadraginta solidos annuales apud Pui Millerion, et centum solidos, quos annuatim percipiebat idem dominus rex a Johanne de Foresta super abergamento et pertinenciis de Grisfera propè Capellam Rubeam, et triginta solidos annui redditus pro pasturagio animalium seu pecudum hominum meorum, de terra de Toufou in foresta de Moliera, quas triginta libras annui redditus tenebo de ipso domino rege ad fidem, homagium et redevenciam, quas antea sepè dicto domino regi ratione usagii, quod habeo in foresta de Moleria, ad domum meam de Toufou spectans faciebam. Item cessi, quittavi et tradidi ipsi domino regi perpetuo castrum Mote Montis Maurilii et forestam de Chavcigne atque nemus quod vulgariter appellatur foresta Montis Maurilii, videlicet partem illam ad me spectantem de dicto nemore seu foresta, et contiguam alteri parti pertinenti ad dominum regem supra dictum, et garennam de Buxeriis. Item et omnia homagia ad me ratione dicti castri

---

1. Guitard Forbandit, chevalier, fils cadet de Guillaume, passait un acte avec son frère Raymond en 1332. On le trouve rappelé dans les aveux de Magné, près Gençay, en 1338, sous le nom de Mons. Guitard Fourbault. (Beauchet-Filleau. *Dict. des fam. du Poitou*, t. III, p. 478.)

pertinentia cum omnibus deveriis et juribus debitis ratione homagiorum predictorum, prout predicta homagia inferiùs declarantur, videlicet homagium quod debent heredes defuncti Bernardi Roys quondam militis, homagium Petri Boce[1] valeti, homagium Theobaldi de Lantignet[2] quondam militis, homagium Guidonis de Alimaniâ[3] militis, homagium Petri de Bohereu valeti, homagium Yterii Coigne valeti, homagium Guillelmi de Lalchana militis, homagium Petri Guitardi[4] militis, homagium Simonis Chabaut militis, homagium Hemerici de Boscoberaudi valeti, homagium Guillelmi Mallet valeti, homagium Petri de Bernolio[5] militis, homagium Petri Grite valeti, homagium Helie de Englia[6] militis, homagium Guillelmi de Faydeau[7] militis, homagium Garnerii Chasteas valeti, homagium Petri Le Goyn militis, homagium Guidonis Clarembaut militis, homagium Guillelmi de Turre militis, homagium Johannis de Brocigne valeti, homagium Guillelmi de Maillo valeti. Item et homagia servientium que sequuntur, videlicet homagium dicti Borgeron, homagium Petri Danielis, homagium Brunelot, homagium Gabochin, homagium Mathei Le Tort, homagium Petri Pagani, homagium Gaufridi Melin, homagium Petri Gaudin, homagium Guillelmi de Puilliat, homagium Guil-

---

1. Pierre Boce, valet, possédait en 1260 et 1281 des fiefs à la Haye-Rolland, Cormier, tenues de Montmorillon ; il devait un hommage pour la viguerie de Rillec, paroisse de Joee (Joué), qui fut cédée par Alphonse, comte de Poitou, à l'abbaye de Saint-Savin, le 3 décembre 1260. (Beauchet-Filleau, *Dict. des fam. du Poitou*, t. I, p. 560.)
2. Thibaut de Lantigny, chevalier, seigneur de l'Age de Plaisance, épousa (vers 1320) Almodis Rabaud, dame de Chaume, veuve d'Ithier Brûlon, et en eut un fils unique, Jean, auquel sa mère donna son hébergement de Chaume en le mariant à Jeanne Seschaud, fille de Guiot, écuyer. En récompense, Jean de Lantigny assure à sa mère quatre livres de rente. Il ne laissa qu'une fille, Philippe de Lantigny, dame de l'Age de Plaisance, dont la succession alla par moitié à Huguet Brûlon et à Catherine, sa sœur. (Baron d'Huart, *Hist. de Persac*, Antiq. Ouest, 2e série, t. X, p. 183 et 391.)
3. Guy d'Allemagne et Foucaud, son frère, vendirent, en 1295, à l'abbaye de Saint-Hilaire-de-la-Celle de Poitiers des terres situées dans la mouvance de Guillaume Chenin (paroisse de Mignaloux). (D. Fonteneau, t. XXI.)
4. Le lundi après la Quasimodo de l'an 1260, Pierre Guitard, chevalier, avait acquis divers héritages à Bagneux, fief qui lui appartenait à cause de sa femme, fille de *Gaufridi de Coirou Olerii*, chevalier. C'est en cette qualité qu'il relève du comte Alphonse de Poitiers ce qu'il possède à Civaux et Beaupuy, paroisse de Saulgé, et les droits d'usage dans les bois de Chaveigne, près de Lussac, attachés à son hébergement de Bagneux. (Ant. Ouest, 2e série, t. X, p. 409.)
5. Pierre de Berneuil, chevalier, mourut en 1282 ; sa veuve et sa fille Marie vendirent le Breuil, près Angle, à Philippe Aguay, la même année. (Beauchet-Filleau. *Dict. des familles du Poitou*, t. I, p. 478.)
6. Hélie d'Angle, chevalier, vendit, le 21 mars suivant, sa portion de la terre d'Angle à Gauthier de Bruges, évêque de Poitiers. Il mourut sans postérité en 1283. (D. Fonteneau, t. III.)
7. Le jeudi après la Toussaint 1284, Guillaume de Feydeau, chevalier, fait l'acquisition de diverses rentes à Bouresse que lui cèdent Raymond Borget, valet, et Aylide, sa femme. (Ant. Ouest, 2e série, t. X, p. 240.)

lelmi de Agia, et omnia alia quæcumque homagia et deveria atque jura ad me spectantia ratione castri predicti, et baronie Montis Maurilii quacumque ex causa, pro mille et ducentis libris turonensibus mihi traditis et solutis in pecunia numerata, quarum rerum predictarum à me ipsi domino regi, ut supradictum est, traditarum seu estimatarum, seu appreciatarum per bonos viros ab eodem domino rege constitutos usque ad summam dictarum mille et ducentarum librarum in pecunia et centum et triginta libras turonenses in redditu annuo, antiquis elemosinis salutis et usagiariis foreste de Chaveigne exceptis, proprietatem et domanium tenor et promitto eidem domino regi et ejus heredibus seu successoribus defendere et garentisare ab omnibus et contra omnes ad hoc me et bona mea mobilia et immobilia, et heredes pariter obligando. In cujus rei memoriam presentibus litteris sigillum meum proprium duxi apponendum. Datum die lune ante Nativitatem Domini, anno ejusdem millesimo ducentesimo octogesimo primo.

Collationné à l'original par moi conseiller du Roi en ses conseils d'État et privé, son procureur general, garde et tresorier des chartes de France. Meliand.

III

Cession faite à la Maison-Dieu de Montmorillon par Jean, comte d'Eu et de Guines, seigneur de Civray, de tout ce qui lui appartenait dans les villes et paroisses de Thenet, du Dorat, de Lussac, de Saint-Savin, de la Trimouille, de Plaisance, de Morterolles, et dans la châtellenie de Montmorillon. (D. Fonteneau, t. XXIV, p. 473, d'après Robert du Dorat.)

13 février 1302.

A tous ceulx qui verront et orront ces presentes lettres, Jehan, comte d'Eu et de Guynes [1], salut en Nostre-Seigneur. Sachent tous

---

1. Jean II de Brienne, comte d'Eu, de Guines et de Civray, fut tué à la bataille de Courtrai le 11 juillet 1302. Il avait épousé Jeanne de Guines, dont il eut Raoul Ier et Marguerite, mariée à Guy II, vicomte de Thouars.
Raoul Ier de Brienne, comte d'Eu, de Guines et de Civray, connétable de France, épousa, en 1319, Jeanne de Mello, dame de Châteauchinon. Ils vendirent, en 1327, à Pierre Gauvin, évêque d'Auxerre, dit le cardinal de Mortemart, une rente de 200 livrées de terre dans la châtellenie de Civray, moyennant une somme de 4000 livres, et lui cédèrent en outre la seigneurie de Limalonges. Ce prélat fit don de cette seigneurie aux Augustins de Mortemart, qui la possédèrent pendant plus de quatre siècles (D. Fonteneau, t. XXIX). En 1755, ils la vendirent à Pierre-Constantin de Crugy, comte de Marcillac; celui-ci la fit ériger en marquisat, en 1768, sous le nom de Crugy-Marcillac. (Arch. Vien., sénéch. de Civray, 74 et 163.)

presens et advenir que nous, nostre proufit et celui de nos hoirs et de nos successeurs regardé, avons baillé, affermé et accensé à perpetuité et baillons, affermons et accensons à religieux hommes les prieur et le couvent en la Maison-Dieu de Montmorillon les choses qui s'ensuivent, c'est assavoir : vingt et cinq livres trois sols et onze deniers de rente à nous deubz, à la feste de Saint-Michel, par chascun an, en la ville et la paroisse de Tenet, et cinquante cinq sols de rente qui nous sont deubz, chascun an, en la feste de Noël, en la ville et paroisse de Tenet et en la Maison-Dieu de la chastellenie, et les terrages que nous avons en la dite ville et paroisse de Tenet et la quarte partie du bois que l'on appelle Omnet et 240 gelines qui nous sont deubz, chascun an, de rente, en la feste de Saint-Michel, en la ville et paroisse de Tenet, et les cens et les rentes qui nous sont deubz, chascun an, en la feste de Toussaints et à la feste de Saint-André, en la ville et chastellenie de Montmorillon, et vingt deux sols trois deniers de rente qui nous sont deubz, chascun an, en la ville de Morteroul, et tout le droit que nous avons au bois de Rochet et deux septiers et demy de froment et trois septiers de seigle et cinq septiers et demy de baillarge que nous avons, chascun an, en la dite ville de Morteroul, et toutes les vignes que nous avons à Morteroul et ès appartenances, et les terrages des vignes de la ville et paroisse de Tenet, et trente sols de rente que nous doibt, chascun an, Geoffroy de Sillards[1], valet, pour raison du fief de Vilaine, et 10s maille moings que nous avons aux Arsis, chascun an, de rente, et deux livres de cire que nous doibt, chascun an, de rente, les abbé et chapitre du Dorat, et un hommage lige que nous avons de messire Thibaud de Lage, chevalier, et un hommage lige que nous avons de Guillaume Bourmaut[2], valet, et un hommage lige que nous avons de Guillaume de Villaine, un hommage lige que nous avons d'Ytier de Vermeil, valet, et un hommage lige que nous avons de Robert Hélie, valet, et un hommage lige que nous avons de Guillaume de Villards, et tout le droit que nous avons ès terres de Montmorillon et de Tenet, et la moitié que nous

---

1. Geoffroy de Sillars vendit, l'an 1311, au roi Philippe le Bel un étang et un moulin sis en la paroisse de Sillars. (*Arch. hist. Poitou*, t. XVII, p. 183, note.)
2. Guillaume Bourmaut, valet, est cité dans un échange fait, le dimanche où l'on chante *Oculi mei* 1315, par Guiot de la Bouige, clerc, avec son frère Etienne, de divers lieux mouvants de Perrot de la Bouige, leur cousin germain, de Guillaume de Buxeron, de feu Mre Savary de Vivonne, d'Ithier Brûlon et du précité. (Ant. Ouest, 2e série, t. X, p. 416.)

avons ès ventes et en autre chose qui appartiennent à la boete commune entre nous et Pierre de Poquières, valet, et toutes les autres choses que nous avons et avoir pouvons pour quelque cause ou raison en quelconque maniere en la ville et chastellenie de Lussac, de Saint-Savin et de la Tremoille et en la ville et paroisse de Plaisance, et en toutes les appartenances des villes et des chastellenies dessus dites, soit rentes, coustumes ou debvoirs, bled, vin, gelines, terres, prez, vignes, bois, landes, pasturages, eaux, rivieres, hommes, maisons, tenues, courtillage, jurisdiction, obeissances, servitudes, coustumes, aydes et autres choses quelsconque elles soient, et la grand justice et petite, haute et basse, en toutes les choses dessus dites et de chascune d'icelles, et toutes les issues, proffits et esmoluments, qui doresnavant y seront des choses dessus dites et de chascunes d'icelles pour quelconque cause que ce soit, et tout le droit de propriété, de possession, action, demendes que nous avons et avoir pouvons ès choses dessus dites et en chascune d'icelles, avoir et tenir des dits religieux et de leurs successeurs et de ceulx qui auront cause d'eulx et de nos hoirs et successeurs tout, tant que nous avons de propriété, de possession, de droit ès choses dessus dites et un chascune d'icelles, excepté les quatre cas de haulte justice cy emprès divisés, c'est assavoir : rapt, encis, meurtre et trahison, quand en appartient ès cas de la haulte justice, lesquels quatre cas nous reservons, ô toute mere impere, qui luy appartient ou peut appartenir en son ressort en toutes les choses dessus dites, desquels quatre cas la cognoissance est réservée à nous et à nos hoirs et à nos successeurs qui seront seigneurs de Civray, quand les cas en adviendront, et feront la justice et l'execution des malfaiteurs ès dits quatre cas, ès lieux que nous leur avons baillé, non pas tant près de leur maison, qu'en soit en vitupère d'eulx ne de leur herbergement, et ils nous ont promis bailler place suffisante à ce faire, et tout l'esmollument et proffit qui en adviendra sera commun par moitié entre nous et nos hoirs d'une partie, et les dits religieux d'autre partie, laquelle l'autre partie les dits religieux auront par nostre main et toute autre congnoissance et justice grande et petite, haute et basse, excepté les dits quatre cas et ce que nous avons retenu, si comme dessus est dit et appartiendra doresnavant et appartient aux dits religieux et à leurs successeurs. Et s'il advenoit qu'aulcuns malfaicteurs ès dits quatre cas feussent prins par les gens aux dits religieux ou par autres ou par les notres ès lieux et en la justice dessus dite, les dits religieux seront tenus de les garder à leurs despens et en doibvent faire assavoir à nostre bailly et prevost de Civray ou à leurs lieutenans, et dedans quinze jours emprès qu'ils les auront fait assavoir à nostre dit bailly ou prevost ou leurs lieutenans, seront tenus d'aller là et les justifier selon coustume de pays. Et s'il advenoit que nous ou nostre bailly ou prevost ou leurs lieutenans feussent negligents, les dits quinze jours passés qu'il les nous auront fait assavoir cy comme dessus est dit, les dits religieux les garderont en outre à nos despens, en tant comme il nous touche, jusques à tant que nos gens en ayent fait droit, selon us et coustume de pays. Et les dits religieux par faute de droit et par mauvais jugement ne nous payeront que soixante sols d'amende par chascun mauvais jugement ou chascun deffault de droit, et si mesusoient de justice, ils nous payeroient cent sols tant seulement pour chascun mesus. Et s'il advenoit qu'aulcun qui feust prins, s'en allast de la prison par deffault de garde ou feust delivré et laissé aller par maniere non dheue, celuy qui les garderoit en la prison seroit puny par nous ou par nos hoirs selon coustume de pays. Et sy en advenoit que nous eussions soupçon à aulcun des dits religieux du faict, néantmoings ils seront tenus de en purger par serment ; et sera tenu le bailly ou justicier des dits religieux nous jurer et à nos hoirs et successeurs du chastel et des chastellenies de Civray de garder nostre droit en ce que nous avons retenu ès choses et lieux dessus dits. Et pour raison du ressort dessus dit, nous, ne nos hoirs, ne successeurs ne pourront user du dit ressort, ne voire convenir, ne adjourner les dits religieux ou leurs hommes hors de la chastellenie de Montmorillon, ne nulle assise tenir ou faire tenir en nulle des choses dessus dites qu'en la chastellenie de Montmorillon, et des quatre cas devant dits et de ceux qu'il appartient en cas du ressort dessus dit. Et pour raison et pour cause de toutes ces choses dessus nommées, que nous leur avons baillé et baillons ès dits religieux, iceux religieux nous rendront à nous et à nos successeurs et payeront, chascun an, entièrement à perpétuité et apporteront à leurs propres despens en nostre ville d'Usson les choses qui s'ensuivent, c'est assavoir : vingt-deux septiers et demy de froment, trente-sept septiers de seigle, quinze septiers et demy de baillarge, treize septiers et demy d'avoine, à la mesure de Montmorillon, et deux tonneaux et demy de vin bons et recevables, entre la feste de Toussaints et la feste de Saint-Martin d'hyver, et quatre-vingt-quatre livres quinze sols cinq deniers de monnoye courante en la semaine de la micaresme, en chascun an ès lieux divisés et dessus dits [1]. Et si les religieux deffaillent en payer les choses dessus dites ou aulcunes d'icelles, ès termes et lieux dessus divisés, ils seront tenus de rendre à nous ou à nos hoirs et successeurs cent sols de peine par chascune sepmaine que s'en ensuivront le dit terme passé, dont ils seront deffaillans, et payer la dite peine commise et sans préjudice à nous on principal ne pour le principal en la dite peine, que nous ne puissions prendre, demander et lever ensemblement la peine et le principal dessus dit. Et nous debvons mettre un homme en la dite ville d'Usson qui recepvra pour nous les choses dessus nommées, que ils nous sont tenus rendre et payer ès termes dessus dits. Et pour toutes les choses dessus nommées, que nous et lesdits religieux avons convenancées et promises tenir, garder et accomplir, les dits religieux nous ont obligé eux et tous leurs biens et spécialement et expressement leur maison de Villamblée et toutes ses appartenances et toutes les choses et lieux dessus dits de nous à eux baillées. Et veulent et sont d'assentement les dits religieux que, s'ils deffaillent de tenir, garder et accomplir les choses dessus nommées ou aulcunes d'icelles, que nous, nos hoirs et successeurs et ceulx qui auront cause de nous puissent de notre propre autorité prendre vengement, pignorer en toutes les choses et sur toutes les choses deues, à nous obligées, et esmolumens dessus et proffits d'icelles, et les exploits qui seront faicts n'auront rien au domaine, les payemens accomplis des choses à nous deues, ainsi comme dessus est dit, et ne se pourront plaindre ne appléger de nous ou de nos hoirs et successeurs en aulcun temps en cour laye, ne en cour d'église, les dits religieux pour raison de prinse, vengence, pignorement de nous fait ou de nos gens des dictes choses ou en aucunes d'icelles par deffault de payement. Et s'il advenoit qu'ils le feissent, que ils ne vaillerions, ne en rien ne s'en puissent aider. Et nous le dit comte promettons aux dits religieux toutes les choses dessus dites de nous aux dits religieux baillées, par nous, par nos hoirs ou par nos successeurs guarentir et deffendre et tenir franches, quittes et dellivrées de toutes redevances, coustumes, debvoirs, aides, chevauchées, qui en pourra estre dheu à nos hoirs et successeurs pour chevalleries ou par fille mariée ou

---

[1]. A la fin du xvie siècle, la rente en blé et vin était fixée à celle de 1000 livres. Elle fut par une transaction réduite à 500 livres, en 1639, à la suite d'un procès qui eut lieu à cette époque entre dame Charlotte de Fontlebon, veuve de François de Barbezières-Chemerault, engagiste du comté de Civray, et les Augustins de Montmorillon qui avaient « exponsé » une partie des domaines formant l'assiette de cette rente. (Arch. Vien. M. D.)

par fief achepter ou par mutation de seigneur, retenu à nous de l'assentement des dits religieux, que ils les dits religieux et toutes les choses dessus dites, que nous à eulx avons baillées, demeurent et sont en nostre sauve et spéciale garde et nous ne les pourrons giter, ne ils ne s'en pourront issir, ne autre avouer, ne nous ne nos hoirs ne pourrons alliener, ne mettre fors de nostre main, ne faire que les dites choses de nous retenues sur les choses et lieux de nous à eulx baillées, c'est assavoir les quatre cas et les ressors et la garde en la manière dessus dite, ne soient et reviennent à nous et à nos hoirs qui seront seigneurs de Civray et non à autres. Et mandons et commandons expressement par cestes lettres à toutes personnes à qui ou appartient ou appartenir pourra que de toutes les choses dessus dites, que nous leur avons baillées, aux dits religieux et à leurs successeurs respondent et obeissent, sans attendre autre commandement de nous. Et s'il advenoit que aulcune chose feust trouvée dedans trois ans qui fust outre erreur le precompter de la rente dessus dite, les dits religieux seront tenus à nous et à nos hoirs et successeurs rendre ès termes et ès lieux dessus dits à Usson en la manière et forme dessus dite le plus saige qui sera trouvé, et nous ne serons tenus de rien parfaire aux dits religieux des choses dessus nommées de nous à eux baillées, renonçans nous le dit comte à toute exception de fraude, de barat, de tricherie, de circonvention, de decevance et lezion, et d'une chose faite et à autre escripte, et à exception minorage, et à benefice de restitution ou eviction, pourquoy il secour ne amandies deage, et à tous privileges donnés et à donner, et à tout établissement fait et à faire et à tout usaige et coutume et à toutes autres choses et exceptions, raisons et allegations, qui pourroient estre faites, dites et obicées et apposées contre cestes lettres ou la teneur d'icelles ou contre aucunes des choses contenues en cette lettre, et à droict et à la coustume qui dit que generale renonciation ne vault ni ne doibt valoir, mais en tant comme elle est expresse. Et en tesmoing des choses dessus dites et afin que icelles choses dessus dites et chascune d'icelles ayent doresnavant fermeté pardurable, nous avons donné aux dits religieux cette lettre scellée de notre sceau.

Donné le lundy avant les Cendres à Chisec en l'an de grace 1301 [1].

---

1. L'année commençant à Pâques, il faut lire 1302.

— 209 —

IV

Lettres d'Edouard, prince d'Aquitaine et de Galles, par lesquelles il mande à son receveur de Poitou de continuer de payer aux prévôt, chanoines et chapitre de Notre-Dame de Montmorillon une rente qui leur avait été léguée par Audebert, seigneur de Montmorillon, principal fondateur de leur église. (Arch. Vien. G⁸ 80, chapitre de Notre-Dame de Montmorillon.)

11 mars 1364.

Edwart aisné, filz au noble roy d'Angleterre, prince d'Aquitayne et de Galles, duc de Cornoaille et comte de Cestre, à tous ceux qui ces lettres verront et orront, salut. Sçavoir vous faisons que, comme les provost, chanoynes et chappitre de l'église Nostre-Dame de Montmorillon nous eussent demonstré en complaignant, disans que Audebert, lors seigneur de la ville et chastellenie de Montmorillon, lequel fut principal fondateur de la dicte eglise, donna et laissa en son testament ou derniere volonté ausdictz prevost, chanoynes et chappitre treize livres trois solz quatre deniers de la monnoye d'Aunix, un septier de froment, neuf prevendiers de seigle, à la mesure de Montmorillon, doze livres de cire et trois jallons d'huile de perpetuelle rente à payer en deux temps, à la feste de la Toussainctz et de l'Acenssion Nostre Seigneur, chacun an, pour servir à gouverner la dicte eglise et pour le salut de son ame ; et empres la mort du dict seigneur fut sa terre et chastellenie unie et escheue au roy de France à dommayne permanent ; et d'icelle rente les dictz complaignans eussent tousjours jouy et en avoient accoustumé tousjours estre payé par la main des receveurs de Poictou et de Limosin apres la mort du dict seigneur jusques au temps que ladite terre est devenue dernierement ès mains du Roy, nostre dict seigneur et pere, et en la nostre[1], en laquelle recepte dessus

---

1. On a vu (t. XVII, p. xlix) que le duc Philippe d'Orléans, l'un des otages du roi Jean, son frère, fit don, le 27 décembre 1363, de ses terres de Chizé, Melle, Civray et Villeneuve au prince Thomas, l'un des fils d'Edouard III, en échange de sa mise en liberté. C'est évidemment à la même date et pour le même motif que la châtellenie de Montmorillon, qui faisait aussi partie du domaine du duc, passa au Prince Noir. Celui-ci la donna à Adam Chel, seigneur d'Agorisses, l'un de ses chevaliers, capitaine du château de Gençay.
Dès le mois de novembre 1369, Charles V remit à son frère Jean, duc de Berry et d'Auvergne, le comté de Poitou, qui n'était pas encore reconnu tout entier, ainsi que les terres de Villeneuve, Civray, Melle et Chizé. Montmorillon ne fut repris sur l'Anglais qu'en juillet 1372 par le connétable du Guesclin et Olivier de Clisson, qui s'emparèrent également de Chauvigny et de Lussac-le-Château. La châtellenie de Montmorillon passa alors dans l'apanage du duc de Berry. (Voy. Arch. hist. Poitou, t. XIX, p. 133 et 171, notes.)

dicte les receveurs qui ont esté du temps dudict nostre seigneur et pere et nous les ont empesché sans rien payer ausdictz prevost, chanoynes et chappitre, et sur ce nous eussent supplié leur etre pourveu de remede convenable sur quoy nous eussions commis à nostre seneschal de Poictou que il, apelé nostre procureur, fit information des choses dessus dictes et deppendances d'icelles et tout ce que il trouveroit par la dicte information nous envoyer soubz scel encloz, affin de faire ce que raison devroit. Et le dict seneschal nous auroit envoyé la dicte information faicte par luy, appellé nostre procureur, par laquelle veulx icelles partant que les choses rapportées et en la subgestion des dicts supplians contenues nous sont apparues estre veritables ; pour ce est il que nous, non voulant amoïenner les biens de l'eglise, mais iceux accroistre comme appartient, avons declaré et determiné, declarons et determinons par icestes que les dictz prevost, chanoynes et chappitre ont pleinement prouvé les choses dessus dictes. Si mandons et enjoignons à nostre recepveur de Poictou qui est à present ou sera par le temps advenir et à son lieutenant que des ores en avant perpetuellement payent et rendent chacun an ès termes dessus dictz les dictz treize livres troys sols quatre deniers de la dicte monnoye, un septier de froment, neuf prevendiers de seigle à la mesure de Montmorillon, doze livres de cire et troys jallons d'huille, avecques les arrerages deus de nostre temps ausdictz prevost, chanoynes et chappitre ou à leur certain atournier sans contredit, en ostant le trouble qui leur a été mis, lequel nous ostons par la teneur d'icestes des choses dessus dictes, en prenant coppie soubz scel autenticque de ces nos lettres et quitances suffisaument des dicts prevost, chanoynes et chappitre ou de leur atournier, avec lesquelles voullons et recommandons à nostre connestable de Bourdiaux qui est et ou par le temps avenir sera et à son lieutenant et à tous autres auditeurs de son comté que ce qui aura esté ainsi payé des choses dessus dictes soit au dict receveur desduict et rabatu de sa recepte et passé en son compte sans contredit. En tesmoing de la quelle chose nous avons donné ces nos lettres ausdictz prevost, chanoynes et chappitre scellées de nostre grand scel à perpetuelle memoire, tesmoing nous mesme en nostre cour de Poictiers, le unziesme jour du moys de mars l'an de grace mil trois cens soixante et troys [1], et scellé.

Collationné à l'original en parchemin, ce requérant les relli-

---

1. L'année commençant à Pâques, il faut 1364.

gieux prieur et couvent des Augustins de l'Hostel-Dieu de Montmorillon par M⁰ Simon Gorlidot, procureur en parlement, leur procureur, contre et en l'absence des prevost, chanoynes et chappitre de l'eglise collégialle du dict Montmorillon, comparens par M⁰ Joseph Barrault, procureur, en la dicte cour, leur procureur, à ce voyr faire appellés suivant ordonnance de la cour du vingt sixiesme mars mil six cens trente-huit, lequel Barrault a protesté de ses contredictz en temps et lieu. Ce fait rendu le dixiesme avril ensuivant par moi huissier en la dicte cour soubzsigné. Signé : Arennuz.

V

Vente de la terre et seigneurie de la Trémoille, mouvante de la baronnie d'Angle, à Guy de la Trémoille, chevalier, seigneur de Château-Guillaume, par Louis de Saint-Julien, chevalier, seigneur de Luzuret, agissant tant pour lui que pour Jacques de Saint-Julien, son neveu, pour le prix de cinq cents deniers d'or valant vingt sous tournois la pièce, la vente scellée du scel établi aux contrats à Montmorillon pour Monseigneur le duc de Berry et d'Auvergne, comte de Poitou. (D. Fonteneau, t. XXVI, p. 297, d'après l'original des archives du château de Thouars.)

15 octobre 1376.

A tous ceux, etc... Johan Amoreau, chanoine seculier de l'eglise de Nostre-Dame de Montmorillon, garde du scel aux contrats establi pour tres doubté seigneur Monseigneur le duc de Berry et d'Auvergne, comte de Poitou [1]... sachent tous que [1]... noble homme M⁰ Loys de Saint-Julien [2], chevalier, seigneur de Luzuret [3]... pour lui et pour Jacques de Saint-Julien, son neveu, escuyer [3]... confessa avoir vendu [3]... et encore vend [3]... à noble et puissant seigneur Monseigneur Guy de la Tremoilh [4], chevalier,

---

1. En blanc.
2. Louis de Saint-Julien fut un de ceux qui, à la tête de 700 Français, mirent en déroute, près de Lusignan, en août 1369, une troupe d'Anglais commandés par Simon Burleigh et Adam Chel. Fait prisonnier au combat du pont de Lussac, où fut tué Jean Chandos, le 31 décembre suivant, on le retrouve au mois de juillet 1370 à l'escalade de Châtellerault. (Voy. t. XVII, p. 406, note ; XIX, p. 49, note, et 73, note.)
3. En blanc.
4. Guy VI de la Trémoille, seigneur de Châteauguillaume, était fils aîné de Guy V, seigneur de Vazois et de Lussac-les-Eglises, grand panetier de France, mort à Loudun en août 1350, et de Radegonde Guénant. (Voy., sur ce personnage et sa famille, les intéressantes notes de notre savant confrère, M. Paul Guérin, dans les t. XVII, XIX et XXI.)

seigneur de Chastelguillaume, et a ses heritiers et successeurs [1]... pour le prix de cinq cens deniers d'or appellés franz du coin du Roy [1]... courans à present pour vingt sols tournois la piece, lequel pris de cinq cens frans le dit Mre Loys et pour le dit Jacques son neveu confessa avoir en [1]... et en quitta le dit Monseigneur Guy [1]... C'est à sçavoir toute la terre, rentes, revenus, prouffits et esmolumens que lui et le dit Jacques de Saint-Julien, son neveu, et leurs predecesseurs ont accoustumé, povent et devent avoir et à eux appartenants, povent et devent appartenir en la ville, chastellenie, distroiz, honneur et jurisdictions de la Tremoilhe [1]... premierement la justice, jurisdiction et semidroit, haute, moyenne et basse et peages, en quoy le dit Mre Loys et le dit Jacques, son neveu, ont coustume de prendre et avoir ès prouffits d'ycelles, pour chascun douze deniers, cinq deniers et du plus et du moins à la valeur, avec les foires, peages, comandes, ventes et autres chouses, espaves [1]... Item tout le droit de fief, de homages, de hobeissance, services, servitudes, terrages, saisines, prises, revengences, mesurages et autres droits de justice, jurisdiction et seigneurie [1]... et tous leurs hommes francs, sers tailhables, surtailhables, expletables, biennables et autres de quelconque estat et condition qu'ils soyent obeissans et appartenans à la seigneurie et honneur du dit lieu de la Tremoilhe, et avec tout droit de tothes, de bians, de jornaux en quoy ils sont tenus, et tous avenages, paquiers, pasturages, cens portants ventes et honneurs, censes, rentes, fouages, comandes, bourdages et autres devoirs, redevances, dismes, terrages et autres revenus et devoirs tant en bleds et deniers, en poulailhes, en cire et autres quelconques [1]... et toutes et chacunes les chouses autres tant en domaines, en riveres, en bois, landes, en maisons, en mestayries et en quelqueconque maniere que soient nommées [1]... qui au dit Mre Loys et Jacques appartenent, provoyent et devent appartenir en la dite ville, chastellenie, distroiz et jurisdictions de la Trémoilhe, à avoir, tenir, possoir, expletter, lever, prendre, demander et requerrer les chouses dessus vendues dores en avant par le dit Monseigneur Guy et par les siens et par ceux qui de lui auront cause ou tenir à venir [1]... à tout temps mes perpetuellement en faisant pour cause d'ycelles chouses foi et hommage lige sans aucun devoir à Reverend Pere en Dieu l'evesque de Poitiers, duquel les dites chouses meuvent et sont tenues, etc..

---

1. En blanc.

Le mardi avant la Saint Luc Evangeliste xve [1] jour du mois d'octobre l'an de grace 1376.

VI

Lettres de Jean, duc de Berry et d'Auvergne et comte de Poitou, qui accordent aux habitants de Bouresse une exemption de guet provisionnelle au château de Montmorillon. (D. Fonteneau, t. XXII, p. 499, d'après l'original de l'abbaye de Nouaillé.)

30 juin 1377.

Jehan, fils de roy de France, duc de Berry et d'Auvergne, comte de Poitou, à notre amé chastellain et capitaine de Montmorillon ou à son lieutenant, salut. Nous avons oys l'humble supplication de notre amé et feal conciller l'abbé de Nouaillé [2], contenant que comme en la ville de Bouresse de grant ensieneté et de si longtemps que il n'est memoire de homme du contraire, comme hauste justice, moyenne et basse, laquelle il tient et a tenu et ses avanciers abbés de Nouaillé soubs notre souveraineté de notre siege de Montmorillon, et comme luy et les habitans de la ditte ville ayent, des le temps des premieres guerres commanssées, fortifié et enparé leur église [3], en laquelle ils ont leur retrait de leur corps et biens, et ilesques ont toujour acoustume à faire gaiz, regaiz et reparations, sans ce que pour le temps de Françoys, ne de Angloys ils ayent accoustumé estre contrains ailheurs, nientmoins vous ou chison [4] de vous de novea et sous ombre et coleur de ce que vous dites que la dite ville de Bouresse est en la chastellenie de Montmorillon, laquelle n'est ne ne sera jationne ne ne pouvoit estre resonablement à ce qu'il dient combien qu'il soit du ressort, voles contraindre et parforcer les habitans de la dite ville de Bouresse faire gaiz, resegaiz et garde à nostre chastel de Montmorillon ou à leur proffit pour cause des dits gaiz, et aussi

---

1. En 1376, le mardi avant la Saint-Luc était le 14 et non le 15, selon l'*Art de vérifier les dates*. (Note de D. Fonteneau.)
2. L'abbé de Nouaillé était alors André de Montjean. Par bail du 13 août 1390, il donne à vie au frère Robert Repare, religieux de la même abbaye, l'hébergement de la Boussardère, près Bouresse, moyennant 40 sols par an. (D. Fonteneau, t. XII, p. 503.)
3. Par lettres données à Lusignan au mois de mai 1443, Charles VII permit à l'abbé de Nouaillé de faire fortifier l'église de Bouresse. (D. Fonteneau, t. XII, p. 535.)
4. Ce mot est ainsi dans le texte et signifie peut-être : ceux qui ont cause de vous. (Note de D. Fonteneau.)

le dit lieu de Bouresse demouroit sans gaiz garde, qui pouvoit redonder en un grand domage et peril de nous et de nostre païs que ja n'aveigne, suppliants estre pourveu de remede convenable pour nous en consideration aus dits chouses, et que le dit lieu de Bouresse est à quatre grant lieues de Montmorillon, et que de present avons souffisans gaiz pour la garde de nostre dit chastel, au dit abbé de nostre certaine science et grace especiale avons preté et pretons par la teneur de ces presentes les diz gaiz et resegaiz pour la garde de son dit lieu de Bouresse, et les avoir et tenir de present et en avant tant qu'il nous plait, sans que ce nous porte prejudice en auscune maniere, et que nous ne les puissions ravoir et reprendre toute foys que nous plaira, et en baillant ces presentes le dit abbé a promis et nous est tenu de nous en donner lettres sur ce soubs son scel et de son covent, etc.

Donné en notre ville de Poitiers, soubs nostre privé scel en l'absence de nostre grant, le darrier jour de juing l'an de grace mil trois cent soixante dix et sept.

VII

Sentence rendue aux assises de Montmorillon au profit des prévôt et chapitre de Notre-Dame de cette ville contre le procureur du Dauphin, duc de Berry et de Touraine et comte de Poitou, qui leur contestait leur juridiction féodale sur certaines maisons situées près le pont de Notre-Dame. (Arch. Vien. G⁹ 80, chapitre de Notre-Dame de Montmorillon)[1].

6 décembre 1417.

Establiz en droit en la court de ceans Laurens Garin, procureur et en nom de procureur suffisamment fondé de honnourables hommes le prevost et chapitre de l'eglise collegial de Nostre-Dame de Montmorillon demandeurs d'une part, et le procureur de tres doubté et puissant prince Monseigneur le Daulphin de Vienne, duc de Berry, de Touraine et comte de Poictou, deffendeur d'aultre part, sur et pour cause de ce que lesdiz demandeurs disoient et propousoient autreffoiz et aujourduy que ladite eglise de Nostre-Dame de Montmorillon et le college d'icelle fut anciennement fondé par les seigneurs de Montmorillon et de

---

1. Copié sur l'original, en tant qu'il a pu être déchiffré, vu qu'il est fort dégradé par l'humidité et en partie effacé. Le surplus a été emprunté à une copie du xvii⁰ siècle, sur papier, qui n'est point très fidèle.

Meignac, qui leur donnerent le lieu et la place là où fut fondée ladite eglise avecques tous leurs domaines estans entre le pont appellé le pont Nostre-Dame avec icellui pont et environ, ainsi que portent les barreres d'icellui apresent, avec tous les cens et rentes estans esdiz lieux ou tout destroit de jurisdicion basse et à touz droiz de ventes et honneurs et prise de domaines par puissance de fief quant le cas avient ; et que les diz honnourables à cause de ce ont tousjours joy paisiblement de tous les cens, rentes et debvoirs seigneurables sur les habitants estans ès dictes places entre les dictes barreres, et baillé par leur main les houstelx et maisons vacquans à cens, rentes et debvoirs seigneurables, sans ce que ledit procureur de nostre dit seigneur ne autres aient droit ne cause de les empescher, excepté seulement des le coin de l'houstel de Jehan Puytaveau inclusif qui fut anciennement à Jacquelet de Meignac et touchet à la maison de la Parise, qui fut de feu Perrot Chartrain en montant contre [1]... jusques à la porte dessoubz le chastel lesquelx lieux lesdiz honnourables ne advohent aucuns cens ne jurisdicion aucune, et y peut bien avoir six houstelx ou environ. Et esdiz lieux et maisons et entre lesdiz pont et barrères les diz honnourables ont droit et [1]... excepté et houstelx susdiz, que toutes et quantesfois que aucuns domaines soient venduz par contrat de vente sonnant et equipolant à vente, d'avoir et prendre les ventes et honneurs acoustumés ou les choses vendues par puissance de fief à leur choix et opcion sans contradicion ny empeschement aucun du dit procureur ny d'autre. Et que à cause de ce et autrement deuement lesdiz honnourables ont droit et coustume d'avoir et prendre sur tous et chacuns les charretiers qui nouvellement trepassent par la ville de Montmorillon quatre deniers et nostre dit seigneur deux solz ; et supposé que lesdiz charretiers y soient autreffoiz venuz et y revengnent et aient essiou, rohe ou charre [1]... neufz à ladicte charrete pareillement les diz honnourables prendront les quatre deniers et nostredit seigneur lesdiz deux solz ; mais tant que lesdiz charretiers pourront aller et venir avec la dicte charrete de quoy ilz auroient payé, ilz ne poieront rien. Et desdictes saisines et possessions lesdiz honnourables, leurs prédécesseurs et davanciers tant par eulx que par autres en leur nom, eulx avans fermes et estables, ont joy par tel et si long temps qu'il n'est mémoire du contraire, que que soit par tel et si long temps qu'il vault et

---

1. En blanc.

souffit quant à bonne possession avoir acquise et tel droit avoir gardé et retenu. Et disoit le dit procureur desdiz honnourables que le procureur de nostredit seigneur leur mectoit et avoit mis empeschement qu'ilz ne joyssent des ventes et honneur des houstelx et maisons assis soubz ladicte eglise de Notre-Dame et barreres dudit lieu de Montmorillon, excepté les maisons qui [1]... de la maison de feu P [1]... jusques à la porte dessoubz le chastel dudit lieu de Montmorillon par devers le cousté dudit chastel : de quoy ilz dient avoir tres bon droit et que d'ancienneté ilz en ont esté en saisine et possession. Sur quoy le procureur de nostredit seigneur disoit et pretendoit le contraire, disant que lesdiz honnourables n'avoient esdiz lieux aucune justice ne jurisdicion, ne droit d'avoir ne prendre ventes ne honneurs et que tous les droiz en apartenoient et apartiennent à nostredit seigneur, sur lesquelx choses lesdictes parties furent autrefois d'accord que informacions seroient faictes sur les faiz et intendiz d'une partie et d'autre, et que icelles seroient rapportées par devers nous affin de [1]... ordonner entre les dictes parties ce qu'il apartiendroit de raison [1]... Jehan Baconnet [2] et Colas Bretaut ou deux d'eulx, lesquelles informacions ont esté faictes par lesdiz commissaires et par eulx rapportées et baillées par devers nous ; lesquelles nous avons veues et visitées. Et emprès ce, parce que par lesdictes informacions nous est deuement apparu lesdiz honnourables hommes avoir souffisaument prouvé et informé des droiz, saisines et possessions par eulx dessus pretendues et aleguées, appellé à ce le procureur de nostredit seigneur [3]... conseil avec plusieurs sages estant en la court de ceans, avons dit et declaré par jugement et adroit lesdiz honnourables avoir bien et suffisaument prouvé leurs faiz et choses par eulx dessus proposées et alléguées et que desdiz droiz, saisines et possessions dessus alleguées et declarées lesdiz honnourables joyront doresnavant paisiblement et avons osté et ostons tout le debat et empeschement qui leur avoit ou pourroit avoir esté mis esdiz droiz, saisines et possessions, et chascun d'iceulx par le procureur de nostredit seigneur ou autre, en imposant sur ce silence perpetuel audit procureur. Si mandons et commandons à touz et chascuns les

---

1. En blanc.
2. Jean Baconnet, procureur du Roi à Poitiers, figure dans une sentence de la sénéchaussée du 1er mars 1450 qui maintient à l'abbaye de Montierneuf le droit de pêche dans la Boivre et le Clain. (D. Fontenecau, t. XIX.)
3. En blanc.

sergens et subgetz de nostredit seigneur que desdiz droiz, saisines et possessions dessusdictes ilz facent et laissent joïr et user paisiblement lesdiz honnourables sans aucun empeschement. Donné et fait ès assises de Montmorillon qui commencerent à tenir le vi^e jour de decembre l'an mil cccc dix et sept. Signé : J. Baconnet, tenant lesdictes assises.

VIII

Lettres de Charles VII par lesquelles il met André de Villequier, son chambellan, en possession de la châtellenie de Montmorillon, cédée à ce seigneur par Jean de Courtenay, chevalier, seigneur de Saint-Brisson, et Marguerite David, sa femme, veuve d'Etienne de Vignoles dit La Hire, pour la somme de 6000 écus ; suivies de l'attache des gens des comptes et trésoriers du Roi à Paris et de celle de Pierre de Brézé, sénéchal de Poitou ; sous un vidimus de Guillaume Mirebeau, écuyer, garde du scel établi aux contrats à Lusignan pour le Roi. — Ces lettres contiennent la teneur de celles par lesquelles le même Roi laissa à Marguerite David, dame de Droisi, veuve de La Hire, la seigneurie de Montmorillon, qu'il avait donnée à ce dernier, jusqu'à ce qu'il eût payé à ladite veuve la somme de 6000 écus de 64 au marc pour son douaire ; suivies de l'attache de Jean de Xaincoins, trésorier receveur général des finances. (Arch. Vien. C 392 *ter*, Domaines, copie en parchemin.)

Juillet 1445.

A tous ceux qui ces presentes lettres verront et orront, Guillaume Mirebeau, escuyer, garde du scel etabli aux contracts à Lezignen pour le Roy, nostre sire, salut. Savoir faisons que nous avons veu, tenu et leu de mot à mot certaines lettres royaulx avec les veriffications d'icelles de messeigneurs des comptes et tresoriers du Roy, nostre sire, à Paris, et de Monsieur le seneschal de Poictou ou son lieutenant attachées à icelles, lesquelles estoient saines et entieres, non viciées, non corrompues, non cancellées et sans aulcune suspection avoir en elles. Si comme il apparoissoit par l'inspection d'icelles, scellées les dites lettres royaulx en cire jaulne en queuhe double du scel du Roy, nostre dit seigneur, et la dicte verification de mes dits seigneurs des comptes et tresoriers du Roy, nostre dit s^r, scellées en cire rouge de leurs signets applacqués à icelles, et la dite veriffication de mon dit sieur le seneschal de Poictou en queuhe simple pend aussi en cire rouge du scel de la dicte seneschaussée, desquelles lettres royaulx ou verifications subsecutivement l'une emprès l'autre la tenneur

— 218 —

s'ensuit . Charles, par la grace de Dieu, roy de France, à tous ceulx qui ces presentes lettres verront, salut. Comme par nos lettres du vidimus ou transcript desquelles fait et passé soubs le scel de nostre Chastelet de Paris la tenneur s'en suyt : A tous ceulx qui ces présentes lettres verront, Ambroise, seigneur de Loret, baron d'Ivry, chevallier, conseiller, chambellan du Roy, nostre sire, et garde de la prévosté de Paris, salut. Savoir faisons que nous, l'an de grace mil quatre cens quarente et quatre, le samedy tiers jour d'octobre, vismes une lettre scellée du scel du Roy, nostre sire, en double queuhe et cire jaune, desquelles la tenneur s'en suyt : Charles, par la grace de Dieu roy de France, à tous ceulx qui ces presentes lettres verront, salut. Nostre chère et bien amée Marguerite David, dame de Droisi, damoiselle vefve de feu Estienne de Vignolles dit la Hyre, en son vivant nostre escuyer d'escurie et bailli de Vermandoys, nous a fait exposer que comme par nos autres lettres dont nous est aparu et pour les causes et considerations dedans contenues nous eussions entre autres chouses donné, cedé et transporté à tousjours au dit Vignolles et à ses hoirs masles yssans et descendans de sa chair en loyal mariage, les terre, seigneurie, rentes et revenus avecques leurs appartennances et appendances de Montmorillon[1] en nostre pays de Poictou, et par icelles nos lettres nous ayons consanti que si le dit Vignolles se vouloit marier qu'il peust icelles terres de Montmorillon bailler en douayre à sa femme ou autrement les engaiger jusques à la somme de dix mille escus vielx de bon or et de poids de soixante et quatre au marc, comme toutes ces chouses sont plus à plain contenuss en nos dites autres lettres, et il soit ainsi que despuis la date d'icelles le dit de Vignolles se soit marié et ait douné la dite suppliante la somme de six mille escus d'or de soixante quatre au marc sur la dite terre de Montmorillon, et pour ce nous ait requis la dite suppliante que en entretenant le contenu en nos dites lettres nous luy veillons bailler la dite somme de six mille escus pour son dit douaire ou luy délaisser les dites terre, seigneurie, rentes et reve-

---

[1]. Par lettres datées de Tours du 7 janvier 1436, Charles VII avait cédé à Etienne de Vignoles, dit La Hire, la seigneurie de Montmorillon. Après la mort de ce dernier, arrivée à Montauban le 11 janvier 1443, sa veuve, Marguerite David, fille unique de Henri, seigneur de Longueval, et de Jeanne de Lisac, se remaria à Jean IV de Courtenay, seigneur de Champignelles et de Saint-Brisson, veuf en premières noces d'Isabeau de Châtillon, fille de Jacques, seigneur de Dampierre, amiral de France, et de Jeanne Bureau de la Rivière. (D. Fonteneau, t. XXIX, p. 79 et 81.)

nus de Montmorillon en sa main jusques luy ayons baillé les dits six mille escus, et sur ce luy impartir nostre grace. Savoir faisons que nous, ces choses considerées et les grands notables et recommandables services à nous faits par le dit feu Estienne de Vignolles en son vivant, tant en fait de nos guerres que autrement en plusieurs manieres, voulant pour ces causes incliner à la requeste de la dicte suppliante, à icelle avons baillé et delaissé, baillons et delaissons par ces presentes les dites terre, seigneurie, rentes et revenus de Montmorillon avecques leurs appartenances et appendances queulsconques, tant en cens, censives, rentes, terres, pres, bois, vignes, fours et moulins, rivieres, estangs et autres choses queulsconques pour en joyr despuys le trespas du dit deffunt et doresnavant en la forme et maniere que faisoit le dit feu de Vignolles en son vivant jusques à ce que luy ayons baillé entierement la dite somme de six mille escus de soixante quatre au marc pour une fois payée, voullant et ordonnant que tout ce qu'elle recevra de la dite revenue de Montmorillon, elle ait et preigne pour la garde de la place, sans ce qu'il tourne aucunement en deduction ou rabait de la dite somme de six mille escus. Sy donnons en mandement par ces dites presentes à nos amez et feaulx gens de nos comptes et Mᵉ Jehan de Xaincoins [1], trésorier et receveur general de toutes nos finances tant en Languedoil comme en Languedoc, à nostre seneschal de Poictou et à tous nos autres justiciers et officiers presens et avenir ou à leurs lieuxtenans et à chacun d'eux, et comme à luy appartiendra, que de nos presents bail, delaissement, grace et auctroy faisant, souffrant et laissant la dite suppliante jouir et user plainement et paisiblement en luy baillant et delivrant reaulment et de fait la possession et saisine de la dite place, terre, seigneurie et revenus du dit Montmorillon, et sans en celluy faire, mettre, ordonner ou souffrir estre fait, mis, ordonné aucun destourber ou empeschement au contraire, car ainsi nous plaist il et voulons estre fait et par rapportant ces dites presentes ou vidimus d'icelles, fait soubs scel royal et recognoissance sur ce de la dicte suppliante seullement, nous voulons et mandons au receveur ordinaire de Poictou et auctres qu'il appartiendra estre et demeurer de ce quictes et deschargés en leurs comptes et partout ailleurs ou mestier sera

---

1. Jean Barillet, dit de Xaincoins, receveur général des finances, possédait en Poitou les terres d'Oyron, de Rochefort, de Champigny-le-Sec et du Roignon, que le roi Charles VII confisqua le 17 décembre 1449, et donna, le 9 avril 1451, à Guillaume Gouffier, seigneur de Bonnivet, baron de Roannez. (Voy. *Arch. hist. Poitou*, t. XXXII et XXXV.)

sans contredit ou difficulté, nonobstant l'ordonnance par nous faicte de non bailler aucune chouse de nostre domayne, et quelsconques autres ordonnances, mandements ou deffenses à ce contraires. En tesmoing de ce nous avons fait mettre nostre scel à ces presentes. Donné à Poictiers le cinquiesme jour de juyn l'an de grace mil quatre cent quarante et trois, et de nostre regne le vingt uniesme. Ainsi signé : Par le Roy en son conseil ouquel Monseigneur le duc d'Orléans [1], vous, l'arcevesque de Vienne [2], l'évesque de Magalonne [3], l'admiral [4], messire Simon Charlet [5] et autres plusieurs estoient. Loiz Chaligaut. Ausquelles lettres dessus transcriptes estoient atachées unes lettres du consentement du dit trésorier et receveur général de toutes finances ès dits païs de Languedoil et de Languedoc, desquelles la teneur s'ensuit : Jehan de Xaincoins, tresorier et receveur general de toutes finances tant pour en Languedoil comme en Languedoc, veues par moy les patentes du Roy, nostre sire, ausquelles ces presentes sont attachées soubs mon signet, par lesquelles et pour les causes dedans contenues, icelluy a baillé et délaissé à Marguerite David, dame de Droisi, damoiselle vefve de feu la Hyre, les terre, seigneurie, rentes et revenus de Montmorillon avec leurs appartenances et appendances queulsconques, pour en joyr despuis le trespas du dit deffunt et doresnavant en la forme et maniere qu'il faisoit en son vivant jusques à ce que le dit sieur luy ait païé et baillé entierement la somme de six mille

---

1. Charles, duc d'Orléans, fils de Louis d'Orléans et de Valentine de Milan, né à Paris, le 26 mai 1391, mort au même lieu, le 4 janvier 1465.
2. Geoffroy Vassal, originaire d'Angoulême, conseiller au Parlement de Paris (1436) et chancelier de la Sainte-Chapelle de Bourges, fut nommé à l'archevêché de Vienne en 1439. (*Gallia christ.*, t. XVI, col. 114.)
3. Robert de Rouvres, maître des requêtes de l'hôtel, membre du conseil de Charles VII et garde du sceau royal, avait été élu évêque de Séez le 1er juillet 1422. Il fut transféré, le 4 mars 1433, au siège de Maguelonne, qu'il occupa jusqu'à sa mort arrivée en décembre 1453. (*Gallia christ.*, t. VI, col. 801, et t. XI, col. 698.)
4. Prégent VII de Coëtivy, créé amiral de France (août 1439), servit fidèlement Charles VII pendant la Praguerie et particulièrement à la reprise de Saint-Maixent (1440), prit part aux sièges de Creil et Pontoise (1441), de la Réole (1442) et assista le connétable de Richemont à la bataille de Formigny (1450). Outre le gouvernement de la Rochelle, les capitaineries de Granville et de Lesparre, sa charge d'amiral, le Roi lui fit don des terres et seigneuries de Raiz, Ingrande et Champtocé (22 avril 1443), confisquées sur le maréchal Gilles de Raiz, de la terre et seigneurie de Taillebourg (12 mai 1443) et de la terre de Lesparre (janvier 1450). Il avait épousé, en juin 1442, Marie de Laval, fille de Gilles de Raiz, maréchal de France, et de Catherine de Thouars, qui ne lui donna pas d'enfants. Il fut tué d'un coup de canon au siège de Cherbourg, en août 1450. (Voy. *Arch. hist. Poitou*, t. XXIX, p. 245, une notice biographique développée sur ce personnage.)
5. Secrétaire du Roi.

escus d'or pour une fois payée que icelluy sieur ordonna ja pieça au dit deffunt, et voulu que tout ce qu'elle recevra de la dite revenue de Montmorillon elle ait et preigne pour la garde de la place, sans ce quil tourne aucunement en deduction ou rabays de la dite somme de six mille escus. Pour acomplir le contenu desquelles lettres consent en tant que à moy est l'enterinement et accomplissement d'icelles, tout ainsi et par la forme et maniere que le Roy nostre dit sr le veult et mande par les dites lettres. Donné à Poitiers le quatorziesme jour de juyn l'an mil quatre cent quarante et troys. Ainsi signé : Xaincoins. Sur lequel transcript ou vidimus avons mis le scel de la dite Prevosté de Paris les jour et an dessus dits. Ainsi signé : J. Mantain. Collation faite, nous pour les causes dedans contenues eussions baillé et délaissé [1]..... Marguerite de David, dame de Droisi, lors damoiselle et vefve de feu Estienne de Vignolles dit la Hyre, en son vivant nostre escuyer d'escurie et seigneur usuffruictier de nos terre et seigneurie de Montmorillon en nostre pays de Poictou, à present femme de nostre amé et feal chevalier Jehan de Courtenay, seigneur de Saint-Brisson, nos dites terre et seigneurie du dit lieu de Montmorillon et les rentes et revenus d'icelles avec leurs appartenances et appendances queulxconques tant en cens, censives, rentes, terres, prez, boys, vignes, fours et moulins, rivieres, estangs comme en autres chouses queulxconques, pour les avoir et en joyr comme faisoit le dit de Vignolles jusques à ce que luy eussions paié et baillé entierement la somme de six mille escus d'or de soixante quatre au marc pour une fois païée, et voulu et ordonné que tout ce qu'elle en recevroit elle eust et print à son prouffit pour la garde de la place sans ce qu'il tournast aucunement en desduction ou rabays de la dite somme de six mille escus et soit ainsi que pour recouvrer prestement par le dit de Courtenay et la dite Marguerite sa femme pour aucuns leurs necessaires affaires la dite somme ils ayent de nos congié et consantement, moyennant icelle transportée et delaissée à nostre amé et feal chambellan André, seigneur de Villequier [2], les dits bail,

---

1. Déchiré.
2. André de Villequier, seigneur de Montrésor, de Menetou-Salon, des îles d'Oleron, de Marennes, d'Arvert et de Brouage, vicomte de la Guerche et de Saint-Sauveur-le-Vicomte, gouverneur de la Rochelle, premier chambellan de Charles VII, épousa, en octobre 1450, Antoinette de Maignelais, fille de Jean, seigneur de Montigny, et de Marie de Jouy, dont il eut Antoine et Arthur. Antoine épousa, en 1475, Charlotte de Châtillon, dite de Bretagne, fille de Guillaume, vicomte de Limoges, et d'Isabeau de la Tour. Il mourut le 3 sep-

— 222 —

deslays et transport ainsi par nous faits à la dite Marguerite nos dites terre et seigneurie du dit lieu de Montmorillon contenus en nos dites lettres et tout le droit et action qu'ils avoyent et pouvoyent avoir en icelles sur lesquels et sur nos dits consantemens, icelluy de Villequier nous ait requis nostre seureté et provision à la conservation de son droit, savoir faisons que nous ayant lesdits bail, transport et deslays fait au dit de Villequier d'icelles nos terres et seigneuries de Montmorillon et des dites appartenances pour la dite somme de nostre dit consentement pour agreables, voulant y pourvoir au dit de Villequier tant en faveur des services que ces predecesseurs et luy nous ont fait comme des pertes et domages qu'ils ont heus et souffert à cause d'iceulx et en l'accident de nos guerres de toute sorte et provision favorable, avons à icelluy de Villequier pour la confiance que avons ce luy baillé et delaissé, baillons et delaissons et mectons en ses mains et en sa possession par ces presentes nos dictes terre et seigneurie, ville, chastel et chastellenie du dit lieu de Montmorillon et des dites appartenances queulxconques tant en cens, censives, rentes, prés, boys, terres, vignes, garennes, fours, moulins, estang et rivieres comme autres queulxconques, pour les avoir, tenir, posseder et exploicter, prendre et recevoir à son prouffit et en joyr et user jusques à plain et entier paiement de la dite somme de six mille escus du dit poix de soixante quatre au marc payés par une foys et sans diminution ou rabays aucun d'icelle somme, tout ainsi et par la forme et maniere qu'il est contenu et déclaré en nos dites lettres, et en avons deschargé et deschargeons les dits de Courtenay et Marguerite et leur mandons et commectons que icelles terre, seigneurie, ville, chastel et chastellenie baillant et delivrant à icelluy de Villequier. Si donnons en mandement à nos amés et feaulx gens de nos comptes et tresoriers, à nostre seneschal de Poictou ou à son lieutenant et à nos procureur et receveur ordinaire en la dite seneschaussée et à chacun d'eulx comme à luy appartiendra que de nos presents bail et delais et de tout le contenu en ces dites presentes fassent, souffrent et laissent le dit André de Villequier joyr et user plainement et paisiblement

---

tembre 1490, laissant un fils appelé François. (D. Fonteneau, t. XXIX, p. 83.)
Après la mort d'André de Villequier, arrivée en avril 1454, Louis XI remboursa à ses héritiers les 6000 écus pour le retrait conventionnel de la seigneurie de Montmorillon (même source), et, par lettres données à Avesnes (Hainaut) le 4 août 1461, fit don de cette terre à Josselin du Bois, écuyer, seigneur de Châtenet et de Chabannes, son chambellan, maréchal des logis de son hôtel et grand bailli d'Auvergne. (*Arch. hist. Poitou*, t. XXXII, p. xxxvi.)

et par rapportant ces dites presentes ou vidimus d'icelles, fait soubs scel royal et recognoissance sur ce du dit sieur de Villequier seullement, nous voulons et mandons nostre receveur ordinaire de Poictou et autre qu'il appartiendra estre et demourer de ce quictes et deschargés en leurs comptes et partout ailleurs ou mestier sera, sans contredit ou difficulté, nonobstant queulxconques esdits ou ordonnances par nous faits de non aliener aucune des chouses de nostre domaine, constitutions, renonciacions faictes ou à faire, mandemens, restrinctions ou deffenses à ce contraires. En tesmoing de ce, nous avons fait mettre nostre scel à ces présentes. Donné à Sarry lez Chaalon, le [1]..... jour de juillet l'an de grace mil cccc quarante et cinq, et de nostre regne le xxiij^{me}. Ainsi signé sur la marge : Par le Roy, le roy de Cecille [2], le comte de Tancarville [3], le sire de Blemville [4] et autres presens [5].........

S'ensuit la teneur de la ditte verifification de mes dits sieurs des comptes : Nous les gens des comptes et trésoriers du Roy, nostre sire, à Paris, veues par nous les lettres royaulx cy attachées soubs l'un de nos signets, faisans mention de certain transport fait par messire Jehan de Courtenay, chevalier, seigneur de Saint-Brisson, et dame Marguerite David, sa femme, paravant femme de feu Estienne de Vignolles dit la Hyre, escuyer, à André, seigneur de Villequier, chambellan du dit s^r, moyennant la somme de six mille escus d'or qu'il en a baillé aux dits conjoints, avons consenti et consentons, en tant qu'à nous est, l'enterinement et accomplissement des dites lettres en païant fiefs [5].... gaiges d'officiers et autres charges ordinaires. Donné à Paris, le 27e jour de juillet l'an 1445. Ainsi signé : Lescuyer.

S'ensuit la teneur de la verification de monsieur le seneschal

---

1. En blanc.
2. René, dit le Bon, duc d'Anjou, comte de Provence, roi de Naples et de Sicile, né à Angers en 1409, mort à Aix en 1480, fils de Louis II, roi de Naples, et d'Yolande d'Aragon.
3. Guillaume d'Harcourt, comte de Tancarville, vicomte de Melun, baron de Montgommery, seigneur de Montreuil-Bellay, rendit de grands services à Charles VII contre les Anglais et l'assista aux sièges de Montereau (1437), de Pontoise (1441), de Rouen (1449), de Caen, Falaise, Cherbourg et Saint-Sauveur-le-Vicomte (1450). Il mourut le 27 octobre 1487 (*Arch. hist. Poitou*, t. XXIX, p. 127, note.)
4. Jean d'Estouteville, seigneur de Blainville, prévôt de Paris (27 mai 1446) et grand maître des arbalétriers (1449), se distingua à la conquête de la Normandie (1450) et servit fidèlement Charles VII et Louis XI. Il avait épousé Françoise de la Rochefoucauld, fille d'Aymar, seigneur de Montbazon et de Sainte-Maure, et de Jeanne de Martreuil. (P. Anselme, t. VIII, p. 87.)
5. En blanc.

de Poictou : Pierre de Brezé [1], chevallier, seigneur de la Varenne et de Breschessac, conseiller et chambellan du Roy, nostre sire, et son seneschal en Poictou, savoir faisons à tous, nous avons receu les lettres d'icelluy sieur scellées de son scel en cire jaulne à double queuhe auxquelles ces présentes sont attachées soubs le scel de la dite seneschaussée, faisant mention de certain transport fait par messire Jehan de Courtenay, chevalier, seigneur de Saint-Brisson, et dame Marguerite David, sa femme, paravant femme de Estienne de Vignolles dit la Hyre, escuyer, à André, seigneur de Villequier, chambellan du dit sieur, des ville, chastel, chastellenie, terre et seigneurie de Montmorillon, moyennant la somme de six mille escus d'or qu'il en a baillé aux dits conjoyncts ; veues par nous lesquelles lettres et leur contenu et aussi le consentement de nos sieurs les gens des comptes attaché aux dites lettres ; Nous, en tant que à nous est, avons consanti et nous consantons à l'enterinement et accomplissement d'icelles lettres, ainsi et par la forme et maniere qu'il est dedans contenu, et que nos dits sieurs les gens des comptes l'ont voulu et consenti. Donné à Poictiers soubs le scel de la dite seneschaussée, le iiij^e jour d'aoust l'an mil quatre cens quarante et cinq. Ainsi signé : M. Claveurier [2]. En tesmoyn de laquelle vision, inspection et lecture, nous dit scelleur et garde du dit scel royal icelluy scel que nous gardons, à cest présent vidisse ou transcript à la requeste du dit sieur de Villequier et à la feal relation des notaires et jurés cy dessoubs escripts, avons mis et appousé. Donné et fait au dit lieu de Lesignen le dixhuytiesme jour du mois de juyn l'an mil quatre cens cinquante et un. Ainsi signé : Phelipot pour vidisse et collation faite à l'original des lettres dessus transcriptes.

---

1. Pierre II de Brézé, seigneur de la Varenne et de Brissac, comte de Maulévrier, obtint, le 2 mai 1441, l'office de sénéchal de Poitou et eut ensuite cette même dignité en Normandie. Il fut tué à la journée de Montlhéry le 16 juillet 1465. (Voy. *Arch. hist. Poitou*, t. XXIX, p. 178, une notice biographique détaillée sur ce personnage, célèbre comme conseiller de Charles VII.)
2. Maurice Claveurier, seigneur de la Tour-Savary, exerça pendant plus de trente-cinq ans les hautes fonctions de lieutenant général du sénéchal de Poitou. Il jouit d'une grande autorité dans les conseils de Charles VII et dans la ville de Poitiers, dont il fut élu maire à dix-sept reprises différentes et durant plusieurs années consécutives. (Voy. *Arch. hist. du Poitou*, t. XXIX, p. 40, une notice biographique plus complète sur ce personnage.)

IX

Aveu et dénombrement du fief de Villemort, rendu à l'évêque de Poitiers, à cause de sa châtellenie d'Angle, par Jean de Poix, écuyer, seigneur de Villemort, maître d'hôtel de la reine Marie d'Anjou. (Arch. Vien. H ³bis carton 32, copie papier[1].)

7 août 1462.

De vous tres reverend pere en Dieu et mon tres cher et honoré seigneur Monsieur l'evesque de Poitiers[2], je Jean Depoidz, escuier, seigneur de Villemort, maistre d'hostel de la reyne Marie, confesse et avoue tenir à foy et hommage lige à dix sols de chambrelaige sans nul autre devoir, à cause de votre chastel et chastellenie d'Angle[3] ; c'est assavoir : ma tour, chastel et forteresse de Villemort[4] avec la basse cour, fossez et maisons estans au dedans de la dite forteresse. Item ma justice haute, moyenne et basse que j'ay à cause de mon dit lieu de Villemort, lesquels me peuvent bien valoir vingt livres de rente ou environ. Item mes maisons et granges de ma mestairie avec les vergers, chenevieres, vignes et closures estans à l'entour de la dite forteresse, et les terres de la dite mestairie qui se montent le labourage de huit bœufs ou environ lesquelles choses me peuvent bien valoir dix livres de rente ou environ. Item la fuye assise devant le dit lieu estant à presant en fruche. Item ma garenne appelée la garenne de Mouesseron[5] laquelle est en fruche et peut bien valoir vingt sols de rente ou environ. Item mes bois, appellez les Bois Communaux, et sont assis entre Villemort et Villeneuve[6], qui me peuvent bien valoir quatre livres de rente ou environ. Item mes dismes et terrages que j'ay à l'entour du dit bois qui sembloient bien valoir

---

1. Transcrit le 22 janvier 1867 sur une copie du xvIIᵉ siècle conservée aux archives de l'hospice de Montmorillon et collationné à une autre copie faisant partie des archives de la Maison-Dieu. (Arch. départ.)
2. L'évêque de Poitiers était alors Jean du Bellay, qui avait fait son entrée dans cette ville au mois de juin précédent. Nommé à l'évêché de Fréjus en novembre 1455, Jean du Bellay fut transféré, en 1461, au siège de Poitiers qu'il occupa jusqu'à sa mort, arrivée le 3 septembre 1478.
3. La terre d'Angle avait été réunie au domaine de l'évêque de Poitiers par Gauthier de Bruges qui l'avait acquise, en mars 1282, de Hélie d'Angle, chevalier. (Voy. l'acte de vente, t. X, p. 64, des *Arch. hist. du Poitou*.)
4. Villemort passa, en 1585, dans la famille du Bouex, par le mariage de Marguerite de Moussy la Contour, veuve de Jean de Poix, seigneur de Villemort et de Forges, avec Gabriel du Bouex, seigneur de Richemont.
5. Moisseron, lieu aujourd'hui inconnu, près Vrassac, cⁿᵉ de Béthines (Rédet.)
6. Lieu aujourd'hui inconnu, cⁿᵉ de Béthines (*ibid.*)

dix septiers de blé ou environ, et de vin quatre pipes, et de presant ne me valent que deux septiers. Item mes dismes et terrages que j'ay à Villemort et à l'entour qui me peuvent bien valoir dix ou douze septiers de blé ou environ, à la mesure de Villemort. Item mes dismes de blé, vin et autres choses accoutumées estre dismes, et que j'ay partant avec les douzains ; et sont les dites dismeries assises es villages de Foussac, du Petit Archet et du Grand Archet et de Chavaigne, estants es parroisses de Hent [1], ainsi qu'elles se comprennent et qu'elles ont accoutumées estre dismées es environs des dits vilages, qui me peuvent bien valoir dix ou douze septiers de blé, à ma dite mesure, ou environ, et de vin une pipe. Item mes bois appellez les Trencheys, qui se joignent au bois de Flassac d'un costé. Item les bois des Costeaux qui joignent l'un à l'eaue, et le bois Bertin et le bois des Harilleres, et le bois des Boutiers et de la Ville du Mont ; et sont les dits bois joignant l'un à l'eaue, lesquels me peuvent bien valoir cent sols de rente ou environ. Item mes fruches, que j'ay entre le bois de Boutier et le Bois Communaut, qui souloit estre en labourages de vignes et de blé esquelles choses mes predecesseurs prenoient en la plus grande partie les dismes et terrages tant en blé qu'en vin, et souloient valoir six septiers de blé et de vin deux pipes, et de presant ne me vault que demie pipe. Item mon bois de Lyne joignant au bois du seigneur de Foussac [2] et au bois Noyron. Item mon dit bois Noyron qui joint au dit bois de Lyne et aux bois des Baillargeaux et de la Forest. Item la forest partant avec l'abbé de Saint Savin et moy, et joignant la dite forest au bois Faizan et au bois de la Maison Dieu de Montmorillon. Item le bois Pellé qui joingt au bois du Puisfranc et au baignage de la Croix du Besché, lesquels bois me peuvent bien valoir cent sols de rente ou environ. Item mon bois Gratouzet qui est assis entre le vilage de Charpillé [3] et le bois de la Fa, qui me peut bien valoir trente sols de rente ou environ bon an mal an. Item deux pièces de terre comprenant seize boicellées ou environ que j'ay baillé au prieur de Bethine en recompensation de la place de mon moulin lesquelles sont assises entre Bethine et Charpillé, joignant à la cousture du dit prieur et au chemin qui

---

1. Hains.
2. Jean du Breuil, seigneur de Foussac, eut une fille, Blanche, mariée, le 19 mai 1446, à Guillaume de Forges, seigneur de Barneuve. (Beauchet-Filleau, *Dict. des fam. du Poitou*, t. III, p. 494.)
3. Lieu détruit, c[ne] de Béthines.

va de Bethine à Charpillé, joignant l'un à l'autre, esquelles j'ay la haute justice. Item mon quart de l'entier de toutes choses mes dismes et terrages que j'ay à l'entour de Laumosne et de Beufmont et es environs, et me peuvent bien valoir deux septiers de blé ou environ, et mon droit de domaine qui me peut bien valoir quarente sols ou environ de rente. Item mes premisses que j'ay es vilages du Mas et des Lezes, qui me peuvent bien valoir cinq sols de rente ou environ. Item mes dismes et terrages que j'ay à l'entour des dits vilages et es environs du dit Mas et Lezes, de Guinefolle, qui me peuvent bien valoir un septier et demy de blé ou environ, de vin un cousteret. Item trois septiers de blé de rente que j'ay sur le lieu, apartenances et dépendances du lieu et hostel de la Chastille, lesquelles sont mesure de Montmorillon ; c'est à sçavoir : un septier froment, un septier seigle et un septier avoine. Item mon pré que j'ay sur la riviere de Salleron, apellé le pré Cloux, contenant quatre journaux de pré ou environ, tenant d'une part à ma dite riviere, d'autre au pré du curé, lequel pré est gaynau [1] et me peut bien valoir trente sols de rente ou environ. Item mon pré que j'ay sous Vrassac en ma dite riviere de Salcron, contenant quatre journaux de pré ou environ, joignant d'une part à ma dite riviere et d'autre au pré du prieur du dit lieu de Vrassac. Item mon domaine de la moitié part le milieu de l'eau de la riviere de Salleron devers le costé du dit lieu de Villemort, c'est à sçavoir des le moulin de Saint Maixent le Petit jusqu'au moulin Dampignie, qui me peut bien valoir quarante sols de rente ou environ. Item mes avenages que j'ay à Vrassac sur chacun feu qui a bœuf quatre boiceaux d'avoine d'avenage, ainsi qu'il est accoutumé, et me peuvent bien valoir quarante boiceaux d'avoine ou environ, à la dite mesure de Villemort. Item on village de Foussac et de la Boureliere sur chacun feu qui a bœuf deux boiceaux d'avoine, mesure de Saint-Savin, qui me peuvent bien valoir quatorze boiceaux d'avoine ou environ. Item on vilage de la Petite Ville sur chacun feu qui a bœuf un boiceau d'avoine mesure de Montmorillon, qui me peuvent bien valoir huit boiceaux d'avoine ou environ. Item on vilage de Beauvois sur chacun feu qui a bœuf un boiceau et demy d'avoine, à la dite mesure de Montmorillon, et demie geline par chacun an qui me peuvent bien valoir le tout dix boiceaux d'avoine ou environ et trois gelines. Item la haute justice que j'ay es vilages de Vrassac

---

1. Pré à regain.

et de Flassac, lesquels vilages tiennent les nonnains de la Peuhe[1], lesquels vilages les dits nonnains tiennent de moy, et me peuvent bien valoir cent sols de rente ou environ Item la haute justice que j'ay es vilages de la Combe, de Beufmont, de Laumosne et de Cherpillé, et es circonstances et dependances d'iceux vilages, lesquels vilages tient de moy le commandeur de la Chastille, qui me peuvent bien valoir cent sols de rente ou environ. Item mes cens et rentes que j'ay au dit lieu de Cherpillé et autres devoirs, lesquels me peuvent bien valoir dix sols de rente ou environ. Item mon domaine que j'ay à Bethine qui me peut bien valoir dix sols de rente ou environ. Item mon moulin que j'ay en ma dite riviere de Salleron avec mes mouvans contraignables à moudre au dit moulin, lequel me peut bien valoir dix septiers de blé ou environ, à ma dite mesure de Villemort. Item les vergers qui sont joignans mon dit moulin, qui me peuvent bien valoir cinq sols de rente ou environ. Item une place que j'ay en la ville d'Angle, touchant à l'apenti qui tient à la porte Chantreau, qui fut à feu Herbert de Maillé, touchant d'une part à la maison de feu Jeanne Bonnaude, d'autre le pressoir qui fut à feu Herbert de Maillé et à la rue par laquelle on va du pont d'Angle à la petite porte Chantreau, laquelle place m'appartient à cause de mon dit lieu de Villemort, et en laquelle place je peux faire tenir mes assises et faire toutes executions de justice et jurisdictions. Item le droit que j'ay que la crie et huche du dit lieu d'Angle mon dit seigneur doit ceder par la dite ville d'Angle ma justice toutesfois que je l'en requerreray ou feray requerir. Item les choses que Me Jean Bobin tient de moy, à cause de sa femme, à foy et hommage et au devoir de la tierce partie de la revenue à muance d'hommes, lesquelles choses peuvent valoir trente livres ou environ de rente, et s'apellent les dites choses la terre du Pié, assises en la paroisse de la Tenaye[2] et es environs ; esquels lieux j'ai la haute justice, à cause de mon dit lieu de Villemort, qui me peuvent bien valoir vingt sols de rente ou environ. Item les choses que Mathurin Jarigeon et ses comparsonniers tiennent de moy à foy et hommage au dedans de ma justice et seigneurie de Villemort, à trente sols de devoir à muance de seigneur et d'homme, lesquelles choses peuvent valoir quatre livres de rente ou environ et me peuvent bien valoir cinq sols de rente ou environ. Item les choses que Louis Chasserat,

---

1. La Puye.
2. Thenet.

seigneur du Puyjousserant, devoit tenir de moy à foy et hommage plein, au devoir de sept sols, payables à muance de seigneur et d'homme, lesquelles choses pouvoient valoir trente livres de rente ou environ. Item Guillaume Maignon deux sols de cens, six sols de rente, une geline, sept boiceaux trois quarts de froment, à ma dite mesure, et deux bians[1] sur son lieu assis au dit lieu de Villemort, tenant d'une part au chemin qui vient de Saint Savin et va à Bethine, d'autre à mes closures de Villemort. Item Jean Regnaud cinq sols de cens, une geline, trois boisseaux de froment, cinq boiceaux d'avoine et deux bians sur son héritage qu'il tient de moy au dit lieu de Villemort, tenant d'une part à la bergerie du dit Regnaud, d'autre au chemin qui va de Villemort à Rouflac. Item Guillaume Regnaud deux sols six deniers de cens, quatre sols six deniers de rente, trois boiceaux froment, trois boiceaux avoine, une geline et deux bians sur son heritage qu'il tient de moy au dit lieu de Villemort, tenant d'une part au chemin qui va de Villemort à Saint Savin, d'autre aux clozures de Phelippon Regnaud. Item Jean et Guillaume Phelippeaux freres dix sols de cens, une geline, six boiceaux froment, six boiceaux avoine et deux bians sur leurs heritages qu'ils tiennent de moy au dit lieu, tenant d'une part le chemin qui va de Villemort à Antenet, et d'autre au bois de la Gariller. Item Denis Cailleau cinq sols de cens, cinq sols de rente sur son heritage qu'il tient de moy au dit lieu, tenant d'une part le chemin qui va du dit Villemort à Rouflac, d'autre au chemin qui va de Bouere à Foussac. Item Jean Petit, de la Caymetiere, cinq sols de cens, une geline, six boiceaux d'avoine sur son lieu de la Caymetiere, qu'il tient de moy, tenant d'une part à ma dite riviere de Salleron, d'autre aux coustures de Beufmont. Item Guillaume Rollard, dit la Bittine, six deniers de cens et deux sols de rente sur sa maison qui est assise devant la porte de ma dite tour et forteresse, et pour un verger assis devant la dite tour, tenant le verger de Phelippon Regnaud. Item Phelippon Regnaud deux deniers de cens, dix sols de rente, une geline et deux bians sur son heritage qu'il tient de moy, assis au dit lieu de Villemort, tenant d'une part le chemin qui va de Villemort à Saint Savin et d'autre le chemin qui va de Bethine à Saint Savin. Item Pierre Petit deux sols de cens, huit sols de rente, une geline, cinq boiceaux froment, deux boiceaux avoine et deux bians sur son heritage assis au dit lieu de Villemort, tenant d'une part à l'heritage

---

1. Sorte de corvée tant d'hommes que de bêtes.

de Mathurin Bernard, d'autre aux closures du dit lieu de Villemort, le chemin entre deux. Item Mathurin Bernard cinq sols de cens et rentes, trois boiceaux froment, mesure de Saint Savin, deux boiceaux et demy, mesure de Montmorillon, deux boiceaux avoine, une geline et deux bians sur son héritage assis au dit Villemort, tenant d'une part à l'heritage de Pierre Petit et d'autre au chemin qu'on va de Villemort à Laumosne. Item le dit Mathurin deux sols six deniers de cens, sept sols six deniers de rente, six boiceaux froment, six boiceaux avoine, une geline et deux bians sur ce qu'il a pris de nouveau de moy en la Ville Dumont, tenant d'une part le chemin qui va de Laumosne à Villemort, d'autre aux terres de Pierre Petit et de Phelippon Helion, du Pié, cinq sols de cens et rente, trois boiceaux froment, mesure de Saint Savin, deux boiceaux et demy, mesure de Montmorillon, deux boiceaux avoine, une geline et deux bians sur son heritage assis au dit lieu de Villemort, tenant d'une part à l'heritage de Mathurin Bernard, d'autre au chemin qui va de Villemort à Laumosne. Item Jean Moreau douze sols de cens et rente, un boiceau froment, une geline et deux bians sur son heritage assis au dit lieu de Villemort, tenant d'une part au chemin qui va de Villemort à Foussac et d'autre aux closures de Janne Fruschon. Item Jean Braghliet six sols de cens et rente sur son heritage assis au dit lieu de Villemort, joignant d'une part à l'heritage du dit Jean Moreau, d'autre aux confrontations du dit Jean Moreau. Item Mathurin Macé dix sols de cens et rente, cinq boiceaux froment, cinq boiceaux avoine, une geline et deux bians sur son heritage assis à Villemort, joignant d'une part au chemin qui va de Villemort à Flassac et d'autre le chemin qui va de Saint Savin à Bethines. Item Phelippon Helion et Jean Helion freres germains dix sols de cens et rente, cinq boiceaux froment, cinq boiceaux avoine, une geline et deux bians pour leurs heritages assis au lieu de Villemort, joignant d'une part aux fossez de ma forteresse de Villemort et d'autre les heritages du dit Mathurin. Item Denis et Mathurin Jarigeon six sols de cens sur une piece de pré assise en la paroisse de Bethine, d'autre au pré de l'abbé de Saint Savin. Item Guillaume Bouchet douze deniers de cens, quatre sols de rente, quatre boiceaux froment, quatre boiceaux avoine et une geline et deux bians sur son heritage aupres de Villemort, joignant d'une part aux Bois Communaux, d'autre à la fosse de Rigoux. Item Jean Michon l'aisné six deniers de cens, six deniers de rente, un boiceau froment, un boiceau seigle et le quart d'une geline pour son heritage qu'il a pris de nouveau, assis en Beautier, aupres de la vigne Dupuy et joignant le chemin qui va de Villemort à Laumosne. Item Clement Michon cinq deniers de cens sur une pièce de terre assise à Laumosne, joignant d'une part le chemin qui va de Villemort à Laumosne, d'autre part aux terres de Lenot. Item André Helion cinq sols de cens, cinq sols de rente, une geline, quatre boiceaux froment, quatre boiceaux avoine et deux bians sur son heritage assis entre Villemort et Flassac, joignant d'une part à la closure de Jean Delosme, d'autre à la closture de Villemort. Item Pierre Denis cinq sols de cens, cinq sols de rente, une geline, un boiceau froment, deux boiceaux avoine et deux bians pour son lieu qu'il a pris de nouveau, assis entre Villemort et Beautier, et entre les deux chemins dont l'un va de Villemort à Bethine et l'autre à Laumosne. Item Jacques Favreau à cause de l'heritage qui fut à Gille Denis, assis entre Villemort et Beautier, entre les deux chemins dont l'un va à Bethine et l'autre à Laumosne, pour ce chacun an cinq sols de cens, cinq sols de rente, une geline et deux boiceaux froment, quatre boiceaux avoine et deux bians. Item Jean Macé, de Villeneuve, douze deniers de cens, quatre sols de rente, quatre boiceaux froment, quatre boiceaux avoine, une geline et deux bians pour son heritage qu'il a pris de nouveau, assis en terroir de Villemort, tenant à la grande borne, vers Villeneuve, et aux terres de la Chastille, et d'autre au labourage de Micheau Pourret. Item André Regnaud à cause de son heritage assis auprès de Fossetaureaux, joignant à l'heritage de Guillaume Flassac, d'autre au chemin tendant de Bethine à Saint Savin, pour ce chacun an deux sols six deniers de cens et rente, deux boiceaux froment, deux boiceaux d'avoine, une geline et les bians comme les autres hommes du dit lieu. Item Jean Helion, de Doussac, deux sols de cens, une geline et un bian pour son heritage qu'il tient de moy à Doussac, joignant au chemin par lequel on va de Saint Maixant à la Trimouille, d'autre au chemin du dit village. Item Micheau Pourret deux sols six deniers de cens, sept sols six deniers de rente, six boiceaux froment, mesure de Villemort, une geline et deux bians pour son heritage qu'il tient de moy, joignant aux Bois Communaux et, d'autre aux terres de Vrassac. Item Jean Bidault douze deniers de cens, quatre sols de rente, une geline, deux boiceaux froment, quatre boiceaux avoine, à la dite mesure, et deux bians pour son heritage qu'il tient de moy, assis aux Beautiers, tenant au carrefour de la Robinere, d'autre à la levée du prieur de Bethine et d'autre au chemin tendant de Saint Savin à Saint Maixant le Petit. Item Jean Creschault, de Beufmont, vingt un deniers de cens sur ce qu'il tient de moy au dit lieu de Beufmont et ez environs. Item Guillaume Creschault, de Beufmont, cinq sols deux deniers de cens et une geline sur ce qu'il tient de moy on dit vilage de Beufmont et ez environs. Item Simon Meumain quatre deniers de cens à cause d'une vigne estant on vilage de Beufmont, tenant d'une part à la vigne Grogeon, d'autre au chemin qui va de la riviere au dit vilage. Item Jean Petit le jeune, dit Petignot, vingt deux deniers de cens pour trois chabots [1] de terre assis à Beufmont, tenant d'une part à la terre de Guillaume, de Beufmont, d'une à la vigne de Michault. Item les hoirs de Simon Cherpillon cinq sols de cens pour une piece de terre assise à Rouflac, joignant au chemin tendant de Saint Savin à Saint Maixant le Petit. Item Guillaume Margault quatre deniers de cens pour un quartier de pré avec une petite pièce de terre, joignant le dit pré au pré à Denis Arigeon et la dite terre au dit pré. Item André Franchault et ses parsonniers deux sols dix deniers de cens sur la plante qu'il tient de moy au dit vilage de Beufmont. Item Mathurin Bernard deux sols six deniers de cens assis à Villemort, tenant au chemin tendant de Villemort à Laumosne et d'autre à la terre de Jean Tiphaineau. Item les hoirs de feu Philippes Regnaud deux sols six deniers de cens sur leur plante, joignant à leur vigne, d'autre au grand chemin qui va de Bethine à Saint Savin. Item Jean Helion, dit Pia, deux sols de cens à cause d'une piece de terre tenant au santier qui vient de la fosse Belasson à la maison de Mathurin Bernard, d'autre à la terre de Pierre Denis. Item les hoirs de feu Jean Regnaud dix deniers de cens sur sa plante assise à Villemort, joignant d'une part au chemin tendant de Villemort à Saint Savin et d'autre au chemin qui vient de Bouere à Foussac. Item Janne Fruschon deux sols six deniers de cens à cause d'une pièce de terre joignant à la fosse à Rigoux, d'autre au grand chemin qui va de Bethine à Villemort. Item Jean Moreau deux sols six deniers de cens sur une piece de terre joignant au chemin qui va de Villemort à Antenet, d'autre aux terres du dit Moreau. Item toute haute justice moyenne et basse en tout mon domaine que j'ay à cause du dit lieu de Villemort et en tous mes fiefs et refiefs qui sont tenus de moy et en toutes les choses et chacunes d'icelles qui y sont decla-

---

1. *Sic* pour clabots, pièces ou morceaux.

rées ainsi qu'il est accoutumé tant en fiefs que refiefs. Et de plus de mon dit fief ne me souviens de present, et fais protestation d'accroître, moindrer ne corriger, specifier et declarer plus à plain en mon dit fief ou comme tout ce que je devray, toutefois qu'il viendra à ma notice et connoissance, que si j'ay trop ou peu mis ou employé à mettre en mon dit fief ou erré à la declaration des dites choses, suppliant humblement mon dit seigneur ses gens ou officiers que s'ils sçavent par eux ne par autres ou par les aveus anciens de mon dit seigneur que si j'ay aucune oublié à mettre en mon dit fief et à nommer qu'il leur plaise de ce me faire sçavoir comme à son homme lige, et incontinent que je le sçauray, je l'employeray à mon dit fief et l'advoueray à tenir de vous mon dit seigneur avec les choses susdites soubs mon dit aveu. En tesmoing desquelles choses j'ay mis et appousé à ces presentes mon adveu mon propre scel de mes armes et signé à ma requeste du seing manuel du notaire cy dessoubs ecrit, le sept^{me} jour du mois d'aoust l'an mil quatre cens soixante et deux. Ainsi signé : Deschamps, à la requeste du dit Jean Depoids et scellé.

Fourni la presente copie prinse sur une autre qui a esté prinse sur l'original du dit desnombrement produit à Poitiers en une autre instance. *Signé* F. Babert [1], p^r du seigneur de Villemort.

X

Vidimus des lettres de Mre Jean Le Scellier, archidiacre de Brie, conseiller et président des enquêtes au Parlement de Paris, par lesquelles il met Marguerite de Culant, dame de Belleville, en possession de la châtellenie de Montmorillon du 17 avril 1477 ; avec les lettres patentes du roi Louis XI ordonnant de faire cette délivrance. (Arch. Vien. C. 392 *ter*, Domaines, copie sur papier.)

28 février 1477.

A tous ceulx quy ces presantes lettres verront, Jean Le Scellier, archidiacre de Brie, conseiller et president des enquestes en la cour de Parlemant, commissaire en cette partie, savoir faisons que aujourd'huy datte de ces présantes et mettant à execution le contrat en certaine commission à nous baillée par l'ordonnance du Roy, nostre sire, pour mettre à execution certains traittez et

---

[1]. François Babert, fils de Gilbert Babert, procureur à Montmorillon, et de Marie Cailleau, hérita, en 1663, de la charge de son père qu'il occupait encore en 1694.

accords faits et accordez en la ville de Tours au mois d'apvril dernier passé entre le ditsieur d'une part, et haulte et puissante dame Marguerite de Culant [1], tant en son nom que comme ayant le bail, gouvernemant et administration des enfans de feu Mre Louis de Belleville, son mari, et d'elle d'autre part, de laquelle commission la teneur est telle : Louis, par la grace de Dieu, roy de France, à nos amez et feaux Me Jean Le Scellier [2], nostre conseiller et president en la Chambre des enquestes en nostre cour de parlemant à Paris, et Jean Bourré, aussy nostre conseiller maistre de nos comptes et tresorier de France, salut et dillection. Comme par nos autres lettres patentes signées de nostre main et en forme de chartre et pour les causes contenues en icelle nous aïons baillé, transporté et dellaissé à nostre chere et amée cousine Margueritte de Culant, vefve de feu nostre cousin Louis en son vivant seigneur de Belleville, tant en nom d'elle que comme aïant le bail, gouvernemant et administration des enfans du dit feu deffunct et d'elle, les chastel, ville, baronnie, terre et seigneurie de Montmorillon pour en jouir par elle, ses dits enfants et leurs hoirs successeurs et ayant cause, nous desirant le contenu en nos dittes lettres avoir et sortir leur plain et entier effaict vous mandons et commandons et à chascung de vous que vous transportiez au dit lieu de Montmorillon et illec bailler à icelle nostre cousine ès dicts noms reaulmant et de fait la pocession et saizine actuelle et personnelle des dits chastel, ville, baronnie, chastellenie, terre et seigneurie de Montmorillon et de ses dittes apartenanses et apandanses et l'en faittes souffrir et laisser jouir et uzer plainemant

---

1. Marguerite de Culant, dame d'Ainay-le-Vieil, était fille de Charles, seigneur de la Creste, grand maître de France, et de Belle-Assez de Sully, dame de Cluys, de Bouesse et de Magnac. Elle épousa, le 27 novembre 1455 Louis Harpedanne, seigneur de Belleville, Montaigu, etc., chambellan du Roi, fils de Jean, seigneur de Belleville, Cosnac, Montaigu, Mirambeau, et de Marguerite de Valois, fille légitimée de Charles VI et d'Odette de Champdivers.
Par acte du 4 août 1473, Marguerite et son mari firent cession de Montaigu à Louis XI qui, en retour, leur donna le comté d'Evreux, les seigneuries de Montmorillon, la Chaize-le-Vicomte et le château, ville et seigneurie de Saintes. L'importance des terres concédées par le Roi indiquait assez le prix qu'il attachait à la possession de Montaigu, place forte où il pouvait surveiller les menées du duc de Bretagne, vassal alors fort indocile.
Leur fils, Gilles, seigneur de Belleville, rentra dans la terre de Montaigu, en 1491 (la Bretagne était alors réunie à la France par le mariage de la duchesse Anne avec Charles VIII) et il restitua au roi ses terres de Montmorillon, la Chaize-le-Vicomte et le comté d'Evreux, que ses parents avaient reçus en échange. (Beauchet-Filleau, *Diction. des familles du Poitou*, 1re édition, t. II, p. 206.)
2. Jean Le Scellier fut l'un des conseillers nommés, en 1436, après la réduction de Paris pour y tenir le Parlement qui était transféré à Poitiers depuis 1421. (Blanchard, *Catalogue des conseillers du Parlement de Paris.*)

et paisiblemant nonobstant que nos dittes lettres de bail et transport ne soient veriffiées, enthcrinées ne expediées par nos amez et feaux les gens de nostre parlemant, nos comptes, tresoriers à Paris et autres nos officiers ausquelles elles sont adressans en deschargent de la recepte et administration des dits chastel, ville, terre et seigneurie de nos bien amez Pierre, Jean et Louis Morin depuis aulcung temps en sa par vertu de certaines autres nos lettres y auroient et ont esté commis par nostre amé et feal conseiller et correcteur en nostre chambre des comptes, Me Pierre Tonnelin, lesquels et tous autres y pouroient avoir estre commis nous en avons deschargez et deschargeons par ses presantes et pour ce que par nos dittes lettres de bail et transport [1] . . . et hommage des dits chastel, ville, baronnie et seigneurie de Montmorillon parquoy après que nostre ditte cousine en aura prins et accepté possession luy sera besoin de nous faire les dittes foy et hommage et pour ce que griesve et somptueuze chose luy seroit de vers nous en personne pour nous faire les dittes foy et hommage nous voullant de ce la recepvoir nous avons donné et donnons par ces presantes faculté et auctoritté de recepvoir d'icelle nostre cousinne pour et au nom de nous les dittes foy et hommage qu'elle nous sera tenue de faire à cause des dits chastel, ville et baronnie et seigneurie de Montmorillon et sur ce luy bailler vos lettres de reception du dit hommage telles que au cas apartient lesquelles foy et hommage ainsy faits à nostre personne nous voullons estre d'autre effaict et valeur comme ceux faits avoient esté à nostre propre personne et les avons auctorizé et auctorisons par les dittes presantes en mandant à nos dicts gens des comptes que vos dittes lettres de reception du dit hommage ils enregistrent en nostre ditte chambre des comptes tout ainsy qu'ils se faisoient et faire pouvoient sy le dit hommage estoit fait à nostre propre personne et que ussions auctroïé nos lettres patentes et en outre pour ce que par les traictez et appointemant et articles contenus et suscripts en nos dittes lettres de bail et transport nous avons baillé et transporté à icelle nostre cousinne ès diz noms tous les droicts, proffits et esmollumants provenans et quy viendront et croistront doresnavant de la justice et ressort roïal que est au dit lieu de Montmorillon tant en amandes que autres choses quelsconques et que ceux quy à ce seront tenus soient contraincts à les païer par deux sergens roïaux quy auront puissance de les faire eux et faire les

---

1. En blanc.

contraintes à ce necessaires ainsy qu'il estoit et est accoustumé de faire durant qu'elles estoient en nos mains et que iceux sergens seront mis et nommez à la nomination de nostre ditte cousinne. Nous à cette cause pour toujours relever icelle nostre cousinne nous avons de reschef donné et donnons par ses dittes presantes puissance, faculté, auctoritté de faire citer et [1]. . . . . à sa ditte nomination les dits deux sergens pour faire les dittes executions compulsoires et contrainctes [1]. . . . . . . vos lettres au cas apartenant lesquels sergens quy ainsy seront par vous creez et ordonné à la ditte nomination nous voullons estre reçus, mis et instituez par nostre seneschal de Poictou ou son lieutenant en pocession et saisine des dits offices tout ainsy que faits et creez avoient esté par nos mandemens patens. En leur mandant et enjoignant que ainsy le facent. De ce faire avons et à chascun de vous donnons authoritté, commission et mandemant especial mandons et commandons à tous nos justissiers, officiers et subjects que avons à chascun de vous, vos commis et députez en ce faisant, obeissant et entendant diligemant prestent et donnent conseil, confort, ayde et prisons se mestier est et par vous requis en tout.

Donné au Plessis du Parc, ce vingtiesme jour d'apvril l'an de grace mil quatre cent soixante dix neuf et de nostre reigne le dix-huictiesme. Ainsy signé : par le Roy, Picot. Nous a esté requis par nobles et honnestes Pierre, Jean et Louis Morin demeurant à Montmorillon en baillant la pocession à la ditte dame au dit nom de la terre et seigneurie ensemble ville, chastel du dit Montmorillon et ses apartenances quelsconques nous le voullisions et un chascun avons deschargez de la garde et capitainerie des dittes ville et chastel et autres charges à eux commises par M° Pierre Tonnelin, correcteur des comptes en l'an mil quatre cent soixante et dix sept ce seiziesme jour de febvrier et depuis par Monsieur M° Jean Bourré, tresorier de France, le dernier jour du dit mois au dit an ainsy que entre autres choses vous estoit mandé pas les dittes lettres de commission cy dessus incorporées en obtemperant à laquelle requeste comme juste et raisonnable et en ensuivant ce contenu ès dittes lettres de commission iceux Pierre, Louis et Jean Morin et ung chaiscung d'eux avons deschargé et deschargeons, par vertu du pouvoir à nous donné, de la garde et capitainerie des dittes ville et chastel ensemble de la recepte de icelle terre et seigneurie de Montmorillon, fors et exepté des restes qu'ils ont a rece-

---

1. En blanc.

voir du temps qu'ils ont heu charge de la ditte recepte et tout sellon le contenu des dittes lettres cy dessus incorporées, et les avons tenu et tenons pour quittes et deschargés. En tesmoings de ce nous avons signé et scellé ces presantes de nos saings et scel manuels cy mis, ce vingt-septiesme jour d'apvril l'an mil quatre cens soixante et dix neuf. Ainsy signé : Le Scellier.

Vidimus des lettres patentes du Roy nostre sire données au Plessis du Parc lez Tours, ce dernier jour de febvrier mil quatre cens soixante dix sept, par lesquelles est mandé à Mᵉ Jean Bourré faire dellivrer la ditte terre et seigneurie de Montmorillon à la ditte Margueritte de Cullant, vefve de feu Monsieur de Belleville tant en son nom comme ayant la garde de ses enfans ainsy que plus à plain veult aparoir par les dittes lettres desquelles la teneur s'en suit :

Tous ceulx quy ces présantes lettres verront, Jean Duperche, garde du scel roïal estably et dont l'on uze aux contracts en la ville, chastellenie et ressort de Tours, salut. Savoir faisons que les nottaires cy dessoubs escripts nous ont certiffié soubs leurs seings manuels avoir aujourd'huy veu, bien leu de mot à mot et dilligeamant regardé les lettres patentes du Roy, nostre sire, scellées en queue simple et sire jaulne, saines et entières en scel mere et escritures desquelles la teneur s'en suit : Louis, par la grace de Dieu, roy de France, à nostre amé et feal conseiller Maistre Pierre Tonnellin, correcteur en nostre chambre des comptes, salut et dillection. Comme nous ayons nagueres par autres nos lettres signées de nostre main baillé et dellivré à nostre amé et feal conseiller Mᵉ Jean Bourré, maistre de nos comptes et tresorier de France, les ville, chastel et chastellenie, terre et seigneurie de Montmorillon pour estre par luy baillé et dellivré à nostre chere et amée cousinne Marguerite de Cullant, vefve de feu Louis, en son vivant seigneur de Belleville, ou nous pour les causes et ainsy que plus au long est declaré et contenu en nos dittes lettres à la garde et conservation de laquelle ville, chastel et chastellenie, terre et seigneurie de Montmorillon nous ayons par nos lettres patentes nagueres commis et ordonné de la prandre et recouvrer de nostre amé et feal conseiller et chambellan du Bois, chevallier, lequel l'avoit par longtemps tenue et possedée par don de nous et moïennant la recompense par nous à luy sur ce faitte pour ce est il que nous vous avons deschargé et deschargeons ensemble vos commis et deputez de vostre commission et garde des dittes ville, chastel et chastellenie de [Montmorillon] par ses présantes signées de nostre main que [1]. . . . . . et nous plaist vous valloir et servir à vos dits commis d'acquict et descharge partout où il apartiendra sans ce que aulcune chose ne à vos dits commis en temps à venir ne à vos hoirs ne successeurs imputer querelles ne demande pour quelque cause que se soit et sans ce que vous ne vos dits commis soïez tenus ne raporter ne faire aparoir cy après d'autre acquict ou descharge de nous du dit Me Jean Bourré ne d'autres fors seullemant des dittes presantes ou vidimus d'icelle fait soubs scel roïal et pour ce ne faittes ne souffrez estre fait par vos dits commis aulcung resfus ou difficulté de faire ouverture ou bailler les clefs à nostre dit tresorier Bourré des dittes ville et chastellenie de Montmorillon, car tel est nostre plaisir. Donné au Plessis du Parc lez Tours, le dernier jour de febvrier l'an de grâce mil quatre cens soixante et dix sept et de nostre reigne le dix septiesme, ainsy signé par le Roy, Piccot. Donné à Tours par manière de vidimus soubs le dit scel roïal estably et dont l'on uze aux contracts dessus dits, ce septiesme jour de mars l'an mil quatre cens soixante et dix sept. Collation faitte à l'original par nous J. Papillon, F. Hamellin et sur le reply d'icelle Arrault et Portais.

XI

Transaction entre Marguerite de Cullant, baronne de Montmorillon, et le chapitre de Notre-Dame dudit lieu, par laquelle cette dame, eu égard à la destruction des archives du chapitre pendant les guerres, se désiste du procès qu'elle lui avait intenté pour l'obliger à produire les titres justifiant sa fondation et les droits qu'il percevait dans la châtellenie de Montmorillon. (Arch. Vien. G^s 80, chapitre de Notre-Dame de Montmorillon [2].)

7 juin 1486.

Sachent tous que comme puis certain temps en ça le feu roy Loys que Dieu absuille, par le temps qu'il vivoit eust baillé, cedé, transporté, demis et délaissé à perpetuité et à tousjours mais perpetuellement à noble et puissante dame Marguerite de Cullant, dame de Belleville et de Cosnac, la chastellenie, baronnie, terre et seigneurie, justice et jurisdiction de Montmorillon, hommes, vassaulx et subgiectz pour dillec en avant en joïr comme faisoit

---
1. En blanc.
2. L'original de cette transaction ayant été en partie détruit par la pourriture, il a été suppléé par deux copies sur papier, faites l'une au xviie siècle et l'autre en 1785.

et avoit acoustumé joïr le Roy nostre sire ; de laquelle chastellenie, baronnie et seigneurie il luy en eust donné, fait et passé lectres soubz scelz royaulx et auctenticques en son conseil : par vertu desquelles lectres elle fust faicte dame et print et aprehenda possession et saisine de la dicte chastellenie, baronnie, terre et seigneurie, et [1]........ la dicte dame comme chastellaine et baronnesse eust voulu savoir comme leu et permis luy estoit de droit, les fondacions, doctacions et augmentacions des églises de la dicte ville, mesmement de l'église collégiale de Nostre Dame du dit lieu, qui est au pied et rez de son chastel ; et eust fait sommer par ses officiers dudit lieu les prévost et chanoynes de la dicte église qu'ilz lui monstrassent et exhibassent les fondacions, doctacions et augmentacions de leur dicte église et qui estoit leur fondateur aussi qu'ilz lui monstrassent quel devoir ils faisoient pour dix sept livres, dix sept solz, huict deniers qu'ilz levoient et prenoient sur la recepte de son domaine dudit lieu par chascun an en chascune feste de Toussaincts ; de quatre septiers de blé moictié froment et seigle mesure dudict lieu qu'ilz prenoient par chascun an sur les moulins du Roy assis sur la rivière de Gartempe au-dessoubz de sa ville dudict lieu de Montmorillon ; des ventes et honneurs qu'ils prenoient des choses vendues et revendues assises ès barrières et fortifficacions de ladicte ville mouvans de leur dicte église ; de quatre deniers tournois qu'ils prenoient et levoient pour droit de peage sur chascune charrete chargée passant par la dicte ville et chastellenie de Montmorillon ; et avecques ce qu'ilz lui baillassent par déclaracion tous et chascuns les domaines qu'ilz avoient et tenoient en sa dicte chastellenie et baronnie ; et aussi qu'ilz vuidassent leurs mains de choses par eulx acquises depuis quarante ans en ça au dedans de sa dicte chastellenie et baronnie. Lesquelz prévost et chanoynes n'eussent peu monstrer ne exhiber à la dicte dame leurs dictes fondacion, doctacion, augmentacion, ne qui estoit leur fondateur ne par quelz moyens ils prenoient et levoient la dicte somme de dix sept livres, etc., etc....., et n'eussent peu ne sceu bailler par déclaracion les domaines et heritages qu'ilz ont pour raison de ladicte église estant au dedans desdictes chastellenie et baronnie, et n'eussent aussi vuidé leurs mains des choses par eux acquises depuis ledict temps de quarante ans en ça estant au dedans desdictes chastellenie et baronnie : pourquoi estoit leu et permis à

---

1. Déchiré.

la dicte dame de droit de mestre, saisir et prendre en sa main
lesdites choses et aultres cens, rentes et debvoirs apartenans à
ladicte eglise et auxdicts prevost et chanoynes d'icelle jusques à
ce qu'ilz lui eussent monstré et exhibé leur dicte fondacion et qui
est leur fondateur, et aussi parce qu'ilz ne lui monstroient quels
debvoirs ilz faisoient pour raison de dix sept livres, dix sept solz,
huict deniers et aultres choses qu'ilz prenoient et levoient par
chascun an au dedans de sa dicte chastellenie, baronnie, terre et
seigneurie dessus dicte, et pour ce avoit prise, saisie et mise en
sa main lesdictes choses. Lesquelz prévost et chanoynes voyant
ladicte saisine avoir ainsi esté faicte et la main de ladicte dame
avoir esté mise et apposée sur lesdictes choses, se fussent traictz
par devers ladicte dame, et lui requerir que lesdictes choses ainsi
saisies et mises en sa main il lui pleust mestre à delivrance, disant
que les tiltres et enseignemens qu'elle vouloit voir de leur dicte
fondacion et choses dessus dictes ilz ne pouvoient et ne sçau-
roient monstrer ne enseigner, pour ce que leur dicte eglise avoit
autreffois esté fortiffiée par le temps des guerres qui avoient eu
long temps cours en ce royaulme, et que par la fortune de feu elle
avoit esté bruslée et arse par deux fois, et leur tresor, tiltres
et [1]...... lectres, livres et aultres grans biens estans en icelle
avoient esté semblablement bruslez et ars, et que bonnement
par ce moyen ne pouvoient monstrer ne exhiber à la dicte dame
leur dicte fondacion ne qui est leur fondateur ne quel debvoir ilz
font pour ladicte somme de dix sept livres, dix sept solz, huict
deniers qu'ils levent et prennent par chascun an sur sadicte recepte, ne comment ilz levent lesdicts quatre septiers de blé moictié
froment et seigle sur lesdicts moulins du Roy, lesdictes ventes et
honneurs desdictes choses vendues au dedans des dictes bar-
rieres et fortifficacions de la dicte ville, ne desdicts quatre deniers
pour droict de peage pour chascune charrette qui passe parmi ladicte ville et chastellenie, ne aultrement ; ains seulement disoient
lesdicts prevost et chanoynes en avoir esté en possession et saisine de tel et si long temps qu'il n'estoit memoire du contraire,
ainsi que tout ce ilz vouloient monstrer tant par l'inspection, vision et regard de ladicte eglise, qui demonstre bien avoir esté
bruslée et arse, que par gens dignes de foy, que ainsi estoit.
Mais de tout ce ladicte dame ne tint compte, et renvoya et refusa
de leur lever sadicte main mise et apposée sur lesdictes choses,

---

1. Déchiré.

parce qu'elle disoit qu'elle n'estoit pas deuement informée et acertainée de ce qu'ilz disoient ; et pour ce furent tousjours lesdictes choses saisies et mises en sa dicte main ; dont et de laquelle saisie ainsi faicte et main mise sur icelles choses lesdicts prevost et chanoynes [1]..... et appellerent, ou procureur pour eulx, desdictes choses et saisie et leur dict appel ilz auroient bien et deuement relevé en la cour de Parlement à Paris, et les adjournemens et intimacions bien et deuement faictez, ainsi qu'en tel cas appartient ; et est encore ledict proces et cas d'appel pendant et indecis en ladicte cour entre lesdictes parties. Or est il que depuis ledict appel ainsi faict et interjetté par lesdicts prevost et chanoynes ou procureur pour eulx, et les adjournemens et intimacions faictz comme dit est, se sont, de rechef lesdicts prevost et chanoynes traictz par devers ladicte dame et l'ont supliée et requise qu'il lui pleust de sa grace de non vouloir proceder contre eulx ne contre leur dicte eglise et que pour l'amour de Dieu et de Nostre Dame il lui pleust de leur lever sa main qui estoit ainsi mise et apposée sur lesdictes choses, et ilz prieroient Dieu pour elle et pour tous ses parens et amis trepassez.

Laquelle dame voyant par l'inspection et regard d'icelle dicte eglise avoir esté bruslée et arse par deux fois de long temps et que par ce pouvoient lesdicts prevost et chanoynes avoir perdu leurs lectres, tiltres et ce qui estoit dans le tresor de leur dicte eglise a esté d'accord et consenti de son propre mouvement de lever sa main qu'elle avoit mise et apposée sur lesdictes choses au proffit desdicts prevost et chanoynes de leur dicte eglise.

Et pour ce aujourdhui en droit est la cour du scel aux contratz establi audict lieu de Montmorillon pour le Roy notre sire et par devant les jurez et notaires de la dicte cour ci dessoubz escriptz ont esté presens et personnellement establiz la dicte dame pour elle et les siens hoirs et successeurs et qui après elle seront seigneurs et dames dudict lieu de Montmorillon d'une part, et Mre Jehan Cherchereoux prestre, prevost de ladicte eglise et M^{res} Georges Chevrier, Loys Marsays, Mathieu de la Roderie, aussi prestres, et Bertrand A..... [1], clerc, chanoynes de la dicte eglise, pour eulx et leurs successeurs et qui après eulx seront prevost et chanoynes de la dicte eglise d'aultre part ; lesquelz et chascun d'eulx seul et pour le tout, ô le congé et licence de ladicte cour de Parlement de leur propre mouvement et sans nulle

---

1. Déchiré.

contrainte, ont cogneu et confessé et par ces presentes lectres cognoissent et confessent estre venus et condescendus à transaction, appoinctement et accord entre eulx en la forme et maniere qui sensuit. C'est assavoir ladicte dame recongnoissant et voyant ladicte eglise de Nostre Dame estre fort desolée et avoir esté arse et bruslée par deux fois, ainsi que deuement a esté et est informé et acertainné, et aussi deuement informée de la longue possession que lesdicts prevost et chanoynes ont eu par cidevant d'avoir et prendre, lever et recepvoir par chascun an lesdits dix sept livres, dix sept solz, huict deniers tournois sur sa dicte seigneurie du dict Montmorillon avant qu'elle en feust dame, desdicts quatre septiers de blé, etc., etc...... pour l'honneur de Dieu et de Nostre Dame, affin que doresnavant elle soit en recommandacion et prieres qui se feront en ladicte eglise de Nostre Dame, de son propre mouvement leur a levé sa main qu'elle avoit mise et apposée sur lesdictes choses au proffit desdicts prevost et chanoynes, et leur a mis et mest les dictes choses à pleine delivrance pour doresnavant en joïr comme ilz faisoient et avoient acoustumé joïr par avant sa dicte main mise, sans que jamais ilz soient plus tenus de monstrer et enseigner de leurs dicts tiltres de fondacion ne des choses susdictes ; et a voulu et ordonné, veult et ordonne ladicte dame que les dicts prevost et chanoynes joïssent doresnavant perpetuellement de leurs privilleges, usances et ordonnances ainsi qu'ilz avoient acoustumé faire par ci devant : lesquelz elle leur a conservez et confirmez par ces presentes ; et a voulu et entendu ladicte dame que lectres leur en soient faictes en la meilleur forme que faire se pourra au proffit d'eulx et de la dicte eglise, la substance de ces présentes non viciée ne changée, en ce que lesdicts prevost et chanoynes seront tenus et ont promis et promectent doresnavant par chascun jour en chantant leur grand messe ilz diront pour ladicte dame une collecte ou oraison durant sa vie et après son trepas tant pour elle que pour les ames de ses parens et amis trespassez ; et partant s'est desistée et departie, desiste et depart dudict procès et cause d'appel qui estoit meu et pendant indecis en ladicte court de Parlement de Paris, et de tous autres procès et questions qu'ilz auroient pu avoir ensemble le temps passé au proffit desdicts prevost et chanoynes de ladicte eglise. Et seront tenus lesdicts prevost et chanoynes d'aller querir le congé de ladicte cour de Parlement à leurs despens pour auctoriser ce present appoinctement. Toutes et chascunes lesquelles choses dessus dictes et chascune d'icelles ainsi que par dessus elles sont plus à plain dictées, escriptes et plus à plain speciffiées et declarées, lesdictes parties et chascune d'elles ont cogneu et confessé estre vraies et icelles et chascune d'elles ont promis et promestent par les foy et serment de leurs corps sur ce jurez aux sainctz evangilles de Nostre Seigneur, soubz les obligacions et hypotheques, savoir, ladicte dame, de tous et chascuns ses biens meubles et immeubles presens et futurs quelzconques de non jamais demander aucune chose ausdicts prevost et chanoynes et à leurs successeurs esdictes choses par elle mises à pleine délivrance ausdicts chanoynes et les laisser doresnavant joïr de leurs privilleges, usances et ordonnances ainsi que dessus est dit ; et lesdits prevost et chanoynes le temporel de ladicte eglise, et de dire devotement en leur dicte eglise en chantant leur dicte grand messe par chascun jour la dicte oraison ou collecte doresnavant perpetuellement pour ladicte dame durant sa vie et après son decès et trespas, tant pour elle que pour tous ses parens et amis trespassez. Et en oultre amender et ressarier l'une partie à l'autre tous les dommaiges, fraiz, mises et despens que par deffault d'eulx ou de chascun d'eulx seront faictz touschant les choses non faictes et non accomplies, etc., etc. ... Renonçant sur ce lesdictes parties et chascune d'elles à toutes et chascune exceptions de droit, etc., etc ... En tesmoing desquelles choses nous les gardes desdicts scelz, iceux que nous gardons et à la fealle relacion desdicts jurez et notaires cidessoubz escriptz, que ad ce faire tenir et accomplir ont lesdictes parties jugiées et condempnées, nous à eulx adjoustant pleniere foy, à ces presentes lectres originellement doublées avons mis et apposé. Donné, fait et passé audict lieu de Montmorillon, le septiesme jour de juing l'an mil cccc quatre vingt et six. *Signé* : Basty et Gousselin, notaires, et autrefois scellé de deux sceaux.

XII

Edit de François Ier portant création d'un office de sénéchal à Montmorillon. (D. Fonteneau, t. XXIV, p. 579, d'après Robert du Dorat.)

Mai 1545.

François, par la grâce de Dieu, roy de France, à tous présents et advenir, salut. Comme despuis quelque temps en ça pour certains grands et raisonnables causes, occasions et considérations à ce nous mouvans, nous ayons créé et érigé en chef et titre d'office formé en aucuns sieges particuliers des bailliages et séneschaussées de notre royaume, nouveaux baillifs et séneschaux de robe longue pour l'administration de la justice tant civile que criminelle que police que en et par tout le ressort de leurs sièges que nous leur avons éclipsés des dits anciens bailliages et séneschaussées pour en faire d'autres à part intitulés du nom des lieux où estoient les dits sieges establis, chose que nous avons trouvé et trouvons très utile, commode et à propos pour le bien de justice, soulagement de nos subjets des ressorts particuliers, qui ont en plus grande révérence, réputation et crainte un baillif ou séneschal en chef, que un lieutenant, dont s'ensuit que nous en sommes mieux et plus diligemment obéis en tout ce qui concerne notre authorité et service, et d'ailleurs que le siège et ressort de Montmorillon despendant de la séneschaussée de Poitou est de la même qualité de ceux qui sont jà par nous décorés du dict tiltre de séneschaussée avec un séneschal, nous, à cette cause par advis et délibération des gens de nostre conseil privé et de nos certaine science, plaine puissance et authorité royal, avons par esdict perpétuel et irrévocable, éclipsé, distraict et séparé, éclipsons, distraïons et séparons le dit siège et ressort de Montmorillon de la dicte séneschaussée de Poictou, et icelui faict, créé, érigé et establi, faisons, créons, erigeons et establissons en chef, tiltre et qualité de séneschaussée [1] avec un séneschal de robe longue, oultre et par dessus le lieutenant général civil et criminel et accesseur qui sont d'ancienneté, lesquels doresnavant ne se intituleront plus comme ils faisoient lieutenants généraux, civils, criminels et accesseurs du séneschal de Poitou au dit siège, mais du séneschal du dict Montmorillon [2], qui cognoistra tant en première instance par préven-

---

1. En remplacement du baillinge et siège particulier créé par Louis XI, « auquel siège le lieutenant général du sénéchal de Poitiers souloit aller tenir les grandes assises annuellement ». (D. Fonteneau, t. XXIX, p. 93.)

2. Les lieutenants du siège de Montmorillon tentèrent à différentes fois de prendre le titre de lieutenant général. En 1576, par deux arrêts, l'un du 7 avril et l'autre du 7 septembre, défense fut faite à Me Jean Demaillasson, lieutenant audit siège, de prendre la qualité de lieutenant général. Même défense est également faite à son successeur, Laurent Richard, par sentence arbitrale rendue à Paris le 16 décembre 1594 entre lui et le sénéchal Paul Thomas ; mais par un arrêt de règlement de leurs charges du 2 août 1597, Laurent Richard fut intitulé lieutenant général civil et criminel, assesseur et premier conseiller au siège.
En 1622, Louis XIII ayant créé deux offices de conseiller au siège de Montmorillon, dont furent pourvus Mes Laurent Douadic et François Cœurderoy, la qualité de lieutenant fut purement et simplement donnée à Me André Richard par arrêt du Parlement de décembre 1626, avec la même distribution de procès et la même part aux épices que l'un des conseillers au civil ; mais comme il était en même temps lieutenant criminel, il en eut toute la fonction, qui lui fut ensuite enlevée et donnée au sénéchal par arrêt de juin 1635. (D. Fonteneau, t. XXIX, p. 93-95.)

tion, que en cas d'appel, selon l'ancien ressort du dict siège, de toutes, telles et semblables matières criminelles et civiles dont ont accoutumé cognoistre et décider les autres sénéschaux tant anciens que nouvellement érigés en nostre royaume selon nos ordonnances, esdits et statuts sur ce faicts tant par nous que par nos prédécesseurs roys, et aura l'œil à la conservation de nos esdits, authorités et domaine et lui seront doresnavant par nous adressées nos lettres et commissions ordinaires et extraordinaires qui se souloient adresser au dit sénéschal de Poitou ou son lieutenant pour le fait des cotisations et impositions d'octrois et aultres telles et semblables charges qui se présenteront à faire et exécuter pour nostre service en la dite séneschaussée et ressort du dit Montmorillon, et généralement fera tous autres actes appartenants et afferans au dit office de séneschal, lequel il tiendra et exercera à tels et semblables honneurs, authorités, prérogatives et prééminences, franchises, libertés, droits, profits et esmoluments, dont jouissent et usent les autres séneschaux et juges de province tant anciens que nouveaux par nous establis ès dits sièges particuliers, et aux gaiges de vingt-cinq livres tournois que luy avons ordonné et ordonnons à iceux avoir et prendre doresnavant par chacun an, à commencer du jour et datte des présentes, par ses simples quitances et par les mains du recepveur ordinaire du dict Poitou et des deniers de sa recette, sans ce qu'il soit besoin en lever aultre acquit ne mandement que ces dites présentes signées de nostre main, ne aussi autrement informer de la commodité ou incommodité de cette présente nostre création et correction, dont nous tenons pour bien informés, et avons imposé et imposons silence perpétuel au dit ancien séneschal de Poitou, lieutenant, accesseur et autres nos officiers et subjets qui vouldront contredire et empescher directement ou indirectement l'effet d'icelle création, distraction et séparation des dites deux séneschaussées, et néantmoins pour certaines causes, voulons, entendons et nous plait que au dit séneschal de Poitou demeure comme de tout tems et d'ancienneté il en a l'authorité et superintendance du fait de nos ban et arrière-ban touchant les assemblées et service d'iceluy en et partout le païs de Poitou et ressort d'iceluy en la dite séneschaussée et en celle du dit Montmorillon, si ce n'estoit que en son absence ou légitime empeschement le dit séneschal de Montmorillon fut contraint y vacquer en la dite séneschaussée. Si donnons en mandement à nos amés et féaulx les gens de nostre cour de Parlement à Paris et de nos aultres justiciers et officiers qu'il appartiendra que nos présents distraction, séparation, création, correction, establissement et vouloir ils entretiennent, gardent et observent, facent inviolablement de point en point entretenir, garder, observer, lire, publier et enregistrer, sans aller ne venir au contraire en quelque manière que ce soit, et à ce faire souffrir et obéir, contraignent ou facent contraindre le dit séneschal de Poitou, ses dits lieutenants civils, criminels et accesseurs et tous autres qu'il appartiendra et qui pour ce seront à contraindre par toutes voyes et manières dues et en tel cas requises nonobstant oppositions ou appellations quelconques pour lesquelles ne voulons 'estre différé, car tel est notre plaisir, nonobstant quelconques lettres, esdits, statuts, ordonnances et déclarations impétrées ou à impétrer à ce contraires, que ne voulons avoir lieu au préjudice de ces présentes, auxquelles afin que ce soit chose ferme à toujours, nous avons fait mettre notre scel. Sauf en autres choses notre droit et l'autrui en toutes. Donné à Moreau [1], au mois de may l'an 'de grâce mil cinq cent quarante cinq, et de notre règne le trente uniesme. Ainsi signé sous le repli : François, et sur le dit replit, par le Roy en son Conseil, de Laubespine.

Lecta, publicata et registrata, audito procuratore generali regis pro per eos qui provisi sunt aut providebuntur officio senescalli gaudendo per provisionem et absque prejudicio processus in scriptis pendentes. Actum Parisiis, in parlamento, sexta die Augusti anno Domini millesimo quingentesimo quadragesimo quinto.

Extrait des ordonnances royaux régistrées en Parlement, ainsi signé : Voisin Robert, conseiller du Roy et président par extraordinaire.

Sénéchaux de Montmorillon.

I. 1545 à 1580. — LE BEAU (Louis), seigneur de Sauzelles et d'Issoudun-sur-Creuse, fils de François, seigneur de Sauzelles, et de Jeanne Robert, fut le premier sénéchal de Montmorillon. Il épousa Marguerite Suya, fille de Jean, sieur de Lasserie, et de Magdeleine Lucas, dont il eut : 1º André, qui hérita de la charge de son père ; 2º René, dont nous aurons occasion de parler ailleurs ; 3º Paul, appelé le capitaine de la Barde ; 4º Marguerite, femme de Claude de la Pouge, seigneur du Bois, lieutenant en la sénéchaussée de la Basse-Marche, assassiné au Dorat en 1578 (Beauchet-Fil-

---

1. Morée (Loir-et-Cher). Le roi était à Morée les 12, 18 et 19 mai 1545. (*Cat. des actes de François I*^{er}*, t. VIII.*)

leau, *Dict. des fam. du Poitou*, t. II, p. 353, et D. Fonteneau, t. XXIX, p. 95).

II. 1580 à 1589. — LE BEAU (André), seigneur de la Barde, succéda à son père vers 1580. Il eut pour femme Jeanne Thomas, fille de Léonard Thomas, procureur au Parlement de Dijon, et d'Eléonore Vezien. A la tête de la petite garnison, établie à Montmorillon au mois de mai 1589, il repoussa, à plusieurs reprises, les attaques des protestants ; mais ceux-ci étant parvenus à pénétrer dans la ville au mois d'octobre suivant, André Le Beau fut pris par trahison et massacré dans l'église de Notre-Dame où il s'était enfermé avec quelques soldats. Sa maison fut pillée et sa veuve contrainte de s'enfuir « en habits déguisés » avec son fils Paul, alors âgé de douze à quinze mois. En récompense de tant de dévouement, Henri IV donna l'office de sénéchal à Jeanne Thomas et à son fils, qui, durant sa minorité, fut remplacé dans ledit office par Paul Thomas, son oncle. (D. Fonteneau, t. XXIX, p. 97, et *Arch. hist. du Poitou*, t. XXIII, p. 57.)

III. 1591 à 1621. — THOMAS (Paul), seigneur de la Croix, du Plessis, de Cromas, de Boismorin et des Mas, embrassa d'abord la carrière des armes, prit part aux batailles d'Arques et d'Ivry ; il était au camp devant Falaise lorsqu'il fut nommé sénéchal de Montmorillon. Après la reprise de cette dernière ville par le prince de Conti (6 juin 1591), Paul Thomas prit possession de sa charge qu'il occupa pendant trente-deux ans. Il avait promis à Jeanne Thomas, sa sœur, de rendre cet office à son fils dès que celui-ci serait en âge de l'occuper, mais comme il ne se pressait point de tenir sa promesse, il y fut contraint, en 1621, par un arrêt du Parlement de Paris. Paul Thomas mourut au mois de juillet 1630, âgé de 70 ans. Il avait épousé Françoise Mangin, morte de la peste à Montmorillon au mois de septembre 1631, fille de Pierre, s^r de Chizé, et de Claude de Maubué, dont il eut : 1° Léonard, seigneur de Boismorin et de Brizay, trésorier de France à Poitiers, marié, en 1621, à Marthe Le Prévost ; 2° Robert, mort, en 1613, à 17 ans ; 3° Claude, femme de Jean de Nollet, seigneur de l'Epaux ; 4° Louise, femme de Pierre Robert, lieutenant général de la Basse-Marche. (D. Fonteneau, t. XXIX, p. 97, 99.)

IV. 1621 à 1629. — LE BEAU (Paul), seigneur de la Barde, dont nous avons déjà parlé (tome XXXVI, p. 326, note), succéda à son oncle Paul Thomas au mois d'octobre 1621 ; mais il fut contraint de vendre sa charge, en 1629, « parce qu'il ne put jamais se styler à rien apprendre et prononcer en cette charge, si bien que l'on disoit dans le pays qu'il falloit qu'il eut esté ensorcellé et charmé, de sorte qu'il demeuroit en l'audience toujours comme une statue sans dire mot, ne faisant que regarder l'un et l'autre ce pendant que Me Richard prononçoit tous les appointements sans lui en demander jamais aucun avis ». (D. Fonteneau, t. XXIX, p. 99, d'après Robert du Dorat.)

V. 1629 à 1657. — DU CHASTENET (Jean), seigneur de Murat, fils de Léonard, seigneur de Mérignat, lieutenant général de la sénéchaussée de Limoges, et d'Antoinette du Verdier, prit possession, en 1629, de la charge de sénéchal de Montmorillon, qu'il avait achetée de son prédécesseur moyennant la somme de 66.000 livres. « Au lieu de rendre la justice en toute probité, dit Robert du Dorat, Jean du Chastenet se mit à la faire au plus offrant et dernier enchérisseur, faisant mille exactions et concussions, prenant sous main des sommes immenses d'argent pour des jugements de procès-verbaux à ferme, tutelles et autres actes de justice ». Il avait épousé, le 24 septembre 1631, Elisabeth de Sainte-Marthe, fille de François, seigneur de Champdoiseau, et de Marie Frubert, dont il eut : 1° Jean, seigneur de Mérignat, mort à Paris le 8 mars 1654 ; 2° Pierre, qui hérita de la charge de son père ; 3° Antoinette, femme de François Green de Saint-Marsault ; 4° Gabrielle, religieuse à Fontevrault le 8 octobre 1652 ; 5° Marie-Thérèse, religieuse à Saint-Joseph de Montmorillon le 27 janvier 1664 ; 6° Hyacinthe, religieuse à Blessac le 2 janvier 1667 ; 7° Fafa, mort à six ans le 6 mai 1654 ; 8° Isabeau, religieuse à Blessac le 2 janvier 1667.

Jean du Chastenet mourut dans un voyage à Angoulême, le 10 avril 1657, « depuis lequel temps, dit encore Pierre Robert (1658), il n'y a pas eu de sénéchal à Montmorillon, car il n'avoit pas payé la paulette ». (D. Fonteneau, t. XXIX, p. 101, et *Arch. hist. du Poitou*, t. XXXVI.)

VI. 1663 à 1695. — DU CHASTENET (Pierre), seigneur de Mérignat, fils cadet du précédent, fut installé dans sa charge le 27 avril 1663. Il épousa à Paris, le 26 août 1665, Magdeleine-Félix d'Ostrel ou d'Ostrelle, fille unique de Gilles-François d'Ostrel, seigneur de Ferlingan, et de Diane-Louise de Prunelé[1], dont il eut

---

1. Diane-Louise de Prunelé, fille unique de René, sgr de la Porte, et de Marie de Riole, avait épousé en premières noces, le 18 août 1632, Charles de Saint-Simon, sgr de Montbléru, lieutenant-colonel du régiment de Navarre, tué

Magdeleine-Elisabeth, appelée Mlle de Mérignat, née le 10 août 1666 et décédée le 5 août 1686. Pierre du Chastenet mourut à Montmorillon en 1695 et eut pour successeur André Micheau.

VII. 1698 à 1721. — MICHEAU (André), s^r du Meslier, né à la Leuf (Sillars), le 30 octobre 1653, de Claude Micheau, s^r du Meslier, lieutenant civil, et de Marie Richard, remplaça son père comme lieutenant civil en juin 1691 et fut pourvu de l'office de sénéchal en 1698. Il avait épousé à Paris, le 6 février 1690, Magdeleine Lambert, dont il eut : 1° Claude-Louis, qui lui succéda ; 2° Jean, et 3° Joseph, baptisés à Saint-Martial de Montmorillon, le 28 avril 1699. (*Arch. hist. du Poitou*, t. XXXVI et XXXVII.)

VIII. 1721 à 1763. — MICHEAU (Claude-Louis), s^r du Meslier, né le 6 juillet 1691, fils aîné du précédent, d'abord avocat au Parlement de Paris, fut nommé sénéchal de Montmorillon le 24 juillet 1721. Il épousa, par contrat du 24 février 1726, Jeanne Babert, fille de Joseph, s^r de la Pilatière, lieutenant de police à Montmorillon, et de Marguerite Goudon, dont il eut Antoine, s^r du Meslier, marié à Queaux, le 24 janvier 1763, à Marie-Anne Savin, fille de Charles, s^r de Verges, notaire et procureur de la justice de la Messelière, et de Rose Gay de la Brosse. (*Arch. hist. du Poitou*, t. XXXVII, et Arch. Vien. C reg. 9, f° 2.)

IX. 1763 à 1788. — CAILLEAU (Joseph), seigneur de la Varenne et de l'Epine, fils d'André, avocat à Montmorillon, et de Magdeleine Sautereau, fut nommé sénéchal le 31 août 1763 ; il obtint, le 1er juin 1776, de nouvelles provisions qui l'autorisaient à se qualifier de conseiller, président et sénéchal. Il épousa, le 19 avril 1777, Marie-Jeanne de Mascureau, fille de François, seigneur de Sainte-Terre, et de Suzanne Plument de Cossas, et mourut en 1788. De ce mariage est née une fille, mariée en 1794 à Sylvain Estourneau, seigneur de Tersannes. (Beauchet-Filleau, *Dict. des fam. du Poitou*, t. II, p. 101.) Nous ignorons s'il eût un successeur.

à la bataille de Thionville, le 7 juin 1639. Elle mourut à Paris veuve de Gilles d'Ostrel, son second mari, le 2 septembre 1678, ayant eu du premier lit : 1° Claude, sgr de Montbléru, major du régiment d'Artois, puis lieutenant de Roi à Blaye, marié à Françoise Blondel de Joigny, fille de Charles, marquis de Bellebrune, maître d'hôtel du Roi, dont postérité ; 2° Louis, dit le comte de Saint-Simon, sgr du Burguet, mestre de camp d'un régiment de cavalerie, gouverneur de Chauny, tué à la bataille de Nerwinde, le 29 juillet 1693, sans postérité de Marguerite-Claire de Bonnières-Souastre, qu'il avait épousée le 20 août 1671 (Moreri).

XIII

Information sur le pillage de la Maison-Dieu de Montmorillon. (Arch. Vien. H³ bis 1, Maison-Dieu, original papier.)

3 août 1563.

Information secrète faicte par moy Maurice Dumas, sergent royal général ordinaire en Poictou, appellé avec moy Jehan Argenton, notaire royal à Montmorillon, commissaire en cette partye par vertu de la commission à nous adressante donnée à Paris le cinquiesme jour de décembre dernier passé mil cinq cent soixante deulx, signée par les laiz Malon et scellée, obtenue de la partie de Révérend Père en Dieu André de Manes, prieur du prieuré conventuel de la Maison-Dieu de cette ville de Montmorillon, sur les ruynes, desmolitions, robices, pillerie et saccagement faicts en l'église et prieuré de ladicte Maison-Dieu par la gendarmerie estant soubz la charge et conduicte des seigneurs de La Rochefoucauld [1] et Duraz [2] et aultres capitaines estant soubz leur charge, jusques au nombre de sept à huict mil hommes tant de pied que de cheval, à l'encontre de leurs alliés et complices et recellateurs des biens meubles pris et ravis et emportez de ladicte Maison-Dieu, soubz le prétexte de ses gendarmes incongnuz et par plusieurs manans et habitans, ainsi qu'on dict, des faulxbourgs de ladicte Maison-Dieu et aultres dudict Montmorillon ; ladicte

---

1. François III de la Rochefoucauld, un des principaux chefs du parti protestant, tué à Paris le jour de la Saint-Barthélemy 1572. Il ne se trouvait pas au sac de la Maison-Dieu le 8 octobre 1562. Comme on peut le voir par une lettre, du 13 du même mois, de François de la Messelière à la reine Catherine de Médicis, le comte de la Rochefoucauld était à cette époque devant Saint-Jean-d'Angély. On voit aussi par cette même lettre que la troupe, qui, « ne pouvant entrer en la ville de Montmorillon », saccagea la Maison-Dieu, se composait de cinq à six cents hommes et non de sept à huit mille (*Arch. hist. du Poitou*, t. XXVII, p. 74). Cette troupe, qui revenait d'Orléans, était sous la conduite d'Antoine d'Aure, comte de Gramont. En partant de Montmorillon, le comte de Gramont et ses hommes se dirigèrent sur Usson, Chateau-Garnier et Civray. « Ilz sont venus, dit M. de la Messelière, loger en ma terre (de la Messelière) où ilz ont faict beau mesnage et bruslé mon églize. Ilz n'ont entré en ma maison parce qu'elle est forte et que despuys Pasques j'ay heu tousjours garnizon dedans. Ilz sont passés on ung prieuré de relligieuzes lesquelles ilz ont laissées en cothe ». (*Arch. hist. du Poitou*, t. XXVII, p. 75.)
2. Symphorien de Durfort, seigneur de Duras, colonel des légionnaires de Guyenne, tué au siège d'Orléans le 12 mars 1563. Pas plus que le comte de la Rochefoucauld, le seigneur de Duras ne prit part au pillage de la Maison-Dieu ; battu à Ver (Vayres), en Périgord, le 9 octobre 1562, par le comte de Burie (Charles Coucis), il alla s'enfermer dans Saintes. (*Arch. hist. du Poitou*, t. XXVII, p. 76.)

information en commancée à faire le tiers jours d'aoust l'an mil cinq cent soixante trois.

Maistre Symon de Thonac, licencié ès lois, advocat au siège ordinaire de la séneschaussée de Montmorillon, juge de ladicte Maison-Dieu, demeurant audict Montmorillon, aagé de quarante-quatre ans ou environ, après serment par luy faict de dire vérité et suyvant l'assignation à luy donnée pour ce faire et sur le contenu en nostredicte commission, dict et deppose que le huictiesme jour de octobre dernier passé, sur les neuf heures du matin, arrivèrent ès faulx bourgs de la Maison-Dieu de Montmorillon quelques nombres de gens tant de pied que de cheval, qu'on disoit estre soubz la charge des sieurs de La Rochefoucauld et de Grandmont [1], et estant logé esdicts faulx bourgs de ladicte Maison-Dieu, fut adverty ledict exposant, comme juge dudict lieu, que lesdicts gendarmes estoient logez tant ès faulx bourgs que prieuré de ladicte Maison-Dieu, et qu'il fut adverty par certains personnages que iceulx gendarmes cherchoient ledict prieur et relligieulx d'icelluy prieuré pour iceulx occire et tuer; ce qu'ayant entendu, se transporta audict prieuré où il veid que la plus part des gensdarmes estoient audit prieuré et d'icelluy rompirent les portes, entrèrent on trésor dudict prieuré et aultres lieulx, prindrent, ravirent et emportèrent de ladicte église tous les aornemens, bledz, vins, huilles, lardz et aultres meubles et utancilles dudict prieuré; et veid ledict depposant que la pluspart des habitans des faulx bourgs de ladicte Maison-Dieu alloient et venoient audict prieuré et d'icelluy emportoient tant bledz, vins, huilles, chairs, lardz, meubles, comme lictz, vesselle et aultres utancilles, et que des chappes et aultres ornemens de ladicte église il veid il déposant que les ayant deschirées et rompues les gens d'armes prenoient le meilleur desdictes chappes et le reste le vendoyent et bailloyent auxdicts manans et habitans de ladicte Maison-Dieu et tost après que lesdicts gensdarmes furent deslogez dudict prieuré et faulx bourgs, ledict deposant se transporta audict prieuré avec Me François Peygue, commis du greffier de ladicte Maison-Dieu, Guillaume Lyon, prévost dudict lieu, et aultres, et de son dheu et office accompaigné dudict commis, prévost et aultres se transporta audict prieuré et veid ondict prieuré les chambres, greniers, gardcrobbes, celliers, caves, salouers et le trésor dudict prieuré

---

1. Antoine d'Aure, comte de Gramont, vicomte d'Aster, à qui Henri II avait donné, en 1558, le revenu du greffe des eaux et forêts de Poitiers; il appuya fortement le parti huguenot et mourut catholique en 1576.

rompuz, esqueulx lieulx ne fut trouvé aucune chose parce que tout avoyt esté ravy et emporté par lesdicts gensdarmes et aultres manans et habitans de ladicte Maison-Dieu, quoy voyant ledict depposant, pour conserver les droictz dudict prieuré, se transporta avec les dessusdicts en plusieurs maisons de ses manans et habitans de ses faulx bourgs pour faire perquisition de ses ravissemens et robices de ses meubles appartenant audict prieuré, et entre aultres en la maison de Denys Guillon, en laquelle parlant audict Guillon avec les dessus dicts il auroict faict inventaire de ce qui avoyt esté transporté dudict prieuré en ladicte maison, où il se seroict trouvé ung grand sac plein d'avoine, une couverte rouge et noyre, ung chandellier d'airain et une vinagrière d'estain d'église ; lequel Guillon dict audict depposant que c'estoyent des meubles dudict prieuré et qu'il estoit prest de les rendre audict prieur ; et d'illec se transporta en la maison d'ung nommé Naudyn [Viguier], bouchier, demeurant ès faulx bourgs de ladicte Maison-Dieu, où il trouva ung bail de bois auquel y avoyt six à sept boiceaulx seigle, un boisceaul avoyne, que ledict Naudin dict lesdicts gens d'armes luy avoyent apporté dudict prieuré en sadicte maison et qu'il estoyt prest de les rendre audict prieur ; et aussi se transporta en la maison de feu Denys de la Roche avec les dessusdicts où il trouva une basse pleine de seigle et avoine, le tout meslé ensemble ; n'a sceu dire combien il y en avoyt ; plus des nappes d'esglise et un couessin de lict que ladicte vefve dict avoir receu de ses gensdarmes et qu'ilz l'avoyent apporté dudict prieuré ; plus en la maison de Françoise Rondayne où il ce seroyt trouvé ung sac plain de seigle et froument, ung sac d'avoyne, ung coffre plain de froument, seigle, baillarge, contenant le tout envyron vingt boiceaulx ; plus ung sac d'avoyne contenant quatre boiceaulx ; plus une pippe de bled, froument, seigle, baillarge et avoyne ; plus ung sac de froument et seigle contenant quatre boiceaulx ; plus ung autre sac d'avoyne contenant sept boiceaulx ; plus en deulx aultres sacz où il y avoyt deulx boiceaulx seigle ; plus ung bassin baptismal avec le couvercle ; laquelle Rondayne et son gendre dirent que lesdicts meubles estoient dudict prieuré de ladicte Maison-Dieu et que les gensdarmes les avoyent portez en leurdicte maison et qu'ilz avoyent achaptez partie d'iceux, et qu'en rendant par ledict prieur l'argent qu'ilz avoyent cousté, qu'ilz estoient près les rendre ; plus en la maison de Nicolle Richarde, en laquelle auroict trouvé quatre boiceaulx froument, deux boiceaulx avoyne, une pièce de tapicerie que ladicte Richarde dict estre des meubles dudict prieuré et que les gensdarmes qui estoient logez en sa maison l'avoyent apporté dudict prieuré en sadicte maison ; plus en la maison de Collecte Grimauld auroict esté trouvé quatre boiceaulx seigle et demy boiceau grene de lin que ladicte Grimauld dict avoyr achapté de ses gensdarmes ; plus en la maison de Jehan Poehnet, ung lict avec deulx couessins, ung coffre plain de bled seigle contenant onze ou douze boiceaulx, que la femme dudict Poehnet dict avoir retiré de ses gensdarmes ; plus en la maison de Anthoine Cherpentyer, ung bussard plain de tiers de bled froment et seigle, ung cartier de lard avec ung jambon que ladicte femme dudict Cherpentyer dict avoir heu des gensdarmes devant la porte dudict prieuré ; plus en la maison de Cordilhon, ung tiers d'ung boiceau de seigle, la moictié d'une teste de pourceau que la femme dudict Cordilbon dict que les gensdarmes luy avoyent apporté dudict prieuré ; plus en la maison de Romayne Duguelle fust trouvé trois boiceaulx seigle, ung petit coffre plain d'avoyne que ladicte Romayne avoyt achapté de ses gensdarmes on cymetiere de ladicte Maison-Dieu ; plus en la maison de Anthoine Bobin, dict Chauchepaille, fut trouvé des orfraiz des chappes dudict prieuré que ledict Chauchepaille dict que lesdicts gensdarmes avoyent dessyré en sa dicte maison et prins les porpheures d'or et avoyent laissé lesdicts orfraiz ; plus en la maison d'Estienne Ancellyn auroict esté trouvé la tapicerie servant à l'église que ledict Ancellyn et sa femme dirent qu'ilz rendroyent audict prieur et à ladicte église ; plus en la maison de François Delaleuf fut trouvé deulx boiceaulx avoyne et demy bussard froument et avoyne que la femme du dit Delaleuf dict avoyr heu de ses gensdarmes et l'avoyr receu devant ledict prieuré ; plus en la maison de Ollyvier Delaleuf fut trouvé ung couessin de lict et ung coffre tenant de sept à huict boiceaulx seigle et une basse deux boiceaulx froument que ledict Ollyvier dict estre dudict prieuré et n'en avoyr receu aultre chose ; plus en la maison de Denys Lorioulx ung loppin du grand benoistier de ladicte église dudict prieuré que les gensdarmes avoyent laissé en sa maison parce qu'ilz ne le pouvoyent emporter, et ung boiceau avoyne ; plus en la maison de Mre Loys Lebot en laquelle avoit esté trouvé une couchette et ung mathelas estans des meubles dudict prieuré, que la mère dudict Mre Loys dict avoyr achapté desdicts gensdarmes et qu'elle estoict prest de les rendre ; plus en la maison de Berthomé Memynot fut trouvé trois boiceaulx moictié seigle et avoyne et trois boiceaulx seigle, que la femme disoyt avoyr achapté des gensdarmes on cymetière dudict prieuré ; plus en la maison de Guillaume Gaultier fut trouvé une met à faire du pain plaine d'avoyne, six sierges rompuz et dedans ung bussard quatre boiceaulx seigle, que ledict Gaultier disoit estre des meubles dudict prieuré et qu'il les rendroit audict prieur ; plus en la maison d'ung nommé Chaigne, ung pot de fert, une courtine de lict, une nappe, une serviette, une broche de fert, deulx plains sacz de bled seigle où il y avoit quelque peu d'avoyne, ung chandellier de cuyvre, ung poillon, une cuillière, neuf pellotons de fillet, ung fricquet, ung lict, que la femme dudict Chaigne dict estre des meubles dudict prieuré ; plus en la maison de la vefve de Lyon Pain auroict esté trouvé ung matela, deulx potz de fert, ung grand et un petit, six pièces de linge, sçavoir : trois nappes, trois serviettes, deulx chemises, deulx rideaulx de lict, deulx boiceaulx seigle, une pipe plaine de seigle où il y avoyt du froument au font, plus deulx grandz pains de seigle de chacun ung boiceau, que ladicte vefve disoyt avoir heu et retiré de ses gensdarmes et que c'estoyt des meubles dudict prieuré ; plus fut trouvé en la maison de Marin Bruneau deulx boiceaulx seigle et avoyne, une nappe, une troche de fillet d'estouppes ; plus en la maison d'ung nommé Lascoux ung bailh plain de seigle, ung couessin de lict, un drapt plain, contenant de sept à huict boiceaulx, que la femme dudict Lascoux disoyt estre des meubles dudict prieuré ; plus en la maison de feu Laurens Lyon fut trouvé ung sac où pouvoyt avoyr deulx boiceaulx seigle et deulx boiceaulx avoyne ; plus en la maison de Jehan Quilhet fut trouvé ung sac plain d'avoyne contenant six boiceaulx, deulx boiceaulx seigle, une plaine pipe de froument et avoyne, le tout meslé, une pipe plaine d'avoyne, ung coffre plain de froument, tenant de quinze à seize boiceaulx, que la femme dudict Quilhet et ses filles disoyent avoir heu de leurs gensdarmes dedans ledit prieuré ; plus en la maison de Estienne Aubert fut trouvé troys boiceaulx seigle en ung sac, en ung coffre deux boiceaulx seigle, en ung bussard troys boiceaulx avoyne ; plus en la maison de la Berthe, une plaine basse de seigle et ung plain sac d'avoyne ; plus en la maison de Pierre, gendre de Berthomé Girauld, fut trouvé en ung bussard quatre boiceaulx de seigle et avoyne, le tout meslé ensemble ; plus en la maison de Jacques Bonesset, ung boiceau seigle ; plus en la maison de Pierre Denys fut trouvé deulx boiceaulx seigle, une nappe et aultre linge ; en la maison de Jacques Lala fut trouvé deux boiceaulx avoyne en une met et ung boiceau seigle ; en la maison de Micheau

Fredot, deulx boiceaux seigle, six boiceaulx avoyne et ung loppin de tapicerie ; plus en la maison de Pierre Pain fut trouvé ung petit bail plain d'avoyne, deulx boiceaulx d'avoyne dans ung sac, en ung bussard quatre boiceaulx seigle, une crémaillière et ung couessin ; plus fut trouvé en la maison de Jamet de la Chèze quatre boiceaulx moictié seigle et avoyne ; plus fut trouvé en la maison de la Lymousine six boiceaulx moictié seigle et avoyne, quatre boiceaulx seigle ou environ en ung sac, et de tout ledict bled ladicte Lymousine ne confessoit en avoyr prins que lesdicts quatre boiceaulx seigle estans dans le sac, et le reste dudict bled fut trouvé on planché de sa maison dessoubz de la pasture en ung sac et oulle ; plus fut trouvé en la maison de Denyse Perrin, une couverte usée, deulx serviettes, ung boiceau seigle et ung sac ; plus en la maison de Bordet une couette de lict, ung petit coffre plain de seigle et avoyne ; plus en la maison de Pierre Bonneton ung coffre estant à l'entrée de ladicte maison, ung sac dans lequel il y a ung boiceau d'avoyne, ung aultre sac dans lequel il y a ung boiceau froment et deulx boiceaulx seigle, plus une pippe à husset plaine d'avoyne et ung peu de seigle ; plus fut trouvé en la maison de Françoise Faure dedans une met envyron dix boiceaulx seigle et avoyne, le tout meslé ensemble ; plus en la maison de Barreporte fut trouvé quatre boiceaulx avoyne ou environ, ung boiceau et demy seigle, ung chandellier et ung petit coffre neuf ; plus en la maison de Pierre Davaille trois boiceaulx avoyne ou environ ; plus en la maison de Symon Girauld ung boiceau seigle, quatre boiceaulx avoyne, ung cartier de pourceau ; plus en la maison de Jehan Bouchier six boiceaulx moictié froment et moictié seigle ; plus en la maison de Michel Mosnyer trois boiceaulx seigle dans ung sac et deux boiceaulx seigle ; plus en la maison de Jehanne de Lachèze ung bail plain de seigle contenant environ quatre boiceaulx ; plus fut trouvé en la maison de Bryot ung boiceau et demy de seigle et avoyne ensemble, plus deulx boiceaulx de farine ; plus en la maison de Berthomé Memynot ung tiers de seigle ; plus en la maison de Jehan Mouilhebert quatre boiceaulx seigle et avoyne ensemble, plus en ung drap et petit pochon environ sept boiceaulx seigle, lesquelz sept boiceaulx ont estez trouvez dans ledict drap et pochon dessus de la pasture, après que ledict Mouilhebert n'avoit apporté que lesdicts quatre boiceaulx seigle et avoyne ; plus en la maison de Collette Deschamps trois boiceaulx seigle ou environ et quatre boiceaulx avoyne ou environ ; plus en la maison de François Texier fut trouvé trois boiceaulx seigle et nous dist qu'il en avoyt mys au moulin ung et demy ; plus Anne Dulac dict avoyr en sa maison une couverte ; environ ung barricot de sel et deux linceulx ; plus fut trouvé en la maison de Jehan Delaleuf le jeune trois boiceaulx seigle ou plus et quatre boiceaulx froument ; plus en la maison de Goillard ung plain sac d'avoyne contenant six boiceaulx ou plus, ung bussard plain de froument et mesture, plus deulx boiceaulx seigle ; plus fut trouvé en la grange de Jehan Maulduict ung sac de bled seigle pris en l'abbaye de la Maison-Dieu par Noël Berthomé, comme il a confessé et l'avoyr apporté en ladicte grange, on quel sac y a huict boiceaulx seigle ou environ, fut trouvé aussi la trace du bled repandu par le jardin estant près de ladicte grange, plus trois boiceaulx de seigle qu'il dict avoyr mis au moulin ; plus fut trouvé en la maison du texier de Grassevault, dedans ung coffre, trois boiceaulx froument ; plus en la maison de Laurens Caillaud une basse qui estoyt les deulx tiers plaine de seigle ; plus en la maison de Marsaulde Bré ung boiceau marqué d'une croix onquel y a demy boiceau avoyne, plus une trace de bled venant du four de ladicte Maison-Dieu jusques près la maison de ladicte Marsaulde ; plus en la maison de Mathieu Symon ung demy paillisson de seigle, plus deulx boiceaulx de froument et orge, le tout meslé ensemble ; plus en la maison de François Pain ung boiceau seigle et fust dict que son filz avoit mené ung plain sac de bled au moulin sur ung asne ; plus fut trouvé en la maison de feu Denys Delaleuf deulx boiceaulx et demy seigle et avoyne estant dedans ung coffre ; plus en la maison de Jehan Gendre, dict Rosty, deulx boiceaulx seigle ; plus en la maison de Jacques Alasne y a trois broches de fert que sa femme nous a dict ; plus en la maison de Loys Barbier fut trouvé une basse en laquelle y pouvoit avoir deulx boiceaulx et demy seigle, plus ung bussard et demy de mosture ; plus en la maison de Estienne Jacquet ung mathela, deulx boiceaulx avoyne ; plus en la maison de Paul Lorioulx fut trouvé en une met bastarde neuf ou dix boiceaulx avoyne et le lont de l'eschelle et au bout d'icelle une trace de froument et seigle ; plus en la maison de Mathieu Vachon deulx boiceaulx seigle et avoyne, le tout ensemble ; plus en la maison de Collette Grymaulde fut trouvé quatre chandelliers de cuyvre, cinq escuelles, deulx platz, troys assiettes, ung pot, une pinthe et une esguyère, le tout d'estaing ; plus en la maison de Françoys Symon deulx boiceaulx froument et seigle, le tout meslé ensemble, et nous dict le filz de Remaudeau, mosnyer, que la femme dudict Symon avoyt faict mouldre du bled environ cinq boiceaulx qu'elle a emporté en faryne, plus Jehan Mareschal dict avoyr veu emporté audict Françoys trois plains sacz de bled ; plus fut trouvé en la maison de Pierre Paulmyer ung sac d'avoyne, plus ung plain bussard de froument, une cubbe plaine de seigle et avoyne, environ vingt boiceaulx, une grande met plaine de froument tenant quinze boiceaulx ; plus en la maison de la Bobyne une plaine basse d'avoyne tenant environ trois boiceaulx ; plus en la maison de Mathieu Bellaud en ung sac quatre boiceaulx d'avoyne; plus en la maison de Tropjoly [1] une couvertte de layne et deulx meschans drapz de toille ; plus Bastien Lorioulx dist et déclare que sa fille avoyt emprunté environ trois boiceaulx avoyne qu'il offra rendre, dict que à tous les dessusdicts, en faisant la visitation et perquisition de ses meubles raviz et emportez, après les injonctions furent faictes aux dessusdicts de rendre lesdicts meubles trouvez en leurs maisons, feyrent response qu'ilz les rendroyent en les payant et remboursant de ce qu'ilz les avoyent achepté et payé ausdicts gensdarmes ; dict oultre que lesdicts gensdarmes ravissoyent lesdicts meubles, veid plusieurs aultres manans dont il ne sçaict pa les noms qui alloyent et venoyent dans ladicte Maison-Dieu et emportoyent lesdicts meubles dudict prieuré, et continuerent jusques à ce que lesdicts gensdarmes s'en fussent retirez et qu'il n'y eust plus de meubles dans ledict prieuré ; ce que ledict depposant dict sçavoir pour l'avoyr veu et aussy que incontinant que lesdicts gensdarmes se fussent retirez, il depposant, pour son dheu et conservation des droictz dudict prieuré, avec ledict commis greffier et aultres commença à faire ladicte inquisition en la maison dudict prieur et en ladicte église où il ne se trouva aulcuns meubles, bledz, chairs que aultres utancilles et les portes desdictes chambres et greniers, coffres tous rompuz et les serrures levées et emportées, et aussy le trésor ouvert et les coffres dudict trésor ouvertz et les serrures levées, les livres estans dedans le meur de ladicte église rompuz et bruslez, les pancartes, livres et aultres tiltres et enscignemens raviz et dessirez ; ce que ledict deposant dict sçavoir parce que incontinant il auroit faict ladicte visitation sur lesdicts ravissements et excez et plus n'a dict ne deppose. Ainsi signé : de Thonac.

Françoys Grandchief, commis du greffier de la Maison-Dieu de Montmorillon, et y demeurant, aagé de vingt et ung an ou environ,

---

1. Abréviatif d'Eutrope Joly.

apres serment par luy faict de dire vérité, suyvant l'assignation
à luy baillée pour ce faire à la requeste dudict de Manes, prieur
susdict, et suivant nostre commission, dict sur le contenu d'icelle
que le huictiesme jour d'octobre dernier passé, sur les neuf heures
du matin, arrivèrent en ceste ville de Montmorillon une compaignie de gensdarmes tant à cheval qu'à pied que on disoyt estre
au nombre de sept à huict mil hommes qui logèrent ès faulx
bourgs des Bancz, Grassevault et la Maison-Dieu de ceste ville
de Montmorillon, qui se disoyent estre de la religion reffornée
et soubz la charge du compte de la Rochefoucaud et lesquelx
estans logez esdicts faulx bourgs saccagèrent et pillèrent le
prieuré et l'église de ladicte Maison-Dieu, prindrent et emportèrent tous les meubles, ustancilles, bledz, vins appartenans audict
prieur de la Maison-Dieu, comme aussy prindrent tous les ornemens et reliquayres de l'église et bruslèrent les livres. Et avec
lesdicts gensdarmes estoyent aulcuns des habitans desdicts faulx
bourgs qui prenoyent et emportoyent desdicts meubles comme
tout ce dict sçavoir pour l'avoyr lors ouy dire en la dicte ville
de Montmorillon, en laquelle il estoyt ; et dict qu'après que les
gensdarmes furent deslogez, il fut mandé comme commis du greffier de la juridiction de ladicte Maison-Dieu pour assister avec
Me Symon de Thonac, juge de ladicte Maison-Dieu, pour visiter
les maisons desdicts faulx bourgs à fin de trouver les bledz,
aultres meubles, ornemens et reliquayres de l'église de la Maison-
Dieu ; entra il depposant en l'église en laquelle n'y avoyt ornemens ne livres, et partye desdicts livres estoyent bruslez et les
autelz et images rompuz ; et estant on grenier dudict prieuré
ne fut trouvé aulcun bled ne aultres meubles on dict prieuré
fors quelque peu de meubles de boys qui estoyent rompuz ; et
après et d'illec ledict depousant et ledict juge de ladicte Maison-
Dieu allèrent pour faire visitation es maisons desdicts faulx
bourgs et entrèrent premièrement en la maison de Denys Guillon,
en laquelle fut trouvé ung sac plain d'avoyne avec une couverte
rouge et noyre, ung chandellier de cuivre et ung vaisseau à
mettre vinaigre que ledict Guillon confessa estre des meubles
dudict prieuré de ladicte Maison-Dieu ; et aussy d'illec se transportèrent en la maison de Naudin Viguyer, en laquelle trouvèrent
un bail plain de seigle contenant de six à sept boiceaulx, et oultre
ung boiceau d'avoyne que ledict Naudin confessa estre du bled
dudict prieuré ; et d'illec se transportèrent en la maison de feu
Loys de la Roche où fut trouvé une basse plaine de seigle et

avoyne et oultre des nappes d'église et ung couessin de lict que
la vefve dudict feu confessa estre des meubles dudict prieuré ;
et d'illec se transportèrent en la maison de Françoyse Rondayne,
en laquelle fut trouvé ung sac plain de bled seigle et froument,
ung sac d'avoyne, une demye met de seigle, un bassin baptismal
avec le couvercle, lesqueulx bledz ladicte Rondayne disoyt lui
apartenyr et en avoir achapté partye d'iceulx desdicts gensdarmes
qui l'avoyent prins audict prieuré, et que aultre partie avoyt esté
apportée dudict prieuré par ses enffans, et que aultre partie elle
l'avoyt recueilly en son domayne, et quand au bassin baptismal
s'accorda qu'il estoyt dudict prieuré et que son filz l'avoyt
apporté de ladicte église, et fict pour lors serment n'avoyr aultre
bled en sa maison. Et néantmoin a ledict deppousant dict qu'il
ouy dire le lendemain que ledict juge de la Maison-Dieu avec
Berthomé Lajon prins pour commis du greffier, ayans esté
adverty que en ladicte maison de ladicte Rondayne y avoyt des
meubles, s'estoyent transporté en ladicte maison, en laquelle
avoyent trouvé aultre grande quantité de bled, et comme il a
sçeu par certain extraict faict par lesdicts juge et Lajon ; et d'illec
se transportèrent en la maison de Nycolle Richarde en laquelle
fut trouvé trois boiceaulx froment, deulx boiceaulx avoyne, une
pièce de tapisserye que ladicte Richarde dict estre des meubles
dudict prieuré et que lesdicts gensdarmes estans logez ausdicts
faulx bourgs avoyent apporté ce que dessus en sadicte maison ;
et d'illec se transportèrent en la maison de Collecte Grymaude
en laquelle fut trouvé quatre boiceaulx seigle et demy boiceau
de grene de lin que ladicte Grimaude dict qu'elle avoyt achapté
desdicts gensdarmes ; et d'illec se transportèrent en la maison
de Jean Poingnet et fut trouvé ung lict avec deulx couessins,
ung coffre plain de bled seigle, contenant de onze à douze
boiceaulx, que la femme dudict Poynnet dist avoyr retiré desdicts gensdarmes ; et d'illec se transportèrent en la maison de
Anthoine Cherpentyer, en laquelle fut trouvé ung bussard plain
de deulx tiers de bled froment et seigle, plus ung cartyer de lard
et un jambon que la femme dudict Cherpentyer dict luy avoyr
esté baillé par lesdicts gensdarmes ; et d'illec se transportèrent
en la maison de Cordilhon en laquelle a esté trouvé deulx tiers
de seigle et ung loppin de teste de porceau que la femme dudict
Cordilhon dict luy avoir esté baillé à la porte dudict prieuré par
lesdicts gensdarmes ; et d'illec se transportèrent en la maison
de Romayne Duguelle en laquelle fut trouvé trois boiceaulx

seigle, ung petit coffre plain d'avoyne que ladicte Romayne dist avoyr achapté desdicts gensdarmes on cymetière de ladicte Maison-Dieu ; et d'illec se transportèrent en la maison de Anthoine Bobin, dit Chauchepaille, en laquelle fut trouvé les orfraiz des chappes dudict prieuré que ledict Chauchepaille dist que lesdicts gensdarmes avoyent dessiré en sadicte maison et prins les porpheures d'or et avoyent laissé lesdicts orffraiz ; et d'illec se transportèrent en la maison de Estienne Ancellyn en laquelle fut trouvé la tapisserie servant à l'église que le dict Ancellyn et sa femme dirent qu'ilz le rendroyent audict prieur ; et d'illec se transportèrent en la maison de Françoys Delaleuf en laquelle fut trouvé deulx boiceaulx avoyne, demy bussard froment et avoyne que la femme dudict Delaleuf dist avoyr heu desdicts gensdarmes et l'avoir receu devant ledict prieuré ; et d'illec se transportèrent en la maison de Olyvier Delaleuf en laquelle fut trouvé ung grand coffre tenant de sept à huict boiceaulx seigle, en une basse deulx boiceaulx froment que ledict Ollyvier dist estre dudict prieuré et n'en avoir receu aulcune chose ; et d'illec se transportèrent en la maison de Denys Lorioulx, fut trouvé ung loppin du grand benoistier de ladicte église dudict prieuré, que la femme dudict Lorioulx dict avoir esté laissé par lesdicts gensdarmes en sa maison ; et d'illec se transportèrent en la maison de messire Loys Lebot en laquelle fut trouvé une couchette et ung mathela que la mère dudict messire Loys dist avoyr achapté ung escu desdicts gensdarmes et qu'elle offroit rendre ce que dessus ; et d'illec se transportèrent en la maison de Berthomé Memynot en laquelle fut trouvé trois boiceaulx de bled moictié seigle et moictié avoyne, plus troys boiceaulx seigle que la femme dudict Memynot disoyt avoyr achapté desdicts gensdarmes on cymetière dudict prieuré ; et d'illec se transportèrent en la maison de Guillaume Gaultier en laquelle fut trouvé une met à faire pain plaine d'avoyne, plus six cierges, plus ung bussard auquel y avoyt quatre boiceaulx de seigle ou environ ; et d'illec se transportèrent en la maison de Chaigne, en laquelle fut trouvé ung pot de fer, une courtine de lict, une nappe, une serviette, une broche de fer, deulx plains sacz de bled seigle où il y avoyt quelque peu d'avoyne, ung chandellier de cuivre, ung poellon, une cuyllere, ung friquet, neuf pellotes de fillet et ung lict que la femme dist lesdicts meubles estre des meubles de ladicte Maison-Dieu ; et d'illec se transportèrent en la maison de Morice Lyon en laquelle fut trouvé ung mathela et une couchette, une aulbe et deux chappes et envyron trois boiceaulx seigle que la femme dudict Lyon dist estre des meubles dudict prieuré ; et d'illec se transportèrent en la maison de la vefve de feu Léonard Pain en laquelle fut trouvé ung mathela, deulx pots de fer, un grand et ung petit, six pièces de linge, sçavoyr : trois nappes et troys serviettes, plus deulx chemises, deulx rideaulx de lict, plus deulx boiceaulx de seigle, plus une pippe de seigle où il avoyt quelque peu de froment au fond, plus deulx grands pains de seigle de chascun ung boiceau, que ladicte vefve disoyt avoyr heu et retiré desdicts gensdarmes et que c'estoyt des meubles dudict prieuré ; comme aussy fut trouvé en la maison de Symon Robinet ung bussard d'avoyne qu'il dist avoir esté apporté de ladicte abbaye par lesdicts gensdarmes ; comme aussy fut trouvé en la maison de Marin Bruneau deulx boiceaulx seigle et avoyne, une nappe, ung polloton de fillet d'estouppe, lesdicts meubles estant dudict prieuré ; et d'illec se transportèrent en la maison de Pierre Lajon en laquelle fut trouvé un boiceau comble de seigle ; comme aussy se transportèrent en la maison du nommé Lascoulx en laquelle fut trouvé ung bail plain de seigle, ung couessin de lict, ung drap plain de seigle contenant de sept à huict boiceaulx, que ledict Lascoulx et sa femme dirent avoir esté par eulx apportez en leur maison de la porte du grenyer dudict prieuré, et que lesdicts meubles leurs avoyent esté bailhez à ladicte porte par lesdits gensdarmes ; comme aussy en la maison de feu Laurens Lyon en laquelle fut trouvé ung sac où pouvoit avoir deulx boiceaulx de seigle et deulx boiceaulx avoyne ; et aussy en la maison de Jean Quillet fut trouvé ung sac plain d'avoyne, contenant de six à sept boiceaulx, plus deux boiceaulx de seigle, plus une plaine pippe de froment, seigle, avoyne, le tout meslé, plus une pippe plaine d'avoyne, plus un plain coffre de froment tenant environ quinze ou seize boiceaulx froment ; comme aussy fut trouvé en la maison de Estene Aubert ung sac on quel y avoyt environ troys boiceaulx seigle et dedans ung coffre trois boiceaulx avoyne ; et aussy fut trouvé en la maison de la Berthe une plaine basse de seigle et ung plain sac d'avoyne ; et en la maison de Pierre, gendre de Barthomé Giraud, fut trouvé en ung bussard quatre boiceaulx seigle et avoyne, le tout ensemble ; comme aussy fut trouvé en la maison de Jacques Bonesset ung boiceau de seigle ; et en la maison de Pierre Denys fut trouvé deulx boiccaulx seigle, une nappe et aultre linge ; et en la maison de

Jacques Lala fut trouvé deulx boiceaulx avoyne dans une met et ung boiceau seigle ; et en la maison de Michaud Fredot fut trouvé deulx boiceaulx seigle, six boiceaulx avoyne et ung loppin de tapisserye ; en la maison de Pierre Pain fut trouvé ung petit bail plain d'avoyne, deulx boiceaulx avoyne dans ung sac, en ung bussard quatre boiceaulx seigle, une crémaillière et ung couessin ; en la maison de Jamet de la Chèze fut trouvé quatre boiceaulx moictié seigle et avoyne ; comme aussy fut trouvé en la maison de Lymousine, demeurant près Bonneton, six boiceaulx moictié seigle et avoyne et quatre boiceaulx seigle ou environ, estans dans ung sac, laquelle dict que de tout bled elle n'avoyt prins audict prieuré que lesdicts quatre boiceaulx et le reste fut trouvé caché dessoubz de la pasture en son planché ; comme aussy fut trouvé en la maison de Denisau Perrin une couverte usée, deulx serviettes, ung boiceau seigle en ung sac ; comme aussy en la maison de Bordet une coueste de lict, ung petit coffre plain de seigle et avoyne, et en la maison de Pierre Bonneton fut trouvé ung coffre estans à l'entrée de ladicte maison, ung sac dans lequel y avoyt ung boiceau d'avoyne et ung aultre sac dans lequel y avoyt ung boiceau froument et deux boiceaulx seigle, plus une pipe à husset plaine d'avoyne et ung peu de seigle ; comme aussy fut trouvé en la maison de Françoise Faure, dans une met, environ dix boiceaulx seigle et avoyne, le tout meslé ensemble; et en la maison de Barreporte fut trouvé quatre boiceaulx avoyne ou environ, ung boiceau et demy seigle, ung chandellier et ung petit coffre neuf ; et en la maison de Pierre Davailhe fut trouvé trois boiceaulx avoyne ou environ ; en la maison de Symon Girauld ung boiceau seigle, quatre boiceaulx avoyne, ung cartier de pourceau ; en la maison de Jehanne Bouchier six boiceaulx moictié froment et moictié seigle ; en la maison de Micheau Mosnyer trois boiceaulx seigle dans ung sac et deulx boiceaulx seigle ; en la maison de Jehanne de la Chèze ung bail plain de seigle contenant environ quatre boiceaulx ; en la maison de Briot fut trouvé ung boiceau et demy seigle et avoyne ensemble, plus deulx boiceaulx de farine ; et en la maison de Barthomé Memynot fut trouvé ung tiers de seigle ; en la maison de Jehan Mouillebet fut trouvé quatre boiceaulx seigle et avoyne ensemble ; plus en ung drap et petit pochon environ sept boiceaulx, lesqueulx sept boiceaulx furent trouvez dedans ledict drap et pochon dessoubz de la pasture, après que ledict Mouillebet affirma n'avoyr aporté que lesdicts quatre boiceaulx seigle et avoyne, et ledict drap et pochon ayant esté trouvez dessoubz ladicte pasture, ledict Mouillebet confesse avoir apporté ledict bled estans dedans ledict drap et pochon ; en la maison de Collecte Deschamps fut trouvé trois boiceaulx seigle ou environ, plus quatre boiceaulx avoyne ou environ ; en la maison de François Texier fut trouvé trois boiceaulx seigle et lesqueulx il dict avoyr prins audict prieuré et oultre ung boiceau et demy seigle qu'il avoyt mys au moulin. Anne Dulac dit avoyr une couestte, du sel en ung baricot, deulx linceulx ; en la maison de Jehan de Laleuf le jeune fut trouvé troys boiceaulx seigle ou plus, plus trois boiceaulx froment ; en la maison de Goilhard fut trouvé un plain sac d'avoyne contenant six boiceaulx ou plus, plus ung bussard plain de froment et mesture, plus deulx boiceaulx seigle ; et de ladicte maison dudict Goilhard se transportèrent en la grange de Jehan Mauduict, en laquelle fut trouvé ung sac de bled seigle prins audict prieuré par Noël Berthomé, masson, comme il confessa, lequel sac pouvoit contenir environ huict boiceaulx seigle ; et fut trouvé une trace de bled respandu par le jardin estans près la grange ; plus ledict Berthomé dict qu'il avoit mys au moulin oultre le dict bled trois boiceaulx seigle ; en la maison du texier de Grassevault fut trouvé dedans ung coffre trois boiceaulx froment ; en la maison de Laurens Caillaud fut trouvé de la seigle dans une basse les deulx tiers plaine ; en la maison de Marsaulde Bré fut trouvé ung boiceau marqué d'une croix onquel il y avoit demy boiceau avoyne ; plus fut trouvé une trace de bled venant du four de ladicte Maison-Dieu jusques près la maison de ladicte Marsaude ; en la maison de Mathurin Simon fut trouvé un demy paillisson de seigle, plus deulx boiceaulx froment et orge, le tout meslé ensemble ; en la maison de François Pain fut trouvé ung boiceau seigle et nous dist que son filz avoyt mené ung plain sac de bled au moulin sur son asne ; en la maison de feu Denys de la Leuf deulx boiceaulx et demy de seigle et avoyne estant dedans ung coffre ; et en la maison de Jehan Gendre, dict Rosty, fut trouvé deulx boiceaulx seigle ; en la maison de Jacques Alasne fut trouvé trois beroches de fer que sa femme dist avoir esté apportez par quelques gens desdits gensdarmes ; en la maison de Loys Barbier fut trouvé une basse en laquelle y pouvoit avoir deulx boiceaulx et demy seigle, plus ung bussard et demy de mosture ; en la maison d'Estienne Jacquet fut trouvé ung mathela et deulx boiceaulx avoyne ; en la maison de Paul Lorioux fut trouvé en une met bastarde neuf ou dix boyceaulx avoyne, et avons trouvé le long de l'échelle une trace de bled froment et seigle ; en la maison de Mathieu Vachon fut trouvé deulx boiceaulx seigle et avoyne, le tout meslé ensemble ; en la maison de Collette Grimaulde fut trouvé quatre chandelliers de cuivre, cinq escuelles, deulx platz, trois assiettes, ung pot, une pinte et une esvyeres, le tout d'estain, et dict la ditte Grimaulde que tous ces meubles estoient de la Maison-Dieu ; et dict ledict depposant que tous les dessus dicts en faisant ladicte visation avec ledict juge desdicts meubles ravys et emportés confessèrent lesdicts meubles estre dudict prieuré et est ce qu'il deppose et plus n'en dict. Ainsi signé : Grandchef, commis susdict.

Guillaume Lyon, prévost de la terre et jurisdiction de la Maison-Dieu de Montmorillon et y demeurant, aagé de quarente-cinq ans ou environ, après serment par luy faict de dire vérité et suyvant l'assignation à luy baillée pour ce faire, et sur le contenu en nostre commission, dict que le huictiesme jour d'octobre dernier passé, sur les neuf heures du matin, arrivèrent aux fauxbourgs de la Maison-Dieu de Montmorillon quelques nombres de gens tant de pied que de cheval qu'on disoit estre soubz la charge des sieurs de La Rochefoucauld et de Grandmont et estans logez ès faulxbourgs de ladicte Maison-Dieu, fut advertyr ledict depposant le juge dudict lieu que lesdicts gensdarmes estoient logez tant esdictz faulxbourgs que prieuré de ladite Maison-Dieu, et fut adverty par certains personnages que iceulx dictz gensdarmes cherchoient les prieur et religieux d'icelluy prieuré pour iceulx occire et tuer ; et ayant ce entendu se transporta audict prieuré où il vist que la pluspart desdicts gensdarmes estoient audict prieuré et d'icelluy rompoient les portes, entrèrent au trésor d'icelluy prieuré et aultres lieux, prindrent, ravirent et emportèrent de ladicte église tous les ornementz, bledz, vins, huiles, larz et aultres meubles et ustancilles dudict prieuré, et vist le dict depposant la pluspart des habitans des faulxbourgs de ladicte Maison-Dieu alloyent et venoient ondict prieuré et d'icelluy emportoient tant bledz, vins, huilles et larz, meubles comme lictz, vesselle et aultres ustancilles et comme des chappes et aultres ornementz, il vit que, les ayans deschirez et rompuz, les gendarmes prenoient le meilleurs desdictes chappes et le reste le vendoyent et bailloyent aux manans et habitans de ladicte Maison-Dieu. Et tost après que lesdicts gensdarmes furent deslogez dudict prieuré et faulxbourgs, ledict depposant se transporta audict prieuré avecq Me François Grandchef, commis du greffier dudict lieu, et aultres, et vit audict prieuré les chambres, greniers, garderobes, scellier, caves, salouers, le trésor dudict prieuré tout rompu, desquelz lieux ne fut trouvé aulcune chose parce que tout avoit esté ravy et emporté par lesdicts gensdarmes et aultres manans et habitans de ladicte Maison-Dieu. Et ce faisant, ledict depposant se transporta avec les dessusdictz, juge et greffier, en plusieurs maisons desdits manans et habitans desdicts faulxbourgs pour faire perquisition desdicts ravissementz et robices desdicts meubles appartenantz audict prieur, et entre aultres en la maison de Denys Guillon, en laquelle fut faict inventaire avec les dessus dictz de ce qui avoit esté transporté dudict prieuré en la maison, où il se seroit trouvé ung grand sac plain d'avoyne, une couverte rouge et noyre, ung chandellier d'airain et ung vinagrier d'estain d'esglise, lequel Guillon dist audict depposant que c'estoient des meubles dudict prieuré et qu'il estoit près de les rendre audict prieur. Et de là se transportèrent en la maison de Naudyn [Viguier], bouchier, demeurant ès faulxbourg de ladicte Maison-Dieu où il trouva ung bail de bois onquel il y avoit six ou sept boiceaulx seigle, ung boyceau avoyne que ledict Naudin dict lesdictz gensdarmes luy avoir aporté dudict prieuré en sadicte maison, et qu'il estoit près de les rendre audict prieur ; et aussy se transporta en la maison de Denys, s^r de la Roche, avec les dessusdictz, où il trouva une basse plaine de seigle et avoyne, le tout meslé ensemble, n'a sceu dire combien y en avoit, plus des nappes d'eglise et ung couessin de lict, que ladicte vefve dist avoir receu desdictz gensdarmes, et qu'ilz l'avoient apporté dudict prieuré ; plus en la maison de Françoyse Rondene où il se seroit trouvé ung sac plain de seigle et froment, ung sac d'avoyne, ung coffre plain de froment, seigle et baillarge, contenant le tout environ vingt boiceaulx, plus ung sac d'avoyne contenant quatre boiceaulx, plus une pippe de bled froment et seigle, baillarge et avoyne, plus ung sac de froment et seigle contenant quatre boiceaulx, plus ung aultre sac d'avoyne contenant sept boiceaulx, plus deulx aultres sacs où il y avoit deulx boiceaulx seigle, plus ung bassin baptismal avec le couvercle, laquelle Rondene et son gendre dirent que lesdicts meubles estoient dudict prieuré de ladicte Maison-Dieu et que les gensdarmes les avoyent portés en leurdicte maison et qu'ilz avoient achaptez partie d'iceulx et qu'en rendant par ledict prieur l'argent qu'ilz avoient cousté qu'ilz estoient prestz les rendre ; plus en la maison de Nicolle Richard, en laquelle fut trouvé quatre boiceaulx froment, deulx boiceaulx avoyne, une piece de tapisserie, que ladicte Richard dist estre des meubles dudict prieuré et que les gensdarmes qui estoient logez en sa maison l'avoyent apporté dudict prieuré en sadicte maison. Plus en la maison de Collecte Grimauld auroict esté trouvé quatre boiceaulx seigle et deulx boiceaulx grene de lin, que ladicte Grimaulde dict avoir achapté de ses gensdarmes ; plus en la maison de Jehan Poehnet ung lict avec deulx couessins, ung coffre plain de bled seigle contenant onze ou douze boiceaulx, que la femme dudict Poehnet dict avoir retiré de ses gensdarmes ; plus en la maison de Anthoine Cherpantyer ung bussard plain de deulx tiers de bled froment et seigle, ung cartier de lard avec son jambon, que la femme dudict Cherpantyer dict avoir heu des gensdarmes devant la porte dudict prieuré ; plus en la maison de Cordillon ung tiers d'ung boiceau de seigle, la moictié d'une teste de pourceau, que la femme dudict Cordillon dist que lesdicts gensdarmes luy avoient apporté dudict prieuré ; plus en la maison de Romayne Duguelle fut trouvé troys boiceaulx seigle, ung petit coffre plain d'avoyne, que ladicte Romayne avoyt achapté desdicts gensdarmes on cymetière de la Maison-Dieu ; plus en la maison de Anthoine Bobin, dict Chauchepaille, fut trouvé les orphrez des chappes dudict prieuré que ledict Chauchepaille dict que lesdictz gensdarmes avoyent dessiré en sadicte maison et prins les porpheures d'or et avoyent laissé lesdictz orphrais ; plus en la maison de Estienne Ancellyn avoit esté trouvé la tapisserie servante à l'église, que ledict Ancelyn et sa femme dirent qu'ilz rendroient audict prieuré et à ladicte église ; plus en la maison de Françoys de la Leuf fut trouvé deulx boiceaulx avoyne, demy bussard froument et avoyne, que la femme dudict de la Leuf dist avoyr heu de ses gensdarmes et l'avoyr receu devant ledict prieuré ; plus en la maison de Olyvier de la Leuf fut trouvé un couessin de lict, un grand coffre tenant de sept à huict boiceaulx seigle, en une basse deulx boiceaulx froment, que ledict Olyvier dict estre dudict prieuré et n'en avoir receu aultre chose ; plus en la maison de Dènys Lorioulx ung loppin du grand benoistier de la dicte église dudict prieuré, que les gensdarmes avoyent laissé en sa maison par ce qu'ilz ne le pouvoyent emporter, ung boiceau avoyne ; plus en la maison de messire Loys Lebot, en laquelle auroit esté trouvé une couverte et ung mathela estans des meubles dudict prieuré, que la mère dudict messire Loys dict avoir achapté de ses gensdarmes et qu'elle estoyt pres de le rendre ; plus en la maison de Barthomé Memynot fut trouvé trois boiceaulx moictié seigle et avoyne et trois boiceaulx seigle, que la femme disoyt avoir achapté des gensdarmes on cymetière dudict prieuré ; plus en la maison de Guillaume Gaultyer fut trouvé une mect à faire pain plaine d'avoyne, six cierges rompuz et dedans ung bussard quatre boiceaulx seigle que ledict Gaultier dist estre des meubles dudict prieuré et qu'il les rendroit audict prieur ; plus en la maison d'ung nommé Chaigne ung pot de fert, une courtyne de lict, une nappe, une serviette, une broche de fert, deulx plains sacz de bled seigle où il y avoit quelque peu d'avoyne, ung chandellier de cuyvre, ung poillon, une cuillere, neuf pollotons de fillet, ung fricquet, ung lict, que la femme dudict Chaigne dist estre des meubles dudict prieuré ; plus en la maison de Morice Lyon ung mathela, un lict de couehette, une aube, deulx chappes, trois boiceaulx seigle ou environ, que la femme dudict Lyon dist estre des meubles dudict prieuré ; plus en la maison de la vefve Lyon Pain auroyt esté trouvé ung mathela, deulx potz de fert, ung grand et ung petit, six pièces de linge, sçavoir : troys nappes, troys serviettes, deulx chemises, deulx rideaulx de lict, deulx boiceaulx de seigle, une pippe plaine de seigle où il y avoit du froment au font, plus deulx grandz pains de seigle de chascun ung boiceau, que ladicte vefve dist avoyr heu et retiré de ses gensdarmes et que c'estoyt des meubles dudict prieuré ; plus fut trouvé en la maison de Marin Bruneau deulx boiceaulx seigle et avoyne, une nappe, une trochée de fillet d'estouppe ; plus en la maison d'ung nommé Lascoux ung bailh plain de seigle, un couessin de lict, ung drap plain de seigle contenant de sept à huict boiceaulx, que la femme dudict Lascoux disoyt estre des meubles dudict prieuré ; plus en la maison de feu Laurens Lyon fut trouvé ung sac où pouvoyt avoir deulx boiceaulx de seigle et deulx boiceaulx avoyne ; plus en la maison de Jehan Quilhet fut trouvé ung sac plain d'avoyne contenant six boiceaulx, deulx boiceaulx seigle, une plaine pippe de froment et avoyne, le tout meslé, une pippe plaine d'avoyne, ung coffre plain de froment tenant de quinze à seize boiceaulx, que la femme dudict Quilhet et ses filles disoyent avoir heu de leurs gensdarmes dedans ledict prieuré ; plus en la maison de Estienne Aubert fut trouvé trois boiceaulx seigle en ung sac, en ung coffre deulx boiceaulx seigle, en ung bussard troys boiceaulx avoyne ; plus en la maison de la Berthe une plaine basse de seigle et ung plain sac d'avoyne ; plus en la maison de Pierre, gendre de Barthomé Giraud, fut trouvé en ung bussard quatre boiceaulx seigle et avoyne tout meslé ensemble ; plus en la maison de

Jacques Bonesset ung boiceau seigle ; plus en la maison de Pierre
Denys fut trouvé deulx boiceaulx seigle, une nappe et aultre
linge ; plus en la maison de Jacques Lala fut trouvé deulx boiceaulx avoyne en une met et ung boiceau de seigle ; plus en la
maison de Micheau Fredot deulx boiceaulx seigle, six boiceaulx
avoyne et ung loppin tapisserie ; plus en la maison de Pierre
Pain fut trouvé ung petit bailh plain d'avoyne, deulx boiceaulx
avoyne dedans ung sac, en ung bussard quatre boiceaulx
seigle, une cremaillere et ung couessin ; plus fut trouvé en la
maison de Jamet de la Cheze quatre boiceaulx moictié seigle et
avoyne ; plus fut trouvé en la maison de la Lymousine six
boiceaulx moictié seigle et avoyne, quatre boiceaulx seigle ou environ en ung sac, et de tout ledict bled ladicte Lymousinet
ne confessoit en avoir prins que lesdictz quatre boiceaulx
seigle estans dedans ledict sac, et le reste dudict bled fut trouvé
on planché de sa maison dessoubz de la pasture en ung sac et
oulle ; plus fut trouvé en la maison de Denyse Perrin une couverte usée, deulx serviettes, ung boiceau seigle et ung sac ; plus
en la maison de Bordet une couette de lict, ung petit coffre plain
de seigle et avoyne ; plus en la maison de Pierre Bonneton ung
coffre estant à l'entrée de ladicte maison, ung sac dans lequel y
a ung boiceau d'avoyne, ung aultre sac dans lequel y a ung
boiceau froment et ung boiceau seigle, plus une pippe à husset
plaine d'avoyne et ung peu de seigle ; plus fut trouvé en la maison
de Françoise Faure dedans une met environ dix boiceaulx seigle
et avoyne, le tout meslé ensemble ; plus en la maison de Barreporte fut trouvé quatre boiceaulx avoyne ou environ, ung boiceau
et demy de seigle, ung chandellier et ung petit coffre neuf ; plus en
la maison de Pierre Davaille trois boiceaulx avoyne ou environ ;
plus en la maison de Simon Girauld ung boiceau seigle, quatre
boiceaulx avoyne, ung cartier de pourceau ; plus en la maison de
Jehanne Bouchier six boiceaulx moictié froment et moictié seigle ;
plus en la maison de Michel Mosnyer trois boiceaulx seigle dans
ung sac et deulx boiceaulx seigle ; plus en la maison de Jehanne
de la Chêze ung bailh plain de seigle, contenant environ quatre
boiceaulx ; plus fut trouvé en la maison de Briot ung boiceau
et demy seigle et avoyne ensemble, plus deulx boiceaulx de farine ; plus en la maison de Barthomé Memynot ung tiers de
seigle ; plus en la maison de Jehan Mouillebet quatre boiceaulx
seigle et avoyne ensemble, en ung drap et petit pochon environ
sept boiceaulx seigle, lesquelz sept boiceaulx ont esté trouvez

dedans ledict drap et pochon dessus de la pasture, après que ledict Mouillebec affirma n'avoir apporté que lesdicts quatre boiceaulx seigle et avoyne ; plus en la maison de Collecte Deschamps troys boiceaulx seigle ou environ et quatre boiceaulx avoyne ou environ ; plus en la maison de François Texier fut trouvé trois boiceaulx seigle comme il nous dist et qu'il en avoit mys au moulin ung et demy ; plus Anne Dulac dist avoir en sa maison une couverte, envyron ung barricot de sel et deulx linceulx ; plus fut trouvé en la maison de Jehan de Laleuf le jeune troys boiceaulx seigle ou plus et quatre boiceaulx froment ; plus en la maison de Goilhard ung plain sac avoyne contenant six boiceaulx ou plus, ung bussard plain de froment et mosture, plus deulx boiceaulx seigle ; plus fut trouvé en la grange de Jehan Mauduict ung sac de bled seigle prins en l'abbaye de la Maison-Dieu par Noël Berthomé, comme il confessa, et l'avoyr apporté en ladicte grange, onquel sac il y a huict boiceaulx seigle ou environ, fut trouvé aussy la trace du bled respandu par le jardin estant près ladicte grange, plus trois boiceaulx seigle qu'il dict avoir mys au moulin ; plus fut trouvé en la maison du texier de Grassevault, dedans ung coffre, trois boiceaulx froment ; plus en la maison de Laurens Caillaud une basse qui estoyt les deulx tiers playne de seigle ; plus en la maison de la Marsaulde Bré ung boiceau marqué d'une croix onquel y avoyt demy boiceau avoyne, plus une trace de bled venant du fourt de ladicte Maison-Dieu jusques près la maison de ladicte Marsaulde ; plus en la maison de Mathurin Symon ung demy paillisson de seigle, plus deulx boiceaulx de froument et orge, le tout meslé ensemble ; plus en la maison de Françoys Pain ung boiceau seigle, et fut dict que son filz avoyt mené ung plain sac de bled au moulin sur ung asne ; plus fut trouvé en la maison de feu Denys de la Leuf deulx boiceaulx et demy seigle et avoyne estant dedans ung coffre ; plus en la maison de Jehan Gendre, dit Rosty, deulx boiceaulx seigle ; plus en la maison de Jacques Alasne y a trois broches de fert, comme sa femme nous a dict ; plus en la maison de Loys Barbier fut trouvé une basse en laquelle pouvoyt y avoir deulx boiceaulx et demy seigle, plus ung bussard et demy de mosture ; plus en la maison de Estienne Jacquet ung mathela, deulx boiceaulx avoyne ; plus en la maison de Paul Lorioux fut trouvé en une met bastarde neuf ou dix boiceaulx avoyne, et le long de l'eschelle et au bout d'icelle une trace de froment et seigle ; plus en la maison de Mathurin Vachon deulx boiceaulx seigle et avoyne, le tout ensemble ; plus en la maison de Collette Grimauld fut trouvé quatre chandelliers de cuivre, cinq escuelles, deulx potz, troys assiettes, ung pot, une pinte, le tout d'estaing ; plus en la maison de Françoys Symon deulx boiceaulx de froment et seigle, le tout meslé ensemble, et nous dict le filz de Remaudeau, mosnyer [1], que la femme dudict Symon avoyt faict mouldre du bled environ cinq boiceaulx qu'elle a emporté en faryne ; plus Jehan Mareschal dict avoyr veu emporter audict Françoys troys plains sacz de bled ; plus fut trouvé en la maison de Pierre Paulmyer ung sac d'avoyne, plus ung plain bussard de froument, une cubbe plaine de seigle et avoyne, environ vingt boiceaulx, une grande met plaine de froment tenant quinze boiceaulx ; plus en la maison de la Bobine une plaine basse d'avoyne tenant environ trois boiceaulx ; plus en la maison de Mathurin Bellaud en ung sac quatre boiceaulx avoyne ; plus en la maison de Tropjoly une couverte de layne et deulx méchantz drapz de toille ; plus Bastien Lorioulx a dict et déclaré que sa femme avoict apporté environ trois boiceaulx avoyne, qu'il offroit rendre, et ne sçait ledict depposant si lesdicts meubles ont esté renduz audict prieur ou non, et plus n'en dict. Ainsy signé : G. Lyon, prévost susdict.

Mᵉ Berthomé Lajon, notaire royal, demeurant à Montmorillon, aagé de trente-deulx ans ou environ, après serment par luy faict de dire vérité sur l'assignation à luy baillée, a dict et depposé que dès le huictiesme jour d'octobre dernier passé, sur les neuf heures du matin, arrivèrent ès faulxbourgs de ladicte Maison-Dieu dudict Montmorillon plusieurs huguenaulx qu'on disoyt estre de la compaignie des seigneurs de La Rochefoucauld et de Grandmont, lesquelz arrivez es faulxbourgs s'en allèrent ondict prieuré de ladicte Maison-Dieu où en icelluy rompirent les portes tant dudict prieuré que de l'église, des greniers, celliers, trésor de ladicte église, et emportèrent, prindrent tous les meubles y estans trouvez, chappes et aultres ornemenz de ladicte église, bledz, vins, lardz, huilles et aultres meubles et ustancilles dudict prieuré, et iceulx emportèrent, vendyrent et feyrent ce que bon leur sembloyt tant ausdicts habitans de ladicte Maison-Dieu que aultres ; dict ledict depposant avoyr esté avec monsieur le juge de ladicte Maison-Dieu, son greffier et prévost, qui faysoient ladicte visitation, et a esté présent et a veu qu'il fut trouvé en la maison de Guillon ung

---

1. Meunier.

sac d'avoyne, une couverte rouge, ung chandellier et une vinagrière ; plus en la maison de feu Loys de la Roche fut trouvé une basse plaine de seigle et avoyne, deulx nappes d'église, ung couessin ; en la maison de Françoise Rondayne ung sac de bled, seigle et froment, ung sac d'avoyne, ung plain coffre de bled, froment, seigle, baillarge, contenant vingt boiceaulx, ung sac d'avoyne contenant quatre boiceaulx, plus une pippe de bled, froument, seigle, baillarge et avoyne, ung plain sac de bled contenant quatre boiceaulx, ung autre sac plain d'avoyne contenant sept boiceaulx et deux aultres sacz deulx boiceaulx seigle, ung bassin baptismal avec le couvercle ; en la maison de Nycolle Richarde fut trouvé trois boiceaulx froment, deulx boiceaulx avoyne, une pièce de tapisserye ; en la maison de Collecte Grymault quatre boiceaulx seigle et demy boiceau de grene de lyn ; plus en la maison de Jehan Poinhet fut trouvé ung lict avec deux couessins, ung coffre plain de bled seigle contenant onze ou douze boiceaulx ; en la maison de Anthoine Cherpantyer ung bussard plain les deulx tiers froment et seigle, un cartier de lard avec ung jambon ; en la maison de Cordilhon deulx tiers d'ung boiceau de seigle et la moictié d'une teste de porceau ; en la maison de Romayne Duguelle trois boiceaulx seigle avecq ung petit coffre plain d'avoyne ; en la maison de Chauchepaille fut trouvé les orphrez des chappes ; en la maison de Estienne Ancelyn fut trouvé la tapisserye servant à l'église ; en la maison de François de la Leufz fut trouvé deulx boiceaulx avoyne, ung demy bussard avoyne et froument ; en la maison de Olyvier de Laleuf ung couessin de lict, plus il y fut trouvé un grand coffre plain de seigle contenant de sept à huict boiceaulx de seigle, en une basse deulx boiceaulx froument ; en la maison de Bastien Lorioux ung loppin du grand benoistier et deulx boiceaulx seigle ; en la maison de Guillaume Gaultier fut trouvé une mect à faire pain plaine d'avoyne, six cierges rompuz, en ung bussard quatre boiceaux seigle ; en la maison de Chaigne ung pant de courtine, une nappe, une serviette, une broche de fert, deulx plains sacz de seigle où il y avoyt quelque peu d'avoyne, plus ung chandellier, ung poillon, une cuillere, neuf pellotes de fil, ung fricquet et ung lict ; plus en la maison de Morice Lyon ung mathela, une couhete, une aulbe et deulx chappes et trois boiceaulx de seigle ou environ ; plus en la maison de la veuve Lyon Pain fut trouvé ung mathela, deulx potz de fert, ung grand et ung petit, six pièces de linge, sçavoir : troys nappes, troys serviettes, deulx chemises, deulx rideaulx de lict, deulx boiceaulx seigle, une pippe de seigle où il y a du froument au font et deulx tortes [1] ; plus en la maison de feu Symon Robbynet ung bussard advoyne ; plus en la maison de Marin Bruneau deulx boiceaulx seigle et avoyne, une nappe, ung palloton de fil d'estouppes ; plus en la maison de Pierre Lajon ung bailh comble de seigle ; plus en la maison de Lascoux ung bailh plain de seigle, ung couessin, ung plain drap de seigle contenant de sept à huict boiceaulx ; plus en la maison de feu Laurens Lyon fut trouvé ung sac onquel y a deulx boiceaulx seigle et deulx boiceaulx avoyne ; plus en la maison de Jehan Quilhet ung sac plain d'avoyne, contenant six boiceaulx, deulx boiceaulx seigle, une plaine pippe de froment, seigle et advoyne, le tout meslé, une pipe plaine d'avoyne et ung plain coffre de froument contenant de quinze à seze boiceaulx ; plus en la maison de Estienne Aubert fut trouvé ung sac contenant trois boiceaulx seigle, en ung coffre deulx boiceaulx seigle et en ung bussard trois boiceaulx avoyne ; plus en la maison de la Berthe une plaine basse de seigle et ung plain sac avoyne ; plus en la maison de Pierre, gendre de Berthomé Giraud, en ung bussard quatre boiceaulx seigle et avoyne, le tout meslé ensemble ; en la maison de Jacques Bonesset ung boiceau seigle ; en la maison de Pierre Denys deulx boiceaulx seigle, une nappe et aultre linge ; plus en la maison de Jacques Lala deulx boiceaulx avoyne trouvez en une met et ung boiceau seigle ; plus en la maison de Micheau Fredot deulx boiceaulx seigle, six boiceaulx avoyne et ung loppin de tapisserye ; en la maison de Pierre Pain ung petit bailh plain d'avoyne, deulx boiceaulx d'avoyne dedans ung sac, en ung bussard quatre boiceaulx seigle, une cremailhière et ung couessin ; plus en la maison de Jamet de la Chèze quatre boiceaulx moictié seigle et avoyne ; plus en la maison de la Lymousine six boiceaulx moictié seigle et avoyne et quatre boiceaulx seigle ou environ en ung sac, et de tout ledict bled ladicte Lymousine ne confessoyt en avoyr prins que quatre boiceaulx seigle estans dedans le sac, et le reste dudict bled fut trouvé on planché de sa maison dessus de la pasture en ung sac et oulle ; plus en la maison de Denyse Perrin une couvertte usée, deulx serviettes, ung boiceau seigle en ung sac ; en la maison de Bordet une coubette de lict, ung petit coffre plain de seigle et avoyne ; plus en la maison de Pierre Bonneton ung coffre estant à l'entrée de ladicte maison, ung sac

---

1. Pain rond.

dans lequel y a ung boiceau advoyne, ung aultre sac dans lequel y a ung boiceau froument et deulx boiceaulx seigle, plus une pippe à husset plaine d'avoyne et ung peu de seigle ; en la maison de Françoyse Faure dans une met environ dix boiceaulx seigle et avoyne, le tout meslé ensemble ; plus en la maison de Barreporte fut trouvé quatre boiceaulx avoyne ou environ, ung boiceau et demy seigle, ung chandellier et ung petit coffre neuf ; en la maison de Pierre d'Availle troys boiceaulx avoyne ou environ ; en la maison de Symon Girauld ung boiceau seigle, quatre boiceaulx avoyne, ung quartier de pourceau ; en la maison de Jehanne Bouchet six boiceaulx moictié froment et moictié seigle ; plus en la maison de Michel Mosnyer troys boiceaulx seigle dans ung sac, plus deulx boiceaulx seigle ; plus en la maison de Jehanne de la Chèze ung bailh plain de seigle contenant environ quatre boiceaulx ; en la maison de Briot fut trouvé ung boiceau et demy seigle et avoyne ensemble et deulx boiceaulx de farine ; plus en la maison de Berthomé Memynot fut trouvé ung tiers de seigle ; plus en la maison de Jehan Mouillebec quatre boiceaulx seigle et avoyne ensemble, plus en ung drap et petit pochon environ sept boiceaulx seigle, lesquelz sept boiceaulx furent trouvez dans ledict drap et pochon dessoubz de la pasture, après que ledict Mouillebert affirma n'avoyr apporté que lesdicts quatre boiceaulx seigle et avoyne ; en la maison de Collette Deschamps trois boiceaulx seigle ou environ, plus quatre boiceaulx avoyne ou environ ; plus en la maison de Françoys Texier trois boiceaulx seigle, comme il nous dist et qu'il avoyt mys au moulyn ung et demy. Anne Dulac dist avoyr heu en sa maison une couverte, envyron ung baricot de sel et deulx lincculx ; plus en la maison de Jehan de la Lenfz le jeune troys boiceaulx seigle ou plus et trois boiceaulx froment ; en la maison de Goilhard ung plain sac d'avoyne contenant six boiceaulx ou plus, ung bussard plain de froment et mosture et deulx boiceaulx seigle ; fut trouvé en la grange de Jehan Mauduict ung sac de bled seigle prins en l'abbaye de la Maison-Dieu par Nouël Berthoumé, comme il confessa, et l'avoyr apporté en ladicte grange, onquel sac y a huict boiceaulx seigle ou environ, et aussy fut trouvé la trace du bled respandu par le jardin estant près ladicte grange, plus trois boiceaulx seigle qu'il dit avoyr mys au moulyn ; plus en la maison du texier de Grassevault dedans ung coffre trois boiceaulx froument ; plus en la maison de Laurens Caillaud une basse qui estoyt les deulx tiers plaine de seigle ; en la maison de la Marsaulde Brée ung boiceau marqué d'une croix onquel y a demy boiceau avoyne, plus une trace de bled venant du fourt de ladicte Maison-Dieu jusques près la maison de ladicte Marsaulde ; plus en la maison de Mathurin Symon ung demy paillisson de seigle, plus deulx boiceaulx de froment et orge, le tout meslé ensemble ; plus en la maison de Françoys Pain ung boiceau seigle, et nous fut dict que son filz avoyt mené ung plain sac de bled au moulyn sur ung asne ; plus en la maison de feu Denys de la Leufz deulx boiceaux et demy seigle et avoyne estans dedans ung coffre ; en la maison de Jehan Gendre, dict Rosty, deulx boiceaulx seigle ; en la maison de Jacques Alasne y a trois broches de fert, comme sa femme nous dist; en la maison de Loys Barbier une basse en laquelle y pouvoyt y avoir deulx boiceaulx et demy seigle et ung bussard demy de mosture ; en la maison de Estienne Jacquet ung mathela, deulx boiceaulx avoyne ; plus en la maison de Paul Lorioulx en une met bastarde neufz ou dix boiceaulx d'avoyne, et fut trouvé le long de l'eschelle et au bout d'icelle une trace de froument et seigle ; en la maison de Mathurin Vachon deulx boiceaulx seigle et avoyne, le tout ensemble ; en la maison de Collecte Grimaulde, quatre chandelliers de cuyvre, cinq escuelles, deulx platz, trois assiettes, ung pot, une pinte et une esvyère, le tout d'estaing ; en la maison de Françoys Symon deulx boiceaulx de froument et seigle, le tout meslé ensemble, et nous dist le filz de Remaudeau, mosnyer, que la femme dudict Symon avoit faict mouldre du bled, environ cinq boiceaulx, qu'elle a emporté en faryne ; plus Jehan Mareschal dist avoyr veu emporter audict Françoys troys playns sacz de bled ; plus en la maison de Pierre Poumyer ung sac d'avoyne, plus ung plain bussard de froument, une cubbe playne de seigle et avoyne, contenant vingtz boiceaulx, une grande mect plaine de froument tenant quinze boiceaulx ; plus en la maison de la Bobyne une plaine basse d'avoyne tenant environ troys boiceaulx ; en la maison de Mathurin Bellauden ung sac quatre boiceaulx avoyne ; en la maison de Eutrope Joly une couverte de laine et deulx meschans drapz de toille ; plus Bastien Lorioux dist et declaira que sa fille avoyt apporté environ troys boiceaulx avoyne qu'il offroit rendre ; ce qu'il dit sçavoir ledict depposant pour avoir esté present, et est ce qu'il déppose, et plus n'en dict fors qu'il ne sçaict signer. Ainsi signé : Argenton, notaire royal ; Dumas, sergent général.

XIV

Accord et règlement fait entre les chanoines de Notre-Dame de Montmorillon au sujet de la résidence et de l'observation des statuts de cette église, sauf l'approbation de l'évêque de Poitiers. (Arch. Vien. G° 80, chapitre de Notre Dame de Montmorillon, original parchemin.)

28 juin 1571.

Au chapitre de l'église séculière et collégialle Nostre-Dame de Montmorillon, diocèse de Poictiers, capitulans M^{res} François Daux, prévost, Pierre Cuerderoy, chanoyne et chappellain officiaire, Nycolles Goudon, Loys Béraud et Mathurin Daux [1], chanoines, sur le procez meu entre eulx et pendant par devant Monseigneur l'évesque de Poictiers ou Monsieur son grand vicaire général, par devant lequel la court de Parlement les avoit renvoyez pour estre réglez sur la résidence et observance des statutz et louables coustumes de la dicte église, a esté advisé et accordé pour le bien de paix et soubz le bon plaisir de Monseigneur de Poictiers ce qui ensuyt : premièrement, que pour l'advenyr, si et quand vaccance adviendra *per cessum vel decessum* de la dicte prévosté ou de l'une des prébendes de la dicte église, le pourveu, auparavant qu'estre receu en prévost ou chanoyne, résidra par trois moys continuelz et assistra une heure chascun jour au service de la dicte église sans prendre aulcuns fruictz durant les dictz trois moys, et quictera la moictié des fruictz de la première année après la dicte résidence pour cedder au proffict de la fabrice de l'église ; et oultre ce baillera une chappe de la valleur de quarente livres. Et si les dicts prévost ou chanoynes ne sont promeuz aux sainctz ordres, ne prendront, sçavoir est le prévost que une prébende et le droict du bourdon ; et au regard des chanoynes non promeuz, chascun demye prébende, qui leur demeurera pour gros fruictz, dont ilz jouyront entièrement et sans aultres charges, en assistant aux chapitres généraulx qui se tiendront en la dicte église le lendemain d'Assumption Nostre-Dame et le lendemain de sainct Thomas le martyr : esquelz ilz pourront assister en ce qui concernera les

---

1. Le 30 septembre 1596, Mathurin Daux (ou mieux d'Aux), qui était prévôt du chapitre de Notre-Dame de Montmorillon, rendait hommage à Geoffroy de Saint-Belin, évêque de Poitiers, à raison du fief de la Durandrie, paroisse de Latus, relevant de la baronnie de Chauvigny, (Arch. Vienne, G ^{g}81.)

droictz et revenu de l'église, sans qu'ilz puissent néantmoins avoir voix ès collations de béneffices jusques à ce qu'ilz soyent *in sacris*, et le parsus demeurera pour ceulx qui seront promeuz et aultres qui feront le service divin, entre lesquelz seront mys en distribution les dictz fruitz laissez. Et en cas de deffault d'assistance, sera le gain, qu'eussent peu faire les absens, aplicqué à la fabrice de l'église ; et au dict cas payeront les dictz prévost et chanoynes les décimes et aultres charges qui seront imposées par le Roy pour une prébende seulement, demeurant quictes les dictz Daux, prévost, Beraud et Daux, chanoynes, de la dicte résidence, et s'en contentent les dictz Cueurderoy et Goudon ; payeront néantmoins les dictz Daux, prévost et chanoyne, la chappe. Et pour le regard du revenu de la dicte église, sera tout recueilly par ung recepveur qui fera distribution d'icelluy à chascun des dictz prévost et chanoynes selon sa portion, et s'en obligera aux conditions qui seront accordées avec luy sans qu'il soyt loisible à aucun de la dicte église en recepvoir aucune chose que par les mains du dict recepveur, à peyne de perdre par celuy qui contreviendra les fruictz de l'année s'ilz sont en nature de chose, sinon ceulx de l'an ensuyvant, hors les droictz du bourdon, dont le dict prévost jouyra par ses mains : le tout sans préjudice aux dictz Daux, prévost, Beraud et Daux, chanoynes, de pouvoyr répéter leurs fruictz entiers de l'an passé contre le fermyer. Lesquelz fruictz les dictz Cueurderoy et Goudon consentent leur estre mys à pleine délivrance, et passeront ample procuration pour le consentyr partout où besoing sera. Et en ce faisant demeurent le procez pendant pardevant mon dict seigneur de Poictiers et tous aultres, pour raison des diférens susdictz, assoupiz. Et en tant que touche, les arrérages recellez à la dicte église se poursuyvront aux despens des dictz prévost et chapitre et y prendront les dictz prévost et chanoynes leurs droictz entiers. Et advenant vaccance des chappelles de la collation des dictz prévost et chapitre, seront conférées aux choristes selon leur ordre et antienneté, moyennant qu'ilz seront tenuz les remettre entre les mains des dictz prévost et chapitre au cas qu'ilz voulussent délaisser ou de faict délaissassent le service du chœur de la dicte église par l'espace d'ung moys, si ce n'est pour cause de malladie ou pour affaires de chapitre et sans avoyr exprès congé, auquel cas de défault d'ung moys et icelluy passé, sans autre inthimation ou sommation pouront les dictz prévost et chapitre pourvoyr aux dictes chappelles d'aultres chappellains et choristes en lieu de celuy ou ceulx qui auront défailly par le dict espace d'ung moys. Et affin que ce que dessus soyt chose ferme et stable, supplient humblement mon dict seigneur évesque de Poictiers ou Monsieur son grand vicaire général vouloyr admettre et approuver les présens articles et accordz, et iceulx émologuer et confirmer soubz les comminations et peynes au cas requises. Faict en chapitre de la dicte église Nostre-Dame de Montmorillon, après la cloche sonnée en la manière acoustumée, soubz notre scel de chapitre et seing manuel du notaire apostolic cy soubzscript, demeurant au dict lieu de Montmorillon, prins pour scribe en ceste partie, le jeudy vingt-huictiesme jour de juing l'an mil cinq cens soixante et unze. Et pour faire émologuer et confirmer ce présent concordat par devant Monseigneur l'évesque de Poictiers ou Monsieur son grand vicaire ont les dessus dictz constitué leur procureur M[e][1]........ auquel par ces présentes ilz ont donné puissance de ce faire. Faict comme dessus. Ainsi signé en l'original : F. Daux, Goudon, Cueurderoy, Beraud et M. Daux. *Signé*, J. Jacquet, notaire ap[lic].

XV

Sentence qui incorpore la châtellenie de Lussac-le-Château à la sénéchaussée de la Basse-Marche. (D. Fonteneau, t. XXIV, p. 685, d'après Robert du Dorat.)

18 décembre 1572.

Aujourd'huy, en expédiant l'ordinaire de la séneschaussée de la Basse-Marche, maître Jean Merlin, procureur du Roy et Monseigneur en la dite séneschaussée, nous a exhibé et représenté certaine sentence donnée par Monsieur maître Lazare Amadon, conseiller du Roy en son Grand Conseil et commissaire pour le Roy à la réduction et réunion du domaine du présent comté de la Basse-Marche, sur le différent et procès pendant entre luy et le s[r] de Lussac-le-Chasteau, officiers, manans et habitans du dit Lussac pour raison du ressort en cas d'appel des appellations interjettées des juges et officiers du dit s[r] de Lussac et cognoissance des cas royaux de la terre et jurisdiction du dit Lussac, de laquelle a requis lecture et publication, ce qu'a esté fait

---

1. En blanc.

judiciairement, dont au dit Merlin, ce requérant, a esté octroyé acte. Fait en la ville du Dorat pardevant nous Claude de la Pouge, conseiller du Roy, lieutenant général en la sénéchaussée de la Basse-Marche, le vingt-troisième jour de décembre l'an mil cinq cent soixante-douze. S'ensuit la teneur de la dite sentence.

Lazare Amadon, conseiller du Roy en son Grand Conseil, commissaire député en cette partie, à tous ceux qu'il appartiendra sçavoir faisons que ce jourd'huy datte des présentes en proceddant à la réunion et réduction du domaine du Roy et Monseigneur au comté de la Basse-Marche entre les parties soubs nommées a esté prononcé l'ordonnance que s'ensuit.

Entre le procureur du Roy demandeur et requérant la justice, jurisdiction et ressort ès causes d'appel de la chastellenie de Lussac-le-Chasteau et autres causes et matières de la dite chastellenie, ses membres et déppendances estant de la jurisdiction et cognoissance des baillifs et séneschaux fust saisie et mise à la main du Roy et icelle unie et incorporée au domaine du comté de la Basse-Marche, et ce faisant, deffenses estre faictes à Messire René de Rochechouart [1], s^r du dit Lussac, chevallier de l'ordre du Roy et capitaine de cinquante lances, ses officiers et habitans d'icelle chastellenie ressortir et relever leurs appelletions et faire aucune poursuite ès causes, instances et matières dont la cognoissance en appartient aux baillifs et séneschaux pardavant autre baillif et seneschal que pardavant le séneschal au dit comté de la Basse-Marche, au siège principal du Dorat, d'une part, et le dit de Rochechouart, s^r de Lussac, maître René Le Guay, juge séneschal du dit Lussac, maître Baptiste Moutard, Pierre Guay, Eustache Rozet et autres habitans du dit Lussac deffendeurs, d'autre. Veu par nous commissaire susdit la demande verballement faite par le procureur du Roy, contenue en notre procès-verbal, sentence prononcée par le séneschal de la Basse-Marche en certaine cause pendant pardavant luy, entre Jacques de Saint-Laurent, escuyer, appellant du juge séneschal du dit Lussac d'une part, et François Vallier, escuyer, et demoiselle Catherine Siccot, intimés, d'autre, le neufviesme janvier

---

1. René de Rochechouart, baron de Mortemart et de Montpipeau, né à Château-Larcher le 17 décembre 1528, décédé le 17 avril 1587 et inhumé dans l'église des Cordeliers de Poitiers. Il possédait le châtellenie de Lussac-le-Château du chef de sa mère, Renée, Taveau, fille unique de Léonnet Taveau, baron de Morthemer, seigneur de Lussac, de Verrières, du Bouchet, etc., et de Jeanne Frottier de Preuilly.

mil cinq cent quarante-huit, arrest confirmatif de la dite sentence du onziesme décembre mil cinq cent quarante-neuf. Requeste présentée au Roy par le dit s^r de Lussac et aultres seigneurs du dit comté, sur la provision de l'office et estat de lieutenant général en la dite séneschaussée de la Basse-Marche le dix-septième janvier mil cinq cent soixante-sept, autre requeste présentée à la cour de Parlement de Paris par le dit s^r de Lussac et autres pour raison de la dite provision du dit estat et office de lieutenant général le vingt-uniesme janvier mil cinq cent soixante-sept, coppies de rolles de la convocation et assemblée du ban et arrière-ban de la dite séneschaussée de la Basse-Marche, ès quelles le dit s^r de Lussac est dénommé et appellé, des quinzième may mil cinq cent quarante-trois, quinzième apvril, neufviesme et quatorziesme juin mil cinq cent quarante-cinq, commission du séneschal de la Basse-Marche sur le département des fournitures et taxe des vivres pour l'entretenement de certaine compagnie d'hommes d'armes suyvant le département par luy fait sur la dite chastellenie de Lussac, le dix-septiesme octobre mil cinq cent quarante-huit, produits par le dit procureur du Roy, nommée rendue au Roy par dame Renée Taveau, dame du dit Lussac, de ce qu'elle tenoit à foy et hommage du Roy à cause de la baronnie de Calaix du dix-neufviesme décembre mil cinq cent soixante, par laquelle entre aultres choses advouhe et déclare tenir du Roy la dite chastellenie de Lussac, justice et jurisdiction haulte, moyenne et basse produite par le dit de Rochechouart, juge séneschal et habitans du dit Lussac, et autres productions des dites parties et nostre procès-verbal, avons saisy et mis, saisissons et mettons en la main du Roy la dite justice, jurisdiction et ressort d'appel de la dite chastellenie de Lussac[1], ses appartenances et deppendances et ès autres causes et matières de la dite chastellenie dont la connoissance en appartient aux baillifs et séneschaux, et icelle avons uny et incorporé, unissons et incorporons au domaine du dit comté de la Basse-Marche, faisant inhibition et deffense au dit s^r de Lussac, ses officiers et habitans de la dite chastellenie de Lussac et de ses appartenances et deppendances de ressortir et relever aucune appellation et faire aucune aultre poursuite des causes, instances et matières dont la cognoissance en appartient

---

1. La châtellenie de Lussac comprenait les paroisses de Lussac, la Chapelle-Viviers, Civaux, Gouex, Mazerolles, Persac et Queaux.

aux baillifs et séneschaux pardavant autres baillifs et séneschaux que pardavant le séneschal de la Basse-Marche, à peine de cinq cens livres et de nullité des proceddures et jugemens, et ce sans préjudice de la jurisdiction ordinaire du dit s^r de Lussac, et ordonnons que notre présente ordonnance sera lue et publiée tant en l'auditoire de la dite séneschaussée au siège principal du Dorat un jour de plaids et iceux tenans ; en foy et tesmoing de quoy nous sommes cy soubssignés et fait apposer le scel de nos armes, en la ville du Dorat, le dix-huitième jour de décembre mil cinq cent soixante-douze. Ainsi signé : Amadon, et scellé en placard, et ainsi signé : J. Rampion, greffier de la Basse-Marche, par copie.

Le dix-septiesme jour du mois de febvrier l'an mil cinq cent soixante-treize, je sergent royal en la Basse-Marche pour le Roy et Monseigneur certifie à tous qu'il appartiendra que par vertu de certaine sentence donnée par Monsieur maître Lazare Amadon, conseiller du Roy en son Grand Conseil, commissaire député en cette partie, datée du dix-huitiesme jour du mois de décembre dernier passé mil cinq cent soixante-douze, signé Amadon et scellé de cire rouge en placard, obtenue sur la réduction et réunion du domaine du pays et comté de la Basse-Marche, laquelle sentence a esté lue et publiée en la cour de la ville et chastellenie de Lussac-le-Château et icelle tenant et suivant icelle fait commandement à honorables maîtres René Guay, juge chastelain, séneschal du dit Lussac, Pierre de Laleu, procureur en la dite chastellenie et séneschaussée, et Pierre Mesme, greffier, Estienne de Montloys, escuyer, s^r de Meigne, sires Loys Vignaud, Guillaume Baulh, Michel Mourrat et Guillaume Bareuilh, sergent royal et bailhiagier, et plusieurs autres manans et habitans d'icelle y obéir sans y contrevenir, ès peines portées et contenues par icelle dite sentence, et de laquelle ay laissé copie au greffe et enjoint aux dits officiers la faire publier au prosne des parroisses ressortissans en leur dite cour et carrefours de la présente ville, ad ce que aucun en prétende cause d'ignorance, lesqueulx honorables maître René Guay et Pierre de Laleu, juge et procureur, ont dit qu'ils en advertiroient le dit s^r de Lussac de la dite sentence et au parsus qu'ils se garderoient de mesprandre et toutesfois ont protesté d'en appeler et oultre ; quant au dit Guillaume Bareuilh, sergent royal, luy ay fait inhibition et deffense mettre aucun mandement qui sera obtenu de la séneschaussée de Montmorillon à exécution et y adjourner aucun pardavant le siège audit Montmorillon, ains pardavant le séneschal de la Basse-Marche où la dite séneschaussée de Lussac ressortit en cas d'appel. Fait par moi sergent royal soubssigné ès présence de Augustin Barret, demeurant à Baigneux, et Morice Imbert, demeurant au village de la Buxière, parroisse de Persac, tesmoins. Ainsi signé : S. Morrat, sergent royal, et J. Rampion, greffier de la Basse-Marche, donné par copie.

Le ving-septième novembre l'an mil cinq cent soixante-dix-neuf, certiffie le sergent royal soubssigné avoir suivant l'exploit cy-dessus en continuant icelluy je fait itératif commandement de par le Roy et Reyne Yzabel [1], douairière de France, aux habitans de la ville et séneschaussée de Lussac d'y obéir ès peines du contenu en la sentence, le tout en parlant à maître Pierre de Laleu, procureur fiscal de la dite châtellenie, à Jehan Robin, hôte des Trois-Roys du dit Lussac, et à luy enjoint le faire sçavoir aux habitans du dit Lussac ès présence de Gallelier la Bambre, Pierre de Pérelles et autres demeurans au Dorat. Ainsi signé : Grogerie, sergent royal.

Lequel procureur m'a fait responce que le s^r de Lussac est à présent demeurant au lieu de Montpipeau, près d'Orléans, et qu'il le advertira du présent exploit, et qu'il se gardera de mesprendre. Ainsi signé : Grogerie, sergent royal, et G. de la Vanure. Signé : Robert, lieutenant général, par extrait.

XVI

Procès-verbal dressé par André Le Beau, sénéchal de Montmorillon, après le décès de Gabriel Agenet, commandeur de la Chatille, et information sur les violences commises en cette commanderie par des gens de guerre qui s'en étaient emparés. (Arch. Vienne, H³ bis, carton 32, Maison-Dieu de Montmorillon, copie papier.)

2 août 1583.

Aujourd'huy second jour d'aoust mil cinq cens quatre-vingt-trois, c'est compareu par devant nous Révérant Père en Dieu frère André Demanes, prieur du prieuré conventuel de la Maison-Dieu de Montmorillon, en sa personne, lequel nous a remonstré avoir esté averty que frère Gabriel Agenet, l'ung des religieux profex

---

1. Isabelle ou Elisabeth d'Autriche, fille de l'empereur Maximilien II et de Marie d'Autriche, mariée le 26 novembre 1570 au roi Charles IX, après la mort duquel (30 mai 1574) elle retourna à Vienne. Par lettres du 21 novembre 1575, Henri III, son beau-frère, lui avait donné en douaire le comté de la Marche.

du dict prieuré, commandeur des commandries de la Chastilhe et Pananges dépendant du dict prieuré de plain droict, estoyt déceddé puis peu de jours en ça, quy auroyt délaissé les dictz membres vacquens et plusieurs meubles en iceux, lettres et tiltres consernant le revenu des dictes commandries et de son dict prieuré de la Maison-Dieu, lesquels meubles icelluy Demanes a dict luy apartenir comme estant abbé du dict prieuré et le dict feu Agenet, l'ung des religieux; et parce que le dict Demanes doubte ne pouvoir aisément prandre et apréander les dicts meubles et tiltres, et affin que droict soyt gardé à ung chascun qui y aura intérest, nous a prié, sommé et requys nous transporter avec nostre greffier ou son commis au dict lieu de la Chastilhe affin de faire inventayre des dicts meubles, lettres et tiltres consernant le revenu, pour, icelluy inventayre faict, fayre délivraison d'iceux meubles à quy il apartiendra suivant lequel sera par nous proceddé au faict du dict inventayre avec Me Léonard Sorroreau, commis du greffier, présant adce que dessus et, pour ce fayre, commande au dict Sorroreau, Laurent Augyer, sergent royal, de urter au mailhet estant ataché à la dicte grand porte, ce qu'ilz ont faict par plusieurs foys, comme aussy nous et aultres présans, tellement que avons séjourné au devant la dicte porte l'espasse de deux heures, et parce que aulcun ne c'est présanté pour fayre ouverture de la dicte porte ne nous respondre en sorte que ce soyt en avons octroïé acte au dict Demanes pour luy servyr et valloyre ce que de raison, et, ce faict, icelluy Demanes nous a requys que ayons à oyr par serment les voisins et habitans du village de la Chastilhe du jour et heure du décès du dict feu Gabriel Agenet, ce que avons ordonné estre faict et de faict avons faict appeler Héliot et Huguet Bonnetz père et filz, présans, eagés sçavoyr est le dict Lyot de soixante ans ou environ et le dict Huguet de trente ans, lesqueux après serment par eux faict de dire vérité et enquis sur le dict registre lesqueux ont dict avoyr cogneu le dict feu Agenet et ne sçavoir le jour de son décès bien, disent qu'ilz furent lundy dernyer, environ l'heure de vespres, en l'hostel du dict de la Chastilhe parce qu'il estoit bruict que le dict feu estoyt déceddé et que on le voulloyt enterrer en l'esglise de Béthines, furent en la dicte maison de la Chastilhe et virent que les prebstres de la dicte paroisse de Béthines et autres assistans faisant le service portèrent le corps du dict feu Agenet en la dicte esglise de Béthines où il fust enterré comme ilz virent, et despuis n'ont esté au dict lieu de la Chastilhe comme ilz ont dict bien [1]. . . . . disent que les sieurs de Chambon, de la Mollière et le seigneur de Saint-Maixant, nommé Soret, estoyent en la dicte maison de la Chastilhe et que les bledz et foings qu'ilz faisoient de la dicte mestayrie de la dicte Chastilhe estoyent en la grange quy est en la grande bassecourt du dict lieu de la Chastilhe, parce qu'ilz les y ont menés comme ilz ont accoustumé par cy-devant et de partager les bleds à la gerbe. Sur ce enquys, ont dict qu'ilz ont quatre beufz d'arreau pour le labourage et agriculture de la dicte mestayrie et une charette ferrée, esqueux beufz et charette le dict feu y avoyt la moictié comme aussy en deux vaches et quelques brebis. Avons aussy oy par serment Pierre Faizan, eagé de vingt ans, Michelle Macé, femme de Jehan Tourayne, eagée de quarante-deux ans, Huguette Faizan, eagée de dix-huict à vingt ans, tous demeurans au dict lieu de la Chastilhe, paroisse de Béthines, lesquels ont dict que certainement le dict feu Agenet estoyt déceddé, mais ne sçavoyr coter le jour et heure bien, disent qu'il fut enterré lundy dernier, envyron les quatre heures du soyr, en l'esglise de Béthines, déclairant ne sçavoyr signer. Et ce faict et veu la dicte déclaration des dessus dictz, le dict Demanes a requys avoyr deffault contre les dicts de Chambon, la Mollière et le seigneur de Saint-Maixant, nommé Soret, et que commandement soyt faict aux dictz de Chambon, la Mollière et Soret, prieur du dict Saint-Maixant, de vider le dict lieu et nous en fayre ouverture et représantation des dictz meubles et tiltres à la conservation des droictz de quy il appartiendra. Sur quoy avons octroyé acte au dict Demanes, ce requérant, de ce que dessus et ordonné que commandement leur sera reytéré par les dictz Augier et Sorroreau, commis de nostre greffier, de obeyr et fayre ouverture de la dicte commanderye aux fins susdictes et sans préjudice de leurs droitz et de tous aultres qu'il apartiendra et, à cette fin, que assignation leur sera baillée de dans huict heures de dix heures du matin, et à l'instant a la dicte signiffication et assignation esté bailliée aux dessus dictz en nostre présance par les dictz Augyer et Sorroreau.

Et advenant la dicte heure de dix heures du matin du dict jour nous sommes de rechef présantés au devant la dicte grand porte de la dicte commandrye et c'est aussy présanté le dict Demanes, prieur susdict, et au regard des dictz de Chambon, de la Molyère et Soret n'ont obey ne compareu ne aulcun pour eux dûment

---

1. Déchiré.

appelés ès audience par le dict Augier, sergent susdict, contre lesquelz le dict Demanes a requys avoyr deffault et veu icelluy qu'ilz soient constrainctz par toutes voys deues et raisonnables et mesme par retemption et emprisonnement de leurs personnes, veu la rébellion et désobeissance à justice de fayre ouverture de la maison de la dicte commandrie affin que inventayre soyt faict des meubles, lettres et tiltres consernant le droict de la dicte commandrie et mainlever luy estre faicte des fruictz de la dicte commandrye à luy appartenant à cause de son prieuré, comme aussy les meubles délaissés du dict feu frère Gabriel Agenet, dernyer immédiat commandeur de la dicte commandrye, et permission luy estre octroyée pour fayre fayre information contre tous ceux sur le dict ravissement des dictz meubles et fruictz estans de la dicte commandrie et apartenans au dict feu. Sur quoy avons donné deffault, ce requérant le dict Demanes, contre les dessus dictz de Chambon, de la Mollyère et Soret, sauf vendredy prochain heure de court quy leur sera signiffié par nostre greffier, ce quy a esté par luy faict en nostre présence à la porte de la dicte commandrye, et le dict jour passé sera faict droict au dict Demanes de son réquisitoire comme de raison ; et du dict lieu de la Chastilhe nous sommes transportez au dict bourg de Béthines devant la porte de l'esglise du dict lieu où se faisoyt service pour les funérailles du dict feu et après icelluy service et icelluy parachevé avons faict venyr par devant nous Mre François Gaultier, prebstre, demeurant au dict bourg de Béthines, eagé de soixante-six ans, Mre Jacques Jarrigaud, prebstre, vicaire de Nostre-Dame d'Ains, demeurant au dict lieu, eagé de quarante ans, Mre Léonard Depoix, prebstre, demeurant à Concrémier, eagé de quatre-vingtz ans ou environ, Mre Anthoine Moreau, prebstre, curé d'Anthenet, demeurant à Villesallem, eagé de cinquante ans ou environ, tous lesqueux moyennant serment par eux faict[1]. . . ont dict concordablement que lundy dernier le dict feu Agenet fut porté de la dicte maison de la Chastilhe en l'esglise du dict Béthines pour y estre enterré et ce environ l'heure de quatre heures après mydy, ce qu'ilz disent sçavoyre pour avoyre esté et assisté au dict enterrement et despuys faict les services du dict feu comme ilz font encore de présant, dont et de tout ce que dessus ce requérant le dict Demanes luy en avons octroyé acte pour luy servyre et valloyre en temps et lieu ce que de raison.

---

1. Déchiré.

Et advenant le quatriesme jour du dict moys d'aoust mil cincq cens quatre-vingt-troys, à la requeste du procureur du Roy et du dict Demanes et de Mre Jehan Cardinault, commandeur de la dicte commandrie de la Chastilhe, sur les forces et viollances à eux faictes, avons oy premièrement Micheau Foucquet, serviteur du s^r de la Roche-Grollet, prieur de Saint-Maixant, près la Chastilhe, après serment par luy faict de dyre vérité, dict que dedans le lieu de la Chastilhe y a vingt-quatre ou vingt-cinq soldars bien munitionnez de poudre et de plomb qu'ils heurent le jour d'hyer de ceste ville et qu'il y a d'aussy bons hommes qu'on ne sauroyt voyr, ung entre autres nommé Jehan Martin autrement la Lande, ung autre Tierry, ung autre la Croix-Vert, et que l'abbé de la Maison-Dieu y alla le jour d'hyer avec des officiers de la justice de ceste ville, mais qu'ils n'avoyent garde d'entrer combien qu'ilz hurtèrent bien à la porte et qu'ilz se fussent essayé de passer oultre. Il y avoit des arquebuziers dans toutes les tours et au lieu de leur bailher bouthelhe de vin leur presentèrent ung recquet à l'endroict d'une canonnyère quy est sur le portal et que c'est le Gascon quy présenta le dict recquet comme il luy a dict et que quiconque prétandra droict au dict bénéfice s'en peult bien lécher les doigtz et que s'ilz en aprochent ilz sembleront bien les chevaux de louage ilz ne s'en yront poinct sans estre bien grattés, ce qu'il est dict sçavoyre et a déclayré ne sçavoyre signer.

Du dixneufiesme jour d'aoust mil cincq cens quatre-vingt-trois, Pierre Guilhotheau, marchant cellyer, demeurant en ceste ville de Montmorillon, eagé de trente-cinq ans ou environ, après serment par luy faict de dyre vérité, oy et examiné à la requeste du procureur du Roy et de frère André Demanes et Mre Jehan Cardinault, précepteur et canonique titullaire de la préceptorie de la Chastilhe, ont dict et depposé moïennant son dict serment que lundy dernyer quy fut le jour de Nostre-Dame de mi-aoust il fut au lieu et commandrie de la Chastilhe pour retyrer quelque argent quy luy estoyt dheu par feu frère Gabriel Agenet, commandeur du dict lieu, décedé puis naguères, auquel lieu estant et en la première bassecourt du dict lieu comme il voulut entrer en la seconde trouva la porte fermée et urtant à icelle avec ung serviteur de la dicte maison luy fut demandé d'où il estoyt par troys soldars quy viendrent à la dicte porte, à quoy il fyt responce qu'il vouloyt parler à Monsyeur de la Mollyère, lesquelz luy firent responce qu'il n'y entreroyt poinct et qu'il n'y avoyt rien de ce qu'il demandoyt et laissèrent entrer le dict serviteur et fermèrent la porte au dict desposant, l'ung d'iceux soldars aïant une fourche de fer en la main en forme d'espieu, et par après ouvrirent la dicte porte, prindrent et hostèrent l'espée du dict desposant et le menèrent en leur corps de garde qu'ilz font soubz une petite gallerie quy est joignant la dicte porte auquel lieu ilz le gardèrent l'espasse d'une heure et estoyent sept ou huict soldars on dict corps de garde, dict sur ce enquys ne cognoistre pas ung des dicts soldars et n'avoyt poinct accoustumé de les y voyr y allant comme il faisoyt souvant du vivant du dict feu, bien entendyt l'ung des ditz soldars quy disoyt qu'il avoyt aultreffoys suyvy le seigneur de Beaupré [1] et esté avec feu Ardot quent il tenoyt le prieur du Theil-au-Moyne contre ung conseilher de la court nommé Mr Spifame [2], durant les Grandz Jours de Poictiers; et luy dirent oultre que le sieur de la Maison-Dieu y voulloyt aller avec des forces de Montmorillon et du païs de son frère, et de là menèrent le dict desposant en la cuisine du dict lieu où il but et mengea et y vit une femme eagée, le nom de laquelle il n'a peu autrement dire, quy luy dist que lorsque nous, le syeur de la Maison-Dieu, nostre greffier et aultres fusmes au dict lieu de la Chastilhe pour fayre l'inventayre des meubles et tiltres qu'il y eust, deux soldars quy avoyent touché l'arquebuze à l'œil pour tirer le dict sieur abbé, mais qu'ilz en furent empeschez par quelques ungs et par après le menèrent parler au dict sr de la Mollyère quy estoyt malade en une chambre haulte, lequel luy dist, le voyant, qu'il voudroyt bien avoyr de l'argent, lequel desposant luy fit responce que oy, allors le dict de la Mollyère luy dist qu'il le payroit bien et qu'il ny perdroyt rien et par après se retyra et monta à cheval pour s'en venyr, adjoustant que on faict sentinelle ordinayrement au dict lieu et que les soldars du dict corps de garde disoyent qu'il faloyt aller relever ceulx quy estoyent en la dicte sentinelle et commandèrent au dict desposant qu'il leur portast des soulliers et des chausses, quy est ce qu'il dict et desclare ne sçavoir signer.

Faict au dict Montmorillon par nous André Le Beau, escuyer,

---

1. Gabriel Foucaud, sgr de Saint-Germain-Beaupré, était gouverneur du château d'Argenton, en Berry, qu'il tenait avec une forte garnison pour les calvinistes. Il céda ce gouvernement au Roi, qui lui donna en échange celui de la Haute et Basse-Marche, à condition qu'il embrasserait la religion catholique : ce qu'il fit, en 1621, dans l'église de Magnac, avec Jeanne Poussard, sa femme. (*Hist. de la Marche*, t. II, p. 132.)

2. Jean Spifame, sgr de Bisseaux et de Passy, reçu conseiller au Parlement de Paris le 29 novembre 1549, fut un des juges des Grands-Jours tenus à Poitiers du 7 septembre au 25 décembre 1579. (Thibaudeau, *Hist. du Poitou*, t. III, p. 30.)

conseiller du Roy, nostre sire, et son séneschal au dict lieu, le vingt-sixiesme jour d'aoust mil cincq cens quatre-vingt-troys.

Pierre Dufour, laboureur à bras, demeurant au village de la Chastilhe, terres du prieur de Béthines, paroisse du dict Béthines, eagé de cinquante ans ou environ, tesmoing adjourné à la requeste du procureur du Roy et de vénérable personne Mre Jehan Cardinault, prebstre, précepteur et canonicque titullayre de la préceptorye de la Chastilhe, après serment ce jourd'huy judicièrement par luy faict de dire vérité, dict et despose bien sçavoyr que despuis le décès de feu frère Gabriel Agenet en son vivant sieur commandeur de la Chastilhe, aulcuns soldars et gens de guerre incogneuz au dict desposant se sont emparez du dict lieu de la Chastilhe, auquel lieu ilz font garde et sentinelle de jour et de nuict, mesme contraignent voisins et circonvoisins du dict lieu à y aller et dict qu'il peult avoyre quinze jours ou environ, autrement ne sauroyt cother le jour ne l'heure, auroyent contrainct le dict desposant combien qu'il ne soyt en rien subject ne justiciable du dict lieu d'aller fayre au dict lieu guet et sentinelle et le mirent toute la nuyt en sentinelle en une tour du dict lieu avecques ung des soldars, lequel voyant que le dict desposant s'endormoyt luy bailla ung coupt de pied pour le réveiller, et y avoyt beaucoupt des aultres païsantz du nom desquelz il ne se souvient à present et ne congnoistre aulcungs des dictz soldars, bien a oy dyre que le nommé Landaust, seigneur de la Mollyère, n'y est plus et dict on qu'il s'en est allé du dict lieu au lieu du Chastellier; dict oultre qu'il croid bien que les soldars boyvent et mengent les bledz et vins estans en la dicte maison de la Chastilhe, demeure du décès du dict feu, quy est ce qu'il dict savoyre et déclayre ne savoyr signer.

Huguet Dufour, filz de Pierre Dufour, laboureur à bras, demeurant au village de la Chastilhe, paroisse de Béthines, eagé de vingt-deux ans ou environ, tesmoing produict par les dictz procureur du Roy et Cardinault, après serment par luy faict de dire vérité, dict bien sçavoyr que despuis le décès du feu sieur de la Chastilhe aulcungs soldars et gens de guerre incogneuz au dict desposant se sont emparez du dict lieu et maison en laquelle ilz tiennent fort et y font garde.

Pierre Fruchon, laboureur à beufz, demeurant au village de la Chastilhe, paroisse de Béthines, eagé de quarante ans ou environ, tesmoing produict, receu et faict jurer comme les précédans, dict et despose moïennant son dict serment bien savoyr que despuis le décès du dict feu sieur de la Chastilhe aulcungs soldars et gens de guerre se sont emparez du dict lieu et maison de la Chastilhe en laquelle ilz tiennent fort et vivent, boivent et mengent, comme il a oy dyre, aux despans des biens délaissez du décès du dict feu, dict oultre sur ce enquis ne congnoistre aulcung des dictz soldars et ne savoyr de quelle part ilz sont ne par le commandement de quy ilz sont en la dicte maison, quy est ce qu'il dict savoyr et a déclairé ne savoyr signer.

Jehan Touraine, charpentier, demeurant au village de la Chastilhe, paroisse de Béthines, eagé de trente ans ou environ, tesmoing produict, receu et faict jurer comme les précédans, dict et despose que le jour du décès du feu sieur de la Chastilhe, il fut au dict lieu pour ayder à le porter en terre et comme il fut en la bassecourt du dict lieu, en laquelle estoyt le corps du dict feu, il vit à la porte de la dite maison deux soldars à luy incongneuz lesqueux avoyent la porte du dict lieu fermée, dict oultre bien savoyr que despuis le dict jour les dictz soldars et autres tiennent la dicte maison mais ne savoyr par le commandement de quy ne comment ilz vivent au dict lieu parce qu'il n'y fréquente point et croit plustost que aultrement qu'ilz vivent aux despens de la dicte maison et des biens délaissez par le dict feu, quy est [ce qu'il dict savoyre] et a déclairé [ne savoyre signer]. *Signé* : Le Beau, Sorroreau, commis du greffier.

Veu le présent procès-verbal et charges, informations faictes en vertu d'icelluy, je requiers pour le Roy adjournement personnel, etc...

Faict à Montmorillon le xve jour de décembre l'an 1584. *Signé* : F. Vezien, procureur du Roy.

XVII

Adjudication des domaines de Montmorillon, dont jouissait la feue reine d'Ecosse, à Gilles Brossard pour la somme de 8070 écus. (Arch. Vien. C 392 *ter*, Domaines, copie papier.) {

23 septembre 1587.

Gaultier de Sainte-Marthe, conseiller du Roy, trésorier général des finances à Poitiers, commissaire en cette partie, député par Sa Majesté pour l'exécution de son édit du mois de mai 1587 passé, pour la vente et alliénation à faculté de rachapt et réméré perpétuel du domaine dont jouissoit la feue reyne d'Ecosse [1], en pays de Poitou, par commission du 9 juin ensuivant, signée de Neufville, scellée du grand seel, à nous adressée pour procéder à la ditte vente, soit en général ou par le menu ainsy que la condition se trouveroit la meilleure pour Sa ditte Majesté, seavoir faisons que voullant par nous procéder au fait de notre ditte commission aurions dès le 22 juillet dernier expédié nos affiches portant qu'il seroit par nous fait vente et alliénation à faculté de rachapt et réméré perpétuel au plus offrant et dernier enchérisseur, soit en général ou par le menu des terres, seigneuries, cens, rentes, terrages, maisons, fiefs, greffes, tabellionages, mestairies et autres portions de domaines de Sa Majesté situés en ses pays de Poitou et dont jouissoit la ditte feue reyne d'Ecosse, à la charge que les acquéreurs du dit domaine, leurs hoirs et ayant cause en jouiront plainement et paisiblement suivant les contrats quy leur seront à cette fin par nous passés sans qu'ils en puissent estre dépossédés sy non en les remboursant actuellement à une seulle fois du prix des dittes acquisitions et de leurs frais et loyaux couts de tout conformément aux esdits de Sa Majesté, vériffié tant à la cour de Parlemant que partout ailleurs où besoin a esté et que par tout s'il y avoit aucuns quy voulussent acquérir du dit domaine pour ce quy dépend de la baronie de Montmorillon qu'ils eussent à se retirer par devers nous au logis où pend pour enseigne l'Escu de France en la ditte ville, le dernier jour d'aoust suivant, auquel jour seroit par nous commencé à y recevoir les encherres lesquelles nos affiches auroient esté publiées à son de trompe et y publiées en la ditte ville de Montmorillon par Jacques Giraud, sergent, ayant avecq luy François André, trompette, par tous les lieux et cantons d'icelle accoutumés à faire vis et proclamations et en chacuns des dits lieux dellaissé copie et affiches comme du tout nous est aparu par son procès-verbal pour à quoy satisfaire, atendu que les chemins de cette ville de Poitiers jusqu'au dit Montmorillon estoient remplis de gens de

---

1. En 1561, Charles IX avait donné en douaire le comté de Poitou à Marie Stuart, veuve de son frère François II. Après la mort de celle-ci, la vente de son domaine fut ordonnée par lettres patentes du 16 mai 1587. Le 1er août 1602, son fils Jacques VI, roi d'Écosse (plus tard Jacques Ier d'Angleterre), donnait procuration à Adam Blacvod, conseiller au présidial de Poitiers, pour faire rentrer toutes les sommes restées dues au douaire de la reine Marie en Poitou, et, le 20 décembre 1604, il cédait à son cousin Ludovic, duc de Lenox, comte de Darnley, tout ce qui pouvait lui revenir du chef de sa mère en France. (Voy. Arch. hist. du Poitou, t. XXXI, p. 281 et suivantes, la liquidation du douaire de la reine Marie Stuart.)

guerre du party du Roy de Navarre par le moyen desquelles il nous est impossible pour lors nous y pouvoir transporter sans grand danger, aurions envoyé dès le vingt-neuf du mois d'aoust au dit Montmorillon M° Jean Lenoir par nous commis greffier de la ditte commission pour au dit jour recevoir les dittes enchères en notre absence, serions demeurez au dit Poitiers en atendant que les dits gens de guerre se fussent retirez et que la comodité fut sûre de nous y transporter. Pendant lequel temps se seroit retiré par devers nous au dit Poitiers le cinquième jour de septembre ensuivant noble M° Jean Baicgrau, sr de la Vieville, lequel fondé de procuration de hault et puissant seigneur Mre Méry de Barbezière, sr de la Roche de Bors [1], chevallier des deux ordres du Roy et grand mareschal des logis de Sa Majesté, passée à Orléans, le dernier jour d'aoust, lequel auroit enchéry en gros tous et chascuns les domaines de la baronnie de Civray et chastelenie d'Usson à six mille escus sols que il nous a remontré revenir à plus du denier douze, encore que le prix de la ferme du dernier bail fait par les officiers de la ditte dame Reyne d'Ecosse se montent à six cent quarante escus ; eu égard aux réserves que le Roy entend faire par son édit des amendes, proffits de fief et autres au moyen desquelles le prix est grandemant diminué, offrant, au cas qu'il plaise à Sa Majesté lever les dittes réserves et faire vente du total de ce quy est contenu en le dit bail, en payer la somme de sept mille six cent quatre-vingt escus quy revient au denier douze de la somme de six mille escus que monte le prix du dit bail. Sur quoy luy avons déclaré que ne pouvions recevoir aucune encherre ny moins faire aucune adjudication du dit domayne sy non aux charges des réserves portées par l'édit de notre commission, et néanmoins luy avons décerné acte de sa ditte enchère sur laquelle aurions réservé à luy faire droit après que

---

[1] Aymeri ou Méry de Barbezières, seigneur de la Roche-de-Bord, fils de Geoffroy, seigneur de Chemerault, et de Catherine de Vivonne, remplit diverses missions en Poitou pour le service des rois Charles IX et Henri III et fut chargé par le duc de Montpensier de démolir les fortifications du château de Lusignan, après la reddition de la place, le 25 janvier 1575. Les commissaires du Conseil lui vendirent, le 26 mai 1596, à faculté de rachat perpétuel, les domaines, terres et seigneuries de Civray, Usson, Melle et dépendances, pour la somme de 16,438 écus un tiers. Il mourut le 5 mai 1609, sans laisser d'enfants de Claude de l'Aubespine qu'il avait épousée en 1590. (Beauchet-Filleau, *Dict. des fam. du Poitou*, t. I, p. 273.)

Les statues en marbre blanc d'Aymeri et de sa femme, qui se trouvaient sur leurs tombeaux au couvent des Feuillants de Paris, furent transportées, en 1791, au Musée des monuments français installé dans la maison des Petits-Augustins. (A. Lenoir, *Descript. hist. des Monum. de sculpt. réunis au Musée des Monum. français*, nos 164 et 308.)

les proclamations auront esté duemant faittes sur les lieux. Et quand au dit Lenoir, quy seroit arrivé au dit Montmorillon le jour 29 aoust, auroit le dimanche ensuivant fait réitirer les dittes affiches aux prônes des messes dites et cellébrées ès parroisses de Saint-Martial, Concize du dit Montmorillon, ensemble ès parroisses de Joué, Notre-Dame de Plaisance, Saint-Remi, Lussac-le-Chasteau et Latus proximité du dit lieu, affin que s'il y avoit aucun quy voullut enchérir qu'il est à se retirer par devers luy pour recevoir leurs enchères le dit dernier jour. Comme du tout il nous est aparu par le certifficat des curez des dittes parroisses mis au pied de ses affiches suivant lesquelles ce seroient présentés par devers luy ce jour dernier d'aoust à seavoir Me Gaultier, notaire royal au dit Montmorillon, quy auroit déclaré qu'il enchérissoit la dixme de Joué à soixante escus sols à la charge de luy en estre fait vente pour en jouir tout ainsy que Sa Majesté en jouit et que la ditte dixme est due, auquel auroit esté donné acte. Se seroit aussy comparu Jean Mauduit, marchand, demeurant au dit Montmorillon, quy auroit desclaré que il et plusieurs de ses parsonniers doivent par chascun an à la ditte seigneurie de Montmorillon pour la tenue de la Coudéfierre huit boisseaux de fromant, dix sols en argent et une geline, pour l'amortimant desquels il offre payer à Sa Majesté dix-huit escus sols. Le douzième jour de septembre ensuivant, se seroit aussy présenté Me Pierre Delalande [1] quy auroit desclaré qu'il enchérissoit une rente due par André de Lerpinière, David et Pierre Babert et leurs parsonniers pour la tenue de Saugé, quy consiste en six boisseaux fromant, un boisseau seigle, dix sols en argent et une geline, à quarante escus sols; plus une autre rente due par Me François et Jeanne Alex pour la tenue des Chasteigners quy conciste en dix boisseaux fromant, huit boisseaux d'avoyne, dix sols en argent et deux gelines, à la somme de trente escus, des quelles enchères leur auroit esté octroyé acte et remise l'adjudication par devers nous au jour qu'il seroit assigné pour en faire les ventes, ce que voulant exécuter nous nous serions, le douze du dit mois de septembre, acheminez du dit Poitiers au dit Montmorillon où nous serions arrivez le dit jour, et, le lendemain ensuivant treizième

---

1. Pierre Delalande, conseiller du Roi, juge-prévôt de Montmorillon, marié vers 1580 à Marguerite Vezien, fille de Pierre, sgr de Latus, en eut : Jeanne, femme de Jean Dalest, qui fut juge prévôt après son beau-père, et Louis, avocat, marié à Louise Moreau. (Beauchet-Filleau, *Dict. des fam. du Poitou*, t. III, p. 50.)

du dit mois, fait publier à haute voye et cry public par Nicollas Béranger, sergent royal en Poitou, en chascun des lieux accoutumés à faire publication en la ditte ville, ayant avecq luy le dit François André, trompette en icelle, que la vente du dit domaine se feroit le mercredy ensuivant quinzième du dit mois pardevant nous au parquet et auditoire royal du dit Montmorillon au plus offrant et dernier enchérisseur, une heure de rellevée du dit jour où touttes personnes seront reçues à enchérir et en présence du séneschal, lieutenants et officiers de Sa Majesté au dit siège, auxquels avons à cette fin mandé ce transporter à la ditte heure. Ainsy signé : de Sainte-Marthe et Lebeau.

Advenant lequel jour de mercredy quinzième du dit mois, nous serions, à la ditte heure d'une heure, transporté au dit parquet où se seroient semblablement trouvez Mre André Lebeau, conseiller du Roy, séneschal; Jean Maillasson [1], lieutenant ; Mathurin Petitpied [2] et François Vezien [3], avocat et procureur du Roy au dit siège, en présence desquels et de plusieurs assistants aurions fait dire par le dit Béranger, sergent royal, qu'il seroit par nous présentemant procédé à la ditte vente soit en général ou par le menu à la charge des réserves portées par l'édit et que les acquéreurs seroient tenus de mettre les deus de leur adjudication ès mains du receveur du domaine de Poitou après l'adjudication faitte et outre le prix d'icelle les trois sols pour escu accordés par

---

1. Jean Demaillasson, lieutenant civil et criminel à Montmorillon, fils unique de feu Michel Demaillasson. Le 10 janvier 1610, Florence d'Elbenne, sa veuve, faisait un bail avec Guy d'Aloigny, sgr de Boismorand, au sujet de la métairie de Mongouraud, paroisse d'Antigny. (Beauchet-Filleau, Dict. des fam. du Poitou, t. III, p. 271.)

2. Mathurin Petitpied, s[r] d'Allègre, avocat du Roi à Montmorillon. Son fils Fleurant, sgr d'Ouzilly, épousa, en 1628, Marie Ajasson. (Voy. sa descendance, t. I, p. 66, note.)

3. François Vezien, sgr du fief de Latus, fils aîné de Pierre Vezien, procureur du Roi à Montmorillon. Il avait épousé Marguerite de la Pouge, dont il eut Pierre, sgr du fief de Latus, aussi procureur du Roi à Montmorillon, marié à Jacquette Motard, fille de Baptiste Motard, receveur de la châtellenie de Lussac-le-Château, et de Françoise Royer, dame de Villars. (Ant. Ouest, *Mémoires*, t. X, p. 407.)

En 1600, François Vezien et ses frères étaient en procès avec Gabriel du Bouex, sgr de Villemort, au sujet du fief de Latus, tenu « hommagément » de la seigneurie de Villemort. « Le sgr de Villemort disoit que par le partage, que les dits enfants (Vezien) avoient faict entr'eux du fief de Latus, l'aisné d'eux n'ayant retenu ny le tiltre du fief, ny l'hostel, pour ce qu'il n'y en avoit point, et partant le fief estant despiecé chascun debvoit tenir de luy sa portion, et non pas du chemier ; les héritiers du dit Vezien soubstencient au contraire qu'ayant partagé le fief par succession et non pas aliéné le chef du dit fief à tiltre particulier, le chemier debvoit demeurer en l'hommage pour le faire, et pour recevoir aussi ceux deubs à leur fief de Latus. Il fut ainsi décidé et arresté entre les parties, délibérans, comme arbitres, Constant, Robinière et Pestre ». (Jean Lelet, *Observations sur la coustume du comté et pays de Poictou*, p. 231 et 232.)

Sa Majesté pour les frais comme il est contenu par l'édit, et que partant s'il y avoit aucun quy voullut enchérir qu'il eut à le faire présentemant, et à cette fin aurions fait lire par notre greffier les domaines de la baronnie en génneral estre à vendre, où ne s'est trouvé aucun quy ait voullu mettre encherre, quoy voyant aurions fait lire séparémant chascun des dits domaines mesme le greffe ordinaire du dit Montmorillon quy auroit esté encherry par M⁰ Gamaliel Gaultier à trois mil escus, par M⁰ Gilles Brossard[1] à trois mil quatre cents escus, par le dit Gaultier à quatre mil escus. Ce fait, après qu'il ne s'est trouvé plus hault enchérisseur, avons semblemant fait crier la vente du dit greffe de la prévosté quy auroit esté semblablemant encherry par M⁰ François Nicollas à cinquante escus, la dixme de Jouet par le dit Gamaliel Gaultier à quatre-vingts escus, par Joseph Gendre à quatre-vingt-dix escus ; la dixme d'Armizac par M⁰ François Vezien à quarante escus, par M⁰ Gilles Brossard à quarante-cinq escus ; la dixme de la Pluvoisinière par M⁰ François Nicollas à quatre-vingts escus, par M⁰ François Vezien à cent escus, par le dit Nicollas à cent cinq escus, par M⁰ Félix Augier à cent six escus, par le dit Nicollas à deux cents escus, par M⁰ Jean Poincteau à deux cent deux escus, par le dit Nicollas à deux cent six escus ; la dixme des Chasteigners par M⁰ Félix Augier à un écu ; les terrages de la Forest de Doussière par le dit Nicollas à deux cent six écus ; les terrages de Concize par le dit Nicollas à trois cents écus ; les terrages du Teil-au-Servant par le dit Nicollas à deux écus. Et quand aux autres rentes en bled, argend et chapons, partie d'icelles auroient esté enchéries et néanmoins de touttes les dittes encherres ne s'en seroit trouvé aucune quy revienne au denier douze, au moyen de quoy après avoir fait réitérer par plusieurs et diverses fois la vente tant des dittes rentes que ferme, et qu'il ne se seroit trouvé aucune encherre de la juste valleur d'icelle suivant l'évalluation quy en auroit par nous esté faitte, avons remis et continué l'adjudication au samedy ensuivant dix-huit du dit mois à pareille heure d'une heure de rellevée, et ordonné que s'il y avoit aucun quy voullut enchérir pendant le dit temps qu'il y seroit reçu et que pour cet effet il eut à se transporter en notre logis au dit Montmorillon, et néanmoins aurions fait faire les publications de la ditte continuation de remize tant en la ditte ville de Mont-

---

[1]. Gilles Brossard fut receveur général des tailles en Poitou de 1587 à 1596. (A. Bonvallet, *Le Bureau des finances de la génèralité de Poitiers.*)

morillon qu'en celle du Blanc en Berry et autres. Ainsy signé : de Sainte Marthe, Lebeau, Maillasson, Petitpied et Vezien.

Et le dit jour de samedy dix-huit du dit mois de septembre, nous serions de rechef, suivant la continuation par nous faitte de la dite vente au dit jour, transporté au dit parquet où ce seroient aussy trouvez les dits séneschal, avocat et procureur du Roy, en présence desquels aurions semblablement procédé à la réception des dittes encherres où ne s'en seroit trouvé le dit jour quy revient au denier douze que celle faitte par Jean Mauduit de certaines rentes par luy, Mathurin Mauduit et autres leurs personniers dhues à la ditte seigneurie de Montmorillon pour la tenue de la Coudéfierre quy se montent à huit boisseaux fromant, dix sols en argent et une geline qu'il auroit enchérie jusqu'à la somme de vingt-neuf escus combien qu'elle ne revienne au denier que à [1]... ensemble la place de l'estang de Villeneuve quy auroit esté enchérie par Me Nicollas Béranger à cent huit écus combien qu'elle ne deust revenir que à [1]... au moyen de quoy et que le dit jour ne se seroit trouvé personne quy eut voullu mettre encherre en général de la vente des dits domaines de la ditte baronnie, aurions de rechef continué l'assignation de l'adjudication absolue des dits domaines soit en gennéral ou par le menu au mercredy 23 du dit mois au dit parquet, après évalluation par nous faitte avecq les dits officiers tant de grains que de fromant, muables en cas qu'eussions à faire la vente par le menu, pendant lequel temps seroient reçues touttes encherres ; ce retirant par devers nous comme dessus suivant laquelle ordonnance se seroit présenté le landemain dix-neuf du dit mois Me Gilles Brossard lequel au nom et comme ayant charge de Me René Lebeau, sr de Sauzelle [2], avocat en la cour du Parlement, auroient esté enchérys les dits domaines en gros à la somme de

---

1. En blanc.
2. Fils de Louis Le Beau, sénéchal de Montmorillon, et de Marguerite Suya. Nommé, en 1579, lieutenant général de la sénéchaussée de la Basse-Marche, il se démit de cette charge, l'année suivante, et la vendit 1000 écus à Jean Robert, seigneur de Saint-Sornin-la-Marche. Il fut depuis maître des requêtes et mourut au mois de juillet 1611. (D. Fonteneau, t. XXIX, p. 95.) Il avait épousé Catherine de Montholon, fille de François, sgr d'Aubervilliers, garde des sceaux de France, et de Geneviève Chartier, dont il eut : 1° Anne, femme en premières noces de Jacques Baillet, sgr de Vaugrenant, conseiller au grand conseil, et en deuxièmes noces de Guillaume Bernard, sgr de Forax, conseiller d'Etat (Blanchard, *Les Présidents au mortier du Parlement de Paris*, p. 178) ; 2° Geneviève, mariée à Pierre Boucher, sgr d'Orsay, conseiller au grand conseil, qui fit aveu (à cause d'elle) d'Issoudun-sur-Creuse au château d'Angle, le 12 octobre 1633 (Beauchet-Filleau, *Diction. des familles du Poitou*, t. I, p. 646) ; 3° Marie, femme de Geofroy Luillier, sgr d'Orville, conseiller au Parlement, fils de Jean, sgr d'Orville, et de Bonne Courtin (Moreri).

six mil escus sols. Ainsy signé : de Sainte-Marthe, Lebeau, Petitpied et Vezien.

Avenant lequel jour de mercredy vingt-trois du dit mois, nous serions de rechef transporté au parquet à la ditte heure d'une heure après midy où se seroient semblablement trouvez les dits sénéschal, lieutenant, avocat et procureur du Roy, en présence desquels avons procédé à la réception des dittes encherres par le menu et auroit le greffe du dit Montmorillon esté enchéry par M⁰ Gamaliel Gaultier à ¹... par M⁰ Gilles Brossard à ¹.. ensemble auroit esté fait plusieurs encherres sur les fermes muables et sur les dittes rentes quy ne se seroient trouvées revenir à leur juste valleur et parce que telles encherres estoient inutilles et ne servoient que de retardement au service du Roy aurions desclaré publiquemant qu'il ne seroit par nous fait aucune adjudication à moindre prix que au denier douze et à cette occasion aurions fait crier chascun des dits domaines séparément et l'un après l'autre sur leur juste valleur suivant l'état d'icelle que en aurions faite, sur laquelle ne se seroit trouvé personne quy ayent voullu enchérir par dessus ny à la ditte raison, fors les deux dessus dits. Quoy voyant aurions aussy fait crier la vente gennéralle des dits domaines quy auroient esté enchéris par le dit Brossard en la qualité que dessus à la somme de ¹... par M⁰ Pierre Certany ² à ³... par le dit Brossard à ³... par le dit Certany à ³... Sur quoy atendu que la ditte encherre ne revenoit encore au denier douze du dernier bail fait par les officiers de la ditte feue Reine d'Escose sur lequel nous est mandé prendre pied pour l'adjudication, leur aurions de rechef desclaré ce que dessus et sur ce fait allumer la chandelle pour procéder à l'adjudication des dits domaines à l'extinction de laquelle estant prest à éteindre, auroient les dits domaines esté

---

1. En blanc.
2. Pierre Certany, sgr de la Barbelinière (Thuré, Vienne), trésorier provincial des guerres en Poitou, épousa Marie Rousseau, fille de René, sgr de la Parisière, trésorier de France au Bureau des finances de la généralité de Poitiers. Il succéda à son beau-père dans sa charge de trésorier et fut l'un des commissaires chargés, en 1611, de vérifier l'état de la navigation du Clain de Poitiers à Châtellerault. Beauchet-Filleau, *Diction. des familles du Poitou*, t. III, p. 160.)
En 1620, Pierre Certany était en procès avec le sieur Martineau, frère du baron de Thuré, au sujet de certains biens que ce dernier lui avait vendus et sur lesquels il avait retenu le devoir féodal. Le sʳ Martineau voulait après l'an et jour arriver au retrait lignager des choses vendues par son frère, mais il fut débouté de sa demande par jugement du 13 février du Présidial de Poitiers. (Jean Lelet, *Observations sur la Coustume du comté et pays de Poictou*, p. 66.)
Comme sgr de la Barbelinière, Pierre Certany avait droit de faire joûter les bacheliers et d'élire leur roi. (L'abbé Lalanne, *Hist. de Châtellerault et du Châtelleraudais*, t. I, p. 477.)
3. En blanc,

enchéris en gros par le dit Brossard à la somme de [1]... au moyen de quoy après l'extinction de la chandelle pour la troisième fois et qu'il ne s'est trouvé plus hault enchérisseur que le dit Brossard dont l'encherre s'est trouvé revenir au denier douze et que les encherres particulières, qu'avons présentement calculé par le menu, ne se sont trouvé monter à pareille raison ainsy seullement à la somme de [1]... avons au dit Brossard par l'avis des dits officiers adjugé tous et chascun des dits domaines de la ditte baronnie et chastellenie de Montmorillon, à la réservation touttefois des choses exceptées par le dit édit, à la charge de fournir ès mains du receveur du domaine et au porteur de ses quitances de la ditte somme de [1]...., en la ville de Poitiers dans huitainne, ensemble les trois sols pour escu dont il sera tenu de fournir de bonne suffizante caution dedans ce jour en raportant la ditte quitance luy en sera par nous passé contrat de vente suivant et conformémant au dit édit et notre commission ; après laquelle adjudication et auparavant que nous fussions levez du siège se seroit présenté Me François Goudon quy nous auroit requis estre reçu nonobstant icelle à enchérir le greffe ordinaire du dit Montmorillon, quy a esté empesché par le dit Brossard adjudicataire, nous requérant que nous eussions à le maintenir en son adjudication, atendu que c'est une chose jugée. De l'avis de tous les officiers après touttes les sollemenités en tel cas requises bien et duemant observées, vu lesquelles choses, et ny le dit Goudon ne autres n'estoient reçus à faire aucune encherre au préjudice de la ditte adjudication, nonobstant lequel empeschement auroit esté le greffe enchéry par le dit Goudon à la somme de [1]... après laquelle encherre le dit Maillasson, lieutenant civil et criminel, nous auroit démontré que pour le bien de la justice du dit seigneur il s'opozoit et de fait c'est oposé à l'adjudication requize par le dit Brossard pour le requis du greffe de la ditte séneschaussée seullemant et empeschant que le dit greffe luy soit adjugé parce qu'il a seu et est tout certain que le dit Brossard a fait la ditte encherre seullement pour le dit greffier non pour luy, ains pour le s[r] Rumbert ès mains du dit Lebeau, séneschal, quy a intention de s'en aproprier sous le nom du dit Brossard affin de mannier la justice du dit seigneur à sa fantaizie et continuer plus que jamais ses viollances acoutumées, quy est une incompatibilité grande et très pernicieuze au bien de la justice, n'estant vraysemblable que le dit Brossard, quy est homme estrangé,

---

1. En blanc.

quy a une belle charge au dit Poitiers et dont il est comtable, voullut achetter pour luy le dit domaine et s'abituer au dit Montmorillon, petite ville champestre où il n'est venu que du temps que nous y sommes et depuis qu'il y est a continuellemant fréquenté luy et M⁰ Guille Lesueur, conseiller au siège présidial de Poitiers [1], le dit séneschal et tous trois ont tousjours vescu ensemble à mesme table, complotant l'achat du dit domaine pour les dits séneschal et damoiselle Marguerite de Suya, sa mère, quy est femme fort opullante en biens, affin de tenir en leur sugetion non seullemant les habitans du dit Montmorillon mais tous ceux de Nesson, estant le dit sʳ grand amy et considéré de longue main du dit séneschal; et comme les dits Lesueur et Brossard ont très bien montré s'estant en tout ce qu'ils ont peu formalizé contre la position du dit Maillasson et empescher que le dit greffe fust enchéry à part par M⁰ François Goudon quy l'auroit mis à [2]... et tout le domaine à [2]..., que sy le dit greffe tomboit entre les mains du dit séneschal il ne faudroit pas espérer de justice au siège sy non telle qu'il leur plairoit, et de présent sy on fait encore bien peu à cause de ses grandes viollances ne voullant mesme permetre que le greffier ne clerc du greffier escrive aucun acte de justice contre luy encore qu'il s'en octroye en pleine audience ; et ce quy fait évidamant connoistre que l'encherre du dit Brossard est pour le dit séneschal, sa ditte mère et leur maison, c'est que la ditte encherre est faitte par le dit Brossard comme ayant charge de M⁰ René Lebeau, escuyer, sʳ de Sauzelles, avocat en la cour de Parlemant à Paris, frère du dit séneschal, comme de ce apert par le papier des encherres du dit domaine joint, qu'il est certain que l'adjudication estant faitte au dit Brossard, la ditte Suya doit estre sa caution. M⁰ Jacques Mayaud, juge séneschal de Chauvigny, quy est le grand compère intime et entien amy du dit séneschal, comme il offre vérifier sy besoin est et dans tel temps qu'il nous plaira par ses mœurs et autres que pouvons connoistre nous mesme, empesche que l'adjudication du dit greffe soit faitte au dit Brossard, atendu mesme qu'il y en a d'autres, quy font la condition du Roy aussy bonne et meilleure que luy, quy sont habitants du dit Montmorillon, et où nous voudrions avoir égard à sa ditte oposition et

---

1. Guille ou Guillaume Le Sueur avait été installé, le 13 février 1582, dans l'office de conseiller, nouvellement créé par suite de la suppression du siège présidial de Niort. Il résigna sa charge à M⁰ Jean d'Estivalle, qui fut reçu le 16 mars 1600. (*Journal de Jean de Brilhac*, Arch. hist. du Poitou, t. XV, p. 17 et 28.)

2. En blanc.

empeschemant, proteste de s'en pourvoir vers la Majesté du Roy et ailleurs comme il apartiendra, estant prest de se purger par sermant qu'il ne forme la ditte oposition que pour le bien de la justice du dit seigneur, requérant que sur icelle le dit Brossard, Lesueur, séneschal et la dame sa mère et le dit Mayaud ayent aussy à s'en purger par sermant. Le dit Lebeau, séneschal, dit que le dit Demaillasson ne se lassera jamais de troubler les assemblées quy se font pour le service du Roy, bien de justice et repos du public et moins encore, dosé de calomnye, invectives et impostures en son endroit, comme il apert par sa prétendue oposition formée mal à propos au grand retardemant du service du Roy après l'adjudication par nous faitte au dit Brossard suivant l'avis du dit Maillasson et autres officiers et les solemnitez en tel cas requis, gardée et observée, laquelle procède seullement de sa passion particullière et regrets qu'il a de se voir frustré par l'encherre du dit Brossard de la propriété du greffe pour lequel avoir il s'estoit associé avecq le dit Goudon, son cousin et allié, personne atitrée par le dit Maillasson avecq autres ses considérés suivant dénégation du contenu en sa ditte invective, laquelle il a voullu collorer du mot d'oposition, proteste avoir réparation des injures y mentionnées ; des quels dires cy-dessus aurions octroyé acte aux parties sauf à elles à se pourvoir comme elles verront estre à faire et pour ne retarder le service du Roy aurions de rechef fait calculler touttes les enchères particullières, y comprisc celle du dit Goudon sur le dit greffe, pour voir sy le tout ensemble reviendroit à la somme de [1]... portez par l'encherre faitte en gros par le dit Brossard et aurions trouvé que toutes les encherres particullières ne se montent qu'à la somme de [1]... de mannière que Sa Majesté n'en pouroit tirer un sy prompt secours en la nécessité de ses affaires comme de l'encherre gennéralle de tous les dits domaines, au moyen de quoy nous aurions admonesté le dit Goudon de faire son encherre sur celle du dit Brossard ce qu'il auroit fait et icelle mize à la somme de [1].... comme aussy nous aurions enquis le dit Brossard et autres assistants s'ils voulloient enchérir les dittes choses en gennéral par dessus le dit Goudon et voyant qu'il ne se présentoit aucun enchérisseur aurions remis les parties à leur faire droit dans cejourd'huy en notre logis sur la ditte adjudication.

Suivant laquelle assignation et renvoys, s'est comparu en notre

---

1. En blanc.

dit logis le dit Brossard quy nous auroit remontré que l'adjudication luy auroit esté par nous faitte de tous et chascun les domaines de la ditte baronnie de Montmorillon, à l'extinction de la chandelle, en présence et de l'avis des officiers du siège, à la somme de... requérant à cette occasion icelle luy estre d'abondant faitte sans avoir aucun égard à l'encherre faitte après la ditte adjudication par le dit Goudon, atendu que ce qu'il en a fait n'a esté que par animozitté et aussy atendu la modicitté d'icelle laquelle ne doit estre reçue parce qu'elle n'a esté faitte que longtemps après la ditte adjudication quy a esté faitte solemnellemant, pendant les cris de laquelle il n'auroit fait aucunne encherre, ce qui fait juger à l'œil que ce qu'en fait le dit Goudon n'est que d'animozitté et aussy qu'il est insufizant et incapable pour le payemant de la ditte somme par luy offerte et defférée à justice dont il se doit purger avant que d'estre reçu à la ditte encherre ; et nous a le dit Brossard présenté pour caution M⁹ Guille Lesueur, conseiller et magistrat au siège présidial de Poitiers, offrant nous en fournir un plus grand nombre sy besoin est. Sur quoy attendu que le dit Goudon n'avoit comparu avecq le dit Brossard aurions de rechef remis les parties à leur faire droit au landemain, huit heures du matin, advenant lequel jour et heure se seroit duemant comparu ledit Brossard, et non ledit Goudon, lequel nous aurions mandé par Nicollas Béranger, sergent royal, quy nous a raporté que s'estant transporté pour cet effet où ledit Goudon se tient en pantion on luy auroit dit qu'il estoit allé aux champs et qu'il en devoit bientost retourner, au moyen de quoy nous aurions atendu jusqu'à l'heure de midy que nous aurions de rechef envoyé le dit Béranger au logis du dit Goudon pour l'effet que dessus, lequel nous auroit raporté que la femme de M⁹ Mathurin Petitpied, avocat du Roy au dit Montmorillon, au logis duquel le dit Goudon fait sa demeure, luy a dit qu'il n'estoit au dit logis ains seroit allé aux champs dont il seroit de retour dans deux heures après midy ; atendu laquelle absence et que ledit Goudon ne nous auroit nommé aucune caution, mais au contraire auroit esté désavoué par M⁹ Gamaliel Gaultier duquel il s'estoit fait fort, avons ordonné que le dit Goudon sera assigné à comparoir par devant nous, en notre logis, à l'heure de trois heures après midy à laquelle heure, à son deffaud, sera par nous passé outre à l'adjudication des dits domaines, ce quy sera signiffié en son domicille par le dit Béranger ou autre sergent royal sur ce premier requis ce quy auroit esté fait et raporté par exploit du dit Béranger. Avenant laquelle heure de trois heures de rellevée, ce seroit de rechef comparu ledit Brossard quy nous auroit requis d'abondant luy faire adjudication absollue des dits domaines, offrant affin de faire la condition du Roy toujours meilleure de payer outre le prix de l'encherre du dit Goudon la somme de dix escus quy revient en tout à la somme de huit mil soixante-dix escu sols, nous déclarant qu'à faute de ce faire présentemant qu'il se dézistoit des dittes encherres par luy faittes et requiéroit y estre reçu au dit dézistement, sur quoy atendu la desclaration du dit Brossard et que le dit Goudon n'a comparu ne autre pour luy à la ditte assignation ains c'est absenté, avons de rechef par l'avis du procureur du Roy et pour éviter au retardemant du service de Sa Majesté ajugé et ajugeons au dit Brossard au dit nom les dits domaynes de la ditte baronnie de Montmorillon pour la somme de huit mil soixante-dix escus [1] aux charges cy-devant desclarées et mesme de fournir de caution pour sûreté de payemant de la ditte somme de huit mil soixante-dix escus et deniers ce jourd'huy à quoy satisfaisant le dit Brossard nous a de rechef présenté le dit Me Guille Lesueur, consciller et magistrat à Poitiers, pour caution et Baptiste Tafourin pour certificateur, lesquels Lesueur et Tafourin à ce présents avons reçu et recevons à la ditte caution et certification et les avons solidairemant condamnés et condamnons de leur consentemant au payemant de la ditte somme de huit mil soixante-dix escus ensemble des trois sols pour escu qu'ils sont tenus payer outre le prix d'icelle.

Et avenant le 25 du dit mois, le dit Demaillasson ayant par nous eu communication de la réponce faitte par le dit séneschal à sa ditte oposition a dit que s'il a formé sa ditte oposition après l'adjudication par nous faitte judiciairemant au dit Brossard que sa esté pour n'empescher les encherres du dit domaine au proffit du Roy voyant qu'il se trouvoit autre quy l'eut enchéry en gros, mais qu'ayant vu l'encherre du dit Goudon quy faisoit la condition du dit

---

[1]. Par acte du 28 septembre 1587, Gilles Brossard, adjudicataire du domaine de Montmorillon, déclare qu'il a enchéri pour le compte de René Le Beau auquel il fait transport dudit domaine. De son côté, René Le Beau s'oblige d'indemniser ledit Brossard du prix de l'adjudication jusqu'à concurrence de la somme de 5,300 écus ; quant à celle de 3,173 écus et demi à laquelle les greffes ont été estimés, elle sera payée par tiers et les greffes demeureront en commun entre André Le Beau, Guille Lesueur et Gilles Brossard. (Arch. Vien., C 392 ter.)

Dans une déclaration faite par lui, le 31 janvier 1590, devant Lenormand et Fournier, notaires au Châtelet de Paris, René Le Beau, avocat au Parlement, dit « que l'adjudication qu'il s'est fait faire du domaine et du greffe de Montmorillon par M. de Sainte-Marthe n'a été que pour faire plaisir à feu André Le Beau, son frère, séneschal du dit lieu, auquel il a presté son nom, laquelle adjudication il consent avoir lieu au profit de damoiselle Jeanne Thomas, veuve de son dit frère, et de ses enfants et héritiers ». (Arch. Vien., C 292 ter).

seigneur aussy bonne que le dit Brossard sans aucune incompatibillité et sans aucun préjudice au bien de la ditte justice, il forma sa ditte oposition faisant dénégation d'avoir onque aspiré au dit greffe et seroit mary d'y avoir pensé comme estant chose entièrement illicite et réprouvée au fait de la justice, ne qu'il y ait esté meu d'aucune passion ou animozité contre le dit séneschal, estant prest de faire aparoir touttefois et quantes du contenu en sa ditte oposition comme aussy a fait dénégation que le dit Goudon lui soit parent ou allié, car il est tout notoire qu'il ne luy est rien ny de parenté ny d'afinité comme aussy d'avoir fait aucune association avecq luy ne autre et proteste à l'encontre du dit séneschal des réparations des injures contre luy dittes par le dit séneschal en sa ditte réponce, sommant Me Mathurin Petitpied, avocat du Roy au dit siège, en requérir ce qu'il verra estre à faire pour le Roy. Le dit jour, Mathurin Petitpied, avocat du Roy, après avoir eu communication de notre procès-verbal et de l'oposition, a adhéré à la ditte oposition et demende droit luy estre fait atendu l'incompatibillité du dit Me André Lebeau quy ne peut aussy estre juge et greffier. Le dit Lebeau répondant aux calomnyes et invectives du dit Maillasson dit que des prétendues injures et viollances mentionnées il s'en raporte aux plaintes de ce faittes en la cour de Parlemant, les registres de laquelle estant vus se trouvera assez de poursuites criminelles et autres contre le dit Maillasson et encore plus n'estant le feu que couvert sous la cendre, mais rien contre le dit Lebeau fors ce que le dit Maillasson a fait escrire à ses proches et considerez comme est Me Louis Paillet, avocat en ce siège, son cousin et intime amy, ce que la ditte cour par son arrest contradictoire a ordonné estre lacéré et osté tant de la ditte cour du Parlemant que du greffe de Montmorillon, comme elle fera encore s'il luy plaist des dittes impostures avecq plus grandes peines pour empescher telle façon de médire et travailler un chascun par procès, en quoy il a usé, travaillé et consommé pour le moins les deux tiers de son âge, recours aux procès sur ce par luy faits estant encore à Toullouze pardevant M^{rs} les Capitoux où il auroit réellemant chicquanné plusieurs de ses compagnons, jeunes écolliers de bonne maison, que les ayant contraints de quitter l'université et leurs estudes, enfin il auroit contre eux obtenu jugemant diffamatoire, ce qu'il auroit toujours depuis continué envers tous les officiers, greffiers, grande partie des avocats, procureurs et sergents de cette ville, comme en apert par les registres et procédures faittes tant au dit siège qu'en la ditte cour et ailleurs dont il aparoistra quand il sera besoin, et quand au réquisitoire du dit Petitpied, prétendu avocat du Roy, son cousin germain, duquel la ditte encherre n'est faitte par luy ne en son nom ains de Me René Lebeau, escuyer, seigneur de Sauzelle, avocat en la cour de Parlemant à Paris, natif de cette ville, ce que n'est le dit Maillasson quy y a autant presque demouré que luy, lequel il ne le seauroit empescher d'acroistre à cet honneur dont il a toujours fait profession et quand la ditte acquisition seroit et reviendroit au dit Lebeau, séneschal, que non il n'y auroit aucune injustice ny incompatibillité d'autant que le dit greffe a de tout temps esté tenu par ferme et le greffier n'a que la signature seullemant des actes de justice reçus par les clercs du greffe tous lesquels sont parents, proches alliez et considérez des dits Petitpied et Maillasson et quy ne font que ce quy leur est commendé par iceux, demeurants les papiers du dit greffe entre les mains du dit Goudon et à ces clercs et non du dit greffier lequel partant ne peut faire ne connoistre aucun abus en l'exercice de son dit estat, en quoy il est aizé à connoistre que le prétendu bien et zelle de justice dont se parent les dits Maillasson et Petitpied n'est qu'une pure envie, vindicte et animosité qu'ils ont non seullemant contre le dit Lebeau mais contre la ditte de Suya, sa mère, et tous ceux de sa maison.

Fait les jours et an susdits et dellivré au dit adjudicataire pour luy valloir et servir en la jouissence des choses au dézir du dit édit et interprétation d'icelluy réservée à Nosseigneurs du Conseil pour le payemant des charges, signé de Sainte-Marthe et plus bas par mon dit sieur, Lenoir, commis greffier; collationné par moy notaire secrétaire du Roy, signé Verthamont.

Collation, extrait et vidimus a esté fait à son originnal du contrat de vente d'engagemant du domaine du Roy de la baronnie de Montmorillon dont la copie est cy-dessus et des autres parties, transcritte à la requeste de damoiselle Marie Millon, femme séparée de biens de Louis Cœurderoy, estant en papier contenant huit rolles et demy de papier, escritte en minute, signé de Verthamont, laquelle j'ay trouvé semblable et conforme à son originnal et ainsy qu'elle est plus emplemant exprimée par mon procès-verbal ; lequel originnal est demeuré entre les mains de la ditte Millon pour luy valloir et servir ce que de raison, par moy sergent royal soussigné, demeurant à Montmorillon, reçu immatriculé au siège royal du dit lieu, le 12 décembre 1669, en présence de Jean Chaignon et de Jean Borde, praticien, quy se sont avecq moy soussignez, ainsy signé : Chaignon, Borde et Dusellier, sergent.

XVIII

Attestation des violences et du pillage commis en la commanderie et au village de la Chatille, paroisse de Béthines, par des gens de guerre tenant le parti de la Ligue. (Arch. Vien. H³ bis, carton 32, Maison-Dieu de Montmorillon, copie sur papier.)

10 octobre 1593.

A tous ceux qui ces présentes lettres verront, Vezien et Demay, nottaires royaux soubsignez establis à Montmorillon, salut. Sçavoir faisons que, ce jourd'huy datte de ces présentes, nous estans au lieu de la Chastilhe, paroisse de Béthines, se sont comparus et présentés en leurs personnes Mre Pierre Amoureux, prestre, curé de Béthines et y demeurant, sire André Jamet et Simon Gilbert, marchands, demeurans en la ditte paroisse, Estienne Audenise, cousturier, demeurant à Villecharrault, Pierre de Journet, Pierre Septembreux, Pierre Foussadier, Jean Moreau, Eustache de Louze, Huguet Faisan, Anthoine Fruchon et Valérien Mingault, tous habitans du dit village de la Chastille, Gilbert Despirolles, Pierre ¹. . . . . , marchands, André Gaulier, Pierre Dubrueil et ¹. . . . . Joly, habitans de la ditte paroisse de Béthines. Tous lesquels, à la stipulation et requeste de frère François Chazaud, religieux en l'abbaye de la Maison-Dieu de Montmorillon et commandeur de la Chastille, paroisse susditte de Béthines, ont en nos présences dit, rapporté et attesté que, par plusieurs et diverses fois, ils ont veu venir au dit lieu de la Chastille loger en grand nombre des gens de guerre quelquefois jusqu'au nombre de soixante ou quatre-vingt et quelquefois jusqu'au nombre de quarante ou cinquante, les dits gens de guerre portans les armes pour le party que tient la ville de Poictiers, lesquels gens de guerre estans au dit lieu de la Chastille, commanderie dépendant de la Maison-Dieu de Montmorillon, ont prins, ravi, pillé et emporté les lettres, titres, quittances et papiers terriers concernant le revenu du dit lieu de la Chastille et ceux de frère Jean Soret, escuyer, religieux à Saint-Gildas et y demeurant, près Chasteauroux, tant concernant son prieuré de Saint-Maixant-le-Petit, assis en la paroisse d'Anthenet, que ses autres biens et moyens qu'il avoit mis dans

---

1. En blanc.

le dit lieu et commanderje de la Chastille, les fruicts, bleds et
revenus y estans, prins et constitué prisonniers les fermiers
nommez sire Pierre Béthinault et Jean Porcheron, marchands,
rompu les coffres et emporté tout le plus beau meuble qui estoit
au dit lieu, bref ont faict tous actes d'hostilité, inhumanité et
cruauté en la ditte commanderie de la Chastille, voire avoir
excédé tant et tellement les pauvres laboureux de la ditte paroisse
de Béthines qui avoient retiré au dit lieu de la Chastille tout leur
principal bien et moyens, qu'un nommé Denys Hodie seroit mort
deux jours après des coups que luy avoient donné les dits gendarmes pour le payement de certains deniers, cabats et alliennat-
tions qu'ils demandoient sur le dit lieu de la Chastille, et avoir
entendu par bruit commun qu'ils avoient faict de si grandes
forces, viollences et contrainctes aux fermiers du dit lieu pour
leur faire payer les dits deniers, mesme au dit Béthinault qu'ils
avoient si outrageusement battu et excédé qu'il en seroit, six
sepmaines après, décédé sans avoir faict depuis acte d'homme
sain ; et nous ont les dessus dits dit ce que dessus par eux raporté
et attesté est chose nottoire et que le bruit est que si les dits
deniers n'eussent esté payez aux dits gens de guerre, comme l'on
dit que les dits fermiers ont faict, iceux dits fermiers eussent
encore esté tourmentez davantage ; mais les dits gens de guerre
ayant faict payer les dits deniers, auroient cessé de plus faire
icelles viollences qu'ils faisoient auparavant pour faire toucher
les dits deniers au recepveur d'icelle ; et ont dit moyennant leur
serment, lequel en tant que pouvons et debvons avons d'eux
prins et receu, ce que dessus contenir vérité, et le diront et dépo-
seront en tous lieux et endroits et par devant tous juges quelsconques. Dont au dit Chazault, commandeur, avons octroyé le
présent acte d'attestation de la ditte nottorieté raportée par les
dessus dits pour luy servir et valloir en temps et lieu. Faict le
présent acte au bourg de Béthines, en la maison du dit Simon
Gilbert, le dixiesme jour d'octobre l'an mil cinq cent quatre-
vingt-treize, après midy. Et ont les dits Audenise, Septembreux,
Foussadier, Moreau, de Louze, Faizan, Fruchon, Mingault,
Rousseau, Dubrueil et Joly déclaré ne soubsigner. Ainsi signé :
P. Amoureux, curé de Béthines, S. Gilbert, Epirolles, André
Jamet, Gaulier, F. Chazaud, J. Vezien, nottaire royal, Demay,
nottaire royal.

XIX

Ordonnance du juge prévôt de la baronnie de Montmorillon faisant défense aux habitants de plusieurs villages et paroisses de plaider en première instance ailleurs qu'en la prévôté de Montmorillon. (Arch. Vien C 392 *ter*, copie papier.)

11 septembre 1626.

Aujourd'huy, judicièrement, pardevant nous Pierre Dallest, conseiller du Roy, prévost et juge ordinaire en la ville, baronnie et chastellenye de Montmorillon, c'est comparu le dit procureur du Roy par Me Charles Richard, lequel nous a exposé que combien que de la justice prévostalle au Roy, nostre sire, apartenant en la ditte ville, baronnie et chastellenye de Montmorillon despendent plusieurs paroisses et villages nommémant les paroisses de Saint-Martial de cette ville de Montmorillon, Consize, Joué, Journet, pour les villages d'Esport, la Pouge et Biard seulement, les paroisses de Moussat, Lastus, Saulgé, Plaisance en partye, Saint-Remois, des villages de la paroisse de Bussière-Poitevine en partye, Sillards, La Chapelle-de-Viviers, Leigne et partye des villages de la paroisse de Pindray, ce néanmoings plusieurs des habittans des ditz villages et paroisses et autres justiciables ordinaires de la dite prévosté souvent plaident très vollontiers en première instance ailleurs qu'en la dite prévosté à leurs choix et plaisir, soit qu'ilz ayent esté apellés par aucun des dits justiciables ou autres ou bien qu'eux mesmes ayent fait apeller autres des dits justiciables sans faire par eux de demandes d'estre renvoïés en la dite prévosté, ce quy importe fort aux droiz du Roy et à la conservation de la dite justice prévostalle, requiert partant pour le dhu de sa charge deffence estre faite aux dits habittans et autres justiciables de la dite prévosté plaider en première instance ailleurs qu'en la dite prévosté, sous peine contre les apellés quy n'auront demandé estre renvoïez en la dite prévosté de dix livres d'amande et de peines pareilles contre ceux des dits justiciables quy les auront fait apeller, et leur estre enjoint sous les dites peines dénonser les dites poursuites au dit procureur du Roy pour demander avecq eux le dit renvoy toutes les dites peines sy dessus estre exécuttoires contre les contrevenans nonobstant oppositions ou appellations quelconques faites ou à faire et sans préjudice d'icelle. Sur quoy avons octroyé acte au dit procureur du Roy de sa remontrance et réquisitoire et luy ainsy le requérant avons fait et faisons deffances à tous habitans des dites paroisses de Saint-Martial de cette ville de Montmorillon, Consize, Joué, Journet pour les villages d'Eport, la Pouge et Biard seulement, Moussat, Lastus, Saulgé, de Plaisance en partye, Saint-Remois, de partye des villages de la paroisse de Bussière-Poitevine, Sillards et de la Chapelle-de-Viviers, Leigne, de partye des villages de la paroisse de Pindray et tous autres justiciables de la dite prévosté, plaider en première instance ailleurs qu'en la dite prévosté sous peine de dix livres d'amende contre les apellés quy n'auront demandé estre renvoïés en la dite prévosté ou sommer le dit procureur du Roy de le demander avec eux et de pareilles et semblables peines contre ceux des dits justiciables quy les auront ainsy fait apeller, laquelle dite peine déclarons exécuttoire contre les contrevenans nonobstant opositions ou appellations quelconques faites ou à faire et sans préjudices d'icelle et aplicables aux réparations nécessaires de la ville ; et affin que nul ne prétende cause d'ignorance de cette présante, nostre ordonnance voullons qu'à la diligence du dit procureur du Roy elle soit lue au prosne des messes paroichiales des dites paroisses que luy enjoingnons faire garder et observer. Donné et fait par nous juge sus-dit, le unziesme septembre mil six cent vingt-six, ainsi signé : P. Dallest, C. Richard et Goudou, greffier.

Ce que dessus a esté leu et publyé par moy curé de Lastus à l'issue de la grande messe par moy dite et sellébrée en l'églize du dit Lastus, le dimanche vingtiesme jour du mois de septembre mil six cent vingt-six, signé : de la Baudonnière, curé de Latus. Signé : F. Dalest.

Collation et vidimus de la copie sy-dessus et des autres parts a esté faite à son original estant en une feuille de papier représanté par Me François Dallest, conseiller du Roy et son juge prévost royal de cette ville de Montmorillon ayant trouvé la dite copie conforme au dit original par moy Jean Chantaize, premier huissier audiancier de la séneschaussée du dit Montmorillon soubsigné y demeurant et immatricullé, suivant le procès-verbal que j'en viens de faire, ce requérant Léonnard Chaud, esc., seigneur de Lanet et de Boisdumont et laquelle copie je déclare valloir original et le dit original remis à l'instant ès mains du dit sieur Dallest. Fait par moy huissier soubsigné et susdit en la maison et estude de Me René Dechaulme, nottaire royal au dit

Montmorillon, le vingt-cinquiesme feuvrier mil six cent quatre-vingt-dix-huit. Signé : Chantaize, huissier audiencier.

XX

Procès verbal dressé par le lieutenant civil et criminel de la sénéchaussée de Montmorillon de l'état désastreux où se trouvait l'église collégiale de Notre-Dame de cette ville par suite des guerres. (Arch. Vien. G⁸ 80, chapitre de Notre-Dame de Montmorillon, copie papier.)

7 janvier 1637.

Aujourd'huy, judiciairement les plaidz tenant, ce sont comparus vénérables M^{res} Laurent Cailleau et Nicollas Lamoureux, chanoines en l'esglize collégialle de Nostre-Dame de la présante ville, faisant tant pour eulx que pour les prévost et chanoines de la dicte esglize, assistez de Mes René Vrignault et Jean Jacquet, leur advocat et procureur, lesquelz nous ont remonstré qu'il est grandement important au dict chapittre de faire veoir le nombre des ecclésiastiques qui sont en icelle, le peu de revenu qu'ilz ont, le pitieux et desplorable estat onquel est leur esglize, comme aussy leurs maisons canoniqualles. A ceste fin nous ont dict qu'ilz sont ung prévost et quatre chanoines et trois choristes servant au bas cœur, et que tout le revenu de leur esglize a esté aultresfois assez ample, ayant esté donné par noz roys de France et les barons de Montmorillon et de Maignac, et que par l'injure des guerres les tiltres justificatifz de leur esglize ce sont perdus et adirez et la pluspart pillez, emportez et desrobbez par des mallitieuses personnes quy ce sont du despuis approprié de partye du fond et des debvoirs dheubz à la dicte esglize, sans qu'il aye esté possible aux dictz sieurs du chapittre de pouvoir recouvrer et rentrer aux dictz debvoirs et fonds; en telle façon que le revenu de leur dicte esglize est fort modique, et bien qu'ilz soient en nombre de huict, néanmoings ilz ne peuvent jouir en tout annuellement que de la somme de huict à neuf centz livres ; sur quoy ilz ont de grandes charges, de faire le service divin journellement, matines, grandes messes, vespres et aultres heures, le tout sans discontinuation ne cessassion ; faire une aulmosne génralle annuellement, le jeudy de la Cenne, de pain et febves ; y ayant aultres charges particullières, comme légatz et dessimes ; sy que aux dictz prévost et chanoines les dictes charges desduictes avecq les gaiges de leurs choristes et bas cœur, il ne leur peult pas rester six cens livres de revenu certain, et encores leurs maisons canoniqualles estant enthièrement bruslées et ruynées, ce quy les oblige à s'esberger en d'aultres maisons particullières, leur esglize toutte ruynée et gastée, les fenestres et vittres aussy gastées, fors celle du dosme quy environne et ensuict le grand hostel de la dicte esglize, les carreaux tous enlevez, les portes rumpues d'anticquitté et partye de la dicte esglize descouverte, et particullièrement le lieu où sont les chapelles de Nostre-Dame-de-Pityé et Saint-Christophle, n'y ayant aulcune couverture sur l'estandue d'icelle, ayant esté rumpue et desmollie tant par le canon que par le feu quy y a esté mis en icelle durant le temps des guerres, comme du tout nous avons parfaicte et entière cognoissance ; ensamble les advocatz et procureurs de la cour de céans et aultres habittans de la présante ville requérant qu'il nous plaise à telle fin que de raison octroyer acte de nottorietté aux dictz sieurs du chapittre de ce que dessus ; préalablement ouy les conseillers du présant siège, advocatz et procureurs de la cour de céans et aultres habittans de la présante ville présans, pour servir et valloir aux dictz de chapittre en temps et lieu ce que de raison, et affin de faire paroir plus particullièrement des desgradations, ruynes et pitieux estat de la dicte esglize, qu'il nous plaise ordonner que nous nous transporterons en la dicte esglize en présance du procureur du Roy, pour droisser nostre procès-verbal de l'estat des choses. Sur quoy, après avoir ouy M⁰ Pierre Dallest, juge prévost de la présante ville, Laurent Douadic, conseiller, Jean Pallier, Charles Richard, advocat et procureur du Roy, François Demareuil, enquesteur, André Pineau, Laurent Augier, Jean Poincteau et Pierre Nicault, advocatz, Louis Cailleau, Martial Arnaudet, Mathurin Demareuil, Jacques Chasseloup, Pierre Brethonneau, Louis de Maillasson, Pierre Lhuillyer, Paul Dumonteil, Jean Goudon, Louis Augier, Louis Goudon, Pierre de la Forest, Jean Argenton, Simon Berault, Anthoine Naude, Blaise Vrignault et aultres, Jean Goudon, procureur, Gilbert de Lerpinière, Jean Cailleau, Nicollas Massonneau, Fleurant Tartarin, Paul Babert, Charles Bonnin, clercs du greffe de la présante ville, et aultres particulliers, habittans présans, et qu'ilz ont unanimement desclaré le sainct service divin ce faire bien et dignement en la dicte esglize de Nostre-Dame journellement et aux heures accoustumées, matines, prières, grandes messes, vespres et aultres heures accoustumées estre dictes en la dicte esglize. En icelle esglize y a ung prévost et quattre chanoines et oultre ce trois choristes au bas cœur et sacristain et aultres charges particullières, mesme une aulmosne universelle à tous allans et venans de pain et poytage aux febves le jeudy absollu, par chascun an, en la dicte esglize, laquelle est fort ruynée, les logis des dictz prévost et chanoines enthièrement gastez et ruynez, et avoir ouy dire aux entiens que la dicte esglize avoit esté par plusieurs fois pillée et bruslée pendant les guerres, comme il parroist encores de présent, et que le revenu de la dicte esglize suivant la commune [renommée] avecq touttes les charges ne peult valloir que neuf cens livres, ce que les dessus dictz ont affirmé par serment estre véritable. Dont en avons octroyé acte aux dictz Cailleau et Lamoureux pour valloir et servir aux dicts de chapittre ce que de raison et, eux ce requérant, ordonné que nous nous transporterons en la dicte esglize avecq le procureur du Roy pour droisser procès-verbal figuré des ruynes et desmolissement quy sont en la dicte esglize et maisons. Et à ceste fin, avons assigné les partyes à sabmedy prochain heure de huict heures du matin en la dicte esglize. Donné et faict judiciairement en la cour ordinaire de la séneschaussée de Montmorillon tenue au dict lieu par nous André Richard, escuier, sieur de Lanet, conseiller du Roy, nostre sire, et son lieutenant général au dict Montmorillon, le septiesme jour de janvier mil six cens trente-sept. Ainsy signé : Cailleau, Lamoureux, chanoynes, Vrignault et Jacquet, advocat et procureur du dict chapittre, A. de la Forest, J. Dallest, Douadic, Pallier, C. Richard, conseillers, advocat et procureur du Roy, Demareuil, enquesteur, Pineau, Augier, Poincteau, Mérigot et Nicault, advocatz, Cailleau, Demareuil, Arnaudet, Chasseloup, Brethonneau, Demaillasson, Lhuillyer, Dumonteil, Goudon, Augier, Goudon, de la Forest, Argenton, Berault, Naude, Vrignault et Goudon, procureurs, de Lerpinière, Cailleau, Massonneau, Tartarin, Babert et Bonnin, clercs de greffe, F. Babert, Estourneau, Goudon et Layné, huissiers, de la Vergne, maistre des eaues et forests, de la Vergne et de la Vergne, Cherbonnier, Cailleau, Babert, Jacquet, P. Jacquet, Coubard, F. Estourneau, de Lerpinière, Petitpied et Hordesseaux, habittans de Montmorillon, et Richard, lieutenant général. Collation faicte par Massonneau. Ainsy signé : de Lerpinière, commis du greffier.

Et advenant le sabmedy dixiesme jour du mois de janvier mil six cens trente-sept, nous André Richard, lieutenant civil et criminel en la séneschaucée de Montmorillon, assisté de honnorable Charles Richard, procureur du Roy, et Nicollas Massonneau, nostre greffier, environ l'heure de huict heures du mattin, suivant nostre appoinctement du septiesme du présent mois, nous sommes transportez de nostre hostel, sis en celle dicte ville, en l'esglize collégialle du dict lieu, où ce sont comparus les vénérables prévost et chanoines de la dicte esglize, Laurent Cailleau, Nicollas Lamoureux, François Estevenet et Louis Grault, prévost de la dicte esglize, assistez de Mes René Vrignault et Jean Jacquet, leur advocat et procureur, lesquelz nous ont dict et supplié de voulloir droisser nostre procès-verbal de la ruyne et desmollition de leur esglize et maisons en l'estat qu'elles sont de présant, le tout en présance du dict procureur du Roy. A cette fin estant entrez dans la chappelle de Nostre-Dame-de-Pitié et de Sainct-Christophle séparée de la nef de la dicte esglize d'une muraille, laquelle chappelle est enthièrement descouverte, sans thuilles, chevrons ne lattes, le pignon d'icelle vers le cimetière du dict lieu abattu à ung tiers, qu'ilz nous ont dict estre de coups de canon. D'illec nous sommes transportez en la nef de la dicte esglize, la porte quy ferme icelle estant enthièrement gastée. Nous ont en oultre faict veoir les voultes estant en la dicte esglize, la première desquelles est enthièrement abattue et ruynée jusques à ras la muraille ; de la segonde n'y ayant que quelque fraguemant, et la troisiesme estant sur le cœur de la dicte esglize estant gastée et abattue de plus de moictyé, au lieu duquel desbriz y a des boys quy soutiennent de la feuilhée et brande ; et la voulte estant devant la chappelle de Sainct-Jean, faisant partye de la nef de la dicte esglize estant aussy rompue et brisée plus d'ung tiers, couverte semblablement de brande et fouillages ; les vittres des vitteraux de la nef touttes cassées, fors les deux grandz vitteraux estant à l'entrée du dosme du grand hostel ; le pavé de la dicte esglize ayant esté presque tout hosté et enlevé. Et d'illec nous sommes montez dans le clochier de la dicte esglize, la charpente duquel est presque enthièrement pourrye, les poultres d'icelluy soutenant crevassées et presque pourryes, quy menassent une ruyne, s'il n'y est promptement pourveu, et laquelle réparation ne ce pourra faire sans grandz despans quy excedderoit enthièrement le revenu d'une année de la dicte esglize. Et dessandant du dict clochier nous ont faict veoir la porte quy ferme le degré montant en icelluy quy est rompue. Et d'illec nous ont faict sortir hors de la dicte esglize et faict veoir quantitté de masures où il ne parroist que quelques murailhes et vestiges de fondemens sans aulcuns boys ny couverture, estans proches de la dicte esglize et du costé de la Grand'Rue, qu'ilz nous ont dict estre les logis et maisons canoniqualles de la dicte esglize, quy sont aujourd'huy sans aulcune forme de bastimans, synon que des masures. Sur quoy, avons octroyé acte aux dictz sieurs prévost et chanoynes de leur exposition de l'estat de leur esglize, clocher et maisons despandant de la dicte esglize, le tout en présance du procureur du Roy. Et certiffions les desgradations et ruynes sy-dessus mantionnées par nostre présant procès-verbal avoir icelles veues et estre véritables ; dont et du tout nous avons octroyé acte au dict sieur prévost, chanoynes et chapittre pour leur servir et valloir ce que de raison. Le présant procès-verbal faict en présance de honnorable Me Blaize Demareuil, sy-devant enquesteur, François Demareuil, enquesteur, Mre Nicollas Grault, François Cœurderoy, Pierre Vezien, escuier, sieur de Champaigne ; lesquelz Vezien et Blaize Demareuil ont dict avoir veu faire à coups de canon partye des desmollitions estant dans la dicte esglize, et brusler les maisons des dictz chanoynes, le tout durant les guerres civilles [1], et en présance de Jean et René Estevenet, tous habittans de la dicte ville, et aussy de Louis de la Vergne, maistre des eaues et forestz de la maistrise du dict Montmorillon, et Jean Jacquet, lesquelz ont dict semblablement avoir veu faire les desmollitions et incendie

---

1. Montmorillon eut souvent à souffrir des gens de guerre.
Au mois de juillet 1523, un gentilhomme du Bourbonnais, nommé le capitaine Monclou, à la tête de six à sept mille brigands, saccagea la ville de Montmorillon. Le gouverneur, qui était alors Jean de Château-Rocher, ayant voulu s'opposer au pillage, fut pris et massacré. (D. Fonteneau, t. XXIX, p. 103.)
Le 8 octobre 1562 eut lieu, comme on l'a déjà vu, le passage des soldats du comte de Gramont qui, n'ayant pu s'emparer de la ville, pillèrent la Maison-Dieu et l'église de Notre-Dame.
En 1567, le chef huguenot Tanneguy du Bouchet, sgr de Puygreffier, dit Saint-Cyr, s'acheminant vers le Poitou, « fondit sur Montmorillon où il fit maux infinis ». (D. Fonteneau, t. XXIX, p. 109.)
Au mois d'octobre 1589, les protestants s'étant emparés de la ville assiégèrent l'église de Notre-Dame où périt le sénéchal Le Beau. (Voy. p. 247.)
Enfin en 1591, Georges de Villequier, vicomte de la Guierche, gouverneur pour la Ligue en Haute et Basse-Marche, « se retirant honteusement du siège de Bellac », vint à Montmorillon. Les habitants lui ouvrirent leurs portes, mais la Guierche ne trouvant pas la ville assez sûre et se voyant suivi de près par le sieur d'Abin, y laissa son canon et son infanterie et gagna Poitiers en toute hâte. D'Abin, aidé des barons de Malval et de la Rocheposay, ses enfants, du duc de la Trimouille et du prince de Conti, qui était venu les rejoindre, « bloca Montmorillon. La ville, après avoir tenu trois jours, fût emportée d'assaut le 6 juin ; l'artillerie du vicomte de la Guierche fut emmenée et tous ceux qui se trouvèrent dans la ville furent tués, pendus ou noyés. Il y eut plus de 1200 hommes tués ; la rivière de Gartempe fut teinte et rougie du sang de ce carnage ». (D. Fonteneau, t. XXIX, p. 109, d'après Robert du Dorat.)

des dictes maisons. Donné et faict par nous lieutenant sus dict, les jour, lieu, mois et an que dessus. Ainsy signé : Vezien, Demareuil, Demareuil, de la Vergne, Jacquet, Estevenet et Estevenet, Grault, Cailleau, Lamoureux, Vrignault, Jacquet, Cœurderoy, C. Richard, procureur du Roy, Estevenet et Grault, Richard, lieutenant général. Collation faicte par Massonneau. Ainsy signé : de Lerpinière, commis du greffier. Collation faicte par Massonneau. *Signé* Babert, greffier.

XXI

Plainte du métayer de l'aumônerie de Panange sur les violences et les exactions commises envers lui par des gens de guerre. (Arch. Vien. H² bis, carton 32, Maison-Dieu de Montmorillon, copie papier.)

15 mai 1640.

Aujourd'huy se seroit présenté pardevant nous Valentin Dechaulme, exempt de la compagnie de Monsieur le prévost de Montmorillon [1], Martin Mathé, mestayer de la mestairie de l'aumosnerye de Panange, parroisse de Leignac, aagé de soixante-dix ans ou environ, lequel nous auroit rendu sa plaincte que, le lundy quatorziesme jour des présents mois et an, les sieurs de Tersanne [2] et Loliverie [3], son lieutenant, et le filz du sieur de

---

1. La prévôté de Montmorillon, créée par édit de juin 1549, comprenait : un prévôt provincial, deux lieutenants, l'un de robe longue et l'autre de robe courte, un greffier et douze archers, aux gages de 400 livres pour le prévôt, 200 livres pour chacun des lieutenants et 120 livres pour chacun des archers. Le premier prévôt de Montmorillon fut Jacques Lydon (D. Fonteneau, t. XXIX, p. 101) ; on trouve ensuite : René Goudon (1572), Pierre Vezien, sr de Champagne (1607-1615), Jacques Vezien, sr de Champagne, fils du précédent (1626-1629), Jean Goudon, sr de Jeu (1635-1649), Fleurent Goudon, sr de l'Héraudière, frère du précédent (18 juillet 1649 au 8 juillet 1661), Pierre Goudon, sr de l'Héraudière, fils du précédent (29 sept. 1661 à juillet 1676), François-Joseph Goudon, sr de la Lande, fils du précédent (19 juillet 1676 à 1703), Pierre Goudon, sr de la Vandelle, frère du précédent (14 mars 1704 à mars 1720).
Toutes les charges d'officiers de la maréchaussée ayant été supprimées par édit de mars 1720, le prévôt provincial de Montmorillon fut remplacé par un lieutenant, ayant commission de capitaine de cavalerie, dont la finance était fixée à 15,000 livres, 450 livres de gages et 1050 livres de solde, payables par trimestre. La lieutenance de Montmorillon fut occupée par François-Hyacinthe Bernardeau de Monterban de 1720 à 1769, et par Joseph-François-Hyacinthe Bernardeau de Monterban, son fils, de 1769 à 1789.
2. François Estourneau, sgr de Tersannes, capitaine d'une compagnie du régiment de la Feuillade, avait épousé, le 10 décembre 1637, Gillonne de Salignac, fille de François, sgr de l'Oliverie, et d'Avoie d'Allemagne. Il rendait aveu, en 1667, du fief de Tersannes au château de Montmorillon, au nom de son fils Charles-Jacques. (Beauchet-Filleau, *Hist. des familles du Poitou*, t. III, p. 317).
3. Jacques de Salignac, sgr de l'Oliverie (Montrollet, Charente), beau-frère de François Estourneau ci-dessus.

Champignolle[1] seroient venuz, assistez de quantité de soldatz, dans la mestairie dudict lieu de Panange, lesquelz jurant et blasphémant le saint nom de Dieu, auroient dict : Mathé, il fault que tu nous donne deux pistolles, et autrement et à faulte de ce faire, nous te ferons du dommage ; lequel Mathé fit response qu'il n'avoit d'argent pour leur donner ; et veu qu'iceluy Mathé ne leur donna l'argent qu'ilz demandoient et mesme auroient prins et emporté la plus grande partie de ses meubles, dont la teneur s'en suit : premièrement quatre paires de jouelles, plus deux socqz à labourer, plus quatre atelloires de fer, plus deux picqz de fer et une tranche aussy de fer, plus deux poisles de fer et un poislon d'airin, plus un boiceau et demy de sel, plus un aisseau et un ciseau de fer asseré, plus un grand cousteau à deux mains pour faire des cercles, plus un pot de fer tenant un plain seau, plus les deux vires et deux picotz qui estoient aux grandes portes de la grange, plus un boiceau et demy de pois et un boiceau de nantilles, plus ont emporté les couestes du lict et coussin dudict Mathé et ont jecté le tout au vent, plus grand plain pot de graisse de la pesanteur de sept à huict livres, plus deux serpes à coupper bois, plus cinq livres de laine, plus deux grandes coignées et une petite, plus un grand peigne pour abiller la chanvre, plus ilz ont cassé deux coffres de boys et un boisseau, plus ilz ont aussy cassé grande quantité de potz de terre et une grande cruge et quatre crubles à venter bled, plus ont aussy cassé une pone à faire la buée et mesme le désordre estant arrivé dans ladicte maison, auroient envoyé ledict Mathé dans la maison du nommé François Dubost, demeurant au village de Ballabray, parroisse de Chalais, l'emmenant comme prisonnier. Et sur ladicte plaincte, après serment par lui faict de dire vérité, a offert administrer tesmoings pour la justification de ce que dessus. Faict par nous exempt de la compagnie de Monsieur le prévost des mareschaulx de Montmorillon, assisté de Isaac Labbes, archer de ladicte compagnie, le quinziesme jour de may mil six cens quarante. Ainsi signé en la minutte : V. Dechaulme exempt susdict et I. Labbes. Signé : I. Labbes, H. Dechaulme, exempt.

---

1. René Girard, s^r de Champignolles (Journet, Vienne), fils de Fiacre, s^r de Champignolles et d'Anthenet, épousa Marguerite Coustin, dont il eut : 1° Charles, mort sans postérité ; 2° Marguerite, maintenue noble en 1667 ; 3° François, s^r de Champignolles et d'Anthenet ; Charlotte Vaillant, sa veuve, rendait hommage d'Anthenet, le 9 janvier 1672, au prieur de la Maison-Dieu de Montmorillon, suivant l'anoblissement fait par le prieur André de Manes le 22 janvier 1455. (Arch. Vien. H⁹ bis 103.)

XXII

Plaintes de plusieurs habitants de la paroisse de Chalais sur les exactions et les violences commises envers eux par des gens de guerre. (Arch. Vien. H³ bis, carton 32, Maison-Dieu de Montmorillon, copie papier.)

4 juin 1640.

Aujourdhuy quatriesme juin mil six cens quarente, pardevant nous Valentin Dechaulme, exempt de la compagnie de Monsieur le prévost des mareschaulx de Montmorillon, assisté de Isaac Labbes, archer de la mesme compagnie, porteur d'une commission et ordonnance de Monseigneur de Villemontée, intendant en la justice, pollice et finances de Poictou, en datte du vingt-sixiesme jour de may dernier, signée dudict seigneur et scellée du scel de ses armes, estant au bourg de Nepmes [1], s'est présenté Jean Tinton, marchant sergetier, aagé de quarante-cinq ans ou environ, demeurant au bourg de Chalaye, lequel nous a sommé de recevoir sa plaincte des excedz et violences commis en sa personne par le sieur de Billy, cappitaine d'une compagnie au régiment du sieur de la Feillade [2], et autres soldatz de sa compagnie, lesquelz en jurant et blasphémant le saint nom de Dieu auroient grandement battu et excedé ledict Tinton en plusieurs parties de son corps, en disant : par la mort, par la teste, il fault que tu nous trouves de l'argent et à faulte de ce faire nous te rourons de coups ; lequel plaintif, se voyant dans la misère, fut contraint de leur donner la somme de quarante solz, et non content de ce menèrent ledict plaintif par force et violence dans la taverne dudict lieu, là où estant se firent traicter aux despans dudict plaintif, et, après qu'ilz eurent faict bonne chère, s'en retournèrent dans la maison dudict Tinton, se mirent en debvoir de b..... et f..... sa femme laquelle ne volut adhérer, et en haine de ce se mirent à casser les meubles dudict Tinton, qui est tout et a déclaré ne sçavoir signer, et a faict signer la presente au notaire soubzsigné. Ainsi signé : V. Dechaulme, I. Labbes et G. Rullaud, notaire royal, à la requeste dudict complaignant. Signé : I. Labbes, V. Dechaulme, exempt.

---

1. Nesmes, cne de Belâbre ; ancien chef-lieu de commune réuni à Belâbre le 4 décembre 1822.
2. Léon d'Aubusson, comte de la Feuillade, lieutenant général des armées du Roi et lieutenant au gouvernement d'Auvergne, tué à la bataille de Lens le 3 octobre 1647.

Ce fait, s'est présenté pardevant nous exempt susdict Pierre Linière, aagé de trente trois ans ou environ, demeurant au bourg de Chalais, lequel se plaignant dudict sieur de Billy et de ses soldatz lesquelz en deslogeant dudict bourg de Chalais s'en seroient venuz esmeulz et en collaire à la porte dudict plaintif en jurant et blasphémant le saint nom de Dieu, se mirent à casser sa porte et estant entrez dans la boutique se mectent à casser et crever les souffletz dudict Linière, à usage de mareschal, et la plus grande partye de ses meubles qu'ilz emportèrent et cassèrent le reste de ce qui demeura dans ladicte maison et qu'ilz ne pouvoient emporter. Laquelle plaincte il affirme en son âme estre véritable et a desclaré ne sçavoir signer; laquelle il a faict signer à sa requeste au notaire soubz signé. Faict les jour, mois et an que dessus; ainsi signé en la minutte : V. Dechaulme, I. Labbes et G. Rullaud, notaire royal, à la requeste dudict complaignant. Signé : I. Labbes, V. Dechaulme, exempt.

Et continuant ladicte plaincte, s'est présenté Michel Boutet, laboureur, demeurant au village de Monthetotz, paroisse dudict Chalais, aagé de cinquante-cinq ans ou environ, lequel se plaignant du sieur de Tersane, cappitaine d'une compagnie au régiment de la Feillade, et ses soldatz, lesquelz à tout reste vouloient emmener les bœufz et tuer un veau de laict, lequel ilz voulurent tuer si ledict plaintif ne s'y fust trouvé pour les empescher, disant : par la mort, par la teste, si tu ne nous baille de l'argent, nous le tuerons et autres de tes bestiaux, tellement que ledict plaintif fut contraint de composer avec lesditz soldatz à la somme de huict livres moins quatre solz, laquelle il desboursa affectivement ; qui est tout ce qu'il a dist et desclaré ne sçavoir signer, laquelle plaincte il a fait signer au notaire soubz signé. Faict les jour, mois et an que dessus. Ainsi signé : V. Dechaulme, exempt ; I. Labbes et G. Rullaud, notaire royal, à la requeste dudict complaignant. Signé : I. Labbes, V. Dechaulme, exempt.

Macé Brisson, laboureur, demeurant au village de Monthetotz, paroisse susdicte, aagé de cinquante ans ou environ, lequel se plaignant dict qu'il fut contraint, pour éviter la perte de ses meubles, de donner la somme de six livres dix solz aux soldatz du sieur de Tersane et emmenèrent le filz dudict plaintif et tousjours le gourmandèrent jusques à Bélâbre sur le chemin et se firent traicter aux despens dudict plaintif. Faict les jour, mois et an que dessus. A desclaré ne sçavoir signer et a faict signer à sa requeste au notaire soubz script. Ainsi signé en la minutte : V. Dechaulme, exempt, I. Labbes et G. Rullaud, notaire royal, à la requeste du complaignant. Signé: I. Labbes, V. Dechaulme, exempt.

XXIII

Plaintes de plusieurs habitants du village des Ferrands, paroisse de Lignac, sur les violences et les exactions commises envers eux par des gens de guerre. (Arch. Vien. H³ bis, carton 32, Maison-Dieu de Montmorillon, copie papier.)

4 juin 1640.

Aujourd'huy quatriesme juin mil six cens quarente, estant au bourg de Nepme-lez-Belâbre, par devant nous Valentin Dechaulme, exempt de la compagnye de Monsieur le prévost des mareschaulx de la ville de Montmorillon, assisté de Izaac Labbes, archer de la mesme compagnye, porteurs d'une commission émanée de Monseigneur de Villemontée, chevalier, seigneur de Montaguillon et de Villenoxe, conseiller du Roy en son conseil d'Estat, intendant en la justice, police, finance et marine ès provinces de Poictou, Xaintonge, Onys et Angoulmoys, en dacte du vingt sixiesme jour de may mil six cens quarente, signée dudict seigneur de Villemontée et scellée du sceau de ses armes, par laquelle il est mandé audict sieur prévost de mectre ladicte commission et ordonnance à exécution; s'est présenté Guillaume Fesran, faiseur de sabotz, aagé de cinquante ans ou environ, demeurant au village du Fesran, paroisse de Lignac, lequel se complaignant à Dieu, au Roy et à justice des excedz, violences, larrecins et bruslemens faictz par les sieurs de Tersane et Bigny, cappitaines de deux compagnies du régiment du sieur le comte de la Feillade, assistés de ses lieutenant, enseigne et soldatz de leur compagnie, lesquels auroient audict complaignant prins ses meubles et en auroient emporté une grande partye hors icelle, et ce qu'ilz ne peurent emporter l'auroient mis dehors en un monceau et auroient mis le feu dedans, lesquelz meubles eussent tous brûlé sans les voisins qui donnèrent dix solz aux soldatz pour empescher qu'il ne s'en brûlast davantage, et firent brusler la porte dudict logis et six mondins[1] de chanvre et les habitz de ses enffans et un paquet de laine; et en continuant leurs violences auroient cassé quantité de thuille du logis dudict plaintif et arraché les bandes d'une porte et une

---

1. Paquets de forme ronde.

barre de fer qui estoit attachée aux quartiers qui tenoient l'uisserie de la porte, et auroient le tout emporté. Laquelle plaincte a affirmé en son âme estre véritable et a desclaré ne sçavoir signer, et a faict signer le notaire soubzsigné à sa requeste. Faict au bourg de Nepme au logis de Pierre Faucher, marchant hostelier, demeurant audict bourg, les jour, moys et an que dessus. Ainsi signé en la minutte : V. Dechaulme, I. Labbes, G. Rullaud, notaire royal, à la requeste dudict Ferrand. Signé : Labbes, V. Dechaulme, exempt.

Et en continuant ladicte plaincte, se seroit présenté pardevant nous exempt susdict Mathurin Jebusson, laboureur, demeurant au village des Fesrandz, parroisse de Lignac, aagé de vingt-cinq ans ou environ, dict en soy complaignant à Dieu, au Roy et à justice des excedz et violences qui luy auroient esté faictz par les gens de la compagnie du sieur de Tersanes, qui gourmandèrent fort ledict Jebusson et luy demandoient tousjours une pistolle, ou que s'il ne leur donnoit promptement qu'ilz levroient la bande de sa charette et l'emporteroient, et qu'ilz mectroient de l'eau dans son bled ; et à mesme temps il leur promit de leur donner un escu et au mesme temps emmenèrent ledict suppliant comme prisonnier au village de Ballabray en la maison de François Dubost où estoit logé ledict sieur de Tersane et le sieur de Loliverye, son lieutenant, et le filz du sieur de Champignolle enseigne ; et le landemain matin ledict suppliant se sauva d'entre leurs mains ; qui est tout ce qu'il a dict et a affirmé ladicte plaincte estre véritable et a faict signer ledict Rullaud, notaire, à sa requeste, d'autant qu'il ne sçait signer. Ainsi signé en la minutte : V. Dechaulme, I. Labbes et G. Rullaud, notaire royal. Signé : I. Labbes, V. Dechaulme, exempt.

Et en continuant lesdictes plainctes cydessus, s'est présenté par devant nous exempt Louis Alaserve, journalier, demeurant au village du Fesrand, parroisse de Lignac, aagé de trente ans ou environ, nous a dict en se complaignant à Dieu, au Roy et à justice des violences, excedz et larrecins des soldatz de la compagnie du sieur de Tersane, cappitaine d'une compagnie au régiment du sieur comte de la Feillade. Lesquelz soldatz en jurant et blasphémant le nom de Dieu : il fault que tu nous donnes sept livres ou nous t'assommerons de coups et te ferons brusler les pieds et la langue, et à mesme temps desmassonnèrent une grande partie de sa maison, et, après cela faict, prindrent ledict compleignant et le battirent avec un fouloir que l'on foulle la vandange et le battirent tant et le laissèrent comme pour mort ; le tout faict puis trois sepmaines ença. Et il complaignant dict qu'il n'a peu travailler depuis et affirmé sadicte plaincte estre véritable ; lequel a desclaré ne sçavoir signer et a faict signer ledict notaire à sa requeste. Ainsi signé en la minutte : V. Dechaulme, I. Labbes et G. Rullaud, notaire royal. Signé : I. Labbes, V. Dechaulme, exempt.

Et en continuant lesdictes plainctes cydessus, s'est présenté par devant nous exempt François Dousset, journallier, demeurant au village du Fesrand, parroisse de Lignac, aagé de trente-deux ans ou environ, nous a dict et remonstré en se complaignant à Dieu, au Roy et à justice des excedz, violences et larrecins des soldatz de la compagnie du sieur de Tersane, cappitaine d'une compagnie au régiment du sieur comte de la Feillade ; lesquelz soldatz, en jurant et blasphémant le nom de Dieu : il fault que tu nous donnes deux pistolles ou autrement nous ne te laisserons rien ; et au mesme temps commencèrent à mectre tous les meubles dudit complaignant à un monceau pour les emporter, et voyant qu'ilz vouloient emporter ses meubles il fit la composition avec eulx, à la somme de quatre livres qu'il leur bailla et n'a laissé de le snourrir, et luy emportèrent un picq qu'il bezochoit [1], et luy abbatirent un bigneon de muraille où couchoient les brebis ; et a affirmé sadicte plaincte estre véritable et déclaré ne sçavoir signer, et a faict signer ledict notaire à sa requeste. Ainsi signé : V. Dechaulme exempt susdict, I. Labbes et G. Rullaud, notaire royal, à la requeste dudict complaignant. Signé : I. Labbes, V. Dechaulme exempt.

Et advenant et à la mesme heure, s'est présenté pardevant nous exempt susdict Barthomé Arnault, marchant, demeurant au village de Montutault, de la parroisse de Chalaye, aagé de trente-cinq ans ou environ, et se plaignant à Dieu, au Roy et à justice des excedz, violences et larrecins des soldatz qui estoient logez dans sa maison, de la compagnie du sieur de Tersane du régiment de Monsieur le comte de la Feillade, et ce puis trois sepmaines, et lesquelz soldatz estant entrés dans la maison dudict complaignant en jurant et blasphémant le nom de Dieu : il faut que tu nous donne quinze livres ou nous ferons brûller tous tes meubles, et au mesme instant amassèrent tous lesdictz meubles et les lictz tous à un monceau dans la place de la chambre, et les voulans faire sortir dehors pour les faire brûller ; et pour empescher leur furie,

---

1. Besocher, piocher.

il plaignant leur promit une pistolle et leur donna et une pièce et les a tousjours nourris dans sa maison, et y a huict ou dix jours de là seroit encore venu deux compagnies du régiment dudict sieur de la Feillade qui s'appelloient les nommez le sieur de la Roche-Aguet[1] et le sieur de Thonesre[2], qui seroient venuz en sadicte maison ; lesquelz en jurant et blasphémant le nom de Dieu : il fault que vous donniez de l'argent ou nous casserons tous les meubles qui sont céans dedans et vous ruinerons et assommerons de coups, et leur fit response qu'il n'avoit point d'argent ; et à l'instant se mirent à rompre et casser tous les meubles qui s'ensuivent : premièrement une arche à pétrir, un chaslict et un buffet et desplanchonnèrent la maison et abbatirent le four et la cheminée ; qui est tout ce qu'il a dict et affirmé sadicte plaincte contenir vérité et s'est soubz signé. Ainsi signé en la minutte : Arnault, V. Dechaulme, exempt, et I. Labbes. Signé : I. Labbes, V. Dechaulme, exempt.

XXIV

Information sur les exactions et les violences commises par des gens de guerre au village de la Chaume-au-Picault, domaine de la Maison-Dieu de Montmorillon, commune de Parnac, près Saint-Benoît-du-Sault. (Arch. Vien. H³ bis, carton 32, Maison-Dieu de Montmorillon, copie. papier.)

23 juillet 1649.

Information segrette faicte par moy Jacques Fériot, sergent royal général en France, résidant en la ville de Saint-Benoist-du-Sault, appellé avecq moy Mᵉ Thomas Renault, notaire de cour laye, à la requeste de Monsieur le procureur du Roy de la séneschaussée de Montmorillon et des révérends pères prieur, religieux des Augustins du couvent et hospital et Maison-Dieu de Montmorillon, seigneur du fief et aumonnerye de la Chaulme-au-Picault, membre despendant de ladicte hospital et Maison-Dieu de Montmorillon, partyes à fin civile, faicte par vertu de commission esmannée de Monsieur le lieutenant du prévost de la maréchaussée de Montmorillon, signé Jehan Bastide, Beillevers,

---

1. Peut-être Charles de Couhé, sgr de la Roche-Agait, fils de Paul, vicomte de Bridiers, et de Denise de Varie.
2. Peut-être François de Clermont, comte de Tonnerre, fils de Charles-Henri, comte de Clermont, et de Catherine Marie d'Escoubleau de Sourdis, qui fut plus tard lieutenant général des armées du Roi.

procureurs saindic, Gaustier, en datte du troisiesme jour du present moys de juillet ; ladicte information en commancée à faire au lieux de ladicte aumonerye de la Chaume-au-Picault, en la parroisse de Parnac, le vingt-troisiesme jour du mois de juillet mil six cens quarante-neuf. Et ont lesdictz religieux promis de nous administrer tesmoingt, pour estre yceux ouys et interrogés seur la plaincte desdicts religieux contenue et mantionné en ladicte commission sus dattée et mantionnée, et pour ceste effet nous ont présenté : sire Jacques Pijaud, marchant, fermier en partye de la dicte aumosnerye de la Chaume et y demeurant, parroisse de Parnac, âgé de cinquante ans, après le sermant par luy faict de dire véritté, assigné à cette fin, moyennant ycelluy ouy sur la plaincte desdictz religieux partye civille, dict et deppose que le dimanche vingtiesme jour du mois de juin dernier, estant audict lieu et aumonnerie de la Chaulme où il faict sa demeurance, seroist survenu une compaignie de chevaulx-légers estant conduicte par le sieur de Massière, filz du sieur de Voselle, soit disant cornette de ladicte compaignye, et le sieur de la Barge, soit disant maréchal des logis de ladicte compaignye, et estant arrivés luy auroient dict qu'ils voulloient loger ladicte compaignye dans ledict lieu de la Chaulme et au village en despendant par le commandement du sieur du Breuil leur cappitaine, quy commandoit ladicte compaignye, estant icelle compaignie, composée de cinquante maistres et quatre-vingt ou cens chevaux ou environ ; iceulx de Massierre et la Barge auroient faict des billects, anvoyés leurs cavailliers loger cheus lesdicts abittans des villages de la Chaume en despendant ; ledict sieur de Massierre, quy voulloist loger en ladicte hommonerye de la Chaulme, de faict y auroist faict antrer son équipage et l'équipage dudict sieur du Breuil, estant au nombre de douze personnes et neuf chevaulx, incongnus audict Pijaud, et ledict sieur de Massierre ayant appris que la servante dudict Pijaud estoict décedée à mesme instant, n'auroist voullu loger sa personne audict lieu, sans seroist allé coucher chez le sieur de Boisremond[1], et auroient lesdicts gens de guerre séjourné audict lieu, aumonnerye de la Chaulme, despuy heure de six heures du soir jusques au landemain heure de honze heures du mattin, et y auroient faict grand despance et dégast audict lieu et aumonnerie de la Chaulme, tant pain que vin, viande, poullaille qu'ils avoient tué, foingt, avoyne, herbe ; auroient mis leurs chevaux dans le pré

---

1. Robert Deloucha, sr de Bois-Rémond (Parnac, Indre).

de ladicte aumonnerye, l'herbe n'estant couppée, maisme auroient battu Jacques Pijaud, un de ces anfans, et mesme luy auroient prins et derobbé grande quantité d'ardres, entre autre deux pièces de vescelle et huict chemizes et six serviettes et aultre chose qui n'a heu la congnoissance, jurant et blasphémant le saint nom de Dieu et mesme se seroist jecté sur la fame dudict Pijaud, lui portant la main sur le manton, jurant par la mort Dieu, teste Dieu, p....., tu me randra mes deux pistolles que je viens maintenant de perdre aux cartes à un de mes camarades, et ensuicte se seroient mis au devoir de rompre ce cofre, sur ce que la famme dudict Pijaud affirmoist en son âme qu'il n'y avoist aucun argeant et non contant de mallisse se seroient transporté en la cave où ils auroient beu quantité de vin, l'amportant à ceux plains chapeaux quy donnoient à leurs camarades logés dans ledict village voisin, et mesme par grande mallisse le lessoient espandre par la cave en sorte que avant que sortir dudict logis ils en dissiperrent une pipe. Dict en outre ledict Pijaud avoist oui dire et assurer que ladicte compaignye et aultres gens d'armes avoient, selon l'ordre du Roy, leur logement en la ville de Sainct-Benoist comme lieu d'estape, au lieu d'y prandre logement avoient pris unne somme d'argent pour ni pas loger, suivans la composition quy y auroist esté faicte par maistre Claude Pichon, sieur de Pommeroux, lieutenant de Brosse, habitant de la ville de Sainct-Benoist, lequel pour cette effect se seroist transporté audevant desdict gens de guerre et ayant faict la composition à la somme de cinquante escu pour ny loger poinct en ladicte ville, et auroist donné ordre d'aller loger en ladicte hommonerye et terres de la Chaume comme biens d'églize, en sorte qu'ils passerrent le long des focés et murailles de ladicte ville, demandant tout nostre lieu de la Chaume où il se firent conduire par guide pris expraist. Quy est tout ce qu'il a dict. Signé. Ainsi signé : J. Pijaud.

Martinne Cedelle, femme de Jean Bouchor, demeurant au village de la Chaume, despendant de ladicte aumonnerye, aagée de vingt-huict ans ou environ, après le serment par elle faict de dire véritté, assignée à ceste fin, dict et dépoze par son dict serment que, le jour de dimanche vingtiesme juin dernier sur le soir, deux cavailliers furent à sa porte ayant l'espée à la main, jurant le sainct nom de Dieu : p....., p....., il fault que tu nous loge de soir et que tu nous face bonne cherre et nous montre la maison de chedz voisins ; et à mesme instant leur auroist respondu que son mary estoit absant et hors du pays et qu'elle n'avoist pas du pain à mangé pour elle et pour ces petits enfans ; ce que voyant lesdicts cavailliers auroient rompu et brizé la porte de sa maison, l'oustragent en sa personne à coups d'espée ; et estant par terre, par leurs coups l'auroient foullée au piedz et faict passer leurs chevaux par diverse fois, dont elle seroist demeurée grandement outragée et blessée en sa maison, auroient ilz prins et emporté tout ce qu'ils purent trouver jusque au coisins de ces petit enfans du berseuil. Quy est tout ce qu'elle a dict et déclaré ne savoir signer.

Marguerite Darrot, vefve de feu Jacques Chanteloube, demeurant audict village de la Chaume, despendant de la ditte commanderye et aumonnerye, âgée de quarante ans ou environ, après le sermant par elle faicte de dire véritté, assignée à cette fin, dict et dépoze par son dict sermant que, ledict jour de dimanche vingtiesme juing, arriva audict village quantité de gens d'armes quy logerrent audict village, et le landemain voullant desloger antrèrent on sa maison où il enportèrent ce qu'ils y trouverrent de meubles quy consistoit en deux livres de fillect à elle appartenant, et chescun trois livres de lainne et aultant de chanvre qu'elle avoist pris à filer de particulliers, gaignant ainsy sa vie à filer, n'ayant aucuns aultres biens d'ailleurs. Quy est tout ce qu'elle a dict et déclaré ne savoir signer.

Françoise Quichault, vefve de feu Estienne Borde, demeurant audict village de la Chaume, aagée de quarante ans ou environ, après le sermant par elle faict de dire véritté, assignée à ceste fin, dict et dépose par sondict sermant que, ledict jour de dimanche vingtiesme de juingt, il seroist venu loger quantité de gens d'armes dans ledict village de la Chaulme, et mesme en auroist esté logé deux cavalliers cheux elle, lesquels luy dirent : Voisy notre logis, donne-nous de quoy faire bonne cherre, et mesme l'auroient grandement gourmandée, luy demandant du pin, du vin, de la viande, du foingt et de l'avoygne, et ne pouvant leur donner ce qu'ils luy demandoient et les viollances qu'ils luy firrent fut contrainte à quitter et abandonner sa maison, après leur ayant donné du pain et du vin et du peu de bien qu'elle pouvoist avoir suivant sa commoditté ; dont n'estant contants ils luy auroient desrobé quatre livres de lainne et toute sa poullaille, et mesme auroient tiré par mallisse un coup de pistollet sur une coche à elle appartenant. Qui est tout ce qu'elle a dict et déclaré ne savoir signer.

Léonard Cedelle, filz de Martin Cedelle, chariont, demeurant audict village de la Chaume, despendant de ladicte aumonnerye, âgé de trante-cinq ans, après le sermant par luy faict de dire véritté, assigné à cette fin, dict et despoze par son dict sermant que, ledict jour de dimanche vingtiesme de juin, estant audict village il vist arriver quantité de gens d'arme audict village ; il seroist venu deux cavalliers en sa maison, lesquelz luy auroient dict : nostre hoste, faite nous bonne chère et cherchez de l'avoyne à nos chevaux ; leur ayant donné du pin, du vin, de la viande, et ne pouvant trouver d'avoigne et le tormantant et mesme frapant sa famme à coup de plat d'espée, et prindrent un boiceau de farinne, la démellerrent avecq de l'eau pour la faire boire à leurs chevaulx, et non contants luy prindrent et emporterrent des chemizes de fame et un lincieul lequel lincieul luy falu donner huict solz pour le retirer ; quy estoit ce qu'il a dict et déclaré ne savoir signer.

François Perolat, masson, demeurant au village de la Chaulme, paroisse de Parnac, despandant de ladicte aumonnerye, âgé de quarante ans ou environ, après le sermant par luy faict de dire vérité, assigné à cette fin, dict et dépoze par son dict sermant que, ledict jour de dimanche vingtiesme juin, estant dans ledict village, il vist venir quantité de gens d'arme, trois desquelz furent en sa maison et fulerrent partout la maison où ilz prindrent du sel et le battirent à coups de baston, luy demandant de l'avoigne, et leur fit response qu'il n'avoit poinct de gendarmes et qu'il n'estoit tenu de les nourrir ; de ce non comptants s'en furent dans une ouche¹ derriere sa maison, qui estoit ensemancée de marcesche², dans lequel en coupèrent jusques à la concurance de trois gerbes quy valloist plus de quatre boiceaux, et luy prindrent une poulle et un baston à deux bout avecq ung marteau. Quy est tout ce qu'il a dict, et déclaré ne savoir signer.

Martin Cedelle, charron, demeurant au village de la Chaulme, despendant de ladicte aumonnerye, âgé de soixante ans ou environ, après le sermant par luy faict de dire véritté, assigné à cette fin, dict et dépoze par son dict sermant ouir sur la plaincte cydessus desdict religieux partyes civilles, dict que le jour de dimanche vingtiesme juin dernier, il vint loger en sa maison un cavallier de la compaignie cy dessus, lequel parlant audict Cedelle luy dict : mon hoste, il fault que tu me nourisse, et auroit esté contrainct de luy fournir de pain, vin, viande pour sa nourriture, et mesme luy auroit tué une poulle et auroist séjourné en sa

---

1. Terrain clos contigu à une habitation rurale.
2. Blé sèmé à la fête de l'Annonciation (25 mars).

maison jusque au landemain unze heures du mattin. Quy est tout ce quy a dict, et déclaré ne savoir signer.

François Perrot, charon, demeurant au village de la Chaume au Picaud, parroisse de Parnac, âgé de quarante ans ou environ, ouy sur la plaincte cy dessus dattée desdicts religieux et parties civiles, assigné à cette fin et moyennant son sermant despose que, ledict jour vingtiesme juin dernier, il vint en sa maison deux hommes à luy incongnus, soict disant cavailliers de la compaignie du sieur du Breuil, par luy ouy déposant, luy auroient dict qu'ils estoient logés en sa maison et quy leur fournit de vivres, à quoy il auroist esté contrainct de les fournir de pain, vin, viande pour leur nourritture pendant le temps qu'ils auroient esté en sa maison. Quy est touct ce quy a dict, et déclaré ne savoir signer.

Jean Rougerres, laboureur, demeurant au village de Giraudrie, parroisse de Parnac, despendant de ladicte aumonnerye, âgé de trante ans ou environs, après le sermant par luy faict, assigné à cette fin, ouy sur la plaincte desdicts sieurs religieux partye civile, dict et despose que, le dimanche vingtiesme juin dernier, il seroist survenu en sa maison deux cavailliers ayant un vallet et quatre chevaux, soy disant cavailliers de la compaignie du sieur du Breuil, lesquelz s'appelloient, ainsy qu'il les a entendu nommer entre eux : le sieur Desmairais et Bellehombre quy auroient dict audict despozant qu'ils estoient logés en sa maison et de faict auroient mis piedz à terre et auroient mis leurs chevaux dans la grange, et luy auroient demandé des vivres tant pour eux que pour les chevaux ; à quoy il auroist esté contrainct de satisfaire et leurs auroit fournis pain, vin, viande, foing, avoigne, pour eux et les chevaux, et mesme luy auroient lesdict gens de guerre tué deux cochons de laiz et un canard, et mesme auroist apris par la bouche de plusieurs habittans de Sainct-Benoist que ledict sieur du Breuil avoist ordre de loger par estape en la ville de Sainct-Benoist : ce qu'il n'avoit faict, et auroist pris de l'argent desdicts habitans par compozition qu'en auroist faict mestre Claude Pichon, sieur de Pommeroux, avec ledict sieur du Breuil ; quy auroist donné ordre audict sieur du Breuil de venir loger audict lieux de la Chaume, ainsy qu'ils ont faict et ont tenu que ledict despozant cy dessus despoze le mesme faict dudict logement, combien qu'il naye esté à plusieurs par ycelluy ; quy est touct ce qu'il a dict, déclaré ne savoir signer.

Martin Bruneau, maistre charpantier, demeurant au village de Giraudrye, parroisse de Parnac, despandant de ladicte aumonnerye de la Chaume, âgé de soixante ans ou environ, après le sermant par luy faict de dire véritté, assigné à cette fin, ouy sur la plainte cydessus desdict religieux parties civilles, dict et despoze par son dict sermant que, ledict jour de dimanche vingtiesme juin dernier, estant audict lieu des Giraudrie, il arriva en sa maison deux cavailliers avec chesqun un cheval, soydisant de la compaignie du sieur du Breuil, qui luy dirent qu'ils estoient logés cheux luy et qu'il leurs fournit de pain, vin, viande, foingt et avoygne : ce qu'il fut contrainct de faire. Quy est tout ce qu'il a dict, et déclaré ne savoir signer.

Michel Longin, masson, demeurant au village des Giraudrie, parroisse dudict Parnac, despendant de ladicte commanderye aumonnerie, âgé de quarante ans ou environ, après le sermant par luy faict de dire véritté, assigné à cette fin, ouy sur la plaincte cy-dessus dattée, moyennant sondict sermant, dict et despoze que, ledict jour de dimanche vingtiesme du mois de juin dernier, estant en sa maison, seroist survenu cinq cavailliers montés sur chesqun un cheval, soy disant de la compaignie du sieur du Breuil ; lesquels parlant audict Longin luy dirent qu'ils estoient logés en sa maison, qu'il heu à leur fournir de pain, vin, viande, foing, avoigne, tamps pour eux que pour leurs chevaux : acquoy il fust contrainct de satisfaire ; et luy auroist tué une poulle et un cochon de lay qu'ils emportèrent avec eux le landemain. Quy est tout ce qu'il a dict, et déclaré ne savoir signer.

Léonard Ceddelle, charon, filz de Pierre Cedelle, demeurant au village de la Chaulme, despendant de ladicte aumonerye, âgé de trante-cinq ans ou environ, après le sermant par luy faict de dire véritté, assigné à cette fin, ouy sur la plaincte cy dessus, dict et despoze par sondict sermant que, ledict jour de dimanche vingtiesme juin dernier, il vint en sa maison quatre cavailliers et quatre chevaux quy dirent estre logés en sa maison, eux soy dizant de la compaignie du sieur du Breuil, lesquelz parlant audict despozant luy dirent qu'il heusse à les fournir de pain, vin, viande, foingt, avoigne, tant pour eux que pour leurs chevaux : ce quil fut contrainct faire, fort d'avoigne quy ne peut trouver, et luy tuerrent trois poulles ; qui est tout ce quil a dict, déclaré ne savoir signer.

Estienne Alilaire dict Cafignon, journaillier, demeurant au village de la Chaume, parroisse de Parnac, despendant de ladicte aumonerye, âgé de trante-cinq ans ou environ, après le sermant par luy faict de dire véritté, assigné à cette fin, ouy sur la plaincte cy dessus dattée, dict et despoze par son dict sermant que, ledict jour de dimanche vingtiesme juin dernier, il seroist venu une grande quantité de gens d'armes que l'on dizoict estre de la compaignie du sieur du Breuil, quy vindrent loger en la commanderye de la Chaulme ; luy s'estant absanté, ils seroient allé en sa maison où ils luy auroient prins et emporté un boiceaux de farinne et un demy boiceaux de son et un couvre chef et un escheveau de fillet, qu'ils luy auroient cassé une grande partie des tuilles de sa maison. Quy est tout ce qu'il a dict, et déclaré ne savoir signer.

François Chambarix, laboureur, demeurant au village de la Tre....[1] parroisse de Parnac, despendant de ladicte aumonnerye, âgé de trante ans ou environ, après le sermant par luy faict de dire véritté, assigné à cette fin, ouy sur la plaincte cy dessus dattée, dict et despoze par son dict sermant que, ledict jour de dimanche vingtiesme juin dernier, il seroist arrivé des gens de guerre en sa maison au nombre de huict hommes et cinq chevaux, soy dizant estre de la compaignie du sieur du Breuil, maréchal des logis, appelé le sieur de la Barge, insy qu'il apris ; lesquelz tous logerrent en sa maison et grange et luy demanderrent du pin, vin, viande, foings et avoigne pour eux et leurs chevaux : ce qu'il auroist esté contraint de leurs fournir et mesme auroient tué seze poulles et un moutton tant cheux luy que cheux ces voisins, et en auroient enporté la plus grande partie desdictes poulles avecq eux, mesme luy auroient enporté un espée quy luy auroient prins à son adveu. Quy est tout ce qu'il a dict, et déclaré ne savoir signer.

Léonard Maillochon, filz de Ger...[1], laboureur, demeurant au village de la Chaulme parroisse de Parnac, despendant de ladicte aumonnerye, âgé de vingt-quatre ans ou environ, après le sermant par luy faict de dire véritté, assigné à cette fin, ouy sur la plainte sus dattée, dict et despoze que, ledict jour de dimanche vingtiesme dudict mois de juin dernier, estant en sa maison seroict survenu au nombre de sept hommes et six chevaux ; luy auroient dict audict dépozant qu'ils estoient logés en sa maison et qu'ils estoient cavailliers de la compaignie du sieur du Breuil et qu'il heu à leur fournir de vivres pour eux et leurs chevaux, et mesme qu'il faloit que ledict dépozant leur donna la somme de trante livres, que pour cest effet que ils yroient loger dans une autre

---

1. Déchiré.

— 327 —

maison; acquoy ledict despozant auroist faict response qu'il n'avoist poinct d'argent pour satisfaire à leurs demandes, estant fort pauvre et nessessiteux, mais qu'il feroist son pouvoir pour les nourrir, eux, leurs chevaux, encore qu'il ny fusse tenu, et pour cet effet leurs auroit fournis de pain, vin, viande et foingt pour leurs chevaux. Non comptant de celuy auroient tué huict chef de poullaille et faict manger quatre boiceau de segle à leurs chevaux et faict manger de l'avoigne qu'il avoit semé dans un jardin proche de sa maison; ils auroient faict antrer leurs chevaux, et mesme auroient mis la main à l'espée dans ledict jardin, et auroient coupé par pièces des poidz et des fèves qui estoient encemancé en son jardrin, par dérision voyant qu'ils ne pouvoient avoir d'argent dudict dépozant. Le lendemain, avant que de partir de la maison dudict dépozant, ils auroient grandement batu et exedé sa merre et luy de grand coups de baston, dont il auroist esté grandement incommodé du depuist. Et auroient enporté de force et viollance de sa maison iceux cavailliers un lincieux et trois chemizes et mesme auroist apris du depuis icelluy despozant que lesdicts gens de guerre n'avoient aucun logement audict lieu de la Chaume, par la bouche de plussieurs habitans de la ville de Sainct-Benoist, et ains au contraire avoient leur logement en ladicte ville de Sainct-Benoist où ledict sieur du Breuil auroist prins de l'argent pour ne loger pas audict lieu de Sainct-Benoist, suivant la convention quy en auroist faict maistre Claude Pichon, habittant de ladicte ville de Sainct-Benoist, quy auroist esté audevant de la compaignie et quy auroist donné ordre audict sieur du Breuil de loger audict lieu et aumonnerye de la Chaume, appartenant audict complaignant. Quy est tout ce quy a dict, et déclaré ne savoir signer.

Anthoine Cedelle, charron, demeurant au village de la Chaulme, parroisse de Parnac, despandant de ladicte aumonnerye, âgé de trante ans ou environ, après le sermant par lui faict de dire véritté, assigné à cette fin, ouy sur la plaincte susdattée, dict et despoze par son dict sermant que, ledict jour de dimanche vingtiesme juin dernier, seroist survenu en sa maison au nombre de trois hommes et cinq chevaux, lesquelz auroient faict plusieurs désordres, entre autre auroient faict manger l'herbe d'un pré à lui apartenant, la valleur d'une chartée de foingt ou environ, auroient enporté une robe, à husage de fame, neufve, et une couverte et un sac appartenant audict dépozant, sans en avoir voullu faire aucune restitution, ne mesme de six poulles quy auroient tué en sa maison; quy est tout ce qu'il a dict, et déclaré ne savoir signer.

Jean Briffaud, marchant, demeurant au Fay, parroisse de Parnac, despandant de ladicte aumonnerye de la Chaulme, âgé de cinquante ans ou environ, après le sermant par luy faict de dire véritté, assigné à cette fin, oui sur la plainte cy dessus, dict et despoze par son dict sermant que, ledict jour de dimanche vingtiesme juin dernier, il seroict survenu en sa maison au nombre de vingt-cinq hommes et vingt-cinq chevaux, cavailliers soy dizant de la compaignie du sieur du Breuil lesquels parlant audict dépozant luy dirent qu'ils estoient logés chez eux et qu'il heu à leurs cercher du pain, du vin et de la viande et de l'avoigne et du foingt pour les chevaux ; et ayant esté contrainct de leurs donner ce qu'il avoist, et veu le tretement quy luy faisoient, fut contrainct de leurs abandonner le vin et tout ce qu'il avoist dans le logis ; et de rage et de mallisse auroient prins le pain et le vain et le faisoient boire au chevaux, et non comptant de ce mirent tous leurs chevaux dans un pré à luy apartenant et luy firent manger plus de deux chartées de foing et luy tuerrent cinq oys et deux poulles, et mesme le fraperrent et vouloient casser ces coffres et mesme qu'il ouy dire que leur estape estoict à Sainct-Benoist et qu'ils avoient prins de l'argent. Quy est tout ce qu'il a dict et signé. Ainsi signé: J. Briffaud.

Sire Jean Carré, marchant hoste, demeurant au Fay, parroisse de Parnac, despandant de ladicte aumonnerye, après le sermant par luy faict de dire véritté, assigné à cette fin, ouy sur la plaincte susdattée, dict et despoze par sondict sermant que, ledict jour de dimanche vingtiesme juin dernier, il survint en sa maison au nombre de seize hommes et vingt deux chevaux, soydizant de la compaignie du sieur du Breuil de Lignac, tous gens de luy incongnus fort le nommé Paumeulle de la ville d'Argenton, et estant arrivés, ledict depozant ne les voulant laisser loger, ils se mirent à jurer le saint nom de Dieu quy logeroient. Et luy ne se voyant assé fort pour résister, fut contrainct les lesser loger et antrer en ladicte maison, mettant tout au pillage, et non comptant de ce, mirent leurs chevaux dans ces predz et luy ont faict manger plus de deux chartées de foingt ou environ et grande quantité d'avoigne, et mesme donnant le vin et le pin à crève soux aux chevaux, et qui avoient logement à Saint-Benoist, et mesme que le filz du dépozant fut prié par les habitans de Saint-Benoist emporter la somme de huict vingt livres pour la compozition faicte par le sieur du Breuil avecq mestre Pichon Claude de Pommeroux, lieutenant de Brosse, et que ce fut ledict lieutenant de Brosse leurs donna ladicte some audict sieur du Breuil. Quy est tout ce qu'il a dict et déclaré et a signé. Ainsy signé : J. Carré.

Du dix-neufiesme aoust mil six cens quarante-neuf, en la ville de Sainct-Benoist-du-Sault, en la maison de M⁰ Philippe Carré.

M⁰ Philippe Carré, cherurgien, demeurant en la ville de Sainct-Benoist-du-Sault, âgé de vingt-quatre ans ou environ, après le sermant par luy faict de dire vérité, assigné à cette fin, ouy sur la plainte cy-desus, moyennant icelluy, dict et despoze que, le dimanche vingtiesme jour du mois de juin dernier, estant en la présante ville, il apris que M⁰ Claude Pichon, habitant de la présante ville, fut audevant de la compaignie du sieur du Breuil, quy devoist loger suivant l'ordre du Roy en la présente ville, et où estant allé il auroist faict compozition avecq lesdict gens de guerres pour ne loger en ladicte ville ; et comme de faict ledict jour ledict dépozant vit comme lesdicts gens de guerre vindrent aux portes de ladicte ville, et où estant il demanderrent le chemin de la Chaume-au-Picault et de l'aumonnerye appartenant au religieux de la Maison-Dieu de Montmorillon et comme de faict il furent logés en ladicte terre de la Chaume, luy quy despoze estant allé au village du Fay, despendant de ladicte aumonnerye, en la maison de Mʳᵉ Jean Carré, son père, où il heu grand nombre de cavaillier ; et y logerrent par force et viollance, leurs dizant ledict despozant aux cavailliers qu'ils n'avoient poinct ordre de loger audict village et terre de la Chaume, et que leur logement estoict en la ville de Sainct Benoist ; lequel logement ils avoient brûllé et prins de l'argent, comme il avoist apris par plusieurs habitans. Et dict outre que le sieur de Pommeroux l'avoist voullu mener en la compaignie, le landemain jour de lundy, au bourg de Chaillac pour la compaignie apporter l'argent audict sieur du Breuil, capitaine de ladicte compaignie, quy ce debvoist trouver audict lieu de Chaillac pour la compozition quy avoist esté faicte par ledict sieur de Pommeroux pour ledict logement de Sainct-Benoist, et avoir apris par plussieurs personnes que ledict sieur de Pommeroux avoist donné ordre audict gens de guerre d'aller loger audict lieu de la Chaume et village despendant ; et dict ycelluy despozant ne connoistre aulcun desdicts cavailliers, fort du sieur de Paumeulle, un d'iceux, quy est de la ville d'Argenton. Quy est tout ce qu'il a dict, et a signé. Ainsi signé : Ph. Carré.

J. Perrot, T. Renaud, notʳᵉ.

XXV

Faits historiques exposés par les chanoines de Notre-Dame de Montmorillon pour prouver que leur église était de fondation royale ; suivis de notes sur l'antiquité du chapitre. (Extrait d'une pièce de procédure sans date, papier, Arch. Vienne, G⁸ 80.)

Vers 1655.

Inventaire de production que mettent et baillent par devant vous Nosseigneurs de Parlement les prévost, chanoines et chappittre de Nostre-Dame de Montmorillon, de fondation royale, demandeurs en entérinement de lettres patentes par eulx obtenues en chancellerie et données à Corbeil au mois de mars 1651 [1] et deffendeurs ; contre Mʳᵉ Pierre Dallest, prestre, archiprestre d'Hains et chanoine honoraire en la dicte église, juge prévost au dict Montmorillon, Mᵉ Pierre Richard, substitut de Mʳ le procureur général en la dicte prévostée, deffendeurs et opposans aux dictes lettres patentes, etc.....

Suivant et pour satisfaire à l'appointement du xviiiᵉ janvier 1655, par lequel les parties sont appointées en droict à escrire par advertissement et produire tout ce que bon leur semblera par devers la cour dans huictaine, etc [2].....

Pour l'intelligence du faict et vérité de la présante production la cour observera, s'il luy plaist, que toute la question qui se présante à juger aboutist de sçavoir sy les dicts demandeurs ne sont pas de fondation royalle et sy les dictes lettres patentes par eulx obtenues ne sont pas légitimées dans les règles. C'est ce quy sera fort facile de faire veoir à la cour et en peu de mots, puisque de tout temps et d'antienneté cela n'a jamais esté révocqué en doubte, que la dicte esglize de Nostre-Dame de Montmorillon ne soit une des plus antiennes esglizes de la province et des plus remarquables, et recongneue par les lettres qui ont resté du sac et pillage de la guerre.

Le premier fondateur d'icelle a esté Clodomir [3], filz du roy

---

1. Par ces lettres, le roi Louis XIV « continue et confirme le chapitre dans ses droits de garde gardienne et de committimus, ensemble dans tous et chacun ses droits et privilèges, pour en jouir pleinement et perpétuellement, ainsi qu'il en avoit joui ou dû jouir ». (Ant. Ouest, *Mémoires*, 1ʳᵉ série, t. III, p. 272.)

2. Cette instance se termina à l'avantage du chapitre par arrêt du Parlement de Paris du 14 mai 1655. (*Ibidem*.)

3. Nous ne relevons pas les nombreuses erreurs contenues dans ces faits, laissant au lecteur le soin de le faire lui-même. Nous publions ce document uniquement dans le but de faire connaître quelles étaient alors les idées courantes au sujet de la fondation de l'église Notre-Dame.

Clovis, qui fit bastir une chapelle desdiée à Nostre-Dame où est à présent l'églize, et y establist des presbtres pour la desservir, y donna de beaux privilèges ; elle a esté depuis augmentée par Audebert, filz de Dagobert, second du nom, qui estoit filz de Clotaire second ; lequel Audebert par un testament delaissa à la dicte églize quantité de belles rentes ; lequel testament a esté depuis confirmé par Edouard, roy d'Angleterre, par ses lettres patentes données en sa cour de Londres le unziesme avril mil trois cens soixante et trois, et par autres lettres de Jean, filz de France, duc de Berry et d'Auvergne, comte de Poictou, dès l'an mil trois cens soixante et quatorze, [par] lesquelles lettres le dict Jean confirme le dict don faict par le dict Audebert à la dicte églize : lequel Audebert estoit roy d'Acquitaine, comme il sera dict cy-après.

Le dict Dagobert, second du nom, filz de Clotaire second, laissa deux enfans, sçavoir : Dagobert et le dict Audebert, qui fit bastir cette belle et grande églize de Nostre-Dame, où estoit autrefois cette chapelle fondée par Clodomir sur un rocher où elle est à présent, et la dotta de très belles rentes qui sont toutes perdues. Cet Audebert fut roy d'Acquitaine, qui mourut et laissa un filz nommé Chilpéric, qui décéda incontinent, dont le dict royaume d'Acquitaine vint au dict Dagobert, n'estant resté aucun filz de son frère Audebert.

La compté de Poictou ny la baronnye de Montmorillon n'ont jamais esté desunyes du royaume d'Acquitaine et a tousjours esté possédée par les enfans de France, synon par la répudiation de Léonor, femme de Louis le Jeune, qui se remaria avec Henry, duc de Normandie, qui fut après roy d'Angleterre. Le royaume d'Acquitaine a toujours esté de la dépendance des roys d'Angleterre jusques au roy Jehan d'Angleterre, qui en fut déchen et sur luy confisqué pour avoir occis son nepveu Artus et tenu prisonnière et faict aussy mourir Eléonor, sa sœur ; et a toujours esté uny à la couronne de France jusques au roy saint Louis qui donna le dict royaume à Alphonse son frère, qui mourut sans hoirs, et fut la dicte duché de Guyenne et compté de Poictou de rechef unie à la couronne de France.

Le dict royaume et duché de Guienne et compté de Poictou auroient encores demeuré unis jusques à la prise du roy Jehan, premier du nom, filz de Philippes de Vallois, qui vint à la couronne en l'an mil trois cens cinquante et quatre, et par le traicté de paix faict entre le dict roy Jehan et le roi d'Angleterre Edouard troisiesme, filz d'Izabeau, fille de France, et d'Edouard quatriesme, roy d'Angleterre et d'Acquitaine ; c'est luy qui confirma le testament du dict Audebert, et a tenu la dicte duché compté de Poictou, baronnie de Montmorillon, et après reprise par le roy Charles cinquiesme, et a tousjours demeuré depuis aux enfans de France jusques à Jehan, duc de Berry, le compté de Poictou et baronnie de Montmorillon ont tousjours esté unies à la dicte couronne de France. Et quand la dicte esglize n'auroit aultre tiltre que ce qui a esté tiré des histoires, il seroit aisé de juger que la dicte esglize est de fondation royalle, joinct aussy que dans les clefs des voustes qui ont esté abattues pendant les guerres, les armes de France y estoient gravées, et dans celles qui restent les armes des roys d'Angleterre sont encores ; ce qui fa ict veoir que les dicts demandeurs sont bien fondez en la prétention des lettres patentes du mois de mars 1651, et les deffendeurs mal fondez et non recepvables en l'opposition par eulx formée à la vérification d'icelles, etc....

Notes sur l'antiquité du chapitre.

(Copié sur une note sans date, qui paraît avoir été écrite au xviiie siècle, Arch. Vienne, G⁸ 81.)

L'église collégialle de Notre-Dame de Montmorillon peult avoir été bâtie par les barons de Montmorillon, mais elle a été érigée en chapitre et dottée par Henri II, roy d'Angleterre et duc de Guyenne, à cause de sa femme Eléonore, peu d'années après le martyre de saint Thomas vers l'an 1178. Cette fondation est un monument subsistant du repentir de ce prince. Le chapitre de Montmorillon étoit primitivement composé d'un prévôt et de quatorze chanoines, les fréquents changements de domination, les excès des bandes ou compagnies et les violences des seigneurs circonvoisins avoient réduit cette église à un tel état de pauvreté que le pape Innocent VIII, l'an 1491, la septième de son pontificat, le jour de devant les nonnes de décembre, adressa à l'abbé de Saint-Savin et à Jehan de la Garde, chanoine de l'église de Poitiers, une bulle portant pouvoir d'excommunier ceux qui avoient dépouillé cette église et de réduire le nombre des prébendes. Ce fut alors que les chanoines furent réduits à quatre et les officiers de chœur à six ; ils avoient déjà éprouvé une première réduction faite à la sollicitation des prévôts et chanoines au mois d'octobre 1418, la seconde année du pontificat de Martin V, par le cardinal Simon [1].

Le chapitre par acte de l'an de Notre Seigneur mil deux cent trente-quatre a octroyé au prieur et religieux de Grammont un terrain pour bâtir une maison et une chapelle ; cette chapelle est la grande salle du palais.

Ce fut au mois d'octobre 1562 que l'église, le trésor et les maisons canonicales furent incendiés par les prétendus réformés, comme il est constaté par le procès-verbal du sénéchal de Montmorillon en date du 28 octobre 1562.

XXVI

Ordonnance de M. de la Hoguette, évêque de Poitiers, qui attribue aux prévôt et chanoines de Montmorillon le pouvoir de faire toutes convocations au sujet des mandements envoyés par les évêques de Poitiers pour les *Te Deum*, ouvertures de jubilés, prières de quarante heures, processions générales, etc. ; confirmée par MM. de la Poype et de Saint-Aulaire. (Arch. Vien. G³ 80, prieuré de Notre-Dame de Montmorillon, originaux papier.)

12 juin 1682.

Hardouin Fortin de la Hoguette, par la grâce de Dieu et du Saint-Siège apostolique évêque de Poitiers, à tous ceux qui ces présentes verront, salut. Sçavoir faisons que sur ce qui nous a esté représenté, faisant notre visite épiscopalle dans la ville de Montmorillon de nostre diocèze, il y avoit plusieurs débats, querelles et contestations entre les sieurs prévost, chanoines et chapitre de Nostre-Dame et les sieurs prieur et curé ou vicaire perpétuel de Saint-Martial du dit lieu au sujet des rangs et préséances dans les prières publiques, processions génerales et autres cérémonies, auxquelles est nécessaire de convoquer tous les ecclésiastiques et religieux de la ditte ville ; ce qui fait que ces choses, qui se doivent faire pour l'édification du peuple et la gloire de Dieu, sont bien souvent des occasions de querelle et de dispute, et nous voulant empescher qu'il n'arrive plus aucun désordre de cette nature à l'advenir, et désirant entretenir la paix, union et charité entre les dits prévost, chanoines et chapitre, les prieur et

---

1. Simon de Cramaud, maître des requêtes du roi Charles VI et chancelier de Jean, duc de Berry, comte de Poitou, fut évêque d'Agen (1382), de Béziers (1384), de Poitiers (1385), d'Avignon (1389), archevêque de Reims (1409), cardinal (1412). Simond de Cramaud et sa famille ont été l'objet de notices développées dans le tome XXI, pages 319 et 340, des *Archives historiques du Poitou*.

curés de Saint-Martial du dit lieu et de Concize aggrégé au dit chapitre ; après avoir ouy touttes les dittes parties et nous estre exactement informé de ce qui s'est pratiqué cy-devant au sujet des rangs et prescéances dans les susdittes cérémonies, nous avons réglé, ordonné et arresté ce qui s'ensuit : sçavoir est que lorsque nous envoirons nos mandements ou ordres exprès aux dits prévost, chanoines et autres ecclésiastiques de cette ditte ville de Montmorillon portants injonction de chanter le *Te Deum*, faire ouverture du jubilé, prières de quarante heures, processions génératles et autres cérémonies publiques, le dit prévost ou le plus ancien chanoine en son absence fera la convocation des dits prieur, curés et supérieurs des religieux dans sa maison ou autre lieu commode, pour arrester entre eux le jour et l'heure à laquelle se pourra faire la ditte cérémonie, dont ensuite il aura soin d'avertir les sieurs officiers de la ditte ville [1], et les prier d'y

---

[1] La question de préséance fut souvent une cause de discussions entre les autorités civiles et ecclésiastiques. En 1744, le chancelier d'Aguesseau, obligé d'intervenir dans un conflit de ce genre survenu entre le chapitre de Notre-Dame et les officiers de la sénéchaussée, décida que ceux-ci prendraient rang après les chanoines. Cette décision fut observée pendant plus de trente-six ans, mais le 29 novembre 1781, à la messe d'actions de grâces célébrée par le chapitre à l'occasion de la naissance du Dauphin, le sénéchal et sa compagnie eurent quelques contestations avec le curé de Saint-Martial qui occupait une stalle de droite après le dernier chanoine. Messieurs de la sénéchaussée prétendaient se placer immédiatement après le prévôt du chapitre et obliger les chanoines à passer du côté gauche avec les officiers de la maison de ville. Le chapitre n'ayant pas voulu admettre leurs prétentions, ils s'abstinrent par la suite d'assister aux prières publiques faites à Notre-Dame et, bien qu'invités, ils ne voulurent pas se rendre au *Te Deum* chanté le 3 décembre 1781 à l'occasion des victoires remportées en Amérique par les armées françaises et leurs alliés, ni à celui du 1er mai 1785 ordonné pour la naissance du duc de Normandie. (Arch. Vien., 83, reg.)

Voici la lettre que M. l'abbé de Moussac, prévôt du chapitre, écrivait à ce sujet, le 7 mai 1785, à M. le curé de Saint-Martial, qui, à la sollicitation de M. le sénéchal Cailleau, voulait chanter un *Te Deum* dans son église :

« Il a été réglé, Monsieur, par une ordonnance de Mr l'évêque de Poitiers de 1682, et qui a été renouvelée le 29 mai 1720 et le 4 mai 1779, qu'on ne pourrait faire aucune des prières publiques, ordonnées par un mandement, ailleurs que dans l'église de Notre-Dame, et un de vos prédécesseurs, comme il paraît par une lettre que j'ai sous les yeux, a été sérieusement repris au mois de juin 1744 pour s'être prêté à chanter un *Te Deum* dans une circonstance toute semblable à celle où vous vous trouvez. Je ne puis donc permettre que vous vous rendiez au désir qu'ont MM. les officiers de la sénéchaussée d'en faire chanter un dans votre église. S'ils ont des contestations avec MM. les chanoines, il faut qu'ils les fassent régler, mais je dois à ma place de ne pas me prêter même à une œuvre de piété lorsqu'elle peut confirmer une espèce de schisme. Comme il vous est deffendu de faire aucune prière publique extraordinaire sans la permission de Mr l'évêque, MM. les officiers ne peuvent vous savoir mauvais gré de la démarche que vous avez faite en me communiquant la lettre de Mr le sénéchal. Cette défense, que je vous renouvelle en tant que de besoin, doit vous mettre à l'abri de tout reproche de leur part

« J'ai, etc. « L'abbé de Moussac, vic. gén. »
(Arch. Vien., G8 81.)

assister ; après quoy et lorsque les choses auront esté ainsy arrestées, nous enjoignons aux dits prévost, chanoines, prieur, curés et religieux de se rendre processionnellement aux dittes cérémonies, qui seront toujours faites et célébrées dans l'église collégialle de Nostre-Dame du dit lieu, en la manière qui aura esté réglée dans l'assemblée susditte, le tout sur telles peines que de droit contre chacun des contrevenants. Et au regard des processions ordinaires, sçavoir est celles du jour de Saint-Marc et des trois jours des Rogations, elles se feront en la manière accoustumée par les dits prévost, chanoines, prieur et curés de Saint-Martial et de Concize ; celle aussy du mardy de la Pentecôte [1], qui est d'ancienne institution et de grande dévotion, se fera pareillement en la forme et manière accoustumée, et y assisteront les dits prieur et curés de Saint-Martial et de Concize, comme aussy suivant l'ancien usage le sieur archiprestre de Montmorillon et les sieurs curés de Jouhé, de Pindray, de Leigne, de Moulisme, de la Chapelle-de-Viviers, d'Antigny, de Plaisance, de Saugé, du Bourg-Archambault, de Latus, de Saint-Léomer, de Journé et de Saint-Martin de Moussac ; à laquelle procession présideront les dits prévost, chanoines et archiprestre dans son rang de chanoine, et ensuite marcheront les dits prieur et curé de Saint-Martial, et à l'égard des autres prieurs et curés, chacun selon leur rang de réception. Ce que nous ordonnons pareillement estre exactement observé sur les peines que de droit.

Fait et arresté au dit Montmorillon dans le cours de nostre susditte visite, le douziesme jour de juin mil six cent quatre-vingt-deux. *Signé* Hardouin, év. de Poitiers. Par Monseigneur, *signé* Amette, pour le secrétaire.

Nous évêque de Poictiers, veu l'ordonnance et réglement, cy attaché, de Monseigneur de la Hoguette, notre illustre prédécesseur, ratifions et confirmons la dite ordonnance et réglement faits dans le cours des visittes de mon dit seigneur, pour attribuer aux

---

1. En 1640, une sentence de la sénéchaussée de Montmorillon, confirmée par un arrêt du Parlement, avait condamné les Augustins de la Maison-Dieu à continuer, suivant l'ancien usage observé en la procession solennelle du mardi de la Pentecôte, à se rendre vêtus d'habits sacerdotaux, avec la croix et l'encensoir, au-devant de l'image de la Vierge portée en cette procession, au moment de la station faite devant leur église, pour chanter un salut et distribuer le pain et le vin accoutumés aux porteurs de cette image.
En 1728, une autre sentence du sénéchal de Montmorillon, également confirmée par le Parlement, condamnait à l'amende les curés de Plaisance, de Latus et de Bourg-Archambault pour n'avoir pas assisté à cette procession l'année précédente. (Arch. Vienne, G⁸ 80.)

sieurs prévost, chanoines et chapitre de Montmorillon le pouvoir de faire toutes convocations au sujet des mandements envoyés par les seigneurs évêques de Poictiers pour les *Te Deum*, ouverture de jubilé, prières de quarante heures, processions générales et le reste comme il est plus au long porté par le dit règlement. Ordonnons qu'il sera exécuté selon sa forme et teneur sous les peines que de droit.

Donné à Poictiers, dans notre palais épiscopal, ce vingt-neuvième may mille sept cent vingt. *Signé* † Jean-Claude, évêque de Poictiers. Par Monseigneur, *signé* Bamard.

Martial-Louis de Beaupoil de Saint-Aulaire, par la grâce de Dieu et du Saint-Siège apostolique, évêque de Poitiers, certifions à tous que la présente coppie est conforme aux originaux des ordonnances rendues par MM. Fortin de la Hoguette et de la Poype nos prédécesseurs concernant le règlement qu'ils ont fait pour attribuer aux sieurs prévôt, chanoines et chapitre de Montmorillon le pouvoir de faire toutes convocations au sujet des mandements envoyés par les seigneurs évêques de Poitiers pour les *Te Deum*, ouverture de jubilé, prières de quarante heures, processions générales, comme il est détaillé dans la présente coppie, et en conséquence avons ordonné et ordonnons que le dit règlement fait par Mgr Fortin de la Hoguette et l'ordonnance de Mgr de la Poype de Vertrieu seront exécutés selon leur forme et teneur, comme il est porté dans la présente coppie tirée fidèlement des originaux cy attachés sous le sceau de nos armes.

Donné à Poitiers, sous le seing de notre vicaire général, le quatre may mil sept cent soixante dix-neuf. *Signé* Decressac, vic. g^{al}. Par mandement, *signé* Jolivard, chan. sec [1]. »

---

[1]. M. Jolivard, ancien secrétaire de l'évêché, chanoine du chapitre de Sainte-Radegonde, fut mis en prison à la Révolution et y demeura jusqu'en 1795.

XXVII

Opposition formée par le chapitre de Notre-Dame de Montmorillon à la saisie de ses revenus qui avait été faite à la poursuite du procureur du Roi en la sénéchaussée de cette ville, parce qu'il n'avait, suivant l'usage, fait une aumône générale le mercredi de la semaine sainte. (Arch. Vienne, chap. de Notre-Dame de Montmorillon, G^s 80.)

1690.

A Monsieur le sénéchal de Montmorillon.

Supplient humblement les prévost, chanoines et chapitre de l'esglise de Nostre-Dame de cette ville, disant qu'ils sont poursuivis par devant vous par le sieur procureur du Roy en la sénéchaussée de cette ville pour faire une aumosne générale à tous ceux qui se présantent à la porte de leur esglise le mercredy de la semaine sainte ; faute de n'avoir faict la dicte aumosne l'année présante il a faict saisir le revenu du dict chapittre, ce qui réduit les supplians à abandonner le service, attandu qu'ils n'ont pas de quoy subsister, et à laquelle saisie les supplians ont d'aultant plus de droit de s'opposer qu'il vous est cogneu et à toutte cette province que le chapittre de Nostre-Dame de cette ville, quoyque de fondation royalle, est le plus pauvre chapittre de tout le diocèze, estant compozé d'un prévost et de quatre chanoines obligez à tout le service canonical, commansant par matine jusque à complie qu'ils chantent journellement avecq la grande messe, qui ce chante journellement pour le Roy ; et tout le revenu de leur chapittre conciste en chescun cinquante boiceaux de fromant et quatre-vingt-trois boiceaux de seigle, quinze boiceaux avoine, mesure de cette ville, le prévost prenant deux portions, ainsy qu'il se justiffie par le département ancien qui a esté faict de l'octorité de l'évesque diocézin le vingt-sept aoust mil six cens douze ; et le reste du revenu du dict chapittre conciste pour chacun des dictz chanoines en cinquante boiceaux de seigle, sept boiceaux de fromant et vingt-cinq boiceaux avoine pour chacun des dicts chanoines, tellemant que tout le revenu de chasque chanoine conciste en cinquante-sept boiceaux de fromant, six vingt-six boiceaux de seigle et quarante boiceaux avoine, qui suivant la commune valleur ne peult valloir par chescun an que de six à sept vingt livres [1]. Tout lequel revenu provient de légasts qui ont esté faicts à la dicte esglize et que les supplians sont obligez de faire outre l'office canonical qu'ils font journellement dans leur dicte esglize, et lesquels légasts sont journellemant dheuz, sçavoir le lundy pour le Bourg-Archambaud ; le mardy, jeudy et samedy pour la Rochecogne ; le mercredy il est dheu deux messes, l'une des trépassez, et l'autre du Sainct-Sacrement, le vendredy pour Mᵉ Jean de la Lande, outre les légasts qui sont dheuz le landemain de Nostre-Dame d'aoust, le jour de sainct Barthélemy, le dernier jour d'aoust, le deux, le dix-sept et le pénultiesme septembre, le dix et pénultiesme octobre, le sept décembre, le quatre et cinq janvier, le six et pénultiesme février et le huictiesme novembre. Outre lesquels légasts les suplians payent cinquante-sept livres de décimes au Roy, sont obligez de gager un sacristain, fournir les ornemants et cire à l'esglise, entretenir une lampe ardante nuit et jour devant le Sainct Sacremant, tellemant que chasque chanoine n'a pas cent livres de rante et le prévost deux cens livres : ce qui vous a esté tellemant congneu que les suplians estans poursuivis pour la pantion congrue des curez de Sainct-Martial, Concize, Pindray et Sainct-Remy, ils ont faict un abandon de leur revenu moyennant la somme de cent cinquante livres, ce qui a donné lieu à vostre jugemant portant descharge du

---

1. Voici quelles furent, toutes charges déduites, la quantité de blé-dîme ramassé chaque année par le chapitre et la valeur annuelle du boisseau pendant la période de 1713 à 1717. Le partage avait lieu le 16 août. Le syndic du chapitre faisait six parts ; le prévôt prenait deux parts et les chanoines une part chacun. (Arch. Vien., Gˢ 83, reg. et Hᵇᵇⁱˢ, 385.)

		1713	1714	1715	1716	1717
Froment	quantité	86 bx	78 bx	83 bx	72 bx	100 bx
	valeur	l s d 2 10 11	l s d 1 4 9	l s d 1 0 7	l s d 0 16 7	l s d 0 18 5
Seigle	quantité	336 bx	473 bx	528 bx	447 bx	623 bx
	valeur	l s d 2 0 0	l s d 0 16 5	l s d 0 12 3	l s d 0 12 6	l s d 0 9 10
Drogée a	quantité	100 bx	100 bx	100 bx	95 bx	118 bx
	valeur	»	»	»	»	»
Avoine	quantité	240 bx	226 bx	234 bx	185 bx	250 bx
	valeur	l s d 0 16 5	l s d 0 6 10	l s d 0 6 6	l s d 0 6 5	l s d 0 4 8

a. Mélange d'orge de printemps et d'avoine.

payemant des dictes portions congrues sur le réquisitoire mesme du sieur procureur du Roy, lequel a esté infirmé par arrest de Nosseigneurs de la Cour ; au moyen duquel les supplians seroient obligez d'abandonner leurs services s'ils estoient obligez de bailler l'aumosne que leurs prédécesseurs avoient accoustumé de donner, et pour la descharge de laquelle ils se sont pourveuz par devant Monseigneur l'évesque de Poictiers, seul compettant de connoistre de l'obligation de la dicte aumosne, qui c'est establie lorsque le chapittre avoit un revenu plus considérable dont il a esté despouillé par ceux de la religion prétandue réformée, qui ont brûllé leur esglise, leurs ornemans, leurs tiltres et plusieurs corps saincts qui reposoient dans leur esglise, qui attiroient la dévotion des fidelles, ayant mesme les supplians despuis peu perdu la rante de plus de deux cens boiceaux de bled, trois jallons d'huille, treize livres de cire et dix-sept livres en argent qu'ils avoient accoustumé d'estre payez sur le domaine du Roy en sa comté de Poictiers et de la Marche par arrest contradictoire randu contre les supplians, tellement qu'estant les premiers pauvres de leur esglise la demande du sieur procureur du Roy n'est pas légitime, abandonnant tout ce qui se trouvera avoir esté donné pour la dicte aumosne.

Ce considéré, Monsieur, il vous plaise octroyer acte aux supplians de l'opposition qu'ils forment à la saisie de leurs fruicts, renvoyer les parties par devant Monseigneur de Poictiers seul compettant du différend des parties et ferez bien. *Signé* Augier [1], pour M^{rs} du chapitre.

Soit montré au procureur du Roy pour, luy ouy, estre ordonné ce que de raison.

A Montmorillon, ce 4 avril 1690. *Signé* C. Micheau [2].

Le procureur du Roy qui a veu la requeste si dessus a requis que les parties soient renvoïées à l'audience pour déduire leurs moïens d'opposition.

A Montmorillon, ce 5 avril mil six cens quatre-vingt-dix. *Signé* J. Richard [3].

---

1. Laurent Augier, prêtre et chanoine du chapitre de Notre-Dame de Montmorillon, mourut le 29 octobre 1708 et fut remplacé comme chanoine, le 31, par Antoine Bichier, clerc tonsuré, du diocèse de Bourges.
2. Claude Micheau, s^r du Meslier, lieutenant civil, fut remplacé dans sa charge, en juin 1691, par son fils André.
3. Joseph Richard, sgr de Tussac, reçu procureur du Roi le 17 avril 1685, installé le 23 mai suivant. Il était fils de Pierre, s^r de la Berthonnerie, aussi procureur du Roi à Montmorillon, et de Marguerite Delouche.

Copié sur l'original auquel est jointe une autre requête adressée par les mêmes à l'évêque de Poitiers pour le supplier, eu égard à l'obligation du service canonical qu'ils font journellement dans leur église et aux services des légats dont ils s'acquittent chaque jour de l'année, de les décharger de l'aumône qu'ils avaient accoutumé de faire un seul jour de l'année, ou du service divin.

Les suppliants disent qu'il ne leur est apparu aucune fondation de la dite aumône, « si ce n'est que par une antienne escripture qui contient les noms des confrères de la confrérie du Saint-Esprit dès longtemps esrigée dans la dicte esglize avecq de grandes indulgences accordées par nos Saints-Pères les papes aux confraires d'icelle ; il est dit que chascun confrère dont le nombre estoit grand fourniroit un demy boiceau de bled pour faire l'aumosne géneralle, lesquels confrères despuis plus d'un siècle ont cessé de donner le demy boiceau de seigle etc... » Au pied de cette supplique est écrit de la main de l'évêque de Poitiers : « Renvoyé à Monsieur l'official, à Poitiers le 15 décembre 1690. Fran. lg. év. de Tréguier, né à l'év. de Poitiers, v. g^{al}. » Et au-dessous : « Soit communiqué au promoteur, à Poitiers le 15 décembre 1690. *Signé* Rogier, official [1]. »

« Veu la présente requeste tendante à ce que, pour les raisons y exposées, les supplians soient deschargés de l'aumosne généralle qu'ils avoient accoustumé de faire tous les ans à la porte de leur église le jour du jeudy saint ; sentence rendue au siège royal de Montmorillon entre le sieur procureur du Roy au dit siège et les dits supplians, par laquelle les dites parties respectivement ouyes ont esté renvoyées par devant Monseigneur l'illme et r^{me} évesque de Poitiers, pour estre reiglées sur le fait de la dite aumosne généralle, du 19 juillet dernier ; ordonnance de mon dit seigneur qui a renvoyé la dite requeste et les parties par devant Monsieur l'official pour luy estre fait droit, du 15 du présent moys de décembre ; pièces attachées à la dite requeste, tout veu et considéré, je requiers que faisant droit sur la dite requeste, les supplians soient deschargés de l'aumosne généralle qu'ils avoient accoustumé de faire tous les ans au jour du jeudy saint, aux charges touttes foys et conditions qu'ils feront distribuer par chascun an à l'avenir pendant la semaine sainte le nombre et quantité de vingt et quatre boiceaux de bled moitié froment et moitié seigle,

---

1. Antoine Rogier de Maunay, prêtre, licencié ès lois, chanoine de l'église de Poitiers, official et vicaire général du diocèse.

mesure de Montmorillon, aux plus pauvres familles de la dite ville et de laquelle distribution ils certiffieront le sieur procureur du Roy au dit lieu quinzaine après qu'elle aura esté faite. Fait et requis à Poitiers le 16 décembre 1690. *Signé* C. Mauduyt, promoteur. »

« Veu la présente requeste et renvoy de Monseigneur l'évesque et autres pièces énoncées par la requeste, conclusions du sieur promoteur, soit fait ainsi qu'il est requis par le dit sieur promoteur. A Poitiers, ce 16 décembre 1691. *Signé* Rogier, official. »

XXVIII

Arrêt du Conseil d'Etat faisant défense à Mre Louis de Rochechouart, duc de Mortemart, seigneur engagiste du domaine de Montmorillon, de percevoir aucun droit de péage sur les voitures, bestiaux, marchandises et denrées passant en cette ville ; — suivi des lettres de commandement du Roi. (Arch. Vien., C 392ter, Domaines, copie papier.)

28 mai 1743.

Vu par le Roy étant en son conseil les titres et pièces représentés en exécution de l'arrest rendu en iceluy le vingt-neuf aoust mil sept cent vingt-quatre et autre rendu en conséquence tant par le s^r Augier [1], lieutenant général au siège de Montmorillon, que depuis par le s^r duc de Mortemart se prétendant en droit, en qualité d'engagiste du Roy, de percevoir un droit de péage dans la baronnie de Montmorillon, généralité de Poitiers, savoir : extrait collationné du compte rendu par Louis Morin, écuyer, s^r de Large, à dame Marguerite de Culant, tant en son nom que comme ayant le bail, gouvernement et administration des enfants de Louis de Belleville, son mari, de la recette et dépense faite par le dit Morin depuis le jour et feste de Saint-Jean-Baptiste mil quatre cent soixante-dix-huit jusqu'au vingt-sept avril suivant, entre autres choses de la ferme du péage de la ville et chastellenie de Montmorillon quy avoit esté donné à ferme à Guillaume Darly, comme plus offrant et dernier enchérisseur, à la somme de 92 livres, dont le dit receveur n'avoit receu que la moitié et la dite dame l'autre moitié ; coppie collationnée d'un contrat d'engagement à titre de rachapt perpétuel fait, le vingt-trois septembre mil cinq cent

---

1. François Augier, s^r de Moussac, avocat, puis lieutenant civil à Montmorillon de 1705 à 1732.

quatre-vingt-sept par le sr Gauchier de Sainte-Marthe, trésorier de France à Poitiers, commissaire ou député pour l'exécution de l'édit du mois de mars mil cinq cent quatre-vingt-sept, à Gilles Brossard des domaines de la baronnie de Montmorillon et dépendances, moyennant huit mille soixante-dix-huit écus [1] ; partage fait le vingt-huit mars mil six cent trente-quatre de la terre et baronnie de Montmorillon entre François Lamiraut, héritier en partie de Louis Lamiraut, tant en son nom qu'en celui de Jeanne Thomas, sa mère, d'une part, et Jean Millon de Lautier, d'autre, par lequel partage il est écheu entre autres choses au dit Millon le péage de la ville de Montmorillon faubourgs et ès environs, tout ainsi qu'il se poursuivoit et comportoit sans aucune réserve ; saisie réelle faite le trente janvier mil six cent soixante-dix-sept à la requeste du sr Dreux [2] sur Louis Cœurderoy des Buissons et Marie Millon, sa femme, des biens à eux appartenant, entre autres choses du chasteau et baronnie de Montmorillon et dépendances consistant entre autres choses aux droits de péage et autres ; certificat donné le vingt-six décembre mil sept cent trente-neuf par les officiers et syndic des habitants de Montmorillon portant que les péages de la dite ville font partie du domaine engagé de la dite baronnie, que c'étoit le sr Augier, propriétaire d'un tiers par engagement du dit domaine, qui en jouissoit et que

---

1. On a vu (p. 300, note) que les coacquéreurs du domaine de Montmorillon étaient Gilles Brossard, André Le Beau et Guillaume Lesueur. Ce dernier étant mort sans enfants, Marie Vallier, sa veuve, se remaria à Simon de Thonac, avocat à Montmorillon, et lui porta les biens de son premier mari. Le 4 janvier 1620, Jacques de Thonac, leur fils, et Jeanne de Feydeau, sa femme, demeurant à Villeneuve, paroisse de Lussac-le-Château, vendirent à Louis Ladmirault, sr de Vautibaut, maître des requêtes de la reine Marguerite de Valois, et à Jeanne Thomas, sa femme, le tiers du domaine de Montmorillon pour la somme de 3.173 livres 10 sols. Le 29 mars 1621, Paul Le Beau, sénéchal dudit lieu, fils et héritier de feu André Le Beau, vendit également à Louis Ladmirault la moitié des greffes en chef de Montmorillon pour 7.900 livres (Arch. Vien., C 392ter.)

Par contrat passé, le 17 mai 1645, devant Legay et de Saint-Vaas, notaires à Paris, Léonard Ladmirault, maître particulier des eaux et forêts en Poitou, fondé de procuration de Jeanne Thomas, sa mère, veuve de Louis Ladmirault, céda pour 19.300 livres à Mre Gabriel de Rochechouart, duc de Mortemart, et à Diane de Grandsaigne, son épouse, « la totalité des greffes civil et criminel de la sénéchaussée de Montmorillon ensemble les deux tiers du domaine du Roi dudit lieu, dont l'autre tiers appartient à Jean Millon, sr de Lautier, demeurant à Poitiers, ainsi que le tout a été adjugé par le sr de Sainte-Marthe à Gilles Brossard au nom et comme ayant charge de René Le Beau, sr de Sauzelles ». (Arch. Vien., C 392ter.)

2. Le 18 mars 1666, Thomas Dreux, conseiller du Roi en son grand conseil, avait fait saisir également sur Louis Cœurderoy, conseiller du Roi et maître particulier des eaux et forêts à Montmorillon, le moulin à papier des Grands-Moulins, à défaut de payement de trois obligations s'élevant ensemble à la somme de 2,962 livres 10 sols, que le sr Cœurderoy et Marie Millon, sa femme, lui avaient souscrites. (Arch. Vienne, Hbis 89.)

ce péage consistoit dans un droit qui se levoit sur les marchandises et bestiaux qu'on conduit aux foires et marchez de Montmorillon et sur les bestiaux et marchandises quy passent dans la ville et faubourgs de Montmorillon, à raison d'un sol pour chasque éteau et emplacement de marchand aux foires et marchez, six deniers pour chasque bœuf, vache, génisse, taureau et chèvre expozé en vente aux dits marchez et foires, quatre deniers pour chasque pourceau et chèvre, trois deniers pour chasque mouton et brebis, six sols pour chasque chariot de marchandise quy passe dans la ville et faubourgs sans estre exposé en vente, un sol pour chasque cheval chargé de marchandise quy passe sans estre exposée, six deniers pour chasque bœuf, quatre deniers pour chasque pourceau, deux deniers pour chasque mouton et brebis quy passent. Lequel certificat porte en outre qu'il n'y a point de pancarte pour la levée de ce droit, mais que de tout temps il s'est levé de la sorte ; mémoire par lequel le dit s^r duc de Mortemart demande d'estre maintenu dans le dit droit de péage de la ville de Montmorillon.

Conclusions du s^r Maboul [1], maistre des requestes, procureur général de Sa Majesté en cette partie, vu aussi l'advis des s^{rs} commissaires nommés par le dit arrest du Conseil du vingt-neuf aoust mil sept cent vingt-quatre et autres rendu en conséquence, ouy le rapport du s^r Orry [2], conseiller d'Etat ordinaire et au conseil royal, controlleur général des finances, le Roy estant en son conseil, conformément à l'advis des dits sieurs commissaires, fait de très expresses inhibitions et deffences au s^r duc de Mortemart de percevoir aucun droit de péage sous quelque dénomination que ce soit sur les voitures, bestiaux, marchandises et denrées passant en la ville de Montmorillon à peine contre lui de restitution des sommes quy auroyent esté exigées, d'une amende arbitraire au profit de Sa Majesté et contre ses fermiers ou receveurs, d'estre poursuivy extraordinairement comme concussionnaire et puny comme tel suivant la rigueur des ordonnances.

Fait au Conseil d'Etat, Sa Majesté y estant, tenu à Versailles le vingt-huit may mil sept cent quarante-trois. Signé Phelippeaux.

---

1. Louis-François Maboul, conseiller du Roi, fils de Louis, marquis de Fors, maitre des requêtes, et de Anne-Marthe de Catheu, avait succédé à son père en 1722 comme maître des requêtes.
2. Philibert Orry, nommé contrôleur général des finances en 1730, était fils de Jean, sgr de Viguori, président à mortier au Parlement de Metz.

Louis, par la grâce de Dieu, roy de France et de Navarre, au premier notre huissier ou sergent sur ce requis nous le mandons et commandons par ces présentes signées de notre main que l'arrest cy attaché sous et contre scel de notre chancellerie donné ce jourd'huy en notre Conseil, Nous y estant, pour les causes y contenues et signifié au sieur duc de Mortemart y dénommé et à tous autres qu'il appartiendra à ce que personne n'en ignore et fasse en outre pour l'entière exécution d'iceluy, à la requeste de notre amé et féal le sieur Maboul, notre conseiller en nos conseils, maitre des requestes ordinaire de notre hostel et notre procureur général en la commission establie par l'arrest de notre Conseil du vingt-neuf aoust mil sept cent vingt-quatre pour l'examen et vérification des titres des droits de péage, bail et autres droits de cette nature dans l'étendue de notre royaume, tous commandements, sommation et autres actes et exploit requis et nécessaires sans autre permission, car tel est notre plaisir.

Donné à Versailles, le vingt-huitième jour de may, l'an de grâce mil sept cent quarante-trois et de notre règne le vingt-huitième. Signé : **Louis**, et par le Roy, **Phelyppeaux** [1].

XXIX

Requête présentée à la chambre ecclésiastique du diocèse de Poitiers par le chapitre de Notre-Dame de Montmorillon pour obtenir une diminution de taxe. (Arch. Vien., G⁸ 81, copie sur papier.)

Juillet 1757.

A Monseigneur l'évêque, à Messieurs les députez de la chambre ecclésiastique du diocèse de Poitiers.

Supplient humblement les prévost et chanoines du chapitre de Notre-Dame de Montmorillon et vous remontrent que leur chapitre, qui est d'une très ancienne fondation, n'est composé que d'un prévost et de quatre chanoines [2], que leurs revenus consis-

---

1. Cet arrêt et ces lettres furent signifiés, le 10 décembre suivant, par Jean-Baptiste Babert, huissier audiencier, à M⁰ Charles Martin, notaire royal, receveur du domaine de Montmorillon, avec injonction d'en aviser ledit seigneur duc de Mortemart, demeurant à Paris en son hôtel, rue Saint-Guillaume. (Arch. Vien., C. 392ᵗᵉʳ.)
2. En 1779, le prévôt, qui était alors M. l'abbé de Moussac, eut l'idée de réunir en un seul les chapitres des collégiales de Montmorillon et de Mortemer, « en raison du petit nombre de chanoines à faire les offices. On fixerait à Montmorillon le service du nouveau corps résultant de cette agrégation ; on réduirait les prébendes à huit ou neuf et les dignités à une, éteignant les titres des béné-

toient en rentes et en dixmes ; que dans les guerres civiles du sixième (*sic*) siècle leur église ayant été incendiée ainsy que leurs maisons canonicales par les huguenots, les vases sacrés et ornements, de même que tous les titres de leur trésor ayant été enlevés, comme il paroist par un procès-verbal de Monsieur le lieutenant de Poitou du 10 septembre 1597. Ils ont à défaud de titres perdu la plus grande partie de leurs revenus ; que par une suitte de malheurs ils ont perdu une rente d'un boiceau de froment, du poid de trente-quatre livres, par jour, qui leur avoit été léguée par Monsieur le comte d'Eu sur les moulins du Blanc, qui furent totalement emportés par une inondation en 1637 ; qu'ils en ont depuis perdu une de quatre-vingt boiceaux froment et seigle qui leur étoit due sur les moulins de Montmorillon, qui ont également été renversés par l'inondation extraordinaire de 1740. Outre cette perte de la meilleure partie de leurs rentes, ils ont beaucoup souffert d'altération dans leurs dixmes par la déclaration du Roy qui a assigné la pension congrue de trois cent livres à Messieurs les curés, et celle de cent cinquante livres à leurs vicaires, en sorte que leur chapitre a été obligé dans quelques paroisses de faire l'abandon de ce qu'il y avoit de dixmes pour se tirer d'une contribution qui en auroit peut-être excédé le produit ; dans d'autres ils ont été assujettis à payer ou en total ou en partie les pensions congrues. Ces différends événements ont tellement diminué les revenus de leurs canonicats que depuis trente ans ceux qui ont été obligé de les affermer ne les ont pu porter qu'à la somme de deux cent vingt livres et ceux de la prévosté composé de deux portions de chanoines et en outre de soixante boiceaux de bled pour une commission de messes n'ont été et ne sont encore affermez que la somme de cinq cent livres, ainsy qu'on le justifie par les beaux à ferme cy-joints.

Le reste des revenus du dit chapitre qui n'entre point en distribution et en partage consiste en trois cent cinquante-sept livres de prestations annuelles et légats faits à charge de prières, messes et services. Cette somme demeure en recepte pour fournir aux réparations de l'église, à l'entretien de l'intérieur : ornements, vases sacrés, luminaire, etc., et pour contribuer par proportion

fices des chanoines de Mortemer qui ne voudraient pas résider à Montmorillon. » M. Briquet, prieur du chapitre de Notre-Dame de Mortemer, à qui l'abbé de Moussac avait soumis son projet, fit réponse que ses confrères ne voulaient pas consentir à cette union, ajoutant « que si le chapitre de Montmorillon avait deux prébendes de plus il ne ferait pas de vœux pour en augmenter le nombre ». (Arch. Vien., G⁸ 81.)

aux réparations, ornements, etc., de cinq églises de paroisse où le dit chapitre possède des dixmes, et enfin pour payer les décimes. Lorsque cette somme ne peut suffire à tant de charges, alors chaque chanoine est rappellé à contribuer au parsus sur son médiocre revenu.

Monseigneur l'évêque et Messieurs les députés bien informés de la modicité des revenus ou pour mieux dire de la pauvreté de ce chapitre y avoient toujours eu égard dans la répartition des impositions du diocèse, en sorte que jusqu'en 1732 ils n'avoient été taxé pour tout qu'à la somme de cinquante-deux livres, ainsy qu'on le justifie par les quittances cy-jointes, mais successivement on l'a porté à celle de cent trente-deux livres douze sols. Le chapitre de Montmorillon avoit à espérer que dans la dernière répartition, dans laquelle on a fait participer tous les bénéficiers à la diminution accordée au diocèse, ils y participeroient plus abondament que tous autres ; cependant il voit par un mémoire de Monsieur le receveur qu'il est demeuré au même taux que auparavant, c'est-à-dire à la somme de cent trente-deux livres douze sols. Comme les suppliants protestent d'une parfaite sincérité dans l'exposé de la présente requeste et qu'ils y joignent les pièces justificatives, ils attendent de votre équité que, ce considéré, Monseigneur et Messieurs, il vous plaira leur accorder une diminution non pas réglée sur celle qui a été accordée au diocèse, mais sur la médiocrité des revenus de leur chapitre et les charges très considérables auxquelles il est tenu et vous ferez justice.

XXX

Autorisation donnée par les chanoines de Notre-Dame de Montmorillon à Mre Laurent de Cornette de Laminière, curé de Concise, de faire les fonctions paroissiales dans l'église de leur chapitre. (Arch. Vien., G⁸ 83, registre.)

25 décembre 1764.

Aujourd'huy vingt-cinquiesme jour de décembre mil sept cent soixante et quatre, au chapitre de MM. les prévost et chanoines de Notre-Dame assemblés au son de la cloche, à la manière accoutumée, où assistoient Mr Augier [1], prévost,

---

1. François Augier, licencié en théologie, prieur de Latus, avait été nommé prévôt du chapitre de Notre-Dame en 1740, sur résignation faite en sa faveur

Mrs Bost [1], Delaforest [2], Delavergne [3] et Nouveau [4], chanoines de la ditte église, s'est présenté Mre Laurent de Cornette de Laminière, prêtre, curé de Saint-Hilaire de Concise, lequel a remontré que la plus grande partie de sa paroisse se trouvant dans les faux bourgs et environs de cette ville et son église paroissiale en étant considérablement éloignée, il y avoit fréquament des circonstances où il y auroit beaucoup d'inconvénient à ce qu'il fut obligé d'aller faire ses fonctions dans la ditte église paroissiale et qu'il estoit bien plus à portée de les faire dans l'église du dit chapitre qui est située dans la ditte paroisse ; mais comme il n'avoit aucun droit de le faire qu'avec la permission expresse du chapitre, il se présentoit pour leur demander et qu'il avoit d'autant plus lieu de se flatter qu'on luy accorderoit que le dit chapitre estoit dans sa paroisse et ainsi qu'il avoit l'honneur d'en estre curé, et que d'ailleurs le chapitre avoit toujours accordé cette permission à ceux de Mrs ses prédécesseurs qui l'avoient demandée [5].

Après quoy, le dit sr de Cornette s'étant retiré et le chapitre ayant délibéré a consenti et consent par ces présentes que le dit sr de Cornette, curé de Concise, fasse les fonctions paroissiales dans la ditte église de leur chapitre, excepté cependant celle d'y dire la messe paroissiale les dimanches et festes, d'y donner la bénédiction du Saint Sacrement, d'y faire les enterrements ; en ce que pour touttes les autres fonctions qu'il y fera, ce ne sera que dans les temps où il ne pourra point troubler ny rien déranger dans l'office, service divin et fonctions du dit chapitre ; n'entendant les dits sieurs prévost et chanoines accorder la ditte permission qu'au dit sr de Cornette seulement et uniquement pour le temps qu'il sera curé de la ditte paroisse de Concise, sans que la

par René Augier, son oncle. Il fut remplacé dans cette dignité, le 7 août 1778, par son neveu Félix-Paul-Laurent Augier de Moussac, docteur en théologie de la Faculté de Paris, de la maison et société de Navarre.

Le 17 août 1750, François Augier avait acheté, pour le chapitre, de Mre Henri-Joseph Des Marquets, chev., sgr de Ceray, de la Brosse, et d'Agathe de Blom, sa femme, demeurant au château de Ceray, paroisse de Saint-Hilaire-sur-Benaise, le moulin d'Ouzilly, paroisse de Latus, moyennant 1.200 livres. (Arch. Vien., G⁸ 96.)

1. René Bost, sr de la Chastre.
2. Jean Delaforest, sr de Boisclairet, fils de Claude-Joseph, sr de Boisclairet, et de Françoise Delavergne.
3. Laurent Delavergne, sr de l'Ardillère.
4. Jean Nouveau, décédé au commencement de janvier 1771, fut remplacé comme chanoine par Pierre Trouillon, prêtre
5. Semblable autorisation avait été accordée à deux des prédécesseurs de M. Cornette de Laminière : Joseph Micheau, le 17 septembre 1700, et Pierre Delavergne de Puygirard, le 12 octobre 1726 Elle fut également donnée, le 22 avril 1775, à Jean-François Dupont, son successeur. (Arch. Vienne, G⁸ 83.)

ditte permission puisse avoir aucune extension pour ses successeurs. Arresté en outre qu'il sera délivré par le sindicq du chapitre au dit s^r de Cornette, curé, grosse de notre présente délibération pour luy servir et valoir ce que de raison.

Fait en chapitre à Montmorillon, les mesmes jour, mois et an que dessus.

Signé : Augier, prévost ; Bost, chanoine ; Delaforest, chanoine ; Nouveau, chanoine, et Delavergne, chanoine et sindicq.

XXXI

Election par le chapitre de Notre-Dame de Montmorillon d'un député pour concourir avec ceux des autres corps à la nomination des notables. (Arch. Vienne, chap. de Notre-Dame de Montmorillon, G^a 83, reg.)

10 juillet 1765.

Aujourd'huy dix juillet mil sept cent soixante-cinq, au chapitre tenu à la manière accoutumée pour délibérer des affaires du dit chapitre, a été dit par Mr Augier, prévost, que vendredy cinq du présent mois il auroit reçu une lettre commune de Mr Goudon de Lalande [1], lieutenant particulier, et de Mr Bastide du Pescher [2], procureur du Roy au siège royal de cette ville, par laquelle ils invitent M^{rs} du chapitre à convenir capitulairement entre eux et à nommer un député pour se trouver, vendredy prochain douze du présent mois, au pallais de cette dite ville, à deux heures après midy, pour concourir avec les députés des autres corps à nommer les notables conformément à l'édit de Sa Majesté du mois de may dernier [3].

---

1. Jean Goudon, s^r de la Lande, fils de Pierre, s^r de l'Héraudière, prévôt des maréchaux de France à Montmorillon, et de Marguerite Ladmirault. Il avait épousé, le 14 juin 1756, Elisabeth Augier de Moussac, fille de Laurent, lieutenant du prévôt des maréchaux, et d'Elisabeth Moreau, dont postérité.
2. Jacques Bastide, s^r du Pêcher, fils de Jacques, lieutenant du prévôt des maréchaux à Montmorillon, et de Catherine Richard. Il eut de Marie Delouche de Boisrémond, sa femme, Marie-Julie, mariée, le 18 juillet 1783, à Louis-Sylvain Mangin, s^r de Beauvais.
3. Après avoir été successivement et à plusieurs reprises confiées au choix des habitants ou érigées en titre d'offices, les charges municipales se trouvaient de nouveau abandonnées à l'élection des villes et communautés. Ce retour à un régime délaissé depuis quelques années fut établi par un édit du mois d'août 1764, que vint réglementer celui du mois de mai 1765.
En exécution de ces deux édits, chaque corps constitué de la ville de Montmorillon eut à nommer des députés qui eurent pour mission de choisir des notables pour concourir à l'élection des officiers municipaux avec ceux de ces derniers qui se trouvaient alors en exercice. Dans toutes les villes et bourgs ayant 4.500 habitants et plus, le corps de ville devait être composé d'un maire, de

Sur quoy ayant délibéré, on est convenu et on a nommé la personne de Mr Laurent Delavergne de Lardillière, l'un des chanoines et sindicq du chapitre, pour député, et se trouver à l'assemblée indiquée par la susditte lettre de MM. le lieutenant particulier et procureur du Roy, y représenter le chapitre et concourir avec les députés des autres corps à la nomination des susdits notables. Le dit chapitre promettant avoir pour agréable tout ce qu'il aura fait en sa ditte qualité de député. Lequel dit sr Delavergne de Lardillière, chanoine et sindincq, a accepté la présente députation.

Fait et arrêté au chapitre, les mois, jour et an que dessus.

Signé : Augier, prévost ; Bost, chanoine ; Delaforest, chanoine ; Nouveau, chanoine, et Delavergne, chanoine et sindicq.

XXXII

Décision du chapitre de Notre-Dame de Montmorillon qui ordonne le transfert du cimetière de cette église dans un terrain appelé le Vieux-Marché ; — suivie d'une convention passée à ce sujet entre le chapitre et les principaux habitants de Concise. (Arch. Vien. G⁸ 83, reg., chapitre de Notre-Dame de Montmorillon.)

20 février 1783.

Le vingt février mil sept cent quatre-vingt-trois, au chapitre de MM. les vénérables prévost et chanoines de l'église royale, collégiale et séculière de Notre-Dame de cette ville, assemblé au son de la cloche à issue de matines au lieu et en la manière accoutumée, où présidait Messire Félix-Paul-Laurent Augier de Moussac, prévôt, et auquel assistaient tous MM. les chanoines capitulans, il a été arrêté que, pour se conformer à la déclaration du Roi qui ordonne le transport des cimetières hors des villes et faubourgs

---

quatre échevins, de six conseillers de ville, d'un syndic-receveur et d'un secrétaire-greffier.

Le maire était nommé par le Roi, pour une période triennale, sur une liste de trois candidats élus à la majorité des suffrages. Les échevins devaient rester en fonctions pendant deux ans ; les conseillers de ville pendant six ans. Le receveur et le greffier étaient nommés pour trois ans, à l'expiration desquels ils pouvaient être réélus.

Les notables étaient élus pour quatre ans. Ils devaient avoir trente ans au moins et être domiciliés dans la ville depuis dix ans. Par un règlement arrêté le 19 juillet, ils devaient se réunir deux fois par an, le premier vendredi de janvier et le premier vendredi de juillet.

Cet état de choses ne fut pas de longue durée. Un édit du mois de novembre 1771 ayant rétabli la vénalité des offices municipaux, les notables ne furent plus appelés à l'élection des maires. Ces charges ne furent point levées. Le Roi modifia son édit par une ordonnance du 16 mars 1773, et nomma le maire et les échevins.

et à l'ordonnance de Monseigneur l'évêque de Poitiers qui a nomément interdit le cimetière du chapitre à cause de sa proximité de l'église et de son indécence, il en serait fait un autre pour les dits sieurs prévôt et chanoines, pour les personnes attachées à leur église et pour celles qui demanderont à y être inhumées et qu'en conséquence il serait fait choix d'un emplacement propre à ce sujet, dans le terrain vulgairement appelé le Vieux Marché, et que le sieur Delavergne des Aiffes, chanoine et sindic, serait suffisamment autorisé par le présent acte de délibération à faire le choix du dit terrain, à en faire la clôture et toutes dépenses à ce nécessaires.

Fait et arrêté en chapitre, les jour, mois et an que dessus. *Signé* : Demoussac, prévôt, Trouillon [1], chanoine, Naude de la Filonnière [2], chanoine, Rozet [3], chanoine, Delavergne des Aiffes [4], chanoine et sindic, Lagenest, scribe du chapitre.

Comme pour se conformer à la déclaration du Roi qui ordonne le transport des cimetières hors des villes et faubourgs et à l'ordonnance de Monseigneur l'évêque de Poitiers qui a nomément interdit celui du chapitre à cause de sa proximité de l'église et de son indécence, les sieurs prévôt et chanoines de l'église royale, collégiale et séculière de Notre-Dame de cette ville de Montmorillon auraient arrêté par délibération capitulaire du vingt février dernier de faire faire un cimetière pour eux et les personnes qui demanderaient à y être inhumées, et comme il est important pour ceux des paroissiens de Consize qui demeurent en cette ville et dans les faubourgs d'avoir un lieu de sépulture moins éloigné que le cimetière de la paroisse, il a été convenu et arrêté ce qui suit entre les sieurs prévôt, chanoines et principaux habitans de Consize demeurant en cette ville et faubourgs :

1º Qu'il sera fait choix d'un emplacement dans le terrain vulgairement appelé le Vieux Marché pour servir de sépulture tant aux dits sieurs du chapitre qu'habitants et autres personnes qui demanderont à y être inhumées sans que ce choix puisse nuire aux droits respectifs de propriété que les dits sieurs du chapitre et habitants prétendent avoir sur le dit lieu, lesquels demeureront les mêmes qu'ils étaient cy devant tant pour le surplus du dit

---

1. Pierre Trouillon.
2. Joseph Naude de la Filonnière.
3 Jean-Julien Rozet. Le 13 mars 1789, il est nommé par le chapitre pour le représenter à l'assemblée des trois-ordres qui doit se tenir le 16 dudit mois devant le sénéchal de Poitou. (Arch. Vienne, G⁸ 83.)
4. Laurent Delavergne des Effes.

terrain que pour l'emplacement qui sera choisi dans le cas où il cesserait d'être cimetière.

2° Que les dits sieurs du chapitre pourront faire choix dans le dit cimetière et autour de la croix qui y sera plantée de l'espace qu'ils jugeront être nécessaire pour leur sépulture et qu'ils pourront parer et décorer ainsi qu'ils le trouveront convenable.

3° Qu'il ne sera rien changé à la manière de faire les enterrements et de les enregistrer et que la confection du dit cimetière n'ajoutera ni ne diminuera rien aux droits de personne.

4° Qu'il sera libre aux dits sieurs du chapitre de faire planter des noyers dans l'étendue du dit cimetière pour l'entretien de la lampe de leur église.

5° Par proportion de l'emplacement que les dits sieurs réserveront pour leur sépulture que les dits sieurs s'obligent à l'entretien des fossés du dit cimetière, n'entendant contracter l'obligation d'entretenir la clôture du dit cimetière dans le cas où il serait ordonné qu'elle fut faite en murs et à laquelle ils ne pourront être tenus de contribuer ainsi qu'à leur confection que par proportion.

6° Enfin que pour conserver mémoire des dites conventions, elles seront inscrites sur le registre capitulaire des dits sieurs et qu'il en sera délivré copie en forme aux dits habitants par le scribe du chapitre.

Fait et arrêté, en la salle capitulaire, le douze mars mil sept cent quatre-vingt-trois. *Signé* : Demoussac, prévôt, Trouillon, chanoine, Naude de la Filonnière, chanoine, Rozet, chanoine, Delavergne des Aiffes, chanoine et sindic, Nicault, Lafond fils [1], avocat, Taveau, Vezien.

Contrôlé à Montmorillon le 18 juin 1783. Reçu quinze sols. *Signé* : Ducluzeaux.

---

1. François Gervais de la Fond, avocat, fut pourvu de l'office de conseiller du Roi au siège royal de Montmorillon par lettres de provision du 21 juillet 1784, précédées de lettres de nomination par le comte d'Artois, en remplacement de Joseph-Antoine Bernardeau de Monterban, qui occupait cet office depuis 1765. La nomination, présentation et droit de patronage de la chapelle de Saint-Jean en l'église Notre-Dame de Montmorillon lui appartenait à cause de Jeanne Goudon, sa femme. Il fut procureur syndic du directoire du district de Montmorillon en 1791.

XXXIII

Etablissement d'une filature et d'une manufacture d'étoffes de coton, à Montmorillon, par Antoine Broc, contremaître de la manufacture du Puygareau à Poitiers. — Pièces justificatives. (Arch. Vienne, G⁵ 96, chapitre de Notre-Dame de Montmorillon, originaux papier.)

Mai 1786.

a

Lettre de M. Boula de Nanteuil, intendant du Poitou, à M. l'abbé de Moussac, prévôt du chapitre de Notre-Dame de Montmorillon, l'informant qu'il lui sera accordé mille livres pour l'établissement susdit.

Paris, le 3 mars 1786.

J'ai reçu, Monsieur, la lettre par laquelle vous me faites part des conditions auxquelles le s^r Broc se chargerait d'établir à Montmorillon une manufacture[1] semblable à celle du s^r Regnier à Poitiers. Je conçois qu'un établissement de cette nature ne pourra produire qu'un bon effet dans votre ville en y faisant naître de l'industrie et de l'émulation pour le commerce; aussi malgré la grande économie que je suis obligé d'apporter cette année dans la distribution des fonds qui sont à ma disposition, cette considération me détermine à vous accorder pour l'établissement dont il s'agit mille livres qui forment à peu près la moitié de la somme que vous me mandez être nécessaire pour l'entretien des enfants qui seront employés dans la manufacture.

Quant à l'exemption de taille que désirerait le s^r Broc, c'est un objet trop peu considérable pour rien changer aux arrangements qui pourront être pris. Je ne vous parle pas non plus du logement gratuit qu'il demande, parce que je présume qu'il vous sera facile de lui en procurer un et que s'il ne s'en trouvait point, on pour-

---

[1]. Ouverte au commencement de mai 1786, cette filature ne paraît pas avoir fonctionné au delà de l'année 1790.

En 1789, on voit le s^t Broc adresser une requête à l'administration provinciale pour obtenir des secours. Il expose que, sollicité par quelques-uns des principaux habitants de Montmorillon, il y avait établi une filature et une manufacture d'étoffes de coton, que, malgré les avances que lui avait faites le bureau de charité de l'endroit, il avait trouvé les pauvres qu'on l'avait chargé d'occuper si peu accoutumés au travail qu'il avait presque entièrement épuisé ses fonds et qu'il serait obligé d'abandonner son établissement, si on ne lui accordait des secours pour le mettre à même de le soutenir. La requête fut appuyée par M. Vaugelade, inspecteur des manufactures; l'on ne sait pas quel en fut le résultat. (Arch. Vienne, C 623.)

rait prendre sur les fonds provenant de la contribution volontaire des principaux habitants et sur la somme que je vous accorderai, le prix du loyer que cet entrepreneur sera dans le cas de payer et qui ne pourra pas être considérable.

Le fabricant de Poitiers, à qui j'ai accordé deux métiers, n'aura pour le moment qu'un élève à former, et il ne peut par conséquent en prendre un à Montmorillon comme vous le désirez.

J'ai l'honneur d'être avec un très sincère attachement, Monsieur, votre très humble et très obéissant serviteur.

Signé De Nanteuil.

b

Pouvoir donné par Henriette Morel à Antoine Broc, son mari, de prendre tous engagements qu'il jugera nécessaires.

Je soussignée Henriette-Michelle-Josephe Morel, épouse commune en biens d'Antoine Broc, contremaître de la manufacture établie en cette ville au Picareau, donne pouvoir au dit Antoine Broc, mon mari, de m'engager avec lui dans le bail à ferme de la maison qu'il doit louer à Montmorillon pour la manufacture que nous devons commencer et de prendre d'ailleurs pour moi tel engagement qu'il avisera bon être pour choses concernant l'établissement de la dite manufacture.

A Poitiers, ce 10 mars 1786.

Sans signature.

c

Autorisation donnée par Antoine Broc à M. l'abbé de Moussac d'employer en achat de coton les mille livres que celui-ci doit lui prêter pour son établissement.

Je soussigné consens que Mr l'abbé de Moussac employe en achapt de coton la somme de mille livres [1] qu'il veut bien me prêter pour faciliter mon établissement à Montmorillon et je m'oblige d'employer ce coton à Montmorillon et de donner conjointement avec mon épouse à mon dit sieur abbé de Moussac une reconnais-

---

1. M. l'abbé de Moussac emprunta cette somme, pour deux ans, des Augustins de la Maison-Dieu, par billet du 12 avril 1786. Il leur donna quatre cents livres à compte le 22 mai 1788. (Arch. Vienne, G{8} 96.)

sance de cette somme de mille livres pour être payée au mois de may mil sept cent quatre-vingt-huit.

A Montmorillon, le 12 mars 1786.
J'aprouve l'écriture ci-dessus.
Signé Antoine Broc.

d

Lettre de voiture relative au transport de cinq balles coton de Nantes à Montmorillon.

A Nantes, ce 8 avril 1786.

MONSIEUR,

A la garde de Dieu et par la conduite de Chebret [1], voiturier par terre, demeurant à Neuville, il vous plaira recevoir pour le compte et risque de Mr Anthoine Broc, manufacturier à Montmorillon, deux ballots coton du Levant pezant deux cent cinquante-huit livres et net deux cent quarante, trois ballotins ditto S^t D^{gue} commun pezant trois cent quarante livres et net trois cent vingt livres, lesquelles marchandises ayant reçues à votre port le plus commode, bien et duement conditionnées, sans avoir rien perdu, gâté ni mouillé, marquées comme ci-à-côté ($^{AB}_{DG}$ n° 1 à 5), lui paierez pour sa voiture, à raison de dix livres du cent, pour être rendues en sept jours de la date [2], sous peine de perdre le tiers de sa voiture, et outre lui rembourserez les acquits valables qu'il aura payés. Nous avons payé les droits de la traite domaniale.

Signé : Ducelier et Godais.

A Monsieur Blondé de Messemé, rue du Grand-Ballet [3], à Poitiers, en passe debout pour Montmorillon.

En marge est écrit : Delage [4], de Lussac, a remboursé cinquante-

---

1. François Chebret, messager de Poitiers à Nantes, arrivait à Poitiers les vendredis (tous les quinze jours) et à Nantes les mêmes jours. Il logeait à Nantes à l'auberge de la Maison-Rouge et à Poitiers à l'auberge de la Tête-Noire, tenue par la veuve Ribaudeau. (*Almanach provincial du Poitou.*)
2. De nos jours, les compagnies de chemins de fer, pour effectuer le transport des mêmes colis de la gare de Nantes à celle de Montmorillon, demanderaient huit ou douze jours et percevraient 9 fr. 60 ou 8 fr. 35, suivant les tarifs appliqués.
3. Aujourd'hui rue du Moulin-à-Vent (partie comprise entre les rues de la Croix-Blanche et des Vieilles-Boucheries).
4. Joseph Delage, messager de Poitiers à Limoges, se chargeait des colis pour le Limousin, l'Auvergne et le Languedoc. Il logeait à Poitiers à l'auberge de la Tête-Noire, dans la rue de ce nom. (*Almanach provincial du Poitou.*)

six livres pour le port des cinq cent soixante livres de coton venus de Nantes par Chebret et vous luy payerez la voiture de Poitiers à Montmorillon sur le pied de trois livres le quintal.

A Poitiers, 13 avril 1786.

Signé Blondé de Mesmé.

A Monsieur l'abbé de Moussac, prévost du chapitre de Montmorillon, en cas d'absence à Mr de Moussac, son frère.

Au dos est écrit : J'ay reçu de Monsieur l'abbé de Moussac la somme de soixante-douze livres douze sols pour le remboursement fait au sieur Chebret, de Neuville, et pour la conduite de Poitiers à Montmorillon.

Le 15 avril 1786.

Signé J^h. Delage.

e

Reçu du prix de ferme de la maison occupée par la manufacture, près le Puits-Chausset.

Je soussigné reconnais avoir reçu de M^r l'abbé de Moussac la somme de cent cinquante livres pour une année du prix de ferme de la maison que le s^r Broc tient de moi, située près le Puits-Chaussé de cette ville, lequel prix de ferme échoira le premier may mil sept cent quatre-vingt-sept, dont quittance sans préjudice des autres prix de ferme et de tous mes autres droits.

A Montmorillon, le 19 mai 1786.

J'approuve l'écriture ci-dessus.

Signé : Lagenest, perruquier ; De Blon.

f

Tableau des prix de façon que payent Sezille et Briet aux ouvriers et ouvrières de la manufacture d'étoffes et filature de coton établie au Puygarreau, à Poitiers [1].

Les molletons de coton en $\frac{3}{4}$ de large, l'aune. . . . 6 sols.
    idem   en $\frac{2}{3}$ de large, l'aune. . . . 5 »
    idem   en $\frac{1}{2}$ de large, l'aune. . . . 4 »

---

1. Ce tableau se trouvant classé avec les pièces *a, b, c, d, e,* que nous venons d'indiquer, nous en concluons que les prix qui y sont portés étaient ceux payés par le s^r Broc à Montmorillon.

Les toiles d'impression fil et coton en ¾ de large, l'aune. 8 sols.
    idem   en ¾ et demi de large,
                                 l'aune . . . . 12 »
Les toiles tout coton en ¾ et demi de large, l'aune. . 18 »
Les garas en ¾ et demi de large, l'aune. . . 8, 7 et 6 »
Les draps de coton en ¼ et demi de large, l'aune . . 15 »
    idem   plus fin en même largeur, l'aune 20 et 24 »
La filature à la mécanique, n°s 12 à 20, les dix n°s. 3 liards.
    idem   n°s 21 et au delà, les dix n°s. 1 sol.
La filature en gros, c'est-à-dire la préparation de la
    mécanique, la livre. . . . . 7 »
Le cardage, la livre. . . . . 7 »
La filature en gros pour molleton, la livre. . . . 5 »
Le cardage, la livre. . . . . 5 »
L'épluchage du coton, la livre. . . . . 1 »
La filature en fin au petit rouet, n°s 8 à 14, les dix
                               numéros. . . . 2 »
    idem   n°s 15 à 21, les dix
                               numéros. . . . 2 s. et 6 d.
    idem   n^{os} plus élevés, le
                               numéro . . . . 3 »
Les bonnets de coton, pour draper, la pièce. . . . 8 »
Les gants de coton, la paire. . . . . 12 »

Il faut observer que tous ces prix pour la filature se payent pour le poids de seize onces de la livre, au lieu que dans les villes où il y a ce genre de filature on y travaille ordinairement à vingt onces pour la livre.

XXXIV

Nivellement de la place devant l'église de Notre-Dame de Montmorillon. (Arch. Vien., G³ 83, registre.)

31 janvier 1787

Aujourd'hui trante-un janvier mil sept cent quatre-vingt-sept, au chapitre des vénérables prévost et chanoines de l'église royale, séculière et collégialle de Notre-Dame de Montmorillon, tenu à l'issue de matines et convoqué en la manière accoutumée, où présidoit Mre Félix-Paul-Laurent Augier de Moussac, prévost et vicaire général de Monseigneur l'évêque de Poitiers, et auquel assistoient MM. Laurent Delavergne des Aiffes, Pierre Trouillon, Julien-Louis Rozet et Joseph Thomas, tous prêtres et chanoines de la ditte église, s'est présenté Mʳ François-Théobal de Cornette de Laminière, conseiller du Roy et maire de la présente ville de Montmorillon, lequel en cette qualité a dit que MM. du bureau de charité de cette ville s'occupant des moyens de fournir du travail aux pauvres [1], avoient pensé qu'une manière de les occuper moins fatiguante pour eux à raison de la proximité du lieu et dont la ville pouvoit retirer plus d'agrémens, seroit de les employer à applainir le terrier près l'église Notre-Dame, mais que le dit lieu du terrier appartenant à MM. du chapitre, ils n'avoient pas voulu y établir leur atelier de charité sans avoir leur agrément. C'est pourquoy, lui, dit sʳ Cornette de Laminière, venoit au nom de la maison de ville et pour le bien des pauvres prier les dits sieurs du chapitre de souffrir qu'on les fit travailler et applainir le terrier, promettant que cette condescendance, s'ils veulent l'avoir, il n'en sera jamais tiré aucune conséquence contraire à leurs droits sur le dit lieu. Laquelle demande a été signée du dit sʳ Cornette de Laminière.

Et le dit sieur s'étant retiré, le chapitre ayant délibéré, il a été arrêté que pour entrer dans les vues bienfaisantes de ceux qui s'occupent ici du soin des pauvres et qui ne peuvent être assés loués et aidés, il leur seroit permis de faire travailler à applanir le terrier, se réservant le chapitre le prix des noyers [2], qui y sont actuellement, pour être employé à faire une partie des murs de terrasse qui seront nécessaires affin de soutenir les terres. Il a été arrêté en outre que les dits noyers seront vendus par acte qui sera passé par devant Mᵉ Martin, notaire royal, et quoy que l'agrément de la place semble demander qu'elle soit plantée en ormeaux, il y sera au moins planté quelques noyers dans la partie la plus éloignée afin que le chapitre, en en recueillant les fruits, se fasse des

---

1. Pendant les quelques années qui précédèrent la Révolution, la misère devint de plus en plus grande en Poitou. A Montmorillon, le maire de la ville, l'abbé de Moussac, prévôt du chapitre de Notre-Dame, et le P. Groseil, prieur des Augustins, avaient pris, dès 1785, l'initiative de l'établissement d'un bureau de charité pour venir en aide aux pauvres les plus nécessiteux ; aussi M. Boula de Nanteuil, intendant de la province, pouvoit-il écrire, à la date du 26 janvier 1786, à M. Blactot, son subdélégué à Bressuire : « C'est aux habitans à aviser au moyen de subvenir aux besoins de leurs pauvres, et la ville de Montmorillon vient de leur donner dans ce genre un fort bel exemple, en formant un bureau de charité, qui, par voix de contribution volontaire, a déjà réuni une somme de plus de 5.000 livres ». (Arch. hist. du Poitou, t. XX, p. 181.)
2. Ces noyers, au nombre de 21 ou 22, avaient été plantés dans les années 1713 à 1719. (Arch. Vienne, Gˢ 83.)

actes de propriété qui empêchent que par la suite on ne veuille lui contester celle de ce lieu.

Signé : De Moussac, prévôt ; Delavergne des Aiffes, chanoine ; Trouillon, chanoine ; Rozet, chanoine sindic ; Thomas, chanoine, et C. Auprestre Lagenest, greffier scribe.

ERRATA

TOME I.

P. vii, ligne 8. Après « eut deux enfants », ajouter « de Florence d'Elbenne, sa femme ».

P. 25, renvoi 1. Au lieu de « François-Jacques », lire « François Jacques ».

P. 32, renvoi 2, ligne 2. Au lieu de « 1586 », lire « 1591 ».

— — ligne 3. Au lieu de « l'année précédente », lire « en 1589 ».

P. 127, renvoi 2. Au lieu de « Fille de Pierre Vezien, sr de la Roche-du-Fief, et d'Anne Demaillasson », lire « Anne Demaillasson, veuve de Pierre Vezien, sr du Fief. »

P. 142, ligne 22. Au lieu de « Fouards », lire « Frouard ».

Le 27 février 1657, Claude du Bellay, sgr d'Anché, et Jeanne Herbert, sa mère, étaient demandeurs en crime d'assassinat commis par les nommés Frouard, père et fils, sur les personnes de Charles, sgr de Lésigny, et Timothée, sgr des Rochettes, leurs fils et frères, et s'opposaient à l'entérinement des lettres de rémission obtenues par lesdits Frouard. (B. Filleau, I, p. 422.)

P. 265, renvoi 3, ligne 4. Au lieu de « la Gardèche », lire « Gardeché ».

P. 286, renvoi 3. Au lieu de « Félix d'Ostrelle, sr de Saint-Simon », lire « Louis de Saint-Simon, sgr du Burguet ».

P. 314, renvoi 2, dernière ligne. Au lieu de « Sauzelle », lire « Sanzelle ».

P. 326, renvoi 2, ligne 2. Au lieu de « 1585 », lire « 1589 ».

P. 415, renvoi 2. Au lieu de « Gaultier », lire « Richard ».

P. 422, renvoi 2, ligne 4. Au lieu de « Anne Jacques, fille de feu Gaspard Jacques », lire « Anne Fricon, fille de feu Gaspard Fricon ».

TOME II.

P. 53, renvoi 3. Au lieu de « Louise Barbarin », lire « Marguerite Suire ».

P. 143, renvoi 2, ligne 29. Au lieu de « est née une fille unique », lire « sont nées deux filles : 1º Alix, etc...; 2º Hedwige, mariée le 10 juin 1880 à Roger de Fontenay, sous-lieutenant d'infanterie, décédée en 1891 ».

P. 148, renvoi 2. Au lieu de « la Rochefoucauld », lire « Gramont ».

P. 149, renvoi 2. Ajouter : « suivant décision d'octobre 1908 du garde des sceaux, ministre de la justice et des cultes, l'hospice de Montmorillon est rentré en possession des immeubles du petit séminaire ».

P. 319, ligne 24. Au lieu de « Fériot », lire « Perrot ».

P. 345, renvoi, ligne 2. Au lieu de « prieur », lire « prévôt ».

TABLE GÉNÉRALE

DES NOMS DE PERSONNES ET DE LIEUX

CONTENUS DANS LES DEUX VOLUMES DU JOURNAL DE M. DEMAILLASSON

Tomes XXXVI et XXXVII *.

A

A....., (Bertrand), clerc, II, 241.
Aages (les). Voy. Ages (les).
Aalicia, domina de Peyre, II, 201.
Abain. Voy. Abin.
Abattis (les), c^{ne} de Paizay-le-Sec, *Vienne*, I, 333.
— (s^r des). Voy. Bonnin, Gaultier.
Abin, Abain (château d'), c^{ne} de Thurageau, *Vienne*, I, 48.
— (baron d'). Voy. Chasteigner.
Ableiges (Gilles-François de Maupeou, comte d'), intendant du Poitou, I, v ; II, 196.
Abnour (sgr d'). Voy. Richard.
Abrioux (Gabrielle), femme de François David, I, 419
— (Marguerite), femme de Joseph Bigaud et de Gaspard-Basilide de Guillaumet, I, 398, 427.
Abzac, Abzat, Azat, *Charente*, I, 3, 9, 10, 11, 21, 22, 31, 44, 46, 56, 61, 62, 69, 77, 83, 85, 89, 93, 95, 97, 99, 107, 128, 180, 191, 214, 325, 326, 327, 331, 339, 417, 427, 432, 436, 438, 442, 443, 444, 445, 446, 453, 458, 471 ; II, 6, 11, 19,
25, 26, 27, 36, 39, 50, 56, 59, 60, 64, 72, 73, 78, 81, 82, 91, 92, 98, 100, 107, 110, 117, 119, 120, 124, 126, 132, 135.
Abzac, juge sénéchal. Voy. Babaud.
— prieur curé. Voy. Renault.
— (sgr d'). Voy. Grandsaigne (de).
— Jacques d'), sgr de Villautrange et de Limérac, maréchal de camp, I, 61, 62.
Abzat. Voy. Abzac.
Achard (Marguerite), veuve de François Cœurderoy, I, 183, 323.
— (Marguerite), femme de Louis Allange, I, 340.
Adelemi (Willelmus), II, 200.
Adriers, *Vienne*, I, 16, 21, 27, 89, 246, 263, 462 ; II, 36, 56, 168.
— sergent royal. Voy. Dubreuil.
— troupes (passage de), I, 67.
Agathe (sainte), I, 73.
Age-Bernard (l'), c^{ne} du Dorat, *Haute-Vienne*, I, 19, 270, 274 ; II, 49.
— (Mme de l'). Voy. Barbançois (Anne de).

---

* Pour plus de simplicité, on a désigné le Tome XXXVI par le chiffre I, et le Tome XXXVII, par le chiffre II.
  Les noms latins et les anciennes formes françaises ont été placés à leur ordre alphabétique avec renvois aux noms français modernes, sauf pour un petit nombre qu'il a été impossible d'identifier.

Age-Bernard (sgr de l'). Voy. Lignaud.
Age-Boutrige (l'), c^ne d'Adriers, Vienne, II, 156.
Age-Courbe (sr de l'). Voy. Barbe, Petitpied.
Age-de-Plaisance (l'), c^ne de Saugé, Vienne, I, 242, 326.
— (sgr de l').Voy. Lantigny (de).
Age-du-Faix (sgr de l'). Voy. Audebert.
Age-Grassin (l'), c^ne de Saugé, Vienne, I, 24.
— (sr de l'). Voy. Delaforest.
Agen (évêque d'). Voy. Cramaud.
Agenet (Gabriel, commandeur de la Chatille et de Pauanges, II, 281, 282, 283, 284, 285, 287.
Agcois (sr des), Voy. Filleau.
Ageon. Voy. Lageon.
Ages (les), c^ne du Blanc, Indre, I, 472 ; II, 8.
— (sgr des). Voy. Ferré.
— (sr des). Voy. Jacquet.
Agia (Guillelmus de), II, 203.
Agisson (Raymond), II, 155.
Agnès, femme de Guy de Montléon, II, 200, 201.
Agorisses (sgr d'). Voy. Chel.
Aguay (Philippe), II, 202.
Aguesseau (d'), chancelier de France, II, 334.
Aiffres (sgr d'). Voy. Berthelin.
Aigle (Joseph de l'), sgr des Granges, I, 337.
Aigue-Joignant (sr d'). V. Dault (de).
Ainay-le-Vieil (dame d').Voy. Culan.
Ains. Voy. Hains.
Airvault (marquis d'). Voy. Chilleau (du), Isoré.
Aïsser, turque, II, 101.
Aix, Bouches-du-Rhône, I, 276.
Ajasson (Françoise), femme de Georges Bertrand, sr de Boisvert, I, 159.
— (Marie), femme de Fleurant Petitpied et de Charles d'Aloigny, I, 66 ; II, 187, 188, 190, 292.
Alabonne (Marie-Anne), femme de Louis-Joseph de Ladmirault, II, 142.
Alamigeon (Augustin), sgr de la Resnerie, lieutenant-colonel du régiment Royal-Infanterie, I, 273, 274, 276, 284, 286.
Alaserve (Louis), journalier, II, 317.

Alasne (Jacques), II, 256, 263, 269, 274.
Albert (Jean), sr de Combourg, I, 45.
— (sr), étapier, I, 433.
Alcantara, Espagne, I, 341.
Alemania (Pierre de). Voy. Allemagne (d').
Alençon, Orne, I, 223.
Alex. Voy. Allais.
— (sgr d'). Voy. Savary.
Alexandre VI, pape, II, 156.
Algérie, II, 143.
Aliénor d'Aquitaine, II, 150, 331.
Alilaire (Etienne), dit Cafignon, journalier, II, 325.
Alimania (Guido de), miles. Voy. Allemagne (Guy d').
Allaire (André), sergent royal à Lussac-le-Château, I, 51.
— (Jeanne), femme de Laurent Brisson, I, 187, 213.
— (René), procureur à Montmorillon, I, 300.
Allais, Allaix, Alex (François), II, 291.
— (Jeanne), II, 291.
— (Laurent), sergent royal à Montmorillon, I, 35, 247, 403.
— (Louise), femme de François Massonneau, I, 247, 257, 289, 403.
— (Simon), I, 403.
Allaix. Voy. Allais.
Allamanche, peintre à Poitiers, I, 40.
Allange (Anne), femme de Gaucher Bourau, II, 23.
— (Joseph), prêtre, avocat à Montmorillon, I, 14, 46.
— (Louis), sr de Peufranc, I, 192, 214, 340, 402 ; II, 23.
— (Marguerite), femme d'André-René Dechaume, I, 402.
— (Marie), femme de Louis Delaforest, I, 340.
— (Sylvain), sr de Peufranc, II, 65.
Allay, Allée, c^ne de Brigueil-le-Chantre, Vienne, I, 243 ; II, 38.
Allée. Voy. Allay.
Allemagne, I, 413.
— (régiment d'), I, 4.
— (Avoie d'), femme de François de Salignac, II, 312.
— (Foucaud d'), II, 202.
— (Guy d'), Alimania (Guido de), II, 202.

Allemagne (Pierre d'), Alemania (de), II, 150.
Allex. Voy. Allais.
Allochon (ry de l'). Voy. Lochon (ruisseau de la).
Alloneau (Bonne d'), femme de Bertrand Grateloup, I, 260.
Alloue, *Charente*, I, 46, 399, 439.
— (Marguerite d'), femme de François Compaing, I, 260.
Allougny (d'). Voy. Aloigny (d').
Aloigny (Catherine d'), I, 232.
— (Charles d'), sgr des Bordes, I, 66 ; II, 187, 188.
— (Charlotte d'), I, 232.
— (Guy d'), I, 232.
— (Guy d'), sgr de Boismorand, grand bailli de Morée et de Cury, commandeur de la Feuillée et de Saint-Jean de Latran, I, 314 ; II, 292.
— (Joseph d'), I, 66.
— (Louis d'), I, 232.
— (Marie d'), I, 66.
— (Marie d'), femme de Jean de Phelipes, sgr de Lardonnière, I, 232, 314.
— (Marie d'), femme de François Scourion, sgr de Bégaudelle, I, 232.
— (René d'), sgr de Boismorand, I, 191, 232, 292, 314 ; II, 104.
— (Sylvain d'), I, 66.
Aloncle (le P. Raphaël), provincial des Augustins, I, 80, 331.
Alphonse, comte de Poitou, II, 202, 331.
Amadon (Lazare), conseiller du Roi au Grand Conseil, II, 277, 278, 280.
Amand (saint), I, 71, 72, 168.
Amard (Françoise), femme de Valentin Dechaume, I, 199.
— (Gabrielle), femme de Jean Delaforest, I, 58, 59 ; II, 76.
— (Marguerite), veuve de Louis Allange, I, 214.
— (Marie), veuve de Jean Jacquet, II, 48, 49.
— (Pierre), sr des Fourneaux, II, 19.
Amboise, *Indre-et-Loire*, I, 2, 126, 129 ; II, 55, 75.
Ambroise (le P.), religieux augustin, I, 360.
Amérique, II, 334.
Amette, prêtre, II, 335.

Amiens, *Somme*, I, 281.
Amillet (Charles), laboureur, II, 167.
Amoreau (Johan), chanoine de Notre-Dame de Montmorillon, garde du scel aux contrats, II, 211.
Amoureux (Pierre), curé de Béthines, II, 303, 304.
Anaclet (le P.), religieux récollet, II, 59.
Anastase (le P.), religieux récollet, II, 101.
Ancellyn (Etienne), II, 253, 260, 266, 271.
Anché (sgr d'). Voy. Du Bellay.
André (François), trompette de ville à Montmorillon, II, 289, 292.
Angers, *Maine-et-Loire*, I, 195 ; II, 223.
Anglais (les), II, 48, 209, 211, 223.
Angle, *Vienne*, I, 2, 140, 351 ; II, 19, 22, 37, 46, 49, 55, 60, 64, 75, 80, 90, 121, 138, 202, 228.
— apothicaire. Voy. Delamazière.
— baronnie, II, 211.
— château, II, 225.
— église Saint-Martin, I, 140.
— juge sénéchal. Voy. Jacquet.
— notaire. Voy. Moreau.
— perruquier. Voy. Delamazière.
— pont, II, 228.
— porte Chantreau, II, 228.
— procureur fiscal. Voy. Moreau (Antoine), Moreau (René).
— troupes (passage de), II, 58.
— (Guichard d'), II, 200.
— (Hélie d'), de Englia, II, 202, 225.
Angleterre, I, 4.
— (Henriette d'), femme de Philippe d'Orléans, I, 189.
— (reines d'). Voy. Aliénor d'Aquitaine, Isabelle de France.
— (rois d'), I, 249 ; II, 90, 331, 332. Voy. Charles Ier, Edouard II, Edouard III, Henri II, Jacques Ier, Jean sans Terre.
Angolismensis episcopus. Voy. Angoulême (évêque d').
Angoulême, *Charente*, I, v, 144, 213, 222, 223, 426 ; II, 151, 169, 220, 248.
— (duc d'). Voy. Edouard.
— (évêque d'), Angolismensis episcopus, II, 198.

Angoulême, religieuses du tiers-ordre de Saint-François, I, 50.
Angoumois, province, I, 7, 64.
— eaux et forêts (grand maître enquêteur des). Voy Raffy de Bazoncourt.
— papeteries, II, 179 ; compagnie royale, II, 182.
Anguitard (marquis d'). Voy. Poussard.
Anjou (province d'), I, 36.
— (Louis-François de France, duc d'), I, 333.
— (Marie d'), reine de France, II, 225.
— (Philippe de France, duc d'), I. 39, 62, 189, 314, 413, 433, 434.
— (René le Bon, duc d'), comte de Provence, roi de Naples et de Sicile, II, 223.
Anne (sainte), I, 73.
Anselme (le P.), cité, II, 223.
— (Antoine), abbé, I, 452.
Antenet. Voy. Thenet.
Anthenet (métairie d'), faubourg de la Croix-Rouge à Montmorillon, II, 167, 168.
— Voy. Thenet.
— (sr d'). Voy. Girard.
Anthoine..., maréchal à Montmorillon, II, 63, 69.
Anthonio (le cardinal). Voy. Barberin (Antoine).
Antigny, *Vienne*, I, xii, 27, 46, 103, 136, 137, 139, 140, 156, 161, 170, 171, 232, 239, 263, 268, 271, 283, 292, 302, 314, 315, 319, 321, 328, 358, 389, 394, 393, 400, 414, 417, 420, 421, 425, 429, 430, 462, 466, 469 ; II, 4, 11, 15, 50, 59, 97, 104, 109, 144, 158, 202.
— assemblée, I, 133.
— curé, II, 335. Voy. Demaillasson, Jacquet, Riol.
— notaire. Voy. Aubin.
— sergetier. Voy. Deugnet.
Antin (Louis-Antoine de Pardaillan de Gondrin, duc d'), I, 462.
Antoine (saint), abbé, I, 72.
— (saint), ermite, I, 72.
— de Padoue (saint), I, 5.
Anvaux. Voy. Envaux.
Appoline (sainte), I, 72.
Aquitaine (prince d'). Voy. Edouard.
— (royaume d'), II, 331.
Aragon (Yolande d'), femme de Louis II, roi de Naples, II, 223.
Arbellot (Bernard), sr de Rouffignac, II, 8.
— de Rouffignac (Jacques), II, 8.
— (l'abbé), cité, I, 71, 72, 168 ; II, 95.
— des Bordes (Léonarde), femme de Bernard Arbellot, II, 8.
Archambault (Françoise), femme de Fleurent Estevenet, II, 121.
Archambault (île). Voy. Belletière (la).
Arché, Archet (Grand et Petit), c^{ne} d'*Hains*, *Vienne*, II, 226.
Archiac (Renée d'), veuve de Salomon Desmier de la Bussière et femme de Louis de Tusseau de Maisontiers, II, 137.
Arcis, Harsis (les), c^{ne} de *Montmorillon*, *Vienne*, I, 113, 374 ; II, 204.
— (sr des). Voy. Robert.
Ardenne (château d'), paroisse de Fléac en Saintonge, II, 191.
Ardillère (sr de l'). Voy. Delavergne.
Ardilly (sr d'). Voy. Chalucet.
Ardivilliers (sgr d'). Voy. Barentin.
Ardoise (dit l'). Voy. Lenfant.
Ardot, II, 286.
Arennuz, II, 211.
Argence (Charles-Claude d'), sgr de la Jarrie, de la Salle, de Lésigny et des Séraillères, II, 8.
— (Jacques-Louis-Vincent d'), sgr de la Jarrie, de Lésigny et des Séraillères, II, 8.
— (Jacquette d'), II, 8.
— (Jean-Claude d'), II, 8.
— (Jean-François d'), II, 8.
— (Jean-François d'), II, 8.
— (Joachim d'), sgr de la Salle, II, 8.
— (Marie d'), II, 8.
— (Marie d'), femme de Jacques de Maumillon, II, 8.
— (Radegonde d'), femme de Jacques Arbellot de Rouffignac, II, 8.
— (Suzanne d'), femme de Pierre Richard, sgr de Chalendeau, II, 8.
Argenton, *Indre*, II, 328, 329.
— (château d'), II, 286 ; gouverneur, voy. Foucaud.
— (A.), II, 178.
— (Anne), femme de Mathieu Pineau, I, 115, 161, 239.

Argenton (Charles), sr de la Rangeardière, I, 336, 440.
— (Fleurent), procureur à Montmorillon, I, 212.
— (Jean), sr de la Rangeardière, procureur à Montmorillon, I, 64, 115, 145, 161, 212, 363 ; II, 178, 308, 309.
— (Jean), avocat à Montmorillon, I, viii, 64, 134, 276, 293, 300, 446 ; II, 110.
— (Jean), marchand à Montmorillon, I, 113, 371.
— (Jean), marchand à Montmorillon, I, 109, 145, 209 ; II. 2, 65.
— (Jean), I, 145.
— (Jean), notaire royal à Montmorillon, II, 250, 274.
— (Jeanne), femme de Jean Delavergne, I, 113, 200 ; II, 79.
— (Louis), marchand à Montmorillon, I, 209, 304 ; II, 57, 93.
— (Marie), religieuse de Saint-François, I, 163.
— (Marie), femme de Fleurent Babert, II, 67, 93.
— (Marie), II, 93.
Argentré (Mgr d'). Voy. Du Plessis.
Arigeon (Denis), II, 232.
Armizac. Voy. Hermizac.
Arnac-la-Poste, Hte-Vienne, II, 39.
Arnajou (d'). Voy. Darnajou.
Arnaudet (Élisabeth), I, 82.
— (François), sr du Breuil, receveur des consignations à Montmorillon, I, 26, 30, 49, 51, 68, 82, 98, 103, 120, 149, 154, 163, 254, 264, 433 ; II, 28, 55, 84.
— (François-Fleurant), sr de la Baillonnière, I, 5, 38, 349.
— (Gabrielle), religieuse de Saint-François, I, 163.
— (Jean), prêtre, curé de Saint-Germain, I, 264.
— (Jeanne), femme de Félix Mérigot, I, 43, 76, 288, 377.
— (Magdeleine), femme de Charles de Neuchèze, I, 231.
— (Marie, dite Marion), femme de Pierre Mangin, I, 371 ; II, 28, 55, 66, 79, 94, 103.
— (Martial), I, 349 ; II, 308, 309.
— (Suzanne), I, 30.
Arnault (Barthomé), marchand, II, 318.
Aro. Voy. Haro.

Arques (bataille d'), Seine-Infre, II, 247.
Arrault, II, 238.
Arsis. Voy. Arcis.
Artagnan (d'). Voy. Baatz (de).
Artaignan (d'). Voy. Artagnan (d').
Artaud (Léonard), maître papetier aux Mas, II, 184.
Artois (régiment d'), II, 249.
Artus. Voy. Bretagne (Arthur Ier, duc de).
Arvert (sgr d'). Voy. Villequier (de).
Arveus, archidiaconus, II, 200.
Asnières, con de l'Isle-Jourdain, Vienne, I, 112, 401, 411, 426, 427, 428.
— marchand. Voy. Gourdonneau.
— notaire arpenteur. Voy. Beau.
— (sgr d'). Voy. Guiot.
Assat (baron d'). Voy. Du Saillant.
Aster (vicomte d'). Voy. Aure (d').
Attichy (sgr d'). Voy. Marillac (de).
Aubépin (marquis de l'). Voy. Sainte-Colombe (de).
Aubert (Etienne), II, 254, 261, 267, 272.
— (Marguerite), femme de Michel Pinaud, II, 182.
Aubespine (Claude de l'), secrétaire des finances, II, 246.
— (Claude de l'), femme d'Aymeri de Barbezières, II, 290.
Aubière, cne de Persac, Vienne, I, 83, 211.
— (sr d'). Voy. Richard, Vezien.
Aubiers (sr des). Voy. Ribault.
Aubin (Charles), notaire à Antigny, I, 328.
— (Charles), notaire de la châtellenie de Saint-Savin, I, 328 ; II, 11, 18.
Aubry (Sylvaine), femme de Jean Huguet, I, 106.
— (Frère), chirurgien de la Maison-Dieu de Montmorillon, II, 168.
Aubuge (sgr de l'). Voy. Audebert.
Aubugeois (Catherine), femme de Jean Maurat, I, 437, 445.
Aubusson (Guillaume d'), sgr de Chassingrimont et de Chazelet, I, 286.
— (Léon d'), comte de la Feuillade, lieutenant général des armées du Roi et lieutenant au gouvernement d'Auvergne, II, 314, 316, 317, 318, 319.

— 366 —

Auby. Voy. Oby.
Audebert, Aribert, roi d'Aquitaine, II, 331, 332.
— (Jacques, sr de la Rouille, I, 415.
— (Jeanne), femme de Jean-Armand Poussard, 1, 221 ; II, 192.
— (Louis), sgr de l'Age-du-Faix, II, 117, 194.
— (Marc), sgr de l'Aubuge, II, 194.
— (Philippe), sgr de l'Aubuge, II, 117, 192.
— sgr de Montmorillon, II, 200, 209.
Audenise (Etienne), couturier, II, 303, 304.
Audru, I, 391.
Aufrey (Guillaume), II, 151.
Augier (Anne), supérieure des religieuses de Saint-François à Montmorillon, I, 163.
— (Anne), femme de Jacques Dalest et de Maurice Bichier, I, 242, 357, 384, 407, 432, 446.
— (Charles), I, 340.
— (Claire), veuve de Pierre Naude, I, 130.
— (Claude), dit la Boucle, marchand à Montmorillon, I, 28, 267, 377.
— (Claude), sr des Romages, I, 331 ; II, 65.
— (Claude), sr des Vigères, huissier archer à Montmorillon, I, 317.
— (Claude), sr des Vigères, I, 317.
— (Claude), II, 136.
— (Eléonore), I, 98.
— (Elisabeth), religieuse de Saint-François à Montmorillon, I, 163.
— (Elisabeth), femme de Jean Goudon, sr de l'Héraudière, II, 142, 348.
— (Félix), avocat à Montmorillon, I, 64, 91, 98, 109, 141, 146, 154, 163, 224, 241, 242, 248, 252, 257, 272, 283, 287, 288, 305, 312, 315, 319, 320, 321, 327, 340, 343, 344, 349, 355, 357, 360, 371, 381, 382, 383, 384, 398, 399, 402, 407, 418, 419, 427, 431, 433, 446, 452, 457, 461, 466 ; II, 3, 18, 27, 35, 39, 41, 46, 109, 112, 116, 126, 142.
— (Félix), I, 130, II, 293.
— (Félix), sr de Malgoute, hôte du Lion-d'Or à Montmorillon, I, 166, 202, 218 ; II, 51, 54.

Augier (Félix), I, 321.
— de Moussac (Félix-Paul-Laurent), dit l'abbé de Moussac, prévôt de Notre-Dame de Montmorillon, vicaire général de Poitiers, II, 334, 344, 347, 349, 350, 351, 353, 355, 356, 357, 358.
— (François), hôte des Trois-Rois à Montmorillon, I, 98, 140, 154, 175, 218, 316, 331, 441.
— (François), avocat au parlement de Paris, I, 154, 189, 357 ; II, 18, 27, 39, 41, 76.
— (François), prieur-curé de Journet, chanoine de Notre-Dame de Montmorillon, I, 163, 260, 342, 416.
— (François), lieutenant civil à Montmorillon, I, 265, 374 ; II, 3, 19, 46, 341.
— (François), sr du Peux, notaire royal à Montmorillon, I, 308, 395 ; II, 124, 190.
— (François), sr des Vigères, huissier archer à Montmorillon, I, 316, 331, 440.
— (François), sr des Vigères, maître chirurgien à Montmorillon, I, 317.
— (François), prieur de Latus, prévôt de Notre-Dame de Montmorillon, II, 346, 347, 348, 349.
— (François-Eustache), I, 308.
— (Gabrielle), femme de Jean Petitpied, I, 257.
— (Gabrielle), femme Deguigne, II, 54.
- (Guillaume), huissier à Montmorillon, II, 51, 84.
— (Jean), sr de Cornet, notaire royal à Montmorillon, I, 98, 308, 309, 441.
— (Jean), maître sellier à Montmorillon, I, 243.
— (Jean), I, 377.
— (Jean-François), Mr de Moussac, II, 355.
— (Jeanne), femme de Pierre Gaultier, sr de Chaveigne, I, 328.
— (Laurent), prêtre, avocat à Montmorillon, I, 9, 10, 41, 43, 58, 59, 64, 86, 91, 114, 125, 146, 162, 163, 167, 172, 260, 264, 273; II, 308, 309.
— (Laurent), lieutenant général

civil, engagiste du domaine de Montmorillon, II, 46, 166, 342, 348.
Augier (Laurent), prêtre, chanoine de Notre-Dame de Montmorillon, I, 260, 277, 295, 298, 301, 436, II, 48, 53, 58, 60, 100, 101, 339.
— (Laurent), sergent royal à Montmorillon, II, 282, 283, 284.
— (Louis), I, 43.
— (Louis), sr des Vigères, procureur à Montmorillon, I, 162, 190 ; II, 308, 309.
— (Louis), I, 272.
— (Louis), sr de Boubrault, prêtre, II, 99, 107.
— (Louise), I, 377.
— (Louise), femme de Fleurent Pouyollon, II, 65.
— (Manon), I, 355.
— (Marguerite), religieuse, I, 109.
— (Marguerite), femme de Philippe Pichon, I, 114, 293.
— (Marie), religieuse, I, 59.
— (Marie), I, 109.
— (Marie), veuve de Louis Ducellier, I, 166, 174.
— (Marie), I, 243.
— (Marie), I, 308.
— (Marie), femme de Jean Cailleau, I, 331 ; II, 54.
— (Marie), veuve de Jean Jacquet, II, 80.
— (Philippe), sr de Malgoute, I, 140.
— (Pierre), I, 31.
— (Pierre), sr du Châtenet, I, 34, 109, 117.
— (Pierre), sr des Mas, I, 317.
— (Pierre), I, 377.
— (René), sr de Moussac, curé de Saint-Martial, prévôt de Notre-Dame de Montmorillon, II, 38, 46, 48, 49, 51, 53, 55, 58, 62, 64, 68, 72, 73, 76, 92, 99, 101, 110, 111, 112, 113, 116, 119, 131, 143, 144, 145, 347.
— (Suzanne), femme de François Arnaudet, I, 30, 82, 154, 163 ; II, 28.
— sr de la Petite-Ville, I, 66, 67.
— père du précédent, I, 67.
— religieuse professe de Saint-François, II, 116.
Augry (Jean), sr de Laudonnière, I, 419.
Augry (Louis), I, 419.
Augustin (le P.), religieux carme, II, 1.
Augyer. Voy. Augier.
Aulbin. Voy. Aubin.
Aulbroche (d'). Voy. Dauberoche.
Aumont (marquis d'). Voy. Villequier (de).
Aunis (province d'), I, 7, 123, 438.
— eaux et forêts (grand maître enquêteur des). Voy. Raffy de Bazoncourt.
— gouverneur. Voy. Chamilly.
— (monnaie d'), II, 209.
Auper (Jeanne), femme de Jacques Brunet, I, 299.
— (Pierre), I, 299.
Aupetit, procureur à Poitiers, I, 459.
Auprêtre (Charles), I, 357.
— (François), sergetier à Montmorillon, II, 167.
— (Jean), maître charpentier à Montmorillon, I, 432 ; II, 159.
— (Jean), sr de Lagenest, maître d'école à Montmorillon, II, 165.
— (Jeanne), femme de Pierre Champion, I, 411.
— (Paul), vitrier à Montmorillon, I, 288, 357.
— sr de Lagenest, scribe du chapitre de Notre-Dame de Montmorillon, II, 350, 358.
— sr de Lagenest, perruquier à Montmorillon, II, 355.
Aure (Antoine d'), comte de Gramont, vicomte d'Aster, II, 148, 250, 251, 264, 270, 314, 360.
Aurélien (saint), I, 73.
Aurillac (sgr d'). Voy. Nollet (de).
Austry (Mr le comte d'), I, 221.
Autriche (Anne d'), reine de France, I, x, 11, 29, 30, 62, 216.
— (Elisabeth d'), reine de France, II, 281.
— (empereurs d'). Voy. Charles VI, Maximilien II.
— (Marie d'), femme de Maximilien II, II, 281.
— (Marie-Thérèse d'), reine de France, I, 17, 178, 179 ; II, 24.
Auvergne (l'), II, 354.
— (ban d'), II, 114, 119.
— (duc d'). Voy. Jean.
— (gouvernement d'), II, 314.

Auvergne (grand bailli d'). Voy. Du Bois.
— (papeteries d'), II, 179.
Aux (d'). Voy. Daux.
Auxerre, *Yonne*, II, 203.
Availle (Pierre d'). Voy. Davaille.
Availle-Limousine, *Vienne*, I, 11, 70, 93, 96, 158, 176, 191, 201, 372, 383, 387, 428, 435, 436, 471 ; II, 59, 82.
— châtellenie, I, 471.
— chirurgiens. Voy. Bellet, Le Conte.
— eaux minérales, 1, 107, 108, 180 ; II, 137.
— église Saint-Martin, I, 471 ; chapelle de Vareilles, I, 11 ; curés. Voy. Dauberoche, Guérineau, Guyon ; vicaires. Voy. Guithonneau ; fabricien. Voy. Pinet.
— horloge, I, 471.

Availle Limousine (juge d'). Voy. Dubois.
Avesnes, *Nord*, II, 222.
Avignon (évêque d'). Voy. Cramaud.
Avignon (Etienne), receveur des domaines et bois à Poitiers, II, 186.
Avogadro (Centurion), mestre de camp, lieutenant de roi à Metz, I, 386.
Aycelin de Montaigu (Gilles), archevêque de Rouen, I, 436.
Aylide, femme de Raymond Borget, II, 202.
Aytré ou Odelon, *Charente-Inférieure*, II, 151, 153, 154.
Azat. Voy. Abzac.
Azay (sr d'), procureur du roi en l'élection du Blanc, I, 347.
— (sr d'), receveur des tailles au Blanc, I, 447.

B

Baatz (Bertrand de), sgr de Castelmore, I, 195.
— d'Artagnan (Charles de), capitaine lieutenant des mousquetaires, I, 195.
Babaud (François), sr de la Fresnède, prêtre, prieur de Saint-Barthélemy de Confolens, II, 124, 129, 131.
— (Jean), sr de Fontbelle, avocat en parlement, procureur fiscal du comté de Confolens, juge sénéchal d'Abzac et de Lessac, II, 124.
Babert (Anne), femme de Mathurin Decressac, II, 110.
— (Antoine), II, 10.
— (Catherine-Radegonde), femme de Louis-François Martin de Reignier, II, 187.
— (David), II, 291.
— (Elisabeth), femme de Philippe Augier, sr de Malgoute, I, 140.
— (Elisabeth), II, 10.
— (Fleurent), sr de la Planche, notaire royal à Montmorillon, II, 10, 111.
— (Fleurent-François), avocat à Montmorillon, II, 65, 67, 93, 106.

Babert (Florent), sergent royal à Montmorillon, I, 200, 300 ; II, 10, 158, 159, 309.
— (François), greffier, procureur et notaire à Montmorillon, I, 84, 174, 229, 241, 266, 454 ; II, 41, 52, 64, 103, 108, 110, 120, 123, 137, 161, 233.
— (François), curé de Moulime, chanoine de Notre-Dame de Montmorillon, II, 47, 64, 65, 66, 70, 72, 73, 75, 76, 81, 82, 83, 87, 91, 92, 93, 95, 98, 128, 134, 135, 139.
— (François-Joseph), II, 134.
— (Gilbert), procureur et notaire à Montmorillon, I, 42, 82, 90, 106, 123, 135, 140, 173, 174, 209 ; 228, 248, 251, 265, 283, 293, 301, 321, 329, 440, 463 ; II, 2, 10, 65, 120, 233, 309.
— (Jean), avocat à Montmorillon, II, 137.
— (Jean-Baptiste), huissier audiencier à Montmorillon, II, 344.
— (Jeanne), femme de Louis Ducellier, I, 228.
— (Jeanne), femme de Claude-Louis Micheau, II, 115, 249.

Babert (Jeanne), femme de François Petitpied, II, 121.
— (Joseph), sr de la Pilatière, avocat en parlement, lieutenant de police à Montmorillon, II, 108, 115, 120, 134, 249.
— de Juillé (Louis), maire de Montmorillon, II, 136.
— (Marguerite), I, 241 ; II, 41.
— (Marguerite), femme de Gabriel Pian, I, 329, 463.
— (Marie), femme de François Estourneau, I, 173.
— (Marie), II, 93.
— (Marie-Anne), femme de Jean Bost, II, 67.
— (Paul), sergent royal à Montmorillon, I, 200 ; II, 308, 309, 312.
— (Pierre), II, 291.
— (René), I, 106.
— (Simon) I, 106, 142.
Babigeon (Charles), I, 328, 345.
— (Pasquet), I, 328.
— (veuve), I, 228.
Babinet (Alexandre), maître apothicaire à Poitiers, I, 409.
— (François), jésuite, syndic du collège de Limoges, I, 409, 420.
— (Marguerite), femme de Pierre Dupont, I, 128.
Bachellerie (sr de la). Voy. Delacoste.
Baconnet (Catherine), femme de Mathurin Dumonteil, I, 112.
— (Daniel), sr de la Bouige, I, 112.
— (Daniel), I, 112.
— (François), sr de la Rode, I, 112, 175, 181, 182, 190, 389 ; II, 35.
— (Isaac), sr de la Bouige, I, 142, 175, 181, 182, 190.
— (Jean), sr de la Rode, I, 112.
— (Jean), procureur du Roi à Poitiers, II, 216, 217.
— (Jeanne), femme de Pierre Dumonteil, I, 112.
— (Jeanne), femme de Pierre Sableau, I, 147.
— (Magdeleine), I, 112.
— (Marguerite), femme de François Delavergne, I, 112.
— (Pierre), sr de la Bouige, I, 112.
Badevilain, cne d'Usson, Vienne, II, 47.
Badevilain (sgr de). Voy. Neuchèze (de).
Badou (Augustin), I, 238.
— (Jean Baptiste), docteur-médecin à Bellac, I, 238.
— (Jean Baptiste), docteur médecin à Montmorillon, II, 166.
— (Pierre-Augustin), prêtre, II, 166.
Baffet de la Plume, maître papetier aux Grands-Moulins, II, 182.
Baglion de Saillant (François-Ignace de), évêque de Poitiers, II, 61, 111, 122, 123, 135, 340.
Bagnac, Baignat, cne de Saint-Bonnet, Hte-Vienne, I, 295, 368.
— (Claude-François de), capitaine au régiment de Navarre, I, 368.
— (François de), sgr de Ricoux, I, 368 ; II, 6, 122.
— (de), fille du précédent, II, 122.
— (Jean de), sgr de Ricoux, I, 368.
— (Jean-Balthazar de), sgr de Ricoux, I, 368.
Bagnoux, cne de Persac, Vienne, II, 202, 281.
Bagnoux, cne de Fromental, Hte-Vienne, II, 132.
Baicgrau (Jean), II, 290.
Baignat. Voy. Bagnac.
Baigneux. Voy. Bagneux.
Baignoux. Voy. Bagnoux.
Baillargeaux (bois des), II, 226, cne de Béthines, Vienne, inconnu.
Baillargeon (le P.), religieux augustin, I, 334.
Baillet (Jacques), sgr de Vaugrenant, conseiller au Grand Conseil, II, 294.
Bailleul (Agnès de), femme de Henri Foucaud, I, 40.
— (Nicolas de), président au parlement de Paris, I, 40.
Baillonnière (la), cne de Montmorillon, Vienne, I, 38.
— (sr de la). Voy. Arnaudet.
Baillot du Querroir (Catherine-Agathe), femme de Charles-Joseph-Basile de Ladmirault, II, 143.
Balentru (sgr de). Voy. Guillaumet (de).
Baletan (Guillaume), religieux augustin, II, 154.

TOME XXXVII. 24

Balisière (sr de la). Voy. Vezien.
Ballabray, cne de *Chalais, Indre*, II, 313, 317.
Baltazard (le P.), religieux récollet, I, 119.
Bamard, secrétaire de l'évêché de Poitiers, II, 336.
Bancs (les). Voy. Montmorillon, faubourgs.
Banenée (île), aujourd'hui île de Fosse-Blanche, *près et au-dessus de Montmorillon*, I. 213.
Banhoux. Voy. Bagnoux.
Barachin (Bertrand), sgr des Moulins, I, 120.
— (François), sgr de la Roderie, I, 120.
— (Marie), femme de René de Fricon, I, 393.
— (René), sgr de Maillezac et de la Roderie, I, 100, 120.
Barantin. Voy. Barentin.
Barassat (Jean), marchand papetier à Saint-Benoît, II, 181.
Barbade (Elisabeth), femme de Jean Barbarin, I, 181.
Barballières (les), cne de *Bonnes, Vienne*, I, vii.
— (sr des). Voy. Demaillasson.
Barbançois (Anne de), femme de Maximilien Lignaud, I, 19, 256.
— (François de), capitaine au régiment d'Estissac, II, 86.
— (Léon de), sgr de Sarzay, I, 19, 61.
— (Léon de), marquis de Sarzay, sgr de Saint-Victor-d'Ingrandes, mestre de camp du régiment de Conti-Cavalerie, gouverneur de Bourg-sur-Mer, I, 61; II, 86.
Barbarin (Anne), femme de Antoine de Saint-Martin, I, 295.
— (Casimir), sgr de Fontérou, I, 79.
— (François), sgr de la Borderie et du Chambon, I, 79, 244.
— (Isaac), sgr du Bost, conseiller au présidial de Poitiers, I, 181, 182.
— (Isaac), sgr de Mondenau, du Bost et de la Rye, I, 263.
— (Jean), sgr du Bost, juge sénéchal de l'Isle-Jourdain et de Saint-Germain-sur-Vienne, I, 181.
— (Jean), I, 181.

Barbarin (Louis), comte de Reignac, lieutenant du gouvernement de Touraine, I, 20.
— (Louis), prêtre, prieur de Nérignac, I, 112, 114.
— (Louise), femme de Christophe Boucher, I, 395.
— (Marguerite), femme de Antoine de Villedon, I, 78.
— de la Roche, archiprêtre de Lussac, curé de Moussac-sur-Vienne, I, 438.
Barbe (Gabrielle), femme de Charles Petitpied, I, 66, 362, 365, 366, 384.
— (Henri), sgr de l'Age-Courbe, I, 361.
— (Louise), Dlle de la Jarrige, femme de François de Valencienne, I, 361, 362, 365, 366, 368, 384; II, 8.
Barbelinière (sgr de). Voy. Certany.
Barberin (Antoine), dit le cardinal Anthonio, grand aumônier de France, évêque de Poitiers, archevêque de Reims, I, 123.
Barbezières (Aymeri ou Méry de), sgr de la Roche-de-Bord, engagiste du comté de Civray, II, 290.
— (François de), sgr de Chemerault, engagiste du comté de Civray, II, 207.
— (Geoffroy de), sgr de Chemerault, II, 290.
— Dragons (régiment de), I, 422.
Barbezieux, *Charente*, II, 194.
Barbier (Loys), II, 256, 263, 269, 274.
Barbières (Pierre de), II, 155.
Barde (Gabriel de la), sgr d'Essé, I, 345, 348.
— (Marie de la), femme de Louis Frottier, I, 345, 348, 350.
— (Mlle de la), I, 449.
— (Mr de la), I, 9.
— (Mre de la), théologal de l'église de Poitiers, I, 342.
— (sr de la). Voy. Demareuil, Laurens, Le Beau.
Bardeau (Pierre), laboureur, II, 160.
Bardelle (étang de la), cne de *Montmorillon*, I, viii.
Bardin, dit le Boème, II, 102.

Bardonnin (François), sgr de Sonneville et de Boisbuchet, I, 50, 52, 53.
— (Gabrielle), I, 50.
— (Jacquette), D° de la Grange-Bardonnin, I, 50.
— (Jacquette), I, 50.
— (Jean), sgr de Saint-Romain, comte de Sansac, I, 52.
Bareau (Pierre), curé de Saulgé, I, 130, 215, 229, 233, 241, 276, 358.
— dit Saint-Laurent, I, 132.
Barentin (Jacques-Honoré), vicomte de la Motte, sgr d'Ardivilliers, maître des requêtes, intendant des généralités de Poitiers et de Limoges, I, 254, 291, 305, 307.
Bareuilh (Guillaume), sergent royal et bailliager, II, 280.
Barge (chapelle de la), c^{ne} d'Antran, *Vienne*, II, 99.
— (chapelain de la). Voy. Richard.
— (s^r de la), maréchal des logis, I, 24 ; II, 320, 326.
Barillet (Jean), dit de Xaincoins, receveur général des finances, II, 217, 219, 220, 221.
Barlet (Catherine), femme de André Grandchamp, I, 472.
— (Malaine), cordonnier à Montmorillon, I, 472 ; II, 29.
— (Marie), femme de Martial Marchand, II, 29.
Barlotière (François de la), I, 417.
— (Laurent de la), s^r de Puy-Martin, I, 417.
— (Marie de la), I, 417.
— (Robert de la), I, 417.
Barneuve (sgr de). Voy. Forges (de).
Baron (Suzanne), femme de Pierre Milon, I, 464.
Baron (la), c^{ne} de *Chénechè, Vienne*, II, 115, 118, 127, 129.
— (château de la), I, xi.
— (sgr de la). Voy. Bridieu (de).
Barraud, veuve de Chaussetière et femme de Labbé, I, 173.
Barrault (Joseph), procureur à Montmorillon, II, 211.
Barre (la), c^{ne} de *Montmorillon, Vienne*, I, xiv.
— (s^r de la). Voy. Delavergne.
Barreporte, II, 255, 262, 268, 273.

Barret, *Charente*, II, 191.
Barret (Augustin), II, 281.
Barriat (Anne), femme de Charles Dusibioux, II, 2.
— (Valentin), dit la Garenne, maître sergetier à Montmorillon, I, 28, 60, 100, 151, 168, 183, 225, 229, 267, 356 ; II, 2, 10, 32, 140.
— (Vincende), II, 10, 32.
Barrois (Jean), dit Grand-Jean, meunier, I, 35, 109.
— femme de Pierre Delerpinière, dit la Gresle, I, 109.
Barrou, *Indre et-Loire*, I, 54.
Bartolle (s^r de). Voy. Penthecousteau.
Barton (Jean-François), sgr de Montbas, brigadier des armées du Roi, II, 137.
— (Jeanne), femme de Marie-Charles du Chilleau, I, 324.
— (Jeanne-Françoise), femme de François Estourneau, I, 274 ; II, 68.
— (Pierre), marquis de Montbas, I, 324.
— (Pierre), I, 370.
Basars. Voy. Bazas.
Baslon (Pierre de), sgr de la Forest, I, 66.
— (Yolande de), femme de Pierre de Lanet et de Mallet, I, 66.
Bastard, II, 151.
Bastide (Barnabé), prieur de la Maison-Dieu de Montmorillon, II, 158.
— (François), s^r de Villemuseau, avocat à Montmorillon, I, 220, 271.
— (Jacques), s^r de Villemuseau, II, 52.
— (Jacques), s^r du Pêcher, lieutenant du prévôt des maréchaux à Montmorillon, II, 104, 348.
— (Jacques), s^r du Pêcher, assesseur en la maréchaussée de Montmorillon, II, 73.
— (Jacques), avocat et procureur du Roi à Montmorillon, II, 104, 348.
— (Jean), s^r du Pêcher, conseiller du Roi à Montmorillon, I, ix, 84, 92, 95, 96, 98, 125, 338, 356, 358, 378, 430 ; II, 104.
— (Jean), s^r de Lavaudieu, procureur fiscal de Brosse, I, 376, 377, 399 ; II, 319.

Bastide (Jean), chapelain de la chapelle de Saint-Michel en l'église de Saint-Martial de Montmorillon, II, 162.
— (Jeanne), femme de Jean Mangin, II, 52.
— (Léonard), conseiller du Roi à Montmorillon, I, 430.
— (Marguerite), femme de Jacques Richard, II, 99.
— (Marie-Julie), femme de Louis-Sylvain Mangin de Beauvais, II. 348.
— (Mathurine), I, 272
— (Mr), I, 7.
— sr de la Griminière, I, 125. 430.
— (la), cne de Dunet, Indre, I, 84.
— (sr de la). Voy. Marans (de).
Bastière (Germain), tailleur d'habits à Montmorillon, II, 162. 185.
— (Pierre), maître papetier aux Mas, II, 179, 185.
Bastière (la), cne de Sillars, Vienne, I, 293.
— (sr de la). Voy. Veras.
Basty, notaire à Montmorillon, II, 243.
Basville (Mr de). Voy. Lamoignon.
Bâtardeau (étang de), cne de Saulgé, Vienne, I, 60, 267.
Baubuchet. Voy. Boisbuchet.
Baudelette (sr de). Voy. Delerpinière.
Baudiment (sgr de). Voy. Neuchèze (de).
Baudineau (Charlotte), femme de Jessé de Gaullier, II, 8.
Baudinière (sr de). Voy. Ducellier.
Baudinière (la), cne de Journet, Vienne, I, 455.
— (sr de la). Voy. Vachier.
Baulh (Guillaume), II, 280.
Baunay (Marguerite), femme de Hilaire Bourbeau, I, 416.
Bauterre, Beautier, Boutiers, cne de Béthines, Vienne, II, 226, 231.
Bavière (Anne-Christine-Victoire de), femme du Dauphin, I, 466.
— (Charles-Louis de), électeur palatin, I, 344.
— (Charlotte-Elisabeth de), femme de Philippe de France, duc d'Anjou, I, 344.
— (Ferdinand-Marie de), électeur, I, 466.

Bayonne, Basses-Pyrénées, I, 71, 72, 178.
— (évêques de). Voy. Desmontiers, Dolce.
Bayonne (dit). Voy. Giraud.
Bazas, Gironde, I. 296. 297, 366.
Bazeuge (Anne), femme de Fleurent Cherbonnier, II, 64.
— (François), dit Montafilan, menuisier à Montmorillon, I, 448 ; II, 64.
Beau (Antoine), notaire et arpenteur à Asnières, I, 410 ; II, 11.
— notaire royal, fils du précédent, I. 410.
Beauchamp, cne de Saint-Germain, Vienne, I, 264.
— (sr de). Voy. Vezien.
Beauchet-Filleau, cité, I, 130, 268 ; II, 201, 202. 226, 234, 246, 249, 290, 291, 292, 294, 295, 312, 359.
Beaufort (duc de). Voy. Vendôme.
Beaufour (étang de), cne de Saulgé, Vienne, I, 60, 267 ; II, 156.
Beaufranc (sr de). Voy. Vezien.
Beaugay, I, 413.
Beaulieu (lieu noble de), cne de Persac, Vienne, I, 21.
— (sgr de) Voy. Gaullier.
— (sr de). Voy. Neuchèze (de).
Beaumartin, cne de Sillars, Vienne, II, 166, 167.
Beaumont (Anne), veuve de Jean Delaforest, I, 379.
— (dit). Voy. Pian.
Beaupoil Pierre), sr de Lipardière, receveur des tailles au Blanc, I, 166.
Beaupoil de Saint-Aulaire (Martial-Louis de), évêque de Poitiers, II, 333, 336.
Beaupré (sgr de). Voy. Foucaud.
Beaupuy (château de), cne de Saulgé, Vienne, I, 466 ; II, 29, 88, 202.
— (sgr de). Voy. Blom (de).
Beauregard, cne de Bléré, Indre-et-Loire, I, 231.
— cne de Queaux, Vienne, I, 325.
— (Pierre de), sr de Champnoir, I, 325.
— (Mlle de), II, 92, 133.
Beausoleil (sr de). Voy. Delerpinière.
Beautier. Voy. Bauterre.
Beauvais, Beauvois, cne de Béthines, Vienne, II, 227.

Beauvais (sr de). Voy. Delaforest, Goudon.
Beauvois. Voy. Beauvais.
Bédonnière-Linger (Mlle de la). Voy. Linger de la Bédonnière.
Bedouche (sr de la). Voy. Naude.
Bégaudelle (sgr de). Voy. Scourion.
Beillevers, procureur, II, 319.
Beissat (sgr de). Voy. Du Pin.
Bélâbre, *Indre*, I, 394, 395, 458 ; II, 17, 47, 77, 315.
— (marquis de). Voy. Le Coigneux.
— contrôleur du dépôt du sel. Voy. La Barre.
Belasson (la fosse), II. 232, c^{ne} de *Béthines, Vienne*.
Belébat (Paul Hurault de l'Hôpital, abbé de), prieur des Augustins de Saint-Benoit-du-Sault, II, 21.
Belet (Jean), II, 155. Voy. Bellet.
Béliot (François), avocat en parlement, I, 324.
— (Joseph), I. 324.
Bellac, *Haute-Vienne*. I, 40, 45, 56, 111, 123, 287, 370, 399 ; II. 25, 63, 68, 85.
— lieutenant général. Voy. Reymond.
— médecin. Voy. Badou.
— (siège de), II, 311.
Bellaud (Mathieu), II, 257.
— (Mathurin), II, 270, 274.
Bellebrune (marquis de). Voy. Blondel.
Bellehombre (sr) II, 324.
Belle-Isle, *Morbihan*, I, 196.
— gouverneur. Voy. Haye des Noyers (de la).
Bellemaison (sr de). Voy. Guimbaud.
Belleplaine (sr de). Voy. Goudon.
Bellet, Belet (Catherine), femme de François Delagrange, I, 435.
— (Jean), sr de Chez-Blet, chirurgien à Availle-Limousine, I, 435, 436.
— (Jean), barbier et valet de chambre ordinaire du Roi et de Mgr le duc d'Anjou, I, 435.
— (Perrette), femme de Bertrand Compaing, sr de la Maurie, I, 436.
Belletière (la), c^{ne} d'*Availle-Limousine*, I, 93.
— île Archambault, I, 93.
— (sgr de la). Voy. Maigret.

Belleville (dame de). Voy. Culant (Marguerite de).
— (sgr de). Voy. Harpedanne
Bellivier (Jacques), sr du Palais, II, 194.
— (Jean-Louis), sr de Serre, II, 194.
Belloux (Marie), femme de Jean Bonnestat, I, 335.
Belmoth (Radegonde de), dame du Blanc, II, 152.
Beloux (Eléonore), femme de Jean Borde, II, 135.
Bémané (la nommée), II, 150.
Bénard (le sr), huissier aux aides en l'élection du Blanc, I, 61.
Bénavent, c^{ne} de *Pouligny-Saint-Pierre, Indre*, I, 69.
Bénigne (le P.). gardien des Récollets, I, 65, 71.
Bénizeau (Marguerite), I, 294.
Benoist (Georges), maître papetier aux Grands-Moulins, II, 182, 185.
Bérange (régiment de la), I, 284.
Béranger (Nicolas), sergent royal en Poitou, II, 292, 294, 299.
Béraud (Anne), I, 140.
— (Arthur), I, xiv.
— (François), I, 140.
— (Jacquette), I, 140.
— (Laurent), I, 140.
— (Loys), chanoine de Notre-Dame de Montmorillon, II, 275, 276, 277.
— (Marguerite), I, 140.
— (Marguerite), femme de Jean Jacquet I, 140 ; II, 121.
— (Marie), I, 140.
— (Pierre), I, 140.
— (Simon), procureur à Montmorillon, I, 140, 284 ; II, 308, 309.
Béraudière (Catherine de la), femme de Jean de Grandsaigne, I, 3, 17, 31, 46.
— (Emmanuel-Philibert de la), sgr de l'Isle-Jourdain et de Rouet, I, 381.
— (Feurent de la), prieur du prieuré de Notre-Dame de Saulgé, I, 215.
— (François de la), marquis de l'Isle-Jourdain et de Rouet, I, 116, 299, 422 ; II, 100.
— (François de la), sgr de l'Isle-Jourdain et de Chantouillet, I, 381.

Béraudière (François-Anne de la), marquis de l'Isle-Jourdain et de Rouet, I, 116; II, 103.
— (Jeanne de la), veuve de Philippe de Maroix, I, 3.
— (Jeanne-Armande-Marie-Anne de la), femme de Pierre Barton, I, 116, 324.
— (Joseph de la), baron de Rouet, I, 215; II, 95.
— (Louise de la), dame de l'Age de Plaisance, I, xiv.
— (Marie-Anne de la), I, 116.
Berault. Voy. Beraud.
Beregnaudi (Gosselin), II, 152.
Berland (François), prieur de Montierneuf, II, 111.
— (Françoise), femme de Pierre de Bridieu, II, 111.
— (Jacques), sr du Plessis, II, 111.
Bermondet (Georges de), comte d'Oradour-sur-Vayres, baron du Boucheron, I, 24, 25.
— (Georges de), baron d'Oradour-sur-Vayres, I, 306.
Bernalhio (moulin et roche de). Voy. Berneuil.
— (Ithier de), valetus. Voy. Berneuil.
— (Théobald de), clericus. Voy. Berneuil.
Bernard, sgr de Montmorillon, II, 199.
— dit de Quatrebarbes, sgr de Montmorillon, II, 199.
— (François), dit Marche à-terre, II, 114, 131.
— (Guillaume), sgr de Forax, conseiller d'Etat, II, 294.
— (Jeanne), femme de Joseph Dechassaigne, dit Marabais-Niclou, I, 205, 404.
— (Jeanne), femme de Charles Bruslé, I, 336.
— (Judith), femme de René Bonnin, I, 116.
— (Louise), I, 301.
— (Marguerite), femme de Pierre Genty, I, 60, 263; II, 140.
— (Marie) femme de Mathurin Lamigault, I, 209, 218.
— (Marie-Anne), II, 130.
— (Mathurin), II, 230, 232.
— (Michel), dit Boutillon, charpentier à Montmorillon, I, 395.
— (Paul), II, 131.

Bernard (Pierre), charpentier à Montmorillon, I, viii, 301, 395.
— (Renée), femme de Jean Révérant et de René Coustière, II, 73.
— (Simon), charpentier à Montmorillon, I, 60, 263; II, 140.
— (Victor), II, 130.
Bernardeau de Monterban (François-Hyacinthe), capitaine lieutenant de la maréchaussée à Montmorillon, II, 73, 312.
— (Joseph-Antoine), conseiller du Roi à Montmorillon, II, 351.
— (Joseph-François-Hyacinthe), capitaine lieutenant de la maréchaussée à Montmorillon, II, 312.
— (Marguerite), femme de Marc Bouthier, II, 117, 194.
— (Marie-Marguerite), femme de Jean-Hilaire Bastide, II, 73.
Berneron (Joseph), sr de Mont, I, 133, 246.
Berneuil (moulin de), de Bernalhio, près et au-dessus de Montmorillon, II, 152.
— (pré de), de Brenoblio, II, 155.
— (roche de), de Bernalhio, I, 193; II, 152, 164.
— (Ithier de), de Bernalhio, valetus, II, 152.
— (Marie de), II, 202.
— (Pierre de), de Bernolio, II, 202.
— (Théobald de), de Bernalhio, clericus, II, 152.
Bernolio (Petrus de). Voy. Berneuil.
Béroute (sr de). Voy. Porcheron.
Berry (province de), I, 14, 55; II, 294.
— (Charles de France, duc de), I, 336.
— (duc de). Voy. Jean.
Bertault (Marie-Anne), femme de Louis Dufour, II, 166.
Berthe (la), II, 254, 261, 267, 272.
Berthelin (François), dit le Chevalier, I, 362, 366.
— (Jacques), I, 105.
— (Jacques), sgr de Romagny, d'Aiffres et du Cluseau, I, 54, 66, 105, 261, 361, 362, 389; II, 86, 187, 188, 189, 190.
— (Jeanne), femme de André Richard et de Oradour, I, 13, 14, 71, 83, 86, 87, 89, 105, 118, 129, 140, 150, 451; II, 44, 45, 140.

Berthelin (Joseph), s¹ de Soligny, I, 361, 362, 363, 366, 384.
— (Michel), s¹ d'Aiffres, I, 54, 105, 361, 363.
— (Simon), s¹ du Cluseau, I, 362, 363, 365 ; II, 86, 87.
Berthelot (Jacques), s¹ de Boissennebault, procureur au présidial de Poitiers, II, 4, 81.
Berthommé. Voy. Guillon.
— (Noël), II, 256, 263, 269, 273.
Berthon (Jeanne, femme de Pierre Clavetier, I, x, 3, 5, 33, 207.
— (Martial), meunier, II, 162.
— (Robert), sergetier à Montmorillon, I, 282.
Berthonneau (Anne), femme de Antoine Dechaume, I, 322.
— (Louise), femme de Jean Cailleau, I, 253.
— (Pierre), s¹ du Pin, I, 104, 277, 283, 445 ; II, 308, 309.
— (Pierre), greffier, II, 4.
— (René), notaire à Poitiers, I, 180, 182, 188, 211.
Berthonnerie (s¹ de la). Voy Gaultron, Richard.
Berthoumé. Voy. Berthommé.
Bertillat. Voy. Jehannot de Bertillat.
Bertin (le bois), cⁿᵉ de Béthines, Vienne, II, 226.
Bertrand (Georges), s¹ de Boisvert, I, 159.
— (Jean), s¹ de Villebussière, I, 159.
Bertussie (s¹ de la). Voy. Mastribut.
Besge (s¹ de la). Voy. Laurens.
Bessac, cⁿᵉ d'Huins, Vienne, I, 343.
Bessé (Jean de), commis à la recette des tailles à Poitiers, I, 403 ; II, 19.
Bessonneau (Marie), femme de Joseph-Martial Millet, II, 143.
Béthinault (Pierre), marchand, II, 304.
Béthines, Vienne, I, xii, 104, 168, 283, 456 ; II, 45, 54, 226, 227, 228, 229, 230, 231, 232, 282, 283, 284, 287, 288, 303, 304.
— curé. Voy. Amoureux ; — prieur, II, 226, 231.
— notaire. Voy. Lestrigou.
Betoulle (s¹ de la). Voy. Sylvain.
Beufmont. Voy. Beumont.
Beugent. Voy. Bugent.

Beumaine, cⁿᵉ de Béthines, Vienne, I, 382.
— (s¹ de). Voy. Gaultier.
Beumont, Beufmont, cⁿᵉ de Béthines, Vienne, II, 152, 227, 228, 229, 232.
— (s¹ de). Voy. Gaultier.
Bezand (François), prieur de la Maison-Dieu de Montmorillon, II, 166.
Béziers (évêque de). Voy. Cramaud.
Biard, cⁿᵉ de Journet, Vienne, II, 305, 306.
Biard-les-Monges, cⁿᵉ de Montmorillon, Vienne, I, 164, 204 ; étang, I, 60.
Biard (tenue de), cⁿᵉ de Moussac-sur-Vienne, Vienne, I, 325.
Biché (Jean), curé de Jouhet, I, 333.
Bichier (Antoine), clerc, chanoine de Notre-Dame de Montmorillon, II, 339.
— (Charles), curé de Saint-Martial de Montmorillon, II, 25, 29, 36, 40, 43, 44, 45.
— (Félix), I, 446.
— (Maurice), trésorier de France à Bourges, I, 432.
— (Maurice), s¹ des Ozannes, I, 432, 446.
Bidaud (Louis), prêtre, II, 101.
— (Mathieu), s¹ de Saint-Martin, hôte de la Grille à Montmorillon, I, 287, 355, 468.
Bidault (Jean), II, 231.
Biénac (bourg de), près Rochechouart, Hᵗᵉ-Vienne, I, 295.
Bigaud (François), marchand à Magnac, I, 427.
— (Joseph), s¹ de Buxerolles, hôte des Trois-Rois à Lussac-le-Château, I, 398, 427.
Bigeotière (comte de la). Voy. Laval (de).
Bignolle (s¹ de la). Voy. Jacquet.
Bignon (Armand-Roland), II, 87.
— (Jean-Paul), II, 87.
— (Jérôme), avocat général au parlement de Paris, I, 261 ; II, 87.
— (Jérôme), II, 87.
— (Louis), II, 87.
Bigny (s¹ de). Voy. Billy.
Bigot-Pontbaudin (Pierre), capitaine des traites à Moulime, I, 257.
Bilheu (Jean-Baptiste), syndic et

procureur de la Maison Dieu de Montmorillon, II, 161, 169.
Billerot (lieu dit le), près Montmorillon, *Vienne*, I, 395.
Billette, maître tanneur à Saint-Savin, I, 191. 393.
Billy, alias Bigny (sr de), capitaine au régiment de la Feuillade, I, 24 ; II, 314, 315, 316.
Birot (Pierre), prévôt de la maréchaussée à Saint-Maixent, I. 391.
Bisseaux (sgr de). Voy. Spifame.
Bitton (Amable), receveur général des finances à Poitiers, I, 220.
Bituricensis archiepiscopus. Voy. Bourges (archevêque de).
— congregatio. Voy. Bourges (congrégation des Augustins de).
— diocesis. Voy. Bourges (diocèse de).
Blactot (Jean-Marie), subdélégué de l'intendant à Bressuire, II, 357.
Blacvod (Adam), conseiller au présidial de Poitiers, II, 289.
Blainville (sgr de). Voy. Estouteville (d').
Blanc (le), *Indre*, I, 1, 4, 16, 27, 29, 31, 69, 96, 103, 123, 125, 126, 130, 131, 149, 165, 177, 179, 197, 215, 322, 323, 329, 332, 333, 334, 338, 339, 343, 344, 345, 347, 351, 352, 355, 356, 358, 359, 360, 361, 368, 370, 372, 375, 377, 382, 383, 390, 392, 394, 396, 397, 403, 405, 409, 416, 422, 428, 430, 431, 432, 433, 436, 440, 441, 444, 446, 447, 448, 455, 457, 458, 469, 472 ; II, 3, 4, 8, 22, 27, 38, 40, 41, 51, 54, 55, 77, 79, 86, 87, 129, 142, 294.
— avocat du Roi. Voy. Dalest.
— bailli. Voy. Jacquet.
— châtellenie, I, xiii.
— conseillers. Voy. Delaforest, Gaillard, Poirier.
— couvent des Récollets, II, 135.
— églises : Augustins (des), I, 291 ; Saint-Cyran (de), I, 131.
— élection, I, 32, 61, 105, 454 ; II, 3.
— huissier aux aides. Voy. Bénard.
— (lieutenant en l'élection du). Voy. Delaforest.
— Louis XIV (passage de), I, 62.
— (moulins du), II, 345.
Blanc (présidents en l'élection du). Voy. Jacquet, Mangin.
— prévôt de la maréchaussée, I, 390.
— prisons, I, 458.
— procureurs. Voy Azay (d'), Poirier, Rabaud.
— receveurs des tailles. Voy. Azay (d'), Jacquet.
— sénéchal. Voy. Mornet.
— troupes (passage de), I, 4, 134, 284, 288.
Blanchard (Catherine), femme de Michel Bernard, I, 395.
— (Henri), sgr de Mazay, II, 124.
— (Louis), sgr de Bourg-Archambault, I. 79, 92, 93, 94, 107, 136, 137.
— (Marie), femme de Martial Berthon, II, 162.
— dit Montolivette, sacristain de Saint-Martial de Montmorillon, I, 395.
— cité, I, 40 ; II, 234, 294.
Blanchon (André), vicaire de Saint-Martial de Montmorillon, I, 185, 190, 193 196, 204. 205, 209. 210, 213, 214, 217. 219, 227, 232, 233, 235, 236.
Blanzay, *Vienne*, II, 154.
Blaye, *Gironde*, II, 249.
Blemville. Voy. Blainville.
Blessac (monastère de), *Creuse*, I, 15 ; II, 248.
Blois, *Loir-et-Cher*, I, 53, 129.
— hôtellerie de la Galère, I, 53.
Blom (Jean), Blomus, prieur de la Maison-Dieu de Montmorillon, II, 150.
Blom (Agathe de), femme d'Henri-Joseph Des Marquets, II, 347.
— (Emmanuel de), sgr de Beaupuy, I, 466.
— (Emmanuel-Pierre de), sgr de Saulgé, II, 17.
— (Gaspard de), sgr de Beaupuy, I, 66 ; II, 124.
— (Jean de), sire de Magodat, I, 380.
— (Sylvain, de), sgr de Beaupuy, I, 310.
— (de), II, 355.
Blomus. Voy. Blom.
Blon. Voy. Blond.
Blond, *Hte-Vienne*, I, 283.
Blondé de Messemé, II, 354, 355.

Blondel (Catherine-Charlotte), femme de Joseph Richard, II, 71, 74, 83, 92, 103, 105, 112.
— (Charles), marquis de Bellebrune, maître d'hôtel du Roi, I, 385 ; II, 249.
— (François), sgr de Puisolle, conseiller, secrétaire et intendant des bâtiments du Roi. I, 395
— de Joigny (Françoise), femme de Claude de Saint Simon, sgr de Montbléru, II, 249.
— (Joseph), sgr de Gagny, conseiller, trésorier général des bâtiments du Roi, I, 395.
— (Marie), veuve de Gabriel de la Porte, I, 395 ; II, 71.
Blondet (Suzanne), femme de Guillaume Ducellier, II, 84.
Blour (la Grande), *petite rivière*, I, 246.
Bobin (Antoine), sergent royal à Montmorillon, I, 463 ; II, 101.
— (Antoine), dit Chauchepaille, II, 253, 260, 266, 271.
— (Jean), dit Lagenest, tailleur d'habits et maître hospitalier à la Maison-Dieu de Montmorillon, II, 25, 26.
— (Jean), II, 228.
— (Laurent), II, 26.
— (Louise), femme de Paul Auprêtre, I, 357.
— femme de Crugeon, II, 101
Bobine (la), II, 257, 270, 274.
Bobinet, curé de Buxerolles, cité, I, 452.
Bobyne. Voy. Bobine (la).
Boce (Pierre), valet, II, 202.
Bodax (régiment de), I, 67.
Bodin (Pierre), archer de la maréchaussée de Saintes, II, 194.
Bohêmes, II, 47
Bohereu (Petrus de), valetus, II, 202.
Boidin (Marie), femme de Jacques Cuisinier, I, 317.
Boileau (Catherine), dite la Bouchalaise, femme de Laurent Déchamp, II, 51, 107.
— (Fleurence), veuve de Blaise Vrignaud, I, 138, 200, 280.
— dit Bouchalais, boucher à Montmorillon, I, 471.
Boirat, c^{ne} d'Abzac, *Charente*, II, 59, 93.

Boirot, notaire à Confolens, I, 121.
Bois (sr du). Voy. Vezien.
— (sgr du). Voy. Pouge (de la).
Boisbelet, c^{ne} *de Montrollet, Charente*, I, 11.
— (sgr de). Voy. Cognac (de).
Boisblanc (sr de). Voy. Lancereau.
Boisbuchet, Baubuchet, c^{ne} *de Lessac, Charente*, I, 50, 53.
— (sgr de). Voy. Bardonnin.
Boiscantault (sr de). Voy. Chasseloup, Lhuillier.
Boisclairet (sr de). Voy. Delaforest.
Boiscommun (sgr de) Voy. Ferré.
Bois-Communaux (les), c^{ne} *de Béthines, Vienne*, II, 225, 226, 230, 231.
Boisdumont (sr de). Voy. Chaud.
Boisfleury (sr de). Voy. Vezien.
Boisgrenier (sr de).Voy. Forges (de).
Boisjoubert (sr de). Voy. Raveau.
Boilesve (Philippe), prieur de la Maison-Dieu de Montmorillon, II, 160, 161, 162.
Boislivière (la), c^{ne} *d'Antigny, Vienne*, I, 328.
Boismenu (sr de). Voy. Goudon et Michelet.
Bois-Métais (prieuré de Saint-Jacques de), c^{ne} *de Jazeneuil, Vienne*, II, 69, 83, 84, 96, 97, 102, 108, 118, 130, 141.
— prieur Voy. Demaillasson, Ladmirault
Boismorand, c^{ne} *d'Antigny, Vienne*, I, 232, 258, 270, 409 ; II, 97, 104.
— (métairie de la Porte de), II, 144.
— (sgr de) Voy. Aloigny (d').
Boismorin (sgr de). Voy. Thomas.
Boisredon (sr de), lieutenant-colonel au régiment de Linières, I, 277, 278, 293.
Bois Remond, c^{ne} *de Parnac, Indre*, II, 47, 320.
— (sgr de). Voy. Delouche.
Boisse (sgr de). Voy. Broue (de la).
Boisseau (Joseph), notaire et procureur du marquisat de Lussac-le-Château, I, IX.
Boisse de Pardaillan (Magdeleine de), femme de Jean Bardonnin, I, 52.
Boissenatière, c^{ne} *d'Asnières, Vienne*, I, 428.

Boissennebault (sr de). Voy. Berthelot.
Boissière (sgr de la). Voy. Richard.
Boisson (Françoise), femme de René de Couhé, I, 264.
Boisvert (sr de). Voy Bertrand, Julien.
Boivin (Hilaire), sr du Monteil, I, 473 ; II, 7.
Boivre, *ruisseau*, II, 216
Bombard (Marguerite), femme de François Delafond, I, 353.
Bonaventure (saint), II, 135.
Bonesset (Jacques), II, 254, 261, 268, 272.
Bonicault (Louis), commandeur de Chassenay, II, 157.
Boniface VIII, pape, I, 143 ; II, 176.
Bonifacius, papa octavus. Voy. Boniface VIII.
Bonnamy (Anne), femme de Laurent Guillon, I, 471.
— (Catherine), femme de Charles Aubin, I, 328.
Bonnanor, II, 151.
Bonnardelière, cne de Saint-Pierre-d'Exideuil, Vienne, I, 48.
— (sr de la). Voy. Maron.
Bonnaude (Jeanne), II, 228.
Bonneau (Jean), curé de Saint-Martial de Montmorillon, I, 236, 244, 246, 247, 248, 255, 256, 257, 265, 271, 272, 273, 292, 295, 296, 301, 308, 312, 320, 321.
— (Renée), femme de Mathurin Prestreau, I, 336.
Bonnelière (sr de la). Voy. Lhuillier.
Bonnes, Vienne, I, vii, 238.
Bonnestat (Catherine), I, 336.
— (Henriette), I, 336.
— (Jacques), juge sénéchal de Saint-Savin, I, 335.
— (Jean), maître chirurgien à Saint-Savin. I, 335.
— (Jean), I, 336
— (Jeanne), femme de Jean Naude, I, 336, 392.
— (Louis), I, 336.
— (Marie), I, 336.
— (Marie-Anne), I, 336.
— (Pierre), I, 336.
— (Raymond), I, 336.
— (Suzanne), I, 336.
— (Thérèse), I, 336.

Bonnet (Gabrielle), femme de Louis Augry, I, 419.
— (Héliott), II, 282.
— (Huguet), II, 282.
— (Jacques-Léonard), sr de Forges, lieutenant particulier et assesseur criminel à Montmorillon, II, 7, 37, 43, 92, 138.
Bonneteau (Jean), entrepreneur architecte à Poitiers, II, 164.
Bonneton (Gilles), prêtre, I, 359.
— (Pierre), II, 255, 262, 268, 272.
Bonneuil, *Indre*, I, 261.
— (lieu dit) à Saint-Germain, Vienne, I. 78.
— (André de), II, 5.
— (Henri de), médecin de la Maison-Dieu de Montmorillon, I, 349 ; II, 5, 124
— (Louise de), II, 124.
— (Marie de), II, 5.
— (Pierre de), II, 5.
Bonnevaux, cne de Briqueil-le-Chantre, Vienne, II, 165.
Bonnicault (étang), à la Chaise, cne de Montmorillon, Vienne, I, viii, 33.
Bonnières-Souastre (Marguerite-Claire de), femme de Louis de Saint-Simon, II, 249.
Bonnin (Anne), I, 328.
— (Anne-Louise), femme de Nicolas de Lamoignon de Basville, II, 16.
— (Antoinette), femme de Fleurent Tartarin, I, 263.
— (Catherine), femme de Jacques Fayard, I, 205, 455.
— (Charles), sr de Tervanne, procureur à Montmorillon, I, 19, 33, 46, 89, 91, 122, 142, 152, 175, 181, 182, 190, 219, 225, 229, 236, 237, 238, 250, 255, 266, 275, 280, 301, 345, 373, 396 ; II, 40, 51.
— (Charles), I, 122.
— (Charles), cordonnier à Montmorillon, I, 271, 327, 373, 414 ; II, 18.
— (Charles), commis greffier à Montmorillon, II, 308, 309.
— (Claude), dit le chevalier de Messignac, II, 221, 222.
— (Etienne), I, 315.
— (Fleurant), sr de Tervanne, greffier criminel à Montmorillon, I, 219, 225, 278, 282, 313,

319, 353, 419, 453, 454, 458 ; II, 23, 27, 67, 79, 93, 101.
Bonnin (François), I, 454.
— (François), sgr de Messignac, II, 136.
— (Jean-François), marquis de Chalucet-Messignac, II, 16.
— (Jeanne), femme de Jean Gaultier, II, 319, 396, 453 ; II, 70.
— (Jeanne), veuve d'André Sororeau, I, 455.
— (Jérôme), sr de Chaveigne, I, 321, 391.
— (Joseph), marchand à Montmorillon, I, 21, 69.
— (Louis), avocat à Montmorillon, I, 215, 230, 262, 273, 328, 355, 356, 371, 373, 417, 473 ; II, 18, 48, 49, 57.
— (Louise), I, 373.
(Marguerite), I, 327.
— (Marguerite), veuve de Joachim Delerpinière, II, 33.
— (Marie), I, 327.
— (Marie-Anne), I, 355.
— (Marie-Anne), femme de Jean Viguier, II, 142.
— (Marie-Gabrielle), femme de François de la Béraudière, I, 116, 299, 422 ; II, 100.
— (Pierre), I, 238, 250.
— (Pierre), II, 18.
— (René, I, 116.
— (René), sgr de Messignac, I, 221.
— (Robert), sr des Abattis, I, 333.
— (Vincent), apothicaire à Montmorillon, I, 122, 132, 187, 203, 215, 350.
Bonnivet (marquis de). Voy. Rochechouart.
— (sgr de). Voy. Gouffier
Bonval et (Adrien), cité II, 293.
Borde (Etienne), II. 322.
— (François), dit Fonlore, sergent royal à Montmorillon, I, 209.
— (Jean), archer à Montmorillon, I, 98.
— (Jean), sr de Normantin, II, 135.
— (Jean), praticien, II, 302.
— (Louis), sr de Normantin, procureur à Montmorillon, II, 135.
— (Louis), II, 135.
— (Pierre), chanoine de Notre-Dame de Montmorillon, I, 159.
— frère du sénéchal de Bourganeuf, I, 189.

Borde (Mr de la), promoteur en l'officialité de Poitiers, I, 407.
Bordeaux, Gironde, II. 121.
Borderie (sgr de la). Voy. Barbarin.
Borderie (moulin à papier de la), paroisse de Peyrat en Limousin, II. 186.
Bordes (sr des). Voy. Gaillard.
— (les), paroisse d'Availle-Limousine, I, 325.
— (Mlle des). Voy. Lhuillier.
Bordesoulle (Pierre), maçon à Montmorillon, I, 220.
Bordet (Jean), II, 255, 262, 268, 272.
Borgeron (dictus), II, 202.
Borget (Raymond), valet, II, 202.
Borlière, Bourelière (la), cne d'Hains, Vienne, II, 227.
Boscoberaudi (Hemericus de), valetus, II, 202.
Bossay, Indre-et-Loire, I, 62.
Bost (Jean), sr de la Chambaudrie, II, 44, 67.
— (Jean), sr de la Chambaudrie, II, 67.
— (Jeanne), veuve de Denis Jacquet, I. 27.
— (Louis), I. xiv.
— (Louise), femme de René Delavergne et de Sautereau, II, 56.
— (René), sr de la Chastre, chanoine de Notre-Dame de Montmorillon, II, 136, 347, 348, 349.
Bost (le), cne d'Esse, Charente, I, 181.
— (sgr du). Voy. Barbarin.
— (sr du). Voy. Demaillasson.
Bost du Breuil (Charles de), sgr du Broutet, mestre de camp, I, 41
Bouault (le sr), marchand à Tours, I, 120.
Boubrault (sr de). Voy. Augier.
Bouchage (le), cne de Latus, Vienne, I, 310 ; II, 187, 189.
Bouchalais, cne de Saint-Léomer, Vienne, II, 165.
— Voy. Boileau.
Bouchaud (le), cne de Thollet, Vienne, II, 24.
— (enclave du), I, xiii.
— (sr du). Voy. Sylvain.
— (sgr du). Voy. Faire (de la).

Bouchaud (Etienne), cordonnier à Montmorillon. I, 148.
— (Pierre), I, 148.
Bouchaud-Vauzelle. Voy Faire (de la)
Boucher (Christophe), dit le Prince, arquebusier à Montmorillon, I, 395 ; II, 53.
— (Jean), II, 53.
— (Louis), dit le Petit Prince, arquebusier à Montmorillon, II, 53, 69. 101.
— (Mathurin), dit Cormier, armurier à Montmorillon, I, 395 ; II, 70, 80.
— (Paul), II, 80.
— (Pierre), sgr d'Orsay, conseiller au Grand Conseil, II, 294.
Boucheron (baron du). Voy. Bermondet.
Bouchet (Guillaume), II, 230.
— (Jeanne), II, 273.
— (sr du). Voy. Sylvain.
— (Tanneguy du), sgr de Puygreffier, dit Saint-Cyr, chef huguenot, II, 311.
Bouchet (le), cne de Rosnay. Indre, I, 142 ; II, 118.
— (sgr du). Voy. Taveau.
Boucheterie (sr de la). Voy. Filleau.
Boucheul (Joseph), avocat au Dorat, II, 124.
— (René), avocat au Dorat, II, 124.
Bouchier (Jean), II, 255.
— (Jeanne), II, 262, 268.
Bouchor (Jean), II, 321.
Boucquet (Jean), chirurgien. II. 12.
Boudet (Jean-Julien), curé de Concise, I. 44, 58, 87, 97, 113, 133, 138, 212, 247, 257, 259, 282, 301, 308, 321, 330, 349, 360, 374, 378, 428, 432, 465 ; II, 5, 40, 47, 136, 162.
Boudignoux (étang de), cne du Vigean. Vienne. I, 324.
Bouere, cne de Villemort, Vienne, II. 229, 232, aujourd'hui inconnu
Bouesse (dame de). Voy. Sully (Belle-Assez de).
Bouet (Marie), veuve de Louis Boucher et femme de Félix Martin, II, 101
Bouffugue (Jean), maître papetier, II, 181.

Bougeaud (Elisabeth), II, 9, 130, 145.
— (Jacques), maître régent à Montmorillon, II, 164.
— (René), I, 296.
— (Savin), maître d'école à Montmorillon, I, 437.
— (Savin), maître écrivain et maître d'école à Montmorillon, I, 174, 206, 437 ; II, 9, 91, 145.
Bougy (régiment de), I, 64
— (marquis de). Voy. Révérend.
Bouige (la), cne de Moulime, Vienne, I, 112, 130.
— (Etienne de la), II, 204.
— (Guiot de la), clerc, II, 204.
— (Perrot de la), II, 204.
— 'sr de la). Voy. Baconnet.
Bouillon (Emmanuel-Théodose de la Tour, cardinal de), grand aumônier de France, I, 466.
Boula de Nanteuil (Antoine-François-Alexandre) intendant du Poitou, II, 352, 353, 357.
Boulenne (Mr de), capitaine au régiment Royal-Infanterie, II, 70
Boulineau (Mre), curé de Sillars, I, 213.
Boulinière (la), cne de Saint-Léomer, Vienne, I, 429.
— (sr de la). Voy. Goudon.
Bourau, Bourrau (Catherine), femme de Jean Dumay, II, 19.
— (Gaucher), II, 23.
— (Jean-Jacques), curé de Saint-Martial de Montmorillon, I, 349, 350, 352, 357, 360, 361, 366, 373, 377, 379, 384, 390, 394, 395, 401, 402, 406, 411, 415, 424, 425, 430, 432, 439, 446, 448, 453, 456, 457, 458, 463, 466, 472, 473 ; II, 1, 2, 12, 13, 19, 25, 68, 142, 143.
Bourbeau (Hilaire), notaire à Poitiers, I, 402, 415, 416.
— (Jean), notaire à Poitiers, II, 181.
— (Jeanne), veuve d'Alexis Morineau, I, 416.
Bourbon (Henri de), I, 168.
— (Jeanne-Baptiste de), abbesse de Fontevrault, I, 141.
— (Marie de), femme de Gaston d'Orléans, I, 39.
Bourbon-l'Archambault, Allier, I, 17, 195, 227, 280, 295, 452.

Bourbonnais, province, II, 311.
— (grand maître enquêteur et réformateur des eaux et forêts du). Voy. Raffy de Bazoncourt.
Bourcavier (sgr de). Voy Fricon.
Bourceau (Charles), sr de la Touche, avocat au présidial de Poitiers, I, 118, 177.
Bourdeaux. Voy. Bordeaux.
Bourdeix (Mr de), procureur du Roi à Saint-Léonard, I, 90.
Bourdier (Pierre), sr de Lallier, I, 252.
Bourdin (Philippe-Augustin), prieur de la Maison-Dieu de Montmorillon, II, 166.
Bourdonnaye (Yves-Marie de la), sgr de Coëttion, intendant du Poitou, II, 110, 113, 132, 135.
Bourelière (la). Voy. Borlière (la).
Bouresse, Vienne, I, xiii ; II, 202, 213, 214.
— église, II, 213.
— (mesure de), II, 35
Bourganeuf, Creuse, I, xiii, 189.
Bourg-Archambault, Vienne, I, xii, xiii, 21, 30, 92, 93, 107, 108, 140, 204, 228, 267, 413, 456 ; II, 338.
— (curé de), II, 335. Voy. Roche (de la).
— (sgr de). Voy. Blanchard, Foucaud.
Bourg-Dieu (le). Voy. Déols.
Bourgeois (Charles), prieur de la Maison-Dieu de Montmorillon, II. 164.
Bourgery (pré de), près le bourg du Vigean, Vienne, I, 324.
Bourges, Cher, I, 124, 125, 336, 407.
— (archevêque de), II, 151, 198.
— congrégation des Augustins, I, v, xii, 347 ; II, 148, 158, 170, 171, 172.
— (diocèse de), II, 172, 339.
— (intendant de la généralité de). Voy. Poncet de la Rivière.
— Sainte-Chapelle, II, 220.
— trésorier de France. Voy. Bichier.
Bourgogne, Dauphiné, I, 468.
— (ban de la noblesse de), II, 134.
— (gruyer du comté de). Voy. Mouchet (de).

Bourgongne. Voy. Bourgogne.
Bourg-sur-Mer, Gironde, I, 61.
Bourmaut (Guillaume), valet, II, 204.
Bournalière (sgr de la). Voy. Tudert)de)
Bourpeui, cne du Vigean, Vienne ;— moulin, I, 324 ; — four, I, 325.
Bourré (Jean), trésorier de France, II, 234, 236, 237, 238.
Boursignoux (sr de). Voy. Vezien.
Boussardère (hébergement de la), près Bouresse, Vienne, II, 213.
Boussay (sr de). Voy. Poussineau.
Boussée (sr de la). Voy. Cuisinier, Delerpinière.
Boussigné (Louis de), religieux augustin, II, 156.
Boussigny, Boussigné, cne de Latus, Vienne, II, 124.
— (Jeanne de), veuve de Henri Blanchard, II, 124.
— (sgr de). Voy. Espine (de l').
Boutaudière (sr de la). Voy. Delavergne.
Boutet (Felix), curé de Journet, I, 104.
— (Michel), laboureur, II, 315.
— (Pierre), dit la Roture, chirurgien à Montmorillon, I, 21
— (Sylvaine), femme de Gamaliel Morneau, I, 242.
Boutet du Rivault (Marie-Françoise), femme de Léonard-Charles de Chergé, II, 142.
Bouthier (Catherine), femme d'Antoine Dansays, I, 221, 324, 432.
— (Françoise), femme de François Dansays, II, 117.
— (Jean), curé du Vigean, II, 194.
— (Marc), sr de Mons, conseiller du roi et assesseur au Dorat, II, 117, 119, 127, 194.
— (Marc-Etienne), sr de Mons, II, 117.
— (Marie), femme de Louis Audebert, II, 117, 194.
Boutiers (bois des). Voy. Bauterre.
Boutifais (pré de), près le bourg du Vigean, Vienne, I, 324.
Boutin (Louise), femme de Nicolas Grault, I, 150.
Boutineau (Fleury), marchand tanneur à Montmorillon, I, 138.

Boutinière (sr de la). Voy. Macé (de).
Boutinon (Jeanne), veuve de François Lhuillier, II, 135.
Boutrigère (sr de la). Voy. Richard.
Bouttentrain, I, 183.
Bouyer (Jean), marchand à Chauvigny, II, 53.
— (Marie), femme de Louis Boucher, II, 53.
Bouzy (Gabriel), prieur de la Maison-Dieu de Montmorillon, II, 163.
Boyer (Marc), sr de la Ménardière, juge des Vazois, I, 228.
Boyron (Léonard), maître papetier aux Grands-Moulins, II, 181.
Braghliot (Jean), II, 230.
Braguetrie (sr de la). Voy. Lescuyer.
Brame, Bren, petite rivière, II, 153.
Brancas (régiment de), I, 438.
Brantbome (Jean), II, 137.
Bray (Dominique-Bernard de), I, 409.
Brée (Marsaude), II, 256, 263, 269, 273, 274.
Brégy-Cavalerie (régiment de), I, 447.
Bren. Voy. Brame.
Brenoblio (pré de). Voy. Berneuil.
Breschessac. Voy. Brissac.
Bressuire, Deux-Sèvres, II, 357.
Brest, Finistère, II, 90.
Bretagne, II, 234.
— (Anne de), femme de Charles VIII, II, 234.
— Arthur Ier, duc de), II, 331.
— (François II, duc de), I, 72 ; II, 234.
Bretaut (Colas), II, 246.
Brethonneau. Voy. Berthonneau.
Bretigny (sgr de). Voy. Des Mousseaux.
Bretinière (la), cne de Sommières, Vienne, I, 48.
Bretonnière (de la). Voy. Delabretonnière.
Brettes (Anne de), femme de Guy d'Aloigny, I, 232.
— (Jacques-François de), marquis de Cieux, I, 235.
Breuil (le), près Angle, Vienne, II, 202.

Breuil (le), cne de la Trimouille, Vienne, II, 165.
— (Blanche du), femme de Guillaume de Forges, II, 226.
— (Jean du), sgr de Foussac, II, 226.
— de Lignac (sr du), capitaine, I, 24 ; II, 320, 324, 325, 326, 327, 328, 329
— (sr du). Voy. Arnaudet, Citoys, Lanet (de), Martin, Vezien.
Breuil-Bouchard, cne de Chaillac, Indre, I, 83.
— (sgr du). Voy. Fougères (de).
Breuil-Champagne, (sr du) Voy. Vezien.
Breuil-du-Mazet (sgr du). Voy. Coral (de).
Breuil-Guillot (Mr du). Voy. Guillot.
Breuilhac (sgr du). Voy. Saint-Gelais (de).
Breuil-la-Fouchardière (Mr du). Voy. Coral (de).
Breuille (de la), baron du Laron, I, 318.
Breuilly, paroisse de Latus, Vienne, II, 187, 189.
Breuil-Mingot (le), cne de Poitiers, Vienne, I, 464.
Brézé (Pierre II de), sgr de la Varenne et de Brissac, comte de Maulévrier, sénéchal de Poitou et de Normandie, II, 217, 224.
Bricauld (Catherine), femme de Jean Chein, I, 230, 247, 285.
— (Charles), sr de Verneuil, avocat du Roi à Civray, I, 207, 229, 230, 247, 251, 285, 335, 420 ; II, 124.
— (Charlotte), femme de Jean Courault, I, 345.
— (Emile), cité, I, 50.
— (Gabriel), sr de Verneuil, avocat, juge sénéchal de Rochemeaux, I, 45.
— (Jeanne), femme de Jacques Robert, I, 45, 230, 252, 285.
— (Marie-Jeanne), femme de René Boucheul, I, 124.
— (Suzanne), veuve de Charles Imbert, I, 45, 207.
Bricet (sr), marchand à Tours, I, 120.
Bridiers (vicomté de), Creuse, I, XIII.

Bridiers (Guy de), prieur de la Maison-Dieu de Montmorillon, II, 152.
— (vicomte de). Voy. Couhé (Paul de).
Bridieu (Charles-Paul-Jacques-Joseph de), I, 470 ; II, 122, 133, 134.
— (Jacques de), sgr de la Baron, I, xi ; II, 111, 112, 114, 115, 119, 120, 122, 123, 125, 130.
— Pierre de), sgr de la Baron, de la Saulaye et des Jailetières, II, 111.
— (Mr l'abbé de), II, 122, 123, 130, 139.
Bric (le sr de), I, 144.
Brienne (Jean II de), comte d'Eu, de Guines et de Civray, II, 203, 345.
— (Marguerite de), femme de Guy II, vicomte de Thouars, II, 203.
— (Raoul Ier de), comte d'Eu, de Guines et de Civray, connétable de France, II, 203.
Briffaud (Jean), marchand, II, 328.
Brigueil-l'Aîné, *Charente*, I, xiii. 102, 111, 116.
Brigueil-le-Chantre, *Vienne*, I, xiii, 115, 130, 202, 243, 335, 362 ; II, 12, 40, 188.
— curé. Voy. Cusson.
— (procureur en la justice de). Voy. Desbouiges.
Brillac, *Charente*, I, 56, 61, 446.
— juge sénéchal. Voy. Dausays.
— (la tour de), I, 62.
Brin (François), I, 264.
— (François), greffier de la cour conservatoire à Poitiers, I, 264.
— (Pierre), sergent des tailles à Montmorillon, I, 264.
Briot, II, 255, 262, 268, 273.
Briquet, prévôt du chapitre de Notre-Dame de Mortemer, II, 345.
Brissac (sgr de). Voy. Brézé (de).
Brissaud (Jeanne), femme de Joseph Nouveau, II, 12, 13.
Brisset (Louise), veuve de Jean Goudon, I, 32.
Brisson (Anne), femme de Joseph Ducellier, I, 333 ; II, 106.

Brisson (Catherine), femme de Louis Delage, I, 394 ; II, 56, 82.
— (Jacques), sergent royal à Montmorillon, I, 282, 444 ; II, 178.
— (Jean), curé de Moussac, archiprêtre de Lussac, I, 395, 473 ; II, 47.
— (Jeanne), femme de Jean Dupin, I, 198.
— (Laurent), notaire royal à Montmorillon, I, 66, 98, 187, 213, 273.
— (Louis), prieur de Saint-Remy, I, 395.
— (Macé), laboureur, II, 315.
— (Marguerite), femme d'Antoine Lefebvre, I, 213.
— (Pierre, sr de Pommerède, cabaretier à Montmorillon, I, 322, 333, 336, 394.
Brissonnières (les), cne de Latus, *Vienne*, II, 163, 165.
Brizay (sgr de). Voy. Thomas.
Broc (Antoine), contremaître de la filature du Puygarreau à Poitiers, directeur de celle de Montmorillon, II, 352, 353, 354, 355.
Brochard (François), perruquier à Montmorillon, II, 116.
— (le P.), prédicateur, I, 83.
— Noël), marchand colporteur, II, 116.
— (Raoul-Clément-Xavier), vicomte de la Rochebrochard, élève de l'Ecole des mines, II, 143.
Brocigne (Johannes de), valetus, II, 202.
Broglie (François-Marie, comte de), I, 67.
— (régiment du comte de), I, 67, 84, 124.
Broille (de). Voy. Broglie (de).
Brossard (Gilles), receveur général des tailles en Poitou, II, 288, 293, 294, 295, 296, 297, 298, 299, 300, 301, 342.
Brosse, cne de Chaillac, *Indre*, I, 85, 87, 114, 376, 377, 399 ; II, 329.
— chapelle du château, I, 85.
— (Gérald de), II, 160.
— (procureur fiscal de). Voy. Bastide.
— (sénéchal de), I, 86.
— (vicomté de), I, xiii ; — lieutenant. Voy. Pichon.

Brosse (sgr de la). Voy. Des Marquets.
— (sr de la), I, 353.
Brosses (sgr des). Voy. Dassier.
— (sr des). Voy. Naude.
Brouage, *Charente-Inférieure*, I, 461.
— (régiment de), I, 22, 23.
— (sgr de). Voy. Villequier (de).
Broue (Bernard de la), sgr du Pouyault. I, 11, 70, 222, 409.
— (François de la), sgr de Vareilles, I, 222, 223, 418.
— (Jean de la), sgr de Boisse, capitaine au régiment de Sanguin-Cavalerie. I, 409, 418, 424.
— (Louis de la), I, 409.
— (Luce de la), femme de Charles Desmier et de Antoine de Guitard, I, 11.
— (Marguerite de la), femme de Pierre Laurens, I. 11, 103, 226.
— (Marie-Monique de la), femme de Louis de la Broue, I, 409.
— (Salomon de la), sgr du Pouyault, I, 70.
Brousse-Gillier (la), paroisse de Persac, *Vienne*, I, 83.
Broussel (Philippe), chanoine de Sainte-Geneviève, II, 158.
Broulet (sgr du). Voy. Bost du Breuil.
Broylas, manoir, paroisse de Saint-Satur, *Cher*, II, 151.
Bruas (Jean), sergetier à Montmorillon. II, 114.
Brueil (sr du). Voy. Arnaudet.
Bruère (Jeanne), femme de Pierre Auper, I. 299.
Brulart (Florimond), marquis de Genlis, capitaine au régiment des Gardes. I, 70.
— (Pierre), marquis de Sillery, vicomte de Puisieux, baron du Grand-Pressigny, I, 7.
Brûlière (la), cne de *Saint-Léomer, Vienne*, I, 386.
— (sr de la). Voy. Cardinault.
Brûlon (Catherine), II, 202.
— (Huguet), II, 202.
— (Ithier), II, 202, 204.
Brûlonnière (la), cne de Persac, *Vienne*, I, 60, 312, 344.
— (procureur fiscal de la). Voy. Naudin.
— (sgr de la). Voy. Neuchèze (de).

Brun (Daniel), médecin à Montmorillon, II, 84.
— (Magdeleine), femme de François de l'Espine, I, 43.
Bruneau (Catherine), femme de Jacques Berthelin, I, 105.
— (Me), procureur à Poitiers, I, 189.
— (Marie), dame des Loges, femme de Charles de Rechignevoisin. II, 109
— (Marin), II, 254, 261, 267, 272.
— (Martin), charpentier, II, 324.
— (sr), confiseur à Poitiers, I, 52.
Brunelot, II, 202.
Brunet (Félix), I, 428 ; II, 11.
— (Gilbert), archer à Montmorillon, I, 299.
— (Gilles), abbé de Villeloin, conseiller-clerc au parlement de Paris, chapelain de la Sainte-Chapelle, II, 75.
— (Jacques), chirurgien, I, 299.
— (Jean). I, 428.
— (Louise), femme de Pierre Chauvet, I, 428.
— (Philbert), sr de Chailly, II, 75.
— (Pierre), I, 299.
— (Sylvine), I, 299.
Brunetterie (sgr de la). Voy. Chauvet.
Brunier, dit Potvin, fondeur de cloches, I, 471.
Bruslé (Charles), charpentier à Montmorillon, I, 336, 350, 454.
— (famille), I, 447.
— (Fleurence), I, 350.
— (Jean), I, 130.
Bryot. Voy. Briot.
Bucherie-Morellon (sr de la). Voy. Morellon.
Buffet (Guillot du), prévôt fermier de Montmorillon, I, 296.
Buffette (Mr de la). Voy. Estevenet.
Bugent (Mr) médecin à Montmorillon, I, 232, 236, 265.
Buisson (Joseph), prieur de la Maison-Dieu de Montmorillon, II, 164.
Buissonnet (sr du). Voy. Pascault.
Buissons (sr des), prieur du prieuré de Saint-Martial de Montmorillon, I, 104.
— (sr des). Voy Cœurderoy.
Bureau de la Rivière (Jeanne), femme de Jacques de Châtillon, II, 218.

Burguet (sgr du). Voy. Saint-Simon (de).
Burie (comte de). Voy. Coucis.
Burleigh (Simon), II, 211.
Bussière, lieu détruit, c^{ne} de Mouterre, Vienne, I, 253.
— (sgr de). Voy. Theil (du).
— (s^r de). Voy. Coudre (de la).
Bussière (la), Vienne, I, xii.
Bussière (la), Buxeriis garenna, c^{ne} de Brigueil-le-Chantre, Vienne, II, 201.
— (s^r de la). Voy. Chesne, Guillemin, Thomas.
Bussière-Beissat (s^r de). Voy. Du Pin.
Bussière-Boffy (sgr de). V. Du Pin.
Bussière-Poitevine, H^{te}-Vienne, I, 257, 399 ; — enclave, I, xiii ; II, 69, 70, 80, 99.
— paroisse, II, 305, 306 ; — curé. Voy. Massonneau.
Busson (s^r), receveur des consignations au Dorat, I, 282.
Butré (sgr). Voy. Garnier.
Buxeriis (garenna de). Voy. Bussière (la).
Buxerolles, c^{ne} de Magnac, H^{te}-Vienne, I, 427.
— (s^r de). Voy. Bigaud.
Buxeron (Guillaume de), II, 264.
Buxière (s^r de). Voy. Coudre (de la), Thomas.
Buxière (la), c^{ne} de Persac, Vienne, II, 281.

C

Cabrières, Vaucluse, I, 451.
Cacault (Jeanne), femme de Charles Micheau, II, 192.
Cadrie (la), c^{ne} de Jouhet, Vienne, I, 422 ; II, 15, 39.
Caen, Calvados, II, 54.
— (siège de), II, 223.
Caillat, notaire à Poitiers, I, 5, 47.
Caillaud (Laurent), II, 256, 263, 269, 273.
Cailleau (André), avocat à Montmorillon, II, 249.
— (Benjamin), I, 446.
— (Catherine), femme de Jean Frédot, I, 21.
— (Catherine), femme de Guillaume Ducellier, I, 197.
— (Charles), s^r de Maisonfort, I, 206.
— (Denis), II, 229.
— (Éléonore), femme de René Chantaise, I, 425, 473 ; II, 27.
— (François), s^r de Fontcailleau, II, 5, 21.
— (François), notaire royal à Montmorillon, II, 79.
— (Françoise), femme de Nicolas Jacquet et de Pierre Maillet, I, 253.
— (Françoise), I, 471.
— (Gilles), avocat à Montmorillon, I, 33 ; II, 178.
Cailleau (Jean), procureur à Montmorillon, I, 18, 331 ; II, 54, 309.
— (Jean), s^r de Fontcailleau, greffier des insinuations à Montmorillon, I, 26, 40, 75, 174, 180, 248, 375, 471 ; II, 5, 50, 308, 309.
— (Jean), I, 253.
— (Jean), docteur en médecine à Montmorillon, I, 439, 446, 466 ; II, 57.
— (Jean-Barthélemy), II, 79.
— (Jeanne), veuve de Pierre Delerpinière, I, 241.
— (Jeanne), femme de René Vezien, I, 323.
— (Jeanne-Marie), femme de Louis Gaultier et de Paul Jacquet, I, 212, 312 ; II, 50.
— (Joseph), sgr de la Varenne et de l'Epine, sénéchal de Montmorillon, II, 249, 334.
— (Laurent), prieur de Jouhet, chanoine de Notre-Dame de Montmorillon, I, 180 ; II, 178, 307, 309, 310, 312.
— (Louis), s^r de Maisonfort, I, 8, 206, 294 ; II, 308, 309.
— (Louis), s^r du Clou, sergent royal à Montmorillon, I, 121, 247.
— (Louis), chanoine de Notre-Dame de Montmorillon, prieur de Jouhet, I, 180 ; II, 27, 41.

Cailleau (Marguerite), femme de François Babert, I, 174, 241; II, 64, 120.
— (Marguerite), veuve de Charles Delhopital, I, 282; II, 12.
— (Marguerite), femme de Félix Le Blanc, II, 64.
— (Marguerite), femme de René Clémot, II, 125.
— (Marie), femme de Gilbert Babert, I, 82, 140, 173, 228, 463; II, 10, 233.
— (Marie), femme de Louis Vezien, I, 247.
— (Marie), D^{lle} de Maisonfort, femme de Louis Bonnin, I, 250, 253, 263, 273, 328, 355, 373, 417, 473; II, 18, 48.
— (Paul), I, 331; II, 54.
— (Pierre), I, 466.
— (Suzanne), veuve de Pierre Penthecousteau, I, 146.
— (Sylvaine), femme de Paul Ducellier, I, 228, 333.
— femme de Sylvain Estourneau, sgr de Tersannes, II, 249.
Caire (le Grand), *Egypte*, II, 71.
Calais (baronnie et château de). Voy. Isle-Jourdain (l').
Cambrai (archevêque de). Voy. Salignac (de).
Camus, chirurgien à Payroux, II, 194.
Canadelle (dit). Voy. Loreau
Candie, *île de Crète*, I, 332, 412.
— (siège et prise de), I, 289, 306.
Canne (la), c^{ne} de Jouhet, Vienne, I, 137, 280.
Cantault (René), I, 363.
Cantinière (la), c^{ne} de Latus, Vienne, II, 187, 189.
Capella rubea. Voy. Chapelle-Roux (la).
Carcassonne (Amélie de), femme de Bernard, comte de la Marche, II, 199.
Cardinault (François), s^r de la Brulière, archer à Montmorillon, I, 152, 218, 231.
— (Françoise), veuve de Lucas Mestayer, I, 448.
— (Jean), commandeur de la Chatille, II, 285, 287.
— (Jeanne), femme d'Henri Delavergne, I, 112; II, 31, 73.
— (Marguerite), I, 152.

Cardinault (Pierre), I, 152.
— (Sylvain), I, 152.
Cardonne (duché de), *Espagne*, I, 386.
Care (comte de), Piémontais, officier du régiment du cardinal Mazarin, I, 32.
Carin (Germain), sergetier à Montmorillon, II, 167.
— (Jean), tisserand à Montmorillon, II, 158.
Carion, I, 86.
Carnavalet (chev. de), officier au régiment de Broglie, I, 124.
Carré (Elisabeth), femme de André Raveau, I, 140.
— (Jean), marchand, II, 328, 329.
— (Magdeleine), femme de Auguste Rozet, I, 140.
— (Magdeleine), femme de Jacques Berland, II, 111.
— (Philippe), chirurgien, II, 329.
— notaire à Saint-Benoît-du-Sault, I, 92.
Carrière (s^r de la). Voy. Delouche.
Carron (Marie), femme de Pierre Brisson, I, 333.
Cars (l'abbé des). Voy. Guillaumet (de).
Cartaud (le s^r), curé de Lussac-le-Château, I, 187.
Cartaudière (s^r de la). Voy. Goudon.
Carte (la), c^{ne} d'*Usson*, Vienne, I, 325.
— (marquis de la). Voy. Thibaut.
— (s^r de la). Voy. Nouveau.
Cartes (les), c^{ne} d'*Antigny*, Vienne, I, 136, 137, 238, 328, 345; II, 18.
— (s^r des). Voy. Ladmirault (de).
Casale, *Italie*, II, 87.
Casson (Marguerite), femme de Joseph Béliot, I, 324.
Castelet (le), *Aisne*, I, 386.
Castelmore (sgr de). Voy. Baatz (de)
Castelnau-Mauvissière (Michel, marquis de), 22, 267.
Castille Ville-Mareuil (Marie-Magdeleine de), femme de Nicolas Fouquet, I, 195.
Catalogne, *Espagne*, I, 102; II, 134.
— (bataille de), II, 134.
Catherine, impératrice de Russie, II, 112.

— 387 —

Catheu (Anne-Marthe de), femme de Louis Maboul, II, 343.
Caudrilliers Louis), prieur de la Maison-Dieu de Montmorillon, II, 164.
Caupelli. Voy. Taupeau.
Causes (les), c^{ne} d'Oradour-Fanais, Charente, II, 125, 126.
Caymetière (la). Voy. Guimetière (la).
Cedelle (Antoine), charron, II, 327.
— (Léonard), charron, II, 322, 325.
— (Martin), charron, II, 322, 323.
— (Martine), femme de Jean Bouchor, II, 321.
— (Pierre), II, 325
Célestin (le P.), religieux récollet, I, 341.
Celliers (Pierre), orfèvre à Paris, I, 72.
Celse (saint), I, 73.
Ceray (château de), c^{ne} de Saint-Hilaire, Indre. II, 347.
— (sgr de). Voy. Des Marquets.
Ceriset (s^r), I, 36.
Cerre. Voy. Serres.
Certany (Pierre), sgr de la Barbelinière, trésorier de France à Poitiers, II, 295.
Cestre (comte de). Voy. Edouard.
Chabannes (sgr de). Voy. Du Bois.
Chabaut (Simon), miles, II, 202.
Chabert (Jacques), II, 37.
Chabosselière (s^r de la). Voy. Du Taillis.
Chaboureau (Robert), prieur de la Maison-Dieu de Montmorillon, II, 163.
Chaigne, II, 254, 260, 267, 271.
Chaignon (François), I, 428.
— (Jacques), I, 428.
— (Jean), II, 302.
Chaillac, Indre, I, 57, 86, 243 ; II, 329.
Chaillou (M^r), maître chandelier à Poitiers, I, 6.
Chailly (s^r de). Voy. Brunet.
Chaise, Chaise-Poitevine (la), c^{ne} de Montmorillon, Vienne, I, VIII, 10, 26, 27, 33, 35, 39, 44 ; II, 24.
— (le grand étang de la), I, VIII.
— (s^r de la), Voy. Demaillasson.

Chaise-aux-Moines (prieuré de la), c^{ne} de Sillars, Vienne, I, 343. II, 49 ; — prieur. Voy. Chemin ;
Chaise-Dieu (abbaye de la), H^{te}-Loire, I, 343.
Chaize-le-Vicomte (la), Vendée, II, 234.
Chalais, Indre, I, 24 ; II, 313, 314, 315, 318.
Chalaphy, I, 206.
Chalaye. Voy. Chalais.
Chalendeau (sgr de). Voy. Richard.
Chaligaut (Loïz), II, 220.
Châlons, Marne, I, 344, 466.
Chalucet (François de), sgr des Laurencières, I, 274.
— (de), s^r d'Ardilly, I, 274.
— Messignac (marquis de). Voy. Bonnin.
Chambarix (François), laboureur, II, 326.
Chambaudrie (s^r de la). Voy. Bost.
Chambellain, commis à la recette des droits d'enregistrement à Poitiers, II, 146.
Chambert (Charles), I, 296.
Chambet (Jean), potier, II, 20.
Chambon (s^r du), II, 283, 284.
Chambon (le), c^{ne} de Latus, Vienne, I, 266 ; II, 163.
— (enclave du), I, XIII.
— (s^r du). Voy. Goudon.
— (sgr du). Voy. Barbarin, Richard.
Chamborant (Andrée de), femme de Jean Guimard, II, 28.
— (Henri de), capitaine de cavalerie, commandeur du Vieux-Bois de Droux, I, 24.
— (Jean de), marquis de Villevert, mestre de camp, I, 23, 24, 25, 26.
— (Jean de), sgr de Puigelier, I, 23.
Chambord, Loir-et-Cher, I, 296, 325.
Chambut (la), c^{ne} de Sillars, Vienne, I, 81 ; II, 163.
— (s^r de la). Voy. Vezien.
Chameau (s^r), commis à la recette du droit de la Paulette, à Poitiers, I, 172, 173.
Chamillart (Michel de), contrôleur général des finances, I, V ; II, 196.

Chamilly (Noël Bouton, maréchal de), gouverneur de Poitou, Saintonge et Aunis, I, 433.
Chamoisière (sr de la). Voy. Jacquet, Vezien.
Chamousseau (sgr de). Voy. Frottier.
Champ, cne de Bourg-Archambault, Vienne, I, 323.
Champagnac (juge châtelain de). Voy. Gallicher.
— (sgr de). Voy. Guiot.
Champagne (province de), I, 265, 388, 448.
— (régiment de), I, 67.
Champagne, cne de Latus, Vienne, II, 163.
Champagne, cne de Paizay-le-Sec, Vienne, I, 26, 255, 267.
— (sr de). Voy. Vezien.
Champagné-Saint-Hilaire, Vienne, II, 51.
Champaigne. Voy. Champagne.
Champaigne (le nommé), I, 280.
Champ-à-la-Marie (lieu dit le), près Montmorillon, Vienne, II, 159.
Champ-Chalais, cne de Bourg-Archambault, Vienne, II, 165.
Champdivers (Odette de), II, 234.
Champdoiseau (sgr de). Voy. Sainte-Marthe (de).
Champeaux (sgr de). Voy. Chantillac.
Champellière (sgr de). Voy. Du Chesneau.
Champelon (Pierre de), sgr de Monette, I, 11, 192, 201, 215, 223.
Champeval, cité, I, 53, 79, 181, 222, 263.
Champfavereau (sgr de). Voy. Guiot.
Champignelles (sgr de). Voy. Courtenay (de).
Champignolles (sr de). Voy. Girard.
— voy. Lourau.
Champigny-le-Sec, Vienne, II, 219.
Champion (Anne), I, 411.
— (Catherine), I, 339.
— (Charles), I, 411.
— (Pierre), marchand à Montmorillon, I, 411, 464, 469 ; II, 25.
Champniers, Chanier (sr de). Voy. Robert.
Champnoir (sr de). Voy. Beauregard (de).
Champodon (le). Voy. Pommier (le).
Champs de Saint-Léger (Mélanie-Louise de), femme de Louis-René-Paul de Ladmirault, II, 143.
Champs, cne de Persac, Vienne, I, 131.
— (Mlle des). Voy. Guillaumet (de).
Champtocé (seigneurie de), II, 220. Maine-et-Loire.
Champ-Trimouillais, ene de la Trimouille, Vienne, II, 165.
Chandos (Jean), II, 211.
Chanfavrot. Voy. Champfavereau.
Chanfleury, I, 280.
Chanier, Voy. Champniers.
Chantaise (André), dit le Fier, chirurgien à Montmorillon, I, 335.
— (Françoise), femme de François Jacquet, I, 346.
— (Françoise), femme de Charles Nouveau, I, 425.
— (Françoise), femme de René Vezien, I, 462.
— (Gabriel), chirurgien à Montmorillon, I, 31, 58, 162, 346.
— (Gabriel), II, 100.
— (Jacques), prêtre, I, 462.
— (Jean), huissier audiencier, I, 425 ; II, 27, 306, 307.
— (Louis), sr de Remigeoux, I, 162, 163, 462.
— (Louis), I, 462.
— (Marguerite), femme de André Vezien, I, 165, 247, 311.
— (Marguerite), I, 214.
— (Marguerite), femme de René Vezien, I, 462 ; II, 63.
— (Pierre), sr de Remigeoux, I, 120, 204, 214, 275, 278, 279, 416.
— (Pierre), procureur à Montmorillon, I, 374.
— (Pierre), I, 425.
— (René), sr de Gremont, greffier et huissier audiencier à Montmorillon, I, 425, 429, 473 ; II, 27.
— (fils), I, 31.
Chantebon (sgr de). Voy. Muzard, Richard.
Chantegrelière, cne du Vigean, Vienne, I, 324.

— 389 —

Chanteloube, cne de *Bourg-Archambault*, Vienne, II, 58.
— (Jacques), II, 322.
— (sgr de). Voy. Villedon (de).
— (Mlle de). Voy. Mons (Françoise de).
Chantemargue (de). Voy. Dechantemargue.
Chantillac (Sylvain de), sgr de Champeaux, II, 69.
Chantonnay, *Vendée*, II, 194.
Chantouillet, cne de *Moussac-sur-Vienne*, Vienne, I, 3, 381.
— (sgr de). Voy. Béraudière (de la).
Chapelain de Roquevaire (Étienne), II, 137.
Chapelle (régiment de la), II, 58.
Chapelle-Moulière (la), *Vienne*, I, 238.
Chapelle-Roux (la), Capella rubea, cne de *Chèneveltes*, Vienne, I, 430 ; II, 201.
Chapelle-Viviers (la), *Vienne*, I, xii, 293, 412, 429 ; II, 16.
— (curé de), II, 335.
— paroisse, II, 279, 305, 306.
Chaperon (Françoise), femme de Jacques Laurens, I, 438 ; II, 194.
Chapoton (Pierre), laboureur, I, vii.
Chappotier)Joseph), fermier de Dienné et Verrières, II, 82.
Charbonnier. Voy. Cherbonnier.
Charbonnière (sr de). Voy. Le Blanc.
Chardat, Charzat, Cherzat, cne d'*Abzac*, Charente, I, 427, 438, 444 ; II, 11, 59, 98, 100.
Charde, autrefois cne de Millac, aujourd'hui de *l'Isle-Jourdain*, Vienne, I, 181.
Chardebœuf (Anne), femme de François Dauberoche, I, 387.
Chareau (Catherine), femme d'Antoine Beau, I, 411.
Chargé (Guillaume de), I, 212.
Charlemagne, II, 66, 196.
Charles (Louis), prieur de la Maison-Dieu de Montmorillon, I, 342 ; II, 161.
Charles Ier, roi d'Angleterre, I, 189.
— II, roi d'Espagne, I, 455.
— IV, dit le Bel, roi de France, II, 66, 195, 200.

Charles V, roi de France, II, 209, 332.
— VI, empereur d'Autriche, I, 438.
— VI, roi de France, II, 234, 333.
— VII, dauphin de Vienne, duc de Berry et de Touraine, comte de Poitou, II, 214 ; roi de France, 213, 217, 218, 219, 220, 221, 223, 224.
— VIII, roi de France, II, 234.
— IX, roi de France, II, 157, 281, 289, 290.
— -Quint, I, 169.
Charlet (Catherine), femme de Jacques de Neuchèze, I, 337.
— (Simon), secrétaire du Roi, II, 220.
Charnisé. Voy. Charnizay.
Charnizay, Charnisé, *Indre-et-Loire*, II, 52.
Charon (Anne), femme de Mathurin Chaud, I, 387.
Charpentier (Catherine), veuve de François Goudon, I, 7.
Charpillé, Cherpillé, lieu détruit, cne de *Béthines*, Vienne, II, 226, 227, 228.
Charrault (le), cne du *Vigean*, Vienne, I, 324.
— (Mr), hôte de l'Olivier à Paris, I, 52.
Charré (Jacques), laboureur, II, 167.
— (Jean), laboureur, II, 167.
— (René), laboureur, II, 167.
Charron (Maxime), religieux augustin, I, 248 ; prieur de la Maison-Dieu de Montmorillon, II, 158, 160, 169.
Charron de Puygrenier (Anne), femme de Jean-Claude d'Argence, II, 8.
Charroux, *Vienne*, I, 45, 46, 93, 207, 228, 230, 251, 285.
— (abbaye de), II, 159.
— maison appelée Saint-Pierre, I, 252.
— milice bourgeoise, I, 438 ; capitaine, voy. Laurens (Jacques), sr du Villars.
Chartier (Geneviève), femme de François de Montholon, II, 204.
Chartrain (Perrot), II, 215.
Chartres, *Eure-et-Loir*, I, 156.
Chartreuse. Voy. Mas (moulin des)

Charzat. Voy. Chardat.
Chassaigne (sr de la). Voy. Chaud.
Chasseloup (Eléonore), femme de Jean Goudon, I, 31, 34, 80, 154.
— (François), procureur à Montmorillon, I, 155, 193, 194, 453.
— (François), sr de Boiscantault, I, 68.
— (Françoise), femme de René Delavergne, I. 465.
— (Henriette), II, 120.
— (Jacques), procureur à Montmorillon, I. 135 ; II, 308, 309.
— (Jacques), sr de Boiscantault, I, 155.
— (Jacques), docteur en médecine à Montmorillon, I, 360.
— (Jean), sr de Rabaudière, apothicaire à Montmorillon, I, 165, 305, 360, 369 ; II, 66, 120, 121.
— (Marguerite), femme de René Nicault, II, 66.
— (Marie), femme de Jean Argenton et de Gilbert Babert, I, 109, 209 ; II, 2, 65.
— (Marie), femme de Guy Cuirblanc, I, 337.
Chassenay (commanderie de), cne de Lessac, Charente, I, 207 ; II, 155, 156, 157 ; commandeurs, voy. Bonicault, Chioche, Faisan, Manes (de), Robinet, Vrignaud.
Chasseneuil, Charente, I, 145.
Chasserat (Louis), sgr de Puyjousserant, II, 229.
Chassingrimont (Mme de), Voy. Trimouille (Louise de la).
— (sgr de). Voy. Aubusson (d').
Chastaigner (sr de). Voy. Delavergne.
Chastartaut. Voy. Chez-Tartaud.
Chasteas (Garnerius), valetus, II. 202.
Chasteau (le P.), vicaire de Saint-Martial de Montmorillon, I, 122, 126.
Chasteigner (Charles), marquis de la Rocheposay, baron d'Abin, lieutenant de roi en Poitou, I, 48, 184.
— (Henri), baron de Malval, II, 311.
— (Henri-Louis), évêque de Poitiers, I, 467.
— (Jean), baron de la Rocheposay, II, 311.

Chasteigner (Joseph-Roch), comte de Saint-Georges, sgr de Touffou, capitaine commandant la milice de Normandie, I, 303 ; II, 105.
— (Louis), sgr d'Abin, gouverneur de la Haute et Basse Marche, II, 311.
Chasteigners (tenue des), cne de Sillars, Vienne, II, 291, 293.
Chastelet (roche du), près et au-dessus du moulin des Mas, cne de Saulgé. Vienne, II, 183, 184.
Chasteliers (abbaye des), cne de Fompéron. Deux-Sèvres, I, 66 ; procureur. Voy. Petitpied.
Chastellerault. Voy. Châtellerault.
Chastellier (le), cne de Prissac, Indre, II, 287.
Chastenet (de). Voy. Dechastenet.
Chastille (la). Voy. Châtille (la).
Chastillon. Voy. Châtillon.
— (Louise), femme de Simon Béraud, I, 140, 284.
Chastre (de). Voy. Dechastre.
Chastre (Jacques de la), sgr de la Roche-Belusson, de la Gaudeterie et de Sauzelle, I, 314.
— (Louis de la), sgr de Paray, I, 314.
— (de la). Voy. Delachastre.
— (sr de la). Voy. Bost (René).
Château-Brûlon. Voy. Montmorillon, maisons.
Châteauchinon (dame de). Voy. Mello (Jeanne de).
Château-Dampierre (sr de). Voy. Sornin.
Château-Gaillard (sr de). Voy. Goudon.
Château-Garnier, Vienne, I, 346, 348 ; II, 250 ; chapelle du château, I, 348.
— (sgr de). Voy. Saint-George (de).
Château-Guillaume, cne de Lignac, Indre, I, xii ; II, 24.
— (sgr de). Voy. Trimouille (Guy de la).
Château-Larcher, Châtelarcher, Vienne, I, 190 ; II, 278.
Château-Ponsac. Hte-Vienne, I, 167, 387.
Château-Rocher (Jean de), gouverneur de Montmorillon, II, 311.
Châteauroux, Indre, II, 303.

Châtelard (fief du). Voy. Latus (fief de).
Châtelleraudais (le), I, 388.
Châtellerault, *Vienne*, I, 20, 55, 158, 160, 183, 195, 229, 237, 255, 267, 268, 275, 280, 313, 328, 339, 361, 372, 376, 390, 391, 408, 426, 430, 435, 447, 463 ; II, 7, 38, 100, 102, 105, 115, 295.
— (escalade de), II, 211.
— hôtellerie de Saint-André, I, 91.
— sénéchal, I, 261.
Châtelus-Marcheix (baronnie de), *Creuse*, I, xiii.
Chatenet (sgr de). Voy. Du Bois.
— (sr de). Voy. Augier.
Châtenet, c^{ne} d'*Hains*, *Vienne*, I, 34.
Châtille (commanderie de la), c^{ne} de *Béthines*, *Vienne*, I, 326, 327 ; II, 152, 227, 228, 231, 281, 282, 283, 284, 285, 286, 287, 288, 303, 304.
— commandeur. Voy. Agenet, Cardinault, Chazaud.
— justice, II, 152.
— mesure, II, 35.
Châtillon, *Indre*, I, 347 ; II, 3.
— (charrette de), II, 3, 163.
Châtillon (Charlotte de), dite de Bretagne, femme d'Antoine de Villequier, II, 221.
— (Guillaume de), vicomte de Limoges, II, 221.
— (Isabeau de), femme de Jean de Courtenay, II, 218.
— (Jacques de), sgr de Dampierre, amiral de France, II, 218.
Chaubier (Nicolas), sr de Mazais, docteur régent en l'université de Poitiers, II, 114.
Chauchepaille. Voy. Bobin.
Chaud (Catherine), femme de Jean Dauberoche, I, 387.
— (Catherine), II, 4.
— (Jacques), sr de las Meynérias, I, 387.
— (Jean), sgr de la Chassaigne, I, 387, 430.
— (Jean), I, 430.
— (Jeanne-Marie), I, 401.
— (Léonard), sgr de Boisdumont et de Lanet, I, 158, 159, 387, 390, 401, 430, 463 ; II, 4, 44, 81, 84, 103, 306.
— (Marie-Anne), femme de Louis de Coral, I, 158, 464.

Chaud (Mathurin), sgr de la Chassaigne, juge sénéchal de Château-Ponsac, I, 387, 401, 464.
Chaulme (de). Voy. Dechaume.
Chaume (dame de). Voy. Rabaud (Almodis).
Chaume (sgr de). Voy. Tessereau.
Chaume (la), c^{ne} de *la Trimouille*, *Vienne*, II, 165.
Chaume (de la). Voy. Delachaume.
Chaume (sr du). Voy. Marchand.
Chaume-au-Picault (la), c^{ne} de *Parnac*, *Indre*, I, 24 ; II, 151, 319, 320, 321, 322, 323, 324, 325, 326, 327, 328, 329
Chaumes (les Hautes), c^{ne} de *Leigne*, *Vienne*, II, 167.
Chaumette (sr de la). Voy. Lhuillier
Chaumont, c^{ne} d'*Abzac*, *Charente*, I, 435.
— (sgr de). Voy. Chaussé.
Chaunerie (la), c^{ne} du *Vigean*, *Vienne*, I, 324.
Chauny, *Aisne*, II, 249.
Chaussé, I, 161.
Chaussé ou du Chaussé (Siméon), sgr de Chaumont, I, 9, 44, 77, 85, 298.
Chaussée (sr de la), procureur à Saint-Savin, I, 32.
Chaussetière (Marie), femme de Jacques Richard, I, 173, 234, 255, 256, 288, 295, 320, 350, 400, 430.
— procureur au présidial de Poitiers, I, 173.
Chaussidier, c^{ne} de *Brigueil-le-Chantre*, *Vienne*, II, 165.
Chaussidiers (sr des). Voy. Delamothe.
Chaussidoux, c^{ne} de *Brigueil-le-Chantre*, *Vienne*, II, 165.
Chauvelin (Mr), II, 71.
Chauvet (Anne), femme de Gabriel Estourneau, I, 274.
— (Charles), sgr de la Bruneterie, I, 274, 336.
— (Charles-Joseph), sgr de la Bruneterie, I, 336.
— (Louis), sgr de la Bruneterie, I, 274, 336.
— (Marie), femme de Jean Vidaud, I, 336.
Chauvigny, *Vienne*, I, 63, 158, 183, 195, 201, 216, 229, 268, 422, 431 ; II, 38, 53, 62, 114, 134, 153.

Chauvigny, baronnie, 11, 275 ; juge sénéchal, voy. Lauzon (de), Mayaud ; notaire et procureur. Voy. Maurat.
— chapelle Saint-Lazare de la Maladrerie, II, 73.
— chapitre de Saint-Pierre, I, 314.
— commanderie, I, 63 ; commandeur. Voy. Marin.
— hôtelleries : Beau-Soleil (le), I, 62 ; Ecu (l'), I, 91.
— Louis XIV (passage de), I, 62, 422.
— marchands. Voy. Drouillard, Guinebaud.
— (prise de), II, 209.
— troupes (passage de), II, 103, 114.
Chauvin (Louise), maîtresse d'école à Montmorillon, femme de Savin Bougeaud, I, 437.
— (Marie-Adrienne), femme de Simon Delavergne, I, 49, 63.
Chavagne, Chaveigne (forêt de), c^{nes} de Leigne et de la Chapelle-Viviers, Vienne, I. 42 ; II, 201, 202, 203.
Chavaigne, c^{ne} d'Hains, Vienne, II, 226.
— (s^r de). Voy. Bonnin, Gaultier.
Chaveigne (foresta de). Voy. Chavagne.
Chavignat (Jean), s^r de la Lastière, II, 100.
— (Louis), I, VII, 283.
Chazaud (François), commandeur de la Chatille, II, 303, 304.
— (Françoise-Thérèse), I, 295.
— (Gabriel), dit Chazelle, s^r du Cluseau, II, 19, 75, 76, 111, 129, 134.
— (Jean), s^r de la Saigne, I, 295.
— (Jeanne-Gabrielle), II, 19.
— (Magdeleine), Mlle des Ramberties, femme de Jacques Poussineau, I, 253, 254, 262, 278, 280, 302.
— (Manon), II, 19, 38.
— (Marie-Fleurence), I, 295 ; II, 70, 71, 75, 76, 85, 86, 92, 93, 97, 127, 129, 133.
— (Marie-Philippe), I, 295.
— (Mathieu), s^r du Mesnieux, I, 295.
— (Mathieu-Alexandre), s^r du Mesnieux, I, 295.
— (Pierre), s^r du Cluseau, conseiller au présidial et maire de Poitiers, I, XI, 237, 239, 240, 241, 242, 243, 244, 246, 247, 248, 250, 253, 254, 256, 260, 262, 267, 271, 278, 279, 280, 281, 282, 287, 289, 292, 293, 295, 302, 303, 305, 306, 309, 310, 312, 314, 315, 317, 319, 325, 338, 341, 345, 352, 353, 357, 375, 378, 382, 387, 389, 402, 403, 407, 412, 417, 428, 429, 431, 440, 442, 459, 465 ; II, 1, 6, 10, 15, 17, 19, 22, 23, 38, 70, 71, 75, 76, 78, 81, 85, 88, 89, 94, 96, 97, 103, 107, 111, 122, 138.
Chazaud (Pierre), I, 274, 278, 281.
— Mr du Peux, II, 76.
— (s^r de Lambertier), I, 239, 242, 244, 250, 260, 280, 281, 293.
Chazelet, Indre, I, 286.
— (sgr de). Voy. Aubusson (d').
Ché (s^r de). Voy. Razes (de).
Ché, Chef, c^{ne} de Latus, Vienne, I, 16.
— (s^r du). Voy. Mérigot.
Chebret (François), messager de Poitiers à Nantes, II, 354, 355.
Chein (Jean), s^r du Colombier, lieutenant en la maréchaussée de Civray et Saint-Maixent, I, 230, 247, 252, 285.
Chel (Adam), sgr d'Agorisses et de Montmorillon, capitaine du château de Gençay, II, 209, 211.
Chema (pré de la), paroisse de Saint-Satur, Cher, II, 151.
Chemerault (sgr de). Voy. Barbezières.
Chemillé, Maine-et-Loire, I, 195.
Chemin (Nicolas), prieur de la Chaise-aux-Moines, II, 49.
Cheminade (sgr de). Voy. Vidaud.
Chenat (dîme du Petit-Cartier de), c^{ne} de Luchapt, Vienne, II, 28.
Chénèché, Vienne, I, XI ; II, 121.
Chènevelles, Vienne, I, 430.
Chenon (Anne-Éléonore), femme de Jacques Vezien, I, 155, 265 ; II, 62.
Cherbaudière (s^r de). Voy. Estourneau.
Cherbonnier (Fleurant), chapelier à Montmorillon, II, 64.
— (François), I, VII.
— (François), cordier à Montmorillon, I, VIII.
— (Isaac), cordier à Montmorillon, II, 2.

Cherbonnier (Marie), femme de Poiron, I, 29.
— (Nicolas), sr de la Chinau, sergent royal à Montmorillon, I, 29, 199 ; II, 309.
Cherbourg (siège de), Manche, II, 220, 223.
Chercheroux (Jean), prêtre, prévôt de Notre-Dame de Montmorillon, II. 241.
Chergé (Charles-Louis-Gilbert de), II, 142.
— (Léonard-Charles de), II, 142.
Chérie (la), cne de Moulime, Vienne, II, 35.
— (sr de la). Voy. Dumonteil.
Chéronnie (sr de la), I, 400.
Cherpentyer (Antoine), II, 253, 259, 266, 271.
Cherpillé (sr de). Voy. Lestrigou.
Cherpillon (Simon), II, 232.
Cherzat. Voy. Chardat.
— (Mlle de). Voy. Leirat (de).
Chesne (François), sr du Mazeix, avocat, procureur fiscal au Dorat, juge châtelain d'Adriers, I, 462.
— (Simon), sr de la Bussière, procureur fiscal au Dorat, I, 462.
— (Mlle de la). Voy. Garnier.
Chesneau (Augustin), provincial des Augustins, I, 165 ; prieur de la Maison-Dieu de Montmorillon, II, 162.
Chesnon (Mr), marchand à Paris, I, 19.
Chevallier (Marie), femme de Jean Petitpied, I, 257.
— (Marie), femme de Henri Barbe, I, 361.
— (Mr), procureur général pour la réformation des eaux et forêts de la généralité de Poitiers, I, 307.
Chevreuse (régiment de), I, 438.
Chevrier (Georges), chanoine de Notre-Dame de Montmorillon, II, 241.
Chez-Blet, Chez-Bellet (sr de). Voy. Bellet.
Chez-Bobin, Chez-Boby, cne de Latus, Vienne, I, 405.
Chez-Collin, cne d'Asnières, Vienne, I, 401.
Chèze (la). Voy. Chaise (la).
— (sr de la). Voy. Demaillasson, Laurens, Richard.

Chèze (de la). Voy. Delachèze.
Chez-Fréreau, cne du Vigean, Vienne, I, 324.
Chez-Gailledrat, cne d'Asnières, Vienne, I, 401.
Chez-Giriez, cne de Lussac-le-Château, Vienne, I, 83.
Chez-Mallet, cne d'Asnières, Vienne, I, 401.
Chez-Peurée, cne de Lessac, Charente, I, 325.
Chez-Poirier, cne d'Asnières, Vienne, I, 401.
Chez-Ragon, cne de Latus, Vienne, II, 165.
Chez-Redon, cne d'Abzac, Charente, I, 444 ; II, 11.
Chez-Rousset (tenue de), cne de Moussac-sur-Vienne, Vienne, I, 325.
Chez-Tartaud aliàs Petitmont, cne de Latus, Vienne, II, 187, 189.
Chez-Tasjau. Voy. Montajeau.
Chez-Triquin, cne d'Adriers, Vienne, II, 156.
Chicault, avocat à Montmorillon, I, 27.
Chillonnet (sr de). Voy. Delavergne.
Chilpéric, II, 331.
Chinau (la), Lachinaud, cne de Sillars, Vienne, II, 7, 163.
— (sr de la). Voy. Cherbonnier.
Chinon, Indre-et-Loire, I, 157, 183, 195, 229, 237, 255, 431.
— hôtellerie du Grand-Cerf, I, 91.
Chioche (frère Simon), commandeur de Chassenay, II, 156.
Chiron (sr du). Voy. Laurens.
Chirons (sr des). Voy. Durand, Gaultier, Micheau.
Chisseaux, Indre-et-Loire, I, 20, 160, 229.
Chitton du Moulin-Neuf (Suzanne), femme de Sylvain Desmier, II, 8.
Chizé, Deux-Sèvres, II, 208, 209.
Chizé (sr de). Voy. Mangin.
Chocquin (Charlotte), veuve de Gilbert Pascaut, II, 47.
— (Louise-Magdeleine), femme de Joseph Morneau et de Jean Varenne, I, 233, 301 ; II, 116.
Choltière (la), cne de Queaux, Vienne, I, 325.
Chotard (Claude), dit Candalle,

tailleur d'habits à Montmorillon, II, 120.
Chotard (Flaive), femme de Jean Vezien, I, 104.
— (Louise), femme de Claude Augier, I, 377.
— (Marie), femme de Louis Fontainemarie, II, 120.
Choufleuri, I, 66.
Chouppes (régiment de), I, 102.
— (Aymar III de), I, 20.
— (Catherine de), femme de François de la Couture, I, 283.
— (Pierre, marquis de), lieutenant général des armées du roi, I, 102, 283.
Chrisante (le P.), gardien des Récollets, I, 295.
Cibour. Voy. Sibour.
Cieutat (Marguerite de), femme de Simon Berthelin, II, 86.
Cieux (marquis de). Voy. Brettes (de).
Ciré, *Charente-Inférieure*, I, 194.
Cirières (sr de). Voy. Reveau.
Citoys (Françoise), femme de André Goudon, I, 163.
— (le bonhomme), gantier à Montmorillon, I, 4.
— (Mathieu), I, 303.
— (Mathieu), I, 396, 399, 400, 442 ; II, 5.
— (René), sgr du Breuil, I, 163, 216, 303, 304, 305, 352, 389, 396.
Civaux, *Vienne*, II, 77, 202.
— paroisse, II, 279.
Civray, *Vienne*, I, 45, 48, 127, 207, 229, 251, 285, 327, 335, 340, 345, 376, 377, 420 ; II, 19, 65, 98, 128, 190, 192, 203, 209, 250, 290.
— avocats du Roy. Voy. Bricauld, Hubert.
— bailli et prévôt, II, 206.
— baronnie, II, 290.
— château, II, 154.
— commis à la recette des tailles. Voy. Clavetier.
— (comte de). Voy. Brienne (de).
— contrôleur des traites. Voy. Roujou de Chaumont.
— église de Saint-Nicolas, II, 179.
— (engagistes du comté de). Voy. Barbezières (Aymeri et François de).
— lieutenant criminel. Voy. Du Tiers.

Civray, lieutenant en la maréchaussée. Voy. Chein.
— lieutenant particulier et assesseur. Voy. Maron.
— (seigneurs de), II, 203, 208. Voy. Brienne (de) ; engagiste. Voy. Barbezières.
Clabat (Anne), femme de Jean Estevenet. I, 114, 311 ; II, 121.
— (Anne), femme de Pierre Delavergne, II, 73.
— (François), apothicaire à Montmorillon, I, 31, 114, 188, 212, 226, 227 ; II, 178.
— (François), apothicaire à Montmorillon, I, 212, 311, 394 ; II, 73, 118.
— (Jacquette), femme de Jacques Dechastenet, I, 188.
— (Marguerite), femme de Chantaise, I, 31.
— (Marguerite), femme de Louis Cailleau, I, 247.
— (Perrette), femme de Laurent Delaforest, I, 227.
— (Radegonde), femme de Mathieu Citoys, I, 303.
— II, 178.
Clain (le), *rivière*, II, 201.
— (in raiparia de), II, 201.
— navigation de Poitiers à Châtellerault, II, 295.
Clarembaut (Guido), miles, II, 202.
Claveau (René), chirurgien à Montmorillon, II, 52, 106.
— (René), II, 107.
— dit Lavigne, II, 52.
Clavelière (sr de la). Voy. Rochier.
Clavetier (Albert), commis à la recette des tailles à Civray et à Rochechouart, I, 327.
— (Anne), femme de Charles Demaillasson, I, vi, x, 3, 131, 264, 322, 350, 360 ; II, 33, 57, 61, 72, 142.
— (Catherine), I, 314.
— (Elisabeth), femme de François Clavetier, I, 13, 14, 20, 49.
— (François-Pierre), sr du Quéroir, I, 5, 13, 14, 15, 17, 20, 24, 26, 28, 29, 37, 38, 39, 45, 47, 50, 54, 56, 58, 59, 69, 77, 78, 82, 86, 87, 88, 89, 90, 93, 97, 102, 103, 121, 148, 176, 178, 180, 201, 207, 210, 211, 277, 314, 318, 320, 406.

Clavetier (Louise), Mlle de la Favrie, religieuse de Sainte-Claire à Confolens, I, 33, 146.
— (Magdeleine), femme d'Etienne de Leirat et de Philippe de Guillaumet, I, 10, 20, 22, 27, 44, 47, 56, 69, 85, 86, 88, 89, 90, 97, 99, 120, 128, 176, 187, 207, 225, 235, 346, 358, 380, 381, 393, 404, 406, 407, 415, 417, 419, 426, 427, 429, 430, 436, 438, 439, 446, 453 ; II, 11, 27, 33, 36, 49, 61, 81.
— (Pierre). s^r de Vernet, I, x. 3, 5, 17, 19, 21, 30, 33, 42, 47, 50, 62, 78, 80, 90, 93, 94, 99, 111, 116, 121, 126, 149, 152, 175, 177, 180, 191, 201, 209, 216, 223, 240, 245, 393, 447; II, 96, 139.
— (Pierre), s^r de Lagebertie, gentilhomme ordinaire de la maison du roi, capitaine au régiment de Brégy, I, 19, 26, 44, 53, 80, 85, 94, 126, 127, 132, 174, 175, 176, 177, 178, 179, 182, 184, 185, 207, 212, 214, 215, 224, 225, 229, 230, 233, 234, 235, 243, 245, 247, 250, 254, 255, 256, 260, 262, 263, 282, 284, 285, 287, 288, 290, 291, 292, 293, 296, 297, 306, 307, 308, 317, 320, 325, 327, 328, 332, 347, 352, 367, 369, 370, 371, 372, 385, 393, 397, 400, 403, 409, 410, 416, 418, 419, 420, 421, 423, 424, 429, 432, 435, 436, 447, 448, 451, 452, 470, 471 ; II, 3, 6, 8, 9, 14, 20, 22, 26, 33, 36, 37, 46, 48, 50, 54, 55, 60, 61, 67, 74, 75, 78, 80, 81, 87, 90, 92, 96, 107, 122, 127, 128, 129, 140.
— (Pierre), s^r du Quéroir, I, 320, 326, 335, 338, 344, 347, 356, 358, 359, 367, 370, 373, 379, 386, 389, 391, 392, 393, 397, 420, 421, 424, 437.
Claveurier (Maurice), sgr de la Tour-Savary, lieutenant général du sénéchal de Poitou, maire de Poitiers, II, 224.
Clayn. Voy. Clain.
Clément (Pierre), cité, I, 333.
Clément VI, pape, I, 143.
— VIII, pape, II, 157.
— IX (Jules Rospigliosi), pape, I, 289, 341.
— XIV, pape, I, 167.

Clémot (Magdeleine), femme de Louis Gaultier, II, 125.
— (M^e), notaire à Montmorillon, II, 149.
— (René), II, 125.
Clérambault (Gilbert de), évêque de Poitiers, I, 123, 305, 332, 354, 413.
Cléray (s^r de). Voy. Oradour (d').
Cléré (Louise de), femme de Jean Guiot, I, 88.
— (s^r de). Voy. Josnière (de la).
Clerjaux (frère), religieux augustin, II, 154.
Clermont (Charles-Henri, comte de), II, 319.
— (François de), comte de Tonnerre, lieutenant général des armées, II, 319.
Clie (la) ou le Chevillat, c^{ne} de Queaux, Vienne, I, 325.
Clinchamp, I, 353.
Clinvilliers (régiment des). Voy. Esclainvilliers (d').
Clisson (Olivier de), II, 209.
Clodomir, II, 330, 331.
Clotaire II, roi de France, II, 331.
Clou (s^r du). Voy. Cailleau, Delhôpital.
Cloux (le pré), sur le Saleron, c^{ne} de Béthines, Vienne, II, 227.
Clovis, roi de France, II, 331.
Cluseau (le), c^{ne} de Latus, Vienne, I, 138 ; II, 190.
— château, II, 188, 189, 190.
— (s^r du). Voy. Berthelin.
Cluseau (sgr du). Voy. Guiot.
— (s^r du). Voy. Chazaud.
Cluys (dame de). Voy. Sully (Belle-Assez de).
Cluzeau (terre du), faubourg de la Maison-Dieu à Montmorillon, II, 160.
Cochepin (Jeanne), femme de Benigne de Neuchèze, I, 337.
Coëtivy (Prégent VII de), amiral de France, II, 220.
Coëttion (sgr de). Voy. Bourdonnaye (de la).
Cœurderoy (Catherine), I, 428.
— (Cœur-de-la-Nation), II, 49.
— (Elisabeth), femme de Laurent Augier, I, 43, 58, 59, 91, 163, 167, 273.
— (François), conseiller du roi à Montmorillon, I, 2, 12, 13, 34,

41, 52, 56, 64, 68, 74, 88, 95, 96, 98, 123, 125 ; II, 42, 244, 311, 312.
Cœurderoy (François), sr de Cognac, conseiller du roi à Montmorillon, I, 30, 56, 87, 95, 99, 100, 105, 323, 428, 439 ; II, 49.
— (François), sr de la Vignasse, I, 49, 51, 63, 74, 101, 108, 143, 183, 187, 323.
— (François), sr de la Vignasse, I, 183.
— (Louis), sr des Buissons, I, 10, 11, 13, 102.
— (Louis), sr de la Vignasse, I, 323.
— (Louis), maître particulier des eaux et forêts, engagiste du domaine de Montmorillon, II, 182, 302, 342.
— (Marguerite), femme de François Demareuil, I, VIII, 29, 44, 57, 87.
— (Marguerite), femme d'André Goudon, I, 387.
— (Marie), I, 74.
— (Marie), femme de François Goudon, I, 187 ; II, 51, 137.
— (Marie-Anne), femme de Jacques Chaignon, I, 428.
— (Pierre), chanoine de Notre-Dame de Montmorillon, II, 275, 277.
— (Radegonde), veuve de François Chaignon, I, 428.
Cognac (Anne de), femme de Pierre de Champelon, I, 11.
— (François de), sgr de Boisbelet, I, 11.
— (Jean de), sgr de Boisbelet et de Commersat, II, 36, 83.
— (Jeanne de), dite Mlle de Commarsat, I, 11.
— (sr de). Voy. Cœurderoy.
Coigne (Yterius), valetus, II, 202.
Coirou Olerii (Gaufridus de), chevalier, II, 202.
Colas (André), I, 252.
— (Catherine), femme de Joachim Rousseau, I, 252.
— (Jacques), meunier des Grands-Moulins, I, 270.
— (Jacquette), femme de François Rousseau, II, 63.
Colasson, notaire de Rochemeaux, I, 346.

Colbert (Charles), sgr de Croissy et de Torcy, intendant du Poitou, I, 243, 246.
— (le Grand), I, 459.
— (Marie-Anne), femme de Louis de Rochechouart, I, 459.
Collard, chanoine de Morthemer, prieur de Jouhet, I, 180.
— premier chirurgien du duc d'Orléans, I, 150.
Collin (Catherine), femme de Barthélemy Delouche, I, 86.
— (Louis), sgr de Laminière, capitaine au régiment Royal-infanterie, I, 105.
— (Louis), sr de Souvigny, I, 353.
— (Marie), femme de Paul Du Tiers, I, 23.
— (Pierre), sr de Fontbernier, II, 49.
Collinière (sr de la), garde des traites au bureau de Moulime, II, 63.
Colmar, Haute-Alsace, I, 413.
Colombe, Coulombe (sr de la). Voy. Valencienne (de).
Colombier (sgr du). Voy. Fougères (de).
— (sr du). Voy. Chein, Daguin.
Combarel (Hugues de), évêque de Poitiers, II, 155.
Combe (la), cne de Béthines, Vienne, II, 152, 228.
Combes (les), cne de Montmorillon, Vienne, I, 205 ; II, 99.
— (des). Voy. Descombes.
— (sr des). Voy. Gaultier.
Comborn (vicomte de). Voy. Du Saillant.
Combourg (sr de). Voy. Albert.
Commarsat. Voy. Commersat.
Commersat, Commarsat, cne d'Abzac, Charente, II, 36.
— (Mlle de). Voy. Cognac (de).
— (sgr de). Voy. Cognac (de).
Comminges (François de), sgr de Guitaut, capitaine des gardes du corps de la Reine, I, 29.
— (de), sgr de Saint-Fort, lieutenant des gardes de la Reine, I, 29.
Compain (Marie-Françoise), femme de Michel Roujou de Chaumont, II, 179.
Compaing (Bertrand), sr de la Maurie, I, 436.

Compaing (François), sgr de la Devinière, I, 158, 383.
— (François), sgr de Vareilles, I, 222.
— (Jacquette), femme de Bernard de la Broue, I, 11, 222, 409.
— (Marie), femme de Louis de Coral, I, 158, 464.
Compiègne, *Oise*, I, 127.
Concarneau, *Finistère*, I, 196.
Concise, Concize, Consize (ancienne paroisse), c^{ne} *de Montmorillon, Vienne*, I, xii, xiii, xiv, 24, 37, 44, 58, 87, 97, 113, 133, 138, 143, 160, 162, 205, 212, 240, 247, 257, 259, 282, 290, 296, 302, 307, 308, 316, 321, 330, 349, 369, 374, 378, 428, 432, 465 ; II, 40, 54, 136, 158, 159, 161, 293, 349, 350.
— église Saint-Hilaire, II, 136, 347 ; autel Saint-Paul, II, 136 ; curé, II, 334, 335, 338, voy. Boudet, Cornette de Laminière (de), Delavergne de Puygirard, Dupont, Micheau.
— paroisse, II, 291, 305, 306, 347.
— troupes (passage de), I, 24.
Concrémiers, *Indre*, I, 70 ; II, 284.
— troupes (passage de), I, 70.
Condac (enclave de), c^{ne} *de Thollet, Vienne*, I, xiii ; II, 165.
Condat (sr de). Voy. Rozet.
Condé, *Nord*, I, 413.
— (armée de), II, 8.
— (Louis II de Bourbon, prince de), I, 29, 36, 60, 62, 168.
— (princesse de), I, 36.
— (régiment de), I, 330.
Condesière (sœur de la), religieuse de Saint-François à Montmorillon, I, 163.
Confolens, *Charente*, I, 17, 29, 45, 50, 56, 119, 121, 176, 191, 201, 206, 214, 223, 226, 235, 245, 252, 325, 327, 399, 444, 471 ; II, 28, 72, 73, 124, 129, 135.
— avocat, voy. Babaud.
— couvents : Récollets (des), I, 245 ; Sainte-Claire (de), I, 33, 146, 374.
— église de Saint-Barthélemy, II, 73 ; prieur, voy. Babaud.
— (lieutenant en la justice de), voy. Dubois.
— notaire. Voy. Boirot.

Confolens, procureur fiscal, voy. Babaud.
Consize. Voy. Concise.
Constant, avocat au présidial de Poitiers, II, 292.
— (le P.), religieux récollet, I, 342.
— (Marthe), femme de René Citoys, I, 163, 396.
Constantin (Laurent), sergent du marquisat de Barbezieux, II, 194.
Contant (Gabriel), prieur de la Maison-Dieu de Montmorillon, II, 164, 165.
Contaudière (sr de la), Voy. Legeay.
Contencin (Etienne), mégissier et marchand papetier à Poitiers, II, 181.
— (René), marchand drapier et papetier à Poitiers, II, 181, 182.
Conti (Armand de Bourbon, prince de), I, 29, 61.
— (François de Bourbon, prince de), I, 68 , II, 247, 311.
— Cavalerie (régiment de), I, 61.
Contour (la), c^{ne} *de Jouhet, Vienne*, I, 260, 263, 264, 288, 294, 386 ; II, 9, 26, 34, 50.
— (sgr de la). Voy. Moussy (de).
Contrée (sr de la). Voy. Delavergne.
Corade (Marie), femme de René Moreau, II, 20.
— hôte de l'Oiseau-de-Paradis à Poitiers, I, 415.
Coral (Diane-Marie de), Mlle de la Fouchardière, II, 12.
— (Louis de), sgr de la Fouchardière, I, 158, 464.
— (Marie de), I, 213 ; II, 13.
— (Paul de), sgr du Breuil-du-Mazet et de la Fouchardière, I, 158, 190, 213, 341, 375, 383 ; II, 12.
— (René de), sgr du Mazet, I, 158.
Corbeil, *Seine-et-Oise*, II, 330.
Cordieu, Cordé (la), c^{ne} *d'Antigny, Vienne*, I, 414.
— (sr de la). Voy. Maingueneau.
Cordilhon, II, 253, 259, 266, 271.
Corivaud. Voy. Courrivaud.
Cormenier (René), chapelain de Saint-Hilaire-le-Grand de Poitiers, II, 162.
Cormier (dit). Voy. Boucher.

Cormier (fief, du), tenue de Montmorillon, II, 202.
Corneroux, cne de Saulgé, Vienne, I, 54.
Cornet (sr de). Voy. Augier.
Cornette de Laminière (François-Théobald de), maire de Montmorillon, II, 357.
— (Laurent de), curé de Concise, II, 346, 347, 348.
— (Marguerite de), femme de Laurent Vrignaud, II, 58.
Cornuel (Elisabeth), femme de Fleurent Ferré, I, 237.
Corporal (la), I, 18.
Cosnac (dame de). Voy. Culant (Marguerite de).
— (sgr de). Voy. Harpedanne.
Cossonnière (Mr de la), chef d'échansonnerie du Roi, II, 96.
Coste (sgr de la). Voy. Guillaumet (de).
Costeaux (bois des), cne de Béthines, Vienne, II, 226.
Coste-Messelière (sgr de la). Voy. Frottier.
Costes (sr des). Voy. Fontainemaire.
Cothereau (Mr), docteur médecin à Poitiers, I. 407.
Cottiby (Hélie et René), marchands à Poitiers, II, 20.
Coubart (Guillaume), marchand de poissons à Montmorillon, I, 33.
— (Jean), marchand et messager à Montmorillon, I, 164, 231, 347, II, 93, 309.
— (Louis), I, 164.
— (Louis), sr de l'Ilette, II, 93.
Coucis (Charles), comte de Burie, II, 250.
Coudéfierre (la). Voy. Queue-des-Fières (la).
Coudinière (sr de la). Voy. Delamazière.
Coudray (sgr du). Voy. Rouillé.
Coudray-Montpensier (régiment de) I, 222.
Coudre (Joseph de la), sr du Puy, lieutenant en l'élection de Bellac, I, 56, 111.
— (de la), sr de Bussière, I, 56.
Cougouillon, cne de Leigne, Vienne, II, 27.
Couhé, Vienne, II, 116.
— (baron de). Voy. Saint-George (de).

Couhé (Charles de), sgr de la Roche-Aguet, II, 319.
— (François de), sgr de l'Etang-du-Mas, I, 23.
— (Gabrielle de), femme de Jean de Chamborant, I, 23.
— (Louis de), sgr de la Rocheposay, I, 264.
— (Paul de), vicomte de Bridiers, II, 319.
— (René de), sgr du Peux, I, 264.
Coulaud (Madeleine), femme d'Elie Manus, II, 186, 187.
Coulombe. Voy. Colombe.
Coulombier. Voy. Colombier.
Coulon (Michel), dit Micheau Petiot, boucher à Montmorillon, I, 7, 145.
Coupé, cne de Pindray, Vienne, II, 49.
— (sr de). Voy. Jacquet.
Coupea. Voy. Taupeau.
Coupeau. Voy. Taupeau.
Couperie (Françoise), femme de Jean Gaultier, I, 101.
Couppé. Voy. Coupé.
Couraud (Sébastien), sr de la Vergne, procureur fiscal de Brillac, I, 444, 446.
Courault (Adrienne), femme de Siméon du Chaussé, I, 9.
— (Catherine), femme de Benjamin Frottier, I, 345, 346.
— (Honorat), sgr de la Rochechevreux, I, 261.
— (Jean), sgr de Pleuville, I, 345.
Courazeau (le), cne de Saint-Léomer, Vienne, I, 235 ; II, 165.
Couret (le), cne de Queaux, Vienne, I, 325.
Couronne (régiment de la), I, 134.
Courrivaud, Courrivault, Corivaud (Jean), maître papetier aux Grands-Moulins, II, 181, 182.
— (Jean), maître papetier aux Mas, II, 183, 184.
— (Junien), maître papetier aux Grands-Moulins, II, 178, 181.
— (Léonard), maître papetier aux Mas, I, 241 ; II, 183, 184.
— (Léonard), maître papetier aux Mas. II. 184.
— (Simon), maître papetier aux Grands-Moulins, I, 241; II, 181, 182, 183.
Courry (Jeanne), femme de Jacques Richard, I, 413.

Courtaud (Sylvain), laboureur, II, 167.
Courtenay (Jean IV de), sgr de Saint-Brisson, de Champignelles et de Montmorillon, II, 217, 218, 221, 222, 223, 224.
Courtin (Bonne), femme de Jean Luillier, II, 294.
Courtioux (sr du). Voy. Gennes (de), Jacquet.
Courtois (Claude), procureur de la Maison-Dieu de Montmorillon, II, 163.
Cousin (Marguerite), femme de Jean Auprêtre, I, 432.
Cousseau (Marie-Anne), femme de Jean Dubois, I, 415.
— (Pierre), apothicaire à Poitiers, I, 415.
Cousset, cne de Bourg-Archambault, Vienne, I, 108.
Couste (Marguerite), femme de Maurice Delerpinière, I, 300.
Coustière (Catherine), femme de Gaspard Daguin, I, 89.
— (Pierre), avocat au présidial de Poitiers, II, 73.
— (René), sr de la Robinière, II, 73.
— (Antoinette de la), femme de Laurent Richard, I, vii.
Coustin (Renée), femme de Jacques de Ravenel, I, 349.
Coutineau (Pierre), procureur à Saint-Maixent, I, 35.
— (Pierre), avocat au présidial de Poitiers, I, 35.
Coutumes (forêt des), Haute-Vienne, I, 246.
Couture-Renon (Diane de la), femme de François de Savatte, I, 158.
— (François de la), sgr de Monsac, I, 283.
— (François de la), sgr de Monsac, I, 283.
— (Guy de la), sgr de Monsac, I, 283, 293, 342.
Couvidat (Guillaume), sr de la Férandie, I, 121.
Coyer, maître d'hôtel du marquis du Vigean, I, 221, 222.
Cramaud (Simon de), évêque d'Agen, Béziers, Poitiers, Avignon, archevêque de Reims et cardinal, II, 333.

Creil (siège de), II, 220. Oise.
— (Jean de), marquis de Creil-Bournezeau, maître des requêtes, II, 85, 88.
Crellat (sr de) Voy. Ranion.
Crémiers (sr de). Voy. Trouillon, Vacher.
Crémilles (sgr de). Voy. Morault.
Créqui (François, marquis et maréchal de), II, 37.
Creschault (Guillaume), II, 232.
— (Jean), II, 232.
Cresnon (Marguerite), femme de François Brochard, II, 116.
— (René), II, 116.
Cressac (de). Voy. Decressac.
Cressat (de). Voy. Decressac.
Creste (sgr de). Voy. Culant (de).
Crétenay ou Crétenet (Nicolas), prieur de la Maison-Dieu de Montmorillon, II, 166.
Crocquesel (Jacquette-Thérèse), femme d'André Laurens, I, 438.
Croix (la vraie), I, 72.
— (sgr de la). Voy. Thomas (Paul).
— (la), Haute-Vienne, II, 25, 68, 181.
— (sr des). Voy. Rozet.
Croix-à-la-Dame (vigne de la), au village des Cartes, cne d'Antigny, Vienne, I, 136, 238, 315.
Croix-au-Loup (la), cne d'Abzac, Charente, I, 436.
Croix-Blanche (sr de la). Voy. Gendre.
Croix-du-Besche (la), II, 226, cne d'Hains, Vienne, lieu inconnu.
Croix-Rouge (la). Voy. Montmorillon, faubourgs.
Croix-Vert, II, 285.
Cromas (sgr de). Voy. Thomas (Paul).
Crossard (Jean-Baptiste), marchand à Poitiers, I, 416.
Crousan. Voy. Crozant.
Crousille (sainte), I, 71.
Crozant, Crousan, Creuse, I, 7.
— (comte de). Voy. Foucaud (Henri).
Crugeon (Antoinette), femme de René Picquet, I, 139.
— (Eléonore), femme de René Claveau, II, 52, 100.
— (Eustache), teinturier à Montmorillon, I, 139, 196, 197, 198, 210, 225 ; II, 178.

— 400 —

Crugeon (Félix), sr des Garances, teinturier à Montmorillon, I, 210; II, 52, 101.
— (Jean), I, 196.
— (Louis), sous-diacre, I, 198.
— (Louise), femme de Jean Augier, I, 98.
— teinturier à Montmorillon, II, 101.
Crugy de Marcillac (marquisat de). Voy. Limalonges.
— (Pierre-Constantin de), II, 203.
Cubord, cnes de Salles-en-Toulon et de Saint-Martin-la-Rivière, Vienne, I, 16, 18, 335.
— (prieuré de), I, 335.
— sergent royal, Voy. Patrier.
Cueille (la). Voy. Montmorillon, faubourgs.
Cuerderoy. Voy. Cœurderoy.
Cuirblanc (Guy), avocat au présidial de Poitiers, I, 337.
— (Jean), notaire royal à Usson, II, 192.
— (Jeanne), femme de Bénigne de Neuchèze, I, 337.
— (Mr), procureur à Poitiers, I, 78.
— (Pierre), sr de Lestang, I, 337.
— (René), notaire royal à Usson, II, 192.
Cuisinier (Jacques), sr de l'Isle, I, 317.
— (Jérôme), I, 302.

Cuisinier (Marguerite), femme de Martin Martin, I, 429, 469.
— (Marie), femme de Gilbert Brunet, I, 299.
— (Marie), femme de François Massonneau, I, 302.
— (Marie-Anne), femme de François Augier, I, 317.
— (Pierre), sr de la Boussée, sergent royal à Saint-Savin, I, 299. 302, 421, 429, 430, 460.
Culant (Charles de), sgr de la Creste, grand maître de France, II, 234.
— (Marguerite de), dame d'Ainay-le-Vieil, de Belleville, de Cosnac et de Montmorillon, femme de Louis Harpedanne, sgr de Belleville, II, 233, 234, 237, 238, 341.
Curolles (sr des), Voy. Girardon).
Cursolle (Philippe de), femme de Georges Laurens, I, 349.
Cusson (Sylvain), curé de Brigueil-le-Chantre, chapelain de Sainte-Marie-Magdeleine de Montplanet, II, 166.
Custière (sr de la). Voy. Mérigot.
Cyprien (le P.), religieux récollet, I, 144.
Cyrile (le P.), gardien des Récollets, I, 171.
Cytois. Voy. Citoys.
Cyvaux. Voy. Civaux.

D

Dagobert II, II, 334.
— (Michel), religieux récollet, II, 178.
Daguay, opérateur, I, 358.
Daguin (Gaspard), sr de la Groie, procureur au présidial de Poitiers, I, 89.
— (Hilaire), avocat au présidial de Poitiers, I, 89, 110, 177.
— (Jean), sr du Colombier, procureur au présidial de Poitiers, I, 28, 47, 99, 106, 107, 152, 191; II, 3, 4, 20, 81.
— (Louise), femme de Jacques Berthelot, II, 4.
Daillé (Marguerite), femme de

Jean Marchand, I, 294, 306, 308.
Dalègre (Mr), II, 4.
Dalest (Agnès), femme de Pierre Bigot-Pontbaudin, I, 257.
— (Catherine), femme de Jean Mangin, I, 105; II, 24, 32.
— (Fleurance), II, 12.
— (Fleurance-Marie), I, 352.
— (François), sr de Peuterrault ou Puyterrault, I, IX, 8, 217, 268; II, 89.
— (François), conseiller du roi et juge prévôt à Montmorillon, I, 217, 218, 238, 257, 268, 280, 292, 350, 352, 358, 378, 394, 398, 405, 425, 446, 456, 457; II, 12, 29, 30,

73, 81, 84, 88, 89, 134, 144, 306.
Dalest (François), prêtre, chapelain de Sainte-Marie-Magdeleine de Montplanet, II, 166, 167.
— (Jacques), sr de Lavau, I, 384, 407, 427, 432.
— (Jacquette), femme de Jean Sylvain, I, 8, 243.
— (Jean), juge prévôt à Montmorillon, I, 8 ; II, 291, 309.
— (Jean), I, 8.
— (Jean-Baptiste), I, 394.
— (Jeanne), femme de Jean Gaultier, I, 8, 30, 54, 105, 110, 167, 292, 368.
— (Jeanne), femme de Gabriel Mangin, I, 131.
— (Jeanne), femme de Pierre de Lauzon, I, 353.
— (Marguerite), I, 425.
— (Marie), femme de Louis Cailleau, I, 8, 206, 294.
— (Marie), femme de Charles Demaillasson, I, ix, 268, 456 ; II, 20.
— (Marie), femme de Jean-Baptiste Badou, I, 238.
— (Martial), sr de Peugirard ou Puygirard, I, 8, 103, 115, 243 ; II, 38.
— (Mathurin), sr de Lavau, lieutenant en la prévôté de Montmorillon, I, 50, 105, 131.
— (Mathurine), femme de Louis Goudon, I, 313 ; II, 120.
— (Mathurine), femme de Pierre Mangin, I, 131, 272, 371, 472 ; II, 24, 38, 78.
— (Pierre), juge prévôt, archiprêtre de Montmorillon, curé d'Hains, I, 1, 64, 109, 131, 218, 236, 258 ; II, 305, 306, 308, 330.
— (Pierre), I, 8.
— (Pierre), procureur du roi à Montmorillon, I, 293.
— (Pierre), avocat du roi au Blanc. I, 352, 353.
— (Pierre-François-Héliot), conseiller et procureur du roi à Montmorillon, I, 394.
— (René), I, 405.
— (fils), I, 352, 353, 355.
— (le sr), I, 384.
Dallerie (la), cne de Latus, Vienne, I, 133 ; II, 163, 189.
— (sr de la). Voy. Pian.

Dallier. Voy. Daillé.
Dallonguy. Voy. Aloigny (d').
Damas (Claude-Léonor de), marquis de Thianges, I, 17.
Damien (le F.), religieux récollet, II, 81.
Damorsan (le sr), commissaire ordinaire des guerres, I, 48.
Dampierre (dame de), voy. Foucaud (Constance).
— (sgr de), voy. Châtillon (de).
Dampignie, II, 227, moulin sur le Saleron, cne de Béthines, Vienne, détruit.
Dampnolet (saint). Voy. Domnolet (saint).
Dancour (sr), capitaine au régiment d'Esclainvilliers, I, 48, 49.
Dandignat (Marie), femme de Pierre Bastière, II, 185.
Dangé, Vienne, I, 161.
Dangueville, I, 103.
Daniel, II, 193.
Danielis (Petrus), II, 202.
Dansays (Antoine), juge sénéchal du Vigean, I, 176, 221, 324, 432.
— (François), sr de la Vilatte, juge sénéchal du marquisat de l'Isle-Jourdain, II, 117.
— (Françoise), femme de Antoine Naude et de Marc Guiot, I, 324, 452.
— (Luc), sr de la Salle, juge sénéchal de Brillac, II, 117.
— (Suzanne), II, 117.
Dardilly. Voy. Ardilly (d').
Darly (Guillaume), fermier de Montmorillon, II, 341.
Darnac, Haute-Vienne, I, xii, 21, 446.
Darnajou (Marie), II, 70, 80.
Darnley (comte de), Voy. Lenox.
Darrot (Marguerite), veuve de Jacques Chanteloube, II, 322.
Dartaignan. Voy. Artagnan (d').
Dassier (Elisabeth), Mlle des Brosses, II, 30, 34.
— (François), sgr des Brosses, II, 28, 30.
— (Jean), II, 28, 29.
— des Brosses (Marguerite), femme de Jean-Armand Poussard, I, 221.
Dauberoche, Auberoche (d') (Anne), femme de Gaspard Du Rieux, I, 226.

Dauberoche (François), contrôleur au Blanc, I, 387.
— (François), I, 387.
— (Jean), I, 387.
— (Louis), écolier, I, 412, 413.
— (Louis), maître apothicaire à Saint-Léomer, I, 429.
— (Marguerite), femme de François Dalest, I, ix, 8, 217, 268 ; II, 89.
— (Pierre), aumônier des armées, curé d'Availle-Limousine, I, 387.
— (Vincent), apothicaire à Saint-Léomer, I, 412, 413.
— prêtre, I, 413.
Daubière. Voy. Aubière (d').
Dauge (sgr de la). Voy. Fricon.
Daulbroche. Voy. Dauberoche.
Dault (Claire), femme d'Isaac Cherbonnier, II, 2.
— (Félix de), II, 108.
— (Nicolas de), sr de la Rue, d'Aigue-Joignant, II, 108.
— (Pierre), boucher à Montmorillon, I, 443.
Dauphin (Mgr le). Voy. France (Louis et Louis-Joseph-Xavier-François de).
Dauphiné (province du), I, 468.
Daux, Aux (d') (François), prévôt de Notre-Dame de Montmorillon, II, 275, 276, 277.
— (Mathurin), chanoine et prévôt de Notre-Dame de Montmorillon, II, 275, 276, 277.
Davaille, Availle (d'), (Pierre), II, 255, 262, 268, 273.
David (François), notaire et procureur à Nérignac, I, 419.
— (Henri), sgr de Longueval, II, 218.
— (Jacquette), femme de Jean Augry, I, 419.
— (Jean), curé de Luchapt, II, 28.
— (Marguerite), dame de Droisi et de Montmorillon, veuve d'Etienne de Vignoles dit la Hire et femme de Jean de Courtenay, II, 217, 218, 220, 221, 222, 223, 224.
— (Philippe), chanoine de Saint-Augustin, prieur curé de Notre-Dame de Plaisance, I, v ; II, 66, 195.
Davidière (sr de la). Voy. Estevenet.

Dazay. Voy. Azay (d').
Debest (Jean), marchand chamoiseur à Montmorillon, II, 1.
— femme d'Etienne Mariaud, II, 2.
— (René), dit la Fouchère, II, 1.
Debutré (sr). Voy. Butré (sr de).
Dechampagne (Paul), hôte du Point-du-Jour à Montmorillon, II, 56.
Déchamps (Laurent), II, 50.
— (Laurent), chapelier à Montmorillon, II, 51, 107.
Dechantemargue (André), I, 228.
— (Nicolas), I, 204.
Dechassaigne (André), I, 214.
— (Félix), dit Niclou, cordonnier à Montmorillon, I, 214, 301, 430.
— (Félix-Joseph) dit Marabais Niclou, cordonnier à Montmorillon, I, 205, 404.
— (Jeanne), dite Marabais, femme de Morillon, I, 139.
— (Mathurin), dit Marabais l'Hermite, I, 139, 202, 209.
Dechastenet (Jean), apothicaire à la Trimouille, I, 188.
— (Simon), sr de Taillebaut, I, 392.
Dechastre (Hilaire), I, 36, 37, 372.
Dechaulme. Voy. Dechaume.
Dechaume (André), I, 199.
— (André), I, 213.
— (André-René), dit Rabillon, I, 401.
— (Antoine), exempt en la maréchaussée à Montmorillon, I, 322.
— (Félix), II, 106.
— (Jean), sr de Lage-Bourget, I, 43, 60, 65, 107, 122, 133, 191, 219, 242, 354, 423.
— (Louis), sr des Rochettes, I, viii, 160, 166, 466 ; II, 14, 122.
— (Louis), II, 122.
— (Louise), I, 133.
— (Louise), femme de Jean Delavergne et de Guillaume Imbert, I, 219, 277.
— (Magdeleine), femme de Nicolas de Dault, II, 108.
— (Marie), femme d'André Vezien, I, 423, 437 ; II, 49.
— (Pierre), sr du Monteil, I, 114, 122, 213, 259, 402.

— 403 —

Dechaume (Pierre). I, 199.
— (Pierre), sr du Monteil, procureur à Montmorillon, I, 107, 114, 122, 160, 188, 323, 328, 419 ; II, 14, 71, 82, 88, 106, 108.
— (Pierre), II, 71.
— (René), notaire royal à Montmorillon, II, 306.
— (Valentin), sr de Lage-Bourget, exempt en la maréchaussée à Montmorillon, I, 24, 199 ; II, 312, 313, 314, 315, 316, 317, 318.
Decressac (Louis-Jacques), vicaire général de Poitiers, II, 336.
— (Mathurin), II, 110, 123.
— (sr), marchand, I, 415.
Decroux (Marguerite), femme de Jean Doré, II, 19.
Defenieux (Anne), veuve de Pierre Demareuil, I, 144.
Deffends (sgr des). Voy. Pellot.
Deffre. Voy. Aiffres (d').
Deforge (Pierre), cordonnier à Montmorillon, I, VIII.
De Gennes (Jacques), sr du Courtioux, conseiller du roi et commissaire enquêteur au présidial de Poitiers, II, 94, 111.
Deguigne (François), sergent royal à Béthines, II, 54.
— fils du président, II, 54.
De Hainaud (le sr), hôte de la Croix-de-Fer à Poitiers, I, 173.
Dehaulteterre (Daniel), sr du Plessis, tailleur d'habits à Montmorillon, I, 35, 301, 408.
— (Gabriel), maître tanneur à Montmorillon, I, 301 ; II, 55.
— (Siméon), maître tanneur à Montmorillon, I, 85, 198, 275, 301.
— fils du précédent, I, 198.
Delabarde (Jean), sr de Laudière, I, 113.
Delabretonnière (Louis), I, 7, 22, 26, 37.
Delachastre (François), sergetier à Montmorillon, I, 106, 142.
— (Louise), femme de Valentin Barriat, II, 2.
— (Paul), I, 276 ; II, 95.
— (Vincent), I, 241, 276, 473 ; II, 95, 116.
Delachaume (Martin), archer à Montmorillon, I, 48, 153.
— (Perrette), femme de Jacques Vezien, I, 48 ; II, 79.

Delachèze (Jamet), II, 255, 262, 268, 272.
— (Jean), dit Chauchepaille, I, 396.
— (Jean), marchand à Montmorillon, I, 396.
— (Jeanne), II, 255, 262, 268, 272.
— (Marie), femme de Louis Joyeux, II, 133.
Delaclozière (Antoine), marchand à Preuilly, II, 185.
Delacoste (Dauphine), femme de Jacques Chaud, I, 387.
— (François), sr de la Bachellerie, avocat au Dorat, I, 387.
— (Marie), femme de Guillaume Maurat, I, 245.
Delafaye, notaire de Rochemeaux, I, 346.
Delaflavandrie (Anne), femme de Claude Augier, I, 317.
— (Nicolas), I, 317.
Delafons (François), I, 353.
Delafontaine (Marguerite), I, 40.
Delaforest (André), sr de Lage, conseiller du roi, lieutenant particulier et assesseur criminel à Montmorillon, I, 8, 15, 17, 19, 23, 34, 37, 38, 39, 40, 41, 46, 47, 51, 52, 54, 55, 65, 73, 74, 79, 86, 88, 90, 92, 94, 96, 98, 100, 103, 105, 107, 110, 111, 113, 114, 118, 119, 120, 125, 131, 133, 134, 136, 138, 141, 158, 159, 169, 172, 173, 174, 176, 180, 186, 189, 197, 204, 206, 207, 217, 218, 219, 229, 236, 242, 246, 255, 261, 264, 266, 275, 278, 280, 291, 292, 293, 294, 295, 296, 299, 302, 308, 310, 312, 313, 338, 342, 365, 369, 371, 378, 388, 390 ; II, 3, 20, 309.
— (Antoinette), femme de Mr Rodreis, I, 102.
— (Catherine), I, 73.
— (Catherine), femme de Louis Dechaume et de François Demaillasson, I, VIII, 160, 166, 466 ; II, 122.
— (Catherine), femme de François Delavergne, II, 51.
— (Charles), dit Charlot, I, 73.
— (Charles), sr de Perlitte, avocat à Montmorillon, I, 202, 213, 340, 440 ; II, 161.
— (Claude-Joseph), sr de Boisclairet, II, 347.

Delaforest (Elisabeth), femme de Jean Rozet, I, 31, 82.
— (Félix), I, 437.
— (Fleurent), I, 454.
— (François), I, 23.
— (François), II, 18.
— (Françoise), femme de Félix Crugeon, I, 211.
— (Henriette), I, 227.
— (Jacques), I, 227.
— (Jean), sr de l'Epine, procureur à Montmorillon, I, 15, 58, 59, 122 ; II, 46, 76.
— (Jean), I, 270.
— (Jean), sr de Lage-Grassin, I, 276, 379.
— (Jean), I, 276.
— (Jean), sr de Boisclairet, chanoine de Notre-Dame de Montmorillon, II, 347, 348, 349.
— (Jean-Louis), I, 340.
— (Jeanne), I, 54.
— (Jeanne), femme de Paul Dumonteil, I, 57, 143, 369, 374, 424.
— (Joseph-Félix), sr de Beauvais, II, 166.
— (Laurent), sr de la Massolière, conseiller du roi au Blanc, I, 227.
— (Louis), lieutenant en l'élection du Blanc, I, 32, 96.
— (Louis), sr de Liniers, juge de la Trimouille, I, 227, 484.
— (Louis), lieutenant en l'élection du Blanc, I, 454.
— (Louis), sr des Mas, I, 440.
— (Louise), femme de François Trouillon, I, 265 ; II, 121.
— (Louise-Marguerite), femme de François Goudon, I, 51, 215, 219, 266, 454.
— (Marc), I, 387.
— (Marguerite), Mlle de Flamagne, femme de Léonard Chaud, I, 158, 255, 267, 294, 295, 388, 390, 401, 430, 463 ; II, 4, 44.
— (Marguerite), femme de Charles Argenton, I, 336.
— (Marguerite), femme de Pierre Dufour, II, 56.
— (Marie), Mlle de Lage, femme de Pierre Goudon, I, xi, 14, 34, 38, 111, 113, 133, 166, 185, 204, 219, 234, 255, 267, 310, 350, 401 ; II, 73, 83, 105, 137.

Delaforest (Marie), femme de Pierre Sylvain, I, 58, 148.
— (Marie), I, 473.
— (Marie-Anne), femme de Jean Goudon, I, 147, 175, 183, 424 ; II, 26.
— (Pierre), l'aîné, procureur à Montmorillon, I, 7, 10, 16, 25, 31, 39, 40, 41, 43, 49, 51, 58, 71, 90, 102, 103, 110, 120, 148, 150, 186, 188, 196, 211, 229, 255, 265, 266, 280, 296, 301, 313, 318, 330, 342, 343, 344, 416, 454, 468 ; II, 50, 308, 309.
— (Pierre), le jeune, sr de Luchet, procureur à Montmorillon, I, 16, 48, 49, 65, 326, 340, 437, 473.
— (Pierre), procureur à Montmorillon, I, 68, 270.
— (Pierre), dit Laforest-Chaillat, procureur à Montmorillon, I, 336 ; II, 18, 56.
— (René), sr de Lage-Grassin, I, 246, 259, 295, 330, 463.
— (René), I, 295.
— (Renée), I, 340.
— (Renée), femme de Pierre Laurens, I, 387 ; II, 63.
— (Suzanne), femme de Pierre Nicault, I, 73, 315.
Delagarde (Anne), femme de Jacques Chasseloup, I, 155.
— (le sr), II, 23, 113, 114, 120.
Delage (Fleurent), marchand mégissier à Montmorillon, I, 395.
— (Joseph), messager de Poitiers à Limoges, II, 354, 355.
— (Louis), marchand et maréchal à Montmorillon, I, 395 ; II, 56, 82, 91.
— (Louis-Joseph), II, 91.
Delagrange (François), I, 435.
— (Jean), curé de Luchapt, II, 28.
Delalande (Jeanne), veuve de Jean Dalest, I, 8 ; II, 291.
— (Louis), avocat à Montmorillon, II, 291.
— (Pierre), conseiller du Roi, juge prévôt à Montmorillon, I, 8 ; II, 291.
Delaleu (Jean), tailleur d'habits à Montmorillon, II, 122.
Delaleuf (Anne), femme de Louis Lancereau, I, 410.
— (Catherine), femme de Vincent Bonnin, I, 122, 132, 203, 215.

Delaleuf (Denis), II, 256, 263, 269, 274.
— (François), II, 253, 260, 266, 271.
— (Jean), II, 256, 263, 269, 273.
— (Jeanne), femme de François Goudon et de Pierre Delaforest, I, 122, 416, 454.
— (Marie), femme de Joseph Bonnin, I, 69.
— (Olivier), II, 253, 260, 266, 271.
— (Pierre), procureur fiscal de Lussac-le-Château, II, 280, 281.
— (veuve), I, 30.
Delamazière (Antoine), s^r de Merlaudière, I, 362, 365, 366, 384.
— (Françoise), femme de François Gaultier, I, 227, 271, 288, 338, 461.
— (Françoise), I, 362.
— (Jacques), s^r de la Coudinière, I, 224.
— (Jacques), maître apothicaire et perruquier à Angle, I, 271.
— (Martial), I, 362.
— (Pierre), s^r du Vignault, garde du corps du roi, I, 271.
Delamothe (Marguerite), femme de Mathurin Sylvain, I, 108, 309 ; II, 40, 65.
— (Nicolas), procureur à Montmorillon, I, x, 150.
— (Pierre), s^r des Chaussidiers, I, XI, 52, 188, 292, 351, 352, 402, 412, 417, 473 ; II, 7, 10, 39, 73, 96, 97, 107, 140, 144.
— (Robert), I, 150.
Delauberge (le P. Charles), religieux récollet, II. 59.
Delavaud (l'abbé). Voy. Irland.
Delavault (Anne), femme de François Durand, II, 9.
— (Pierre), chirurgien opérateur à Montmorillon, II, 39.
Delavergne (Anne), femme d'Antoine Moreau, I, 351.
— (Anne), femme de Jean-Barthélemy Cailleau, II, 79.
— (Bernardin), II, 52.
— (Catherine), veuve de Charles Gaultier, I, 31, 351.
— (Catherine), religieuse de Saint-François à Montmorillon, I, 163.
— (Catherine), femme de François Michelet, I, 171.
— (Catherine), femme de René du Taillis, I, 351.
Delavergne (Catherine), femme de René Contencin, II, 181.
— (Claude), femme de Jean Delavergne, I, 56.
— (Elisabeth), femme de Jean Bruas, II, 114.
— (Elisabeth), femme de Victor Bernard, II, 130.
— (Félix), s^r de Chillonnet, vicaire de Saint-Martial de Montmorillon, II, 47, 83, 93, 96, 144.
— (Fleurance), II, 52.
— (Fleurent), s^r de la Rue, capitaine de la milice bourgeoise de Montmorillon, I, 243, 470 ; II, 106, 108, 117, 119.
— (Fleurent), s^r de la Contrée, I, 359, 461.
— (Fleurence), femme de Pierre Delavergne, I, 171, 384 ; II, 40.
— (François), s^r de la Salle, I, 112.
— (François), s^r de la Gibretière, ou Guibertière II, 51, 61.
— (Françoise), femme de Claude-Joseph Delaforest, II, 347.
— (Gervais), marchand boucher à l'Isle-Jourdain, II, 28.
— (Henri), s^r de la Salle, I, 112 ; II, 31, 73.
— (Jacquette), femme de Jean Vachier, I, 357, 455.
— (Jean), s^r de la Boutaudière, procureur à Montmorillon, I, 56, 57, 113, 200, 254, 263, 287, 296, 339 ; II, 79, 309.
— (Jean), s^r de Mortaigue, I, 127, 287, 311, 312.
— (Jean), s^r de la Dorlière, procureur à Montmorillon, I, 197, 219, 242, 277.
— (Jean), s^r des Rochettes, I, 286, 350, 464 ; II, 20.
— (Jean), s^r de la Barre, I, 465, II, 58, 121.
— (Jean), chapelain de Saint-Michel, II, 166.
— (Jean-François), II, 51, 61.
— (Jeanne), femme de Hélie Pin, I, 76.
— (Jeanne), femme de Jacques de Macé, I, 351.
— (Jeanne), I, 461.
— (Jeanne), femme de François Goudon, I, 470.
— (Jeanne), femme de Laurent Robert, II, 48.

Delavergne (Laurent), s^r de l'Ardillière, chanoine de Notre-Dame de Montmorillon, II, 347, 348, 349.
— des Effes (Laurent), chanoine de Notre-Dame de Montmorillon, II, 350, 351, 357, 358.
— (Louis), s^r de la Dorlière, procureur et certificateur des criées, à Montmorillon, I, 47, 51, 197, 199, 308, 327, 445 ; II, 309.
— (Louis), s^r de Puycornet, concierge des prisons à Montmorillon, I, 357 ; II, 4.
— (Louis), maître des eaux et forêts à Montmorillon, I, 334 ; II, 309, 311.
— (Louise), I, 127.
— (Magdeleine), femme de Jean Goudon, I, 218, 454 ; II, 44.
— (Marguerite), femme de Louis Argenton, I, 209 ; II, 93.
— (Marguerite), Mlle de la Dorlière, I, 445.
— (Marguerite), femme de Jacques Jacquet, II, 31.
— (Marie), I, 49.
— (Marie), femme de François Mérigot, I, 217 ; II, 30.
— (Marie), femme de Pierre Gaultier, I, 334, 410.
— (Marie), Mlle de la Rue, femme de François Ranion, II, 22, 40.
— (Marie-Anne), femme de Jean Goudon, II, 51.
— (Marie-Catherine), femme de François Augier, I, 308.
— (Nicolas), s^r de la Boutaudière, I, 296 ; II, 79.
— (Pierre), s^r de Chastaigner, I, 136, 209.
— (Pierre), s^r de la Rue, I, 171, 218, 384 ; II, 4, 40, 56, 97, 99.
— (Pierre), dit Grignotte, II, 56.
— (Pierre), s^r de la Salle, maître apothicaire à Montmorillon, II, 73.
— (Pierre), II, 73.
— (Pierre), II, 89.
— (Pierre-Bonaventure), II, 51.
— de Puygirard (Pierre), curé de Concise, II, 347.
— (René), s^r de Mortaigue, marchand à Montmorillon, I, 127.
— (René), s^r de la Barre, I, 296, 450, 465.

Delavergne (René), s^r des Gas, I, 296, 461 ; II, 56.
— (René), s^r de Mortaigue, I, 311.
— (René), II, 48.
— (René-Jean), praticien, II, 166.
— (Simon), procureur à Montmorillon, I, 45, 49, 50, 63, 112.
— s^r de la Grille, sergent royal à Montmorillon, I, 189, 208.
— (le s^r), II, 97, 98, 99, 108, 119.
Delavergne-Verdillat. Voy. Verdilhac (de).
Delbé, I, 286.
Delerpinière, Lerpinière (de), (André), messager à Poitiers, I, 327.
— (André), II, 291.
— (Charlotte), femme de Fleurent Babert, I, 200, 300 ; II, 10.
— (François), I, 300.
— (Germain), vicaire de Latus et de Millac, I, 239, 260, 273, 274, 281, 297, 383.
— (Gilbert), commis greffier garde scel à Montmorillon, I, 300 ; II, 308, 309, 312.
— (Joachim), I, 436.
— (Joachim), sergent royal à Montmorillon, II, 33, 178.
— (Laurent), I, 241.
— (Louis), s^r de la Boussée, sergent royal à Montmorillon, I, 165, 244.
— (Marguerite), femme de François Maingueneau, I, 165, 174.
— (Marguerite), femme de René Allaire, I, 300.
— (Marguerite), femme de Pierre Gaultier, II, 30.
— (Marie), femme de Jean Julien, I, 108, 164.
— (Marie), femme de Jacques Lhuillier, I, 244, 356 ; II, 128.
— (Marie), femme de Abraham Perrineau, I, 442.
— (Maurice), sergent royal à Montmorillon, I, 300.
— (Pierre), s^r de Baudelette, procureur à Montmorillon, I, 98, 121, 135 ; II, 178, 309.
— (Pierre), s^r de Beausoleil, I, 241.
— (Pierre), dit la Grêle, boutonnier à Montmorillon, I, 109 ; II, 30.
— (Renée), femme d'Etienne Frottier, I, 300.
— s^r de Baudelette, I, 382, 383.

— 407 —

Delerpinière, femme de François Gendre, I, 300.
Delestang (Jean), maître papetier aux Mas, II, 179, 185.
Delhomme (Martin), chanoine de Notre-Dame de Montmorillon, II, 156.
Delhôpital (Charles), sr du Clou, archer à Montmorillon, I, 282, 428 ; II, 12, 161.
— (Nicolle), femme de Jean Mégnan, I, 282.
Deliquet (commandant), cité, II, 190.
Delorge, fermier de Serres, II, 59.
Delosme (Jean), II, 231.
Delouche (André), capitaine au régiment de Navarre, II, 104.
— (Barthélemy), sr de la Carrière, assesseur en la maréchaussée du Blanc, I, 86.
— (Joseph), II, 104.
— (Marguerite), femme de Pierre Richard, I, 86, 95, 101, 134, 152, 165, 179, 227, 246, 263, 269 ; II, 7, 24, 29, 339.
— (Marie), femme de Jacques Bastide, II, 104, 348.
— (Mathurine), femme de Pierre de Forges, I, 274.
— (Michel), sr de Bois-Remond, I, 53 ; II, 47.
— (Pierre), sr de Montbaille, I, 232.
— (Robert), sr de Bois-Remond, I, 53, 54, 256, 273, 388, 392 ; II, 45, 103, 109, 144, 320.
— (Sylvain), sr de la Varenne et de Bois-Remond, I, IX ; II, 47, 104.
Delugré (Mr), docteur médecin à Poitiers, I, 407.
Demaillasson (André), sr de la Pinotrie, I, VIII, 90.
— (Anne), femme de Gaspard de Lucquet, I, VIII, 97, 434.
— (Anne), femme de Pierre Vezien et de Louis Pineau, I, VIII, 38, 127 ; II, 359.
— (Anne), femme de Jean Bastide, I, IX, 94 ; II, 104.
— (Anne), dite Nanette, femme de Guillaume Hallé, I, X, 20, 182, 183, 230.
— (Catherine), femme de Sylvain Delouche, I, IX, 117 ; II, 47.

Demaillasson (Charles), avocat du roi à Montmorillon, I, III, IV, VI, X, XI, 1, 299, 350 ; II, 33, 104.
— (Charles), I, VIII, 278.
— (Charles), I, IX, 268, 456 ; II, 20, 110.
— (Charles), dit Charlot, I, X, 20.
— (Charles), II, 122.
— (Eléonore), femme de Joseph Boisseau, I, IX.
— (Elisabeth), femme de Pierre Guillemin, I, VIII, 57, 58, 249, 396.
— (Fanchon), I, X, 169, 177.
— (Félix), I, IX.
— (Fleurence), femme de Pierre Delamothe, I, XI, 52, 132, 166, 225, 250, 295, 321, 338, 352, 393, 402, 412, 417, 431, 462, 473 ; II, 7, 10, 39, 73, 96, 97, 107, 140, 144.
— (Fleurence), dite Fleuron, femme de François Périgord de Massé, de Jacques de Bridieu et de Charles de Moncrif, I, XI, 132, 168, 206, 227, 244, 247, 278, 282, 290, 302, 321, 329, 337, 340, 350, 351, 354, 367, 369, 370, 375, 378, 379, 381, 382, 387, 393, 401, 405, 406, 414, 427, 429, 431, 432, 444, 455, 457, 466, 467 ; II, 1, 5, 6, 12, 17, 18, 19, 23, 28, 33, 59, 60, 62, 71, 73, 74, 75, 76, 77, 79, 80, 92, 93, 95, 96, 102, 107, 108, 109, 111, 112, 114, 118, 122, 125, 126, 127, 129, 130, 133, 134, 140, 142.
— (Fleurent), I, IX.
— (François), sr des Barbalières, avocat à Montmorillon, I, VIII, X, 38 ; II, 178.
— (François), I, VII.
— (François), avocat à Montmorillon, I, VII, 2.
— (François), avocat enquêteur à Montmorillon, I, VII, VIII, 33, 44, 57, 58, 97, 113, 115, 138, 166, 249, 250, 268, 269, 278, 304, 367, 396, 423, 434 ; II, 24, 54, 100.
— (François), I, VIII, 113, 248.
— (François), sr de la Chèze, I, VIII, 166.
— (François), greffier criminel et procureur à Montmorillon, I, IX.
— (François), I, IX.
— (Jacques), I, IX.
— (Jacques), I, IX, 456.

Demaillasson (Jean), I, vii.
— (Jean), lieutenant civil et criminel à Montmorillon, I, vii ; II, 244, 292, 294, 296, 297, 298, 300, 301, 302.
— (Jean), marchand à Tours, I, vii, 2, 141.
— (Jean), avocat au parlement de Paris, I, vii, 141, 282, 283, 298.
— (Jean), marchand à Tours, I, ix, 19, 20, 26, 40, 41, 44, 47, 50, 66, 77, 91, 116, 117, 118, 126, 150, 156, 157, 163, 169, 179, 183, 230 ; II, 141.
— (Jean), sergent royal à Montmorillon, I, x.
— (Jean), I, 160, 178, 180, 188, 190.
— (Jeanne), femme de Louis Chavignat, I, vii, 141, 283.
— (Jeanne), dite Jeanneton, I, xi, 82, 86, 87, 126, 127 ; II, 140.
— (Joseph), sr du Bost, banquier à Paris, I, vii, 141, 268, 282.
— (Joseph), curé d'Antigny, I, ix.
— (Laurent), avocat à Montmorillon, I, vii ; II, 4.
— (Laurent), I, ix.
— (Louis), sr de la Faix, procureur à Montmorillon, I, vii, viii, 12, 34, 38, 40, 59, 77, 83, 90, 94, 100, 110, 114, 117, 119, 127, 142, 145, 179, 205, 229, 256, 268 ; II, 41, 103, 104, 308, 309.
— (Louis), sr de la Chèze, I, viii, 229.
— (Louise), I, viii.
— (Magdeleine), I, viii.
— (Magdeleine), femme de Pierre Vachier, I, xi, 6, 14, 31, 59, 75, 224.
— (Magdeleine), dite Magdelon, femme de Louis Roy, I, x, 157, 163, 181, 182, 267, 270, 429 ; II, 141.
— (Manon), femme Massicault, I, x, 175, 176, 183, 268, 270 ; II, 10.
— (Marguerite), I, viii.
— (Marguerite), I, ix ; II, 20.
— (Marguerite), dite Goton, femme de Louis Ladmirault, I, xi, 60, 87, 108, 109, 148, 151, 158, 181, 214, 216, 225, 227, 231, 233, 234, 236, 238, 240, 241, 242, 250, 254, 257, 259, 263, 264, 272, 275, 276, 277, 282, 289, 292, 294, 296, 306, 309, 311, 312, 314, 315, 319, 321, 322, 327, 333, 334, 339, 345, 351, 360, 375, 378, 381, 383, 406, 408, 425, 429, 439, 441, 458 ; II, 34, 49, 61, 62, 72, 73, 88, 96, 108, 119, 130, 139, 141, 144.
Demaillasson (Marie), femme de Gaspard Fradet, I, vii, 51, 52, 110, 142, 269 ; II, 41, 42.
— (Marie), I, viii.
— (Marie), femme de Jean Chavignat, I, viii, 250 ; II, 100.
— (Marie), I, viii, 138 ; II, 54.
— (Marie), I, ix.
— (Marie), I, x, 27, 30, 32 ; II, 139.
— (Marie), dite Marion, femme d'André Richard et de François-Joseph Goudon, I, xi, 148, 278, 290, 327, 337, 341, 343, 350, 354, 367, 414, 425, 429, 431, 439, 441, 444, 455, 457 ; II, 5, 6, 19, 24, 28, 33, 60, 61, 62, 66, 71, 77, 78, 84, 85, 89, 92, 93, 99, 100, 102, 115, 118, 125, 127, 131, 132, 133, 138, 139, 140, 142.
— (Marie-Angélique), femme de Joseph Desbouiges, I, ix.
— (Marie-Anne), femme de Gabriel Lauradour, I, ix.
— (Michel), I, vii ; II, 292.
— (Paul), prieur de Bois-Métais, I, vi, xi, 162, 163, 242, 275, 276, 298, 305, 318, 333, 350, 358, 364, 367, 373, 374, 385, 388, 390, 398, 402, 418, 420, 426, 427, 430, 432, 436 ; II, 14, 18, 19, 20, 22, 27, 28, 39, 49, 52, 56, 59, 60, 61, 62, 64, 65, 69, 70, 71, 72, 73, 74, 75, 78, 79, 80, 81, 82, 83, 84, 86, 88, 90, 91, 92, 93, 94, 95, 96, 97, 98, 99, 100, 102, 107, 108, 111, 113, 115, 117, 119, 120, 122, 124, 125, 126, 127, 128, 129, 130, 131, 132, 133, 134, 135, 136, 138, 139, 141, 143.
— (Pierre), I, ix.
— (Pierre), I, x, 429, 443 ; II, 97, 98.
— (famille), I, vi.
Demanes. Voy. Manes (de).
Demareuil (Anne), femme de Philippe Sylvain, I, 87, 97.
— (Blaise), avocat et contrôleur des montres de la maréchaussée à Montmorillon, I, 101, 164, 288 ; II, 86.
— (Blaise), enquêteur à Montmorillon, II, 311, 312.
— (Elisabeth), femme de François

Demaillasson. I, VIII, 44, 57, 58, 97, 113, 138, 166, 250, 278, 304, 434 ; II, 54, 100.
Demareuil (François), s' de la Barde, enquêteur à Montmorillon, I, VIII, 29, 41, 44, 57, 63, 87, 113, 163, 218 ; II, 308, 309, 311, 312.
— (François), contrôleur des montres de la maréchaussée à Montmorillon, I, 190, 275, 328, 464 ; II, 42
— (François), I, 423, 428, 439.
— (Magdeleine), femme de Pierre Vezien, I. 439.
— (Marie), I, 29, 138, 163.
— (Marie), I, 288 ; II, 86.
— (Mathurin), procureur à Montmorillon, I, 60 ; II, 178, 308, 309.
— (Nicolas), I, 148.
— (Pierre), s' de la Machère, I, 144.
— (Suzanne), femme de Fleurent Veras, I, 297 ; II, 130.
Demay, notaire royal à Montmorillon, II, 303, 304.
Demazelle (Marie), femme de René Léobet, II, 168.
Deméret (Marguerite), femme de François Vezien, I, 462.
Demont (s'). Voy. Mons (s' de).
Demoussac. Voy. Augier de Moussac.
Denesde (Antoine), marchand ferron à Poitiers, I, 50, 51.
Denis (Gilles), II, 231.
— (le P.), religieux récollet, I, 299.
— (Pierre), II, 231, 232.
— (Pierre), II, 254, 261, 268, 272.
Denize (la), I, 180.
Denys. Voy. Denis.
Déols, *Indre*, I, 106.
Depoidz. Voy. Poix (de).
Depoix (Léonard), prêtre, II, 284.
Deroche (Jean), arpenteur et notaire de Saint-Germain-sur-Vienne, I, 428.
Des Blancs (Françoise-Aymérie), femme de Paul de Jarrige, II, 94.
Desbordes (Charles), dit Charles de Colère, I. 174.
— (Jeanne), femme de Pierre Massonneau, I, 174, 185, 372.
— (Mr). Voy. Gaillard.

Desbouiges (Jean), s' de la Lande, I, IX.
— (Joseph), s' de la Lande, procureur en la justice de Brigueil-le-Chantre, I, IX.
Desbuissons. Voy. Cœurderoy, s' des Buissons.
Deschamps, notaire, II, 233.
— (Colette), II, 255, 263, 269, 273.
Des Champs. Voy. Déchamps.
Des Chazaud. Voy. Chazaud.
Desclinvilliers. Voy. Esclainvilliers (d').
Descollard (Marguerite), femme de Pierre Delouche et de Charles Richard, I, 232.
Descombes (Charles), I, 131.
— (François), maître d'école et notaire apostolique à Montmorillon, I, 130, 131, 145.
Des Hogues (Mr), major de la place de Tournay, I, 424.
Desmaisons (Anne), femme de Clément Pasquet, I, 83.
Desmarais (s'), II, 324.
Desmarests (Jeanne), femme de François Jacquet et de Pierre Delamazière, I, 271.
Des Marquets (Henri-Joseph), sgr de Ceray et de la Brosse, II, 347.
Desmaze (Charles), cité, I, 380.
Desmier (Charles), sgr du Roc, I, 11.
— (François-Alexandre), sgr de la Rousselière, II, 117.
— (Jeanne), femme de François de Guitard, I, 11.
— (Louis), sgr du Roc, I, 11.
— (Marie), femme d'Étienne Chapelain de Roquevaire, II, 137.
— (Salomon), sgr de la Bussière, II, 137.
— (Suzanne-Bénigne), femme de Jacques-Louis-Vincent d'Argence, II, 8.
— (Sylvain), sgr du Montet, II, 8.
Desmontiers (Charles), baron d'Auby, II, 100.
— (Eusèbe), comte de Mérinville, capitaine de cinquante hommes d'armes, I, 124.
— (François), baron d'Ozillac, I, 124.
— (François), baron de la Valette, II, 100.

— 410 —

Desmontiers (Jean), évêque de Bayonne, I, 71.
— (Jean), vicomte de Mérinville, I, 121.
Desmoulins, femme de Jean Durand, I, 283.
— maîtresse d'école à Montmorillon, I, 283.
— (Mr), I, 424.
Des Mousseaux (Louis), sgr de Brétigny, I, 310.
Despirolles (Gilbert), II, 303, 304.
Despommiers, archer à Montmorillon, I, 97.
Desprez. Voy. Savary.
Des Roziers (Fabienne), femme de Mathieu Guiot, I, 122.
Desvaux (François), écuyer, II, 157.
— (Marguerite), femme de Martial Naude, I, 206, 245.
— (Mr), I, 25.
Desvergnes (le jeune), II, 27.
Desvignes (Marthe), femme de Marc Thierry, I, 171.
Deugnet (François), sergetier à Antigny, I, 466.
— (Jacques), maréchal à Montmorillon, I, 312.
Devillards (Magdeleine), I, 236.
— (Marie), femme de Martin Mesnard, I, 467.
Devinière (sgr de la). Voy. Compaing.
Dijon, *Côte-d'Or*, II, 247.
Dinsac, *Haute-Vienne*, II, 6.
Dizac, cne *de Leigne, Vienne*, II, 167.
Dobterre. Voy. Dehaulteterre.
Doignon (comte du). Voy. Foucaud.
— (sgr du). Voy. Guiot.
Dolce (Jean), évêque de Bayonne, I, 178.
Doleau (Marie), femme de Jacques Brunet, I, 299.
Domergue (Pierre), fermier des traites unies en Poitou, II, 179.
Domnolet (saint), Dampnolet, I, 73.
Domus Dei, apud Montem Maurelium. Voy. Montmorillon, Maison-Dieu.
Donat (le sr), capitaine au régiment d'Enghien, I, 288.
Doradour. Voy. Oradour (d').
Dorat (le), *Haute-Vienne*, I, 16, 20, 40, 42, 45, 58, 78, 90, 141, 144, 178, 245, 269, 274, 281, 287, 293, 307, 320, 323, 324, 329, 335, 337,
346, 358, 385, 386, 387, 393, 410, 416, 418, 420, 421, 424, 437, 442, 443, 462, 471 ; II, 6, 11, 48, 113, 114, 117, 124, 164, 191, 246, 278, 280, 281.
Dorat (assesseur). Voy. Bouthier.
— avocat du roi. Voy. Boucheul ; avocats. Voy. Delacoste, Maurat, Robert, Sornin.
— conseiller du roi. Voy. Bouthier.
— église collégiale de Saint-Pierre, I, 115 ; — chapitre II, 204 ; — abbé. Voy. Marans (de).
— juge sénéchal. Voy. Josnière (de la), Robert.
— médecin. Voy. Fauconnier.
— musique, I, 196.
— procureur fiscal. Voy. Chesne.
— receveur des consignations. Voy. Busson.
Doré (Adrienne), femme de Laurent Demaillasson et de Jean Gaultier, I, vii ; II, 4.
— (Jean), procureur au présidial de Poitiers, II, 19.
— (Jean), II, 157.
— (Marie), femme de François Dureau, II, 19.
— (Mr), I, 5, 47.
Doreau (Antoine), meunier, II, 163.
— Dorelli (Jean), prieur de la Maison-Dieu de Montmorillon, II, 152, 153.
Dorelli. Voy. Doreau.
Doretière (la), cne *de Journet, Vienne*, I, 455.
Doriamont (le sr), I, 124, 125.
Dorlière (sr de la). Voy. Delavergne.
Douadic (Anne), I, 49.
— (Jean), sr de la Grange, I, 120, 240.
— (Jeanne), I, 162.
— (Joachim), sr de la Loge, procureur à Montmorillon, I, 147, 162, 235, 240, 300, 316, 378 ; II, 127, 178.
— (Judith), femme de Laurent Goudon, I, 104, 223.
— (Laurent), conseiller du roi à Montmorillon, I, viii, 16, 134, 144 ; II, 244, 308, 309.
— (Laurent), I, 162.
— (Louis), procureur à Montmorillon, I, 147, 162, 266, 340 ; II, 137.
— (Louis), le jeune, procureur à Poitiers, I, 188.

— 414 —

Douadic (Louise), femme de Louis Demaillasson, I, vii, 38, 51, 90, 127, 313 ; II, 104.
— (Marguerite), femme de Alain Martinet, II, 98.
— (Marie), femme de Simon Robert, I, 16, 162, 300, 445.
— (Marie), femme de Charles Guiot, I, 127 ; II, 127.
— (Marie-Anne), femme de Jean Argenton, I, viii, 134, 416; II, 65.
— (Marie-Louise), femme de Louis Sororeau, I, 235, 300, 316.
— (René), sr de l'Epine, procureur à Montmorillon, I, 162, 300.
Doué, *Maine-et-Loire*, I, 195.
Douesner (Jacques) dit la Fontaine, I, 96.
Douilly. Voy. Ouilly (d').
Doussac, c*ne* de *Béthines, Vienne*, II, 231.
Dousselin (Barnabée), femme de René Pradeau, meunier, II, 184.
— (Germain), meunier au Moulin-au-Roi, I, 266, 373.
— (Jacquette), I, 231.
— (Jeanne), femme de Pierre Dault, I, 443.
— dit Assantia, boucher à Montmorillon, II, 72.
Dousset (François), journalier, II, 318.
— (Marguerite), femme de Robert Delamothe, I, 150.
Doussière (forêt de). c*ne* de *Pouzioux, Vienne*, II, 293.
Douzilly. Voy. Ouzilly (d').
Dreux (Thomas), conseiller du roi au Grand Conseil, II, 342.
Droisi (dame de). Voy. David (Marguerite).
Drouault (Roger), cité, I, vi ; II, 49.
Drouillard (Gabriel), marchand à Chauvigny, I, vii.
Droux, *Haute-Vienne*, II, 155.
Du Bellay (Charles), sgr de Lésigny, II, 359.
— (Claude), sgr d'Anché, II, 359.
— (Jean), évêque de Fréjus et de Poitiers, II, 225.
— (Timothée), sgr des Rochettes, II, 359.
Dubois (Guillaume), sr de Villechèze, lieutenant en la justice de Confolens, I, 201, 214, 223, 325, 327.

Dubois (Jean), sr du Mas-du-Puy et de l'Héraudie, juge sénéchal d'Availle-Limousine, I, 176, 191, 201, 323, 372.
— (Jean), apothicaire à Poitiers, I, 415.
Du Bois (Josselin), sgr de Châtenet, de Chabannes et de Montmorillon, grand bailli d'Auvergne, II, 222, 237.
Dubost (François), II, 313, 317.
Du Bouex (Charles), sgr de Villemort, I, 77, 84.
— (Gabriel), sgr de Richemont et de Villemort, II, 225, 292.
— (Marie), femme de François Simonnot et d'Antoine Muzard, I, 84, 213.
Du Bourg (Louise), femme de Philippe de Valencienne, II, 9.
— (Mr). Voy. Blanchard.
Dubrac (Catherine), femme de Jean Ladmirault, II, 145.
Dubreuil, sergent royal à Adriers, I, 16, 21.
Dubreuil. Voy. Arnaudet.
Du Breuil-Hélion (Catherine), veuve de Jacques de Neuchèze, II, 9, 41, 47.
— (Marie-Marthe), femme de Jacques Laurens, I, 11, 226.
Dubrueil (Pierre), II, 303, 304.
Duc (régiment du chevalier), II, 58.
Ducelier, II, 354.
Ducellier (Guillaume), sr de Rocheclaire, I, 197.
— (Guillaume), sr de Baudinière, apothicaire à Montmorillon, II, 84.
— (Joseph), tanneur à Montmorillon, I, 333 ; II, 106.
— (Louis), huissier archer à Montmorillon, I, 166, 174 ; II, 77.
— (Louis), sr de Peufavard, I, 174.
— (Louis), sr de Peufavard, archer à Montmorillon, I, 228, 299.
— (Louise), femme de Félix Dechaume, II, 106.
— (Marie-Anne), femme de Guillaume Augier, II, 51, 84.
— (Paul), marchand à Montmorillon, I, 228, 333.
— (Philippe), marchand à Montmorillon, I, 202.
— sergent royal à Montmorillon, II, 302.

Du Charrault, I, 353.
Du Chasteau (Jacques), sgr de Ry, I, 255.
— (Louise), femme de Martial Vezien, I, 255.
Du Chasteigner (Pierre), prieur-curé de Saint-Pierre de la Trimouille, II, 24.
Du Chastenet (Antoinette), femme de François Green de Saint-Marsault, I, 116, 125, 144 ; II, 248.
— (Gabrielle), religieuse à Fontevrault, I, 400 ; II, 248.
— (Hyacinthe), religieuse à Blessac, I, 15 ; II, 248.
— (Isabeau), religieuse à Blessac, I, 15 ; II, 248.
— (Jean), baron de Murat, sénéchal de Montmorillon, I, 2, 6, 14, 16, 18, 33, 38, 39, 41, 57, 61, 63, 64, 68, 74, 84, 98, 100, 102, 109, 110, 111, 116, 125, 131, 133, 135, 142, 144, 186, 224 ; II, 248.
— (Jean), I, 100 ; II, 248.
— (Jeanne), femme de François de Guillaumet, I, 380.
— (Léonard), sgr de Mérignat, lieutenant général de la sénéchaussée de Limoges, II, 248.
— (Magdeleine-Elisabeth), Mlle de Mérignat, I, 265, 284, 400, 453, 457 ; II, 57, 62, 249.
— (Marie-Thérèse), religieuse à Montmorillon, I, 163, 400, 457 ; II, 248.
— (Pierre), sgr de Mérignat, sénéchal de Montmorillon, I, 15, 193, 224, 231, 234, 236, 242, 246, 248, 255, 260, 261, 262, 267, 270, 275, 278, 279, 280, 284, 286, 287, 288, 298, 304, 305, 313, 331, 333, 341, 357, 374, 376, 377, 388, 390, 392, 394, 400, 403, 413, 417, 421, 433, 434, 437, 453, 456, 457, 465, 468, 472. ; II, 16, 17, 18, 21, 29, 30, 43, 52, 57, 61, 66, 71, 76, 78, 85, 87, 94, 108, 116, 118, 138, 163, 248, 249.
— dit Fafa, I, 102 ; II, 248.
— (Mr), I, 241.
— I, 413.
Duchastenier (Jacques), procureur au présidial de Poitiers, I, 179.
— (Louis), marchand à Poitiers, I, 179, 180.

Du Chaussé. Voy. Chaussé.
Duchesne, I, 287, 355.
— femme de Jean Delavergne, I, 287.
Du Chesneau (Gervais), sr de la Maréchère, I, 426.
— (Mathieu), sgr de Champellière, capitaine au régiment de Normandie, I, 426.
Du Chilleau (Marie-Charles,) marquis d'Airvault, colonel du régiment de Guyenne, I, 324.
Duclos (Mr), I, 29.
— sr du Nouhault, juge de Saint-Germain-sur-Vienne, I, 29, 45, 211, 252.
Ducluseau. Voy. Chazaud.
Ducluzeaux, receveur de l'enregistrement à Montmorillon, I, xii ; II, 351.
Dudon de Volagré, concessionnaire et directeur général des mines d'or et d'argent du Vigean, I, 11.
Du Fou (François), sgr du Vigean, I, 381.
Dufour (Fleurent), I, 395.
— (Huguet), laboureur à bras, II, 287.
— (Jean), marchand boucher à Montmorillon, I, 267 ; II, 79, 98.
— (Louis), marchand à Montmorillon, II, 166.
— (Marie), femme de Pierre Dufour, marchand boucher, II, 165.
— (Marie-Anne), femme de Joseph Thomas, bourgeois, II, 167, 168.
— (Pierre), sergent royal à Montmorillon, II, 56.
— (Pierre), sr des Rivières, marchand boucher à Montmorillon, II, 165.
— (Pierre), laboureur à bras, II, 287.
Dugast-Matifeux, cité, I, xiii.
Dugay (Jeanne), femme de Jean Nouveau, II, 12.
Duguelle (Romaine), II, 253, 259, 260, 266, 274.
Du Guesclin (Bertrand), connétable, II, 209.
Dulac (Anne), II, 256, 263, 268, 273.
— (Marie), femme de Louis Petitpied, II, 20.

Dumas (Alexandre), cité, I, 195.
— (Maurice), sergent royal, II, 250, 274.
— (René), I, 233.
— (Mr). Voy. Dubois.
— II, 193.
Dumay (Catherine), femme de Jean Lhuillier, I, 425 ; II, 68.
— (Jean), fourrier ordinaire de la maison du roi, II, 19.
— (Jeanne), femme de Pierre Amard, II, 19.
Dumont (François), I, 183.
— (Marie), femme de Jean Demaillasson, I, ix, 20, 157, 161, 175, 176, 177, 182, 190, 229, 267, 270.
— (Mme), I, 183.
— (Mr), marchand à Tours, I, 19, 26, 43, 129, 160, 183.
Dumonteil (Anne), femme de François Clabat, I, 212, 394 ; II, 73.
— (Antoinette), femme de Jean Chasseloup, I, 369.
— (Jean), sr du Puymoucher, I, 387.
— (Jeanne), femme de Pierre Laurens, I, 387.
— (Marguerite), femme de Pierre Delaforest, I, 31, 41, 43, 102, 148, 196, 211, 265, 301.
— (Marie-Anne), I, 58, 436.
— (Mathurin), sr de la Chérie, I, 112.
— (Paul), sr de la Loge, procureur à Montmorillon, I, 34, 57, 84, 369, 374, 424 ; II, 308, 309.
— (Pierre), sr de Villechinon, I, 25, 73, 202, 212.
— (Pierre), sr de Villechinon, I, 57, 58, 73, 436.
— (Pierre), sr de Villechinon, II, 31.
— (Pierre), sr de la Valade, I, 112.
— (Renée), femme de Jean Robert, , 113, 374, 463 ; II, 116.
— (Suzanne), femme de Pierre Vezien, I, 374.
— femme de Rozet, I, 51.
— (Mr), I, 111.
Du Moulin (Anne), femme de Nicolas de Villoutreys, I, 6.
Dunoyer (Martial), I, 291, 393, 412.
Du Parc (Mr). Voy. Guérin.
Duperche, garde du scel royal à Tours, II, 237.

Du Pin (Isaac), sgr de Montbron, I, 226.
— (Jacqueline), femme de Pierre de Beauregard, I. 325.
— (Jacques), sgr de Beissat, I, 222.
— (Jean). sgr de Beissat et de Bussière-Boffy, I, 226.
— (Louis), I, 226.
— (Marthe-Françoise), femme de Jean-Alexandre Laurens, I, 439.
— (Philippe), sgr de Montbron, I, 226.
— (Pierre), sgr de Montbron, I, 11.
— (Pierre), sgr de Bussière, I, 11.
Dupin (Fleurence) dite Fleuron, I, 246, 259, 260, 272, 313.
— (Jean), messager de Montmorillon à Paris, I, 198, 272, 431.
— (Jeanne), femme de René Le Blanc, II, 64.
— (Louise), I, 313.
— (Nicolas), procureur en parlement, I, 256, 257.
— (Mr), marchand de poissons à Montmorillon, I, 11, 27, 33.
Du Plessis d'Argentré (Louis-Charles), évêque de Limoges, I, 167, 438.
Dupont (Jean-François), curé de Concise, II, 347.
— (Pierre), marchand de drap et soie à Poitiers, I, 128.
— (le sr), I, 16, 18, 21.
— fermier des aides en l'élection de Montmorillon, I, 192, 194, 195.
— prêtre, II, 53.
Dupuy, II, 191.
— (La vigne), cne de Béthines, Vienne, II, 231.
Duquerroux (Fleurant et Gabriel), frères, marchands à Montmorillon, II, 167.
Durand (François), sr des Chirons, sergent royal à Montmorillon, I, 283, 442 ; II, 9.
— (Jean), sr de la Rosette, chirurgien à Montmorillon, I, 283 ; II, 9, 31.
— (Jean), maître papetier aux Grands-Moulins, II, 182, 185.
— (Jeanne), femme de François Maingueneau, I, 174.
— (Jeanne), II, 9.
Durandrie (la), cne de Latus, Vienne, II, 163, 165, 275.

Duranton, II, 197.
Duras, *Lot-et-Garonne*, I, 376.
— (marquis de). Voy. Durfort.
Dureau (François), avocat, II, 19.
Durfort, c^{ne} *de Leigne*, *Vienne*, I, 224.
— (Félice-Armande-Charlotte de), femme de Paul-Jules de la Porte, I, 376
— (Jacques-Henri de), marquis de Duras, maréchal de France, I, 376.
— (Symphorien de), sgr de Duras, II. 250.
Du Rieux (Françoise), femme de Léon de Barbançois, I, 19, 61.
— (Gaspard), sgr de Fontbufaut, I, 226.
— (Joseph), sgr de Fontbufaut, I, 11, 226.
Durivaud (Jeanne), femme de Simon Fauconnier, I, 144.
Du Rivault, I. 98.
Du Rousseau (Catherine), femme de François du Theil, I, 28.
Du Saillant (Antoine), vicomte de Comborn, baron de Vergy et d'Assat, grand sénéchal du Limousin, II, 94.

Dusellier. Voy. Ducellier.
Dusibioux (Charles), II, 2.
Du Souchet (Gabriel), I, 82.
— (Gaspard), I, 82.
Du Taillis (Jacques), I, 351.
— (René), s^r de la Chabosselière, I, 351.
— (le s^r), I, 57.
Dutertre, hôte du Bœuf-Couronné à Poitiers, I, 128, 129.
Du Theil (François), sgr de Saint-Christophe, I, 28.
— (François-Simon), sgr de Mouterre, I, 237, 239, 240, 242, 244, 253.
— (Henri), sgr de Bussière, I, 237, 239.
Du Tiers (Marie), femme de Jean de Chamborant, I, 28.
— (Paul), conseiller du roi, lieutenant criminel à Civray, I, 23, 456.
Du Verdier (Antoinette), femme de Léonard Du Chastenet, II, 248.
Duvignaud (Suzanne), femme de Guillaume Sornin, I, 387 ; II, 63.
Duvivier (Sylvain), maître sellier à l'Isle-Jourdain, I, 291.

E

Ecosse (reine d'). Voy. Stuart (Marie).
— (roi d'). V. Jacques VI.
Edouard, duc d'Angoulême, prince d'Aquitaine et de Galles, duc de Cornoaille, comte de Cestre, dit le Prince Noir, I, v ; II, 168, 195, 209.
— III, roi d'Angleterre, II, 195, 209, 331.
— IV ? (II), roi d'Angleterre, II, 332.
Effes (les), c^{ne} de *Queaux*, *Vienne*. I, 325.
Effre. Voy. Aiffres.
Elbenne (Florence d'), femme de Jean Demaillasson. II, 292, 359.
Eléonore de Bretagne, II, 331.
— Voy. Aliénor d'Aquitaine.
Eloi (le P.), religieux récollet, II, 31, 135.

Emard (le P.), jésuite, I, 344.
— (Jeanne), femme de Jacques Bastide, II, 52.
Eneau, Esneau (Léger), maître sellier à Montmorillon, II, 135.
Enghien (régiment d'), I, 288.
Englia (Hélie de), miles. Voy. Angle (Hélie d').
Envaux (sgr d'). Voy. Tisseuil (de).
Epaux (sgr de l'). Voy. Nollet (de).
Epinay (s^r de l'). Voy. Richeteau.
Epine (l'), c^{ne} de *Latus*, *Vienne*, II, 163, 165, 187, 189.
— (sgr de l'), Voy. Cailleau.
— (s^r de l'). Voy. Delaforest, Douadic. Neuchèze (de).
Epirolles. Voy. Despirolles.
Epoisses (sgr d'). Voy. Mesgrigni (de).
Eport, Esport, c^{ne} de *Journet*, *Vienne*, II, 305, 306.

Esbaupin (l'), cne de *Pindray, Vienne*, I, 270.
Eschaux (Bertrand d'), archevêque de Tours, I, 178.
Esclainvilliers (baron d'). Voy. Séricourt.
— (régiment d'), I, 3, 4, 48, 66.
Escoubleau de Sourdis (Catherine-Marie d'), femme de Charles-Henri de Clermont, II, 319.
— du Coudray-Montpensier (Anne d') femme de Philippe Jousserant, I, 48.
Escu (pré de l'), près *Montmorillon, Vienne*, I, 35.
Escurat (Anne d'), femme de François de Cognac, I, 11.
— (sr d'). Voy. Reymond.
Escurioux (clos des), près *Montmorillon, Vienne*, II, 159.
Esneau. Voy. Eneau.
Espagne, I, 367, 369.
— (reine d'). V. Orléans (Marie-Louise d).
— (roi d'). Voy. Charles II.
Espagnols (les), I, III, 413.
Espaux (l'). Voy. Epaux (l').
Espine (Florence de l'), femme de Félix Augier, I, 130.
— (François de l'), sgr de Boussigny, I, 43.
— (Marguerite de l'), femme de François Ferré, I, 43.
Esport, voy. Eport.
Essé. Voy. Barde (de la).
Essiet, cne *de Latus, Vienne*, I, 43.
Estevenet (Catherine), femme de Martial Jacquet, I, 346, 349; II, 59.
— (Catherine), femme de Jean Frédot, I, 334.
— (Etienne), marchand à Montmorillon, I, 49.
— (Fleurant), inspecteur général des fermes de Lorraine, II, 121, 122.
— (François), dit Barbaud, I, 187.
— (François), dit Mr de la Buffette, chanoine de Notre-Dame de Montmorillon, chapelain de la Chapelle du Buffet, I, 295, 296 ; II, 310, 312.
— (François), prieur de Saint-Léomer, chanoine de Notre-Dame de Montmorillon, chapelain de la chapelle du Buffet, II, 47, 59, 90.

Estevenet (Jean), hôte du Cheval-Blanc à Montmorillon, I, 25, 75, 114 ; II, 311.
— (Jean), chirurgien à Montmorillon, II, 121.
— (Jean-Pierre), apothicaire à Montmorillon, I, 114, 311, 318 ; II, 121, 122.
— (Louis), I, 134.
— (Louis), inspecteur général des fermes de Lorraine, II, 121.
— (Louise), femme de Nicolas Jacquet, I, 360.
— (Louise), femme de François Jacquet, II, 5, 31.
— (Marguerite), femme de Louis Gaillard, I, 233 ; II, 63.
— (Marguerite), femme de François Augier, I. 316.
— (Pierre), inspecteur général des fermes de Lorraine, II, 121.
— (René), sr de la Verdrie, hôte du Point-du-Jour et du Cheval-Blanc à Montmorillon, I, 135, 316, 317, 397 ; II, 311, 312.
— femme de Hilaire Pin, I, 152.
— sr de la Davidière, I, 152.
Esthuer de Caussade (Diane), femme de Paul de Rabaine, I, 56, 61.
— (Françoise), femme de Jean de Rochechouart, I, 184.
Estissac (Claude d'), femme de François de la Rochefoucauld, I, 6.
— (baron d'). Voy. Rochefoucauld (de la).
— (régiment d'). II, 86.
Estivalle (Jean d'), conseiller au présidial de Poitiers, II, 207.
Estourneau (Charles-Jacques), II, 312.
— (Félix), II, 51.
— (François), sgr de Tersannes, capitaine au régiment de la Feuillade, I, 24 ; II, 312, 315, 316, 317, 318.
— (François), I, 173 ; II, 309.
— (François), baron du Riz-Chauveron, I, 274 ; II, 60, 62, 68.
— (François), baron du Riz-Chauveron, II, 143.
— (Gabriel), sgr de Lorme, I, 274.
— (Jacques), sgr de Locherie et de Saint-Pierre, I, 274.

Estourneau (Jeanne), femme de Guillaume Imbert, I, 213, 270.
— (Jeanne), femme de Pierre de Lubersac, I, 337.
— (Louis), sgr de Tersannes, II, 51.
— (Louise), femme de Joachim Rousseau, I, 272, 446.
— (Louise), femme de Charles de Feydeau, II, 68.
— (Marie), femme de Rousseau, I. 272.
— (Marie), femme de Charles Chauvet, I, 274, 336.
— (Marie), femme de Raoul Pian, I, 329, 463.
— (Marie), femme de Joseph de l'Aigle, I, 337.
— (Marie), femme de Paul de Saint-Nectaire, II, 113.
— (Marie-Anne), femme de François de Chalucet, I, 274.
— (Nicolas), sr de la Cherbaudière, sergent royal à Montmorillon, I, 173, 213 ; II, 309.
Estourneau (Radegonde), II, 113.
— (Sylvain), sgr de Tersannes, II, 249.
— notaire royal à Montmorillon, II, 169.
Estouteville (Jean d'), sgr de Blainville, prévôt de Paris, grand maître des arbalétriers, II, 223.
Etampes, *Seine-et-Oise*, I, 53.
— de Valençay (Charlotte d'), veuve de Pierre Brulart, I, 7.
Etang-du-Mas (sgr de l'). Voy. Couhé (de).
Etang-Neuf (pré de l'), c^{ne} *du Vigean, Vienne*, I, 324.
Etienne (saint), I, 72.
— précepteur de la Chaume, II, 151.
Eu (comte d'). Voy. Brienne (de).
Eusanius Aquilanus (Joseph), évêque de Porphyre, I, 330.
Eustachie, femme de Bernard, sgr de Montmorillon, II, 199.
Evreux (comté d'), II, 234.

F

Fa (la). Voy. Lafat.
— (la), c^{ne} *du Vigean, Vienne*, I, 324.
— (bois de la), c^{ne} *de Béthines, Vienne*, II, 226.
Faber, I, 222.
Fabien (le P.), religieux récollet, I, 13.
— (saint), I, 72.
Faire (Claude de la), sgr du Bouchaud et Vauzelle, I, 274 ; II, 24.
— (François de la), sgr de Vauzelle, I, 24 ; II, 320.
— (Jean de la), sgr de Mazières, I, 24 ; II, 24, 320.
Faisan (Huguet), II, 303, 304.
— (Pierre), commandeur de Chassenay, II, 158.
Faix (la). Voy. Faye (la).
Faix (le). Voy. Fay (le).
Faizan (le bois), c^{ne} *de Béthines, Vienne*, II, 226.
— (Huguette), II, 283.
— (Pierre), II, 283.
Falaise (siège de), *Calvados*, II, 223, 247.
Falloux (Jean), s^r de Villejame, conseiller au présidial de Poitiers, I, 191 ; II, 3.
— (Uriel), s^r de Messemé, I, 5, 191 ; II, 3.
Fanet (sgr de). Voy. Guiot.
Fau, Faux (le), aujourd'hui Reignac, *Indre-et-Loire*, I, 20.
Faucher (Pierre), marchand hôtelier, II, 317.
Fauconnet (Jean), fermier des traites unies en Poitou, II, 179.
Fauconnier (Martine), femme de Laurent Douadic, I, VIII, 134, 144.
— (Simon), docteur en médecine au Dorat, I, 144.
Fauconnière (la), c^{ne} *de Moussac-sur-Vienne, Vienne*, I, 373, 386, 432, 439, 442 ; II, 23, 50.
Faudoas (Éléonore de), femme de François de Rochechouart, II, 192.

Faugéras (sr de). Voy. Mercier.
Faugeré (sr de). Voy. Ferré.
Faugères (sr des). Voy. Sornin.
Faure (Françoise), II, 255, 262, 268, 273.
— (Judith), femme de Charles Garnier, II, 194.
Faurs. Voy. Fors.
Fauste (sainte), martyre, I, 330.
Fauvette (la), cne d'Oradour-sur-Glane, Haute-Vienne, II, 74, 75, 77, 83, 87, 89, 95, 99, 109, 112, 115.
Faux (le). Voy. Fau (le).
Faverot (Jeanne), femme d'Elie de Poix, I, 381 ; II, 19.
Favier (Marie), femme de François Mangin, I, 103, 111.
Favreau (Jacques), II, 231.
Favrie (la), cne de Millac, Vienne, I, 290, 327, 335, 336, 393, 472 ; II, 7, 23, 119, 120, 127.
— (Mlle (de la). Voy. Clavetier (Louise).
— (sr de la). Voy. Lhuillier.
Fay (le), paroisse de Parnac, Indre, II, 328.
Fay, Faix (le), cne de Saint-Martin-Lars, Vienne, I, 325.
Fayard (Jacques), sr du Verger, procureur fiscal de Verrières, I, 205, 455.
— (Jeanne), femme de François Goudon et de Jacques Grangier, I, 205 ; II, 82.
Faydeau (Guillelmus de). Voy. Feydeau (Guillaume de).
Faye, Faix (la), cne d'Antigny, Vienne, I, 27 ; II, 97.
— (sr de la). Voy. Demaillasson.
— (de la). Voy. Delafaye.
— (moulin de la), paroisse de Nersac en Angoumois, II, 185.
Fayolle (Mme). Voy. Delamothe (Marguerite).
— (sr de). Voy. Sylvain.
Félix (le P.), religieux récollet, I, 59.
— (saint), II, 102.
Fellet (château de), cne de Pleuville, Charente, I, 406, 471.
— (sr de). Voy. Pons (de).
Fénelon. Voy. Salignac.
Fenieux (de). Voy. Defenieux.
Férandie (sr de la). Voy. Couvidat.
Ferlingan (sgr de). Voy. Ostrel (d').

Féron (Antoinette), femme de Louis Lhuillier, I, 218, 244.
Férou (le), cne de Sillars, Vienne, I, 467 ; II, 160.
Ferrandière (la), lieu détruit, cne de Jouhet, Vienne, I, 153.
— (sr de la). Voy. Vezien.
Ferrands, Fesrandz (les), cne de Lignac, Indre, II, 316, 317, 318.
Ferré (Emmanuel), I, 43.
— (Félix), I, 43.
— (Fleurent), sgr de Boiscommun et de Pindray, I, 66.
— (François), sgr de Faugeré, I, 43.
— (François), I, 43.
— (Jacques), I, 43.
— (Jacques), I, 43.
— (Jacques), sgr des Ages, I, 79.
— (Louis), I, 43.
— (Marguerite), femme de François-Simon du Theil, I, 237.
— (Marie), femme de Joseph Nouveau, II, 12.
Ferrière (Nanette). Voy. Veras (Anne).
— (sr de). Voy. Veras.
Ferté (château de la), cne de la Ferté-Saint-Aubin, Loiret, I, 67.
— (le maréchal de la). Voy. Saint-Nectaire.
— Senneterre (régiment du maréchal de la), I, 67.
Ferté-Péron (baron de la). Voy. Marillac (de).
Fesran (Guillaume), sabotier, II, 316.
Fesrandz (les). Voy. Ferrands (les).
Feste (Marie de la), femme de Henri du Theil, I, 237.
Fêtes retranchées, II, 14.
Feuillade (régiment de la), I. 24 ; II, 312, 314, 315, 316, 317, 318 319.
— (sr de la). Voy. Aubusson (d').
Feydeau (Charles de), sgr de Ressonneau, II, 68.
— (Guillaume de), chevalier, II, 202.
— (Jeanne de), femme de Jacques de Thonac, II, 342.
Fief (sr du). Voy. Vezien.
Filleau (Françoise), femme de Jean de la Lande, I, 405.
— (Jean), sr de la Boucheterie, avocat du Roi à Poitiers, I, 118.

Filleau (Nicolas), s^r des Ageois, I, 415.

Fillolière (s^r de la). Voy. Pian.

Filonnière (la), c^{ne} de Brigueil-le-Chantre, Vienne, II, 165.

Fin (s^r de la). Voy. Nouveau.

Flamagne, Flamaigne (Mlle de). Voy. Delaforest.

Flamandrie (M^r de la), lieutenant au régiment de Piémont, II, 70, 71.

Flandre (la), province, I, 67, 413, 426, 470 ; II, 58.

Flassac, c^{ne} de Réthines, Vienne, II, 226, 228, 230, 231.

— (Guillaume), II, 231.

Fléac, Charente-Inférieure, II, 191.

Flèche (la), Sarthe, II, 222.

Fleigné, c^{ne} de Persac, Vienne, I, 284.

Fleur (Agnus), sgr de Magodat, I, 380, 381.

— (Jean), sgr de Magodat, curé de Lafat, I, 381.

— (Pierre), sgr de Magodat, I, 381.

— (Yolande), femme de René de Guillaumet, I, 381.

Fleuriau (le P.), religieux jacobin, I, 223.

Flex, c^{ne} de Brigueil-le-Chantre, Vienne, I, 202.

Floret (Anne), femme de Fleurent Goudon, I, 217.

Flours, c^{ne} de Saint-Léomer, Vienne, II, 165.

Foix de Vitré (M^r le marquis de), I, 389.

Foncombaut. Voy. Fontgombault.

Fond (la), c^{ne} de la Bussière, Vienne, I, 285.

— (s^r de la). Voy. Gervais.

Fondans (s^r des). Voy. Le Champeron.

Fons (de la). Voy. Delafons.

Fontaine (Paul), jésuite, I, 330.

— (M^r), I, 127.

— (s^r de la). Voy. Pin.

— (de la). Voy. Delafontaine.

Fontainebleau, Seine-et-Marne, I, 195, 466.

Fontaine-Chalendray (comte de). Voy. Salignac (de).

Fontainemarie (Claude), chirurgien à Montmorillon, II, 120.

— (Louis), s^r des Costes, chirurgien à Montmorillon, II, 120.

Fontarabie, Espagne, I, 178.

— c^{ne} de Persac, Vienne, I, 184.

Fontbelle (s^r de). Voy. Babaud.

Fontbretin (s^r de). Voy. Frédot.

Fontbufaut (sgr de). Voy. Du Rieux.

Fontcailleau (s^r de). Voy. Cailleau.

Font de Pigepeux (lieu dit la), c^{ne} de Montmorillon, Vienne, II, 159.

Fontenay, Vendée, I, 194, 274, 389 ; II, 105.

— (Roger de), sous-lieutenant d'infanterie, II, 359.

Fonteneau (Dom), cité, I, III, XII ; II, 6, 48, 90, 150, 157, 172, 198, 200, 202, 203, 211, 213, 216, 218, 222, 243, 244, 247, 248, 277, 294, 311, 312.

Fontenette (Charles), docteur en médecine de l'université de Poitiers, I, 200, 227, 340.

— (Louis), docteur en médecine de la Faculté de Poitiers, I, 200, 227.

— (le P.), jésuite, I, 307.

Fontenille (Mlle de la), I, 343.

Fontérou (sgr de). Voy. Barbarin.

Fontevrault, Maine-et-Loire, I, 229, 237, 255, 372, 431 ; II, 248.

— abbaye, I, 333, 400, 452 ; — abbesses. Voy. Bourbon (de), Rochechouart (de) ; — religieuse. Voy. Du Chastenet.

— (ordre de), I, 15, 275.

Fontgombault, Foncombaut, Indre, II, 78, 131, 139.

— (prieur de), II, 131, 135.

Fontlebon (Charlotte de), veuve de François de Darbezières, II, 207.

Font-Mékin (la), c^{ne} de Montmorillon, Vienne, I, 8.

Font-Mescant (la). Voy. Font-Mékin (la).

Fontmorand (sgr de). Voy. Trimouille (de la).

Fontmorte (la), c^{ne} de Sillars, Vienne, II, 49.

— (s^r de la). Voy. Jacquet.

Fontprevoir, c^{ne} de Leigné, Vienne, II, 27, 150, 167.

Fontprouart. Voy. Fontprevoir.

— (mesure de), II, 167.

Font-Thibault (la), près la Favrie c^{ne} de Millac, Vienne, I, 290.

Forax (sgr de). Voy. Bernard

Foray (Pierre), archer de la maréchaussée de Saintes, II, 194.
Forbandit (Guillaume), II, 201.
— (Guitard, Guitardus), miles, II, 201.
— (Raymond), II, 201.
Forest (René), receveur des étapes à Poitiers, I, 79.
— sergent, I, 385.
— (bois de la), c^{ne} de Béthines, Vienne, II, 226.
— (de la). Voy. Delaforest.
— (sgr de la). Voy. Baslon (de).
Foresta (Joannes de), II, 201.
Forêt (sgr de la).Voy. Oradour (d').
Forêts (les), c^{ne} de Saugé, Vienne, I, 267, 316.
Forge (la), c^{ne} de Latus, Vienne, II, 37.
Forges (Guillaume de), sgr de Barneuve, II, 226.
— (Pierre de), sgr de Boisgrenier, I, 274.
— (sgr de). Voy. Isoré, Poix (de).
Forges (les), c^{ne} de Millac, Vienne, I, 422 ; II, 100.
— (les), c^{ne} de Tercé, Vienne, I, 176, 437.
— (Mlle des). Voy. Goudon (Jeanne).
— (M^{r} des). Voy. Bonnet.
Formigny (bataille de), Calvados, II, 220.
Foro (Pierre de), sgr de Montmorillon, I, 199.
Fors, Faurs (marquis de). Voy. Maboul, Poussard.
Fortia (Bernard de), sgr du Plessis-Cléreau, intendant du Poitou, I, 123, 124, 153.
Fortin de la Hoguette (Hardouin), évêque de Poitiers, I, 13, 14, 16, 17, 31, 38 ; II, 333, 335, 336.
Fosse-Blanche, c^{ne} de Montmorillon, Vienne, I, 213.
Fossetaureaux, inconnu, c^{ne} de Béthines, Vienne, II, 231.
Fou (le), c^{ne} de Vouneuil-sur-Vienne, Vienne, II, 75.
Fouaceau. Voy. Fouasseau.
Fouard. Voy. Frouard.
Fouasseau (Isaac), procureur au présidial de Poitiers, I, 303.
— (Marie), femme de Jean Pinet, I, 303.
— (Pierre), commis à la recette des tailles à Montmorillon, I, 234, 238, 250, 267, 303, 304, 305.
Foucaud (Constance), dame de Dampierre, femme d'Isaac-Renault de Pons, I, 22, 433.
— (Gabriel), sgr de Saint-Germain-Beaupré, maréchal des camps et armées du roi, gouverneur de la Marche, I, 22, 40 ; gouverneur du château d'Argenton, II, 286.
— (Henri), marquis de Saint-Germain-Beaupré, comte de Crouzan, gouverneur de la Marche, I, 40, 433 ; II, 42.
— (Louis), comte du Doignon, sgr de Bourg-Archambault, maréchal et vice-amiral de France, I, 22, 23, 107, 109, 172, 267.
— (Louise-Marie), dame du Doignon, femme de Michel de Castelnau-Mauvissière, I, 22, 267.
Foucault (Magdeleine), femme de Julien Turpin, I, 128, 158.
— (Nicolas-Joseph), marquis de Magny, intendant du Poitou, II, 54, 76, 77.
Fouchardière (château de la), c^{ne} de Sillars, Vienne, I, 383 ; II, 13, 143.
— (Mlle de la). Voy. Coral (de).
— (sgr de la). Voy. Coral (de), Savatte (de).
Foucher (Françoise), femme de Pierre Delamazière, I, 271.
Foudras de Courcenay (Jérôme-Louis de), évêque de Poitiers, I, 438.
Fougeré, c^{ne} de Queaux, Vienne, I, 83.
Fougères, Ille-et-Vilaine, I, 61 ; — gouverneur. Voy. Grivel de Grossouvre (de).
— (François de), I, 83.
— (Joseph de), I, 85.
— (Joseph de), sgr de Seillans, I, 448.
— (Pierre de), sgr du Colombier et du Breuil-Bouchard, I, 83, 448.
Fougerolles, c^{ne} de Sillars, Vienne, I, 335, 338 ; II, 59, 60, 61, 62.
— chapelle Saint-Ornuphre, I, 467 ; II, 59.
— (s^{r} de Fougerolles). Voy. Ladmirault.

Fouillarges (bois des), c^{ne} du Vigean, Vienne, I, 324.
Foulquet (Geoffroy), bourgeois de la Rochelle, II, 154.
Fouquet (Nicolas), surintendant des finances, I, 195, 196.
Fouqueteau (Charles), s^r du Mortier, avocat, échevin de Poitiers, II, 43.
— (Pierre), s^r du Mortier, docteur en médecine à Poitiers, II, 43.
Fourbault (Guitard). Voy. Forbandit.
Fourneaux (s^r des). Voy. Amard.
Fournier (Marie-Renée), femme de Germain Gaultier, I, 34, 54, 162, 185, 196, 391, 414 ; II, 13.
— (Pierre), s^r de Monselais, maire de Poitiers, I, 106.
— curé de Magnac, I, 413.
— hôte de Mirebeau, I, 128.
— notaire au Châtelet de Paris, II, 300.
Fournioux (veuve le), II, 27.
Fourré de Dampierre (Marie), femme de Louis Foucaud, I, 22, 267.
Foussac, c^{ne} d'Hains, Vienne, II, 226, 227, 229, 230, 232.
— (sgr de). Voy. Du Breuil.
Foussadier (Martial), dit la Jeunesse, maître sergetier à Montmorillon, I, 60, 372 ; II, 140.
— (Pierre), II, 303, 304.
Fradet (Charles), curé de Pompaire, II, 42.
— (Fleurent), s^r de la Loge, I, 110 ; II, 42.
— (Florence), I, 52.
— (Gaspard), s^r de la Gatevine, I, vii, 51, 52, 110, 113, 142, 269 ; II, 41, 161, 162.
— (Louis), maître apothicaire à Saint-Gaultier, II, 42.
— (M^r), I, 2, 15, 37.
Fraisse (château de), c^{ne} de Nouic, H^{te}-Vienne, I, 71.
France, II, 157, 234, 289, 331.
— (amiraux de). Voy. Châtillon (de), Coëtivy (de).
— (Anne de), femme de Pierre II, duc de Bourbon, II, 90.
— (capitaine major des ingénieurs de). Voy. Périgord de Massé.
— (chancelier de). Voy. Aguesseau (d').

France (connétable de). Voy. Brienne (de), Clisson (de), Du Guesclin, Richemont (de).
— contrôleur général des finances. Voy. Chamillart (de).
— (garde des sceaux de). Voy. Montholon (de).
— (grand aumônier de). Voy. Barberin, Bouillon (de).
— (grand maître de). Voy. Culant (de).
— (grand maître de l'artillerie). Voy. Porte (Charles de la).
— (grand maître des arbalétriers de). Voy. Estouteville (d').
— (grand maître des cérémonies de). Voy. Pot (Charles), Pot (Henri).
— (grand panetier de). Voy. Trémoille (Guy de la).
— (Henriette-Marie de), femme de Charles Ier, roi d'Angleterre, I, 189.
— (Louis de), dauphin, I, 421, 466.
— (Louis-Charles de), duc de Normandie, II, 334.
— (Louis-Joseph-Xavier-François de), dauphin, II, 334.
— (maréchaux de). Voy. Chamilly (de), Créqui (de), Durfort, Foucaud, Navailles (de), Porte (Charles de la), Raiz (de), Rochechouart (de), Schombert (de), Turenne (de).
— (Marie-Thérèse de), I, 271.
— (reines de). Voy. Anjou (Marie d'), Autriche (Anne d'), Autriche (Élisabeth d'), Autriche (Marie-Thérèse d'), Bretagne (Anne de), Médicis (Catherine de), Médicis (Marie de), Stuart (Marie), Valois (Marguerite de).
— (rois de). Voy. Charlemagne, Charles IV, Charles V, Charles VI, Charles VII, Charles VIII, Charles IX, Clotaire II, Clovis, François Ier, François II, Henri II, Henri III, Henri IV, Jean, Louis VII, Louis IX, Louis XI, Louis XIII, Louis XIV, Louis XV, Philippe Ier, Philippe III, Philippe IV, Philippe V, Philippe VI.
— secrétaire des finances. Voy. Aubespine (de l').

France, secrétaire d'Etat. Voy. Le Tellier, Neufville (de), Phelippeaux.
— surintendant des finances. Voy. Bailleul (de), Fouquet, Sully.
— (trésorier général de). Voy. Jarrige (de).
Franchault (André), II, 232.
Franche-Comté (la), *province*, I, 381.
Franche-Doire (la), *ruisseau*, I, 246.
François Ier, roi de France, II, 156, 157, 243, 246.
— II, roi de France, II, 289.
— (le P.), religieux capucin, I, 408.
— (saint), I, 73.
Frédéric (le Grand), roi de Prusse, II, 112.
Frédot (François), I, 334.
— (Jacques-André), chanoine hebdomadier de Saint-Hilaire de Poitiers, prieur de Saint-Thibault, I, 291.
— (Jean), sr de Fontbretin, sergent royal à Montmorillon, I, 20, 104, 106, 334, 361.
— (Micheau), II, 255, 262, 268, 272.
Fréjus (évêque de). Voy. Du Bellay.
Frémont (Marie), femme de Antoine Pian, I, 463.
Fresnède (sr de la). Voy. Babaud.
Fressine, cne *de Salles-en-Toulon, Vienne*, I, 429.
Fressinet (Françoise), femme de Pierre Coutineau, I, 35,
Frétaveu, I, 238.
Fribourg-en-Brisgau, *Allemagne*, I, 413.
Fricon (Anne), femme de Charles de Moussy, I, 422 ; II, 359.
— (Charles), sgr de Bourcavier, I, 345, 393 ; II, 28.
— (Florent), sgr de la Signe, I, 393, 405, 412, 436, 451.
— (Gaspard), sgr de Pruniers, I, 422 ; II, 28, 34, 52, 359.
— (Isaac), sgr de Bourcavier, I, 393.
— (Marguerite), dite Prunette, II, 34.

Fricon (Marie-Fleurence), I, 405.
— (Pierre), sgr de la Dauge, I, 389, 393, 405, 436.
— (René), sgr de la Vigerie, capitaine de dragons au régiment de Vérac, I, 393 ; II, 34.
Fromaget (Louise), femme de Paul Richard, I, 12.
Fronde (la). I, 22, 64.
Frottier (Anne), femme de Pierre de Basion, I, 66.
— (Benjamin), sgr de la Coste-Messelière, I, 345, 346, 348, 350, 388.
— (Catherine), Mlle de la Coste, femme de Gaspard de Guillaumet, I, 345, 346, 348, 349, 354, 369, 370, 380, 398, 403, 405, 442.
— (Charles), sgr de Chamousseau et des Roches, I, 298, 345, 350.
— (Etienne), sergent royal à Montmorillon, I, 300.
— (François), sgr de la Messelière, II, 250.
— de Preuilly (Jeanne), femme de Léonnet Taveau, II, 278.
— (Louis), sgr de la Messelière, I, 307, 325, 326.
— (Louis), sgr de Monchandy, I, 345, 348, 350.
— (Marie-Anne), femme de Claude Guiot, I, 103.
— (Marie-Anne), femme de Jean de la Ramière, I, 298.
— (Renée), femme de Siméon du Chaussé et de Charles Frottier, I, 9, 298, 350.
Frouard, père et fils, I, 142 ; II, 359.
Frubert (Marie), femme de François de Sainte-Marthe, I, 14, 16 ; II, 248.
Fruchon (Antoine), II, 303, 304.
— (Pierre), laboureur à bœufs, II, 287.
Fruschon (Jeanne), II, 230, 232.
Fuenllana, diocèse de Léon, *Espagne*, I, 169.
Furnes, *Belgique*, I, 3.
Fuselière (Pierre), bourgeois de la Rochelle, II, 151.
Fuye (Hiérosme de la), procureur à Montmorillon, II, 157.

G

Gabillault (Marguerite), I, 425.
Gabochin, II, 202.
Gabriau (Jean), sr de Riparfond, conseiller du roi et lieutenant particulier au présidial de Poitiers, I, 110, 175, 181, 211, 338.
— (Renée), femme de Pierre Richeteau, I, 5.
Gabriel (le P.), gardien des récollets, II, 66, 101, 136.
Gagny (sgr de). Voy. Blondel.
Gaillard (André), avocat à Montmorillon, I, 86.
— (Charles), sr des Bordes, II, 40.
— (Jean), sr des Bordes, I, 382; II, 40, 63, 78, 120, 126.
— (Louis), sr de Puymerlin, juge de la Souterraine, I, 233, 342; II, 63.
— (Louise), II, 79.
— (Marguerite-Louise), II, 63.
— (Sébastienne), femme de François Demareuil, I, 190.
Gainier, Gaignier (Jean), I, 328, 347, 348, 352, 358, 377, 385, 387, 389, 391, 392, 393, 397, 400, 447.
Gajoubert, Haute-Vienne, II, 25.
Gallelier la Bambre, II, 281.
Gallet (Jeanne), femme de Simon Babert, I, 106.
— (Jeanne), femme de Paul Pinaud, II, 185.
— (Léonard), sergetier à Montmorillon, I, 106, 142.
— (Léonard), sergetier à Montmorillon, II, 56.
Galliæ, II, 198.
Gallicher de la Salle (Jean), sr des Thermes, juge châtelain de Champagnac, I, 399.
Gambier (Gabrielle), femme de Jacques Bastide, II, 73.
Ganap. Voy. Gannat.
Gandou. Voy. Le Gandou.
Ganiel, I, 444.
Gannat, Ganap, Allier, I, 178.
Garances (sr des). Voy. Crugeon.
Garavito (Alphonse), gouverneur de Murcie, I, 341.
Gardaché, Gardeché, cne de Journet, Vienne, I, 265; II, 359.

Garde (la), cne de Blanzay, Vienne, II, 154.
— (Jean de la), chanoine de l'église de Poitiers, II, 332.
Gardeché. Voy. Gardaché.
Gareau (Catherine), femme d'Isaac Fouasseau, I, 303.
Garenne (la), cne de Sillars, Vienne, I, 120.
— des pauvres, près Montmorillon, I, 186, 248.
— (sr de la). Voy. Révérant.
Gargan (sr), commissaire des troupes, I, 189.
Gariller (bois de la), II, 220, cne de Villemort, Vienne.
Garin, Garinus (Guillaume), prieur de la Maison-Dieu de Montmorillon, II, 152.
— (Laurent), procureur, II, 214.
Garinus. Voy. Garin.
Garnier de Montmorillon, prieur de Sainte-Gemme, II, 199.
Garnier (Charles), sgr de Butré, II, 194.
— (Elisabeth), femme de François Richard, II, 8.
— (François), sr de la Pannerie, I, 104; II, 15.
— (François), sr de la Chesne, I, 262.
— (Marie), femme de Joseph de Fougères, I, 448.
— (Marie-Anne), femme de François de la Lande, I, 422.
— (Marie-Anne), femme d'Antoine Mastribut, II, 15, 39.
— (Pierre), I, 448.
— (Thomas). Voy. Thomas de Villeneuve (saint).
Garnoux (frère Jean), commandeur de Pananges, Droux et Mongisault, II, 155.
Garrault (Mme), I, 95.
Garsaud (Nicolle, dite Margarsode, veuve de Louis Lion, II, 41.
Gartempe (la), rivière, I, xiv; II, 106, 152, 155, 179, 182, 183, 184, 239, 311.
Gas (sr des). Voy. Delavergne.
Gaschet (Olivier), procureur au

présidial de Poitiers, II, 165.
Gascon (le), II, 285.
Gascougnolle (Charlotte), femme de Gabriel Bricauld, I, 45.
Gatebourg, cne de Bussière-Poitevine, Haute-Vienne, II, 109.
Gâtebourse ou des Grittes (moulin de), cne de Montmorillon, Vienne, II, 162, 163.
Gatevine (sr de la). Voy. Fradet.
Gats (Mlle des). Voy. Guillaumet (Esther de).
Gaucher (Marguerite), femme de Vincent Nicault, I, 14.
Gaudeterie (sgr de la). Voy. Chastre (de la).
Gaudignon (Fleurence), I, 467.
— métayer, I, 467.
Gaudin (Petrus), II, 202.
Gaudinière (Dme de la). Voy.Vérine.
Gaudron du Gabriel (Jean), II, 156.
Gaudry, cne de Queaux, Vienne, I, 325.
Gaujoux (Anne), femme d'Antoine Naudin et de Joseph Lhuillier, I, 410.
Gaulerie (Ozanne), II, 155.
Gaullier (André), II, 303, 304.
— (Armand de), sgr de la Vallade, I, 362 ; II, 8.
— (Charlotte de),femme de Joachim d'Argence, II, 8.
— (Jessé de), sgr de Beaulieu, II,8.
— (Louis), marchand à Montmorillon, I, 30.
— (Pierre de), sgr du Plessis, II, 8.
— (René-Jessé de), II, 8.
Gaultier (Anne), femme de Blaise Demareuil, I, 101, 164, 288.
— (Antoinette-Catherine), femme de Jean Rozet, I, 301, 302, 343.
— (Catherine), femme de François Augier, I, 140, 154, 175, 218, 331, 441.
— (Charles), sr des Combes, I, 31, 351.
— (Charles-François), II, 68.
— (François), sr des Laises, lieutenant en la maréchaussée de Montmorillon, I, 54, 271, 391 ; II, 13, 67, 105, 109, 128, 144.
— (François),sr de Beumont, I, 70, 91, 334.
— (François), greffier en la maréchaussée de Montmorillon, I, 206, 227, 271, 288, 338, 441, 461.

Gaultier (François), I, 271.
— (François), sr de Chaveigne, I, 328 ; II, 124.
— (François), prêtre, II, 284.
— (Françoise), femme de Pierre Gaultier, I, 272 ; II, 129.
— (Gabriel), sr du Poyol, I, 16,19, 21, 65, 76, 137, 205 ; II, 91.
— (Gamaliel), II, 293, 295, 299.
— (Germain), sr des Laises, lieutenant en la maréchaussée de Montmorillon, I, 34, 52, 54, 108, 120, 124, 136, 142, 158, 162, 168, 185, 196, 239, 252, 268, 272, 297, 359, 361, 365, 375, 376, 382, 384, 389, 391, 397, 414, 429, 465 ; II, 13, 45, 47, 52, 86, 100.
— (Guillaume), II, 254, 260, 267, 271.
— (Jacques), I, 137.
— (Jacques), I, 162.
— (Jean), sr de Beumaine, greffier en la maréchaussée de Montmorillon, I, vii, 16, 53, 54, 105, 110, 146, 167, 168, 188, 292, 294, 368, 441 ; II, 4.
— (Jean), contrôleur des montres en la maréchaussée de Montmorillon, I, 104.
— (Jean), sr des Abattis, greffier, I, 103, 178.
— (Jean), sr de Beumaine, I, 116, 153.
— (Jean), sr de Beumont, I, 319, 396, 453 ; II, 13, 70.
— (Jean), sr de Beumont, lieutenant au régiment de Villevert, II, 64.
— (Jeanne), femme de François Lescuyer, I, 312.
— (Jeanne), II, 13.
— (Laurent), procureur à Montmorillon, I, 58.
— (Louis), I, 31.
— (Louis), sr de l'Islette, archer en la maréchaussée de Montmorillon, I, 43, 212, 312.
— (Louis), II, 125.
— (Louise-Catherine), femme de Louis Richard, I, 205, 216, 217, 239, 253, 256, 268, 281, 294, 351, 392, 415 ; II, 7, 33, 40, 79, 92, 99, 104, 112.
— (Magdeleine), femme de Louis Delavergne, I, 357.
— (Marguerite), femme de Louis Goudon, I, 28.

Gaultier (Marguerite), femme de Jean Lestrigou, I, 212.
— (Marie), I, 34.
— (Marie), I, 108, 196.
— (Marie), prieure des religieuses de Saint-François à Montmorillon, I, 163 ; II, 4.
— (Marie), femme de René Delavergne, I, 311.
— (Marie-Monique), II, 105.
— (Marie-Sylvine), II, 67.
— (Perrette), femme de François Cardinault, I, 152, 218.
— (Pierre), s^r de Beumaine, I, 272 ; II, 67, 79, 86, 104, 129, 138.
— (Pierre), s^r de Chaveigne, I, 328, 334, 406, 410.
— (Pierre), I, 453.
— (Pierre), II, 30.
— (le s^r), I, 168, 169, 175, 176, 190.
— (M^{re}), s^r des Chirons, prêtre, I, 146, 174, 187.
— (M^r), s^r de la Gottière, capitaine au régiment de Piémont, II, 20, 52, 87.
— notaire royal à Montmorillon, II, 291.
— I, 21.
Gaultron (Louis), s^r de la Berthonnerie, sergent royal à Béthines, I, 283.
— (Marie), femme de Pierre Berthonneau, I, 283.
Gaustier, II, 320.
Gauthier de Bruges, évêque de Poitiers, II, 202, 225.
Gauvin (Pierre), évêque d'Auxerre, dit le cardinal de Mortemart, II, 203.
Gavid (Simon), chanoine de Mortemer, curé de Sillars, II, 160.
Gay de la Brosse (Rose), femme de Charles Savin, s^r de Verges, II, 115, 249.
Gazil (Daniel), curé de Notre-Dame de Saint-Savin, I, 171.
Gençay, *Vienne*, II, 201.
— capitaine du château. Voy. Chel.
Gendre (François), boucher à Montmorillon, I, 154.
— (François), s^r de la Croix-Blanche, boucher à Montmorillon, I, 154 ; II, 53.
— (François), chirurgien à Montmorillon, I, 300.

Gendre (Jean), dit Rosty, II, 256, 263, 269, 274.
— (Jeanne), femme de Louis Lescuyer, I, 345.
— (Joseph), II, 293.
— (Louise), femme de François Pian, I, 133, 299, 319.
— (Louise), femme de Charles Chambert, I, 296.
— (Marie), femme de Michel Seguy, II, 53, 62.
Genlis (marquis de). Voy. Brulart.
Genty (Jean), I, 4, 106, 142.
— (Laurent), I, 4.
— (Pierre), I, 263.
Georges (le F.), I, 281.
Gérard, II, 199.
Géraud, Gérault, Geraudus, prieur de la Maison-Dieu de Montmorillon, II, 150.
Geraudus. Voy. Géraud.
Gérault. Voy. Géraud.
Gervais de la Fond (François), conseiller du Roi, procureur syndic du directoire du district de Montmorillon, II, 354.
— (René), s^r de la Fond, juge sénéchal de la Messelière et de Persac, I, 411.
Gesté, *Maine-et-Loire*, I, 195.
Gibertière (la), c^{ne} de Latus, *Vienne*, II, 163, 187, 189.
Giberton (Jeanne), femme d'Alain Ribault, I, 139.
Gibretière (s^r de la). Voy. Delavergne.
Gien, *Loiret*, I, 51.
Gilardie (sgr de la). Voy. Guiot.
Gilbert (Louise), femme de Nicolas Mallet, II, 143.
— (Simon), marchand, II, 303, 304.
Gilles, I, 243.
Girard (Angélique), femme de Pierre Guérin, I, 208.
— (Charles), I, 313.
— (famille), I, 24.
— (Fiacre), s^r de Champignolles et d'Anthenet, II, 313.
— (François), s^r de Champignolles et d'Anthenet, I, 24, 380 ; II 313, 317.
— (François), s^r d'Anthenet, I, 380.
— (René), s^r de Champignolles, II, 313, 317.

— 425 —

Girard (Roger, Rogerius), confesseur de Marie de Médicis, prieur de la Maison-Dieu de Montmorillon, II, 158, 170, 171, 172, 174, 175.
Girardin de Barendan (Charlotte), femme de Salomon Guillemot et de Pierre-Louis de Valencienne, I, 362.
Girardon (Jacques-Hélie), sr des Curolles, prévôt de la maréchaussée à la Rochelle, I, 391.
Giraud (Berthomé), II, 254, 261, 267, 272.
— (Catherine), femme de Gilbert Lestoré, I, 396.
— (Françoise), femme de Charles Bonnin, I, 271, 327, 373, 414.
— (Françoise), femme d'Alain Martinet, II, 98.
— (Jacques), sergent royal à Montmorillon, II, 289.
— (Jean), II, 10, 18.
— (Jeanne), femme d'Antoine Lageon, II, 2, 21.
— (Marguerite), femme de François Bazeuge, I, 448.
— (Simon), II, 255, 262, 268, 273.
— aîné, dit Bayonne, boucher à Montmorillon, I, 297.
— (famille), I, 314.
— jeune, dit Bayonne, boucher à Montmorillon, I, 396.
— (Mr), avocat à Poitiers, I, 262.
Giraudière (sr de). Voy. Goudon.
— (sr de la). Voy. Jacquet, Lestrigou.
Giraudrie (la), cne de Parnac, Indre, II, 324, 325.
Girauld. Voy. Giraud.
Girault (l'étang à), aujourd'hui l'étang Maillasson, cne de Montmorillon, Vienne, I, VIII, 27, 33.
— (Berthomée), femme de Laurent Goudon, J, 30.
— (Catherine), femme de Jean Daguin, II, 4.
— (Gabrielle), femme de Jacques Duchastenier, I, 179.
Girouard, sculpteur poitevin, II, 74.
Gitton, I, 413.
Giverdan (Mlle de). Voy. Tessereau.
Gobertière (de), II, 72.
— (Gabrielle de), II, 72.
Godais, II, 354.

Godard (Jeanne), femme de Louis Delage, II, 82, 91.
— (Louis), II, 82, 91.
Godefroy (Frédéric), cité, II, 148, 153.
— (Louis), II, 53.
— maître d'école à Montmorillon, II, 53.
Goilhard, II, 256, 263, 269, 273.
Gollier (de). Voy. Gaullier (de).
Gond (René), entrepreneur à Poitiers, II, 186.
Gondi (Henri de), duc de Retz, I, 196.
Gorce (sr de). Voy. Laurens, Sornin.
Gorces (sr des), I, 115.
Gorlidot (Simon), procureur en parlement, II, 211.
Gottière (sr de la). Voy. Gaultier.
Goudon (André), I, 163.
— (André), sr de Lage, I, 387.
— (Anne-Marguerite), femme de Fleurent Bonnin et de Nicolas Delavergne, I, 219, 313, 453; II, 27, 67, 79, 93, 101.
— (Catherine), I, 28.
— (Catherine), femme de Pierre Vezien, I, 329, 357.
— (Catherine), femme de René de Mauvise, I, 354.
— (Charles), sr de Jeu, I, 22, 65, 377, 379, 391, 464; II, 12, 27, 53, 92, 93.
— (Charles), I, 379.
— (Denis), sr de Rivalière, sergent à Montmorillon, I, 44.
— (Elisabeth), I, 197.
— (Elisabeth), femme de Pierre Milon, I, 234, 415, 464.
— (Félix), I, 44, 217.
— (Fleurent), sr de l'Héraudière, I, 5, 203, 217, 450.
— (Fleurent), sr de l'Héraudière, prévôt des maréchaux à Montmorillon, I, 5, 10, 18, 19, 22, 24, 53, 65, 100, 107, 110, 123, 124, 136, 137, 149, 163, 189, 190, 197, 203, 217, 219, 224, 228, 234, 351, 354, 377, 396, 415, 440, 464; II, 178, 312.
— (Fleurent), I, 216.
— (François), procureur à Montmorillon, I, 7.
— (François), dit Guiron, procureur fiscal de Verrières, I, 34, 38, 204.

Goudon (François), sr du Chambon, I, 51, 188, 215, 219, 266, 300, 454, 463 ; II, 27, 79.
— (François), sr de Marsac, I, 122, 183, 184, 193, 206, 454.
— (François), sr de la Boulinière, procureur et greffier à Montmorillon, I, 147, 166, 187, 318, 321, 342 ; II, 51, 93, 137, 306, 309.
— (François), sr de la Cartaudière, I, 227.
— (François), sr de Boismenu, I, 416.
— (François), avocat à Montmorillon, I, 470.
— (François), II, 97.
— (François), sr de la Boulinière, lieutenant particulier, assesseur civil et criminel à Montmorillon, II, 7, 137.
— (François), II, 296, 297, 298, 299, 300, 301, 302.
— (François-Joseph), sr de la Lande, prévôt des maréchaux à Montmorillon, I, xi, 350 ; II, 312.
— (Françoise), femme de Jean Cailleau, I, 75, 174 ; II, 5.
— (Geneviève), femme de Pierre Jacquemin, I, 310.
— (Guy-Denis), I, 217.
— (Jacques), sr de Châteaugaillard, I, 48.
— (Jean), sr de Jeu, procureur et prévôt des maréchaux à Montmorillon, I, 10, 32, 236 ; II, 308, 309, 312.
— (Jean), sr de Beauvais, procureur à Montmorillon, I, 22, 23, 25, 31, 34, 38, 80, 154, 161, 204, 225.
— (Jean), sr de Boismenu, notaire royal à Montmorillon, I, 31, 34, 204, 211, 288, 291, 301, 302, 329, 353, 357, 411, 416, 439 ; II, 27, 36, 40, 66, 78, 115.
— (Jean), sr de la Boulinière, procureur à Montmorillon, I, 25, 60, 75, 147, 175, 183, 187, 277, 332, 423 ; II, 26, 308, 309.
— (Jean), sr du Chambon, avocat à Montmorillon, I, 215, 218, 230, 433, 454 ; II, 44, 61.
— (Jean), sr de la Boulinière, I, 259.
— (Jean), sr de Châteaugaillard, II, 51.

Goudon (Jean), sr de l'Héraudière, lieutenant particulier et assesseur à Montmorillon, II, 142.
— (Jean), sr de la Lande, lieutenant civil à Montmorillon, II, 348.
— (Jeanne), I, 219.
— (Jeanne), femme de Léonard Bonnet, II, 7, 37, 92.
— (Jeanne), femme de Pierre Veras, II, 36, 91.
— (Jeanne), Mlle des Grittes, femme de François Gaultier, II, 88, 125.
— (Jeanne), femme de François Goudon, II, 137.
— (Laurent), procureur à Montmorillon, I, 30, 81.
— (Laurent), sr de Martrays, I, 81, 104, 224.
— (Louis), procureur à Montmorillon, I, 28 ; II, 308, 309.
— (Louis), sr des Grittes, I, 33.
— (Louis), sr de Belleplaine, procureur à Montmorillon, I, 232, 470 ; II, 88, 97, 125, 127.
— (Louis), sr de Châteaugaillard, I, 313, 331 ; II, 20, 120.
— (Louis), dit l'Abbé, commissaire des saisies réelles à Montmorillon, I, 374.
— (Louis), I, 416.
— (Louis), I, 470.
— (Louise), femme de Jean Viguier, II, 78, 91.
— (Magdeleine), femme de Pierre Chantaise, I, 204, 214.
— (Magdeleine), religieuse de Sainte-Claire à la Trimouille, I, 234.
— (Marguerite), I, 65.
— (Marguerite), femme de François Cœurderoy, I, 183.
— (Marguerite), religieuse de Sainte-Claire à la Trimouille, I, 267.
— (Marguerite), Mlle de Châteaugaillard, femme de Joseph Babert, II, 20, 115, 120, 134, 249.
— (Marguerite), femme de Jean Bost, II, 44, 67.
— (Marguerite-Renée), veuve de Pierre Dumonteil, I, 202.
— (Marie), femme de François Demaillasson, I, ix.
— (Marie), femme de François Clabat, I, 31, 212.

Goudon (Marie), femme de Félix Nouveau, I, 154, 161 ; II, 51.
— (Marie), dite Marion, femme de Mathieu Citoys, I, 234, 351, 352, 379, 396, 400, 423, 442.
— (Marie), femme de Pierre Trouillon, I, 423.
— (Marie), femme d'Emmanuel-Pierre de Blom, II, 17.
— (Marie), femme de René Delavergne, II, 48.
— (Marie), femme de Jean Nebout, II, 82.
— (Marie-Anne), femme de Marc-Léonard Laurens, I, 387.
— (Marie-Félicité), femme de Jean-Félicien-Victor de Ladmirault, II, 142.
— (Marie-Louise), femme de Pierre Berthonneau, I, 104, 277.
— (Marie-Marguerite), femme de François-Hyacinthe Bernardeau de Monterban, II, 73.
— (Michelle), femme de Léonard Pichon, I, 114.
— (Nicolle), femme de François Veras, I, 171, 321, 391, 410.
— (Nycolles), chanoine de Notre-Dame de Montmorillon, II, 275, 276, 277.
— (Pierre), sr de Grézeau et de l'Héraudière, lieutenant particulier, assesseur criminel et prévôt des maréchaux à Montmorillon, I, xi, 203, 204, 215, 216, 229, 234, 252, 255, 259, 267, 278, 283, 289, 291, 292, 310, 313, 338, 350, 363, 365, 366, 374, 376, 378, 379, 380, 382, 383, 384, 387, 389, 390, 391, 401, 421, 422, 433, 434, 453, 456, 457, 458, 460, 464, 466, 468, 470, 472 ; II, 2, 7, 9, 13, 16, 17, 21, 30, 37, 42, 43, 44, 52, 71, 72, 73, 76, 83, 84, 86, 116, 137, 312.
— (Pierre), sr de Giraudière, I, 51 ; II, 27.
— (Pierre), sr de Plaisance, I, 149, 449.
— (Pierre), sr de la Nolière, I, 277, 278, 311.
— (Pierre), sr de la Vandelle et de l'Héraudière, lieutenant et prévôt de la maréchaussée, à Montmorillon, II, 73, 144, 312, 348.

Goudon (Raoul), I, 216.
— (René), prévôt des maréchaux à Montmorillon, II, 312.
— (Renée), femme de Pierre Dumonteil, I, 73.
— (Renée), femme de Joachim Douadic, I, 147, 162, 240, 300, 316.
— (Suzanne), I, 175.
— sr de l'Usine, procureur à Montmorillon, I, 34, 38.
Gouex, *Vienne*, II, 279.
Gouffier (Artus), duc de Roannez, gouverneur du Poitou, I, 80, 124, 388.
— (Guillaume), sgr de Bonnivet, baron de Roannez, II, 219.
Goujon (Jean), I, 416.
— (Sébastien), I, 416.
— de Thuisy (Jérôme-Joseph), sénéchal de Reims, I, 221.
Goulet (du). Voy. Pataud.
Gourdin (Françoise), femme de Marc Guiot, I, 399.
Gourdonneau (Jacques), marchand à Asnières, I, 401.
Gousselin, notaire à Montmorillon, II, 243.
Graillé, cne de Pindray, *Vienne*, I, 362.
— (sr de). Voy. Naude.
Grammont. Voy. Grandmont.
Gramont (comte de). Voy. Aure (d').
Grandchamp (André), maréchal à l'Isle-Jourdain, I, 473.
— archer à Montmorillon, II, 79.
Grand-Champ de Fougerolles (le), cne de Sillars, *Vienne*, II, 160.
Grandchef (François), commis greffier, II, 257, 264.
— (Sylvie), femme de Jean Cuirblanc, II, 192.
Grandchief. Voy. Grandchef.
Grandjean (Claude), prieur de la Maison-Dieu de Montmorillon, II, 167.
Grandmaison (sgr de la). Voy. Le Peultre.
Grandmont, Grammont (abbaye de), cne de Saint-Sylvestre, *Haute-Vienne*, I, 167 ; II, 333.
— (Mlle de). Voy. Moreau (Marie).
Grand-Pressigny (baron du). Voy. Brulart.

Grand'Roche (la), c^ne de *Tersannes, Haute-Vienne*, I, 368.
Grandsaigne (Diane-Marie de), duchesse de Mortemart, femme de Gabriel de Rochechouart, I, 17, 141, 235, 245, 257; II, 342.
— (Françoise de), femme de Fiacre Guiot, I, 452.
— (Jean de), sgr de Marsillac, Serres, Voulon, Villenon, Villeneuve et Abzac, maréchal de camp, I, 3, 11, 17, 22, 31, 46, 56.
— (Suzanne de), femme de Jacques du Pin, I, 222.
Grands-Moulins (les), c^ne *de Montmorillon, Vienne*, I, xiv, 69, 174, 185, 186, 213, 241, 270; II, 166, 168, 180.
— c^ne *de Saugé, Vienne*, papeterie, II, 178, 179, 182, 185, 342; — maîtres papetiers. Voy. la liste page 181; — moulin à foulon et à tan, huilerie, appelé aujourd'hui Moulin-des-Dames, II, 182.
Grange (la), c^ne *de Montmorillon, Vienne*, I, 8.
— (sgr de la). Voy. Maroix (de), Nollet (de).
— (sr de la). Voy. Douadic, Jacquet, Pineau.
— -de-Villedon (la), c^ne *d'Asnières, Vienne*, I, 401.
Grange (sgr des). Voy Aigle (de l').
Grangier (Jacques), sr de la Vergnée, I, 205; II, 82.
Granville, *Manche*, II, 220.
Grassevau. Voy. Montmorillon, faubourgs.
Grateirolle (le sr). I, 383.
Grateloup (Bertrand), baron de Senevières, I, 260.
— (Marie), femme de François de Moussy, I, 260, 422, 424, 469; II, 161.
Gratieux (Mme), I, 46.
Gratouzet (le bois), II, 226, c^ne *de Béthines, Vienne*.
Grault (Jacques), sr de Tornat, I, 150.
— (Jeanne), femme de Charles Delaforest, I, 202, 215, 440.
— (Louis), curé de Saint-Martial et prévôt de Notre-Dame de Montmorillon, I, x, 5, 17, 30, 38, 41, 43, 47, 52, 60, 65, 75, 82, 83, 84, 90, 91, 94, 102, 104, 108, 109, 113, 114, 115, 120, 132, 133, 134, 138, 139, 140, 148, 149, 154, 163, 166, 173, 180, 204, 205, 217, 219, 238, 250, 253, 261, 268, 272, 275, 279, 294, 328, 329, 334, 351, 397, 467; II, 36, 40, 133, 139, 140, 141, 311, 312.
Grault (Marie), femme de Jean Cailleau, II, 5, 50.
— (Nicolas), sr du Verdier, I, 42, 56, 68, 102, 150, 316; II, 310, 312.
Gray, Greix, *Haute-Saône*, I, 381.
Green de Saint-Marsault (François), I, 144; II, 248.
Greenwich, *Angleterre*, 1, 4.
Grégoire (Jean), II, 155.
Grégoire XV, pape, I, 341.
Greix. Voy. Gray.
Grelle, Gresle (dit la). Voy. Delerpinière.
Grémont (la veuve), I, 233.
— (sr de). Voy. Chantaise.
Grézeau (sr de). Voy. Goudon.
Grille (sr de la). Voy. Delavergne.
Grimard (Jean), sergent royal à Saintes, II, 190, 191.
Grimaud (Colette), II, 253, 256, 259, 264, 266, 270, 271, 274.
— (François), dit Tantqueterre, marchand à Montmorillon, II, 42.
Griminière (sr de la). Voy. Bastide.
Grisfera (abergamentum de), prope Capellam rubeam. Voy. Grissière (la).
Grissière (la), Grisfera, c^ne *de Chenevelles, Vienne*, II, 201.
Grite (Petrus), valetus, II, 202.
Grittes (moulin des). Voy. Gâtebourse.
— (sr des). Voy. Goudon.
Grivel de Grossouvre (Charles de), comte d'Ourouer, sgr des Pesselières, gouverneur de Fougères, I, 64.
Groge (sr de la). Voy. Rozet.
Grogeon (la vigne), II, 232, c^ne *de Béthines, Vienne*.
Grogerie, sergent royal, II, 281.
Groges (les), c^ne *de Saint-Pierre-les-Eglises*, I, 100.
— (sr des). Voy. Mayaud.
Groie (sr de la). Voy. Daguin.
Groie, Groye (la), c^ne *de Mauprevoir, Vienne*, I, 207.

Gros (M^r), I, 233.
Gros-Bost, c^{ne} de Sillars, Vienne, II, 167.
Groseil (Pierre), prieur de la Maison-Dieu de Montmorillon, II, 166, 167, 168, 357.
— (Théodore), chapelain de Sainte-Marie-Magdeleine de Montplanet, II, 167.
Groyes (s^r des), capitaine au régiment de Brouage, I, 22, 23, 25.
Grumeau (Jeanne), femme de Jean Lenfant, I, 193.
Grymaude. Voy. Grimaud.
Guay (Pierre), II, 278.
— (René). Voy. Le Guay.
Gueldre (province de), Hollande, I, 355.
Guémadeuc (Marie-Françoise de), femme de Charles de Grivel de Grossouvre, I, 61.
— (Thomas de), I, 61.
Guenandi (Guillaume), écuyer, II, 152.
Guenant (Radegonde), femme de Guy de la Trimouille, II, 211.
Guerche. Voy. Guierche.
Guéret, Creuse, I, 95, 384, 425 ; II, 124, 125
Guérignon (Claude), prieur de la Maison-Dieu de Montmorillon, II, 160.
Guérin (André-Antoine), vicaire de Saint-Martial de Montmorillon, I, 130, 148, 150, 154, 155, 160, 164, 166.
— (Augustin), prieur de la Maison-Dieu de Montmorillon, II, 159.
— (Marguerite), I, 259.
— (Marie), femme de Gabriel Maillet, I, 253.
— (Paul), cité, II, 211.
— (Pierre), s^r du Parc, maître apothicaire à Montmorillon, I, 208, 259, 319, 334 ; II, 101.
Guérineau (Laurent), curé d'Availle-Limousine, I, 471.
Guesserie (s^r de la). Voy. Rozet.
Guette (vigne de la), à Mongaurand, c^{ne} d'Antigny, Vienne, I, 238, 315.
Guierche (vicomte de la). Voy. Villequier (de).
Guigner (Michel), tisserand à Montmorillon, I, 32.

Guignes (de). Voy. Deguigne.
— -Folles (les), Guinefolle, c^{ne} de Béthines, Vienne, II, 227.
Guilhotheau, marchand sellier à Montmorillon, II, 285.
Guillaume VIII, comte de Poitou, II, 199.
— -le-Jeune, comte de Poitou, duc d'Aquitaine, II, 147, 172.
Guillaumet (Esther de), Mlle des Gats, femme de François Vidaud, I, 88, 112, 114, 277.
— (Etienne-Bonaventure de), I, 398.
— (Eustache de), sgr de Mongodard, I, 381.
— (François de), sgr de Masgodard, I, 380.
— (Gaspard de), sgr de Masgodard et de Nérignac, I, 14, 88, 89, 90, 94, 95, 97, 112, 131, 132, 138, 141, 149, 152, 170, 175, 176, 178, 180, 187, 192, 205, 209, 219, 220, 227, 228, 230, 231, 233, 234, 237, 240, 244, 245, 250, 254, 256, 257, 260, 265, 269, 272, 276, 277, 280, 285, 286, 287, 290, 299, 309, 311, 314, 320, 321, 322, 323, 325, 326, 328, 337, 338, 339, 340, 341, 343, 344, 345, 346, 347, 348, 349, 352, 354, 355, 356, 360, 363, 364, 367, 375, 385, 388, 390, 398, 403, 408, 417, 422, 424, 427, 429, 432, 436, 437, 438, 439, 442, 471 ; II, 6, 11, 25, 76, 82, 83, 102, 140.
— (Gaspard-Basilide de), I, 398.
— (Janot de), sgr de Magodat, I, 380.
— (Louise de), femme de Joseph Guiot, I, 131.
— (Louise-Elisabeth de), I, 398.
— (Marguerite de), femme de Pierre de Mancier, I, 88, 416.
— (Marie de), Mlle des Champs, femme de Florent Fricon, I, 131, 141, 187, 205, 211, 219, 227, 230, 233, 237, 244, 247, 254, 259, 260, 269, 274, 277, 287, 290, 302, 321, 322, 338, 341, 343, 354, 393, 405, 412, 436, 437, 451.
— (Marie-Martine de), I. 398.
— (Philippe de), sgr de Balentru, I, 9, 11, 14, 21, 35, 50, 85, 88, 89, 90, 93, 94, 95, 97, 99, 107, 109, 112, 113, 114, 116, 120, 121, 126, 128, 131, 132, 136, 138, 148, 152, 166,

167, 168, 170, 173, 174, 175, 176, 177, 178, 180, 184, 187, 191, 192, 201, 207, 208, 209, 210, 211, 215, 216, 224, 226, 228, 231, 233, 235, 237, 239, 240, 245, 247, 250, 251, 252, 253, 256, 257, 259, 260, 265, 269, 273, 275, 278, 280, 281, 282, 287, 288, 290, 292, 294, 303, 307, 309, 310, 312, 313, 314, 315, 316, 317, 318, 320, 321, 322, 323, 324, 325, 326, 327, 329, 330, 331, 332, 333, 336, 337, 344, 345, 346, 347, 349, 350, 352, 358, 364, 366, 367, 371, 372, 373, 374, 375, 380, 381, 388, 393, 402, 404, 405, 406, 415, 417, 418, 419, 426, 427, 436, 453 ; II, 11, 27, 33, 36, 49, 61, 81.
Guillaumet (Philippe de), sgr de la Coste, I, 381 ; II, 102.
— (Philippe-Hyacinthe de), I, 398.
— (René de), sgr de Masgodard et de Balentru, I, 381.
— abbé des Cars, I, 90, 130, 148, 184.
— fille, I, 398.
Guille (Mr), chanoine de Notre-Dame de Montmorillon, II, 59.
Guillelmus, magister scolæ, II, 200.
— Aquitaniæ (dux). Voy. Guillaume-le-Jeune.
Guillemin (Gabriel), sr du Peux, I, 108.
— (Pierre), sr de la Bussière, I, VIII, 57, 396.
Guillemot (Jean), marchand à Poitiers, I, 78, 115, 315.
— (Rachel), femme de Pierre Lelarge et de Jean-Baptiste Rozet, I, 82.
— (Salomon), I, 362.
Guillon (Barthélemy), dit Berthommé, tailleur d'habits à Montmorillon, I, 452 ; II, 17.
— (Denis), II, 252, 258, 265, 270.
— (Laurent), boucher à Montmorillon, I, 414, 471.
— (Louis), tailleur d'habits à Montmorillon, I, 452 ; II, 63.
— (Magdeleine), femme de Balthazar Lageon, I, 22.
— (Pierre), II, 63.
Guillon (Jeanne de), femme de Charles-Claude d'Argence, II, 8.
— (Marie de), femme de Pierre de Gaullier, II, 8.

Guillot (Mr), sr du Breuil, procureur du roi à Poitiers, I, 106, 378.
Guillotière (régiment de la), I, 184.
Guimard (Anne), femme de Gaspard Fricon, I, 422 ; II, 28, 30, 34, 52.
— (Jean), sgr de Jallais, II, 28.
— (Marguerite), femme de François Dassier, II, 28, 30.
Guimbaud (Anne), femme de Louis Guillon, I, 452 ; II, 63.
— (François), sr de Bellemaison, I, 452.
— (Marguerite), II, 63.
Guimetière (la), Caymetière, cne de Béthines, Vienne, II, 229.
Guinaudeau de Montigny (Anne), femme de Joseph-Roch Chasteigner, I, 303.
Guinebaud (Thomas), marchand à Chauvigny, I, 63.
Guinefolle. Voy. Guignes-Folles.
Guines (comte de). Voy. Brienne (de).
— (Jeanne de), femme de Jean II de Brienne, II, 203.
Guionnet (Anne), femme de Paul Dechampagne, II, 56.
Guiot (Anne-Marie), femme de Joseph de Marans, I, 346.
— (Charles), sr de Champfavereau, II, 127.
— (Claude), sgr de la Rabauderie, I, 103.
— (Etienne), I, 452.
— (Fiacre), sgr du Doignon, I, 452.
— (François), sgr de Marcillac, II, 8.
— (Jacques), sgr de Teil, I, 88.
— (Jean), sgr de Fanet, I, 88.
— (Joseph), sgr du Cluseau, I, 131.
— (Louise), femme de Jean-François Barton de Montbas, II, 137.
— (Marc), sgr de Saint-Marc, I, 23, 399.
— (Marc), I, 399.
— (Marc), sgr de la Gilardie, I, 452.
— (Marie), femme de Paul de Nollet, I, 122, 399.
— (Marie), femme de Jean-François d'Argence, II, 8.
— (Mathieu), sgr de la Vergne, I, 122.
— (Mathieu), sgr d'Asnières, I, 346.

Guiot (Maurice), sgr du Repaire, II, 28.
— (René), I, 103.
— I, 155.
— fille du précédent. I, 155.
— sgr de Champagnac, I, 398, 399.
Guitard (Pierre), Guitardus, chevalier, II, 202.
Guitard (Antoine de), sgr de Montjoffre, I, 11.
— (François de), sgr de Villejoubert, I, 11.
Guitardus (Petrus), miles. Voy. Guitard (Pierre).
Guitaut (sgr de). Voy. Comminges
Guithonneau (Michel-Simon), vicaire d'Availle-Limousine, I, 471.

Guron, sergent des tailles à Montmorillon, II, 378.
Guy (Jeanne), femme de Salomon de la Broue, I, 70.
Guyard (Pierre), prieur de la Maison-Dieu de Montmorillon, II, 165.
Guyenne, province, I, 36 ; II, 331.
— (armée de), I, 80.
— (duc de). Voy. Henri II, roi d'Angleterre.
— (légionnaires de), II, 250.
— (régiment de), I, 324.
Guyon (Louis), sgr de la Roche-Guyon, abbé de Tonnay-Charente, curé d'Availle-Limousine, vicaire général de Poitiers, I, 277.
Guyot. Voy. Guiot.

H

Haimericus, decanus, II, 200.
Hains, Hent, *Vienne*, I, XII, 1, 212, 258 ; II, 226.
— église de Notre-Dame : curé, voy. Dalest ; vicaire, voy. Jarrigaud.
Hallé (Guillaume), marchand de drap et soie à Paris, I, x, 183, 230, 268.
Hamelin (F.), II, 238.
Harcourt (Guillaume d'), comte de Tancarville, vicomte de Melun, baron de Montgommery, sgr de Montreuil-Bellay, II, 223.
— (régiment d'), I, 63.
Harillères (bois des), c^{ne} de Béthines, *Vienne*, II, 226.
Haro (don Louis de), I, 178.
Harpedanne (Gilles), sgr de Belleville et de Montmorillon, II, 234.
— (Jean), sgr de Belleville, Cosnac, Montaigu Mirambeau, II, 234.
— (Louis), sgr de Belleville, Montaigu et Montmorillon, chambellan du Roi, II, 234, 237, 344.
Harsis. Voy. Arcis.
Haubterre (de). Voy. Dehaulteterre.
Hayasson, II, 155. Voy. Ajasson.
Haye (la), *Hollande*, I, 438.

Haye (Marie de la), femme de Marc de Phelippes, I, 314.
Haye-Descartes (la), *Indre-et-Loire*, I, 91, 154, 161, 183, 268.
Haye des Noyers (M^r de la), gouverneur de Belle-Isle, I, 196.
Haye-Rolland (fief de la), tenue de Montmorillon, II, 202.
Hélie (Robert), valet, II, 204.
Hélies (pré des), paroisse de Moussac-sur-Gartempe, I, 202.
Hélion (André), II, 231.
— (Jean), II, 230, 231.
— (Jean), dit Pia, II, 232.
— (Phelippon), II, 230.
Hélye de la Roche - Esnard (Gabrielle), femme de François de la Broue, II, 222, 418.
— (Jean), comte de la Roche-Esnard, I, 222.
Hénaut, femme de Marc Audebert, sgr de l'Aubuge, II, 194.
Henri II, roi d'Angleterre, duc de Guyenne et de Normandie, I, 167 ; II, 331, 332.
Henri, roi de France, II, 157, 251.
Henri III, roi de France, II, 281, 290.
Henri IV, roi de France, I, 68 ; II, 179, 181, 247, 290.

Hent. Voy. Hains.
Héraudie (sr de l'). Voy. Dubois.
Héraudière, Hérodière (sr de l').
Voy. Goudon.
Héraudins (les), I, 1, cne de Ville-mort, *Vienne*, aujourd'hui inconnu.
Herbaud (François), marchand de drap et soie à Poitiers, I, 128.
Herbault, *Loir-et-Cher*, I, 129.
Herbert (Jeanne), II, 359.
Hermizac (dîmerie de l'), paroisse de Sillars, II, 166, 167, 293.
Hérodière. Voy. Héraudière.
Herpin (Mr), chirurgien à Poitiers, I, 407.
Hesse (Charlotte de), épouse de Charles-Louis de Bavière, I, 344.
Hillaire (Claude), femme de Gaspard de Mancier, I, 88.
Hodie (Denys), II, 304.
Hollandais (les), I, 355, 388, 413.
Hollande, I, 438 ; II, 8.
Hommes (sgr des). Voy. Ribeyre.
Honeste (saint), martyr, I, 330.
Hordesseaux, II, 309.
Hors (les). Voy. Ors (les).
Hospital (de l'). Voy. Delhôpital.

Houmée (l'), domaine près Sainte-Gemme en Saintonge, II, 199.
Houssaye (Mr de la), lieutenant-colonel au régiment de Sibour, II, 112, 113, 117.
Houssaye-Pelletier. Voy. Le Pelletier.
Huart (baron du), cité, I, 344 ; II, 202.
Hubert (Eugène), cité, I, 85 ; II, 47.
Huchar, hoqueton, I, 433, 434.
Hue de Miromesnil (Thomas), intendant du Poitou, I, 357, 363, 365, 390, 391.
Huesch (Arnould d'), lieutenant-colonel d'un régiment allemand, II. 101, 103, 104.
Huguet (Gabriel), dit Briand, boucher à Montmorillon, I, 44, 455.
— (Jean), maître tailleur d'habits à Montmorillon, I, 106, 142.
Huningue, *Allemagne*, II, 8.
Husse (Hélène), femme de François Goudon, I, 416.
Hyacinthe (le P.), religieux récollet, II, 136.
Hymbert, prieur de la Maison-Dieu de Montmorillon, II, 151.

I

Ignace (le P.), religieux récollet, I, 194, .
Ile-Bouchard (l'), *Indre-et-Loire*, I, 339.
Imbert (Charles), sr de Pontpinson, avocat du roi à Civray, I, 45, 207.
— (Guillaume), sr de Razilly, chirurgien à Montmorillon, I, 213, 270, 277 ; II, 106.
— (Morice), II, 281.
— (Pierre), pintier à Montmorillon, I, 355.
Ingrand (Jacques), marchand de drap et soie à Poitiers, I, 128.
Ingrandes, *Indre*, I, xii.
— passage de troupes, I, 71.
Ingrandes (seigneurie d'), II, 220. *Maine-et-Loire*.
Innocent VIII, pape, II, 332.
— X, pape II, 123.
— XII (Antoine Pignatelli), pape, II, 123.

Innocents (les saints), I, 72.
Irland (Anne), femme de Louis Frottier. I, 307.
— (Bonaventure), sgr de la Vau, contrôleur général de la maison de la reine mère Anne d'Autriche, I, 11, 307.
— (Jean), sgr de Bazoges, lieutenant général, II, 37.
— (Louis), sgr de la Vau, prêtre, I, 459.
Irlande, II, 90, 95.
Irun, *Espagne*, I, 369.
Isabeau ou Isabelle de France, reine d'Angleterre, II, 332.
Isambert, II, 193.
Isle-d'Albi (l') *Tarn*, I, 438.
Isle-Jourdain (l'), *Vienne*, I, 3, 11, 14, 16, 18, 21, 30, 61, 154, 176, 178, 181, 207, 225, 256, 284, 285, 287, 289, 291, 324, 335, 359, 380, 381, 393, 402, 410, 411, 413, 420,

431, 432, 439, 440, 441, 443, 445, 451, 452, 458, 471, 472, 473 ; II, 6, 7, 11, 19, 23, 25, 27, 28, 33, 36, 39, 45, 47, 48, 50, 56, 70, 73, 78, 82, 83, 84, 89, 103, 113, 114, 117, 119, 120, 124, 127.
Isle-Jourdain (l'), apothicaire. Voy. Lancereau.
— baronnie de Calais, II, 279 ; — fourches patibulaires de la justice de Calais, II, 48.
— (Boson de l') II, 200.
— église, autels de Notre-Dame et de Saint-Michel, II, 117 ; — prieur, voy. Rabethe.
— juge sénéchal. Voy. Barbarin, Dansays, Naude.
— maire. Voy. Lhuillier.
— marchand boucher. Voy. Delavergne.
— maréchal. Voy. Grandchamp.
— médecin. Voy. Lhuillier.
— mines d'or et d'argent, I, 11.
Isle-Jourdain (l'), notaires. Voy. Le Roy, Saint-Philibert (de).
— receveur des domaines. Voy. Patharin.
— (sgr de). Voy. Béraudière (de la).
— sellier. Voy. Duvivier.
— troupes (passage de), I, 289, 422, 423 ; II, 57, 58, 86, 105.
Islette (sr de l'). Voy. Coubart, Gaultier.
Isoré (René), marquis d'Airvault, sgr de Pleumartin, Jeu et Forges, I, 23.
Israël, prieur de la Maison-Dieu de Montmorillon, II, 150.
Isse (sgr d'). Voy. Richard.
Issoudun-sur-Creuse (sgr d'). Voy. Le Beau.
Italie, I, 132, 175.
Italiens (régiment d'), I, 426.
Ivry (baron d'). Voy. Loret.
— (bataille d'), Eure, II, 247.

J

Jacquemin (Jeanne), femme de Sylvain de Blom, I, 310.
— (Magdeleine), femme de Pierre Dechaume, I, 103, 107, 114, 160 ; II, 88, 108.
— (Marie), femme de Louis Des Mousseaux, I, 310.
— (Marie-Anne), femme de Gaspard de Blom, II, 124.
— (Mathurin), notaire à Latus, I, 138 ; II, 163.
— (Pierre), sr de la Peyrotière, I, 310.
— (Pierre), sr de Sauzé, I, 103, 107, 114.
Jacques (Anne), femme de Charles Fricon, I, 345, 393 ; II, 28.
— (François), sgr de Pruniers, sergent de bataille, I, 25, 67, 68, 69, 79, 220, 393.
— (le P.), religieux récollet, I, 467.
— Ier, roi d'Angleterre. Voy. Jacques VI.
— VI, roi d'Ecosse, II, 289.
— (saint), I, 73.
Jacquet (Antoine), sr des Ages, bailli de la ville du Blanc, I, 27, 69, 126, 405, 430, 446.
Jacquet (Catherine), femme de François Ladmirault, I, 8, 119, 133, 149, 181, 182, 319, 329, 332, 333, 334, 338, 351, 358, 360, 382, 403, 414, 430, 440, 455, 469, 472, 473 ; II, 8, 58, 89, 141, 142, 160.
— (Catherine), femme de Louis Collin, I, 105.
— (Catherine), femme de François Cailleau, II, 5, 21.
— (Charles), I, 253.
— (Charlotte), femme de Pierre Beaupoil, I, 166.
— (Denis), sr de la Grange, I, 27.
— (Elisabeth), femme de Jean Naude, II, 40.
— (Etienne), II, 256, 263, 269, 274.
— (Félix), II, 67.
— (François), sr du Courtioux, président en l'élection du Blanc, I, 105, 111.
— (François), sr de la Merlatrie et de la Chamoisière, hôte du Cheval-Blanc à Montmorillon, I, 177, 279, 464 ; II, 5, 31, 309, 312.

TOME XXXVII. 28

Jacquet (François), I, 271.
— (François), sr de la Tour, archer à Montmorillon, I, 346.
— (François), I, 346.
— (Françoise), femme de René Nouveau, I, 310.
— (Jacques), II, 31.
— (Jean), sr de la Fontmorte, procureur à Montmorillon, I, 40, 133, 141, 146, 203 ; II, 48, 67, 307, 309, 310.
— (Jean), sr de la Planche, notaire à Montmorillon, I, 78 ; II, 277, 311, 312.
— (Jean), sr de la Grange, procureur à Montmorillon, I, 76 ; II, 80.
— (Jean), sr de la Giraudière, avocat, juge sénéchal d'Angle, I, 140, 146 ; II, 49, 121.
— (Jean), I, 140.
— (Jean), sr du Courtioux, receveur des tailles au Blanc, I, 347.
— (Jean), sr de la Fontmorte, I, 465.
— (Jean), chanoine de Notre-Dame de Montmorillon, prieur de Saint-Léomer, I, 316, 343 ; II, 71.
— (Jeanne), femme de Antoine Naude, I, 228, 251, 335.
— (Jeanne), femme de Charles Pian, I, 317.
— (Jeanne), femme de Maurice Bichier, I, 432.
— (Jérôme), curé d'Antigny, chambrier de l'abbaye de Saint-Savin, I, 96, 103, 156, 161, 170, 171.
— (Jérôme), receveur des tailles au Blanc, I, 447, 457.
— (Louis), I, 140.
— (Louise), femme de Louis Augier, I, 162, 190.
— (Marguerite), femme de René Vrignaud, I, 13, 105, 109, 200, 223, 447, 450.
— (Marguerite), femme de Fleurent Veras, I, 348.
— (Marie), femme de Charles Bonnin, I, 33, 91, 219, 396.
— (Marie), femme de François Gaultier, de Charles Bonnin et de Jacques Rideau, I, 70, 91, 238, 250 ; II, 51.
— (Marie), femme d'Etienne Mangin, I, 103.

Jacquet (Marie), femme de Nicolas Delaflavandrie, I, 317.
— (Marie), femme de Jacques Chasseloup, I, 360.
— (Marie-Anne), femme de Charles Trouillon, I, 140 ; II, 121, 134.
— (Martial), sr de Couppé, I, 25, 346, 348 ; II, 22, 59.
— (Nicolas), sr de la Fontmorte, procureur à Montmorillon, I, 203, 253, 360.
— (Nicolle), I, 465.
— (Paul), sr de la Bignolle, notaire à Montmorillon, I, 78, 246, 266, 312, 333, 396, 437, 449 ; II, 40, 50, 309.
— (Pierre), sr de la Giraudière, I, 140 ; II, 121.
— (Pierre), sr de Couppé, chanoine de Notre-Dame de Montmorillon, II, 59.
— (Sébastien), II, 161.
— sr de la Planche, I, 230.
— religieuse à Villesalem, I, 111.
— religieuse de Saint-François à Montmorillon, I, 163.
— des Ages, religieuse de Saint-François à Montmorillon, I, 163.
Jacquot (Joseph), prieur de la Maison-Dieu de Montmorillon, II, 165.
Jallais (sgr de). Voy. Guimard.
Jalletières (sgr des). Voy. Bridieu (de).
Jamet, I, 222.
— (André), marchand, II, 303, 304.
Janailhac (Guillaume de). Voy. Jaunac (Guillaume de).
Jançay, cne des Grands-Chézeaux, Haute-Vienne, I, vi.
Janneton, I, 444.
Jarigeon (Denis), II, 230.
— (Mathurin), II, 228.
Jarno (Jean), sr du Lac, procureur du Roi à Poitiers, I, 119, 120.
Jarrie (sgr de la). Voy. Argence (d').
Jarrigaud (Jacques), prêtre, vicaire de Notre-Dame d'Hains, II, 284.
Jarrige de la Morélie (Marie-Marguerite de), femme d'Antoine Du Saillant, II, 94.
— (Paul de), sgr de la Morélie, trésorier général de France, II, 94.
Jarrige (la), cne de Latus, Vienne, I, 310.

Jarrige (château de la), c^ne de Leigne, Vienne, I, 361, 362.
— (Mlle de la). Voy. Barbe (Louise).
Jarrouil (la chapelle de la). Voy. Lage-Rouïl.
Jarry (les s^rs), I, 415.
Jasmin, laquais, II, 92.
Jasson. Voy. Ajasson.
Jaulnay, Indre-et-Loire, I, 237.
Jaulnière. Voy. Josnière (de la).
Jaunac, Jouignac, Janailhac (Guillaume de), prieur de la Maison-Dieu de Montmorillon et abbé de Saint-Martial de Limoges, II, 150.
Jautrudon (s^r de la), I, 213.
Jauvard, c^ne de Bélâbre, Indre, I, xii.
Javerlhac (Françoise de), femme de François de Couhé, I, 23.
Jay (Marguerite), femme de René de Coral, I, 158.
Jazeneuil, Vienne, II, 69.
Jean, prieur de la Maison-Dieu de Montmorillon, II, 155.
— (prince), duc de Berry et d'Auvergne, comte de Poitou, II, 154, 209, 211, 213, 331, 332, 333.
— roi de France, II, 209, 331.
— V de Lioux, évêque de Poitiers, II, 153.
— Baptiste (saint), I, 72.
— sans Terre, roi d'Angleterre, II, 331.
Jean-Fagon (saint), II, 126.
Jebusson (Mathurin), laboureur, II, 317.
Jehannot de Bertillat, garde du trésor royal à Poitiers, I, 318.
Jeoffroy (Marguerite), femme de François Raffy, II, 186.
Jetté. Voy. Gesté.
Jeu (sgr de). Voy. Isoré.
— (s^r de). Voy. Goudon.
Jeunesse (dit la). Voy. Foussadier.
Joannes, II, 201.
Jobert (Marie), femme de Mathieu Guiot, I, 346.
Joec. Voy. Jouhet.
Jolivard, chanoine de Sainte-Radegonde, secrétaire de l'évêché de Poitiers, II, 336.
Jolly (Catherine), femme de Jean Debest, II, 1.
— (Louise), femme de Simon Lamigault, I, 209.
Jolly, chapelier à Montmorillon, I, 1.
Joly, II, 303, 304.
— (Eutrope), II, 257, 270, 274.
Jonie (s^r de la), lieutenant-colonel du régiment de la Couronne, I, 134.
Jonzac (marquis de). Voy. Sainte-Maure (Alexis de).
— (régiment de), I, 289.
Jorigny (s^r de). Voy. Roatin.
Joseph (le P.), religieux capucin, I, 408.
Josnière (Antoine de la), s^r de Cléré, juge sénéchal du Dorat, I, 462.
— (Jean de la), s^r des Loges, juge châtelain du Dorat, I, 462.
Jouhet, Joec, Vienne, I, xii, xiii, 153, 158, 180, 199, 280, 333, 350, 358, 386, 388, 398, 414, 469 ; II, 30, 158, 159, 293.
— (curé de), II, 335. Voy. Biché.
— (paroisse de), II, 291, 305, 306.
— (prieur de). Voy. Cailleau.
Jouignac (Guillaume de). Voy. Jaunac.
Joumé, c^ne de Leigne, Vienne, II, 167.
— (s^r de). Voy. Mangin.
Journet, Journé, Vienne, I, xii, xiii, 60, 104, 163, 260, 342, 373, 416 ; II, 37, 114, 117, 158.
— (curé de), II, 335. Voy. Augier, Boutet.
— paroisse, II, 305, 306.
— (Pierre de), II, 303.
Joussaud (s^r de). Voy. Roche (de la).
Joussé (le pré), c^ne de Montmorillon, Vienne, I, 145.
Jousseaume (M^r), I, 347.
Jousserant (Charlotte), femme de Charles Chasteigner, I, 48.
— (Philippe), sgr de Londigny, I, 48.
Jouxtaud, II, 26.
Jouy (Marie de), femme de Jean de Maignelais, II, 221.
Joyeux (Félix), procureur fiscal de la Maison-Dieu à Montmorillon, I, 186.
— (Louis), boucher à Montmorillon, II, 133.
— (Louis), marchand potier d'étain à Montmorillon, II, 166.
Jugière (la), c^ne de Saint-Léomer, Vienne, I, 58.

Juillé, cne de *Saulgé*, *Vienne*, I, 473.
Jules III, pape, I, 341.
Julien (Jean), sr de Boisvert, chirurgien à Montmorillon, I, 108, 164.
Junien (le P.), religieux récollet, I, 467.
Junien (saint), I, 72, 168.
Justobale, sergetier à Montmorillon, I, 284.
Juvernay (Marie-Anne), veuve de Dominique-Bernard de Bray et femme de Jean de la Broue, I, 409.

L

Laage (Mlle de), I, 232.
La Barre, contrôleur du dépôt du sel à Bélâbre, I, 458.
Labbé (Mr), I, 173.
Labbes (Isaac), archer à Montmorillon, I, 24, 251 ; II, 313, 314, 315, 316, 317, 318.
Labiron (Catherine), femme de Jean Patharin de la Gasne, I, 410.
Laborde, II, 78.
Laboussée. Voy. Boussée (la).
Labre, sergent royal à Montmorillon, I, 12.
Labrousse, sergent royal à Montmorillon, I, 199.
Lac (sr du). Voy. Jarno.
Lacarte. Voy. Carte (la).
La Chaume (de). Voy. Delachaume.
La Chèze (de). Voy. Delachèze.
Lachinaud. Voy. Chinau (la).
Lacombe, marchand à Montmorillon, I, 40.
Lacour (sr de). Voy. Laurens.
Lacroix, boulanger à Montmorillon, I, 407.
— marchand à Montmorillon, I, 176.
— veuve, boulangère à Montmorillon, I, 424.
Ladmirault (Alix de), femme de Raoul-Clément-Xavier de la Rochebrochard, II, 143.
— (Anne), II, 142.
— (Antoine-Charles), II, 143.
— (Antoinette-Lucie), femme de Charles-Louis-Gilbert de Chergé, II, 142.
— (Catherine) femme de Jean de Villedon, I, 133, 149, 166, 343, 345, 374, 401, 414, 442, 443.
— (Charles), I, 334, 414, 448; II, 141.
Ladmirault (Charles-Joseph-Basile de), officier de cavalerie, II, 143.
— (Charles-Marie), chapelain de la chapelle de Saint-Léger, II, 142.
— (Eléonore), II, 109, 144.
— (Elisabeth), II, 130, 145.
— (Félix), I, 360, 390, 414, 469 ; II, 142.
— (François), sr de Vautibaut et de Fougerolles, commissaire des montres de la maréchaussée à Montmorillon, I, 8, 119, 133, 181, 182, 319, 329, 333, 338, 351, 358, 360, 382, 390, 403, 414, 430, 440, 455, 469, 472, 473 ; II, 3, 8, 58, 89, 141, 160, 342
— (Hedwige), femme de Roger de Fontenay, II, 359.
— (Jean), avocat du roi à Montmorillon, II, 145.
— (Jean-Félicien-Victor), II, 142.
— (Jean-Léonard), II, 143.
— (Jeanne), II, 119, 145.
— (Joseph), curé d'Antigny, I, 458 ; II, 4, 130, 143, 145.
— (Léonard), maître particulier des eaux et forêts en Poitou, II, 342.
— (Louis), sr de la Baudinière, conseiller du roi, maître des requêtes de Marguerite de Valois, engagiste du domaine de Montmorillon, I, 8 ; II, 141, 342.
— (Louis), sr de Vautibaut, avocat du roi, commissaire des montres de la maréchaussée à Montmorillon I, iv, x, xi, 272, 319, 321, 322, 323, 325, 326, 332, 333, 334, 339, 341, 343, 344, 345, 347, 348, 349, 351, 352, 353, 355, 356, 357, 358, 359, 360, 361, 364, 366, 367, 368, 370, 372, 373, 374, 375, 377, 378, 379, 380, 381, 383, 385, 386,

388, 389, 390, 391, 392, 393, 394,
397, 398, 399, 400, 401, 402, 403,
404, 405, 406, 407, 408, 409, 410,
414, 415, 416, 417, 418, 419, 420,
421, 423, 424, 425, 426, 427,
428, 429, 430, 431, 432, 433, 435,
437, 438, 439, 440, 441, 442, 443,
444, 445, 447, 448, 455, 457, 458,
460, 462, 463, 464, 465, 467, 469,
471, 472, 473 ; II, 2, 4, 6, 7, 8, 9,
11, 13, 17, 19, 20, 21, 22, 26, 31,
33, 34, 38, 42, 46, 47, 49, 50, 52,
54, 55, 59, 60, 61, 62, 64, 67, 71,
72, 73, 74, 75, 77, 78, 79, 81, 85,
88, 96, 100, 103, 105, 107, 108, 109,
110, 111, 114, 115, 117, 119, 120,
122, 123, 126, 127, 128, 129, 130,
131, 132, 133, 135, 140, 141, 142.
Ladmirault (Louis-Joseph), lieutenant de police à Montmorillon, II, 142.
— (Louis-Ornuphle), lieutenant de police à Montmorillon, I, III, 406, 421 ; II, 97, 142, 144.
— (Louis-René-Paul de), général de division, II, 143.
— (Marguerite), femme de Pierre-Charles Pallu de la Barrière, II, 145.
— (Marguerite-Louise), femme de René-Jean Viguier, II, 142.
— (Marie), I, 119.
— (Marie-Anne), dite Manon, II, 97, 119, 144.
— (Marie-Fleurance), femme de Pierre-Ambroise Mallet, II, 143.
— (Marie-Fleurance-Marguerite), femme de Pierre Goudon, II, 72, 73, 144, 145, 348.
— (Paul-Marcoul). sr des Cartes, avocat à Montmorillon, II, 49, 143, 145.
— (Pierre-Alexis), I, 425 ; II, 119, 142, 145.
— (Pierre-Paul), II, 143.
— (Pierre-Paul-Basile-le-Grand de), sr des Cartes, capitaine de cavalerie au régiment Royal-Normandie, II, 143.
— (René), prieur de Bois-Métais et de Valençay, I, xi; II, 42, 69, 74, 78.
Lafat, *Creuse*, I, 381.
Laffillon (aujourd'hui la Font-Thibault), *à la Favrie, c^{ne} de Millac, Vienne*, I, 290 ; II, 100, 103, 119, 127.

Lafin. Voy. Fin (la).
Lafleur, tisserand à Montmorillon, II, 86.
— II, 92.
La Fluste, I, 222.
Lafond. Voy. Gervais de la Fond.
Lafontaine. Voy. Douesner.
La Forest, laquais, I, 397.
— Chaillat. Voy. Delaforest.
— Lépine. Voy. Delaforest.
Lagarde. Voy. Delagarde.
Lagarenne, sergent royal à Montmorillon, I, 471.
Lage (Etienne de), prieur de la Maison-Dieu de Montmorillon, II, 153, 154, 155.
— (Thibaut de), chevalier, II, 204.
— (M^r de). Voy. Delaforest.
— (de). Voy. Delage.
Lagebertye (s^r de). Voy. Clavetier.
Lage-Bourget (s^r de). Voy. Dechaume, Taveau.
— (Mme de). Voy. Vachier (Louise).
Lage de Plaisance. Voy. Age de Plaisance (la).
— (s^r de). Voy. Goudon.
Lage-Déraut (tenue de), *c^{ne} de Moussac-sur-Vienne, Vienne*, I, 325.
Lagenest (s^r de). Voy. Auprêtre.
Lageon (Antoine), dit Piquant, sergetier à Montmorillon, II, 2, 21.
— (Balthazar), marchand sergetier à Montmorillon, I, 22 ; II, 63.
— (Paul), II, 22.
Lage-Rouil, *c^{ne} de Saulgé, Vienne*, I, 473 ; II, 167.
Lagny (comte de), I, 184, 189.
La Haye, commis à la recette des tailles à Poitiers, I, 318.
La Hire. Voy. Vignoles.
Laises, Lèzes (les), *c^{ne} de Béthines, Vienne*, I, 361 ; II, 45, 227.
— (s^r des). Voy. Gaultier.
Laisné (Germain), s^r du Péron, archer, à Montmorillon, I, 294, 430 ; II, 309.
— (Marguerite), femme de Louis Delerpinière et de Louis Lhuillier, I, 165, 244.
— (Marie), femme de Louis Pailler, I, 150.
— (Marie), femme de Gilbert Delerpinière, I, 300.
— (Marie), femme de Pierre Delavault, II, 39.

— 438 —

Laisné, I, 413.
Lajon (Berthomé), notaire royal à Montmorillon, II, 259, 270.
— (Pierre), II, 261, 272.
Lala (Jacques), II, 254, 262, 268, 272.
Lalanne (l'abbé), cité, II, 295.
Lalchana (Guillelmus de), miles, II, 202.
Laleuf. Voy. Delaleuf.
Lamarche, II, 7.
Lambert (Magdeleine), femme de André Micheau, II, 102, 115, 249.
Lambertier (sr de). Voy. Chazaud.
Lamigault (Mathurin), cordonnier à Montmorillon, I, 209, 218.
— (Simon), I, 209.
Lamoignon de Basville (Nicolas de), comte de Launay-Courson, marquis de la Motte-Champdeniers, intendant du Poitou, II, 16, 21, 29, 30, 42, 48.
Lamothe, I, 222.
Lamoureux (Nicolas), chanoine de Notre-Dame de Montmorillon, II, 307, 308, 310, 312.
— II, 178.
Lamousse (François de), prieur de la Maison-Dieu de Montmorillon, II, 163.
Lancereau (Gabriel), sr de Rochefort, apothicaire à l'Isle-Jourdain, II, 28.
— (Louis), sr de Boisblanc, I, 410.
— (Marie), femme de Maurice Guiot, II, 28.
— (Pierre), sr de Boisblanc, officier de la maison royale des Invalides, I, 410.
Landaust, sgr de la Mollière, II, 282, 284, 285, 286, 287.
Lande (la), cne de Montmorillon, Vienne, I, 74, 77, 78, 80, 378 ; II, 44.
— (chapelle de Saint-Pierre de la), II, 137.
— (François de la), sgr de la Vergnée, I, 422.
— (François-Armand de la), sgr de Lavau Saint-Etienne, I, 131.
— (Jean de la), sgr de Lavau, I, 405 ; II, 338.
— (Jean-François de la), sgr de Vernon, I, 439.
— (Marie-Jeanne-Henriette de la), femme de Jean-Alexandre Laurens I, 439.
Lande (Nicolas-Sylvain de la), sgr de Saint-Etienne, I, 405.
— (de la). Voy. Delalande.
— (sr de la). Voy. Desbouiges, Goudon.
— (seigneurie de la), cne de Sacierges, Indre, II, 163.
Landeau (Charles), gardien des Récollets, I, 100.
Landerneau (Louise), femme d'Antoine de la Porte, I, 35.
Landrecies, Nord, I, 3.
Lanet (aujourd'hui Lenet), cne de Saulgé, Vienne, I, 159 ; II, 44.
— (chapelle Saint-Jacques-le-Mineur de), II, 44, 45.
— (Denis de), prieur de la Maison-Dieu de Montmorillon, II, 155, 156.
— (Florent de), prieur de la Maison-Dieu de Montmorillon et curé de Saint-Maixent de Lussac-le-Château, II, 156.
— (Jean de), de Laneto, prieur de la Maison-Dieu de Montmorillon, II, 155, 156.
— (Louis de), prieur de la Maison-Dieu de Montmorillon, II, 156.
— (Pierre de), sgr du Breuil, I, 66.
— (sgr de). Voy. Chaud.
Laneto (de). Voy. Lanet (de).
Langlée, commis du secrétaire d'Etat, I, 23.
Languedoc (le), II, 354.
Laniboire (Marthe), femme d'Antoine Doreau, II, 163.
Lantignet (Theobaldus de). Voy. Lantigny (Thibaut de).
Lantigny (Jean de), II, 202.
— (Philippe de), dame de l'Age de Plaisance, II, 202.
— (Thibaut de), sgr de l'Age de Plaisance, II, 202.
La Pioche, II, 14, 15.
Laplaud, cne d'Oradour-sur-Glane, Haute-Vienne, II, 109.
La Poussière, maçon à Montmorillon, I, 386.
La Ramée. Voy. Lenfant.
— II, 14, 50.
Lardonnière (sgr de). Voy. Philippes (de).
Large (sr de). Voy. Morin.

Laron (baronnie du), I, xiii. *Creuse.*
— (baron du). Voy. Breuille (de la).
La Rose, I, 222.
Las Arenas, *Espagne*, I, 341.
Lascoux, II, 254, 261, 267, 272.
Lassay, *Mayenne*, I, 303.
Lasseran (sr de). Voy. Périgord.
Lasserie (sr de). Voy. Suya.
Lassine. Voy. Signe (la).
Lastière (sr de la). Voy. Chavignat.
Lastus. Voy. Latus.
Lateranensis concilium, II, 176.
Latour, archer à Montmorillon, I, 449.
Latus, Lastus, Lathus, *Vienne*, I, v, xii, xiii, 66, 133, 148, 154, 159, 261, 266, 279, 282, 297, 361, 379, 382, 393, 397, 405, 417, 425, 429, 454, 462 ; II, 12, 13, 155, 158, 163, 164, 187, 305, 306, 347.
— chapelles ; Ouzilly (d'), I, 66 ; Saint-Blaise (de), I, 66.
— curé, II, 335. Voy. Baudonnière (de la), Mérigot, Merlet.
— (dîmes de), II, 168, 169, 187, 188.
— (fief de), *aliàs* du Châtelard, II, 189, 292.
— (justice de), I, v, 66 ; II, 187, 188, 189.
— (mesure de), II, 35.
— notaires. Voy. Jacquemin, Nouveau (Charles), Nouveau (Jean), Nouveau (Pierre).
— (paroisse de), II, 291.
— prieur. Voy. Augier (François).
— (sgr de). Voy. Berthelin.
— sergent royal. Voy. Nouveau (Jean).
— vicaire. Voy. Delerpinière.
Laubat (sr de). Voy. Lhuillier.
Lauberge (de). Voy. Delauberge.
Laubespine (de). Voy. Aubespine (de l').
Laudière (sr de). Voy. Delabarde.
Laumône, cne de *Béthines, Vienne*, II, 227, 228, 230, 231, 232.
— (sr de). Voy. Pian.
Laumosne. Voy. Laumône.
Launay (Jeanne de), femme de Jacques de Nuchèze, I, 61.
— (le sr de), guidon des gendarmes du cardinal Antonio, I, 123, 124.

Launay Courson (comte de). Voy. Lamoignon.
Lauradour (Gabriel), bourgeois, I, ix.
— (Gabriel), praticien, I, ix.
Laurenceau, greffier au présidial de Poitiers, I, 385.
— procureur au présidial de Poitiers, I, 315.
Laurencières (sgr des). Voy. Chalucet.
Laurençon, I, 21.
Laurens (André-Alexandre), sr de la Barde, du Villars et des Roches, lieutenant de cavalerie, I, 438.
— (André-Eustache), religieux augustin, I, 438.
— (André-Léonard), I, 387.
— (Bernard), I, 11.
— (François-Alexandre), sous-diacre, I, 438.
— (Georges), sr de Lésignac, I, 349.
— (Jacques), sr de la Chèze, de Reirac, lieutenant de cavalerie au régiment de Linoy, I, 11, 226.
— (Jacques), sr du Villars, capitaine de cavalerie, I, 438 ; II, 194.
— (Jean, sr de la Chèze, de Gorce, I, 11.
— (Jean), sr de Pierrefolle, I, 79.
— (Jean), sr du Masdille, I, 325, 438.
— (Jean-Alexandre), gendarme de la garde du roi, I, 439.
— (Julie), II, 64.
— (Léonard), sr du Chiron, conseiller du roi à Montmorillon, I, 387, 391 ; II, 63, 126.
— (Louis-Alexandre-Joseph), I, 439.
— (Luce), femme de Philippe de la Roche, I, 11, 103.
— (Magdeleine), femme de Pierre du Pin, I, 11.
— (Marc-Léonard), sr de la Besge, conseiller du roi à Montmorillon, I, 387.
— (Marguerite), femme de Louis-Ornuphle Ladmirault, II, 142.
— (Marie), femme de Pierre Marchand, I, 438 ; II, 95.
— (Paul), sr de Saint-Paul, I, 349 ; II, 22, 49, 144.
— (Pierre), sr de la Chèze, de Gorce, I, 11, 103, 226.

Laurens (Pierre), sr de Lacour, I, 387, 391 ; II, 63.
— (Pierre), sr du Villars, I, 438.
— (René), I, 11.
Laurent (le P.), religieux récollet, I, 78.
Laurière-Cavalerie (régiment de), I, 422.
Lautier, *Vienne*, I, xii.
Lauzon (Charlotte de), femme de René d'Aloigny, I, 232.
— (Philiberte de), femme de Jacques Vezien, I, 282.
— (Pierre de), sénéchal de Chauvigny, I, 353.
Laval (Françoise de), abbesse de Sainte-Croix de Poitiers, I, 412.
— (Gilles de), sgr de Raiz, maréchal de France, II, 220.
— (Marie de), femme de Prégent de Coëtivy, II, 220.
— (Pierre de), marquis de Laval-Lezay, comte de la Bigeotière, lieutenant général en Haute et Basse-Marche, I, 412.
Lavau (sgr de). Voy. Lande (de la).
— (le sr). Voy. Delavault.
Lavaud (sr de). Voy. Dalest.
Lavaudieu (commanderie de), *cne de Saint-Hilaire, Indre*, I, 166, 249.
— (sr de). Voy. Bastide.
La Vayenne, hôtesse à Montmorillon, II, 34.
La Verdure, ouvrier papetier, I, 231, 247.
Lavergne (de). Voy. Delavergne.
Lavergne-Verdillat. Voy. Verdilhac (de)
Lavigne, I, 180.
— (Renée), femme de Paul Pinaud, papetier, II, 163, 185.
La Violette, I, 94.
— II, 193.
Layné. Voy. Laisné.
Le Baieul. Voy. Baieul (de).
Le Baron (dit). Voy. Mesnard.
Lebaut (René), tailleur d'habits, II, 167.
Le Beau (André), sénéchal et engagiste du domaine de Montmorillon, I, 32, 326 ; II, 141, 246, 247, 281, 286, 288, 292, 294, 295, 296, 298, 300, 301, 302, 311, 342.
— (André), I, 441.
— (Anne), femme de Jacques Baillet et de Guillaume Bernard, II, 294.
Le Beau (François), sgr de Sauzelles, II, 246.
— (Geneviève), femme de Pierre Bouchet, II, 294.
— (Geoffroy), sgr de Vaugery, I, 349, 399, 416 ; II, 22.
— (Henry), I, 349.
— (Louis), I, 326.
— (Louis), I, 416.
— (Louis), sgr de Sauzelles et d'Issoudun-sur-Creuse, sénéchal de Montmorillon, II, 246, 294.
— (Marguerite), femme de Claude de la Pouge, II, 246.
— (Marie), femme de Geoffroy Luillier, II, 294.
— (Paul), sgr de la Barde, sénéchal et engagiste du domaine de Montmorillon, I, 326, 349, 441 ; II, 247, 342.
— (Paul), I, 326.
— (Paul), dit le capitaine de la Barde, II, 246.
— (René), sgr de Sauzelles, avocat au Parlement, lieutenant général de la Basse-Marche, maître des requêtes, I, xiii ; II, 246, 294, 297, 300, 302, 342.
— (René), I, 326
— (Renée), I, 326.
— (Simon), sgr de Montaigny, I, 326.
Le Blanc (Félix), sr de Charbonnière, procureur à Montmorillon, II, 64, 118.
— (Gabriel), sr de Charbonnière, I, 441.
— (Louise), femme de Jean Gaultier, II, 64.
— (René), sr de Charbonnière, sergent royal à Montmorillon, II, 64.
Lebot (Loys), II, 253, 260, 266.
Le Bouc (Jean), tisserand à Montmorillon, I, 363.
Le Bret (Gilberte), femme de Charles de Neuchèze, I, 337.
Le Breton, II, 37.
Lecestre, cité, I, 195, 196.
Le Champeron, sr des Fondans, prêtre, I, 456, 457.
Léché (le), *cne de Saulgé, Vienne*, I, 35, 117, 130, 231, 241, 248, 276, 372, 403, 473 ; II, 95, 116, 156.

— 441 —

Léché (étang du), I, 60, 267.
— logement de troupes, I, 64.
— (sr du). Voy. Richard.
Leclerc (le P. Pierre), gardien des Récollets, I, 459, 461.
Le Coigneux (Gabriel), marquis de Bélâbre, conseiller au Grand Conseil, I, 394 ; II, 17, 77, 117.
Lecomte (Antonin), prieur de la Maison-Dieu de Montmorillon, II, 164, 165.
Le Congneux. Voy. Le Coigneux.
Le Conte (Pierre), chirurgien à Availle-Limousine, I, 435.
Lefebvre (Antoine), sr des Portes, notaire à Montmorillon, I, 206, 213, 302, 419 ; II, 70, 100, 125.
— (Jean), prieur de Saint-Martial de Montmorillon, I, 206, 213, 297 ; II, 46, 49, 101.
— (Joseph), prieur de la Maison-Dieu de Montmorillon, II, 167.
Le Féron (Marie), femme de François Le Maistre, I, 312.
Leffe (Louis de), sr de Nouhe, II, 112.
Le Gandou, maréchal à Latus, I, 382, 383.
Legay (Jean), prieur de la Maison-Dieu de Montmorillon, II, 159.
— notaire à Paris, II, 342.
Legeay (Louis), sr de la Contaudière, prévôt de la maréchaussée à Poitiers, I, 391.
— (Mathieu), sr de Landrière, lieutenant du prévôt de la maréchaussée à Poitiers, I, 391.
Le Goyn (Petrus), miles, II, 202.
Le Guay (René), juge sénéchal de Lussac-le-Château, II, 278, 280.
Leignat. Voy. Lignac.
Leigne, Vienne, I, xii, xiii, 66, 139, 362 ; II, 8.
— curé, II, 335.
— logement de troupes, I, 62.
— (paroisse de), II, 305, 306.
Leirat (Catherine de), Mlle de Cherzat, femme de Gaspard de Guillaumet, I, 13, 14, 17, 28, 38, 44, 45, 47, 51, 77, 78, 87, 88, 89, 90, 95, 97, 131, 141, 167, 205, 209, 211, 219, 220, 223, 227, 230, 233, 237, 244, 247, 250, 254, 260, 269, 274, 277, 280, 285, 287, 302, 309, 310, 322, 328, 355, 427.

Leirat (Etienne de), I, 10, 20, 22, 27, 33, 69, 85, 86, 88, 89, 90, 99, 427.
Le Laboureur, cité, I, 293.
Lelarge (Jacques), fermier de Serres et de Verrières, II, 82.
— (Pierre), I, 82.
— (Simon), maître papetier à Saint-Benoît, II, 181.
Lelet (Jean), avocat au présidial de Poitiers, cité, II, 292, 295.
Lelièvre (Pierre), sr de Vernelle, conseiller au présidial de Poitiers, II, 69.
Le Maistre (François), conseiller au parlement de Paris, I, 312, 313, 344, 392, 454, 455.
— (Gilles), sgr de Ferrières, I, 312.
Le Merle (dit). Voy. Viault.
Lemovicensis episcopus. Voy. Limoges (évêque de).
Lempereur (Thadée), procureur des Augustins, I, v, 248, 330 ; II, 196, 197.
Lenfant (Antoine), maître couvreur à Montmorillon, I, viii.
— (Jean), dit la Ramée, arquebusier à Montmorillon, I, 194.
— (Jean), dit l'Ardoise, maître armurier à Montmorillon, I, 193.
— (Mathieu), maître couvreur à Montmorillon, II, 93.
Lenoir (Alexandre), archéologue français, cité, II, 290.
— (Jean), commis greffier à Poitiers, II, 290, 291, 302.
Lenormand, notaire au Châtelet de Paris, II, 300.
Lenot (terres de), cne de Béthines, Vienne, II, 231.
Lenox (Ludovic, duc de), comte de Darnley, II, 289.
Lens (bataille de), Pas-de-Calais, I, iii ; II, 314.
Léobet (Catherine), femme de Jean Lescuyer, I, 146, 312.
— (Françoise), femme de Claude Petitpied, I, 386.
— (Héliette ou Etiennette), femme de Antoine Cresnon, I, 286, 288, 361.
— (René), laboureur, II, 168.
Léonard (saint), I, 167.
Léonor d'Aquitaine. Voy. Aliénor d'Aquitaine.

Le Pelletier (Nicolas), sgr de la Houssaye, maître des requêtes, I, 304.
— de Villeneuve (Louise-Françoise), femme de Gabriel-Jacques de Salignac, I, 438.
Le Péron (la veuve), Voy. Maingueneau (Marie).
Le Pescher. Voy. Bastide.
Le Peultre (Philippe), sgr de Santonne et de la Grandmaison, trésorier de France à Poitiers, I, 404 ; II, 94.
Le Pillier, hôte à Moulime, I, 445.
Lépine (sr de). Voy. Valencienne (de).
Le Prévost (Marthe), femme de Léonard Thomas, II, 247.
Le Proust (le P. Ange), provincial des Augustins, I, 334.
Le Puy, II, 48.
Lérignac. Voy. Nérignac.
Le Roy, notaire à l'Isle-Jourdain, II, 48.
Lerpinière (de). Voy. Delerpinière.
Le Savoyard, I, 66.
Le Scellier (Jean), archidiacre de Brie, conseiller et président des enquêtes au Parlement de Paris, II, 233, 234, 237.
Lescours (Judith de), Dame de Roussillon, II, 77.
Lescuyer (François), sr de la Braguetrie, pintier à Montmorillon, I, 312.
— (François), I, 361.
— (Jean), sr du Prat, archer à Montmorillon, I, 146, 312.
— (Louis), sr du Prat, pintier à Montmorillon, I, 345.
— (Marie), femme de Louis Rat, I, 31, 162.
— (Pierre), sr de la Plante, pintier à Montmorillon, I, 361 ; II, 121.
— II, 223.
Lésignac (sr de). Voy. Laurens.
Lésigny (sgr de). Voy. Argence (d'), Du Bellay.
Lesparre, *Gironde*, II, 220.
Lespault. Voy. Espaux (l').
Lespinette, I, 421.
Lessac, *Charente*, I, 50, 438, 439, 451 ; II, 124.
— juge sénéchal. Voy. Babaud.
Lestang, II, 193.
Lesterps, *Charente*, I, 113, 222.

Lesterps (abbaye de), II, 90.
Lestime, I, 362.
Lestoré (Gilbert), garçon chapelier, I, 396.
Lestrigou (Catherine), I, 212.
— (François), sr de la Giraudière, I, 104.
— (François), I, 212.
— (François), I, 212.
— (Jean), sr de Cherpillé, notaire à Béthines, I, 104, 212.
— (Jean), I, 104.
— (Jeanne), I, 212.
— (Louise), I, 212.
— (Marie), I, 212.
— (Marie), I, 212.
Le Sueur (Guille ou Guillaume), conseiller au présidial de Poitiers, engagiste du domaine de Montmorillon, II, 297, 298, 299, 300, 342.
Le Taillis, archer à Montmorillon, I, 97.
Le Tellier (François-Michel), marquis de Louvois, ministre et secrétaire d'Etat, I, 276, 363, 380 ; II, 115, 136.
— (Michel), ministre et secrétaire d'Etat, I, 23.
Le Tort (Matheus), II, 202.
Lettrie (la), cne de *la Chapelle-Morthemer*, *Vienne*, II, 42, 55, 67, 69, 74.
Leu (de la). Voy. Delaleu.
Leuf (la), cne de *Sillars*, *Vienne*, I, 13, 15, 18, 26, 37, 58, 59, 78, 82, 83, 87, 92, 100, 101, 107, 110, 116, 119, 121, 122, 139, 198, 234, 318, 357 ; II, 249.
— (de la). Voy. Delaleuf.
— (sr de la). Voy. Micheau et Richard.
Leulier. Voy. Lhuillier.
Levant (coton du), II, 354.
Levasseur (Catherine), femme de Pierre Augier, sr de Châtenet, I, 109, 117.
— (Marie), femme d'André Pineau, I, VII, 83, 115, 144.
Levers (Léon), prieur de la Maison-Dieu de Montmorillon, II, 160.
Lévesque (Abraham), sgr de Marconnay, I, 345.
— de Marconnay (Marie), veuve de Gabriel de la Barde, sgr

d'Essé, et femme de Benjamin Frottier, sgr de la Coste-Messelière, I, 345, 348, 350.
Levier (Marc-Antoine), prieur de la Maison-Dieu de Montmorillon, II, 166.
Leymarie, cité, I, 72.
Lezes. Voy. Laises (les).
Lezignen. Voy. Lusignan.
Lheulier. Voy. Lhuillier.
Lhommaizé, *Vienne*, II, 82, 118.
Lhuillier (André), huissier à Montmorillon, II, 164.
— (Anne), femme de François Gendre, I, 154 ; II, 53.
— (François), s^r de la Favrie, docteur en médecine, I, 410 ; II, 113, 114, 120, 124.
— (François), I, 410.
— (François), s^r de Biard, II, 55, 135.
— (Françoise), Mlle des Bordes, femme de Beau, I, 410.
— (Gabrielle), femme de Félix Augier, s^r de Malgoute, I, 166, 218 ; II, 51, 54.
— (Jacques), s^r de Praveil, I, 244, 356 ; II, 5, 128.
— (Jean), s^r de la Chaumette, greffier et receveur des consignations à Montmorillon, I, 230, 435 ; II, 68, 106.
— (Jean), I, 356.
— (Jean), s^r de la Favrie, maire de l'Isle-Jourdain, I, 410.
— (Jean-François), I, 410.
— (Jean-François-Joseph), I, 410.
— (Jean-Joseph), I, 410.
— (Jeanne), femme de Jean Loreau, I, 232, 381 ; II, 99.
— (Jeanne), femme, de Pierre-Louis de Puiguyon, sgr de la Voûte, I, 410.
— (Joseph), s^r de la Favrie, I, 410.
— (Joseph), écolier, I, 410.
— (Louis), s^r de la Bonnelière, notaire à Montmorillon, I, 218, 244 ; II, 2, 39.
— (Marguerite), I, 410.
— (Marguerite), femme de René Cresnon, II, 116.
— (Marie), femme de Charles Du Bouex, sgr de Villemort, I, 84.
— (Marie), femme de Louis Lescuyer, I, 345.

Lhuillier (Marie), femme de Pierre Lancereau, s^r de Boisblanc, I, 410.
— (Pierre), s^r de la Chaumette, I, 154, 326, 345, 425 ; II, 22, 178, 308, 309.
— (Pierre), notaire royal à Montmorillon, II, 63, 115, 165.
— (Pierre), s^r de Boiscantault, chapelain de Saint-Michel, II, 166.
— (René), s^r de Laubat, médecin à l'Isle-Jourdain, I, 285, 327, 335, 336, 410.
Libourne, *Gironde*, I, 40 ; II, 105.
— (s^r de). Voy. Naude.
Licotière, c^{ne} de *Moulime*, *Vienne*, II, 154, 167, 168.
Liège (Pierre), commentateur de la coutume de Poitou, II, 157.
Liet (Marie), femme d'Alexandre Babinet, I, 409.
Liglet, *Vienne*, I, XII, XIII, 274.
Lignac, Leignat, *Indre*, I, 17, 24 ; II, 316, 317, 318.
Lignaud (Maximilien), sgr de l'Age-Bernard, I, 19.
Lignon, c^{ne} de *Brigueil-le-Chantre*, *Vienne*, II, 165.
Ligondez-Cavalerie (régiment du), I, 11.
Limagne d'Auvergne, I, 178.
Limalonges (seigneurie de), érigée en marquisat sous le nom de Crugy-Marcillac, II, 203. *Deux-Sèvres.*
Limérac (sgr de). Voy. Abzac (d').
Limoges, *Haute-Vienne*, I, 62, 71, 72, 168, 188, 195, 198, 278, 290, 438 ; II, 37, 69, 85, 87, 88.
— abbaye de Saint-Martin, II, 83.
— banquier. Voy. Poilue.
— collège des Jésuites, I, 410, 420.
— couvents : Cordeliers, I, 73 ; — Feuillants, I, 35, 73.
— (diocèse de), II, 172.
— églises : La Règle, I, 72 ; — Saint-Aurélien, I, 73 ; — Saint-Dampnolet, I, 73 ; — Saint-Etienne, I, 73 ; — Saint-Martial, I, XII, 72 ; II, 25, 46 ; — Saint-Michel, I, 73, 346 ; — Saint-Pierre, I, 72.
— (évêque de), II, 198. Voy. Argentré (d').
— hôpital général, I, 103.

Limoges, hôtellerie de Chez-Pistolet, I, 72.
— intendant. Voy. Barentin.
— ostensions, I, 71.
— (vicomte de). Voy. Châtillon (de).
Limousin (province du), I, 72, 254, 327 ; II, 15, 85, 94, 125, 139, 186, 354.
— (ban du Bas-), II, 93, 94.
— eaux et forêts (grand maître enquêteur des). Voy. Raffy de Bazoncourt.
— (grand sénéchal du). Voy. Du Saillant.
— (intendant du). Voy. Ribeyre.
— lieutenant général. Voy. Pompadour (de).
— (receveur de), II, 209.
Limovicensis diocesis. Voy. Limoges (diocèse de).
Linards. Voy. Linas.
Linas, Linards, Seine-et-Oise, I, 127.
Linger de la Bédonnière (Mlle), I, 343.
Linière (Pierre), II, 315.
Linières (régiment de), I, 277.
Linoy (régiment de), I, 11.
Lion (Catherine), femme de Nicolas Cherbonnier, I, 29, 199.
— (Guillaume), prévôt de la Maison-Dieu de Montmorillon, II, 251, 264, 270.
— (Jeanne), I, 37.
— (Laurent), II, 254, 261, 267, 272.
— (Louis), II, 41.
— (Morice), II, 260, 261, 267, 271.
Lipardière (s^r de). Voy. Beaupoil.
Lisabeau. Voy. Delavergne (Elisabeth).
Lisac (Jeanne de), femme de Henri David, sgr de Longueval, II, 218.
Lislette. Voy. Islette (l').
Litaud (Gabriel), prieur de la Maison-Dieu de Montmorillon, II, 163.
Litry. Voy. Litterie.
Litterie (Catherine), dite Gatonne, femme de Jean Pian, I, 296, 366, 379, 394, 398, 409, 425.
— (Mme), I, 398 ; II, 121.
— (s^r), I, 296 ; II, 121.
Locherie (sgr de). Voy. Estourneau.
Loches, Indre-et-Loire, I, 441 ; II, 96.

Lochon (ruisseau de la), près et au-dessus de Montmorillon, II, 164.
Loge (la), c^{ne} de Montmorillon, Vienne, II, 161.
Loge (s^r de la). Voy. Douadic, Dumonteil, Fradet.
Loges (s^r des). Voy. Josnière (de la).
— (sgr des). Voy. Rechignevoisin (de).
Loignon (Pierre), maître taillandier à Montmorillon, I, 369.
Loliverye (s^r de). Voy. Oliverie (s^r de l').
Londigny (sgr de). Voy. Jousserant.
Londonderry, Irlande, I, xi ; II, 95.
Londres, Angleterre, II, 334.
Longa (Pierre), I, 465 ; II, 130.
Longeville (s^r de). Voy. Sudre.
Longin (Michel), maçon, II, 325.
Longueval (sgr de). Voy. David.
Longueville (Anne-Geneviève de Bourbon-Condé, duchesse de), I, 29, 61.
— (Henri II d'Orléans, duc de), I, 29, 61.
Loreau (Anne), I, 470.
— (Annet), I, 470.
— (Antoinette), I, 470.
— (Catherine), II, 89.
— (Guy-François), prêtre, I, 470.
— (Jean), procureur à Montmorillon, I, 189, 232, 381, 443 ; II, 99.
— (Jeanne), I, 470.
— (Magdeleine), femme de René Delavergne, s^r de Mortaigue, I, 127.
— (Marguerite), I, 470.
— (Marie), femme de Louis Goudon, s^r de Belleplaine, I, 232, 470 ; II, 88, 97.
— (Mathurin), dit Canadelle, sergetier à Montmorillon, I, 174 ; II, 89.
— (Pierre), II, 99.
Loret (Ambroise), baron d'Ivry, garde de la prévôté de Paris, II, 218.
Lorge (de). Voy. Delorge.
Lorioux (Bastien), II, 257, 270, 271, 274.
— (Denis), II, 253, 260, 266.
— (Paul), II, 256, 263, 269, 274.

Lorme (Marie de), femme de Jacques Du Taillis, 351.
— (sgr de). Voy. Estourneau.
Lorraine, I, 416.
— (Louise de), femme de Claude Pot, sgr de Rhodes, I, 41.
— (régiment de), I, 329.
Lossandière (Mr de), avocat à Poitiers, I, 99.
Loubaud (François), I, 27, 46, 47, 57.
Loubier (château du), cne de Saint-Victurnien, Haute-Vienne, II, 95.
Louche (de). Voy. Delouche.
Loudun, Vienne, I, 208, 229, 255, 267, 313, 349 ; II, 211.
— paroisse Saint-Pierre du Marché, II, 23.
Loudunais (le), I, 388.
Louis-Arnould, turc, II, 101.
Louis II, roi de Naples, II, 223.
— VII, dit le Jeune, roi de France, II, 150, 331.
— IX, roi de France, II, 331.
— XI, roi de France, I, 72 ; II, 222, 223, 233, 234, 237, 238.
— XIII, roi de France, I, IV, V, 387 ; II, 148, 158, 170, 171, 244.
— XIV, roi de France, I, V, 38, 39, 62, 68, 127, 178, 179, 189, 195, 218, 270 ; II, 46, 52, 66, 74, 164, 195, 330.
— XV, roi de France, II, 344.
Louis (saint). Voy. Louis IX.
Louis (saint), évêque de Toulouse, I, 73.
Loup (saint), I, 73.
Lourau (Jacques), dit Guillaume Champignolle, I, 460.
Louvois. Voy. Le Tellier.
Louze (Eustache de), II, 303, 304.
Loyal (Mlle). Voy. Rochechouart (de).
Lubersac, Corrèze, II, 160.
— (Pierre de), sgr du Verdier, I, 337.
Luc (François-Charles de Vintimille, comte du), I, 438.
— (le P.), religieux récollet, I, 80.
Lucas (Magdeleine), femme de Jean Suya, sr de Lasserie, II, 246.
— (Renée), femme de Pierre Soret, sr de Séris, I, 271.
Luce (Guillaume), chapelain de Saint-Michel, I, 395 ; II, 162.
— Lucia, dame de Montmorillon, mère de Guy de Montléon, II, 200, 201.
Luchapt, Vienne, II, 28 ; — église Saint-Hilaire, II, 28 ; — curés, voy. David, Delagrange.
Luchet, cne de Saint-Pierre-les-Eglises, Vienne, I, 10.
— (sr de). Voy. Delaforest.
Luchinus (le P. Paulus), général des Augustins, I, 164.
Lucia. Voy. Luce, mère de Guy de Montléon.
Lucquet (Gaspard de), sr des Marnes, I, VIII, 434.
— (Jeanne de), femme de Guiot et de Pacquet, I, 155.
Ludovicus, rex Franciæ et Navarræ. Voy. Louis XIII.
Luillier (Geoffroy), sgr d'Orville, conseiller au Parlement, II, 294.
— (Jean), sgr d'Orville, II, 294.
Lulier. Voy. Lhuillier.
Lusignan, Lezignen, Vienne, I, 29 ; II, 211, 213 ; — château, II, 290.
— garde du scel aux contrats. Voy. Mirebeau.
Lussac-le-Château, Vienne, I, VII, 16, 62, 71, 86, 104, 110, 142, 155, 187, 192, 255, 269, 309, 400, 408, 452 ; II, 17, 68, 90, 93, 158, 202, 354.
— archiprêtré, I, 269, 471, 473 ; II, 28 ; — archiprêtres, voy. Barbarin, Brisson.
— châtellenie, I, XIII, 269 ; II, 205, 277, 278, 279, 280 ; — procureurs, voy. Boisseau, Delaleuf, Millet ; — juge sénéchal, voy. Le Guay, Vezien.
— (combat du pont de), II, 211.
— curés. Voy. Cartaud, Lanet (de).
— four banal, I, 51.
— hôtelleries : Sainte-Catherine, I, 186 ; — Trois-Rois (les), I, 427 ; II, 281.
— marquisat : notaire. Voy. Boisseau.
— paroisse, II, 279, 291.
— prieuré de Sainte-Marie-Magdeleine, I, 51, 269.
— (prise de), II, 209.
— (sgr de). Voy. Rochechouart (de), Taveau.
— troupes (passage de), I, 67.

Lussac-les-Eglises, *Haute-Vienne*, I, 133, 246, 387, 434, 456 ; II, 49.
— (sgr de). Voy. Trimouille (de la).
— sergent royal. Voy. Pacquet.
Luxembourg (prise de), II, 36, 37.
Luynes (régiment de), I, 438.
Luzeraise, Luzerèze (forêt de), c^{ne} de *Chalais*, *Indre*, II, 47.
Luzuret (sgr de). Voy. Saint-Julien (de).
Lydon (Jacques), prévôt des maréchaux à Montmorillon, II, 312.
Lyne (bois de), c^{ne} de *Béthines*, *Vienne*, II, 226.
Lyon. Voy. Lion.
Lymousine, II, 255, 262, 268, 272.

M

Maboul (Louis), marquis de Fors, maître des requêtes, II, 343.
— (Louis-François), procureur général du Roi, II, 343, 344.
Macé (Jacques de), s^r de la Boutinière, I, 351.
— (Jean), II, 231.
— (Jeanne), femme de Louis Duchastenier, I, 179.
— (Mathurin), II, 230.
— (Michelle), femme de Jean Tourayne, II, 283.
Maché (Adrienne), I, 139.
— (Sylvain), I, 139.
Machère (la), c^{ne} de *Bourg-Archambault*, *Vienne*, I, 164 ; II, 163, 165.
— (s^r de la). Voy. Demareuil.
Macherie (la), c^{ne} de *Saulgé*, *Vienne*, I, 233.
Macquenon (Marie), femme de Jean de Razes, s^r de Verneuil, I, 119 ; II, 77.
Maëstricht, *Pays-Bas*, I, 195.
Magdeleine (sainte), I, 73.
Magnac, *Haute-Vienne*, I, 2, 119, 141, 155, 268, 298, 324, 412, 427 ; II, 95, 215, 307.
— château, I, 412.
— (dame de). Voy. Sully (Belle-Assez de).
— église, II, 286.
— (Jacquelet de), II, 215.
— (marquis de). Voy. Salignac (de).
— (mesure de), II, 153.
— séminaire, I, 412, 413.
Magné, *Vienne*, II, 201.
Magodat. Voy. Masgodard.
Maguelonne, *Hérault*, II, 220.
Mahault (Magdeleine de), femme de Paul Le Beau, s^r de la Barde, I, 326, 349.
Maignan (Jean), s^r des Robins, greffier criminel de la sénéchaussée de Montmorillon, I, 282 ; II, 93.
— (Jeanne), femme de Pierre Augier, s^r des Mas, I, 317.
Maignat. Voy. Magnac.
Maignelais (Antoinette de), femme d'André de Villequier, II, 221.
— (Jean de), sgr de Montigny, II, 221.
Maignon (Guillaume), II, 229.
Maigret (Jean), sgr de la Belletière, I, 93.
Maillac (le Grand), c^{ne} de *Brillac*, *Charente*, I, 181, 263.
Maillard, notaire à Saint-Germain-sur-Vienne, I, 207.
Maillasson. Voy. Demaillasson.
— c^{ne} de *Saint-Sulpice-les-Feuilles*, *Haute-Vienne*, I, vi.
— (l'étang). Voy. Girault (l'étang à).
Maillé. Voy. Saint-Pierre-de-Maillé.
Maillé (Herbert de), II, 228.
Maillé-Brézé (Urbaine de), femme de Jean-François Bonnin de Chalucet-Messignac, II, 16.
Maillet (Gabriel), I, 253.
— (Pierre), I, 253.
Maillezac (sgr de). Voy. Barachin, Mons (de).
Maillo (Guillelmus de), valetus, II, 202.
Maillochon (Ger...), laboureur, II, 326.
— (Léonard), II, 326.
Maine (province du), I, 303.

Maingueneau (François), sr de la Cordé, I, 165, 174.
— (Marie), veuve de Germain Laisné, st du Péron, I, 414, 430.
— (Pierre), sr de la Cordé, sergent royal à Montmorillon, I, 75.
— (Suzanne), femme de Louis Ducellier, I, 174.
Maisondieu (Mr), l'aîné, avocat au présidial de Poitiers, I, 89, 177.
— (Mr), le jeune, avocat au présidial de Poitiers, I, 95, 110, 211, 295.
Maison-Dieu (la). Voy. Montmorillon, faubourgs et hôpital.
Maisonfort (sr de). Voy. Cailleau.
Maisonneuve (sgr de la). Voy. Ramière (de la).
Maixant, dit Croupillon, I, 194.
Malaguet (sgr de). Voy. Richard.
Malaine. Voy. Barlet.
Malbay (François), juge sénéchal d'Oradour-sur-Glane, II, 83.
— sr du Moulin-Neuf, I, 244.
Malgoute (sr de). Voy. Augier.
Malhard (Jacques), curé de Pindray, I, 420.
Mallet (Catherine), I, 73.
— (Guillelmus), valetus, II, 202.
— (le sr), lieutenant au régiment d'Esclainvilliers, I, 4, 49, 65.
— (Mr), avocat à Saint-Benoît-du-Sault, I, 73.
— (Nicolas), avocat au présidial de Poitiers, II, 143.
— (Pierre-Ambroise), receveur des aides à Poitiers, II, 143.
— (Renée), femme de Sylvain Duvivier, I, 291.
Malon, II, 250.
Malte (ordre de), I, 1, 12, 78, 116, 166, 188, 205, 266, 352 ; II, 35, 51, 93, 99, 106.
Malval (baron de). Voy. Chasteigner.
Mancier (Anne-Marie de), dite Ninon, femme de Jacques Guiot, sgr de Teil, I, 88, 343, 370, 393, 396, 397, 416, 441, 442, 451 ; II, 34.
— (Gaspard de), sgr de la Vergne, I, 88.
— (Pierre de), sgr de Puyrobin, I, 88, 90, 112, 346, 394, 396, 416, 417, 418, 424, 436, 438, 439, 440, 441, 445, 447, 448 ; II, 99, 100.

Manderscheit (régiment du comte de), II, 101.
Manes (André de), prieur de la Maison-Dieu de Montmorillon, II, 157, 250, 258, 281, 282, 283, 284, 285, 313.
— (César de), II, 157.
— (Charles de), commandeur de Chassenay, II, 158.
— (Louis de), prieur de la Maison-Dieu de Montmorillon, I, 186 ; II, 157.
— (Théodore de), gentilhomme albanais, II, 157.
Mangin (Elisabeth), religieuse à Villesalem, I, 111.
— (Etienne), sr de Pouzioux, second président en l'élection du Blanc, I, 103, 166.
— (François), sr des Petites-Ages, président en l'élection du Blanc, I, 103, 111.
— (Françoise), femme de Paul Thomas, I, 32 ; II, 247.
— (Françoise, Mlle de Chizé, I, 371.
— (Gabriel), sr de Ferrande, I, 131.
— (Jean), sr de Chizé, élu en l'élection du Blanc, I, 105, 131 ; II, 24, 51, 52.
— (Marie-Anne), femme de Louis Estourneau, sr de Tersannes, II, 24, 51.
— (Pierre), sr de Chizé, I, 105, 131, 371.
— (Pierre), sr de Joumé, I, 131, 177, 217, 272, 371, 472 ; II, 24, 38, 55, 66, 71, 78, 79, 94, 103, 137.
— (Pierre), sr de Joumé, II, 94.
— (Pierre), sr de Chizé, II, 247.
— (Pierre-Laurent), II, 79.
Manican (régiment de), I, 67.
Maniguette (la), cne d'Abzac, Charente, I, 325.
Mans (diocèse du), II, 162.
Mantin, II, 221.
Manus (Elie), maître papetier aux Mas, II, 186, 187.
— (Jean), maître papetier à Saint-Benoît, II, 187.
— (Martial), maître papetier à la Borderie et aux Mas, II, 179, 186, 187.
— (Martial), maître papetier à Saint-Benoît, II, 187.
Marabais. Voy. Dechassaigne.

Marans (Gabriel de), abbé du Dorat, I, 90.
— (Gabrielle de), femme de Philippe de Guillaumet, sgr de Balentru, I, 14, 88, 89, 131, 309, 393.
— (Henriette de), I, 346.
— (Joseph de), sr de la Bastide, juge châtelain de Rancon, I, 346, 352.
— (René de), abbé du Dorat, I, 90, 320, 323, 346.
— (de), juge châtelain de Rancon, I, 90, 112, 113, 119, 143, 315, 336, 346.
Marbœuf (Marie de), femme de Claude Savary, sgr des Prez, I, 274.
Marc, facteur du messager de Rochechouart à Paris, I, 397.
Marchain, cne de Latus, Vienne, II, 163, 165.
Marchand (Antoine), le jeune, notaire à Saint-Germain-sur-Vienne, II, 95.
— (Antoine), religieux augustin, II, 164.
— (Jean), dit la Trace, cordonnier à Montmorillon, I, 308.
— (Joannes), clericus, II, 172.
— (Marguerite), femme de Sylvain Nouveau, sr de la Nouillère, II, 12.
— (Martial), cordonnier à Montmorillon, II, 29.
— (Pierre), sr du Chaume, notaire à Saint-Germain-sur-Vienne, I, 207, 438 ; II, 95.
— huilier à Montmorillon, II, 29.
— sergent des tailles à Poitiers, I, 356.
Marche (Haute et Basse-), I, 1, 32, 40, 399, 412, 433, 471; II, 42, 85, 181, 280, 281.
— (Agnès de la), femme de Ranulphe, sgr de Montmorillon, II, 199.
— (Bernard, comte de la), II, 199.
— (ban de la), II, 114, 119.
— comté, II, 278, 281, 339.
— gouverneur. Voy. Chasteigner, Foucaud, Villequier (de).
— grand maître enquêteur et réformateur des eaux et forêts. Voy. Raffy de Bazoncourt.

Marche, lieutenant général. Voy. Laval (de), Salignac de Lamothe-Fénelon (de).
— sénéchaussée, II, 277, 279 ; sénéchal, voy. Nollet (de) ; lieutenant, voy. Le Beau, Pouge (de la), Robert.
Marcillac (Mme de). Voy. Béraudière (Catherine de la).
— (Mr de). Voy. Grandsaigne (de).
Marcilly (prieuré de Sainte-Marguerite de), cne de Liglet, Vienne, II, 100.
Maréchère (sr de la). Voy. Du Chesneau.
Marennes (sgr de). Voy. Villequier (de).
Mareschal (Jean), II, 257, 270, 274.
Marest (sr du). Voy. Prévost.
Mareuil, cne de Brigueil-le-Chantre, Vienne, I, 22.
Margarita, uxor Forbandit, II, 201.
Margarsode. Voy. Garsaud.
Margault (Guillaume), II, 232.
Margnier, cne d'Abzac, Charente, I, 428 ; II, 137.
Mariaud (Etienne), sr de la Roche, cordonnier à Montmorillon, II, 2.
Marillac (René de), baron de la Ferté-Péron, sgr d'Olinville et d'Attichy, intendant du Poitou, I, 376, 380, 382, 383, 384, 385, 404, 412, 413, 421, 422, 433, 434, 437, 448, 465 ; II, 9, 13.
Marin, cne de Bourg-Archambault, Vienne, I, 140, 204, 220, 228, 403 ; II, 40, 82.
Marin (André), prêtre, commandeur de l'aumônerie de Chauvigny, I, 63.
— (Jacqueline-Eugénie), femme de François de Barbançois, II, 86.
Marion (la), I, 247 ; II, 118.
Marmande, cne de Vellèche, Vienne, I, 237.
Marmoutiers, cne de Sainte-Radegonde, Indre-et-Loire, I, 53.
Marnes (sr des). Voy. Lucquet (de).
Marnière (sr de la). Voy. Massonneau.
Maroix (Agathe de), femme de Paul de la Roche, sgr de la Mondie, I, 103.
— (Emmanuel de), sgr de Millac, I, 93, 103.

— 449 —

Maroix (Marie de), Mlle de Millac, femme de François Clavetier, s^r du Quéroir, et de Jean de Pons, s^r de Fellet, I, 93, 94, 97, 148, 211, 245, 259, 277, 309, 318, 338, 367, 379, 397, 405.
— (Philippe de), sgr de la Grange, Saint-Vivien et Millac, I, 3.
Marolles (Michel de), abbé de Villeloin, II, 75.
Maron (Jacques), lieutenant particulier et assesseur à Civray, I, 48, 345.
— (Marie), femme de Louis Micheau, I, 383.
Marot (Renée), femme de Charles Bricauld de Verneuil, II, 124.
Marote-Pavin (Mlle), II, 10, 19.
Marquetière (s^r de la). Voy. Robert.
Marrans, marqueur de vin à Montmorillon, I, 265.
Marsac, dit Bonnet-Rond, cordonnier à Montmorillon, I, 463.
— (s^r de). Voy. Goudon.
Marsat, c^{ne} de Latus, Vienne, II, 163.
Marsays (Loys), chanoine de Notre-Dame de Montmorillon, II, 241.
Marsillac (prince des). Voy Rochefoucauld (de la).
— Voy. Marcillac.
Martial (saint), I, 72, 167; II, 178.
Martialis, maître papetier aux Grands-Moulins, II, 182.
Martin (Charles), notaire royal, receveur du domaine de Montmorillon, II, 344.
— V, pape, II, 333.
— (Félix), dit Chirouet, II, 101.
— (Jacques), s^r de Pétincourt, I, 256.
— (Jean), dit la Lande, II, 285.
— (Louis-François), s^r de Reignier, contrôleur des actes à Montmorillon, directeur de la papeterie des Mas, II, 179, 187.
— (Martin), I, 469.
— (Nicolle), femme de Pierre Maillet, I, 253.
— (René), dit Chirouet, sergetier à Montmorillon, I, 411.
— (Valentin), dit Chirouet, cabaretier et pintier à Montmorillon, I, 189, 233, 301, 444.
— s^r du Breuil, I, 469.
— tisserand à Momtmorillon, II, 74.

Martin de Tours (saint), I, 73.
Martine (sainte), I, 73.
Martineau (le s^r), frère du baron de Thuré, II, 295.
Martinet (Alain), procureur à Montmorillon, II, 98.
— (Diane), femme de Antoine Vachier et de Mathurin Demareuil, I, 60, 398.
— (Françoise), femme de Laurent Allex, I, 403.
— (Marie), II, 98.
Martins (des), religieuse de Saint-François à Montmorillon, I, 163.
Martrays, c^{ne} de Saint-Léomer, Vienne, I, 228, 323.
— (s^r de). Voy. Goudon.
Martreuil, c^{ne} de la Trimouille, Vienne, II, 165.
— (Jeanne de), femme d'Aymar de la Rochefoucauld, II, 223.
Marueil (de). Voy. Demareuil.
Marvault (Gérard de), II, 150.
Mas, c^{ne} de Béthines, Vienne, II, 227.
Mas (les), c^{ne} de Brigueil-le-Chantre, Vienne, II, 188.
— (sgr des). Voy. Thomas (Paul).
Mas (les), c^{ne} de Saugé, Vienne, I, xiv ; II, 161.
— moulin à blé, II, 184.
— moulin à papier appelé le Moulinet puis la Chartreuse, I, v, xv, 241 ; II, 163, 178, 182, 185, 187 ; — maitres papetiers, II, 183.
Mas (sgr du). Voy. Simonnot.
Mas-Berthier (s^r du). Voy. Robert.
Mascureau (François de), sgr de Sainte-Terre, II, 249.
— (Marie-Jeanne de), femme de Joseph Cailleau, sgr de la Varenne, II, 249.
Masdille (s^r du). Voy. Laurens.
Mas-du-Bost (sgr du). Voy. Nollet (de).
Mas-du-Coux (le), c^{ne} de Brillac, Charente, I, 181.
Mas-du-Puy (le), c^{ne} de Hiesse, Charente, I, 176.
— (s^r du). Voy. Dubois.
Masgodard, c^{ne} de Nerignac, Vienne, I, 380, 406.
— (sgrs de). Voy. Blom (de), Fleur, Guillaumet, Patry.
Massé (M^r de). Voy. Périgord.

TOME XXXVII. 29

Massicault (Mr), marchand à Tours, I, x, 270 ; II, 10.
Massière (sr de). Voy. Mazières (sgr de).
Massolière (sr de la). Voy. Delaforest.
Masson (Marie), femme de Pierre Coutineau, I, 35.
Massonneau (François), dit Gatignon, chirurgien à Montmorillon. I, 108.
— (François), sr de la Marnière, chirurgien à Montmorillon,I, 246, 257, 289, 302, 356. 403.
— (Marguerite), I, 257.
— (Marie), I, 185.
— (Marie), femme de Guy-Denis Goudon, I, 217.
— (Martial), maître papetier à Saint-Benoît, II, 181.
— (Nicolas), sergent royal à Montmorillon, I, 77 ; II, 308, 309, 310, 312.
— (Pierre-Michel), maître papetier aux Grands-Moulins, I, 174, 185, 373 ; II, 179, 182.
— (René), sr de la Marnière, curé de Bussière-Poitevine, I, 185, 211, 257.
Massoulard (François), curé de Verrières, I, 205.
Massuès (Henri de), marquis de Ruvigny, maréchal de camp, I, 4.
Mastribut (Antoine), sr de la Bertussie, conseiller au présidial de Poitiers, II, 15, 39.
Mas-Vigier (sgr du). Voy. Simonnot.
Mathé (Martin), II, 312, 313.
Mathuries (Pierre), notaire et sergent royal, I, 224.
Matignon (Catherine), femme de Jean Rémodeau, I, 200.
Mats (les), cne de Montmorillon, Vienne, I, 167 ; II, 51.
— (sr des). Voy. Augier.
Maubué (Claude), femme de Pierre Mangin, sr de Chizé, II, 247.
Mauduit (Andrée), femme de Gilles Cailleau, I, 33.
— (C.) promoteur en l'officialité de Poitiers, II, 341.
— (Jean), II, 259, 263, 269, 273, 294.
— (Jean), marchand à Montmorillon, II, 291.
— (Mathurin), II, 294.

Mauduit (Mr), docteur médecin à Poitiers, I, 407.
Maugis (Mr de), conseiller à la Cour, I, 111.
Maugoueran. Voy. Mongaurand.
Maulduict. Voy. Mauduit.
Maulévrier (comte de). Voy. Brézé (de).
Maultrot (Mrs), marchands à Tours, I, 16, 40, 42.
Maumillon, Monmillon (Gabrielle de), femme de Paul Laurens, I, 349 ; II, 22.
— (Jacques de), sgr du Bouchet et de la Paillerie, II, 8
— (Marie de), femme de François Guiot, II, 8.
Maupeou (de). Voy. Ableiges.
Maurat (Anne), femme de Jean Robert, sr de la Marquetière, I, 445 ; II, 48.
— (Claude), femme de François Naude, sr des Pérelles, I, 245.
— (Guillaume), avocat au Dorat, I, 245.
— (Jean), avocat et substitut du procureur du Roi au Dorat, I, 141, 437, 445.
— (Jeanne), femme de Félix Pérot et de Gabriel Chantaise, I, 31, 346.
— (Jeanne), femme de Pierre Vrignaud, sr de la Vergne, I, 437, 445, 457, 472 ; II, 13, 48, 58, 97, 99, 113.
— (Jeanne-Charlotte), femme de François Gaultier, sr des Laises, II, 13, 67, 105.
— (Pierre), procureur et notaire à Chauvigny, II, 13.
— I, 413.
Maurie (sr de la). Voy. Compaing.
Mauroy (Jean), prieur de la Maison-Dieu de Montmorillon, II, 159.
Mauvise (Jean de), I, 353.
— (René de), sgr de la Mothe, I, 353.
Maxias (Françoise), femme de Jean Babaud, sr de Fontbelle, II, 124.
Maximilien II, empereur d'Autriche, II, 281.
Mayaud (Bonaventure), sr des Groges, I, 100, 101.
— (Jacques), procureur du Roi à Poitiers, I, 365 ; II, 20.

Mayaud (Jacques), juge sénéchal de Montmorillon, II, 297, 298.
Mazais (sr de). Voy. Chaubier.
Mazarin (le cardinal), I, 39, 127, 387.
— (régiment du cardinal), I, 17, 32.
Mazay (sgr du). Voy. Blanchard.
Mazeix (sr du). Voy. Chesne.
Mazereau (Catherine), femme de Pierre Nouveau, I, 425.
Mazerolles, *Vienne*, I, 6, 264.
— paroisse, II, 279.
Mazet (sr du). Voy. Coral (de).
Mazières (sgr de). Voy. Faire (de la).
Médicis (Catherine de), reine de France, II, 250.
— (Marie de), reine de France, II, 158, 170, 171.
Médina-Sidonia (duc de), vice-roi de Catalogne, II, 134.
Mégnan. Voy. Maignan.
Meignac. Voy. Magnac.
Meigne (sr de). Voy. Montloys (de).
Meillac (sr de). Voy. Sornin.
Meillars, cne de *Crozant*, *Creuse*, I, 7.
Meilleraye (duc de la). Voy. Porte (de la).
— (régiment de la), I, 35, 36, 63.
Meliand, conseiller d'Etat, garde et trésorier des chartes de France, II, 203.
Melin (Gaufridus), II, 202.
Melle, *Deux-Sèvres*, I, 388 ; II, 209, 290.
Mello (Jeanne de), dame de Châteauchinon, femme de Raoul Ier de Brienne, II, 203.
— Ranulphe (de), II, 151.
Melun (vicomte de). Voy. Harcourt (d').
Memynot (Berthomé), II, 253, 255, 260, 262, 266, 268, 273.
Ménard (Mr l'abbé), cité, II, 147, 148, 168.
Ménardière (sr de la). Voy. Boyer.
Méneriou, Millerou (le gué de), *forêt de Verrières, Vienne*, I, 220.
Menetou-Salon (sgr de). Voy. Villequier (de).
Mennuteau (Julien), procureur à Poitiers, I, 415.
Merci-Dieu (abbaye de la), cne de *la Roche-Posay, Vienne*, I, 54.

Mercier (Jacques), sr de Borille, avocat, I, 295.
— (Jean), sr de Faugéras, I, 239, 243, 244.
— (Marie), femme de François Garnier, I, 262.
Mérignat, *Creuse*, I, 84, 270.
— (sgr de). Voy. Du Chastenet.
Mérigny, *Indre*, I, xii ; II, 136.
Mérigot (Félix), sr du Ché, conseiller du Roi à Montmorillon, curé de Latus, I, 8, 12, 13, 16, 28, 41, 42, 61, 62, 64, 76, 96, 98, 125, 131, 136, 196, 288, 297, 377, 378, 397, 410, 451.
— (François), sr de la Mothe, I, 26, 27, 217, 279 ; II, 30.
— (Françoise), femme de Pierre Poirier, I, 1.
— (Jacques), sr de la Custière, I, 451.
— (Jeanne), femme de Charles Goudon, sr de Jeu, I, 288, 377, 379 ; II, 53.
— (Marguerite), femme de François Lhuillier et de René Gervais, sr de la Fond, I, 42, 304, 410, 411.
— (Marie), femme de François Dalest, I, 217, 238, 257, 268, 292, 352, 394, 405, 425, 446 ; II, 12, 30, 88, 134.
— avocat à Montmorillon, II, 309.
Mérinville (comte de). Voy. Desmontiers.
— (régiment de), I, 121, 153.
Merlatrie (sr de). Voy. Jacquet.
Merlaudière (sr de). Voy. Delamazière.
Merlet (Jean), vicaire de Saint-Martial de Montmorillon, I, 336, 340 ; II, 133.
— (Jean), curé de Latus, I, 405.
Merlin (Jean), procureur du Roi en Basse-Marche, II, 277, 278.
Mesgrigni (Jacques de), sgr d'Epoisses, président au parlement de Rouen, II, 192.
Meslier (sr du). Voy. Micheau.
Mesme (Françoise), femme de Claude Augier, II, 65.
— (Pierre), greffier, II, 280.
Mesmes (Antoinette-Louise de), femme de Louis-Victor de Rochechouart, duc de Mortemart, comte de Vivonne, I, 17, 62 ; II, 118.

Mesnard (Martin), dit le Baron, hôte du Chêne-Vert à Montmorillon, I, 454, 467.
Mesnieux (sr du). Voy. Chazaud.
Messelière (la), cne de Queaux, Vienne, I, 292, 325, 326 ; II, 250.
— (châtellenie de la), I, 411.
— (justice de la), II, 115 ; — juges sénéchaux. Voy. Gervais, Savin.
— (sgr de la). Voy. Frottier.
Messemé (Mlle de). Voy. Richeteau.
— (sr de). Voy. Falloux.
Messignac, cne d'Adriers, Vienne, I, 245, 432 ; II, 23.
— (sgr de). Voy. Bonnin.
Mestayer (Lucas), sergent royal à Montmorillon, I, 448.
Metz, Lorraine, I, 260, 386 ; II, 143, 186.
— (président à mortier au parlement de). Voy. Orry.
Meudon, Seine-et-Oise, I, 466.
Meumain (Simon), II, 232.
Meunier (Christin), prieur de la Maison-Dieu de Montmorillon, I, 330, 331 ; II, 161.
Meynerias (sr de las). Voy. Chaud.
Michaïlovitch (Alexis), duc de Moscovie, I, 367.
Micheau (Adolphe-Christian-Guillaume), I, 379; II, 119.
— André, sr du Meslier, lieutenant général civil, sénéchal de Montmorillon, I, 92, 107, 214, 257, 339, 360, 379, 426 ; II, 8, 12, 27, 38, 41, 74, 85, 90, 97, 102, 115, 132, 135, 137, 249, 339.
— (Anne), Mlle du Meslier, I, 273 ; II, 88, 107, 115.
— (Antoine), sr du Meslier, II, 115, 249.
— (Charles), I, 361.
— (Charles), sr de Bagoire, II, 192.
— (Claude), sr du Meslier, lieutenant général civil à Montmorillon, I, 83, 86, 92, 100, 101, 105, 107, 110, 111, 116, 118, 121, 122, 127, 131, 134, 150, 151, 156, 164, 165, 173, 179, 197, 198, 202, 204, 205, 214, 217, 224, 225, 242, 246, 254, 257, 261, 266, 273, 280, 283, 285, 286, 288, 291, 294, 298, 300, 302, 308, 312, 313, 318, 320, 338, 339, 341, 359, 360, 361, 376, 378, 379, 388, 392, 397, 426, 431, 453, 456, 458, 472 ; II, 6, 8, 26, 37, 61, 88, 115, 119, 143, 249, 339.
Micheau (Claude-François), I, 339.
— (Claude-Louis), sénéchal de Montmorillon, II, 102, 115, 249.
— (Henri), I, 164, 197.
— (Henri), I, 320.
— (Jean), II, 102, 249.
— (Jeanne), I, 121, 122, 198.
— (Jeanne), femme de René Cuirblanc, notaire, II, 192.
— (Joseph), curé de Concise, I, 300 ; II, 347.
— (Joseph), II, 102, 249.
— (Louis), sr de la Leuf, I, 204, 205, 361; II, 61.
— (Louis), I, 383.
— (Marguerite), I, 134, 359.
— (Marie), I, 150, 298, 339, 431.
— (Marie), femme de François Compaing et de Paul de Coral, I, 158, 383.
— (Pierre), sr des Chirons, curé de Roussines, I, 242; II, 115.
— (René), I, 224, 225, 339, 359.
Michel (le P.), capucin, I, 281.
Michelet (Florence), I, 171.
— (François), sr de Boismenu, notaire et procureur à Saint-Savin, I, 171.
— (François), I, 171.
— (François), I, 171
— (Marie), I, 171.
— Pierre), I, 171.
Michon (Clément), II, 231.
— (Jean), II, 230.
— (Louise), femme de Jean Jacquet, I, 465.
— cité, I, 62.
Mignot (Jeanne), femme de Jean Sornin, II, 35.
Milan (Valentine de), femme de Louis d'Orléans, II, 220.
Milieu, Mitan (étang du), à la Chaise-Poitevine, cne de Montmorillon, Vienne, I, VIII.
Millac, Vienne, I, 94, 103, 181, 221, 225, 226, 290, 383.
— (sgr de). Voy. Maroix (de).
— (vicaire de). Voy. Delerpinière.
Millerou. Voy. Méneriou.
Millet (Jean), procureur fiscal de Lussac-le-Château, II, 68.
— (Joseph-Martial), notaire et procureur à Montmorillon, II, 143.

Millet (Marie-Anne), femme de Pierre-Paul-Basile de Ladmirault, II, 143.
— s^r de Jolly-Cœur, II, 68.
Millot (l'abbé), cité, II, 134.
Milly, en Anjou, I, 36.
Milon ou Millon (Jean), s^r de Lautier, engagiste du domaine de Montmorillon, II, 342.
— (Jeanne), femme de François Garnier, II, 15.
— (Marie), femme de Louis Cœurderoy, II, 302, 342.
— (Pierre), s^r de la Touche, conseiller au présidial de Poitiers, I, 464 ; II, 5.
— (Pierre), I, 464.
Minden (bataille de), *Allemagne*, II, 143.
Minetières (s^r des). Voy. Pignonneau.
Mingault (Valérien), II, 303, 304.
Mirambeau (sgr de). Voy. Harpedanne.
Mirebeau, *Vienne*, I, 128, 255.
— (Guillaume), garde-scel à Lusignan, II, 217.
Miromesnil (M^r de). Voy. Hue de Miromesnil.
Mitan (étang du). Voy. Milieu.
Moinaud, II, 10, 32.
Moisseron, lieu aujourd'hui inconnu, près Vrassac, c^{ne} de *Béthines*, *Vienne*, II, 225.
Moliera (foresta de), forêt de Moulière, *Vienne*, II, 201.
Molinate (la), près la Rochelle, *Charente-Inférieure*, II, 154.
Mollière (sgr de la). Voy. Landaust.
Monchandy, c^{ne} de *Château-Garnier*, *Vienne*, I, 346.
— (Mme de). Voy. Barde (de la).
— (sgr de). Voy. Frottier.
Monclou (le capitaine), chef de brigands, II, 311.
Moncrif (Charles de), sgr de Fréville, conseiller du Roi, commissaire des guerres en Poitou, I, xi ; II, 115, 133.
Mondenau, c^{ne} de *Millac*, *Vienne*, I, 181.
— (s^r de). Voy. Barbarin.
Mondie, Mondye (la), c^{ne} de *Millac*, *Vienne*, I, 11, 103 ; II, 25.
— (sgr de la). Voy. Roche (de la).
Mondor, II, 193.
Monette (sgr de). Voy. Champelon.

Monfaulcon (François de), I, xiv.
— (Louise de), veuve de Pierre Vezien, s^r de la Roche-du-Fief, I, viii, 9, 38, 76.
— (Perrette de), veuve d'Arthur Béraud, I, xiv.
Mongaurand, Mongourand, c^{ne} d'*Antigny*, *Vienne*, I, 94, 109, 139, 149, 238, 264, 281, 283, 292, 314, 328, 372, 431, 462 ; II, 5, 10, 11, 15, 18, 59, 292.
Mongisault. Voy. Montchezeau.
Mongodad, c^{ne} de *la Chapelle-Viviers*, *Vienne*, I, 83.
— Voy. Masgodard.
Mongourand. Voy. Mongaurand.
Monmillon. Voy. Maumillon.
Mons (Christophe de), sgr de Maillezac, I, 79.
— (Françoise de), femme de Louis de Villedon, sgr de Chanteloube, I, 78, 92.
— (s^r de). Voy. Bouthier.
Monsac (sgr de). Voy. Couture (de la).
Monsat-sur-Vienne. Voy. Moussac-sur-Vienne.
Monselais (s^r de). Voy. Fournier.
Monsieur, frère du Roi. Voy. Anjou (Philippe, duc d').
Mons Maurilii. Voy. Montmorillon.
Mont (s^r de). Voy. Berneron.
Montagrier (Marguerite de), veuve de Gabriel Lancereau, s^r de Rochefort, II, 28.
Montaigny (sgr de). Voy. Le Beau.
Montaigu, *Vendée*, I, 195 ; II, 234.
— (sgr de). Voy. Harpedanne.
Montajeau, c^{ne} d'*Adriers*, *Vienne*, I, 346.
Montalembert, *Deux-Sèvres*, II, 127.
Montargis, *Loiret*, I, 153.
Montauban, *Tarn-et-Garonne*, I, 221 ; II, 54, 218.
— évêque (de). Voy. Nettancourt (de).
Montault, commis de l'épargne à Poitiers, I, 188.
— de Navailles (Charlotte-Françoise-Radegonde de), abbesse de Sainte-Croix de Poitiers, I, 330, 331.
— (Philippe de), duc de Navailles, I, 381.
Montaumar, paroisse de la Croix, en Basse-Marche, II, 181.

Montauzier (duc de). Voy. Sainte-Maure.
— (régiment de), I, 64, 130,
Montbas (château de), c^{ne} de Gajoubert, Haute-Vienne, II, 25.
— (marquis de). Voy. Barton.
Montbazon, Indre-et-Loire, I, 183, 268.
— (sgr de). Voy. Estouteville (d').
Montbléru (sgr de). Voy. Saint-Simon (de).
Montbron (Catherine de), femme d'Antoine de Salignac, marquis de la Mothe-Fénelon et de Magnac, I, 129, 412.
— (Marie de), femme de Gauthier Pérusse des Cars, II, 90.
— (sgr de). Voy. Du Pin.
Montchezeau, c^{ne} de Montchevrier, Indre, II, 155.
Montcouret (régiment de), I, 67.
Monteil (s^r du), garde des traites, II, 40.
— (s^r du). Voy. Dechaume, Reymond.
— Boivin (s^r du). Voy. Boivin.
Montenac, c^{ne} d'Availle-Limousine, Vienne, II, 137.
Montereau (siège de), II, 223. Seine-et-Marne.
Montespan (Mme de). Voy. Rochechouart (de).
— (marquis de). Voy. Pardaillan de Gondrin (de).
Montesquiou d'Artagnan (Françoise de), femme de Bertrand de Baatz, sgr de Castelmore, I, 195.
Montfaucon, Voy. Monfaulcon (de).
Montfleury (sgr de). Voy. Valencienne (de).
Montgauerand. Voy. Mongaurand.
Montgommery (baron de). Voy. Harcourt (d').
Monthetotz. Voy. Montutault.
Montholon (Catherine de), femme de René Le Beau, II, 294.
— (François de), sgr d'Aubervilliers, garde des sceaux de France, II, 294.
Montigny (sgr de). Voy. Maignelais (de)
Montis-Maurilii (Maison-Dieu). Voy. Montmorillon.
Montjean (André de), abbé de Nouaillé, II, 213.

Montjoffre (sgr de). Voy. Guitard, (de).
Montlebeau, c^{ne} de Vareilles, Creuse, I, 84.
Montléon (Amenon de), écuyer, II, 200.
— (Egide de), femme de Pierre de Mavau, II, 200.
— (Guillaume de), sgr de Couche, II, 200.
— (Guy Ier de), sgr de Montmorillon, de Touffou, de la Maison-Neuve et de la Roche-Amenon, I, XIII ; II, 200.
— (Guy II de), II, 200.
— (Jean de), sgr de Villemaillet, de Villeporcher et de l'Hosme, II, 200.
— (Jean de), abbé de Marmoutier, II, 200.
— (Jeanne de), religieuse au prieuré de Notre-Dame de la Puye, II, 200.
— (Lohier de), sgr de Montreuil, II, 200.
— (Montléonne de), religieuse au prieuré de Notre-Dame de la Puye, II, 200.
— (Philippe de), clerc, II, 200.
Montlhéry (bataille de), II, 224. Seine-et-Oise.
Montlouis (Antoinette de), femme de Hugues d'Oradour, I, 428.
Montloys (Estienne de), éc., s^r de Meigne, II, 280.
Montmorillon, Mons Maurilii, Vienne, I, III, IV, VII, XI, 39, 48, 68, 79, 269, 340, 461 ; II, 7, 39, 45, 49, 112, 120, 147, 155, 157, 158, 161, 163, 164, 166, 169, 177, 178, 179, 183, 188, 190, 197, 201, 214, 215, 216, 218, 219, 220, 221, 222, 224, 234, 235, 236, 237, 239, 241, 242, 243, 244, 245, 247, 248, 250, 251, 258, 270, 277, 285, 286, 288, 289, 290, 291, 292, 293, 294, 297, 302, 303, 305, 306, 307, 309, 311, 314, 316, 330, 333, 334, 335, 339, 340, 341, 342, 343, 348, 350, 351, 352, 353, 354, 355, 357.
— apothicaires. Voy. Bonnin, Chasseloup, Clabat, Delavergne, Ducellier, Estevenet, Guérin,
— archiprêtré, I, XII, 1 ; archiprêtre, II, 151, 335, Voy. Dalest.

Montmorillon, armurier et arquebusiers. Voy. Boucher, Lenfant.
— assises, II, 214, 217.
— atelier de charité, II, 357.
— auberges ou hôtelleries: Chêne-Vert (le), I, xiv, 454, 467 ; — Cheval-Blanc (le), I, xiv. 25, 29, 75, 114, 177, 223, 241, 247, 279, 316, 323, 356, 397, 417, 442, 464; II, 129; — Croix-Blanche (la), I, xiv, 126, 369; — Ecu-de-France (l'), I. xvi, 25, 62, 70 ; II, 289 ; — Grille (la), I, xiv, 123, 237, 287, 355, 409, 468 ; — Lion-d'Or (le), I, xiv ; II, 54 ; — Notre-Dame, I, xiv, 229, 238, 445 ; — Point-du-Jour (le), I, xiv, 135 ; II. 56 ; — Trois-Rois (les), I, xiv, 30, 57, 98, 140, 154, 175, 239, 382 ; II, 5, 56, 65, 108.
— auditoire royal, II, 181.
— bailliage, II, 244.
— baronnie, I, xiii, 348, 369 ; II, 35, 83, 179, 180, 200, 203, 234, 235, 289, 296, 299, 300, 302, 305, 331, 332, 341, 342.
— bouchers. Voy. Bouchalais, Coulon, Dault, Dousselin, Dufour, Gendre, Giraud, Guillon, Huguet, Joyeux, Morneau, Pellerin, Rousseau, Viguier.
— boulanger. Voy. Lacroix.
— bureau de charité, II, 352, 357.
— carrefour de la Pierre, I, 354 ; II, 120.
— champs : Clôture (de la), II, 107 ; — Confrères (des), I, 39.
— chapeliers. Voy. Déchamp, Jolly.
— (château de), Motæ Montis Maurilii castrum, I, xi, xii, xiii, 22, 87, 133, 186, 326, 335, 368, 378, 429 ; II, 7, 24, 35, 58, 201, 213, 216, 234, 312, 342.
— charpentiers. Voy. Auprêtre, Bernard, Bruslé, Rabussier.
— châtellenie, II, 204, 206, 209, 213, 217, 233, 237, 238, 230, 296, 341 : — fermier. Voy. Darly.
— Chez-Mauduit (le grand celier de), I, 33.
— chirurgiens. Voy. Augier, Boutet, Claveau, Chantaise, Delavault, Durand, Estevenet, Fontainemarie, Gendre, Imbert, Julien, Massonneau, Sororeau, Vezien.
Montmorillon, cimetières : Notre-Dame, I, 49, 171, 200, 209, 356, 386, 409, 426 ; II, 41, 56, 80 ; transféré au Vieux-Marché, II, 349, 350 ; — Saint-Martial, I, 4, 21, 30, 43, 56, 63, 69, 76, 77, 102, 121, 130, 132, 135, 138, 144, 145, 146, 159, 161, 162, 164, 167, 171, 174, 175, 176, 187, 194, 196, 197, 198, 199, 200, 202, 203, 204, 208, 209, 212, 213, 218, 219, 224, 225, 228, 230, 231, 238, 239, 241, 242, 243, 251, 252, 259, 266, 270, 273, 275, 280, 297, 300, 306, 310, 311, 312, 315, 319, 328, 330, 331, 334, 347, 350, 354, 355, 359, 361, 364, 365, 371, 372, 373, 376, 377, 380, 381, 384, 403, 404, 405, 407, 408, 409, 411, 431, 436, 437, 441, 443, 444, 445, 446, 449, 454, 455, 458, 461, 464, 466, 467, 468, 470, 471 ; II, 4, 5, 12, 14, 17, 18, 22, 31, 32, 41, 42, 46, 47, 50, 55, 56, 57, 58, 62, 63, 64, 68, 69, 70, 72, 74, 80, 86, 88, 89, 91, 98, 101, 106, 108, 123, 124, 130, 132, 135, 137.
— collège, II, 53.
— compagnies bourgeoises. Voy. milice bourgeoise.
— consignations (receveur des). Voy. Arnaudet.
— cordier. Voy. Cherbonnier.
— cordonniers. Voy. Barlet, Bonnin, Bouchaud, Dechassaigne, Deforge, Lamigaut, Marchand, Mariaud, Marsac, Romanet, Suire.
— couvents d'hommes : Maison-Dieu. Voy. hôpital ; — Récollets, I, xii, xiv, 33, 47, 59, 65, 71, 130, 189, 199, 243, 262, 289, 290, 297, 298, 321, 322, 332, 354, 355, 381, 400, 414, 460, 462 ; II, 25, 34, 45, 72, 116, 132, 135, 136; église, I, 5, 35, 66, 78, 80, 83, 84, 90, 91, 115, 133, 140, 141, 143, 146, 149, 155, 169, 173, 193, 196, 199, 219, 225, 227, 244, 256, 265, 277, 336, 342, 408, 432, 441 ; II, 13, 16, 31, 32, 36, 45, 49, 58, 62, 65, 66, 68, 72, 76, 79, 80, 81, 89, 100, 102, 111, 123, 124, 126, 129, 133, 135, 177 ; chapelles : Saint-Pierre d'Alcantara, II, 124 ; Sainte-Vierge (de

la), II, 138 ; gardiens, Voy. Bénigne, Chrisante, Cyrille, Gabriel, Landeau, Leclerc ; religieux. Voy. Anaclet, Célestin, Constant, Cyprien, Dagobert, Delauberge, Eloi, Fabien, Félix, Hyacinthe, Ignace, Jacques, Junien, Luc, Théodose, Théotyme.

Montmorillon, couvent de femmes, Saint-Joseph (Filles de Saint-François), I, xii, 87, 143, 256, 303, 400 ; I, 77, 83, 87. 116, 149, 182 ; église, II, 143, 172, 174, 194, 290, 301, 303, 332, 342, 426 ; II, 4, 13, 16, 32, 38, 58, 62, 88, 123, 248 ; supérieure. Voy. Augier (Anne) ; prieure. Voy. Gaultier (Marie) ; religieuses. Voy. Argenton (Marie), Arnaudet (Gabrielle), Augier (Elisabeth), Condésière (de la), Delavergne (Catherine), Du Chastenet (Marie-Thérèse), Goulet (Marie du), Jacquet, Jacquet des Ages, Martin (des), Nollet (de), Pichon de Pommeroux (Anne), Pineau (Sigoune), Roatin du Temple (Florence), Vérine (Anne de), Vrignaud (Marie) ; — hôpital, II, 149.

— couvreurs. Voy. Lenfant, Pouyollon.

— criées (certificateur des). Voy. Delavergne.

— (dames de). Voy. Culant (Marguerite de), David (Marguerite), Luce.

— droits : cuillère (de), I, 296 ; débite (de), II, 46 ; plaçage (de), II, 46, 341, 342, 343.

— (directoire du district de), procureur syndic. Voy. Gervais de la Fond.

— eaux et forêts (maître des). Voy. Cœurderoy, Delavergne.

— échalier de Saint-Pierre ou venelle de la Papote, II, 162.

— échelle de Notre-Dame, I, 57, 408.

— école (maîtres d'). Voy. Auprêtre de Lagenest, Bougeaud, Chauvin, Descombes, Desmoulins, Godefroy.

— écrivain (maître). Voy. Bougeaud.

— églises : Notre-Dame (église collégiale), I, xi, xii, 18, 27, 29, 32, 44, 48, 50, 58, 68, 73, 74, 75, 78, 80, 82, 87, 97, 100, 102, 104, 108, 113, 133, 134, 135, 138, 143, 154, 162, 165, 169, 171, 180, 185, 190, 193, 198, 199, 202, 203, 206, 209, 212, 218, 225, 226, 231, 239, 247, 249, 257, 260, 262, 264, 270, 282, 283, 290, 294, 297, 306, 307, 308, 311, 312, 316, 318, 321, 323, 326, 329, 330, 331, 332, 340, 342, 343, 346, 348, 349, 354, 355, 356, 369, 374, 378, 397, 400, 410, 412, 424, 425, 426, 428, 432, 436, 440, 443, 447, 448, 449, 450, 453, 462, 464, 465 ; II, 2, 5, 10, 12, 13, 16, 17, 21, 23, 25, 31, 32, 35, 36, 38, 39, 40, 41, 42, 45, 46, 48, 49, 50, 53, 54, 58, 59, 62, 65, 67, 71, 90, 101, 102, 118, 120, 121, 123, 125, 126, 132, 134, 156. 211, 214, 216, 239, 242, 247, 277, 307, 308, 311, 331, 332, 334, 335, 344, 346, 357 ; chapelles : Buffet (du), I, 295, 296 ; II, 90 ; Notre-Dame-de-Pitié, I, 302, 411, 463 ; II, 41, 308, 310 ; Saint-Christophe, II, 308, 310 ; Saint-Jean, I, 296 ; II, 49, 310, 351 ; Saint-Nicolas, I, 27, 50, 203, 447, 449, 450 ; II, 35, 38 ; chapitre, I, xii. 135, 249, 266, 303, 307, 342, 364 ; II, 46, 209, 211, 214, 238, 275, 330, 332, 333, 334, 336, 337, 339, 344, 345, 346, 348, 349, 350, 355, 356, 357 ; prévôt, II, 210, 211, 214, 239, 240, 241, 242, 243, 330, 332, 333, 335, 336, 337, 344, 346, 349, 350, 356, voy. Augier (Félix), Augier (François), Augier (René), Chercheroux (Jean), Daux (François), Daux (Mathurin), Grault (Louis) ; chanoines, II, 239, 240, 241, 242, 243, 275, 330, 332, 333, 334, 335, 336, 337, 344, 346, 349, 350, 356, voy. Augier (François), Béraud (Louis), Bichier (Antoine), Bost (René), Caillaud (Laurent), Chevrier (Georges), Cœurderoy (Pierre), Daux (Mathurin), Delaforest (Jean), Delavergne (Laurent), Goudon (Nycolles), Jacquet (Jean), Lamoureux (Nicolas), Marsays (Loys), Nouveau (Jean), Roderie (Mathieu de la), Thomas (Joseph), Trouillon (Pierre); scribe. Voy. Auprêtre ; confrérie du Saint-Esprit, II, 340 ; — clocher, II, 29, 310 ; tour, I, 323 ; — Saint-

Martial (église paroissiale), I, xii, xiii, 2, 8, 11, 13, 22, 23, 28, 30, 31, 32, 33, 34, 38, 41, 43, 46, 47, 49, 50, 51, 52, 54, 57, 59, 60, 63, 65, 70, 73, 74, 75, 76, 81, 82, 88, 98, 102, 104, 105, 106, 109, 112, 113, 114, 116, 122, 126, 127, 128, 130, 132, 134, 135, 137, 139, 140, 143, 144, 148, 149, 153, 154, 155, 160, 161, 162, 164, 165, 166, 169, 171, 178, 180, 185, 190, 193, 196, 197, 198, 199, 204, 205, 209, 210, 213, 214, 215, 217, 218, 219, 225, 228, 232, 233, 235, 236, 238, 241, 242, 243, 244, 246, 249, 250, 253, 255, 256, 257, 259, 262, 263, 266, 267, 268, 269, 271, 272, 273, 276, 279, 281, 283, 284, 286, 287, 289, 290, 292, 294, 295, 297, 298, 299, 300, 301, 306, 308, 310, 311, 312, 314, 320, 321, 322, 323, 326, 327, 328, 332, 333, 334, 336, 339, 340, 342, 349, 350, 351, 352, 353, 355, 356, 357, 359, 360, 364, 366, 368, 369, 373, 374, 375, 377, 379, 381, 384, 390, 394, 395, 400, 401, 402, 403, 405, 406, 407, 408, 411, 412, 413, 415, 416, 419, 424, 425, 426, 430, 432, 434, 439, 440, 441, 446, 448, 451, 452, 453, 454, 456, 457, 458, 462, 463, 465, 466, 472, 473 ; II, 1, 2, 4, 7, 10, 13, 14, 16, 17, 18, 19, 20, 21, 23, 24, 25, 26, 29, 30, 32, 33, 34, 36, 40, 43, 44, 45, 46, 48, 49, 50, 51, 52, 53, 54, 55, 56, 57, 58, 60, 61, 62, 64, 65, 66, 68, 70, 71, 72, 73, 76, 78, 79, 80, 82, 83, 84, 91, 92, 93, 96, 97, 98, 99, 101, 102, 103, 105, 106, 107, 108, 109, 110, 113, 114, 115, 116, 118, 119, 120, 121, 122, 123, 126, 128, 129, 130, 131, 132, 134, 135, 137, 138, 139, 140, 141, 142, 143, 144, 145, 162, 166, 177, 178, 249, 333 ; autels ou chapelles : Notre-Dame, I, x, 32, 102, 145 ; II, 24 ; Saint-Eloi, I, 326 ; II, 119, 145 ; Saint-Jacques, I, 463 ; Saint-Laurent, II, 99, 107 ; Saint-Léger, I, 159, 359 ; II, 106, 142, ; Saint-Michel, I, 162, 259, 395 ; II, 96, 111, 162, 166 ; Thomas (des), I, 32, 44, 49, 144, 357, 465 ; II, 66, 118 ; — cloche du Saint-Sacrement, II, 102 ; — curé, II, 333, 334, 335, 338, voy. Augier (René),
Bichier (Charles), Bonneau (Jean), Bourau (Jean-Jacques), Grault (Louis), Moreau (Louis) ; — vicaires. Voy. Blanchon (André), Chasteau (le P.), Delavergne (Félix), Guérin, Merlet, Pargon (Louis) ; — sacristain. Voy. Blanchard.

Montmorillon (engagistes du domaine de). Voy. Augier (Laurent), Cœurderoy (Louis), Ladmirault (Louis), Le Beau (André), Le Beau (Paul), Le Sueur (Guillaume), Millon (Jean), Rochechouart (Gabriel de), Rochechouart (Louis de), Thomas (Jeanne), Thonac (Jacques de), Thonac (Simon de).

— faubourgs : Bancs (les), I, xii, xiii, 57, 154, 259, 321, 331, 340, 343 ; II, 165, 167, 168, 258 ; Croix-Rouge (la), II, 167, 168 ; Cueille (la), I, xii, 238, 306 ; II, 37 ; Grassevau, I, xiii, 241 ; II, 29, 93, 151, 167, 256, 258, 263, 269, 273 ; Maison-Dieu (la), I, xiii, 24, 34, 49, 101, 145, 155, 446, 449 ; II, 159, 160, 161, 165, 167, 168, 251, 252, 264, 270 ; Saint-Martial, I, xiii, 57, 220, 322, 350, 369.

— filature et manufacture d'étoffes de coton, II, 352 ; directeur. Voy. Broc ; prix de façon, II, 355.

— foires : Confrérie (la), I, xiv, 39, 150, 313 ; II, 53, 168 ; Saint-Eutrope (la), I, xiv, 35 ; Saint-Laurent (la), I, xiv, 39 ; II, 168.

— fontaine de l'Ecole, I, 454.

— (forêt de), nemus vulgariter appellatus foresta Montis Maurilii, II, 201.

— fort (le), I, xiv, 454 ; II, 40.

— fossés, I, 348, 368, 369 ; II, 162.

— fourbisseur d'épées. Voy. Navière.

— fours banaux, I, iv, 200, 350, 356, 454 ; II, 29.

— gantiers. Voy. Citoys, Nivelet.

— (gare de), II, 354.

— hôpital de la Maison-Dieu (Augustins), I, v, xii, 8, 21, 22, 34, 39, 52, 61, 63, 78, 85, 131, 135, 143, 145, 164, 165, 170, 186, 193, 198, 200, 212, 235, 248, 249, 265, 266, 290, 306, 307, 308, 313, 330,

342, 349, 354, 355, 358, 363, 381, 400, 427, 455, 460 ; II, 16, 25, 26, 27, 34, 36, 53, 62, 77, 83, 89, 102, 109, 114, 115, 117, 123, 126, 132, 147, 148, 149, 150, 151, 152, 153, 154, 157, 158, 159, 161, 162, 163, 164, 165, 168, 170, 182, 183, 184, 186, 195, 196, 197, 198, 199, 200, 203, 204, 207, 211, 226, 250, 251, 252, 256, 257, 258, 259, 260, 263, 264, 265, 269, 273, 282, 285, 286, 303, 311, 313, 319, 329, 335, 353 ;
— apothicairerie, II, 148 ; — armoiries. Voy. sceau ; — autels ou chapelles : Saint Roch, I, 128, 158 ; Sainte-Anne, I, 128, 158, 272, 313, 357, 469 ; Sainte-Marie-Magdeleine de Montplanet (autrefois Thouillet), II, 166, 167 ; Sainte-Vierge, II, 57 ; Saint-Sépulcre ou Octogone, II, 147 ; — chirurgien, Voy. Aubry ; — cimetière, I, 170, 363 ; II, 253, 260, 266 ; — confrérie, II, 198 ; — dimerie, II, 162 ; — églises : Sainte-Marie-Magdeleine, II, 147, 148 ; Saint-Laurent et Saint-Vincent, I, 8, 15, 18, 76, 119, 128, 143, 145, 155, 158, 164, 169, 233, 265, 272, 306, 311, 313, 323, 332, 342, 357, 359, 377, 397, 411, 415, 426, 469, 472 ; II, 5, 13, 32, 38, 57, 58, 62, 65, 102, 116, 124 ; — four banal, II, 256, 274 ; — gouvernante des pauvres. Voy. Rozet (Magdeleine) ; — hospitalier. Voy. Bobin (Jean) ; — jardin des pauvres, II, 158 ; — médecin. Voy. Bonneuil (de) ; — mesure, II, 35, 161 ; — papier terrier, II, 161 ; — Picots ou Picaulz (les), II, 148 ; — prieuré, prioratus sanctorum Vincentii et Laurentii de Domo Dei, II, 171, 172 ; — prieurs. Voy. la liste II, p. 149 et suivantes ; — procureurs. Voy. Bilheu, Courtois, Lempereur ; — religieux. Voy. Ambroise, Baillargeon, Boussigné (de) Chazaud, Mornet, Partout (de), Reverdy, Trimouille (de la), Vaillant ; sceau et armoiries, II, 146 ; — tombeau de La Hire, I, 8.
Montmorillon, hospice, II, 225, 360.
— hôtelleries. Voy. auberges.

Montmorillon, impôts, I, xiv.
— inondations, I, 185, 249 ; II, 89.
— maçons. Voy. Bordesolle, La Poussière, Lenfant, Rabaudin.
— maison de ville, II, 334 ; maire, I, xiv, voy. Babert de Juillé, Cornette de Laminière (de).
— maisons appelées : le Chapeau-Rouge, I, 340 ; le Château-Brûlon, I, xiii, xiv ; la Fuye de Grassevau, I, 284 ; Saint-Christophe, II, 106.
— maladies populaires, I, 74, 81, 198, 199, 311, 312, 314 ; II, 59. Vœu des habitants à Saint-Antoine de la Foucaudière et à N.-D.-des-Ardilliers de Saumur, II, 177.
— manufacture d'étoffes de coton. Voy. filature.
— marchands. Voy. Argenton, Augier, Bonnin, Boutineau, Champion, Coubart, Cresnon, Debest, Delachéze, Delage, Delavergne, Delerpinière, Ducellier, Dupin, Estevenet, Gaullier, Grimaud, Guilhotheau, Joyeux, Lacombe, Lacroix, Lageon, Marchand, Mauduit, Pascaut, Rousseau, Seguy, Tartarin, Trouillon.
— marché, I, xiii ; II, 159.
— maréchaussée et prévôté, I, 27, 329, 390, 404, 412, 414 ; II, 13, 16, 21, 31, 42, 47, 85, 94, 110, 116, 305, 306, 312 ; prévôt, II, 313, 314, 316, voy. la liste II, 312, note ; lieutenants, voy. Bastide (Jacques), Bernardeau de Monterban (François-Hyacinthe), Bernardeau de Monterban (Joseph-François-Hyacinthe), Dalest (Mathurin), Gaullier (François), Gaullier (Germain) ; juges prévôts, voy. Dalest (François), Dalest (Jean), Dalest (Pierre), Delalande (Pierre), Veras (Pierre-Florent) ; contrôleurs des montres, voy. Demareuil (Blaise), Demareuil (François), Gaultier (Jean) ; commissaires des montres, voy. Ladmirault (François), Ladmirault (Louis) ; assesseurs, voy. Pian (Jean), Sableau (Pierre) ; greffiers, voy. Gaultier (François), Gaultier

(Jean), Gaultier (Jean); exempts, voy. Dechaume (Antoine), Dechaume (Valentin) ; archers, voy. Augier, Borde, Brunet, Cardinault, Delachaume, Delhôpital, Despommiers, Ducellier, Gaultier, Grandchamp, Jacquet, Labbes, Laisné, Latour, Lescuyer, Le Taillis, Nouveau, Rat, Rozet.

Montmorillon, maréchaux ferrants. Voy. Anthoine, Delage, Deugnet, Petitpied.
— médecins. Voy. Badou, Bonneuil (de), Brun, Bugent, Cailleau, Chasseloup, Morin, Turpin.
— menuisier. Voy. Baseuge.
— messagers. Voy. Coubart, Dupin.
— mesure, II, 35, 93, 152, 154, 160, 167, 168, 206, 209, 210, 227, 230, 341.
— milice bourgeoise (commandant de la). Voy. Delavergne (Fleurant).
— Motœ Montis Maurilii castrum. Voy. château.
— notables (nomination des), II, 348, 349.
— notaires : notaire apostolique. Voy. Descombes ; notaires royaux. Voy. Argenton (François), Augier (François), Augier (Jean), Babert (Fleurant), Babert (François), Babert (Gilbert), Basty, Brisson (Laurent), Cailleau (François), Dechaume (René), Demay, Gaultier, Goudon (Jean), Gousselin, Jacquet (Jean), Jacquet (Paul), Lajon, Lefebvre (Antoine), Lhuillier (Louis), Martin (Charles), Naude (Antoine), Pian (Charles), Thévenet, Veras (Fleurant), Veras (François), Veras (Pierre), Vezien.
— papeteries. Voy. Grands-Moulins (les), Mas (les).
— perruquier. Voy. Auprêtre.
— pintiers. Voy. Imbert, Lescuyer, Martin.
— places : Clôture (de la), I, 212, 364, 380, 422, 441, 449, 461 ; II, 37 ; Marché (du), II, 126 ; Notre-Dame (de), II, 356.
— police (lieutenants de). Voy. Ladmirault (Louis-Joseph), Ladmirault (Louis-Onuphre).
— ponts : Pont-Neuf, I, xiv, 60, 186, 306, 468 ; II, 37, 132, 140, 157, 164 ; Pont-Notre-Dame, Saint-Martial ou Vieux-Pont, I, xiv, 70 ; II, 214, 215 ; Pont-levis, I, 369.

Montmorillon, portes : Notre-Dame (de), I, xii ; Pont-Neuf (du), I, 348, 434 ; II, 164 ; Puycornet (du), I, 264 ; Saint-Martial (de), I, 369.
— potier. Voy. Chambet.
— prés : Ecu (de l'), I, 35 ; Font-Mescant (de la), I, 8 ; Joussé, I, 145 ; Pont-Neuf (du), II, 166.
— prévôté. Voy. maréchaussée.
— prieurés : Grandmont (de), I, xii ; II, 333 ; Saint-Martial (de), I, xii, 46, 104, 125, 335 ; prieurs. Voy. Buissons (des), Lefebvre.
— (prise de), II, 209, 247, 311.
— prison, I, 68 ; concierge. Voy. Delavergne.
— processions, I, 322 ; Mardi de la Pentecôte (du), II, 15, 335 ; Rogations (des), II, 335 ; Saint-Marc. II, 335 ; Saint-Valentin (de), II, 132.
— puits : Pont-Neuf (du), I, 310 ; Puits-Chausset (le), I, 8.
— (receveur du domaine de). Voy. Martin.
— receveur de l'enregistrement. Voy. Ducluzeaux.
— rues : Four (du), I, xiv ; II, 37 ; Grand'Rue, I, 88 , II, 106, 311 ; Jardins (des), II, 37 ; Notre-Dame ou Montebello, I, xiv ; Ormeau (de l'), II, 50 ; Pont-Neuf (du), I, 59 ; Puits-Chausset (du), I, 8 ; II, 355.
— saisies réelles (commissaires aux). Voy. Chantaise, Goudon (Louis).
— (seigneurs de). Voy. Audebert, Bernard, Bernard de Quatrebarbes, Chel (Adam), Courtenay (Jean de), Du Bois (Josselin), Foro (Pierre de), Harpedanne (Gilles), Harpedanne (Louis), Montléon (Guy de), Ranulphe, Vignoles (Etienne de), dit La Hire.
— selliers. Voy. Augier, Eneau, Guilhotheau, Pescher.
— séminaire (petit), II, 148, 149, 360.
— sénéchaussée, I, xiii ; II, 147,

244, 280, 307, 309, 334, 335, 337, 342 ; sénéchal, II, 243, 244, 245, 333, 335, 337, voy. la liste II, p. 246 ; lieutenants civils. Voy. Augier (François), Augier (Laurent), Demaillasson (Jean), Goudon (François), Goudon (Jean), Micheau (André), Micheau (Claude), Richard (André), Richard (Jacques); lieutenants criminels. Voy. Bonnet (Jacques-Léonard), Delaforest (André), Demaillasson (Jean), Goudon (Pierre), Richard (André), Richard (André), Richard (Jacques), Richard (Louis); assesseurs. Voy. Bonnet, Delaforest, Goudon (François), Goudon (Pierre) ; procureurs du Roi. Voy. Bastide (Jacques), Dalest (Pierre), Richard (Joseph), Richard (Pierre), Vezien (François), Vezien (Pierre), Vezien (Pierre) ; procureurs. Voy. Allaire (René), Argenton (Fleurant), Argenton (Jean), Augier (Louis), Babert (François), Babert (Gilbert), Barrault (Joseph), Béraud (Simon), Bonnin (Charles), Borde (Louis), Cailleau (Jean), Chantaise (Pierre), Chasseloup (François), Chasseloup (Jacques), Dechaume (Pierre), Delaforest (Jean), Delaforest (Pierre), Delaforest (Pierre), Delaforest (Pierre), Delaforest (Pierre), Delamothe (Nicolas), Delavergne (Jean), Delavergne (Jean), Delavergne (Louis), Delavergne (Simon), Delerpinière (Pierre), Demaillasson (François), Demaillasson (Louis), Demareuil (Mathurin), Douadic (Joachim), Douadic (Louis), Douadic (Louis), Douadic (René), Dumonteil (Paul), Gaultier (Laurent), Goudon (François), Goudon (François), Goudon (Jean), Goudon (Jean), Goudon (Jean), Goudon (Laurent), Goudon (Louis), Goudon (Louis), Goudon (sr de l'Usine), Jacquet (Jean), Jacquet (Jean), Jacquet (Nicolas), Le Blanc (Félix), Loreau (Jean), Martinet (Alain), Naude (Antoine), Pérot (Félix), Pineau (Mathieu), Richard (Antoine), Richard (Charles), Rozet (Jean), Sororeau (André), Veras (Pierre), Vezien (André), Vezien (Pierre), Vrignaud (Blaise) ; conseillers. Voy. Bastide (Jean), Bastide (Léonard), Bernardeau (Joseph), Cœurderoy (François), Cœurderoy (François), Dalest (François), Dalest (Pierre-François), Delaforest (André), Douadic (Laurent), Laurens (Léonard), Laurens (Marc-Léonard), Mérigot (Félix), Pichon (Philippe), Richard (André), Richard (Antoine), Richard (Charles), Vrignaud (Laurent) ; enquêteurs. Voy. Demaillasson (François), Demareuil (Blaise), Demareuil (François) ; avocats du Roi. Voy. Demaillasson (Charles), Ladmirault (Louis), Pailler (Jean), Petitpied (Mathurin) ; avocats. Voy. Allange, Argenton, Augier (Félix), Augier (Laurent), Babert (Fleurant), Babert (Jean), Babert (Joseph), Bastide (François), Bastide (Jacques), Bonnin, Cailleau, Chicault, Delaforest, Delalande, Demaillasson (François), Demaillasson (François), Demaillasson (Laurent), Demareuil, Gaillard, Goudon (François), Goudon (Jean), Ladmirault (Paul-Marcoul), Naude, Nicault (Pierre), Nicault (René), Pailler (Louis), Paillet (Louis), Pineau, Pointeau, Richard (Charles), Richard (Jacques), Thonac (Simon de), Vezien, Vrignaud (Pierre), Vrignaud (René) ; greffe, II, 293, 295, 296, 297, 298, 300, 301, 342 ; greffiers. Voy. Babert (François), Bonnin (Fleurant), Cailleau (Jean), Chantaise (René), Demaillasson (François), Goudon (François), Lhuillier (Jean), Maignan (Jean), Tartarin (Fleurant), Veras (Fleurant) ; huissiers. Voy. Augier (Guillaume), Babert (Jean-Baptiste), Chantaise (René), Delhôpital (René), Lhuillier (André) ; sergents royaux. Voy. Allais (Laurent), Babert (Florent), Babert (Paul), Bobin (Antoine), Borde (François), Brisson (Jacques), Cailleau (Louis), Cherbonnier (Nicolas), Delavergne, Deler-

— 461 —

pinière (Joachim), Delerpinière (Louis), Delerpinière (Maurice), Demaillasson (Jean), Dufour (Pierre), Durand (François), Estourneau (Nicolas), Frédot (Jean), Giraud (Jacques), Goudon (Denis), Labre, Labrousse, Lagarenne, Le Blanc, Massonneau (Nicolas), Mestayer (Lucas), Nivelet (Jean), Petitpied (Jean), Savin, Sylvain (Mathurin), Vezien (Jacques), Vezien (Joseph).
Montmorillon, sergetiers. Voy. Barriat, Berthon, Bruas, Delachastre, Foussadier, Gallet, Justobale, Lageon, Loreau, Martin, Morneau, Pérot, Tabuteau.
— serruriers. Voy. Poitevin, Vrignaud.
— syndics, I, 49, 51, 52, 63, 68 ; II, 37, 106.
— taillandier. Voy. Loignon.
— tailles, I, 28 ; — collecteurs. Voy. Babert (Simon), Delachastre (François), Frédot (Jean), Gallet (Léonard), Huguet (Jean), Nivelet (Pierre), Vezien (Jean) ; — commis à la recette. Voy. Fouasseau ; — sergent. Voy. Brin.
— tailleurs d'habits. Voy. Bastide, Bobin, Chotard, Dehaulteterre, Delaleu, Guillon, Pérot, Pian, Thierry.
— tanneurs. Voy. Boutineau, Dehaulteterre, Ducellier, Perrineau, Rocher, Rozet, Vezien.
— teinturier. Voy. Crugeon.
— tisserands. Voy. Carin, Guigner, Lafleur, Le Bouc, Martin.
— trompette de ville. Voy. André.
— troupes (passage de), I, 3, 4, 22, 23, 24, 25, 26, 36, 48, 49, 63, 64, 67, 70, 71, 79, 80, 84, 102, 123, 124, 130, 134, 153, 189, 288, 289, 329, 330, 346, 382, 385, 422, 423, 433, 434, 439 ; II, 58, 70, 86, 93, 104, 105, 112, 113, 114, 119.
— venelle de la Papote. Voy. échalier de Saint-Pierre.
— vin (marqueur de). Voy. Marrans.
— vitrier. Voy. Auprêtre.
Montofier (Vincende), I, 241, 276.
Montolivette. Voy. Blanchard.
Montoux, cne de Brillac, Charente, I, 181.
Montozier. Voy. Montauzier.
Montpensier (Anne-Marie-Louise d'Orléans, duchesse de), I, 39.
— (Louis de Bourbon, duc de), II, 290.
Montpipeau, près Orléans, Loiret, II, 281.
— (sgr de). Voy. Rochechouart (René de).
Montplanet, cne de Brigueil-le-Chantre, Vienne, I, 130.
— (chapelle de Sainte-Marie-Magdeleine de). Voy. Montmorillon, hôpital de la Maison-Dieu.
— (sr de). Voy. Naude.
Montrésor (sgr de). Voy. Villequier (de).
Montreuil-Bellay (sgr de). Voy. Harcourt.
Montreuil-sur-Mer, Pas-de-Calais, I, 277.
Montrond, Cher, I, 36, 41, 61.
Mont-Saint-Savin, Vienne, I, xii.
Montutault, Monthetotz, paroisse de Chalais, Indre, II, 315, 318.
Morault (Henri), sgr du Pin, de Crémilles, I, 466.
— (Marguerite), femme d'Emmanuel de Blom, I, 466.
Moreau. Voy. Morée.
— (André), I, 404.
— (Antoine), procureur et notaire à Angle, I, 351.
— (Antoine), prêtre, curé d'Anthenet, II, 284.
— (Elisabeth), femme de Laurent Augier, sr de Moussac, II, 348.
— (Jacques), bourgeois, I, 395.
— (Jean), II, 230, 232.
— (Jean), II, 303, 304.
— (Jeanne), femme de Marsac, I, 468.
— (Jeanne, alias Perrette), femme d'Eustache Crugeon, I, 139, 196, 197, 198, 210.
— (Louis), curé de Saint-Martial de Montmorillon, II, 46, 178.
— (Louise), femme de Jean Coubart, I, 231.
— (Louise), femme de Louis Delalande, II, 291.
— (L.), messager à Montmorillon, II, 178.

Moreau (Marguerite), femme de Fleurant Delage, I, 395.
— (Marie), Mlle de Grandmont, femme de Léonard Bastide, I, 430.
— (Pierre), maître papetier aux Grands-Moulins, II, 182, 185.
— (René), procureur fiscal d'Angle, II, 20, 121.
— cité, I, 20.
Morée, Moreau, Loir-et-Cher, II, 246.
Morel de Boistiroux (Bernard-Nicolas), conseiller et aumônier du Roi, doyen de Saint-Nicolas, II, 118.
— (Henriette-Michelle-Josèphe), femme d'Antoine Broc, II, 353.
— (Marius-Basile), conseiller du Roi, II, 101.
Morélie (sgr de la). Voy. Jarrige (de).
Morellon, sr de la Bucherie, I, 436.
Moreri, cité, II, 249, 294.
Moricault, I, 237.
Morillon, I, 139.
Morin (Catherine), dite Pipy, II, 145.
— (Jean), II, 235, 236.
— (Louis), sr de Large, II, 235, 236, 341.
— (Pierre), II, 235, 236.
— docteur-médecin à Montmorillon, II, 126, 145.
Morineau (Alexis), procureur au présidial de Poitiers, I, 416.
— (François-Antoine), prêtre, chanoine de Saint-Hilaire de Poitiers, I, 416.
Morneau (Anne), femme de Valentin Martin, I, 233.
— (Anne), I, 242.
— (Catherine), femme de Pierre Pérot, II, 39.
— (Gamaliel), dit Bezant, sergetier à Montmorillon, I, 242 ; II, 39, 90.
— (Jeanne), femme de Léonard Gallet, II, 56.
— (Joseph), boucher à Montmorillon, I, 145, 233, 301.
— (Marie), femme de Gabriel Dehaulteterre, I, 301.
Mornet (Antoine), sgr de Rouilly, conseiller et maître des requêtes de la Reine, sénéchal du Blanc, I, 347.

Mornet (Etienne), sr de Rufane, I, 265.
— (le P.), religieux augustin, I, 130.
Morrat (S.), sergent royal, II, 281.
Mortaigue (sr de). Voy. Delavergne.
— cne de Queaux, Vienne, I, 325.
Mortemart, Morthomat, Haute-Vienne, I, 9, 308 ; II, 112.
— (cardinal de). Voy. Gauvin (Pierre).
— couvents : Augustins, II, 203 ; Carmes, II, 48.
— (duc de). Voy. Rochechouart (de).
— (duchesse de). Voy. Grandsaigne (Diane-Marie de), Mesmes (Antoinette-Louise de).
Mortemer, Morthemer, Vienne, I, 180.
— (baron de). Voy. Taveau.
— église collégiale de Notre-Dame, II, 344, 345 ; prévôt. Voy. Briquet ; chanoines, II, 345, voy. Collard, Gavid.
Morterolles, Haute-Vienne, I, 387, 391 ; II, 204.
Morteroul. Voy. Morterolles.
Morthemer. Voy. Mortemer.
Morthomat. Voy. Mortemart.
Morthoumat (sr de). Voy. Pellerin.
Mortier (sr du). Voy. Fouqueteau.
Mortroux (seigneurie de), aujourd'hui Mortioux, cne de Jouhet, Vienne, II, 159.
Moscovie (duc de). Voy. Michaïlovitch.
— (l'envoyé de), I, 367, 369.
Mosnard (sgr du). Voy. Roche (de la).
Mosnyer (Michel), II, 255, 262, 268, 273.
Motœ Montis Maurilii (castrum). Voy. Montmorillon (château de).
Motard (Baptiste), receveur de la châtellenie de Lussac-le-Château, II, 292.
— (Jacquette), femme de Pierre Vezien, I, 81, 83 ; II, 292.
Mothe (de la). Voy. Delamothe.
— (sr de la). Voy. Mérigot.
Mothe (sgr de la). Voy. Mauvise (de).
Mothe-Fénelon (marquis de la). Voy. Salignac.
Mothe-Rapichon (fief de la). Voy. Motte (la).

— 463 —

Mothe-Saint-Cyr (régiment de la), I, 3, 4.
Mothe-Tersannes (la), cne de Tersannes, Haute-Vienne, II, 43.
Motte (la), Mothe-Rapichon, cne de Lhommaizé, Vienne, II, 162, 166.
Motte (René de la), religieux cordelier, I, 303.
Motte-Champdeniers (la), cne des Trois-Moutiers, Vienne, II, 16.
— (marquis de la). Voy. Lamoignon.
Mouchet de Battefort (Charles-Achille de), conseiller du roi d'Espagne, gruyer du comté de Bourgogne, I, 220.
Mouesseron. Voy. Moisseron.
Mouilhebert. Voy. Mouillebec.
Mouillebec (Jean), II, 255, 262, 263, 269, 273.
Mouillebet. Voy. Mouillebec.
Moulime, Moulisme, Vienne, I, xiii, 60, 257, 309, 419, 422, 445 ; II, 35, 40, 64, 65, 66, 72, 73, 91, 92, 93, 95, 98, 100, 120, 135, 139, 158, 167, 168.
— bureau des traites, II, 179 ; capitaine. Voy. Bigot-Pontbaudin ; garde. Voy. Collinière (de la).
— curé, II, 335. Voy. Babert (François).
— hôtelier. Voy. Le Pillier.
— troupes (passage de), I, 64.
— (tuilerie de), II, 160.
Moulin-des-Dames. Voy. Grands-Moulins
Moulinet (sr du). Voy. Rulland.
— des-Mas. Voy. Mas (les).
Moulin-Neuf (sr de). Voy. Malbay.
Moulins, Allier, I, 223, 304.
Moulins (sgr des). Voy. Barachin.
Moulins-au-Roi, cne de Montmorillon, Vienne, I, v, xiv, 249, 266, 373 ; II, 66, 163, 168, 195, 197, 239, 240, 345.
Moulisme. Voy. Moulime.
Mourgaud (Léonard), sr de la Vergne, I, 435.
Mouron. Voy. Montrond.
— (coureurs de), I, 41.

Mourrat (Michel), II, 280.
Moussac-sur-Gartempe, ancienne paroisse, cne de Montmorillon, Vienne, I, xiii, 167, 374 ; II, 35, 166, 305, 306.
— (abbé de). Voy. Augier.
— (curé de Saint-Martin de), II, 335.
— (sr de). Voy. Augier.
Moussac-sur-Vienne, Moussat, Monsat, Vienne, I, 114, 130, 298, 381, 438, 439, 473 ; II, 84, 117 ; curés, voy. Barbarin, Brisson.
Moussat. Voy. Moussac.
Moussy (Charles de), sgr de la Contour, capitaine au régiment de Barbezières-Dragons, I, 422, 469 ; II, 9, 101.
— (François de), sgr de la Contour, capitaine au régiment de Vaubécourt, I, 260, 261, 307, 386, 422, 424, 469 ; II, 159, 161.
— (Françoise de), femme de Centurion Avogadro, I, 386, 469.
— la Contour (Marguerite de), veuve de Jean de Poix et femme de Gabriel Du Bouex, II, 225.
Moutard (Baptiste), habitant de Lussac-le-Château, II, 278.
— (Françoise), femme de Jean Rabaud, I, 347.
Mouterre, Vienne, I, 263.
— (sgr de). Voy. Du Theil.
Moutiers, Creuse, II, 12.
Mouzon, Ardennes, I, 284.
Mulhausen ou Mulhouse, Alsace-Lorraine, I, 413
Munich, Bavière, I, 466.
Murat, Allier, II, 151.
Murat (baron de). Voy. Du Chastenet
Murcie, Espagne, I, 341.
Muzard (Anne), De de Poix, femme de Louis de la Chastre, I, 314.
— (Antoine), sgr de Chantebon, I, 84, 213 ; II, 117.
— (Jean), procureur syndic de la Maison-Dieu de Montmorillon, II, 156.

N

Nadaud, cité, I, 28.
Nalliers, *Vienne*, I, xii, 54 ; II, 89.
Namur, *Belgique*, II, 86, 126.
— (prise de), II, 126.
Nancy, *Lorraine*, I, 416.
Nantes, *Loire-Inf*ʳᵉ, I, 194, 195, 287, 355 ; II, 354, 355.
— auberge de la Maison-Rouge, II, 354.
— (gare de), II, 354.
Nanteuil (de). Voy. Boula.
Naples, *Italie*, II, 123.
— (gros de), I, 19.
— (rois de). Voy. Anjou (René d'), Louis II.
Naude (Anne), femme de Marc Boyer, I, 228.
— (Antoine), sʳ de Montplanet, procureur et notaire à Montmorillon, I, 65, 90, 98, 105, 108, 136, 143, 188, 206, 211, 228, 245, 251, 283, 335, 423, 465 ; II, 68, 159, 169, 308, 309.
— (Antoine), sʳ de Graillé, avocat à Montmorillon, juge de l'Isle-Jourdain, I, 324, 431, 452.
— (Antoine), sʳ de Graillé, I, 324.
— Antoine), sʳ des Brosses, I, 245.
— (Catherine), femme de Gabriel Gaultier, I, 21, 137, 205, 217 ; II, 91
— (Catherine), I, 324.
— (Claire), femme de Gabriel Guillemin, I, 108.
— (Florence), femme de Simon Dechastenet, I, 392.
— (François), sʳ des Pérelles, I, 245.
— (François), I, 324.
— (Jean), sʳ de la Bedouche, I, 335, 336, 337, 392.
— de la Filonnière (Joseph), chanoine de Notre-Dame de Montmorillon, II, 350, 351.
— (Jean), sʳ de Libourne, II, 40.
— (Jeanne), femme d'Antoine Delamazière, I, 362.
— (Marguerite), femme de Jean Desbouiges, I, ix.
— (Marguerite), femme de François Beliot, I, 324.
— (Marie), femme de Jean Sudre, I, 324.
Naude (Marie), I, 324.
— (Marie), I, 324.
— (Martial), sʳ des Brosses, I, 206, 245.
— (Nicolas), II, 40.
— (Pierre), sʳ de Montplanet, I, 105, 130.
Naudin (Antoine), I, 410.
— (Antoine), procureur fiscal de la Brulonnière, II, 137.
— (Marie-Anne), femme de Jean Babert, II, 137.
Naudon (Renée), femme de François Bernard, II, 114, 131.
Navailles (duc de). Voy. Montault (de).
Navarre (régiment de), I, 13, 15, 82, 368, 379, 452 ; II, 104, 140.
— (roi de). Voy. Henri IV.
Navière (Antoinette), femme de Pierre Longa et de Joseph Vezien, I, 465 ; II, 130.
— (Bonaventure), I, 406.
— (Fleurant), maître fourbisseur d'épée à Montmorillon, II, 32, 43.
— (Fleurence), femme de Rousseau, II, 43.
Nay (Marguerite), femme de Jacques Moreau, I, 395.
Neau (Jeanne), femme d'Abraham Lévesque, I, 345.
Néaulme (Françoise), femme de Jean Laurens, I, 11.
— (Jean), sʳ de Villemagne, I, 428.
Nebout (Jean), marchand à Verrières, II, 82.
Néchaud, cⁿᵉ de *Montmorillon*, *Vienne*, II, 18.
Negreste (le), à une lieue et demie de Montmorillon, sur le chemin de Leigne, I, 362.
Négrier (Anne), femme de Jean Baconnet, I, 112.
Neintré, Neyntré (molendinus situs subtus), in raiparia de Clayn, II, 201, *Vienne*.
Nemi (château de), province de Rome, *Italie*, I, 123.
Nemours (duc de). Voy. Savoie (de).
Nepmes. Voy. Nesmes.
Nérignac, *Vienne*, I, 21, 35, 50, 88,

— 465 —

90, 93, 95, 99, 109, 111, 112, 114, 115, 120, 121, 128, 132, 137, 138, 149, 152, 166, 170, 175, 176, 178, 180, 181, 183, 184, 187, 192, 193, 201, 203, 206, 207, 208, 209, 210, 211, 212, 214, 216, 218, 219, 220, 223, 224, 225, 226, 228, 229, 230, 233, 234, 235, 239, 240, 243, 245, 246, 247, 251, 254, 255, 256, 257, 260, 262, 263, 264, 265, 269, 277, 284, 285, 286, 287, 289, 290, 291, 292, 294, 296, 298, 306, 308, 309, 310, 312, 318, 319, 320, 322, 323, 325, 326, 331, 335, 336, 338, 339, 341, 343, 344, 346, 347, 350, 352, 353, 354, 355, 358, 359, 367, 370, 374, 375, 377, 380, 381, 385, 386, 392, 393, 397, 400, 402, 404, 405, 406, 407, 409, 417, 418, 419, 426, 430, 432, 438, 439, 445, 447 ; II, 6, 24, 33, 83, 84, 93, 99.

Nérignac, assises, II, 84.
— église de Saint-Blaise, II, 84.
— notaire et procureur. Voy. David.
— prieuré de Saint-Gervais et Saint-Protais, II, 83 ; prieur, voy. Barbarin.
— (sgr de). Voy. Guillaumet (de).
— troupes (passage de), I, 67.
Nersac, en Angoumois, II, 185.
Nerwinde (bataille de), Belgique, II, 86, 249.
Neschaud. Voy. Néchaud.
Nesde (de). Voy. Denesde.
Nesmes, Nepmes, cne de Bélâbre, Indre, I, xii ; II, 314, 316, 317.
Nesson. Voy. Nexon.
Nettancourt d'Haussonville de Vaubécourt (Charlotte de), femme de François Poussard et de Charles-Achille de Mouchet, I, 220.
— (François de), évêque de Montauban, I, 221.
Neuchèze (Bénigne de), abbé de Saint-Savin, I, 96.
— (Bénigne de), sr de Prémilly, I, 337.
— (Charles de), sr de l'Epine et de Pierre-Fitte, juge sénéchal de Saint-Savin, I, 231, 337.
— (Charles de), sr de Beaulieu, I, 337.
— (Henri de), I, 96.
— (Jacqueline de), femme de Léon de Barbançois, I, 61 ; II, 86.

Neuchèze (Jacques de), sgr de Baudiment, I, 61.
— (Jacques de), I, 337.
— (Jacques de), I, 337.
— (Jacques de), sr de Pierre-Fitte, I, 337.
— (Jacques de), sgr de Badevilain, II, 9, 11, 47.
— (Laurent-Charles de), I, 337.
— (Louise de), femme de Pierre Cuirblanc, I, 337.
— (Mme de). Voy. Du Breuil-Hélion (Catherine).
— (Marie de), femme de Salomon de la Salle, I, 337.
— (Pierre de), I, 231.
— (Pierre de), sgr de la Brulonnière, I, 344.
Neufville (Nicolas de), secrétaire d'Etat, II, 289.
Neuville, Vienne, II, 354, 355.
Nexon, Nesson, Haute-Vienne, II, 297.
Neyntré. Voy. Neintré.
Nicault (Anne-Catherine), veuve de Mathurin Dalest, I, 50, 105.
— (Catherine), I, 315.
— (François), I, 225, 230.
— (Jean), II, 136.
— (Mme). Voy. Vrignaud (Catherine).
— (Marguerite), II, 27.
— (Marie), I, 14.
— (Marie), I, 73.
— (Nicolas), I, 225.
— (Pierre), avocat à Montmorillon, I, 51, 71, 73, 192, 193, 204, 315 ; II, 308, 309.
— (Pierre), I, 73.
— (René), I, 73.
— (René), avocat à Montmorillon, I, 225.
— (René), sr de Sazat, dit le Bourru, I, 444, 458 ; II, 27, 66.
— (René), sr de Sazat, avocat à Montmorillon, II, 27, 66.
— (Vincent), I, 14.
— II, 351.
Nicholaus. Voy. Nicolas.
Niclou. Voy. Dechassaigne.
Nicolas (François), II, 293.
— prévôt du couvent de Saint-Benoît-du-Sault, II, 151.
— prieur de la Maison-Dieu de Montmorillon, II, 151.
— de Tolentin (saint), I, 72.

TOME XXXVII. 30

— 466 —

Nièvre (sénateur de la). Voy. Ladmirault (général de).
Nîmes, *Gard*, I, 451.
Niort, *Deux-Sèvres*, I, 193, 194.
— suppression du siège présidial, II, 297.
Nivelet (Jean), sergent bailliager à Montmorillon, I, 82; II, 121.
— (Louis), I, 82.
— (Louise), femme de Jean Estevenet, II, 121, 122.
— (Nicolas), diacre, commandeur de Sainte-Catherine de Villemblée, II, 156.
— (Nicolas), clerc, commandeur de Sainte-Catherine de Villemblée, II, 156.
— (Pierre), I, 82.
— (Pierre), gantier à Montmorillon, I, 106, 152.
Nivernais, grand maître enquêteur et réformateur des eaux et forêts. Voy. Raffy de Bazoncourt.
Noailles (régiment de), II, 11.
— (maréchal de), II, 134.
Noblet (Gabriel), prieur de la Maison-Dieu de Montmorillon, II, 60, 62, 162.
Nolière (la), *cne de Saint-Léomer, Vienne*, II, 26, 165.
— (sr de la). Voy. Goudon.
Nolleau (Jean), II, 10.
Nollet (Jean de), sgr de l'Epaux, II, 247.
— (Louis de), I, 165.
— (Marie de), femme de Charles-Joseph Chauvet, I, 336.
— (Paul de), sgr de l'Epaux et du Mas-du-Bost, conseiller du Roi et son sénéchal en Basse-Marche, I, 122, 399.
— (Paul de), sgr de l'Epaux, du Mas-du-Bost, d'Aurillac et de la Grange, sénéchal de la Basse-Marche, I, 399.
— (de), sr de Soleilloux, I, 165, 246.
— (de), religieuse de Saint-François à Montmorillon, I, 163.
Normand, cité, I, 413.
Normandie (province de), I, 15, 18, 53, 100, 116, 197, 202 ; II, 105.
— (capitaine commandant la milice de). Voy. Chasteigner.
— (conquête de la), II, 223.

Normandie (duc de). Voy. France (Louis-Charles de), Henri II, roi d'Angleterre.
— (régiment de), I, 426.
— (sénéchal de). Voy. Brézé (de).
Normantin (sr de). Voy. Borde.
Notre-Dame-aux-Bois (abbaye de), *Nord*, I, 333.
Notre-Dame-des-Ardilliers. Voy. Saumur.
Notre-Dame-du-Mont-Carmel (chevaliers de), II, 148.
Nouaillé (abbé de). Voy. Montjean (de).
Nouhault (sr du). Voy. Duclos.
Nouhe (sr de). Voy. Leffe (de).
Nouic, *Haute-Vienne*, I, 71, 383.
Nouillère (sr de la). Voy. Nouveau.
Nouveau (Anne), femme de Jean Boucquet, II, 12.
— (Anne), femme de François Delavergne, II, 51, 61.
— (Charles), notaire royal à Latus, I, 425.
— (Charles), notaire royal à Montmorillon, II, 136.
— (Félix), sr de la Carte, archer à Montmorillon, I, 154, 161, 279 ; II, 51.
— (Félix), curé de Moutiers, II, 12.
— (François), II, 12.
— (François), II, 12.
— (Jacques), II, 12.
— (Jean), sr de la Palme, I, 154 ; II, 12.
— (Jean) sr de la Fin, sergent royal et notaire à Latus, I, 261.
— (Jean), II, 12.
— (Jean), chanoine de Notre-Dame de Montmorillon, II, 347, 348, 349
— (Jeanne), II, 12.
— (Joseph), sr de la Nouillère, archer à Montmorillon, II, 12.
— (Joseph), II, 12.
— (Louise), II, 12.
— (Marie), II, 12.
— (Marie), II, 12.
— (Pierre), notaire à Latus, I, 425.
— (René), sr de Puymartin, I, 310.
— (Sylvain), sr de la Nouillère, II, 12.
— Dupin, cité, I, 8.
Noyon, *Oise*, I, 391.
Noyrou (bois), II, 226, cne de Béthines, *Vienne*, inconnu.
Nuchèze (de). Voy. Neuchèze (de).

O

Obterre (d'). Voy. Dehaulteterre.
Oby (baron d'). Voy. Desmontiers.
Odelon. Voy. Aytré.
Oiron (château d'), *Deux-Sèvres*, I, 452; II, 219.
Oleron (sgr d'). Voy. Villequier (de).
Olinville (sgr d'). Voy. Marillac (de).
Oliverie (l'), c^{ne} *de Montrollet, Charente*, II, 312.
— (s^r de l'). Voy. Salignac.
Omnet, bois, paroisse de Thenet, II, 204.
Opterre (d'). Voy. Dehaulteterre.
Oradour (Hugues d'), sgr de la Forêt, I, 428.
— (d'), s^r de Cléray, I, 140, 159, 452.
— (Mme d'), II, 125.
Oradour-Fanais, *Charente*, I, 93, 339, 428 ; II, 25, 125.
Oradour-sur-Glane, *Haute-Vienne*, II, 109.
Oradour-sur-Vayres, *Haute-Vienne*, II, 108, 120, 125.
— (baron d'). Voy. Bermondet (de).
Oradoux. Voy. Oradour.
Orangarde, femme de Pierre de Foro, II, 199.
Orange (Guillaume III de Nassau, prince d'), I, 413.
Orfeuille (Anne d'), femme d'Etienne Saulnier, I, 23.
Orléans, *Loiret*, I, 53, 67, 453 ; II, 250, 281, 290.
— (états d'), I, 6.
— hôtellerie de la Croix-Blanche, I, 53.
— Martoy, (le), I, 53.
Orléans (Charles, duc d'), II, 220.
— (Gaston-Jean-Baptiste, duc d'), I, 14, 39, 151, 273.
— (Louis d'), II, 220.
— (Marie-Louise d'), épouse de Charles II, I, 455.
— (Philippe d'), II, 209.
— (Philippe d'). Voy. Anjou.
Orry (Jean), sgr de Vignori, président à mortier au parlement de Metz, II, 343.
— (Philibert), conseiller d'Etat, contrôleur général des finances, II, 343.
Ors (s^r des). Voy. Richard.
Orsay (sgr d'). Voy. Boucher.
Orville (sgr d'). Voy. Luillier.
Ostrel (Gilles-François d'), sgr de Ferlingan, II, 248, 249.
— (Magdeleine-Félix d'), femme de Pierre Du Chastenet, sgr de Mérignat, I, 255, 260, 261, 265, 270, 274, 275, 280, 284, 285, 286, 287, 288, 331, 333, 357, 376, 453, 457, 472 ; II, 248.
Ouilly (s^r d'). Voy. Rioult.
Ourouer (comte d'). Voy. Grivel de Grossouvre.
Outin (Marguerite), femme de Louis Delavergne, I, 197, 308, 327.
Ouzilly (moulin d'), c^{ne} *de Latus, Vienne*, II, 347.
— (sgr d'). Voy. Petitpied.
Overyssel (province d'), *Hollande*, I, 355.
Oyron. Voy. Oiron.
Ozannes (s^r des). Voy. Bichier.
Ozillac (baron d') Voy. Desmontiers.

P

Pacquet, sergent royal à Lussac-les-Eglises, I, 155.
Paganus (Petrus), II, 202.
Paignon (Elisabeth-Marie), femme d'Antoine-Charles Tardieu de Malessye, I, 324.
Pailler (Florence), femme de Nicolas Delamothe, I, x, 150.
Pailler (Jean), avocat du roi à Montmorillon, I, x, 150 ; II, 308, 309.
— (Louis), avocat à Montmorillon, I, 150,
— (Louis), s^r de la Rougerie, I, 150.
Paillet (Louis), avocat à Montmorillon, II, 301.

— 468 —

Pain (François), II, 256, 263, 269, 274.
— (Françoise), femme de Fleurant Goudon, I, 5, 10, 203, 217.
— (Françoise), femme de Jean Nivelet, I, 82 ; II, 121.
— (Léonard), II, 261.
— (Lyon), II, 254, 267, 271.
— (Pierre), sergent royal à Plaisance, I, 279.
— (Pierre), II, 255, 262, 268, 272.
Paizay-le-Sec, *Vienne*, I, xii.
Palais (sr du). Voy. Bellivier.
Palamos (prise de), *Espagne*, II, 134.
Palerme, *Italie*, I, 413.
Pallier. Voy. Pailler.
Pallu de la Barrière (Pierre-Charles), docteur en médecine, recteur de l'université de Poitiers, II, 145.
Palme (sr de la). Voy. Nouveau.
Pamiers (évêque de). Voy. Salignac (de).
Pananges, cne *de Lignac*, *Indre*, I, 24 ; II, 155, 312, 313.
Pannerie (sr de la). Voy. Garnier.
Papier marqué (usage du), I, 371.
Papillon (J.), II, 238.
Papon (Marguerite), femme de Jean de Saint-Martin, I, 295.
Paponnerie (la), près Lussac-le-Château, *Vienne*, I, 83, 86.
Papuchon (Sylvain), tuilier, II, 122.
Paray (sgr de). Voy. Chastre (de la).
Parc (sr du). Voy. Guérin, Vrignaud.
Pardaillan (de Beaudéan de), capitaine de cavalerie, II, 129.
— (Jean de Baudéan, baron de), lieutenant de roi en Poitou, I, 271.
— de Gondrin (Henri-Louis de), marquis de Montespan, I, 17.
Parent (François), prieur de la Maison-Dieu de Montmorillon, I, 83, 165, 216 ; II, 62, 161, 162.
Pargon (Louis), vicaire de Saint-Martial de Montmorillon, curé d'Anthenet, I, 30, 60, 65, 212, 237, 255, 280; II, 139.
Paris (le nommé), I, 168.
Paris, Parisii, *Seine*, I, 2, 10, 11, 12, 15, 16, 17, 18, 19, 20, 26, 30, 33, 34, 37, 38, 40, 42, 47, 52, 53, 56, 57, 59, 61, 66, 72, 85, 96, 100, 102, 111, 116, 118, 125, 126, 127, 129, 130, 131, 132, 133, 135, 142, 147, 150, 151, 156, 165, 172, 177, 185, 189, 195, 197, 198, 203, 222, 224, 226, 230, 231, 234, 235, 246, 248, 251, 255, 261, 262, 267, 268, 269, 275, 276, 278, 279, 280, 286, 288, 289, 290, 292, 298, 299, 304, 305, 306, 312, 331, 333, 336, 341, 344, 349, 357, 360, 368, 372, 374, 376, 377, 385, 388, 390, 392, 399, 407, 409, 412, 417, 427, 433, 435, 436, 441, 442, 448, 454, 455, 457, 459, 461, 465, 468, 472 ; II, 2, 3, 6, 8, 11, 12, 15, 16, 18, 26, 27, 29, 30, 31, 38, 39, 41, 43, 44, 45, 52, 54, 55, 56, 66, 67, 71, 74, 75, 76, 78, 81, 84, 85, 87, 90, 96, 97, 102, 103, 105, 107, 108, 118, 130, 138, 140, 163, 170, 181, 191, 196, 200, 217, 220, 223, 234, 244, 245, 246, 248, 249, 250, 342, 344.
Paris, Aides (cour des), I, 311.
— Arsenal (le Grand), I, 24, 35 ; Chambre de l'Arsenal, I, 363.
— Bastille (prison de la), I, 168.
— Châtelet (le), I, 96 ; II, 218, 300.
— cimetière de Saint-Séverin, II, 45.
— collèges : de Montaigu, I, 436 ; de Navarre, II, 347.
— commune, II, 143.
— couvents d'hommes : Augustins, I, 130, 472 ; II, 160, 163, 196, 290 ; Feuillants, II, 290 ; Récollets, II, 136 ; Saint-Sulpice, I, 412.
— couvents de femmes : Filles de Saint-Joseph, I, 452 ; — Filles de Sainte-Marie de Chaillot, I, 17 ; — Nouvelles Catholiques, II, 118.
— Croix du Tiroir, I, 222.
— église Saint-Étienne-du-Mont, I, 66.
— faculté de théologie, II, 347.
— faubourg Saint-Germain, II, 163, 196.
— hôtels : Longueville (de), I, 127 ; — Provence (de), I, 126.
— hôtellerie de l'Olivier, I, 52.
— Invalides, I, 410.
— Montmartre, II, 143.
— Musée des monuments français, II, 290.

Paris, Palais-Cardinal ou Palais-Royal, I, 29, 189.
— parlement, I, xiii ; II, 75, 76, 158, 220, 233, 234, 241, 242, 244, 245, 246, 247, 249, 275, 279, 286, 289, 297, 301, 302, 330, 335 ; Tournelle (la), I, 179.
— place Maubert, I, 66.
— prévôté, II, 221 ; prévôts, voy. Estouteville (d'), Loret.
— Quinze-Vingts, I, 52.
— rues : Boucheries Saint-Honoré (des), I, 52 ; Lavandières (des), I, X, 183 ; Sainte-Anne, II, 118; Saint-Guillaume, II, 344.
— Sainte-Chapelle (la), II, 75.
— (vicomté de), I, 461.
Parise, II, 215.
Parisii. Voy. Paris.
Parnac, *Indre*, I, 24 ; II, 319, 320, 324, 325, 326.
Parthenay, *Deux-Sèvres*, I, 311 ; II, 42.
Parlout (Jean de), religieux augustin, II, 157.
Pascal II, Paschalis, pape, II, 147, 198, 200.
Pascault (Jacques), maître charpentier, II, 136.
— (Marie), femme de Pierre Garnier, I, 448.
— s^r du Buissonnet, I, 207, 208, 285.
Pascaut (Gilbert), dit le Rivault, marchand à Montmorillon, II, 40.
— dit le Rivault, marchand boursier à Montmorillon, I, 468.
Paschalis, papa, voy. Pascal II.
Pasquet (Clément), I, 83.
Passy (sgr de), Voy. Spifame.
Pastelet (Charlotte), femme de François de Fougères, I, 83.
Pastoureau (Marie), femme de Gilles Le Maistre, I, 312.
Pastureau (Marie), femme de Michel Berthelin, I, 54, 361.
Pataud du Goulet (Magdeleine), femme d'Antoine Jacquet, I, 430, 446.
— (Marie), religieuse de Saint-François à Montmorillon, I, 163.
Patharin de la Gasne (Jean), procureur fiscal du marquisat du Vigeau, receveur des domaines du Roi, subdélégué de l'intendant de la généralité de Poitiers, I, 410.
Patharin (Marie-Anne), femme de Jean Lhuillier, I, 410.
Patrier (Catherine), femme d'André Chantaise, I, 335.
— femme de Vincent Delachastre, I, 473.
— sergent royal à Cubord, I, 16, 18, 335.
Patry (Jacquette), femme de Agnus Fleur, I, 380.
— (Marguerite), femme de Janot de Guillaumet, I, 380.
— (Philippe), sgr du Mas-Gaudard, I, 380.
Paubry, Paubrye, c^{ne} de *Moulime, Vienne*, I, 147.
Paul II, pape, I, 143.
— III, pape, II, 157.
— V, pape, I, v ; II, 158, 171, 172.
Paulay, II, 193.
— (Pierre), II, 193, 194.
Paulet (Charles), secrétaire d'Etat, I, 172.
Paulmyer (Pierre), II, 257, 270, 274.
Paulus, episcopus, servus servorum Dei. Voy. Paul V.
Paumeulle, II, 328, 329.
Pauvert, aujourd'hui inconnu, c^{ne} d'*Hains, Vienne*, I, 12.
Pavin (Mlle). Voy. Marote-Pavin.
Payroux, Peyrou, *Vienne*, II, 194.
— aubergiste. Voy. Thoumas.
— chirurgien. Voy. Camus.
Pays-Bas (les), I, 413.
Péan (s^r), commis greffier à Poitiers, I, 106.
Pêcher (s^r du). Voy. Bastide.
Pelisson (Marguerite), femme d'Augustin Badou, I, 238.
Pellé (le bois), c^{ne} d'*Hains, Vienne*, II, 226.
Pellerin (André), laboureur, II, 163.
— (Jeanne), femme de Jacques Rozet, I, 301.
— (Pierre), s^r de Morthoumat, boucher à Montmorillon, I, 301, 302 ; II, 21.
— (René), lieutenant criminel à Châtillon-sur-Indre, I, 347.
— (Renée), femme de Annet Tartarin, I, 406.
— I, 133.

Pelletier de la Houssaye (Mr). Voy. Le Pelletier.
Pellot (Claude), sgr de Port-David, Sandars, des Deffends et de Tréviers, intendant du Poitou, I, 188, 193, 194, 195.
Penetrie (étang et village de la), cne de Latus, Vienne, I, 148 ; II, 165.
Penins (les), cne d'Hains, Vienne, I, 12.
Pensée (sr de la). Voy. Rat.
Penthecousteau (Catherine), I, 146.
— (Gabriel), I, 146.
— (Louise), I, 146.
— (Marie), I, 146.
— (Pierre), sr de Bartolle, sergent au régiment de Vaubécourt, I, 146.
— (Pierre), I, 146.
Péranches, greffier des insinuations à l'évêché de Poitiers, II, 172.
Pérat (Mme du), Suzanne de Roffignac, veuve de Jean Pontcharraud, sr de Peyrat, I, 370.
Pérelles (Pierre de), II, 281.
Perfitte (sr de). Voy. Delaforest.
Périgord (province du), I, 327 ; II, 182, 250.
Périgord (Anne), Mlle de Massé, femme de François Malbay, II, 77, 83, 112.
— (Jean-François), sr de Massé, capitaine major des ingénieurs de France, ingénieur général du roi d'Angleterre, I, XI ; II, 74, 75, 76, 77, 79, 80, 87, 89, 92, 95, 96, 99, 102, 107, 108, 109, 112, 114, 125.
— (Léonard), sr de Lasseran, procureur fiscal d'Oradour-sur-Glane, II, 109.
— (Léonarde), Mlle de Lasseran, II, 77, 112.
Périgueux, Dordogne, I, 196.
— (Cyrus de Villiers la Faye, évêque de), I, 172.
Périlhat. Voy. Peyrilhac.
Périot, curé de Saint-Benoît-du-Sault, I, 430.
Perolat (François), maçon ; II, 323.
Péron (sr du). Voy. Laisné.
Péronne, Somme, I, 232.
Péronnet, notaire à Poitiers, II, 69.

Pérot (Clément), II, 126.
— (Félix), procureur à Montmorillon, I, 346.
— (Jeanne), femme de Jacques Bonnestat, I, 335.
— (Magdeleine), femme de Jean de Mauvise, I, 353.
— (Marguerite), femme de Jean Delachèze, I, 396.
— (Maurice), maître tailleur d'habits à Montmorillon, I, 396.
— (Pierre), sergetier à Montmorillon, II, 39.
Perotière (la), cne de Latus, Vienne, II, 165.
Perreau (Ambroise), religieux augustin, II, 163, 196.
Perrière (sr de la), I, 115.
Perrin (Charles), I, 130.
— (Denisau), II, 262.
— (Denise), II, 255, 268, 272.
— (Jean), I, 130.
Perrineau (Abraham), maître tanneur à Montmorillon, I, 85, 304, 395, 442.
— (Charles-Pierre), II, 18.
— (Daniel), tanneur à Montmorillon, I, 85, 100.
— (Daniel), I, 85, 172.
— (Jeanne), femme de Siméon Dehaulteterre, I, 85, 304.
— (Jeanne), femme de Léonard Rochier, I, 395.
Perrot (François), charron, II, 324.
— (Jacques), sergent royal à Sain-Benoît-du-Sault, I, 319, 329, 360.
Persac, Vienne, I, 60, 64, 71, 260, 291, 312, 313, 339, 392, 427, 454, 455 ; II, 66, 147.
— châtellenie, I, 411 ; — juge sénéchal. Voy. Gervais.
— paroisse, II, 279.
— troupes (logement de), I, 64.
Pérusse des Cars (François), II, 90.
— (Gauthier,) sgr de la Vauguyon, II, 90.
Pescher (Jacques), dit Harlan, sellier à Montmorillon, II, 41.
— (Renée), femme de Gaspard Du Souchet, I, 82.
— (sr du). Voy. Bastide.
Pesselières (sgr des). Voy. Grivel de Grossouvre (de).
Pestre (Mre), prieur de Béthines. I, 456.

— 471 —

Pestre, avocat au présidial de Poitiers, II, 292.
Pétaveau (étang de), cne de Journet, Vienne, I, 455.
Pétincourt (sr de). Voy. Martin.
Petit (Jean), II, 229.
— (Jean), dit Petignot, II, 232.
— (Pierre), II, 229, 230.
— (Sylvain), I, 231.
— I, 338.
Petite-Age (métairie de la), cne du Vigean, Vienne, I, 324.
Petites-Ages (sr des). Voy. Mangin.
Petite-Ville (la), cne d'Hains, Vienne, II, 227.
Petite-Ville (sr de la). Voy. Augier.
Petitmont. Voy. Chez-Tartaud.
Petitpied (Anne), I, 66.
— (Anne), femme de Pierre-Michel Massonneau, de Pierre Moreau et de Paul Pinaud, maîtres papetiers, II, 182, 185.
— (Charles), sgr d'Ouzilly, de la Popelinière et de l'Age-Courbe, I, 50, 66, 172, 362, 365, 368, 384; II, 187, 188, 189, 190.
— (Charles) (Dom Charles de Saint-Maur), religieux de Saint-Bernard, procureur de l'abbaye des Chasteliers, I, 66.
— (Claude), dit la Molle, maître taillandier à Thollet, I, 154, 298, 386.
— (Fleurent), sgr d'Ouzilly, notaire secrétaire de la maison couronne de France, I, 66 ; II, 292.
— (François), sr de la Prairie, maître maréchal à Montmorillon, II, 121.
— (Gilles), maréchal à Montmorillon, I, 76.
— (Jacques), I, 66.
— (Jean), dit le maréchal du Roi I, 257.
— (Jean), sergent royal à Montmorillon, I, 257, 282, 314.
— (Jean), dit la Molle, maréchal à Montmorillon, I, 310.
— (Louis), dit Gillot, maréchal à Montmorillon, II, 29, 89.
— (Marguerite), I, 66.
— (Marguerite), I, 257.
— (Marie), femme de Jacques Vezien, I, 34, 38, 47, 126, 255.
— (Marie), femme de François de Valencienne, I, 66, 361.

Petitpied (Marie), II, 121.
— (Marie-Anne), femme de Gaspard de Blom, I, 66 ; II, 124.
— (Mathurin), sr d'Allègre, avocat du Roi à Montmorillon, II, 291, 294, 295, 299, 301, 302.
— (Pierre), I, 66.
— (Sébastienne), femme de Marc Delaforest, I, 387.
— (Sylvain), I, 66.
— (Sylvain), I, 66.
— habitant de Montmorillon, II, 309.
Petrus. Voy. Pierre.
— archidiaconus, II, 200.
— episcopus Pictavorum. Voy. Pierre II.
— de Foro. Voy. Foro (Pierre de).
Peucharenton. Voy. Puy-Charenton.
Peufavard, cne de Jouhet, Vienne, I, 199.
— (sr de). Voy. Ducellier.
Peufranc (sr de). Voy. Allange.
Peugirard (sr de). Voy. Dalest.
Peuhe (la). Voy. Puye (la).
Peureau, I, 125.
Peuterrault (sr de). Voy. Dalest.
Peutreau, près Montmorillon, II, 152.
Peux (sr du). Voy. Augier, Guillemin.
— (sgr du). Voy. Couhé (de).
Peux-des-Forges (le), cne d'Antigny, Vienne, I, 33, 34.
Peux-Gauvin (le), cne de Salles-en-Toulon, Vienne, I, 293, 302, 306, 309, 310, 312, 314, 317, 319, 321, 325, 338, 341, 353, 357, 375, 389, 402, 403, 407, 417, 425, 429, 455, 459, 465; II, 10, 17, 18, 19, 39, 70, 71, 75, 76, 81, 85, 86, 88, 94, 97, 132, 133, 134, 136, 138.
— (Mr du). Voy. Chazaud.
Peux-Montfaucon (sgr du). Voy. Valencienne (de).
Peux-Pintureau, cne de Latus, Vienne, II, 165.
Peygue (François), commis greffier de la Maison-Dieu de Montmorillon, II, 251.
Peyrat (le), cne de Millac, Vienne, I, 324.
Peyrat-de-Bellac, Haute-Vienne, II, 186.
Peyrat-le-Château, Haute-Vienne, I, 318 ; baronnie, I, XIII.

Peyratte (la), *Deux-Sèvres*, I, 290.
Peyre (domina de). Voy. Alicia.
Peyrilhac, *Haute-Vienne*, I, 222.
Peyrotière (sr de la). Voy. Jacquemin.
Peyrou. Voy. Payroux.
Peyrusse (baronnie de), *Creuse*, I, XIII.
Phelippeaux (Guillaume), II, 229.
— (Jean), II, 229.
— (Louis), sgr de Pontchartrain, secrétaire d'Etat, II, 170, 171.
— (Louis), secrétaire d'Etat, II, 343, 344.
— (Suzanne), femme de Jérôme Bignon, II, 87.
Phelippes (Anne-Catherine de), femme de Louis-Onuphre Ladmirault, I, 314; II, 142.
— (Jean de), sgr de Lardonnière, I, 314.
— (Marc de), sgr de Lardonnière, I, 314.
— (Marie de), femme de Jacques de la Chastre, I, 314.
Phelippot, femme de Christophe de Mont, I, 79.
Philippe Ier, roi de France, II, 200, 201.
— III le Hardi, roi de France, I, XIII, ; II, 200.
— IV dit le Bel, roi de France, II, 204.
— V dit le Long, roi de France, II, 200.
— VI de Valois, roi de France, II, 66, 331.
Philippus, rex Francorum. Voy. Philippe Ier, roi de France.
Photiat, conseiller à Guéret, I, 95.
Pian (Anne), I, 379.
— (Anne), femme de Joseph Berneron et de René Delaforest, I, 133, 246, 259, 295, 330, 463.
— (Antoine), sr de Laumône, marchand à Poitiers, I, 463.
— (Augustin), I, 409.
— (Charles), I, 317,
— (Charles), sr de la Fillolière, notaire royal à Montmorillon, I, 374, 463.
— (François), sr de Laumône, I, 89, 133, 220, 261, 292, 299, 319 ; II, 43, 178.
— (François), I, 398.
— (Gabriel), sr de la Fillolière, dit

Beaumont, tailleur d'habits à Montmorillon, I, 329, 463.
Pian (Jean), sr de la Dallerie, assesseur en la maréchaussée de Montmorillon, I, 276, 299, 336, 356, 365, 366, 379, 382, 391, 394, 398, 409, 425 ; II, 11, 31, 47, 67, 71, 84, 86, 121.
— (Jeanne), femme de Pierre Dalest, I, 394.
— (Jeanne-Renée), femme de Claude Augier, I, 317.
— (Marguerite), I, 374.
— (Marie), femme de Louis Borde, I, 299 ; II, 135.
— (Raoul), maître tailleur d'habits à Montmorillon, I, 329, 463.
— (Sylvaine), femme de Marc Thierry, I, 171, 378.
Picard (Jean), curé de la Peyratte, prieur de Saint-Thibault, I, 290.
Picardie (régiment de), I, 70, 388.
Pichon de Pommeroux (Anne), religieuse de Saint-François à Montmorillon, I, 163.
— (Claude), sr de Pommeroux, lieutenant de Brosse, II, 324, 327, 328, 329.
— (Léonard), sr de Pommeroux, lieutenant de la vicomté de Brosse, I, 114.
— (Marguerite), femme de Pierre Dalest, I, 293.
— (Philippe), sr de Pommeroux, conseiller du Roi à Montmorillon, I, 114, 123, 124, 125, 131, 136, 204, 235, 293, 378, 411 ; II, 42.
Picot, II, 236, 238.
Picquet (René), teinturier à Poitiers, I, 139.
Pictaviensis diocesis. Voy. Poitiers (diocèse de).
— officialis. Voy. Poitiers, évêché.
Pidoux (Geneviève), veuve d'Antoine Richard et femme de Marc Audebert, II, 194.
Pie (saint), II, 102.
Pié (la terre du), paroisse de Thenet, II, 228, 230.
— (régiment de), II, 21, 57, 58.
Pierre, Petrus, prieur de la Maison-Dieu de Montmorillon, II, 152.
— II, 254, 264, 267, 272.

Pierre II, duc de Bourbon et d'Auvergne, comte de Clermont, II, 90.
— II, évêque de Poitiers, I, xii; II, 147, 198, 200.
— (saint), I, 73.
— (le P.), religieux récollet, I, 283.
— d'Alcantara (saint), I, 341, 343.
— (Antoine de la), prieur de la Maison-Dieu de Montmorillon, II, 163.
Pierre-Fitte (sr de). Voy. Neuchèze (de).
Pierre-Folle (la), cne de Sillars, Vienne, I, 120.
— (sr de). Voy. Laurens.
Pierre le Grand, empereur de Russie, I, 367.
Pignatelli (Antoine). Voy. Innocent XII.
Pignerol, Italie, I, 195.
Pignonneau (Elisabeth), femme de Pierre Savary, I, 349.
— (Isaac), sr des Minetières, I, 349.
Pijaud (Jacques), marchand, fermier de l'aumônerie de la Chaume-au-Picault, II, 320, 321.
Pijeire (Antoine), entrepreneur, II, 37.
Pilatière (sr de la). Voy. Babert.
Pin (Guyonne), femme de Pierre Brin, I, 264.
— (Hélie aliàs Hilaire), sr de la Fontaine, I, 76, 264.
— (Hilaire), I, 152.
— (Mr), banquier à Paris, I, 129.
— (sgr du). Voy. Morault.
— (sr du). Voy. Berthonneau.
Pinateau (Catherine), femme de Jacques Vezien et de Jacques Chasseloup, I, 135.
Pinaud (Jean), maître papetier aux Grands-Moulins, II, 181.
— (Jeanne-Françoise), femme de Simon Courivaud, I, 241; II, 181, 183, 184.
— (Junien), maître papetier aux Grands-Moulins, II, 178, 181.
— (Michel), maître papetier, II, 181.
— (Paul), maître papetier aux Mas, II, 163, 182, 185.
— (Suzanne), femme de Jean Durand, II, 185.
Pinaudière (sr de la). Voy. Poirier.
Pindray, Vienne, I, xii, xiii, 220, 270, 345, 420; II, 34, 158.
Pindray (château de), I, 363.
— (paroisse de), II, 305, 306; curé, II, 335, 338, voy. Malhard.
— (sgr de). Voy. Ferré.
Pineau (André), avocat à Montmorillon, I, vii, 34, 83, 84, 115, 121, 136, 144, 161, 309; II, 308, 309.
— (André), I, 161.
— (Denis), chantre de l'abbaye de la Celle à Poitiers, I, 84.
— (Eléonore), femme de Louis Demaillasson et de Robert Delouche, I, vii, 83, 84, 94, 110, 117, 179, 205, 256; II, 103, 104, 109, 144.
— (Louis), sr de la Grange, I, viii.
— (Marguerite), femme de Jean Cailleau, I, 439, 446, 466.
— (Marie-Louise), femme de Duchesne et de Mathieu Bidaud, I, 287, 355.
— (Mathieu), procureur à Montmorillon, I, 115, 121, 161, 239, 310, 331, 439.
— (Sigoune), religieuse de Saint-François à Montmorillon, I, 256.
— I, 127.
Pinet (François), fabricien d'Availle-Limousine, I, 471.
— (Jean), receveur des tailles à Poitiers, I, 299, 303.
— fermier de Serres, II, 72, 94, 95.
Pinier (Catherine), femme de Claude Fontainemarie, II, 120.
Pinier (le pré du), près Montmorillon, I, 30.
Pinoterie (sr de la). Voy. Demaillasson, Trouillon.
Pinsonnet, paroisse d'Usson, Vienne, I, 325.
Pisaune. Voy. Pisogne.
Pisogne, province de Brescia, Italie, I, 164.
Pistoie, Italie, I, 289.
Pivardière (Pierre de la), sgr de Richelieu et de Villemexant, I, 62.
Plagne (la), Planhe, cne de Tersannes, Haute-Vienne, II, 152.
Plaincourault, cne de Mérigny, Indre, I, 116, 153, 352, 353.
Plaines (sr des). Voy. Sylvain.
Plaisance, Vienne, I, xiii, 5, 26, 38, 70, 152, 208, 209, 223, 254, 279, 340, 341, 353, 413, 414, 422, 467,

II, 35, 44, 56, 66, 67, 79, 114, 205.
Plaisance, église de Notre-Dame, II, 66, 195, 196, 197 ; prieur curé, I, v, 249, 266, 353 ; II, 335, voy. David.
— paroisse, II, 291, 305, 306.
— (sr de). Voy. Goudon.
— troupes (passage de), I, 70, 439 ; II, 104, 105.
Planche (commanderie de la), cne de Montmorillon, Vienne, II, 159, 161, 164.
Planche (sr de la). Voy. Babert, Jacquet.
Planche-aux-Groix (étang de la), cne de Saulgé, Vienne, I, 60, 267.
Plandret (maison du), près Plaincourault, cne de Mérigny, Indre, I, 353.
Planhe (la). Voy. Plagne (la).
Plante (sr de la). Voy. Lescuyer.
Plantis (le), cne de Montmorillon, Vienne, I, xiv.
Plassays (Mr), chirurgien à Poitiers, I, 407.
Playes (terre des), paroisse de Sacierges, Indre, II, 151.
Pléneuf (sr de). Voy. Rampnoux.
Plessis (sr du). Voy. Berland, Dehaulteterre, Gaullier (de).
— (sgr de). Voy. Rouillé, Thomas.
Plessis-Cléreau (sgr du). Voy. Fortia (de).
Plessis-du-Parc, cne de La Riche, Indre-et-Loire, II, 236, 237, 238.
Pleumartin (sgr de). Voy. Isoré.
Pleuville, Charente, II, 194.
Pliboux (sr de). Voy. Villedon (de).
Plument de Cossas (Suzanne), femme de François de Mascureau, sgr de Sainte-Terre, II, 249.
Plumet (le sr), I, 7.
Pluvoisinière (la), cne d'Antigny, Vienne, II, 293.
Poehnet. Voy. Poynnet.
Poilieu (sr de). Voy. Vezien.
Poilue (Mr), banquier à Limoges, II, 69.
Poingnet. Voy. Poynnet.
Poinhet. Voy. Poynnet.
Pointeau (Anne), I, 472.
— (Jean), avocat à Montmorillon, I, 25, 278, 296, 297, 366, 377, 398 ; II, 308, 309.

Pointeau (Jean), II, 293.
Poirat (le), cne de Pindray, Vienne, I, 120, 278 ; II, 122.
Poirier (Anne), femme de René d'Aloigny, I, 232, 314.
— (Anne), femme de Jean Bellet et de Pierre Le Conte, I, 435.
— (Anne), femme de Paul Vezien, I, 71 ; II, 65.
— (Charles), sr de la Pinaudière, I, 1, 119.
— (François), sr de Rouflac, avocat, I, 1.
— (Françoise), I, 1.
— (Gabrielle), femme de Martial Arnaudet, I, 349.
— (Marie), femme de Charles Demaillasson, I, x, 1.
— (Pierre), conseiller et procureur en l'élection du Blanc, I, x, 1, 118, 119.
Poiriers (maison des), près Rouflac, cne d'Hains, Vienne, I, 1.
Poiron, I, 29.
Poiroux (le), cne de Leigne, Vienne, II, 167.
Poitevin, serrurier à Montmorillon, II, 38.
Poitevin du Plessis-Landry (Barbe) femme de Louis Tessereau, I, 103, 225.
Poitiers, Vienne, I, 4, 6, 7, 8, 9, 12, 13, 14, 15, 19, 20, 23, 28, 38, 39, 40, 42, 44, 47, 51, 52, 53, 63, 65, 67, 71, 72, 77, 78, 84, 86, 87, 88, 92, 94, 95, 97, 98, 99, 100, 104, 105, 106, 110, 111, 113, 118, 119, 123, 124, 128, 129, 134, 136, 137, 138, 139, 141, 142, 159, 160, 169, 172, 176, 179, 180, 181, 184, 186, 188, 189, 200, 201, 204, 205, 206, 210, 211, 215, 216, 218, 222, 224, 226, 236, 240, 244, 243, 246, 248, 253, 254, 255, 260, 262, 267, 271, 272, 275, 282, 288, 289, 291, 292, 295, 299, 302, 303, 304, 305, 306, 307, 310, 313, 315, 316, 317, 319, 321, 327, 332, 334, 338, 339, 340, 341, 342, 345, 346, 347, 348, 349, 352, 353, 356, 361, 365, 366, 367, 378, 380, 382, 383, 384, 385, 388, 389, 390, 391, 394, 396, 399, 400, 401, 402, 403, 404, 408, 415, 418, 420, 425, 426, 427, 429, 430, 433, 437, 442, 443, 448, 455, 457, 459, 463, 464, 465, 469,

— 475 —

473 ; II, 1, 3, 5, 6, 7, 13, 16, 17, 20, 21, 22, 23, 26, 30, 32, 33, 39, 42, 43, 47, 48, 51, 55, 60, 65, 67, 69, 74, 75, 77, 78, 81. 83, 84, 90, 91, 92, 94, 95, 96, 97, 99, 100, 102, 103, 107, 108, 110, 111, 115, 118, 119, 120, 122, 123, 125, 126, 127, 129, 130, 131, 132, 133, 134, 149, 150, 157, 164, 165, 181, 200, 210, 214, 220, 221, 224, 233, 234, 286, 289, 290, 291, 295, 296, 297, 303, 336, 341, 342, 354, 355.

Poitiers, abbayes d'hommes : Celle (la), I, 84 ; chantre, voy. Pineau ; Montierneuf, II, 216 ; droit de pêche dans la Boivre et le Clain, II, 216 ; prieur, voy. Berland ; Saint-Cyprien, I, 471.
— abbaye de femmes : Sainte-Croix, I, 330, 412 ; abbesses, voy. Laval (de), Montault de Navailles.
— apothicaires. Voy. Babinet, Cousseau, Dubois.
— architectes. Voy. entrepreneurs.
— auberges ou hôtelleries : Bœuf-Couronné (le), I, 128 ; Chêne-Vert (le), I, 77, 105 ; Cloche-Perse (la), I, 6, 8, 9, 12, ; Croissant (le), I, 128, 129 ; Croix-de-fer (la), I, 12, 172, 173 ; Lamproie (la), I, 176, 181. 187, 204, 211, 215, 216, 291, 299, 347, 348 ; Oiseau-de-Paradis (l'), I, 415, 416 ; Queue-du-Renard (la), I, 216 ; Saint-Martin, I, 86, 95, 111, 118, 168. 181 ; Saumon (le), I, 222 ; Tête-Noire (la), II, 354 ; Trois-Cardinaux, (les), I, 142 ; Trois-Piliers (les), I, 36.
— bureau des finances, I, 15, 39, 390, 394 ; trésoriers de France, voy. Certany, Le Peultre, Rousseau, Sainte-Marthe (de), Thomas ; receveur général, voy. Bitton.
— carrosse de Poitiers à Paris, I, 15, 53, 87, 100, 118, 275, 289 ; II, 75, 77, 105, 130, 136.
— chandelier. Voy. Chaillou.
— chirurgiens. Voy. Herpin, Plassays, Toyon.
— collèges : Jésuites (des), I, 339, 410 ; Puygareau (du), I, 402.
— conciergerie du palais, I, 305, 376.
— confiseur. Voy. Bruneau.

Poitiers, cour conservatoire (greffier de la). Voy. Brin.
— couvents d'hommes : Augustins (les), II, 156, 165 ; — Carmes, chapelle des Mayaud, I, 100 ; — Cordeliers (les), tombeau des Rochechouart, I, 141, 452 ; II, 278 ; — Jacobins (les), I, 420.
— couvents de femmes : Carmélites, I, 179 ; — Filles de Notre-Dame, I, 439 ; — Filles de Sainte-Catherine, I, 141 ; — Ursulines, I, 104.
— (diocèse de), II, 149, 153, 166, 170, 171, 172, 275, 344.
— eaux et forêts (greffe de la maîtrise des), II, 186, 251.
— églises : Notre-Dame de la Chandelière, I, 173 ; — Saint-Cybard, I, 381, 396 ; II, 190 ; — Saint-Didier, I, 5, 63 ; confrérie de Notre-Dame, I, 63 ; — Saint-Germain, I, 129, 337 ; — Saint-Hilaire-le-Grand, I, 154, 291, 307 ; chapitre, chanoines, voy. Frédot, Morineau, Vrignaud (François), Vrignaud (Pierre) ; chapelain, voy. Cormenier ; — Saint-Michel, II, 122 ; — Saint-Pierre (cathédrale), II, 157 ; chanoines, voy. Garde (de la), Rochechouart (de) ; — Saint-Pierre-l'Hospitalier, I, 404 ; — Saint-Porchaire, I, 6 ; — Sainte-Radegonde, I, 292 ; chanoine, voy. Jolivard ; — Saint-Savin, I, 116.
— élection, I, 378, 388.
— enregistrement (commis à la recette des droits d'). Voy. Chambellain.
— entrepreneurs, architectes. Voy. Bonneteau, Gond, Rouet, Vangine.
— épargne (commis de l'). Voy. Montault.
— étapes (receveur des). Voy. Forest.
— évêché, II, 135 ; vicaires généraux, voy. Augier de Moussac, Decressac, Guyon, Rochebonne (de), Rogier ; — official, I, 297, 407, 432 ; II, 172, 201, 340, voy. Mauduit, Rogier de Maunay ; — promoteur, II, 240, voy. Borde ; — secrétaires, voy. Bamard,

Jolivard ; — greffier des insinuations, voy. Péranches ; tour (prison), I, 297, 383.
Poitiers, évêques, II, 212, 275, 277, 334, 336, 339, 340, 341, 344, 346, 350, 356, voy. Baglion de Saillant (de), Barberin, Beaupoil de Saint-Aulaire (de), Chasteigner de la Rocheposay, Clérambault (de), Combarel (de), Cramaud (de), Fortin de la Hoguette, Foudras de Courcenay (de), Gauthier de Bruges, Jean V de Lioux, Pierre II, Poype de Vertrieu (de la), Saint-Belin (de).
— exécuteur de la haute justice, I, 168.
— faubourg du Pont-Joubert, I, 216.
— filature et manufacture d'étoffes du Puygareau, II, 352, 353 ; directeurs, voy. Briet et Sezille ; contremaître, voy. Broc ; prix de façon, II, 355.
— généralité, I, 305, 307, 410 ; II, 136, 341.
— gouverneur. Voy. Villequier (de).
— Grands-Jours, II, 286.
— Hôtel-Dieu, I, 303.
— hôtelleries. Voy. auberges.
— jeu de paume des Jeux-Neufs, I, 415.
— Louis XIV (passage de), I, 38, 62, 63, 179.
— maires. Voy. Chazaud, Claveurier, Fournier.
— manufacture d'étoffes. Voy. filature.
— marchands. Voy. Contencin, Cottiby, Crossard, Denesde, Duchastenier, Dupont, Guillemot, Herbaud, Ingrand, Pian.
— Maubergeon (tour), I, 261, 394, 464.
— médecins, voy. Cothereau, Delugré, Fontenette, Fouqueteau, Mauduit, Umeau.
— messagers : de Poitiers à Paris, I, 30, 288, 304, 376 ; II, 102, voy. Delerpinière ; — de Poitiers à Nantes, voy. Chebret ; — de Poitiers à Limoges, voy. Delage.
— musée des Antiquaires de l'Ouest, II, 74.
— notaires. Voy. Berthonneau, Bourbeau, Caillat, Péronnet, Pommeraye, Ribault, Touton, Vezien.
Poitiers, paroisses : Notre-Dame-la-Petite, I, 362 ; — Saint-Cybard, I, 101 ; — Saint-Germain, I, 129 ; — Saint-Paul, I, 303 ; — Saint-Savin, I, 415
— paulette (commis à la recette du droit de la). Voy. Chameau.
— peintre. Voy. Allamanche.
— places : Marché-Vieil ou Place-Royale, II, 21, 74 ; statue de Louis XIV, II, 74 ; — Notre-Dame-la-Grande, I, 137.
— porte du Pont-Joubert, I, 9,
— poste aux lettres, I, 421.
— présidial et sénéchaussée, I, XIII, 41, 94, 123, 378, 385 ; II, 295, 299 ; président, voy. Razes (de) ; — lieutenants généraux, voy. Irland, Razes (de), Tudert (de) ; — lieutenant particulier, voy. Gabriau ; — procureurs du Roi, voy. Guillot, Mayaud ; — procureurs, voy. Aupetit, Baconnet, Berthelot, Bruneau, Chaussetière, Cuirblanc, Daguin, Doré, Douadic, Duchastenier, Fouasseau, Gaschet, Jarno, Laurenceau, Roy, Sautereau ; — conseillers, voy. Barbarin, Blacvod, Chazaud, De Gennes. Estivalle (d'), Gabriau, Lelièvre, Mastribut, Milon, Razes (de), Richeteau, Roatin ; — avocat du roi, voy. Filleau ; — avocats, voy. Bourceau, Constant, Coustière, Coutineau, Cuirblanc, Daguin, Fouqueteau, Giraud, Lelet, Lossandière (de), Maisondieu, Pestre, Rabereuil, Riffault, Rigoumier, Robinière, Thévenet ; — greffiers, voy. Berthonneau, Laurenceau ; commis greffiers, voy. Lenoir, Péan.
— prévôté, I, 180, 304 ; prévôt, voy. Legeay ; lieutenant, voy. Legeay ; prisons, I, 223.
— receveur des décimes, II, 196.
— receveur des domaines et bois. Voy. Avignon,
— rues : Croix-Blanche (la), II, 354 ; Grand-Ballet (du), aujourd'hui du Moulin-à-Vent, II, 354 ; Grand'Rue, I, 415 ; Quatre-Vents

(des), I, 101 ; Saint-Denis, I, 271, 347 ; Tête-Noire (de la), II, 354 ; Trois-Cheminées (des), aujourd'hui Riffault, I, 415 ; Vieilles-Boucheries (des), II, 354.
Poitiers, sculpteur. Voy. Girouard.
— séminaire, I, 179, 303 ; II, 38.
— sénéchaussée. Voy. présidial.
— tailles (receveurs des). Voy. Brossard, Pinet, Poix (de), Rioult.
— teinturier. Voy. Picquet.
— trésor royal (garde du). Voy. Jehannot de Bertillat.
— université, I, 407 ; II, 111 ; recteur. Voy. Pallu de la Barrière.
Poitou, I, 7, 29, 36, 39, 189, 388, 438 ; II, 54, 85, 147, 191, 218, 219, 221, 245, 250, 289, 290, 311.
— ban (convocation du), I, 388 ; II, 132, 135.
— commissaire des guerres. Voy. Fréville (de).
— (comté de), II, 209, 289, 331, 332, 339 ; comtes, voy. Alphonse, Guillaume VIII, Guillaume le Jeune, Jean, Charles VII ; comtesse, voy. Aliénor d'Aquitaine.
— Coutume, II, 157.
— eaux et forêts (grand maître enquêteur des). Voy. Raffy de Bazoncourt.
— gouverneur, I, 23, 24, 48. Voy. Chamilly, Gouffier, Rochefoucauld (de la), Vieuville (de la).
— intendants. Voy. Barentin, Boula de Nanteuil, Bourdonnaye (de la), Colbert, Fortia (de), Foucault, Hue de Miromesnil, Lamoignon de Basville, Marillac (de), Maupeou (de), Pellot, Ribeyre, Rouillé du Coudray, Villemontée (de).
— lieutenant de roi, I, 6, 12. Voy. Chasteigner, Pardaillan (de), Saint-George (de).
— lieutenant général, II, 345. Voy. Porte (Charles de la).
— manufactures (inspecteur des). Voy. Vaugelade.
— milice, II, 111.
— prévôts : grand prévôt, voy. Porcheron ; prévôt provincial, I, 45 ; lieutenant, voy. Robert.
— receveur, I, v ; II, 168, 209, 210, 223, 292.

Poitou, sénéchaussée, II, 244 ; sénéchal I, xiii, 249; II, 210, 219, 222, 224, 236, 245, 246, 350, voy. Brézé (de) ; lieutenant général, II, 244, 245.
— traites unies (fermiers des). Voy. Domergue, Fauconnet.
— trésorier provincial des guerres. Voy. Certany.
Poix (Elisabeth de), femme de Philippe de Guillaumet, I, 381.
— (Hélie de), receveur des tailles à Poitiers, I, 304, 381 ; II, 19.
— (Jean de), sgr de Villemort et de Forges, maître d'hôtel de la reine Marie d'Anjou, II, 225, 233.
— (Marie-Elisabeth de), femme de Gabriel Chazaud, II, 19.
— (Suzanne de), femme de Jean Toyon, I, 428.
— (dame de). Voy. Muzard (Anne).
Pologne (royaume de), I, 364.
Polonais (régiment de), I, 67.
Polycarpe (le P.), provincial des Augustins, I, 80.
Poly-Cavalerie (régiment de), II, 143.
Pommeray, notaire à Poitiers, II, 182.
Pommerède (sr de). Voy. Brisson.
Pommeroux (sr de). Voy. Pichon.
Pommier (le) ou le Champodon, pièce de terre près les Abattis, cne de Leigne, Vienne, I, 333.
Pompadour (Jean, marquis de), baron de Treignac, lieutenant général des armées du Roi et des provinces du Haut et Bas Limousin, I, 184, 290.
Pompaire, Deux-Sèvres, II, 42.
— (curé de). Voy. Fradet.
Poncet de la Rivière (Mathieu), intendant de la généralité de Bourges, I, 336.
Pons (Isaac Renault, marquis de), 1, 22, 433, 456.
— (Jean de), I, 264.
— (Jean de), sr de Fellet, I, 319, 320, 327, 335, 338, 347, 370, 386, 387, 392, 406, 420, 424.
— (Salomon de), I, 264.
Pontarion (baronnie de), Creuse, I, xiii.
Pont-Audemer, Eure, I, 87, 111, 197, 341, 379.

Ponthieu (Gilette de), femme de César de Manes, II, 157.
Pontoise (siège de), *Seine-et-Oise*, II, 220, 223.
Pontpinson (s^r de). Voy. Imbert.
Popelinière (la), c^{ne} *de Latus, Vienne*, II, 163, 165.
— (sgr de la). Voy. Petitpied.
Poquières (Pierre de), valet, II, 205.
Porcheron (Charles), s^r de Béroute, II, 77.
— (Jean), marchand, II, 304.
— (Philbert), s^r de la Vau-Saint-James, grand prévôt de Poitou, I, 92, 382.
Portais, II, 238.
Port-aux-Sauniens (le), c^{ne} *d'Aytré, Charente-Inférieure*, II, 153.
Port-David (sgr de). Voy. Pellot.
Port-de-Lussac, c^{ne} *de Lussac-le-Château, Vienne*, I, 187.
Port-de-Piles, *Vienne*, I, 20, 229.
Porte (sgr de la). Voy. Prunelé (de).
Porte (Anne de la), femme de Jacques Du Chasteau, I, 255.
— (Antoine de la), I, 35.
— (Antoine de la), sgr du Theil, I, 112.
— (Charles de la), duc de la Meilleraye, lieutenant général en Poitou, grand maître de l'artillerie et maréchal de France, I, 29, 35, 36, 376.
— (François de la), sgr de la Rambourgère, capitaine au régiment de la Meilleraye, I, 35.
— (Gabriel de la), sgr du Theil, I, 395 ; II, 71.
— (Isabeau de la), femme de François de la Barlotière, I, 417.
— (Jeanne de la), femme de Louis Tessereau, I, 226.
— (Marie de la), femme de Jean Baconnet, I, 112.
— (Paul-Jules de la), I, 376.
Porte de Boismorand (métairie de la). Voy. Boismorand.
Portes (s^r des). Voy. Lefebvre.
Pot (Charles), chev. de Malte, I, 41.
— (Charles), marquis de Rhodes, grand maître des cérémonies de France, I, 278.
— (Claude), sgr de Rhodes, I, 41.

Pot (Henri), sgr de Rhodes, grand maître des cérémonies de France, I, 278.
— (Marguerite), femme de François de la Trémouille, I, 286.
Potence (tenue de la), aux Mas, paroisse de Saugé, *Vienne*, II, 161.
Potier, II, 181.
Pouge (la), c^{ne} *de Journet, Vienne*, I, 349 ; II, 305, 306.
— (la), c^{ne} *du Vigean, Vienne*, I, 324.
— (Claude de la), sgr du Bois, lieutenant général en Basse-Marche, II, 246, 278.
— (Marguerite de la), femme de François Vezien, II, 292.
— (s^r de la), voy. Vachier.
Poulignac, c^{ne} *de Naillac, Creuse*, II, 152, 153.
Poumyer. Voy. Paulmyer.
Pourret (Micheau), II, 231.
Pourretrie (la), près Plaincourault, *Indre*, I, 352.
Poussard (Auguste), marquis d'Anguitard, II, 191.
— (François), marquis de Fors et du Vigean, lieutenant général des armées du Roi, gouverneur de Sainte-Menehould, I, 61, 220, 222, 324.
— (Françoise-Marthe), femme de François-Benoît de Sainte-Colombe, I, 221, 324.
— (Jean-Armand), marquis de Fors et du Vigean, mestre de camp de cavalerie, I, v, 116, 220, 221 ; II, 190, 191, 192, 193.
— (Jeanne), femme de Gabriel Foucault, I, 22, 40 ; II, 286.
Poussepin, II, 181.
Poussineau (Jacques), s^r de Boussay, I, 303, 315, 440, 459.
Poutrel (Jeanne), femme de Paul Richard, I, 13, 58, 65, 87, 100, 101, 110, 116, 122, 128, 139, 179, 234, 368, 379.
— (le s^r), I, 87.
Pouyault (s^r du). Voy. Broue (de la).
Pouyollon (Fleurent), dit la Fontaine, hôte du Point-du-Jour à Montmorillon, II, 56, 65, 66.
— (Fleurent), II, 65.
— (Louis), couvreur à Montmorillon, I, 455.

Pouyoux (le), c^ne de Jouhet, Vienne, I. 422.
Pouzioux (Marguerite), femme de Jean-Baptiste Crochard, I, 416.
— (s^r de). Voy. Mangin.
Poyault. Voy. Pouyault.
Poynnet (Jean), II, 253, 259, 266, 271.
Poyo (Jean dau), précepteur de la Plagne, II, 152.
Poyol (s^r du), Voy. Gaultier.
Poype de Vertrieu (Jean-Claude de la), évêque de Poitiers, II, 333, 336.
Pradeau (René), meunier aux Mas, II, 182, 184.
Pradelles (pré des), près le bourg du Vigean, Vienne, I, 324.
Praguerie (la), révolte contre Charles VII, II, 220.
Prairie (s^r de la). Voy. Petitpied.
Prat (s^r du). Voy. Lescuyer.
Praveil (s^r de). Voy. Lhuillier.
Prémilly (s^r de). Voy. Neuchèze (de).
Prépaudière (la), faubourg de Concise, II, 136.
Pressac, Vienne, I, 43.
Pressigny (sgr de). Voy. Tessereau.
Prestreau (Jeanne), femme de Pierre Delaforest, I, 326, 340, 437, 473.
— (Mathurin), I, 326.
Preuilly, Indre-et-Loire, II, 7, 22, 27, 46, 54, 75, 127, 185.
Prévéreaud (Marguerite), femme de Jean Maigret et de Daniel de la Roche-Beaucourt, I, 93.
Prévost (André), I, 364, 375, 428, 431.
— (Anne), femme de François Jacques, I, 393.
— (Jean), s^r du Marest, I, 428.
— (M^r), s^r du Verger, I, 130, 364, 375.
— de Beaulieu (Suzanne), femme de Bonaventure Irland, I, 307.
Prez (sgr des). Voy. Savary.
Prince-Noir (le). Voy. Edouard.
Prises (les), brandes, c^ne de Saint-Hilaire, Indre, I, 166.
Proust (M^rs), marchands à Paris, I, 19, 20, 26, 42, 129, 130, 132.
— (M^r), l'aîné, I, 169, 179.
— (M^r), le jeune, I, 161.
— (Nanette), I, 169, 177.

Provence (province de), I, 276.
— (comte de). Voy. Anjou (René, duc d').
Prueilly. Voy. Preuilly.
Pruget (Julien), tuilier à Moulime, II, 160.
Prun, c^ne d'Adriers, Vienne, I, 21, 78 ; II, 26, 154.
Prunelé (Diane-Louise de), veuve de Charles de Saint-Simon, sgr de Montbléru, et femme de Gilles-François d'Ostrel, sgr de Ferlingan, II, 248.
— (René de), sgr de la Porte, II, 248.
Prunier (Marie), femme de François Vion, I, 233.
Prunières (les), près Angle, Vienne, II, 49.
Pruniers, c^ne de Pindray, Vienne, I, 220, 393, 394 ; II, 28, 29, 30.
— (Mme de). Voy. Guimard (Anne), Jacques (Anne).
— (sgr de). Voy. Fricon, Jacques.
Prusse, II, 112.
Puicharnault (sgr de). Voy. Ramière (de la).
Puigelier (sgr de). Voy. Chamborant.
Puiguyon (Catherine de), femme de Jacques Bellivier, II, 194.
— (Louise de), femme de Louis Vasselot, I, 226.
— (Pierre-Louis de), sgr de la Voûte, I, 410.
Puilliat (Guillelmus de), II, 202.
Pui-Milleriou. Voy. Puymilleroux.
Puisfranc (bois du). Voy. Puyfranc.
Puisieux (vicomte de). Voy. Brulart.
Puisolle (sgr de). Voy. Blondel.
Puy (le), aujourd'hui le Peux, c^ne de Persac, Vienne, I, 21, 78 ; II, 26, 154.
— (s^r du). Voy. Coudre (de la).
Puycatelin, c^ne de Saint-Barbant, Haute-Vienne, II, 28.
Puy-Charenton, c^ne de Lessac, Charente, II, 72, 95.
Puycornet (s^r de). Voy. Delavergne.
Puye (la), Peuhe, Vienne, II, 228.
Puyferrier (François), sabotier à Antigny, I, 137.
Puyfranc (bois du), II, 226, c^ne d'Hains, Vienne.
Puygaillard, c^ne d'Oradour-sur-Glane, Vienne, II, 109.

Puygirard. Voy. Peugirard.
Puygreffier (sgr de). Voy. Bouchet (du).
Puyguyon (de). Voy. Puiguyon (de)
Puyjousserant (sgr de). Voy. Chasserat.
Puy-Martin (sr de). Voy. Barbotière (de la), Nouveau.
Puymerlin (sr de). Voy. Gaillard.
Puymilleroux, Pui Milleriou, cne de Dangé, Vienne, II, 201.

Puy-Montbrun (Alexandre de), marquis de Saint-André, lieutenant général des armées du Roi, I, 64.
Puyrichard (sr de). Voy. Salle (de la).
Puyrobin (sgr de). Voy. Mancier (de).
Puysolin (Dme de), femme de Fleurent Goudon, I, 216.
Puytaveau (Jehan), II, 215.
Puyterrault. Voy. Peuterrault.

Q

Queaux, Vienne, I, 80 ; II, 115, 249.
— paroisse, II, 279.
Quéroir, Quérouer (sr du). Voy. Clavetier.
Quérouer. Voy. Quéroir.
Queue-des-Fières, Coudéfierre (la), cne de Sillars, Vienne, II, 291, 294.
Quichault (Françoise), veuve d'Etienne Borde, II, 322.
Quilhet, Quillet (Jean), II, 254, 261, 267, 272.

R

Rabache (Etienne), réformateur des Augustins de Bourges, II, 148.
Rabaine (Anne de), femme de Jacques d'Abzac, I, 61.
— (Anne de), femme de François Estourneau, II, 113.
— (Jean de), sgr d'Usson, I, 61.
— (Jeanne de), femme de Charles de Saint-Nectaire, I, 56, 235.
— (Paul de), sgr d'Usson et de la Tour de Brillac, I, 56, 61.
Rabathein (lieu dit), paroisse d'Aytré, Charente-Inférieure, II, 153.
Rabaud (Almodis), dame de Chaume, veuve d'Ithier Brûlon, femme de Thibaut de Lantigny, II, 202.
— (Antoine), prieur des Augustins de Saint-Benoît-du-Sault, I, 347.
— (Catherine), femme de Philippe Rémon, I, 347.
— (Catherine), veuve de Jean Jacquet, I, 347.
— (Françoise), femme de Jean Umeau, I, 123.

Rabaud (Jean), avocat et procureur fiscal au Blanc, I, 347.
— (Jeanne), femme de Pierre Vidaud, I, 114.
— (Jérôme dit Jean), sous-prieur des Augustins de Bourges, I, 347.
— (Louise), femme de René Pellerin, I, 347.
Rabaudière (tenue de la), près les Penins, cne d'Hains, Vienne, I, 12.
— (sr de la). Voy. Chasseloup.
Rabaudin (Jean), maçon, II, 158.
Rabaudy (Bénédictine), femme de Pierre Fuselière, II, 151.
— (Pierre), II, 151.
Rabaux (lieu dit les), près le faubourg de la Maison-Dieu à Montmorillon, Vienne, I, 22, 131 ; II, 160.
Rabelin (Renée), femme de Pierre de Chouppes, I, 283.
Rabereuil, avocat à Poitiers, I, 110.
Rabethe (Jean), prieur de l'Isle-Jourdain, II, 117.
— (Delle), femme de Gabriel Lauradour, I, ix.
— II, 11.

Rabussier, charpentier à Montmorillon, I, 464.
Raffy de Bazoncourt (François), receveur général des domaines, II, 186.
— (François-Nicolas), sgr d'Echers et de Morfontaine, maître d'hôtel ordinaire du Roi, grand maître enquêteur et réformateur des eaux et forêts de France, II, 186.
Ragondeau (Marguerite), femme de Jean Lenfant, I, 194.
Ragonneau (Florence), femme de Pierre Fouqueteau, II, 43.
Raiz (seigneurie de), II, 220, *Loire-Inférieure*.
— (sgr de). Voy. Laval.
Ralaud (Anselme), lieutenant criminel au Blanc, I, 96.
Rallerie (la), cne *de Gouex, Vienne*, II, 41.
Rambaud (Pierre), cité, II, 137.
Rambelière (Mathurine), femme de Nicolas Dechantemargue, I, 204.
— I, 26.
Rambourgère (sgr de la). Voy. Porte (de la).
Rambures (Mme de), II, 165.
Ramière (Charles de la), I, 298, 438.
— (Jacques de la), I, 298.
— (Jean de la), sgr de Puicharnault, I, 226.
— (Jean de la), sgr de Puicharnault et de la Maisonneuve, I, 298.
— (Jean-Gédéon de la), I, 298, 438.
— (Marie-Anne-Bonaventure de la), I, 298.
— (Radegonde de la), I, 298.
Rampion (J.), greffier de la Basse-Marche, II, 280, 281.
Rampnoux (Léonarde), femme de Gabriel Rousseau, I, 300.
— (Pierre), sr de Pléneuf, chirurgien à Saint-Germain-sur-Vienne, I, 428.
— prieur de la Maison-Dieu de Montmorillon, II, 151.
Rancon, *Haute-Vienne*, I, 90, 112, 119, 142, 315, 336, 346, 352, 430.
— (juge châtelain de). Voy. Marans (de).
Rangeardière (la), cne *de Latus, Vienne*, II, 187, 189.

Rangeardière (sr de la). Voy. Argenton.
Ranger (Françoise), femme de Charles Gaillard, II, 40.
Ranion (François), sr de Crellat, juge de la Souterraine, II, 40.
Ranjardière (la). Voy. Rangeardière (la).
Ranulphe, sgr de Montmorillon, II, 199.
Rat (Françoise), femme de Pierre Dalest, I, 352, 353.
— (Jeanne), femme de Jean Goudon, I, 31, 329 ; II, 78.
— (Louis), sr de la Pensée, archer à Montmorillon, I, 31, 162, 243 ; II, 178.
— (Magdeleine), femme de François Jacquet, I, 105, 111.
— veuve de Jean Argenton, I, 113, 371.
Ravage, I, 204.
Raveau (André), sr de Boisjoubert, chirurgien à Saint-Savin, I, 140.
— (André), sr de Boisjoubert, I, 140.
Ravenel (Auguste de), I, 274.
— (Jacques de), sgr de Reigner, colonel et maréchal des armées du Roi, I, 274.
— (Jacques de), I, 349.
— (Judith de), femme de François Arnaudet, Geoffroy Le Beau et Paul Laurens, I, 349, 416 ; II, 22, 49, 144.
Razes (Catherine de), femme d'Isaac Barbarin, I, 181.
— (François de), lieutenant général de la sénéchaussée, I, 119.
— (François de), sr de Ché, conseiller au présidial de Poitiers, I, 118.
— (Jean de), sgr de Verneuil, président du présidial de Poitiers, lieutenant général de la sénéchaussée, I, 98, 119, 120, 365 ; II, 77.
— (Jean de), sgr de Verneuil, II, 77.
Razilly (sr de). Voy. Imbert.
Réale (vaisseau la), I, 306.
Reat. Voy. Rat.
Reau (abbaye de la), cne *de Saint-Martin-Lars, Vienne*, II, 69.
Rebillé (Mr), marchand à Tours, I, 16, 20.

— 482 —

Rechignevoisin (Charles de), sgr des Loges, II, 109.
Redaut (Louise), femme de Joseph Vezien. I, 423, 439, 465.
— (Marguerite), femme de Pierre Veras. II, 1, 12.
— (Pierrette), femme de Pierre Lescuyer et de Jean Frédot, I, 361.
Rédet, cité, I, xii, xiii ; II, 84.
Regnaud (André), II, 231.
— (Guillaume), II, 229.
— (Jean), II, 229, 232.
— (Phelippon), II, 229, 232.
Regnault (Catherine), femme d'Antoine de la Porte, I, 112.
Regnier, II, 352.
Reignac (comte de). Voy. Barbarin.
Reigner (sr de). Voy. Ravenel (de).
Reignier (sr de). Voy. Martin.
Reiliac (Mlle de), femme d'Eusèbe Desmontiers, I. 121.
Reims (archevêque de). Voy. Cramaud (de).
— (sénéchal de). Voy. Goujon de Thuisy.
Reine (ceinture de la), I, 188.
— (régiment de la), II, 86.
Reirac, Reirat (sr de). Voy. Laurens.
Remaudeau, meunier, II, 256, 270, 274. Voy. Remodeau.
Rembergerie (Mr), I, 428.
Remigeoux (sr de). Voy. Chantaise.
Remodeau (Jean), I, 200. Voy. Remaudeau.
— sergent royal à Montmorillon, II, 66.
Rémon (Philippe), I, 347.
Renaldus, subcantor, II, 200.
Renaud, sr de la Touche, I, 293.
Renaudot (Théophraste), médecin de Louis XIII, fondateur de la Gazette, I, iv.
Renault, prieur curé d'Abzac, I, 97.
— (Thomas), notaire, II, 319, 329.
Réole (siège de la), Gironde, II, 220.
Repare (Robert), religieux de Nouaillé, II, 213.
Repaire (Mr du), I, 422.
— (régiment du), I, 422.
— (sgr du). Voy. Guiot.
Resnerie (sgr de la). Voy. Alamigeon.

Ressonneau (sgr de). Voy. Feydeau (de).
Retz (duc de). Voy. Gondi.
Reveau (Jean), sr de Cirières, I, 110.
— (Marie), femme de Jean Gabriau, I, 110.
— (Martin), sr de Cirières, lieutenant particulier à Poitiers, I, 98, 181, 182, 338.
Révérant (Jean), sr de la Garenne, II, 73.
Reverdy (le P.), religieux augustin, I, 80 ; prieur de la Maison-Dieu de Montmorillon, II, 162.
Révérend (Jean), marquis de Bougy, maréchal de camp, I, 64.
Reymond (Gabriel-François), sr du Monteil et d'Escurat, lieutenant civil et criminel à Bellac, I, 287, 370.
— (Louise), Mlle d'Escurat, femme de Pierre Barton de Montbas, I, 370.
Rezonville (bataille de), Lorraine, II, 143.
Rhin (passage du), II, 143.
Rhodes, cné de Mouhet, Indre, I, 18, 133, 141, 278.
— (sgr de). Voy. Pot.
Ribardière (François), I, 432.
— (Gervais), I, 432, 438.
Ribauld, I, 413.
Ribaudeau (vve), II, 354.
Ribault (Alain), sr du Fresne, I, 139.
— (Fleurant), sr des Aubiers, procureur fiscal de la Trimouille, I, 139.
— (Me), notaire à Poitiers, II, 115.
Ribeyre (Antoine), sgr d'Hommes, intendant du Limousin, de la Touraine et du Poitou, II, 94, 100.
Ribière (pré de la), près le Vigean, Vienne, I, 324.
Richard (Alfred), cité, II, 147, 148, 151, 199.
— (André), sgr de Lanet, conseiller du Roi, lieutenant général civil et criminel à Montmorillon, I, 13, 18, 41, 64, 68, 71, 83, 86, 87, 88, 89, 95, 105, 118, 122, 129, 140, 159, 211, 452 ; II, 44, 45, 178, 244, 309, 312.
— (André), lieutenant général cri-

minel à Montmorillon, I, xi, 216, 217, 233, 350 ; II, 7, 92, 133, 138, 139.
Richard (André), sr de la Leuf et du Léché, I, 277, 293, 341, 357, 364.
— (André-François), sgr d'Abnour, premier interprète du Roi au Grand Caire, II, 71.
— (Antoine), sgr de Malaguet, II, 194.
— (Antoine), sgr de la Tour-au-Paulmes, I, 274, 338.
— (Antoine), sgr de la Boissière, conseiller et procureur du Roi à Montmorillon, II, 71.
— (Antoine-Gabriel), sgr de Chantebon, II, 71.
— (Catherine), femme de Pierre Gaultier et de Jacques Bastide, II, 104, 348.
— (Catherine-Charlotte), II, 71.
— (Charles), sr de la Chèze, conseiller et procureur du Roi à Montmorillon, I, x, 5, 14, 21, 37, 38, 47, 53, 55, 61, 62, 65, 81, 100, 115, 138, 139, 150, 173, 228, 232, 283 ; II, 3, 43, 305, 306, 308, 309, 310, 312.
— (Charles), I, 14, 55.
— (Charles), avocat à Montmorillon, I, 257, 415 ; II, 359.
— (Charles), chapelain de la chapelle de Barge, prieur commendataire de Marcilly, II, 99, 128.
— (Dom Cyprien), bénédictin, prieur de l'abbaye de Saint-Maixent, I, 54.
— (Éléonore), II, 103.
— (Élisabeth), I, 415.
— (François), sgr de la Jarrige, II, 8.
— (François), II, 71.
— (Françoise), femme de Jean Gaillard, I, 268 ; II, 7, 40, 63, 78.
— (Jacques), sr d'Aubière, avocat à Montmorillon, conseiller du Roi à Poitiers, I, 33, 34, 58, 94, 95, 97, 100, 103, 110, 115, 138, 158, 160, 164, 173, 190, 191, 204, 210, 218, 226, 234, 238, 255, 260, 288, 299, 319, 320, 338, 350, 370, 400, 404, 456, 464, 465, II, 52, 65.
— (Jacques), notaire à Bourg-Archambault, I, 413.
— (Jacques), lieutenant général civil et criminel à Montmorillon, II, 99.
Richard (Jacques-Félix), sr de Villenaye, I, 164, 318, 338.
— (Jacquette), femme d'André Delaforest, I, 38, 53, 55, 73, 74, 295, 388, 390.
— (Jeanne), femme de Fleurent Goudon, I, 5, 22, 53, 65, 149, 163, 197, 219, 224, 228, 234, 377, 396, 449.
— (Jeanne-Élisabeth), II, 92.
— (Joseph), sgr de Tussac, procureur du Roi à Montmorillon, I, 165, 458 ; II, 7, 18, 24, 29, 43, 44, 67, 71, 74, 81, 83, 92, 103, 105, 112, 126, 134, 143, 339.
— (Joseph-Jean), secrétaire du Roi ès langues turque et arabe, II, 71, 83.
— (Laurent), sgr d'Isse, du Chambon et de Tersanne, lieutenant général civil et criminel à Montmorillon, I, vii ; II, 99, 107, 244, 248.
— (Louis), sr des Ors, lieutenant criminel à Montmorillon, I, 115, 118, 138, 148, 151, 155, 160, 177, 179, 205, 214, 216, 217, 233, 239, 246, 248, 251, 253, 255, 256, 261, 262, 268, 275, 279, 280, 281, 291, 293, 304, 305, 313, 351, 353, 365, 368, 376, 377, 378, 383, 384, 392, 397, 399, 406, 415, 419, 425, 456, 464 ; II, 7, 33, 37, 40, 43, 53, 63, 79, 83, 92, 99, 104, 112, 138, 141, 142.
— (Louis), I, 351.
— (Louis), chev. du Saint-Sépulcre, II, 71, 112.
— (Marguerite), I, 294.
— (Marguerite), Mlle de la Leuf, femme de François de Bagnac, I, 368 ; II, 6, 122.
— (Marie, dite Marion), femme de Guy de la Couture, I, 38, 56, 110, 150, 165, 224, 226, 250, 283.
— (Marie), Mlle des Chirons, femme de Claude Micheau, I, 83, 92, 104, 107, 121, 122, 134, 150, 164, 179, 198, 204, 205, 217, 224, 225, 242, 273, 286, 288, 294, 300, 320, 339, 360, 361, 376, 378, 426, 453, 458 ; II, 8, 61, 88, 119, 143, 249.
— (Marie), veuve de François Demaillasson, I, vii, x, 30, 38, 59, 80 ; II, 139.
— (Marie), I, 246.

Richard (Marie-Anne), femme de Charles Fouqueteau, I, 463 ; II, 24, 43.
— (Nicolle), II, 252, 253, 259, 265, 266, 271.
— (Paul), s^r du Léché, capitaine au régiment de Navarre, I, 12, 13, 15, 18, 26, 52, 58, 59, 66, 74, 82, 83, 85, 87, 95, 99, 100, 101, 110, 116, 119, 122, 128, 234, 277, 293, 364, 368, 379 ; II, 140.
— (Paul), s^r de la Boutrigère et du Léché, I, 111, 116, 134, 163, 197, 202, 234 ; II, 141.
— (Pierre), s^r de la Berthonnerie, procureur du Roi à Montmorillon, I, 12, 30, 37, 42, 50, 54, 56, 69, 81, 83, 85, 95, 104, 107, 110, 119, 124, 128, 134, 152, 158, 165, 168, 173, 179, 185, 227, 246, 256, 261, 263, 268, 269, 292, 299, 312, 313, 318, 338, 365, 366, 367, 368, 384, 391, 392, 458 ; II, 7, 14, 24, 29, 330, 339.
— (Pierre), sgr de Chalendeau, garde du corps du Roi, II, 8.
— (René), I, 58.
— dite Soury, I, 152, 185.
— (Sylvine), femme de Louis Dauberoche, I, 413.
— s^r des Sauzettes, I, 274.
— s^r des Fontenelles, I, 281.
Richaud (François), apothicaire à Chéneché, Vienne, II, 121.
Richelieu, Indre-et-Loire, I, 157, 179, 183, 195, 229, 255, 431.
— hôtellerie du Puits-Doré, I, 91.
— (Armand-Jean du Plessis, cardinal de), I, 387.
Richelieu-Villemaixent. Voy. Pivardière (de la).
Richemont (Arthur de Bretagne, comte et connétable de), II, 220.
— (sgr de). Voy. Du Bouex.
Richeteau (Florence), femme d'Uriel Falloux de Messemé, I, 5, 28, 47, 65, 113, 152, 191 ; II, 3.
— (Jean), s^r de l'Epinay, conseiller au présidial, maire de Poitiers, I, 9, 401.
— (Louis), s^r de la Coindrie, échevin de Poitiers, I, 415.
— (Pierre), s^r de l'Epinay et de Villejame, I, 5.
Ricoux, c^{ne} de Tersannes, Haute-Vienne, I, 368.

Ricoux (sgr de). Voy. Bagnac (de).
Rideau (Jacques), procureur fiscal de Champagné-Saint-Hilaire, II, 51.
Riffaud (Françoise), femme de Jean de la Faire, II, 24.
Riffault (Etienne,) avocat au présidial de Poitiers, I, 118.
Rigaudière (tenue de la Vieille), c^{ne} de Bouresse, Vienne, II, 155.
Rigault (Louise), femme de Jacques Pescher, II, 41.
Rigoumier, avocat au présidial de Poitiers, I, 118.
Rigoux (la fosse à), c^{ne} de Béthines, Vienne, II, 230, 232.
Rillec, paroisse de Jouhet, II, 202.
Riol (Pierre), curé d'Antigny, I, 302, 420.
Riole (Marie de), femme de René de Prunelé, II, 248.
Rioult (Pierre), s^r d'Ouilly, receveur général des tailles en Poitou, I, 317.
Riparfond (s^r de). Voy. Gabriau.
Rippé (Gabriel), architecte, II, 136.
Rivalière (s^r de). Voy. Goudon.
Rivault (le). Voy. Pascaut.
Rivault (le), faubourg de la Trimouille, Vienne, I, 103, 125, 139 ; II, 24, 84.
— Champagne (s^r du). Voy. Vézien.
Rivière (château de la), c^{ne} de la Trimouille, Vienne, I, 319.
— (Mme de la), I, 183.
Rivières (tenue des), près Saint-Savin, Vienne, I, 393.
— (tenue des Petites), près Montmorillon, Vienne, II, 161.
— (s^r des). Voy. Dufour.
Riz-Chauveron (le), c^{ne} d'Azat-le-Riz, Haute-Vienne, II, 62.
— (baronnie du), I, 337 ; — baron, voy. Estourneau.
Roannez (duc de). Voy. Gouffier.
— (régiment de), I, 79, 80.
Roatin (Fleurence), Mme du Temple, religieuse de Saint-François à Montmorillon, I, 463 ; II, 87, 88.
— (Florentin), s^r de Jorigny, doyen des conseillers de Poitiers, I, 7.
Robbynet. Voy. Robinet.
Robert (Elisabeth), religieuse bénédictine à Saint-Maixent, I, 45.
— (François), s^r de Champniers, I, 45, 247.

Robert (Françoise), I, 45.
— (Gabrielle), I, 45.
— (Gaspard), I, 113.
— (Gilles), I, 45.
— (Jacques), s^r de Champniers, lieutenant du prévôt provincial de Poitou, I, 45, 46, 93, 207, 229, 230, 247, 251, 252, 285.
— (Jean), I, 45.
— (Jean), s^r de Saint-Pierre, I, 45, 252.
— (Jean), s^r des Arcis, I, 113, 374, 463 ; II, 116, 132.
— (Jean), s^r de la Marquetière, avocat au Dorat, I, 445 ; II, 48.
— (Jean), sgr de Saint-Sornin-la-Marche, lieutenant général de la Basse-Marche, II, 281, 294.
— (Jeanne), femme de François Le Beau, sgr de Sauzelles, II, 246.
— (Laurent), s^r de la Marquetière, juge sénéchal du Dorat, II, 48.
— (Marguerite), femme de Charles Pian, I, 374, 463.
— (Marie), femme de Jean Delabarde, I, 113.
— (Pierre), s^r de Villemartin, lieutenant général de la Basse-Marche, historien du Dorat, I, 32, 243 ; II, 247, 248.
— (Simon), avocat au Dorat, I, 16, 20, 40, 42, 445.
— s^r du Mas-Berthier, I, 244.
— sgr du Puy, fondateur et premier administrateur de la Maison-Dieu de Montmorillon, II, 147, 149, 198.
Robertus. Voy. Robert, sgr du Puy.
Robin (Gabrielle), femme de Jean Reveau, I, 110.
— (Jean), hôte des Trois-Rois à Lussac-le-Château, II, 281.
— (Marie), femme d'Henri Morault, I, 466.
Robinère (la), aujourd'hui inconnu, c^{ne} de Béthines, Vienne, II, 231.
Robinet (Louis), commandeur de Chassenay, II, 156.
— (Simon), II, 261, 272.
Robinière, avocat au présidial de Poitiers, II, 292.
Robinière (s^r de la). Voy. Coustière.
Robins (s^r des). Voy. Maignan.
Roc (sgr du). Voy. Desmier.

Rocard. Voy. Rocquard.
Roche (de). Voy. Deroche.
Roche (moulin de), c^{ne} de Journet, Vienne, I, 389.
Roche (s^r de la). Voy. Mariaud.
Roche (la), Rochecogne, c^{ne} de Journet, Vienne, II, 338.
Roche (la), c^{ne} de Latus, Vienne, I, 138 ; II, 163.
Roche (la), c^{ne} de Millac, Vienne, I, 181.
Roche (moulin de la). Voy. Roches (moulin des).
Roche (Barbe-Charlotte de la), femme de René Guiot, I, 103.
— (Denis de la), II, 252, 265.
— (François de la), s^r de Joussaud, I, 16, 18.
— (Loys de la), II, 258, 271.
— (Marie de la), Mlle de Saint-Chaumant, I, 103, 148.
— (Marie de la), I, 103.
— (Paul de la), sgr de la Mondie, I, 103, 148.
— (Philippe de la), sgr de la Mondie, I, 11, 103, 226.
— (de la), curé de Bourg-Archambault, I, 228.
— Beaucourt (Daniel de la), sgr de Saint-Chaumant et du Mosnard, I, 93.
Roche-Aguet (la), c^{ne} de Saint-Pierre-de-Maillé, Vienne, I, 315.
— (sgr de). Voy. Couhé (de).
Roche-au-Baussan (la), c^{ne} de Pindray, Vienne, I, 428 ; II, 122.
Roche-Belusson (sgr de la). Voy. Chastre (de la).
Rocheblond, I, 125.
— s^r de Saint-Fiaud, I, 279, 458, 460.
Rochebonne (M^r l'abbé de), comte et grand chantre de l'église de Lyon, vicaire général de Poitiers, II, 135.
Rochechevreux (sgr de la). Voy. Courault.
Rochechouart, Haute-Vienne, I, 52, 295, 300, 327, 358.
— (messager pour Paris, I, 52, 152, 155, 185, 202, 235, 261, 341, 344, 370, 398, 409, 410, 419, 421, 436 ; II, 41.
— (Benjamin de), chanoine de la cathédrale de Poitiers, I, 446.
— (Eléonore de), comtesse de Vi-

vonne, veuve de Jacques de Mesgrigni, II, 192.
Rochechouart (Esther de), femme de Gaspard Taveau, I, 293.
— (François de), marquis de Bonnivet, II, 192.
— (Françoise-Athénaïs de), femme de Louis de Pardaillan de Gondrin, marquis de Montespan, I, 3, 17, 62, 141, 293, 452, 459.
— (Gabriel de), duc de Mortemart, engagiste du domaine de Montmorillon, I, 17, 22, 23, 141 ; II, 82, 342.
— (Gabrielle de), femme de Claude-Léonor de Damas, marquis de Thianges, I, 17.
— (Gaspard de), marquis de Mortemart, prince de Tonnay-Charente, I, 293.
— (Jean, vicomte de), I, 184.
— (Jeanne-Marguerite de), femme de Jean Hélye de la Roche-Esnard, I, 222.
— (Louis de), 1, 459.
— (Louis de), duc de Mortemart, engagiste du domaine de Montmorillon, II, 118, 341, 343, 344.
— (Louis-Victor de), duc de Mortemart, comte de Vivonne, prince de Tonnay-Charente, maréchal de France, I, 17, 62, 141, 195, 306, 323, 413, 452, 459 ; II, 101, 118.
— (Marie, vicomtesse de), femme de Jean de Pompadour, I, 184.
— (Marie de), femme de Jean Du Pin de Beissat, I, 222.
— (Marie-Christine de), religieuse à Sainte-Marie de Chaillot, I, 17.
— (Marie-Magdeleine-Gabrielle de), abbesse de Fontevrault, I, 17, 141, 333.
— (René de), baron de Mortemart et de Montpipeau, sgr de Lussac-le-Château, II, 278, 279, 280, 281.
Rocheclaire (sr de). Voy. Ducellier.
Rochecogne (la). Voy. Roche (la).
Roche-de-Bord (sgr de la). Voy. Barbezières (de).
Roche-de-Bran (la), cne de Montamisé, Vienne, I, 44, 160.
Roche-de-Breneuil (la). Voy. Berneuil (roche de).
Roche-du-Fief (sr de la). Voy. Vezien.

Roche-Esnard (comte de la). Voy. Hélye.
Rochefort, cne de Mirebeau, Vienne, II, 219.
Rochefort (sr de). Voy. Lancereau.
Rochefoucauld (la), Charente, I, 144.
— (Anne-Françoise-Charlotte de la), I, 6.
— (Aymar de la), sgr de Montbazon et de Sainte-Maure, II, 223.
— (Benjamin de la), baron d'Estissac, I, 6.
— (François III de la), II, 250, 251, 258, 264, 270, 360.
— (François IV de la), prince de Marsillac, I, 6.
— (François VI de la), prince de Marsillac, gouverneur du Poitou, I, 29, 36, 252.
— (Françoise de la), femme de Jean d'Estouteville, II, 223.
Rocheguyon (sgr de la). Voy. Guyon.
Rochelle (la), Charente-Inférieure, I, 123, 167, 194, 216, 268, 270, 278, 283, 303, 391, 430 ; II, 151, 154, 164.
— commanderie de Bethléem dépendant de la Maison-Dieu de Montmorillon, II, 164.
— gouverneurs. Voy. Coëtivy (de), Villequier (de).
— port aux bœufs (le), II, 154.
— prévôt de la maréchaussée. Voy. Girardon.
— (prise de la), II, 37.
— rue du Temple, II, 150.
Rochemeaux, cne de Charroux, Vienne, I, 45, 346.
— juge sénéchal. Voy. Bricauld.
— notaires. Voy. Colasson, Delafaye.
Roche-Posay (la), Vienne, I, 48, 183.
— (marquis de la). Voy. Chasteigner.
— (Mgr de la). Voy. Chasteigner.
— (sgr de la). Voy. Couhé (de).
Rocher (Louise), femme de Charles de Moussy, I, 422 ; II, 9, 101.
Rocherie (la), cne de Latus, Vienne, II, 187, 188.
Roches (les), cne de Moussac-sur-Vienne, Vienne, I, 9, 44, 77, 85, 298, 345, 438.

Roches, chapelle du château, I, 438.
— (sgr des). Voy. Frottier, Laurens.
Roches (moulin des), cne de Magnac, Haute-Vienne, II, 153.
Rochet (bois de), paroisse de Morterolles, II, 204.
Rochettes (sr des). Voy. Dechaume, Delavergne.
— (sgr des). Voy. Du Bellay.
Rochevreux. Voy. Rochechevreux.
Rochier (André), sr de la Clavelière, I, 17.
— (Léonard), I. 395.
— (Michelle), femme de Félix Goudon, I, 44, 217.
Rocquard (Marie de), femme de Charles Desmontiers, II, 100.
— (Mr de), gentilhomme limousin, I, 327.
Rocroy, Ardennes, I, 128.
Rode (sr de la). Voy. Baconnet.
Roderie (sgr de la). Voy. Barachin.
— (Mathieu de la), chanoine de Notre-Dame de Montmorillon, II, 241.
Rodreis (Mr), I, 102.
Roger (Mr), commis de l'intendant, I, 184.
Rogier de Maunay (Antoine), official et vicaire général de Poitiers, II, 340, 341.
— (Louis), doyen de Saint-Pierre de Poitiers, I, 6.
Roi (régiment du), I, 299.
Roignon (le), cne de Saint-Aubin, Vienne, II, 219.
Rollard (Guillaume), dit la Bittine, II, 229.
Rollineau (Françoise), femme de Pierre Delavergne, I, 209.
Rom, Deux-Sèvres, II, 154.
Roma. Voy. Rome.
Romages (Remages) (sr de). Voy. Augier.
Romagné, Romagny (sgr de). Voy. Berthelin.
Romanet (Gabrielle), femme de Louis Godard, II, 82.
— (Louise), femme de Savin Bougeaud, I, 174, 296 ; II, 9, 91.
— (Melchior), cordonnier à Montmorillon, I, 174, 373.
— I, 10.
Romazières. Voy. Roumazières.
Rome, Italie, I, 123, 196, 330, 332, 426, 466 ; II, 102, 153, 177.

Ronceray (Paul), prieur de la Maison-Dieu de Montmorillon, II, 161.
Rondayne (Françoise), II, 252, 259, 265, 271.
Rondene. Voy. Rondayne.
Rongerres (Jean), laboureur, II, 324.
Roset. Voy. Rozet.
Rosette (sr de la). Voy. Durand.
Rosière (Marie de), femme de Jean de Bagnac, I, 368.
— (Mr de), II, 6.
Rossignol (Marguerite), femme de François Sornin, I, 53.
Rouelle (Jeanne), femme de Pierre Mangin, I, 105, 131, 371.
— (Jeanne), femme de Henri de Bonneuil, II, 5, 124.
Rouen, Seine-Inférieure, I, 379, 436 ; II, 192.
— (siège de), II, 223.
Rouergue (régiment de), I, 401.
Rouet, cne de Beaumont, Vienne, II, 100.
— (sgr de). Voy. Béraudière (de la).
— (Pierre), entrepreneur architecte à Poitiers, II, 164.
Rouffignac (sr de). Voy. Arbellot.
Rouflac, cne d'Hains, Vienne, I, 12, 78, 166, 188, 205, 266 ; II, 35, 51, 93, 99, 106, 229, 232.
— chapelle, I, x, 1.
— (sr de). Voy. Poirier.
Rougerie (sr de la). Voy. Pailler.
Rouillards (les), lieu aujourd'hui inconnu, cne de Mérigny, Indre, I, 353.
Rouille (sr de la). Voy. Audebert.
Rouillé (Pierre), sgr du Coudray et du Plessis, intendant du Poitou, I, 317.
Rouilly, cne du Blanc, Indre, I, 347.
— (sgr de). Voy. Mornet.
Roujou de Chaumont (Catherine-Gabrielle), II, 179.
— (Michel), contrôleur général des traites à Civray, II, 179.
Roumazières, Charente, I, 201, 215, 223.
Rousseau (Daniel), boucher à Montmorillon, I, 237, 252 ; II, 43.
— (Fleurence), femme de Jean Chambet, II, 20.

Rousseau (François), sergetier, II, 63.
— (Françoise), femme de René Fricon, II, 34.
— (Gabriel), sgr des Séchères, I, 300.
— (Itherote), II, 153.
— (Jean), II, 43.
— (Joachim), marchand et hôte à Montmorillon, I, 252, 272, 446, 449.
— (Marie), femme de Pierre Certany, II, 295.
— (René), sr de la Parisière, trésorier de France à Poitiers, II, 295.
— (Victor), I, 373.
— I, 264.
— boucher à Montmorillon, I, 272.
— II, 304.
Rousselière (sgr de la). Voy. Desmier.
Roussetière (la). Voy. Roustière.
Roussilles (vignes des), *près Montmorillon*, I. 321.
Roussillon (D^{me} de). Voy. Lescours (de).
Roussines, *Indre*, I, 242.
Roustière (la), c^{ne} *de Latus, Vienne*, II, 163, 187, 189.
Rouville de Clinchamp (Gabrielle de), femme de Henri Pot, I, 278.
Rouvre (M^r de), I, 195.
Rouvres (Robert de), garde du sceau royal, évêque de Séez, puis de Maguelonne, II, 220.
Rouyoux (les), c^{ne} *d'Adriers, Vienne*, II, 156.
Roy (Louis), marchand à la Rochelle, I, x, 268, 270, 429 ; II, 111
— (Marie), veuve Tabuteau, II, 166.
— procureur au présidial de Poitiers, I, 415.
Royal-Infanterie (régiment), I, 273.
— Italien (régiment), I, 386.
— Normandie (régiment), II, 143.
— Piémont (régiment), II, 70.
Royer (Françoise), D^{me} de Villars, femme de Baptiste Motard, II, 292.
Roys (Bernardus), miles, II, 202.
Rozet (Andrée), veuve de Jean Argenton, I, 115, 161, 363.
— (Anne), I, 449.

Rozet (Anne), femme de Fleurent Babert, II, 10.
— (Antoinette), femme de Gabriel Du Souchet, I, 82.
— (Auguste), sr de Condat, I, 140.
— (Catherine), femme d'Antoine Bobin, II, 101.
— (Eustache), II, 278.
— (Jacques), sr des Croix, tanneur à Montmorillon, I, 219, 301, 302.
— (Jean), sr de la Guesserie, procureur à Montmorillon, I, 10, 31, 82.
— (Jean), sr de la Groge, archer à Montmorillon, I, 301, 343 ; II, 41.
— (Jean-Baptiste), I, 82.
— (Jean-Julien), chanoine de Notre-Dame de Montmorillon, II, 350, 351, 357, 358.
— (Magdeleine), gouvernante des pauvres à la Maison-Dieu, I, 460.
— (Marguerite), femme de François Descombes, I, 131, 145.
— (Marie), femme d'André Raveau, I, 140.
— (Nicole), femme de Michel Coulon, I, 131, 145.
— (Pierre), huissier archer à Montmorillon, I, 302, 449.
— (M^r), I, 10.
— (s^r), I, 51
Rue (s^r de la). Voy. Dault (de), Delavergne.
Ruelan (Jeanne de), femme de Thomas de Guémadeuc, I, 61.
Rufanc (sr de). Voy. Mornet.
Rulland (Jean), sr du Moulinet, payeur des guerres, II, 15.
Rullaud, notaire royal, II, 314, 315, 316, 317, 318.
Rumbert, II, 296.
Rune (Nicolas), prieur de la Maison-Dieu de Montmorillon, II, 150, 151.
Russie, empereur. Voy. Pierre le Grand ; impératrice. Voy. Catherine.
Ruvigny (régiment de), I, 4.
— (marquis de). Voy. Massuès (de).
Ry (sgr de). Voy. Du Chasteau.
Rye (Anne de la), femme d'Antoine de Villedon, I, 133.

Rye (Charles de la), religieux récollet, II, 101.
— (sgr de la). Voy. Barbarin.

Rys-Chauveron. Voy. Riz-Chauveron (le).

S

Sableau (Pierre), sʳ du Taillis, I, 147.
— (Pierre), sʳ du Taillis, assesseur en la maréchaussée à Montmorillon, I, 147.
Sablonnière (la), *au faubourg de Grassevau à Montmorillon*, I, 212.
Sacierges, *Indre*, II, 163.
Saeillan. Voy. Du Saillant.
Saigne. Voy. Dechassaigne.
Saint-Amand, *Creuse*, I, 318.
— facteur du messager de Rochechouart, I, 421.
Saint-André (marquis de). Voy. Puy-Montbrun.
Saint-Antoine de la Foucaudière, aujourd'hui Saint-Sauveur, *Vienne*, II, 177, 178.
Saint-Augustin (ordre de), II, 148 ; chanoines, II, 157.
Saint-Auvent, *Haute-Vienne*, I, 436.
Saint-Belin (Geoffroy de), évêque de Poitiers, II, 157, 275.
Saint-Benoît-de-Quinçai (abbaye de), I, 335, *Vienne*.
— moulin à papier, II, 181 ; maîtres papetiers, voy. Barassat, Bouffugue, Lelarge, Massonneau.
Saint-Benoît-du-Sault, *Indre*, I, 73, 83, 86, 92, 155, 158, 229, 232, 233, 256, 281, 386, 430, 445, 448 ; II, 21, 319, 321, 324, 327, 328, 329.
— couvent des Augustins, I, 87, 347 ; II, 156 ; prieurs, voy. Belébat, Rabaud ; supérieur, voy. Sandrigue ; prévôt, voy. Nicolas.
Saint-Bonnet, *Haute-Vienne*, I, 398.
Saint-Brice, *Haute-Vienne*, I, 111.
Saint-Brisson (sgr de). Voy. Courtenay (de).
Saint-Chaumant (sgr de). Voy. Roche (de la).
Saint-Christophe (sgr de). Voy. Du Theil.
Saint-Claud, cⁿᵉ de la Chapelle-Moulière, *Vienne*, I, 238.

Saint-Clouaud ou Saint-Cloud, cⁿᵉ de Dinsac, *Haute-Vienne*, II, 6.
Saint-Cloud, *Seine-et-Oise*, II, 149.
Saint-Cyprien, cⁿᵉ *d'Antigny, Vienne*, I, 149, 319.
Saint-Cyr (école militaire de), II, 143, *Seine-et-Oise*.
— (dit). Voy. Bouchet (du).
Saint-Dié, *Loir-et-Cher*, I, 195.
Saint-Dier. Voy. Saint-Dié.
Saint-Domingue (coton de), II, 354.
Saint-Etienne (sgr de). Voy. Lande (de la).
Saint-Fiaud (sʳ de). Voy. Rocheblond.
Saint-Front (comte de), I, 67.
Saint-Gelais (Jean de), marquis de Saint-Gelais, sgr du Breuilhac, II, 191, 192, 194.
— de Lusignan (Jeanne de), veuve d'Auguste Poussard, marquis d'Anguitard, I, v ; II, 190, 191, 192, 193, 194.
Saint-George (Olivier de), baron de Couhé, sgr de Château-Garnier, marquis de Vérac, lieutenant du Roi en Poitou, II, 116.
Saint-Georges (comte de). Voy. Chasteigner.
Saint-Germain, *Vienne*, I, xii, 264.
Saint-Germain-Beaupré (marquis de). Voy. Foucaud.
Saint-Germain-en-Laye, *Seine-et-Oise*, I, 39, 435.
— (château de), I, 39, 271.
Saint-Germain-sur-Indre, cⁿᵉ de Saint-Jean-Saint-Germain, *Indre-et-Loire*, I, 470, 471 ; II, 3, 6, 8, 14, 20, 22, 26, 33, 55, 75, 78, 89, 96, 127, 128, 129, 131, 138, 139, 141.
Saint-Germain-sur-Vienne, *Charente*, I, 3, 9, 10, 11, 17, 21, 28, 29, 31, 33, 45, 46, 47, 49, 50, 54, 56, 59, 62, 69, 77, 78, 80, 81, 85, 88, 89, 93, 97, 99, 107, 109, 121, 126, 128, 132, 137, 166, 168, 170, 177, 178, 180, 184, 187, 192, 201, 207, 209, 210, 211, 214, 216, 223,

224, 225, 230, 234, 235, 239, 240, 245, 250, 252, 253, 257, 260, 263, 277, 284, 286, 288, 290, 309, 314, 318, 319, 320, 325, 326, 343, 344, 352, 358, 359, 364, 369, 370, 371, 374, 375, 389, 400, 409, 419, 420, 423, 424, 428, 438, 444, 447, 451, 453, 458, 470, 471 ; II, 9, 20, 25, 26, 27, 33, 36, 39, 50, 56, 60, 72, 82, 90, 91, 94, 95, 96, 108.
Saint-Germain-sur-Vienne, château, I, 210.
— chirurgien. Voy. Rampnoux.
— église, I, x, 210, 447.
— juge sénéchal. Voy. Barbarin.
— mesure, II, 155.
— notaires. Voy. Deroche, Mailhard, Marchand.
— régent, I, 358.
Saint-Gildas, c^{ne} de Châteauroux, Indre, II, 303.
Saint-Hilaire-de-Benaise, Indre, I, xii, 469 ; II, 347.
Saint-Jean-d'Angély, Charente-Inférieure, II, 250.
Saint-Jean de Jérusalem (ordre de), II, 147, 148.
Saint-Jean-de-Luz, Basses-Pyrénées, I, 178.
Saint-Julien (Jacques de), II, 211, 212.
— (Louis de), sgr de Luzuret, II, 211, 212.
Saint-Junien, Haute-Vienne, I, 71, 72, 97, 111, 168.
— chapelle de Notre-Dame-du-Pont, I, 72.
— couvent des Récollets, I, 71, 72.
Saint-Laurent (Jacques de), éc., II, 278.
Saint-Lazare (chevaliers de), I, 363.
— de la maladrerie (chapelle de), près le port de Chauvigny, II, 73.
Saint-Léomer, Vienne, I, xii, xiii, 58, 296, 413, 429 ; II, 2, 74, 90, 158.
— apothicaires. Voy. Dauberoche (Louis), Dauberoche (Vincent).
— (curé de), II, 335.
— (prieurs de). Voy. Estevenet, Jacquet.
Saint-Léonard, Haute-Vienne, I, 90, 168.

Saint-Maixent, Deux-Sèvres, I, 35, 194, 356 ; II, 9, 11.
— abbaye, I, 54 ; prieur, voy. Richard.
— maréchaussée : prévôt, voy. Birot ; lieutenant, voy. Chein.
— (prise de), II, 220.
Saint-Maixent-le-Petit (moulin de), paroisse d'Anthenet, Vienne, II, 227, 231, 232.
— prieuré, II, 303.
— (sgr de). Voy. Soret.
Saint-Marc (sgr de). Voy. Guiot.
Saint-Mars (s^r de). Voy. Thierry.
Saint-Martin (M^r), procureur à Poitiers, I, 119.
Saint-Martin (Antoine de), I, 295.
— (Jean de), sgr de Bagnac, I, 79, 222, 295.
— (Marie de), femme de Mathieu Chazaud et de Jean de Saint-Martin, I, 295.
— (s^r de), maréchal des logis, I, 49.
— (s^r de). Voy. Bidaud.
Saint-Martin-Lars, Vienne, I, 82.
Saint-Maur (Dom Charles de). Voy. Petipied.
Saint-Nectaire (Charles de), sgr de Saint-Victour, I, 56, 235.
— (Henri de), dit le maréchal de la Ferté, I, 67.
— (Marie de), I, 235.
— (Paul de), comte de Saint-Victour, II, 113.
Saint-Nicolas (chapelle de), c^{ne} de Montmorillon, Vienne. II, 158.
— (vignes du clos), II, 161.
Saint-Paixent, c^{ne} de l'Isle-Jourdain, Vienne, I, ix, 324, 400.
Saint-Paul (s^r de). Voy. Laurens.
Saint-Philibert (M^e de), notaire et procureur à l'Isle-Jourdain, II, 23, 113.
Saint-Pierre (maison appelée de). Voy. Charroux.
— (s^r de). Voy. Robert.
— (sgr de). Voy. Estourneau.
Saint-Pierre-d'Exideuil, Vienne, I, 48.
Saint-Pierre-de-Maillé, Vienne, I, 183
Saint-Quentin, Aisne, I, 391.
Saint-Remois. Voy. Saint-Remy.
Saint-Remy, Vienne, I, xiii, 67 ; II, 158.

Saint-Rémy, paroisse, II, 291, 305, 306 ; curé, II, 338.
— prieur. Voy. Brisson.
Saint-Romain (sgr de). Voy. Bardonnin.
Saint-Sauveur-le-Vicomte (siège de), *Manche*, II, 223.
— (vicomte de). Voy. Villequier (de).
Saint-Savin, *Vienne*, I, xii, 10, 27, 31, 32, 48, 51, 78, 90, 96, 102, 139, 140, 171, 209, 226, 227, 231, 239, 264, 276, 293, 315, 321, 333, 335, 337, 362, 393, 402, 421, 454 ; II, 11, 46, 52, 98, 101, 112, 229, 230, 231, 232.
— abbaye, I, xi, 269 ; II, 202 ; — abbé, II, 226, 230, 332, voy. Neuchèze (de) ; — chambrier, voy. Jacquet.
— châtellenie, I, xiii, 335 ; II, 205 ; — juges sénéchaux, voy. Bonnestat, Neuchèze (de) ; — procureurs, voy. Chaussée (de la), Michelet ; — notaires, voy. Aubin, Michelet ; — sergent royal, voy. Cuisinier.
— chirurgiens. Voy. Bonnestat, Raveau.
— église Notre-Dame, chapelle du Rosaire, I, 31 ; — curé, voy. Gazil.
— Louis XIV (passage de), I, 62.
— mesure, II, 227, 230.
— tanneur. Voy. Billette.
— troupes (passage de), I, 31 ; II, 93, 112.
Saint-Sépulcre (chevaliers du), II, 158.
— (ordre du), II, 148, 149.
Saint-Simon (Charles de), sgr de Montbléru, lieutenant-colonel du régiment de Navarre, II, 248.
— (Claude de), sgr de Montbléru, major du régiment d'Artois, lieutenant de roi à Blaye, II, 249.
— (Louis de), dit le comte de Saint-Simon, sgr du Burguet, mestre de camp de cavalerie, gouverneur de Chauny, I, 286 ; II, 249, 359.
Saint-Sornin-la-Marche (sgr de), voy. Robert.
Saint-Sulpice-les-Feuilles, *Haute-Vienne*, I, vi.

Saint-Thibault (chapelle de), à la Favrie, cne de *Millac*, *Vienne*, I, 290, 291 ; — prieurs, voy. Frédot, Picard.
Saint-Vaas (de), notaire à Paris, II, 342.
Saint-Victor-d'Ingrandes (sgr de). Voy. Barbançois (de).
Saint-Victour (sgr de). Voy. Saint-Nectaire (de).
Saint-Victurnien, *Haute-Vienne*, I, xiii, 72, 97, 168.
Saint-Vivien (sgr de). Voy. Maroix (de).
Sainte-Anne (vigne appelée le quartier), cne de *Montmorillon*, *Vienne*, II, 159.
Sainte-Colombe (François-Benoît de), marquis de l'Aubépin, exempt des gardes du corps du Roi, I, 221, 324.
Sainte-Gemme, *Charente-Inférieure*, II, 199.
Sainte-Madeleine (île de), près Saint-Germain-sur-Vienne, *Charente*, I, 210.
Sainte-Marthe (Elisabeth ou Isabelle de), femme de Jean Du Chastenet, I, 14, 15, 18 ; II, 57, 248.
— (François de), sgr de Champdoiseau, avocat au Grand Conseil, I, 14, 16 ; II, 248.
— (Gaultier ou Gauchier de), trésorier général des finances à Poitiers, II, 288, 292, 294, 295, 300, 302, 342.
— (Marie de), religieuse à Sainte-Croix, I, 331.
Sainte-Maure, *Indre-et-Loire*, I, 19, 156, 160, 183, 268.
— (Alexis de), marquis de Jonzac, I, 289.
— (Charles de), duc de Montauzier, I, 4, 64.
— (sgr de). Voy. Estouteville (d').
Sainte-Menehould, *Marne*, I, 70, 220 ; — gouverneur, voy. Poussard.
Sainte-Radegonde, faubourg de Saint-Germain-sur-Vienne, *Charente*, I, 325.
Saintes, *Charente-Inférieure*, I, 70 ; II, 57, 153, 191, 234, 250.
Saintonge (province de), I, 7, 64, 438 ; — gouverneur, voy. Chamilly.

Saintonge, grand maître enquêteur des eaux et forêts. Voy. Raffy de Bazoncourt.
Saintot (M^r de), maître des cérémonies de France, I, 39.
Saints « entacheurs », I, 340.
Salart (baron de), cornette des chevau-légers de Monsieur, I, 437.
Salcron (le), *petite rivière*, II, 227, 228, 229.
Salignac de Lamothe-Fénelon (Antoine de), marquis de Magnac, lieutenant général du Roi en Haute et Basse Marche, I, 129, 412.
— (François de), archevêque de Cambrai, I, 412.
— (François de), sgr de l'Oliverie, II, 312.
— (François-Barthélemy de), évêque de Pamiers, I, 438.
— (Gabriel-Jacques de), ambassadeur en Hollande, I, 438.
— (Gillonne de), femme de François Estourneau, sgr de Tersannes, II, 312.
— (Henri-Joseph de), I, 412.
— (Jacques de), s^r de l'Oliverie, lieutenant au régiment de la Feuillade, I, 24 ; II, 312.
— (Jean-Baptiste de), comte de Fontaine-Chalendray, I, 412.
— (Marie-Françoise de), femme de Pierre de Laval et de Henri-Joseph de Salignac, I, 412.
Salle (Salomon de la), s^r de Puyrichard, I, 337.
— (sgr de la). Voy. Argence (d').
— (s^r de la). Voy. Dansays, Delavergne.
Salleron Voy. Salcron.
Salles (moulin de), c^ne *du Vigean*, *Vienne*, I, 324.
Salles-Lavauguyon (les), *Haute-Vienne*, I, 29, 248, 250, 253, 256, 262, 279, 280, 289, 292, 293, 428, 429, 440.
Samson (Guillaume), dit Frappe d'arrière, I, 263 ; II, 102.
— (Sylvine), femme Bardin, II, 102.
Sandars (sgr de). Voy. Pellot.
Sandrigue, supérieur du couvent de Saint-Benoit-du-Sault, II, 151.

Sanguignier (Catherine), femme de Gabriel-François Reymond, I, 370.
Sanguin (régiment de), I, 409, 418, 424.
Sansac (comte de). Voy. Bardonnin.
Sansignier (Jeanne), femme de René Estevenet, I, 316, 317.
Santerre (Charlotte), femme de Pierre Maurat, II, 13.
Sanzelle, c^ne *de Leigne*, *Vienne*, I, 314.
— (sgr de). Voy. Chastre (de la).
Sarry-lez-Chaalon, *Marne*, II, 223.
Sarzay (sgr de). Voy. Barbançois (de).
Saugé, Saulgé, *Vienne*, I, xii, xiii, 60, 130, 183, 215, 233, 241, 276, 358 ; II, 20, 95, 110, 116, 121, 158, 161, 166, 167, 202, 291, 305, 306.
— chapelle des Trois-Rois, II, 95.
— curés, II, 335. Voy. Bareau, Sauzet.
— prieuré de Notre-Dame, I, 215, 319 ; — prieur, voy. Béraudière (de la).
— (sgr de). Voy. Blom (de).
— troupes (passage de), I, 62, 64, 67.
Saulaye (sgr de la). Voy. Bridieu (de).
Saulnier (Etienne), I, 23.
— (Suzanne), femme de Jean de Chamborant, I, 23.
Saumur, *Maine-et-Loire*, I, 13, 14, 68, 110, 116, 157, 182, 183, 195, 229, 237, 255, 266, 280, 296, 313, 392, 430, 431 ; II, 107, 127, 138.
— blanchisserie de toiles, I, 116.
— hôtellerie de la Fontaine, I, 91, 157.
— Notre-Dame-des-Ardilliers (église de), I, v, 157, 182, 342 ; II, 177, 178.
— Pères de l'Oratoire (les), I, 91, 157.
Sausay (M^rs de), marchands à Poitiers, I, 19.
Sautereau, clerc, II, 56.
— (Magdeleine), femme d'André Cailleau, II, 249.
— procureur à Poitiers, I, 119.
Sautonne (sgr de). Voy. Le Peultre.
Sauvaing (Jean), II, 154.

Sauvebœuf (Charles-Antoine de Ferrières, sgr de), lieutenant général des armées du Roi, I, 60, 61, 62.
Sauxay. Voy. Sauzé.
Sauzé, cne de la Trimouille, Vienne, II, 165.
— (sr de). Voy. Jacquemin.
Sauzelles (sgr de). Voy. Le Beau.
Sauzet (Mathurin), curé de Saulgé, II, 95.
Sauzettes (sr des). Voy. Richard.
Savary (Claude), sgr des Prez, I, 274.
— (Pierre), sgr d'Alex, I, 349.
Savaton (sr), I, 4, 5.
Savatte (Diane-Marie de), femme de Paul de Coral, I, 158, 383.
— (François de), sgr de la Fouchardière, I, 158.
— (Françoise de), femme de François Robert, I, 45.
— (Louise de), femme de Pierre Baconnet, I, 112, 181.
— (Pierre de), sgr de Genouillé, II, 98.
Savigné, Vienne, I, 45.
Savin, sergent royal, I, 192.
— (Charles), sr de Verges, notaire et procureur de la justice de la Messelière, II, 115, 249.
— (Marie-Anne), femme d'Antoine Micheau, II, 115, 249.
Savoie (Charles-Amédée de), duc de Nemours, I, 61.
— (Charles-Emmanuel, duc de), I, 67.
— (Henriette-Adélaïde de), femme de Ferdinand-Marie de Bavière, I, 466.
Sazat, cne de Saugé, Vienne, II, 183 ; — fontaine, II, 183.
— (sr de). Voy. Nicault.
— (moulin de), cne du Vigean, Vienne, I, 324.
Schomberg (Charles, duc d'Halluin, maréchal de), I, 386.
Scillet, I, 79, 93.
Scot (le), cne de Pindray, Vienne, I, 66.
Scourion (François), sgr de Bégaudelle, I, 232.
Sébastien (saint), I, 72.
Séchault, cne de Saint-Léomer, Vienne, II, 165.
Séchères (sgr des). Voy. Rousseau.

Séez, Orne, II, 220.
Sefer, turc, II, 101.
Segretain (Marie), femme de Jean Laurens, I, 325, 438.
Seguy (Martial), marchand papetier, II, 53, 184, 185.
— (Michel), II, 53, 62, 128.
Seillans (sgr de). Voy. Fougères (de).
Semence (Augustin), professeur de philosophie et prieur de la Maison-Dieu de Montmorillon, I, 258 ; II, 162.
Senesché. Voy. Chéneché.
Senevières (baron de). Voy. Grateloup.
Sennecterre. Voy. Saint-Nectaire.
Septembreux (Pierre), II, 303, 304.
Serail, cne d'Abzac, Charente, I, 10, 61 ; II, 92.
Séraillère (sgr des). Voy. Argence (d').
Séricourt (Timoléon de), baron d'Esclainvilliers, mestre de camp de cavalerie, I, 3.
Serière. Voy. Cirières.
Séris (sr de). Voy. Soret.
Serizier (Françoise), femme de Jacques Berthelin, I, 362, 389 ; II, 86, 188, 190.
— (Marie), femme de Louis Sochet, I, 311.
Serre, Sierre (sr de). Voy. Bellivier.
Serres, cne d'Abzac, Charente, I, 3, 9, 11, 17, 21, 56, 245, 246, 257 ; II, 59, 72, 73, 82, 93.
— (sgr de). Voy. Grandsaigne (de).
Servenon, notaire à Saint-Benoît-du-Sault, I, 92.
Seschaud (Guiot), écuyer, II, 202.
— (Jeanne), femme de Jean de Lantigny, II, 202.
Sey (Louis), marchand, I, 21.
Sibour (régiment de), II, 112, 117.
— (Jean de), II, 112.
Siccot (Catherine), II, 278.
Sicile (roi de). Voy. Anjou (René, duc d').
Sierre. Voy. Serre.
Signe (sgr de la). Voy. Fricon.
Sillars, Vienne, I. xiii, 58, 83, 101, 107, 122, 139, 158, 198, 213, 234, 318, 364, 368, 375, 383, 467 ; II, 101, 158, 160, 166, 167, 204.
— (curé de), I, 83, 122, 158, 368, 467. Voy. Boulineau, Gavid.

Sillars (Geoffroy de), II, 204.
— (paroisse de), II, 305, 306.
Sillery (marquis de). Voy. Brulart.
Siméon (le P.), religieux récollet, I, 420.
Simon (François), II, 256, 270, 274.
— (Mathieu), II, 256.
— (Mathurin), II, 263, 269, 274.
Simonis (Rémond), II, 151.
Simonnot (François), sgr du Mas-Vigier, I, 84.
— (Marie), femme de Claude de la Faire, I, 274.
Sinne (Mr de la). Voy. Fricon.
Siouvre (château de). cne de Saint-Savin, *Vienne*, I, 102.
Siré. Voy. Ciré.
Sixte IV, pape, I, 143.
Sochet (Julien), sr de Villebouin, I, 311.
— (Louis), sr de Villebouin, I, 311.
Soleilloux (sr de), Voy. Nollet.
Soligny (sr de). Voy. Berthelin.
Sollaye (sr de la), maréchal des logis des gendarmes du cardinal Barberin, I, 123.
Sommières, *Vienne*, I, 48.
Sonneville (sgr de). Voy. Bardonnin.
Soret (Jean), prieur de Saint-Maixent-le-Petit, II, 282, 284.
— (Pierre), sr de Séris, I, 271.
— (Renée), femme de Jacques Delamazière, I, 271.
Sornin (Catherine), femme de François Baconnet, I, 112 ; II, 35.
— (Catherine), femme de Simon Chesne, I, 462.
— (François), sr des Faugères, I, 53.
— (Guillaume), sr de Meillac, avocat au Dorat, I, 387 ; II, 63.
— (Jean), sr de la Gorce, II, 35.
— (Julie), femme de Léonard Laurens, I, 387 ; II, 63.
— (Louise), femme de Robert Delouche, I, 53.
— (Marie), femme de Vincent Dauberoche, I, 412.
— (Mathurine), femme de Jean Dumonteil, I, 387.
— I, 413.
— (sr de Château-Dampierre), I, 344.
Sororeau (André), huissier et procureur à Montmorillon, I, 219 ; II, 106.
Sororeau (André-François), huissier et procureur à Montmorillon, I, 5, 219, 235, 408, 455.
— (Jeanne), femme de Nicolas Estourneau, I, 173.
— (Léonard), commis greffier à Montmorillon, II, 282, 283, 288.
— (Louis), chirurgien à Montmorillon, I, 235, 240, 300, 316.
Souaigne (pré de la), près le bourg du Vigean, *Vienne*, I, 324.
Souhau (sr de), avocat à Confolens, I, 232.
Soulage, cne de Pindray, *Vienne*, I, 21.
Soullière (Jeanne de), femme de Jean de Pons, I, 264.
Soury, facteur du messager de Rochechouart, I, 52.
Souterraine (la), *Creuse*, I, 84, 233, 342 ; II, 5, 7, 40, 120.
Souvigny (sr de). Voy. Collin.
Spifame (Jean), sgr de Bisseaux et de Passy, conseiller au parlement de Paris, II, 286.
Steinstadt, Allemagne, II, 8.
Strasbourg, *Alsace-Lorraine*, I, 413.
Stuart (Marie), reine de France et d'Ecosse, II, 288, 289, 290, 295.
Sudre (Jean), sr de Longeville, I, 324.
Suire (François), dit le Poitevin, cordonnier à Montmorillon, I, 380.
— (Jeanne), femme de Martial Seguy, II, 53, 185.
— (Marguerite), femme de Christophe Boucher, II, 53, 359.
Sully (Belle-Assez de), dame de Cluys, de Bouesse et de Magnac, femme de Charles de Culant, II, 234.
— (Maximilien de Béthune, duc de), surintendant des finances, I, 172.
Suya (Jean de), sr de Lasserie, II, 246.
— (Marguerite de), femme de Louis le Beau, sgr de Sauzelles, II, 246, 294, 297, 302.
Syllars. Voy. Sillars.
Sylvain (André), I, 87.
— (Jean), sr de la Bétoule, I, 8, 243.

— 495 —

Sylvain (Jean-Baptiste), praticien, II, 166.
— (Jeanne), femme de Fleurant Delavergne, I, 243, 470 ; II, 61.
— (Louise), femme de Pierre Delaforest, I, 270.
— (Marguerite), femme de René Nicault, I, 444 ; II, 27, 66.
— (Marguerite), femme de Fleurent Pouyollon, II, 65, 66.
Sylvain (Marie), femme du s^r du Monteil, II, 40.
— (Mathurin), s^r de Fayolle, sergent royal à Montmorillon, I, 108, 109, 309 ; II, 40, 65.
— (Philippe), s^r des Plaines, I, 87, 97.
— (Pierre), s^r du Bouchet, I, 18.
— (Pierre), s^r du Boucheaud, I, 148.
— fermier de Rhodes, I, 18.
Symon. Voy. Simon.

T

Tabuteau (Thomas), sergetier à Montmorillon, II, 161, 166.
Tafourin (Baptiste), II, 300.
Taillebaut (s^r de). Voy. Dechastenet.
Taillebourg, *Charente-Inférieure*, I, 70 ; II, 220.
Taillis (s^r du). Voy. Sahleau.
Tamisière (la), veuve, II, 26, 80, 121.
Tancarville (comte de). Voy. Harcourt (d').
Tardieu (Antoine-Charles), comte de Malessye, lieutenant aux Gardes-Françaises, I, 324.
Tartarin (Aimée), femme de Pierre Guérin, I, 208, 319.
— (Annet), dit le Frisé, marchand à Montmorillon, I, 466 ; II, 63.
— (Fleurent), greffier criminel à Montmorillon, I, 20, 79, 112, 208, 261, 263, 315, 319 ; II, 308, 309.
— (Marguerite), femme de François Deugnet, I, 466.
— II, 81.
Taupeau, Taupelli (Jean), prieur de la Maison-Dieu de Montmorillon, II, 153, 154.
Taupelli. Voy. Taupeau.
Taveau (Anne), femme de Pierre Du Pin, I, 11.
— (Gaspard), baron de Mortemer, I, 293.
— (Jeanne), femme de Philbert Brunet, II, 75.
— (Léonnet), baron de Mortemer, sgr de Lussac, de Verrières et du Bouchet, II, 278.
— (Magdeleine), femme de Philippe Audebert, II, 117, 192.
Taveau (Renée), II, 278, 279.
— II, 351.
Teil (sgr de). Voy. Guiot.
Teil-au-Servant (le), c^{ne} de la Chapelle-Viviers, *Vienne*, II, 293.
Teil-aux-Moines (le), c^{ne} de la Chapelle-Viviers, *Vienne*, I, 127, 446 ; prieur, II, 286.
Temple (ordre du), II, 147.
Temple (le), c^{ne} de Salles-en-Toulon, *Vienne*, I, 7, 176, 181, 182, 204, 216, 288, 293, 308, 404, 435 ; II, 78, 107.
— auberge du Soleil, I, 7.
— (Mme du). Voy. Roatin.
Tenaye (la). Voy. Thenet.
Tenet. Voy. Thenet.
Tercé, *Vienne*, II, 69.
Termes. Voy. Thermes.
Terre-Sainte, II, 147.
Tersannes, *Haute-Vienne*, I, 368 ; II, 43, 312.
— (sgr de). Voy. Estourneau, Richard.
Tervanne (s^r de). Voy. Bonnin.
Tessereau (Charlotte), femme d'Isaac Du Pin, I, 226.
— (Charlotte), I, 226.
— (Gabrielle), Mlle de Giverdan, I, 226.
— (Jacques), sgr de Pressigny, I, 226.
— (Jean-Baptiste), sgr de Chaume, I, 226.
— (Louis), sgr de Pressigny, I, 103, 225.
— (Louis), sgr de Pressigny, I, 225.
— (Marie), femme de Joseph Du Rieux, de Jacques Laurens et de Jean de la Ramière, I, 11, 226.

Tessereau (Marie), I, 226.
— (Marie-Anne), femme de Philippe de la Roche, I, 103, 226.
— (Marie-Gabrielle), I, 226.
Testaud (Marie), femme de Pierre Cousseau, I, 415.
Testor, II, 118.
Teuil. Voy. Theuil.
Texier, Texori (Etienne), prieur de la Maison-Dieu de Montmorillon, II, 154.
— (François), II, 255, 263, 268, 273.
— (Marguerite), femme de Jean Bobin, II, 26.
Texori. Voy. Texier.
Theil-aux-Moines (le). Voy. Teil-aux-Moines (le).
— (sgr du). Voy. Porte (de la).
Thenet, Antenet, Anthenet, Tenaye (la), Tenet, ancienne paroisse, c^{ne} d'Hains, Vienne, I, xii, xiii, 52, 212, 237, 255, 280 ; II, 204, 228, 232, 303, 313.
— curés. Voy. Moreau, Pargon.
Théodose (le P.), religieux récollet, II, 138.
Théotyme (le P.), religieux récollet, I, 35, 332.
Thérèse (vaisseau la), I, 306.
Thermes (s^r des). Voy. Gallicher.
Theuil, c^{ne} de Saulgé, Vienne, I, 220 ; II, 20, 95, 166, 167.
Thévenet (M^r), avocat au présidial de Poitiers, I, 211, 281, 459.
— notaire royal à Montmorillon, I, 302.
— religieux augustin, I, 281.
Thianges (marquis de). Voy. Damas.
Thiaudière (Guyonne), femme de Pierre Maingueneau, I, 75.
— (Renée), femme d'Antoine Naudin, II, 137.
Thibaudeau, cité, I, 29 ; II, 286.
Thibaut (Jacques), marquis de la Carte, commandant de la milice du Poitou, II, 104, 112.
Thieblemont (M^r de), cornette de la compagnie du comte de Lagny, I, 184.
Thierry (Fleurence), I, 378.
— (Marc), s^r de Saint-Mars, maître tailleur d'habits à Montmorillon, I, 13, 171, 172, 378, 411.
Thionville (bataille de), II, 249, Lorraine.

Thoinette (la), I, 427.
Thois (s^r du), I, 353.
Thollet, Vienne, I, 54, 154 ; II, 38.
Thomas (prince), II, 209.
Thomas (Ambroise), religieux carme, I, 314.
— (Claude), femme de Jean de Nollet, II, 247.
— (Geneviève), femme de Louis Fontenette, I, 200, 227.
— (Germaine), femme de Pierre Coustière, II, 73.
— (Jeanne), engagiste du domaine de Montmorillon, femme d'André Le Beau et de Louis Ladmirault, I, 8, 326 ; II, 141, 247, 300, 342.
— (Joseph), bourgeois de Montmorillon, II, 166, 168.
— (Joseph), chanoine de Notre-Dame de Montmorillon, II, 357, 358.
— (Léonard), procureur au parlement de Dijon, II, 247.
— (Léonard), sgr de Boismorin et de Brizay, trésorier de France à Poitiers, II, 247.
— (Louise), femme de Pierre Robert, I, 32 ; II, 247.
— (Paul), sgr de la Croix, de Boismorin, de Cromas et du Plessis, sénéchal de Montmorillon, I, 32, 186, 213, 326 ; II, 179, 180, 244, 247.
— (Robert), II, 247.
— s^r de la Buxière, assesseur au Blanc, I, 229.
Thomas d'Acquin (saint), I, 73.
— de Cantorbéry (saint), II, 332.
— de Villeneuve (saint), archevêque de Valence, I, 169.
Thomasson (Louise), femme de François Augier, I, 316.
Thonac (Jacques de), engagiste du domaine de Montmorillon, II, 342.
— (Simon de), avocat, engagiste du domaine de Montmorillon, II, 251, 257, 258, 342.
Thonesre. Voy. Tonnerre.
Thornat. Voy. Tournac.
Thouars, Deux-Sèvres, I, 5.
— (Catherine de), femme de Gilles de Laval, sgr de Raiz, II, 220.
Thouillet, c^{ne} de Brigueil-le-Chantre, Vienne, II, 165.

Thoumas (Charles), aubergiste à Payroux, II, 194.
Thuré, *Vienne*, II, 295.
— bacheliers, II, 295.
— (baron de). Voy. Martineau.
Tierry, II, 285.
Tigreulx, II, 178.
Tilles (les), c^{ne} de *Saint-Martin-Lars*, *Vienne*, I, 325.
Tinton (Jean), marchand sergetier, II, 314.
Tiphaineau (Jean), II, 232.
Tisseuil (Louis de), sgr d'Envaux, lieutenant-colonel d'infanterie, I, 201.
Todière, cité, I, 29, 36.
Tonat, c^{ne} de *Latus*, *Vienne*, II, 163.
Tonnay-Charente, *Charente-Inférieure*, I, 22, 23 ; II, 118.
— (abbé de). Voy. Guyon.
— (prince de). Voy. Rochechouart.
Tonnelière (la), *près le faubourg de Grassecau à Montmorillon*, I, 213.
Tonnelin (Pierre), correcteur des comptes, II, 235, 236, 237.
Tonnerre (s^r de). Voy. Clermont (de).
Tornat. Voy. Tournac.
Torsac, c^{ne} d'*Adriers*, *Vienne*, I, 246.
— c^{ne} d'*Usson*, *Vienne*, I, 325.
Touchard (Catherine), femme de Pierre Cuisinier, I, 299, 421, 430, 469.
Touche (la), c^{ne} de *Salles-en-Toulon*, *Vienne*, II, 5.
— (s^r de la). Voy. Bourceau, Milon, Renaud.
— (Françoise de la), femme d'Augustin Alamigeon, I, 284), 285, 286.
Touche-Palardy (la), c^{ne} de *Queaux*, *Vienne*, I, 325.
Touche-Renaud (s^r de la). Voy. Renaud, s^r de la Touche.
Touffou, c^{ne} de *Bonnes*, *Vienne*, I, 303, 304 ; II, 201.
— (sgr de). Voy. Chasteigner.
Toulouse, *Haute-Garonne*, I, 73, 85, 438 ; II, 301.
— capitouls (les), II, 301.
Tour (Garnier de la), II, 152.
— (Isabeau de la), femme de Guillaume de Châtillon, II, 221.
Tour (s^r de la). Voy. Jacquet.
Touraine (intendant de). Voy. Ribeyre.
— (lieutenant du gouvernement de). Voy. Barbarin.
— (Jean), charpentier, II, 283, 288.
Tourangeau, II, 92, 95, 108, 110.
Tour-au-Paumier ou aux-Paulmes (sgr de la). Voy. Richard.
Tourayne. Voy. Touraine.
Tour de Brillac (sgr de la). Voy. Rabaine (de).
Tournac, c^{ne} d'*Antigny*, *Vienne*, II, 50.
— (s^r de). Voy. Grault.
Tournay, *Belgique*, II, 29 ; — citadelle, I, 421 ; — église Saint-Piat, I, 421.
Tournon, *Indre*, I, 52, 231, 261, 275, 341, 424.
Tours, *Indre-et-Loire*, I, 2, 16, 19, 20, 40, 41, 42, 44, 47, 50, 53, 54, 66, 78, 84, 91, 116, 118, 126, 127, 129, 132, 150, 151, 156, 160, 161, 169, 175, 176, 177, 178, 179, 182, 183, 229, 230, 268, 270, 281, 392, 443 ; II, 97, 107, 138, 218, 234, 237, 238.
— archevêque. Voy. Eschaux (Bertrand d').
— église Saint-Saturnin, I, ix, 157, 183, 268.
— états généraux, I, 23.
— hôtelleries : Chasse (la), I, 53 ; Galère (la), I, 91 ; Saint-Martin, I, 116.
Tour-Savary (sgr de la). Voy. Claveurier.
Touton, notaire à Poitiers, I, 47.
Toyon (Jean), chirurgien à Poitiers, I, 428.
Tranchant (Charles), cité, I, 62 ; II, 200.
— (Jeanne), femme de Félix Dechassaigne, I, 214, 430.
Trappe (la), c^{ne} de *Millac*, *Vienne*, II, 28.
Tre... (la), paroisse de Parnac, *Indre*, II, 326.
Trébillon (M^r), procureur au parlement de Paris, I, 129.
Trecæ. Voy. Troyes.
Treignac (baron de). Voy. Pompadour.
Trémoille. Voy. Trimouille.

Trencheys (bois des), près Flassac, cne de Béthines, Vienne, II, 226.
Tréviers (sgr de). Voy. Pellot.
Tribouillard (Thomas), religieux augustin, II, 160.
Tricon (Marguerite de), femme de Jean-François de la Lande, I, 439.
Trimouille (la), Vienne, I, xii, xiii, 17, 103, 107, 114, 125, 126, 139, 188, 213, 386, 392, 443, 454 ; II, 47, 134, 205, 212, 231.
— apothicaire. Voy. Dechastenet.
— couvent de Sainte-Claire, I, 234, 267 ; II, 54 ; religieuses, voy. Goudon (Magdeleine), Goudon (Marguerite).
— église de Saint-Pierre, I, 115 ; II, 43 ; curé, voy. Du Chasteigner.
— juge. Voy. Delaforest.
— mesure, II, 35.
— procureur fiscal. Voy. Ribault
— troupes (logement de), I, 70.
— (vente de la seigneurie de la), II, 211.
— (Claude, duc de la), II, 311.
— (François de la), sgr de Fontmorand, I, 286.
— (Jean de la), religieux augustin, II, 157.
— (Guy V de la), sgr de Vazois et de Lussac-les-Églises, grand panetier de France, II, 211.
— (Guy VI de la), sgr de Château-Guillaume, II, 111, 212.
— (Louise de la), femme de Guillaume d'Aubusson, I, 286.
Trois-Broches (tenue des), au village des Mâts, cne de Montmorillon, Vienne, II, 51.
Trois-Vallets (les). Voy. Trois Volets (les).
Trois-Volets (les), cne de la Chapelle-sur-Loire, Indre-et-Loire, I, 183, 229.
Tropjoly. Voy. Joly (Eutrope).
Trouillon (Catherine), femme de Jean Delavergne, I, 465 ; II, 121.
Trouillon (Charles), sr de Crémiers, contrôleur des exploits à Montmorillon, II, 121, 134.
— (Florence), femme de Jean Delavergne et de René Moreau, I, 287, 350 ; II, 20, 121.
— (François), marchand à Montmorillon, I, 265, 473 ; II, 121.
— (Jean), marchand à Montmorillon, I, 287, 351, 423, 465, 473 ; II, 47.
— (Jeanne), femme de Pierre Rozet, I, 449.
— (Louise), femme de François Augier, I, 265, 374.
— (Marguerite-Marie), II, 134.
— (Marie-Anne), femme d'Etienne Mornet, I, 265.
— (Pierre), sr de la Pinoterie, marchand à Montmorillon, I, 349, 423.
— (Pierre), chanoine de Notre-Dame de Montmorillon, II, 347, 350, 351, 357, 358.
Troyes, Trecæ (concile de), II, 147, 198.
Tudert (Claude de), sgr de la Bournalière, lieutenant général au présidial de Poitiers, I, 98.
Tueils Voy. Theuil.
Turckheim, Alsace-Lorraine, I, 413.
Turcs (les), I, 289, 306, 364 ; II, 13.
Turenne (Henri de la Tour d'Auvergne, vicomte de), I, 413.
Turpin (Isabeau), femme de François Desmontiers, II, 100.
— (Jacquette), I, 128.
— (Julien), docteur médecin à Montmorillon, I, 55, 128, 158.
— (Louis), I, 128.
Turpin de Crissé (Eléonore), femme de Henri de Neuchèze, I, 96.
Turre (Guillelmus de), miles, II, 202.
Tussac, cne de Leigne, Vienne, I, 66 ; II, 19.
— (sgr de). Voy. Richard.
Tusseau de Maisontiers (Louis de), II, 137.

U

Umeau (Jean), avocat à Poitiers, I, 123.
Umeau (Mr), docteur médecin à Poitiers, I, 407.

Umeau, II, 178.
Urbain VI, pape, I, 143.
Usine (sr de l'). Voy. Goudon.
Usson, *Vienne*, I, 452 ; II, 192, 206, 250, 290 ; châtellenie, II, 290.

Usson, troupes (passage de), I, 130.
— (sgr d). Voy. Rabaine (de).
Utrecht (province d'), *Hollande*, I, 355.

V

Vacher ou Vachier (Antoine), sr de Crémiers, I, 60, 398.
— (Elisabeth), femme de Félix Augier, I, 130.
— (Fleurence), femme de Louis Cœurderoy, I, 102.
— (Fleurence), femme de Jean Pointeau, I, 398.
— (François), sr de Crémiers, I, 60, 255, 428.
— (Jean), sr de Crémiers, I, 357, 455.
— (Jeanne), femme de Martial Vezien, I, 255.
— (Louis), I, 75.
— (Louise), femme de Jean Dechaume, I, 60, 65, 133, 423.
— (Marie), femme de Pierre Chazaud, I, xi, 14, 75, 106, 148, 182, 183, 187, 203, 210, 216, 218, 224, 226, 227, 231, 235, 239, 240, 241, 242, 244, 246, 250, 253, 254, 256, 262, 271, 278, 279, 280, 282, 295, 306, 309, 311, 312, 319, 321, 338, 341, 352, 375, 382, 387, 399, 442, 455 ; II, 1, 10, 19, 39, 70, 71, 75, 76, 94, 97, 122, 133, 134, 141.
— (Marie), femme de François-Nicolas Demareuil et de François Cœurderoy, I, 428, 439 ; II, 49.
— (Marie-Fleurence), I, 295.
— (Nicolas), sr de la Pouge, I, 6, 264.
— (Pierre), sr de la Baudinière, I, xi, 6, 14, 31, 59, 75, 224.
Vacheresse, cne de *Saulgé, Vienne*, I, 248, 276 ; II, 156, 167.
— (forêt de), II, 156.
Vacherie (Claude), femme d'Antoine Naude, I, 245.
Vachier. Voy. Vacher.
Vachon (Mathieu), II, 256, 264.
— (Mathurin), II, 269, 274.
Vacquant, II, 100.

Vada (pré de la), paroisse de Saint-Satur, *Cher*, II, 151.
Vaillant (Henri), religieux de la Maison-Dieu de Montmorillon, II, 157.
— (Jean), prieur de la Maison-Dieu de Montmorillon, II, 158, 159.
— (Jeanne), femme de Sébastien Goujon, I, 416.
— (Louise), femme de Guy Savatte, I, 181.
— (Louise-Charlotte), femme de François Girard, I, 380 ; II, 313.
Valade (la), cne de *Moulime, Vienne*, II, 35.
— (sr de la). Voy. Dumonteil.
Valençay (prieur de). Voy. Ladmirault.
Valence, province d'Alexandrie, *Italie*, I, 67.
Valence, *Espagne*, I, 169.
Valencienne (Anne de), I, 362.
— (Elisabeth de), I, 362.
— (François de), sgr de Montfleury, I, 361.
— (François de), sgr de Lépine, du Peux-Montfaucon et de Jarrige, I, 66, 224, 361 ; II, 8.
— (François de), I, 362.
— (François de), I, 362.
— (François de), I, 362.
— (Françoise de), I, 362.
— (Gabrielle de), femme de Jacques Delamazière, I, 224.
— (Louise de), femme d'Armand de Gaullier, I, 362 ; II, 8.
— (Louise de), I, 362.
— (Magdeleine-Renée de), I, 362.
— (Marie de), I, 362.
— (Marie de), I, 362.
— (Marie de), femme de Pierre Mathuries, I, 224.
— (Philippe de), sr de la Colombe, II, 9.

Valencienne (Pierre de), I, 362.
— (Pierre-François de), I, 362.
— (Pierre-Louis de), sgr de Jarrige, I, 362.
— (sr de), I, 148.
Valenciennes, *Nord*, I, 413.
Valérie (sainte), I, 73.
Valette (régiment de la), II, 93.
Vallade (sgr de la). Voy. Gaullier (de).
Vallier (François), II, 278.
— (Françoise), femme de François Desvaux, II, 157.
— (Marie), femme de Guillaume Lesueur et de Simon de Thonac, II, 342.
Vallons. Voy. Wallons.
Valois (Marguerite de), reine de France, II, 141, 342.
— (Marguerite de), femme de Jean Harpedanne, sgr de Belleville, II, 234.
Valoise (la). Voy. Violet.
Valvasseur (Hiérôme), religieux augustin, I, 307.
Vangine, architecte à Poitiers, II, 186.
Vanure (G. de la), II, 281.
Varangeville (Mr de), I, 317.
Varat, I, 93.
Vareilles, c^{ne} d'*Availle-Limousine*, *Vienne*, I, 416, 418, 424.
— (chapelle du château de), I, 222.
— (sgr de). Voy. Broue (de la), Compaing.
Varenne (Élisabeth), femme de Noël Brochard, II, 116.
— (Jean), hôte de Notre-Dame à Montmorillon, I, 229, 233, 301, 338, 445 ; II, 116.
— (régiment de), I, 423.
Varenne (la), c^{ne} *de Latus, Vienne*, II, 163.
— (sr de la). Voy. Delouche.
— (sgr de la). Voy. Brézé (de), Cailleau.
Varennes (sr des). Voy. Vezien.
Varie (Denise de), femme de Paul de Couhé, II, 319.
Vassal (Geoffroy), conseiller au Parlement, chancelier de la Sainte-Chapelle de Bourges, archevêque de Vienne, II, 220.
Vasselot (Louis), I, 226.
— (Marie), femme de Jean-Baptiste Tessereau, I, 226.

Vau (sgr de la). Voy. Irland.
Vaubécourt (régiment de), I, 146 ; II, 159.
Vaucelle (Magdeleine de), femme d'Isaac Raconnet, I, 112.
Vaucour, c^{ne} *de Leigne, Vienne*, I, 362, 363.
Vaugade (Mr de la). Voy. Avogadro.
Vaugelade, inspecteur des manufactures en Poitou, II, 352.
Vaugery (sgr de). Voy. Le Beau.
Vaugrenant (sgr de). Voy. Baillet.
Vauriet. Voy. Vorié.
Vau-Saint-James (sr de la). Voy. Porcheron.
Vautibaut (sr de). Voy. Ladmirault.
Vauzelle (Françoise), femme de Sylvain Papuchon, II, 122.
— (Michelle), femme de Sébastien Jacquet, II, 161.
— Voselle (sgr de). Voy. Faire (de la).
Vayres, Ver, *Gironde*, II, 250.
Vazois (les), c^{ne} *de Prissac, Indre*, I, 228.
— (sgr des). Voy. Trimouille (Guy V de la).
Veaux (vigne des), au faubourg des Bancs à Montmorillon, I, 143.
Vellèche, *Vienne*, I, 314.
Vendôme (François de), duc de Beaufort, I, 61, 306.
Ver. Voy. Vayres.
Vérac (marquis de). Voy. Saint-George (de).
— (régiment de), I, 393.
Veras (Anne), femme de Jean Trouillon, I, 287 ; II, 47.
— (Anne), dite Nanette Ferrière, II, 130.
— (Fleurant), sr de Ferrière, notaire et greffier de la justice prévôtale de Montmorillon, I, 98, 143, 293, 297, 348 ; II, 65, 68, 130.
— (François), notaire à Montmorillon, I, 18, 42, 66, 171, 198, 200, 324, 390, 391, 410.
— (Gabrielle), femme de Pierre Nivelet, I, 106.
— (Jeanne), femme de Pierre Sylvain, I, 18.
— (Jeanne), femme de Jean Millet, II, 68.
— (Jeanne), II, 91, 92.

— 501 —

Veras (Jeanne-Louise), femme de Jérôme Bonnin, I, 321, 391.
— (Louise), femme de Paul-Marcoul Ladmirault, II, 143.
— (M^{re}), prieur de Saint-Léomer, chapelain de la chapelle du Buffet, I, 296.
— (Nicolle), femme de François Cailleau, II, 79.
— (Pierre), dit Riparfond, cabaretier à Montmorillon, II, 1, 12.
— (Pierre), s^r de la Bastière, procureur et notaire à Montmorillon, II, 36, 76, 91, 114, 125, 126, 133.
— (Pierre-Florent), juge prévôt à Montmorillon, I, 218.
— chirurgien, II, 1.
— fille, I, 198.
Verdier (s^r du). Voy. Grault.
Verdilhac (François de), avocat au Parlement, II, 94.
— (Robert de), s^r de la Vergne, I, 389 ; II, 36, 82, 94, 95.
— du Loubier (famille de), II, 95.
Verdrie (s^r de la). Voy. Estevenet.
Verger (s^r du). Voy. Fayard, Prévost.
Vergnades (tenue des), près le village de Poilieu, c^{ne} de Saulgé, Vienne, I, 248.
Vergnaudière (la), c^{ne} de Moussac-sur-Vienne, Vienne, II, 48.
Vergne (la), c^{ne} de Mouhet, Indre, I, 133, 141, 278.
— (de la). Voy. Delavergne.
— (sgr de la). Voy. Guiot, Mancier (de).
— (s^r de la). Voy. Couraud, Mourgaud, Verdilhac (de), Vrignaud.
— Couraud (s^r de la). Voy. Couraud.
Vergnée (sgr de la). Voy. Lande (de la).
— (s^r de la). Voy. Grangier.
— (tenue de la), près Montmorillon, Vienne, II, 162.
Vergy (baron de). Voy. Du Saillant.
Vérinaud (Renée), femme de Pierre Fricon, I, 393.
Vérine (Anne de), religieuse de Saint-François à Montmorillon, I, 163.
— (Marie), D^{me} de la Gaudinière, femme d'Antoine Richard, II, 71.

Vermandois (bailli de), voy. Vignoles (de).
Vermeil (Ythier de), valet, II, 204.
Vernelle (M^r de). Voy. Lelièvre.
Vernet (s^r de). Voy. Clavetier.
Verneuil (s^r de). Voy. Bricauld, Razes (de).
Verneuil aujourd'hui Verneuil-Moustiers, Haute-Vienne, I, 274.
Vernon (sgr de). Voy. Lande (de la).
Verrières, Vienne, I, 17, 46, 205 ; II, 21, 82.
— église Saint-Michel, I, 205 ; curé voy. Massoulard.
— (forêt de), I, 61, 220.
— (forge du château de), II, 82, 118.
— maison appelée la Petite-Cure, I, 205.
— procureur fiscal. Voy. Fayard, Goudon.
— (sgr de). Voy. Taveau.
Versailles, Seine-et-Oise, I, 11, 276, 466 ; II, 343, 344.
— (château de), I, 409.
Verthamont (de), notaire et secrétaire du Roi, II, 302.
Vételay (Martial-Joseph), juge sénéchal de Magnac, I, 141.
— (Mathurine), femme de Antoine Naude, I, 324.
Veteri Villa (Jean de). Voy. Vieilleville (Jean de).
Vezien (André), s^r de Beaufranc, I, 165, 247, 311.
— (André), s^r de Beauchamp, I, 264.
— (André), s^r de la Chambut, procureur à Montmorillon, I, 423, 437 ; II, 49.
— (Anne), I, 374.
— (Catherine), femme de Louis de Couhé, I, 264.
— (Eléonore alias Elisabeth), femme de Charles Richard, I, 5, 38, 53, 81, 115, 150, 173, 228, 283 ; II, 43.
— (Eléonore), femme de Léonard Thomas, II, 247.
— (François), s^r de Poilieu, I, 25, 462 ; II, 80.
— (François), I, 155.
— (François), chirurgien à Montmorillon, I, 374.

Vezien (François), sr du fief de Latus, procureur du Roi à Montmorillon, II, 288, 292, 293, 294, 295.
— (François-André,) I, 462.
— (Jacques), notaire royal à Poitiers, I, 5, 95, 113, 169.
— (Jacques), sr de Champagne, prévôt en la maréchaussée de Montmorillon, I, 15, 16, 26, 34, 38, 47, 103, 126, 139, 255 ; II, 65, 312.
— (Jacques), sr du Rivault, I, 34, 38, 126, 264.
— (Jacques), sr du Breuil-Champagne, I, 47, 51, 71 ; II, 24, 79.
— (Jacques), sr de Boisfleury, sergent royal à Montmorillon, I, 155, 265 ; II, 62.
— (Jacques), I, 264.
— (Jacques), sr du Bois, I, 282.
— (Jacques), sr de la Ferrandière, II, 47, 77, 79, 84.
— (Jean), sr du Breuil-Champagne, I, 34, 38, 126 ; II, 43, 47.
— (Jean), sr des Varennes, archer à Montmorillon, I, 104, 106, 142.
— (Jean), curé de Vouhet, I, 104.
— (Jean), I, 155.
— (Jeanne), femme de Pierre Augier, I, 34.
— (Jeanne), veuve de Jean Gaultier, I, 178.
— (Jeanne), femme de Salomon de Pons, I, 264.
— (Joseph), sr de la Chambut, sergent royal à Montmorillon, I, 282, 423, 439, 465 ; II, 130.
— (J.), notaire royal à Montmorillon, II, 303, 304.
— (Louis), dit Gassion, I, 247.
— (Louise), femme de Jean Lestrigou, I, 104, 212.
— (Louis-François), II, 49.
— (Mlle), II, 77, 79.
— (Marguerite), femme de Pierre Delalande, I, 8 ; II, 291.
— (Marguerite), femme de Pierre de Fougères, I, 83, 448.
— (Marguerite), veuve de François Lestrigou, I, 104.
— (Marguerite), femme de Jean Chasseloup, I, 165, 360 ; II, 66, 120.
— (Marguerite), femme de Pierre Chantaise, I, 374.

Vezien (Marguerite), femme de Isaac Fricon, I, 393.
— (Marguerite), femme de François Deguigne, II, 54.
— (Marie), I, 104.
— (Marie), femme d'Antoine Jacquet, I, 126.
— (Marie), I, 374.
— (Marie-Anne), I, 264.
— (Martial), I, 255.
— (Martial), sr de Boursignoux, I, 255, 267.
— (Paul), sr d'Aubière, juge sénéchal de Lussac-le-Château, I, 71 ; II, 65.
— (Paul), I, 155.
— (Perrette), I, 104.
— (Pierre), sr de la Roche du Fief, I, viii, 9, 38, 43, 76.
— (Pierre), sr du Fief, avocat à Montmorillon, I, viii, 9, 38, 63, 127 ; II, 359.
— (Pierre), I, 34, 38, 126.
— (Pierre), sr du fief de Latus et d'Aubière, procureur du Roi à Montmorillon, I, 81, 83 ; II, 292.
— (Pierre), procureur à Montmorillon, I, 135.
— (Pierre), sr de Beaufranc, chirurgien à Montmorillon, I, 329, 357, 374 ; II, 106.
— (Pierre), chirurgien à Montmorillon, I, 439.
— (Pierre), sr de Latus, procureur du Roi à Montmorillon, II, 291, 292.
— (Pierre), sr de Champagne, II, 311, 312.
— (René), sr de la Balisière, I, 323.
— (René), sr de Poilieu, I, 462.
— femme de François Chasseloup, I, 155.
— femme Marans, I, 265.
— femme Veras, II, 1.
— tanneur à Montmorillon, II, 1.
— I, 437.
— II, 351.
Vialière (Renée de la), femme de Hilaire Boivin, I, 473.
Viault (Barthélemy), dit le Merle, cabaretier à Montmorillon, I, 403, 470.
Vicq, Vic, *Vienne*, I, 268, 351.
Victurnien (saint), I, 72, 168.

Vidaud (François), sgr de Cheminade, I, 112.
— (Jean), comte du Dognon, I, 336.
— (Pierre), sgr de Cheminade, I, 114.
Vieilleville, Veteri Villa (Jean de), prieur de la Maison-Dieu de Montmorillon, II, 152, 153.
Vienne, *Autriche*, I, 438 ; II, 281.
Vienne, *Isère*, II, 220.
Vienne (Françoise-Marie de), comtesse de Châteauvieux, femme de Charles de la Vieuville, I, 388.
Vienne (la), *rivière*, I, 62, 72, 216, 325, 410.
Vieuville (Charles, duc de la), gouverneur du Poitou, I, 354, 388, 389,
— (Jean de la). Voy. Vieilleville (Jean de).
— (René-François, marquis de la), gouverneur du Poitou, I, 388.
— (régiment de la), I, 71.
Vieux-Bois de Droux (commanderie du), I, 24, 427, *Haute-Vienne*.
— commandeur. Voy. Chamborant (de).
Vigean (le), *Vienne*, I, 64, 192, 438 ; II, 194.
— baronnie, I, 324.
— château, I, v, 221, 324 ; rébellion et défense à main armée, II, 190, 191, 192, 193, 194.
— curé. Voy. Bouthier.
— fours banaux, I, 325.
— marquisat, I, 324, 410 ; II, 191 ;
— juge, voy. Dansays ; — procureur fiscal, voy. Patharin de la Gasne.
— mines d'or, I, 11 ; — concessionnaire et directeur général, voy. Dudon de Volagré ; inspecteur des travaux, voy. Du Pin de Montbron.
— (seigneurs du). Voy. Du Fou, Poussard.
Vigens (Jean). Voy. Vigier (Jean).
Vigères (sr des). Voy. Augier.
Vigerie (Mme de la). Voy. Rousseau (Françoise).
— (sgr de la). Voy. Fricon.
Vigier, Vigens (Jean), prieur de la Maison-Dieu de Montmorillon, II, 154, 155.
Vignasse (tenue de la), I, 49, *faubourg de la Maison-Dieu à Montmorillon*.
Vignasse (sr de la). Voy. Cœurderoy.
Vignau (pré du), I, 324, *près le bourg du Vigean*.
Vignaud (Loys), II, 280.
Vignault (sr du). Voy. Delamazière.
Vignoles (Etienne de), dit La Hire, bailli de Vermandois, sgr de Montmorillon, I, 8 ; II, 217, 218, 219, 220, 221, 223, 224.
— (Mr de), capitaine au régiment de Piémont, II, 58.
Vignori (sgr de). Voy. Orry.
Viguier (Jean), fermier des aides à Montmorillon, II, 78, 91, 99.
— (Jean), commissaire aux saisies réelles à Montmorillon, II, 142.
— (Joseph-Pierre), II, 92.
— (Naudin), boucher à Montmorillon, II, 252, 258, 265.
— (René-Jean), lieutenant de cavalerie, II, 142.
Villaine (fief de), II, 204, cne de *Saint-Pierre-de Maillé, Vienne*.
— (Guillaume de), II, 204.
Villamblée. Voy. Villemblée.
Villards (Guillaume de), II, 204.
— (de). Voy. Devillards.
Villars, cne de *Persac, Vienne*, I, 354.
— (dame de). Voy. Royer (Françoise).
Villars (sr du). Voy. Laurens.
Villatte (sr de la). Voy. Dansays.
Villautrange (sgr de). Voy. Abzac (d').
Villebouin (sr de). Voy. Sochet.
Villebussière (sr de). Voy. Bertrand.
Villecharrault, cne de *Journet, Vienne*, II, 303.
Villechenon (sr de). Voy. Dumonteil.
Villechèze (sr de). Voy. Dubois.
Ville de Férolles (Marie de la), femme de Louis Richeteau, I, 415.
Villedon, cne d'*Asnières, Vienne*, I, 133, 343, 347, 358, 374, 401, 442, 443.
— (Antoine de), I, 78.
— (Antoine de), sgr de Pliboux, I, 133, 149.
— (Etienne-Joseph de), I, 166.

Villedon (Jean de), sgr de Villedon, capitaine de cent hommes d'armes, I, 133, 138, 149, 166, 343, 345, 401, 414, 442.
— (Jean de), I, 149.
— (Louis de), sgr de Chanteloube, I, 78, 92, 93.
— (Pierre de), sgr de Juniat, I, 79.
— (Pierre de), sgr de la Grange, I, 79.
— (de), I, 414.
— Mme de). Voy. Ladmirault (Catherine).
Ville-du-Mont (bois de la), c^{ne} de Béthines, Vienne, II, 226.
Villejame (s^r de). Voy. Falloux.
Villejoubert (sgr de). Voy. Guitard (de).
Villeloin (abbé de). Voy. Brunet.
Villamblée, Villamblée (commanderie de Sainte-Catherine de), c^{ne} de Bouresse, Vienne, II, 153, 207 ; commandeur, voy. Nivelet.
Villemexant (sgr de). Voy. Pivardière (de la).
Villemontée (François de), intendant du Poitou, I, 6, 24 ; II, 314.
Villemort, Vienne. I, XII ; II, 226, 227, 229, 230, 231, 232.
— (aveu et dénombrement de), II, 225.
— (mesure de), II, 226, 228, 231.
— (sgr de). Voy. Du Bouex, Poix (de).
Villemuseau (s^r de). Voy. Bastide.
Villenaye (s^r de). Voy. Richard.
Villeneuve, Charente-Inférieure, II, 209.
— lieu inconnu, c^{ne} de Béthines, Vienne, II, 225, 231.
— c^{ne} de Lussac-le-Château, Vienne, I, 323 ; II, 101, 342.
— (étang de), c^{ne} de Sillars, Vienne, II, 294.
— (sgr de). Voy. Grandsaigne (de).
Villenon (sgr de). Voy. Grandsaigne (de).
Villequier (André de), sgr de Montrésor, de Menetou-Salon, d'Oléron, de Marennes, d'Arvert, de Brouage et de Montmorillon, vicomte de la Guierche et de Saint-Sauveur-le-Vicomte, gouverneur de la Rochelle, premier chambellan de Charles VII, II, 217, 221, 222, 223, 224.
Villequier (Antoine de), II, 221.
— (Arthur de), II, 221.
— (César de), marquis d'Aumont, gouverneur de Poitiers, I, 9.
— (François de), II, 222.
— (Georges de), vicomte de la Guierche, gouverneur pour la Ligue en Haute et Basse Marche, II, 311.
Villesalem (couvent de), c^{ne} de Journet, Vienne. I, 59, 109, 111, 234, 236, 275 ; II, 284 ; — religieuses, voy. Augier, Jacquet, Mangin.
— (moulin des dames religieuses de), II, 162.
Villesange (Mathias de), II, 155.
Villevert (marquis de). Voy. Chamborant (de).
— (régiment de), II, 64.
Villiers, c^{ne} de Mauvières, Indre, II, 86.
Villiers (Claude), doreur, I, 72.
Villoutreys (Anne de), femme de Benjamin de la Rochefoucauld, I, 6.
— (Nicolas de), I, 6.
— (Olive de), femme de François Bardonnin, I, 50.
Vincende (sainte), II, 102.
Vincendon, I, 413.
Vincennes (bois de), Seine, I, 29.
— (château de), I, 29.
Vincent (saint), martyr, I, 330 ; II, 146.
Vincentii et Laurentii de Domo Dei (prioratus sanctorum). Voy. Montmorillon, hôpital de la Maison-Dieu, prieuré.
Violatte (s^r de la), I, 415.
Violet (Anne), dite la Valoise, femme de Mathurin Boucher, I, 395 ; II, 70.
Vion (François), éperonnier à Montmorillon, I, 233.
— (Marguerite), I, 233.
— (Pierre), prieur de la Maison-Dieu de Montmorillon, II, 168.
Vire, Calvados, I, 4.
Vivonne, Vienne, I, 67, 194.
— (Catherine de), femme de Geoffroy de Barbezières, II, 290.
— (comte de). Voy. Rochechouart (de).
— (Savary de), II, 204.

Vogade (Mme de la). Voy. Moussy (Françoise de).
Voisin (Robert), conseiller du Roi, II, 246.
Volsemé (marquis de), capitaine lieutenant des chevau-légers de Monsieur, I, 434, 437.
Voluyre du Bois de la Roche (Mlle de), II, 163.
Vorié, c^ne de Moulime, Vienne, I, 192.
Voselle (s^r de). Voy. Vauzelle (sgr de).
Vouhet, c^ne de Dunet, Indre, I, 104, 271.
Voulon (sgr de). Voy. Grandsaigne (de).
Voûte (s^r de la). Voy. Puiguyon (de).
Vrassac, c^ne de Béthines, Vienne, II, 225, 227, 231 ; — prieur, II, 227.
Vrignaud (Anne), femme de Fleury Boutineau, I, 138.
— (Anne), femme de Charles Fontenette, I, 200, 227.
— (Blaise), s^r du Parc, procureur à Montmorillon, I, 122, 137, 200, 280 ; II, 308, 309, 312.
— (Catherine), veuve de René Nicault, I, 13, 225.
— (Catherine), I, 13.
— (Catherine), I, 138.
— (Etienne), clerc, commandeur de Chassenay, II, 157.
— (François), chanoine de Saint-Hilaire de Poitiers, I, 120, 154, 159, 201, 202, 215, 223, 457.
— (François), I, 457 ; II, 113.
— (Jean), II, 99.
— (Jeanne), I, 105.
— (Jeanne), femme de Martin Delachaume, I, 153.
Vrignaud (Laurent), conseiller du Roi à Montmorillon, II, 58.
— (Louise), veuve de Louis Douadic, I, 147, 162, 340 ; II, 137.
— (Louise), femme de Louis Chantaise, I, 162, 163, 462.
— (Marguerite), femme de Félix Augier, I, 91, 109, 154, 272, 321, 340, 357, 384, 457 ; II, 18, 27, 35, 46.
— (Marguerite), femme de Philippe Ducellier, I, 202.
— (Marie), religieuse de Saint-François à Montmorillon, I, 163.
— (Marie), I, 472.
— (Marie-Anne), dite Manon, II, 97, 113, 144.
— (Marie-Radegonde), femme de Laurent Robert, II, 48.
— (Pierre), prévôt de Notre-Dame de Montmorillon, chanoine de Saint-Hilaire de Poitiers, I, 41.
— (Pierre), s^r de la Vergne, avocat et conseiller du Roi à Montmorillon, I, 41, 148, 371, 378, 425, 427, 437, 445, 457, 472 ; II, 13, 48, 58, 74, 75, 87, 92, 97, 99, 112, 113, 114, 125, 126, 142.
— (Pierre), dit Beaurocher, serrurier à Montmorillon, I, 376.
— (René), s^r de la Vergne, avocat à Montmorillon, I, 10, 13, 26, 34, 37, 39, 40, 41, 71, 86, 91, 96, 105, 109, 131, 144, 148, 153, 170, 192, 200, 215, 223, 225, 233, 246, 264, 272, 371, 445, 447, 450 ; II, 307, 309, 310.
— (René), I, 138.
— (René), I, 445.
— (Rose), II, 113.
— (Sylvain), I, 138.

W

Wallons, I, 439.
Willelmus, archidiaconus, II, 200.
Willelmus, dux Aquitanorum. Voy. Guillemus Aquitaniæ dux.

X

Xaincoins (de). Voy. Barillet.
Xaintes. Voy. Saintes.
Xanctonicensis diocesis, II, 172.

TABLE DES MATIÈRES

CONTENUES DANS CE VOLUME

	Pages.
Liste des membres de la Société des Archives historiques du Poitou.	i
Extrait des procès-verbaux des séances de la Société pendant l'année 1907.	v
Journal de Mr Demaillasson, avocat du Roi a Montmorillon (suite). Tome II.	vij
Texte du Journal.	1
Appendice (I à VIII).	146
Pièces complémentaires (I à XXXIV).	198
Errata.	359
Table des noms de personnes et de lieux contenus dans les tomes I et II.	361
Marques des fabricants de papier de Montmorillon, planches II, III, IV et V.	

Poitiers. — Société Française d'Imprimerie et de Librairie.

Marques des fabricants d

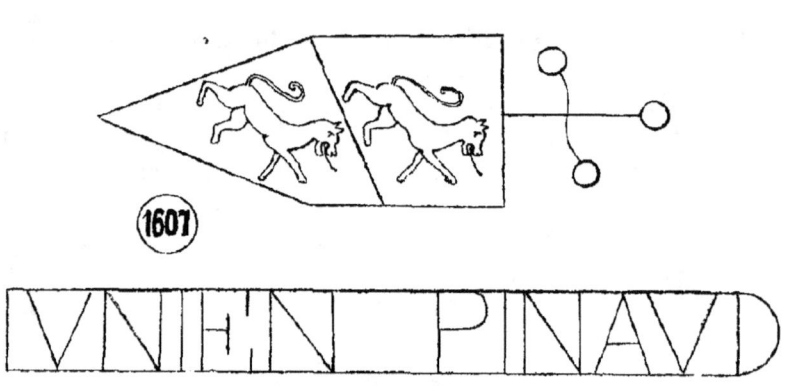

Planche II.

papier de Montmorillon

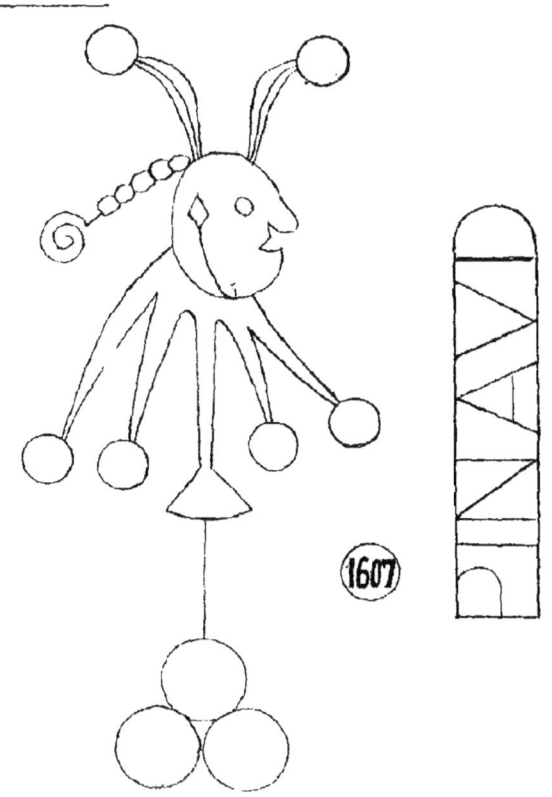

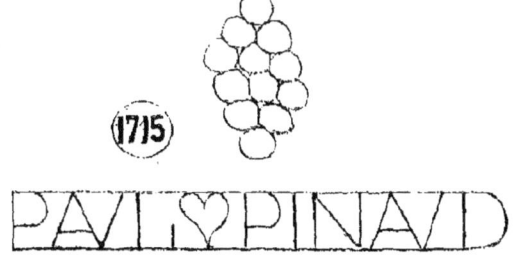

Marques des fabricants de

Planche III.

papier de Montmorillon

(1672)

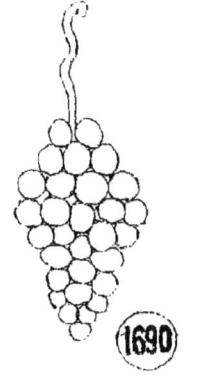
(1690)

MASOVNAVD

Marques des fabricants de

FIN DE
M♡MANVS
PoIToV

Planche IV.

papier de Montmorillon
___

M MANU
POITOU FIN
(1760)

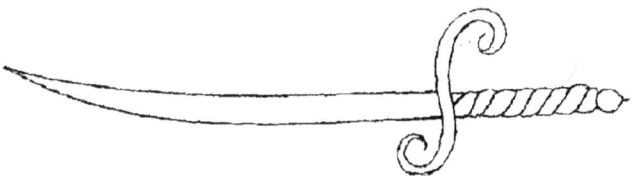

M ♡ MANVS
(1742)

Marques des fabricants de

DE REIGNIE
MONTMORILLON

Planche V

papier de Montmorillon

CORNET FIN
DE REIGNIE
POYTOU

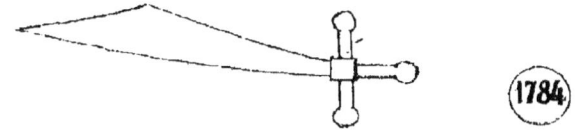

LA CHARTREUSE
PRES
MONTMORILLON
DE REIGNIE

www.ingramcontent.com/pod-product-compliance
Lightning Source LLC
Chambersburg PA
CBHW071614230426
43669CB00012B/1937